U0746720

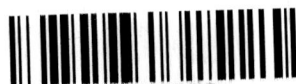

東京大學東洋文化研究所
大木文庫藏明清稀見史料匯刊
第二輯
⑦

上海古籍出版社

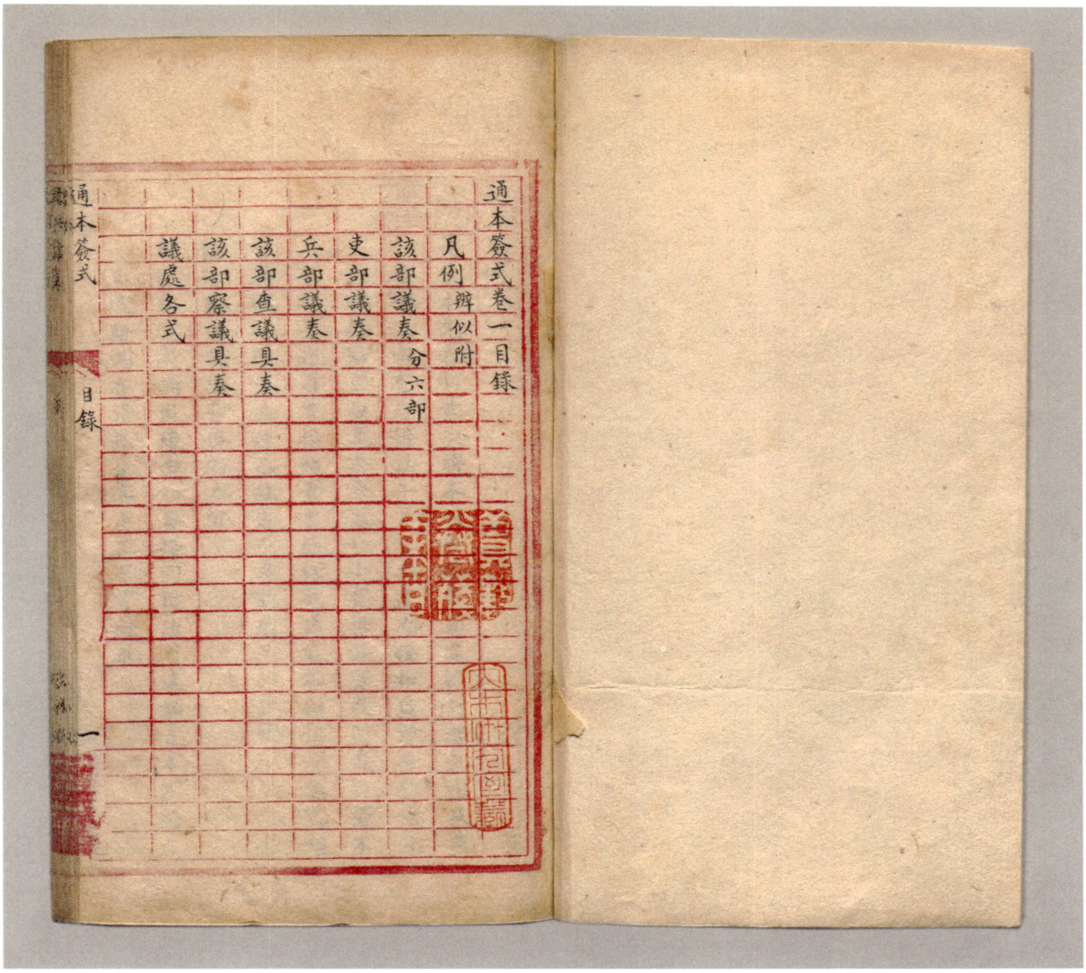

通本簽式卷一目錄

凡例辨似附

該部議奏分六部

吏部議奏

兵部議奏

該部查議具奏

該部察議具奏

議處各式

通本簽式　目錄　一

通本簽式（一）

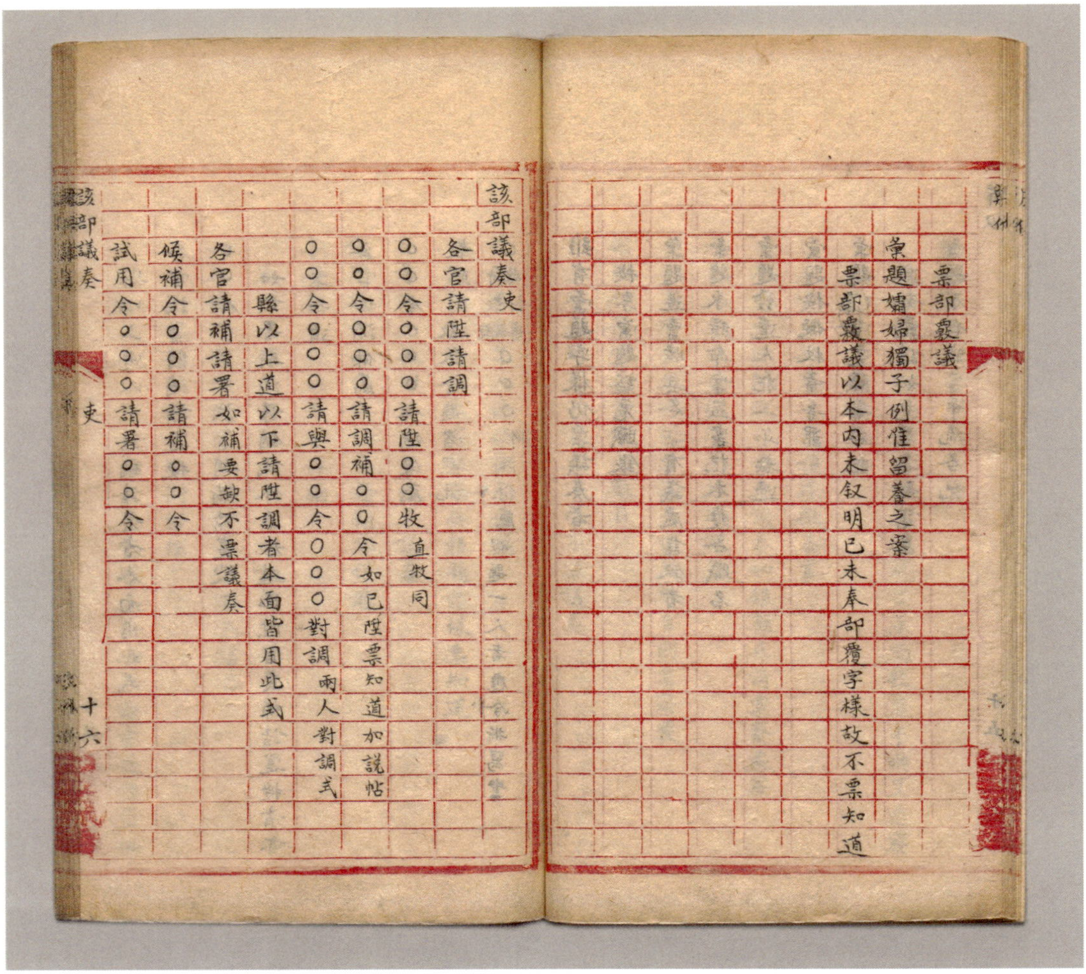
票部覈議
彙題孀婦獨子例准留養之案
票部覈議以本内未叙明已未奉部覆字樣故不票知道
該部議奏吏
各官請陞請調
○○○○○○請陞○○牧 直牧同
○○令○○○○請調補○○令 如已陞票知道加説帖
○○令○○○○請與○○令○○○對調 兩人對調式
縣以上道以下請陞調者本面皆用此式
各官請補請署 如補要缺不票議奏
候補令○○○請補○○令
試用令○○○請署○○令

通本簽式（二）

本册目録

通本簽式

通本簽式

《通本簽式》四卷，原與《部本簽式》六卷共一帙，其中《部本簽式》六册、《通本簽式》四册。編纂者姓名不載。據《通本簽式》卷一所載「應避字樣」中皇帝廟號、謚號至「穆毅」，兩書應編纂於光緒年間。清代承襲明朝體制，經由内閣處理的上行公文書稱爲題奏本章。題本又分部本和通本，部本爲在京部院及府寺監各衙門的題奏本章，通本爲將軍、督撫、提鎮、學政、順天奉天府尹、盛京五部等地方官員的題奏本章。兩書搜集整理各種内閣票簽成規的適用情形，需要簽注説明的情形，以及説貼格式。《通本簽式》内容包括：内閣接收、進呈題本注意事項、文武官員書寫格式、一般行政事務票簽格式（凡例），該部議奏、吏部等六部議奏、該部查議具奏、該部察議具奏、該部速議具奏、該部確議具奏、該部察例具奏、該部知道等票簽格式的適用事項，奏銷、錢糧收支、錢糧起運、公共工程、命案、法司覆核案件、官員丁故、官員補缺等各項事務的票簽格式，賀本、表文、飭行、議處簽式以及相關説帖格式等。（桂濤）

通本簽式卷一目錄

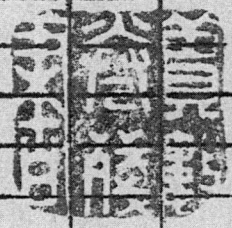

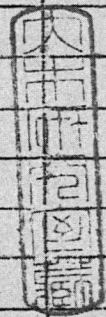

凡例

凡票本先看帖黃次將本內原題緊要處核對有無兩歧前後銜註由有無錯誤年月有無遺漏接扣處曾否鈐印及一切越幅空白違式等處如小有錯誤可改則改之若不可改通政司有揭帖者票飭行或議處簽如該督撫已經革職則不票飭行已故者不票議處具加說帖飭行處分督撫罰俸對本官

凡部本違式摘出緣由加簽撤回惟法司速議之本不過五日限期偶有錯誤令其更正不可撤也

凡趕票之本須問明漢本堂因何趕票俟移覆後始行票簽

凡

萬壽冬至及一切祭祀祈雨等日俱不進刑名本

凡不進刑名本之日他本内有傷死陣亡病故墳墓屍棺倒

斃等字俱宜撤

凡本内犯名遇有應避之字須另加偏傍改寫應避字樣

肇興顯世章聖仁憲高純睿宣成

文穆毅端莊惠康誠懿恭敬賢儀

淑和慎全靜德哲貞慈安禧佑慶

頤豫

永福　昭孝　景泰　裕昌　慕定　惠

凡本內寫各官官名府稱守牧是州直隸州知州稱直牧縣稱令餘俱照本官官名寫

凡各官請補請署或係即用試用候補另補寫先分先分間開復起復俱照本票出

凡各官在籍告病病故丁憂由本籍督撫題報者本面須出所任省分若在任丁故由本管督撫題報者不書省分

凡疏防本有文武各職名一併開列者有開文職而無武職

有開武職而無文職者俱照本分別寫書出

凡節孝請旌

旌條通省合題者本面不書縣名人名如數人同一縣者書縣名

不書人名若專題一人則名人縣名俱書

凡婦人姓氏本面只寫本姓某氏不加夫家之姓部本及部

簽同如係處女本內有寫姓名不寫某某氏者照本票

凡命案各犯本面俱照本內例牌添寫如引鬬殺律者寫傷

死其餘故殺謀殺擅殺等字樣俱照寫有此例字樣亦照添

凡犯名有綽號者本面俱照本寫某某即某某字樣部本及

部簽同

凡命案有案關服制者本面照本內例牌添書如期親大小功緦麻服屬之類若題內有應以凡論四字仍照平人寫

凡共毆案內有擬斬擬絞罪名不同者或同擬斬絞而例不一者本面只書在前一犯餘加等因二字若在前一犯擬斬擬絞而餘犯係軍流徒罪不必加等因二字若互毆各斃各命均以鬬殺律科斷者本面於在前一犯及死者名下各添一等字如監犯自盡本尾附叅獄官或強姦殺死本婦附請

旌表者用等因二字
凡所票簽文雖曰草簽正本内亦須楷寫清楚庶免繕簽者
錯誤
凡簽内進呈日子及督撫姓名事由均宜留心不可錯誤至
刑本斬絞各字及吏本降罰數目字眼關係尤重最宜詳細
凡簽内事由須習見者摘錄如遇有應擡字樣請
旨請
旌等事僅宜空格擡寫惟具題題請等事題字有擡有不擡者照
本酌寫

凡例

凡通本照例題報請飭部查照施行無可復議者票知道其
未定議請飭部議覆者票議奏各項工程估需銀兩票議奏
用過數目奏銷票查核此係大概規模但其中有相似而不
同者若不詳細辨即有毫厘千里之差另有數條分别摘錄
於後以備參酌

凡奏不畫一者票確議糾參屬員無議處字樣者票察議嚴
議者票嚴察錢糧處分開復票查議關係緊要者票速議

凡通本題報事件本尾另附有情節者簽內添餘著字樣如
報丁憂附參違例不取結之職名則於吏知下添餘著議奏

處監犯自盡於法知下添餘著該部察議具奏强姦殺死
本婦附請
旌表者則於法核下添餘著該部議奏若部本簽則添餘依議
凡調補人員已陞者票寄知不票議奏加說帖
凡道府丁故及告病告休終養之缺係請
旨已經放人者本尾如云所遺員缺請
迅賜簡放則須述
旨票已有旨了務將原
旨錄於已有旨了之上不可遺漏一字如本尾無請

簡字樣或云應歸部請
旨簡放則可不必述
旨經票吏知吏議
丁故者票吏知病休終養者票吏議
凡已經補放之缺如係
特旨簡放或係督撫專摺奏補票簽各有分別詳見後已有旨條
凡題報各官丁故出缺票吏知兵知如本內有隨補人員者
添餘著議奏如首府遺缺請
簡仍只票知道若非正印亦只票知道簽

凡各官請迴避票議奏如該員已經奏調奉
硃批照所請行則票已有旨了加說帖
凡距籍在五百里以內迴避各官向係對調後始行題進票
知道簽若該省無合例對調之員俟接奉文議准作為開
缺日期仍由該省以應補人員補授該員遺缺請以該省
留省另補則應票議奏簽
凡疏防首員革降休病故卸事者看本內離任日期貼黃無
之或首員有前任字樣須核計限內限外限內票議奏限
外票議處具奏近時不論限期均票該部議奏

凡叅劾本如請解任則票這所叅○○著解任如文武舉貢
生監有須斥革質審者俱書名案情重大則云嚴審定擬
情輕則云審擬有議處字樣票議處嚴議者票嚴加議處
無議處字樣票查議若情節甚輕則直票該部議奏發

凡叅案開復票議奏如錢糧處分開複票查議

凡押運以上遲延等案十日以上票議處不及十日票查議

凡各官疏失劄付票察議如被水盜賊查確後照例免議卑
請補給者則票知道

凡各省勒休人員本內只有老病等字無弓馬平常字樣票

兵議有弓馬平常四字○○○著議處具奏該部知道如
係雲貴川廣五省則直票○○○著勒令休致蓋邊疆以
武事為重也若軍政之年因病請休雖無弓馬平常但有
勒休字樣亦票○○○著勒令休致以查閱營伍之年不
准告休照例勒休也惟雲騎尉未補守備請勒休者不拘
何省仍只票議奏文官只以老病別無劣蹟者亦只票議奏

凡大計軍政五年舉劾票該部院若軍政二年半票該部無
院字如應參各官各坐一法加分別二字

凡大計通本限二月初十日內進部本限二月二十日進

凡外省灾賑本向俱量其緩急票擬如奉蠲賑後督撫復按成灾分數分别加賑則係急需辦理之件道光九年已改由奏請不復歸題矣如奏奉蠲賑後續將勘明成灾俱題則係遵

旨查辦之件票議奏若本内聲明應蠲應緩錢糧另疏具題只係續報頃畝分數並無應辦之件則票知道其灾賑蠲緩各款已奉

旨速議過者加說帖

凡各處孳生牛羊馬匹本内雖有交内務府查核字樣只票

該部不票該衙門蓋由部轉咨故也
凡奏銷本有黃冊者添冊併發本面旁註有冊
凡慶賀本總督加覽卿奏賀四字巡撫無之若撫署督督署
撫俱不票卿惟督兼尚書雖署撫亦票卿漕督河督兼尚
書銜者票卿如侍郎銜則否將軍署督亦票卿惟直隸總
督慶賀本簽內註由寫上　賀事餘者註由俱寫慶　賀事
凡朝鮮年貢表例不票簽其票簽者皆奏賀奏謝進貢方物
之表其方物狀亦各隨表照式錄書進呈亦不票簽其進貢
皇太后前方物只有狀無表錄書進呈如年貢表同謝

恩表進呈說帖內須聲明年貢表例不票簽

凡命案本所擬罪名係斬絞死罪票法覈係軍流徒活罪則
票部覈蓋非死罪單歸刑部不會法也

凡斬絞重犯未定擬者票法覈擬已定擬題覆者票法覈擬
減等軍流徒犯未定擬者票部覈擬已定擬者票部覈議
若杖罪以下則只票部議

凡命案本未經法部覈覆定擬者本尾雖有事犯在
恩詔以前應于援免及親老丁單留養承祀等語概置勿論仍照
常覈擬簽本面亦只票照本律罪名寫若已定擬題覆者

票覈議簽本面方可照援免等字樣寫

凡已經擬絞之犯查明請留養票法議如條緩決之犯則票
法覈議

凡凌遲重犯監斃戮屍本内並無餘犯刑部向只咨覆不復
具題票法知如有餘犯死罪者添餘著覈擬具奏活罪者
添餘著該部核擬具奏

凡重犯自盡餘犯發遣票法知餘著該部核議具奏不用該
部二字以統歸法司不必以該部别之也餘倣此

凡本婦羞忿自盡奏請應否

旌表者票法覈餘著該部議奏如致死之犯係活罪票部覈餘著

下亦不用該部二字若原已故毋庸議只請

旌表票該部議奏簽

凡殺死一家二命及非一家三命擬立決者票速議若監候

則不票速議不依二命三命本律定擬者不票速議速奏

之本限五日具題

凡每年勾到之後所有外省題奏斬絞各犯監斃之犯本章年

應查明是否予勾如已經予勾者加說帖

凡例　十

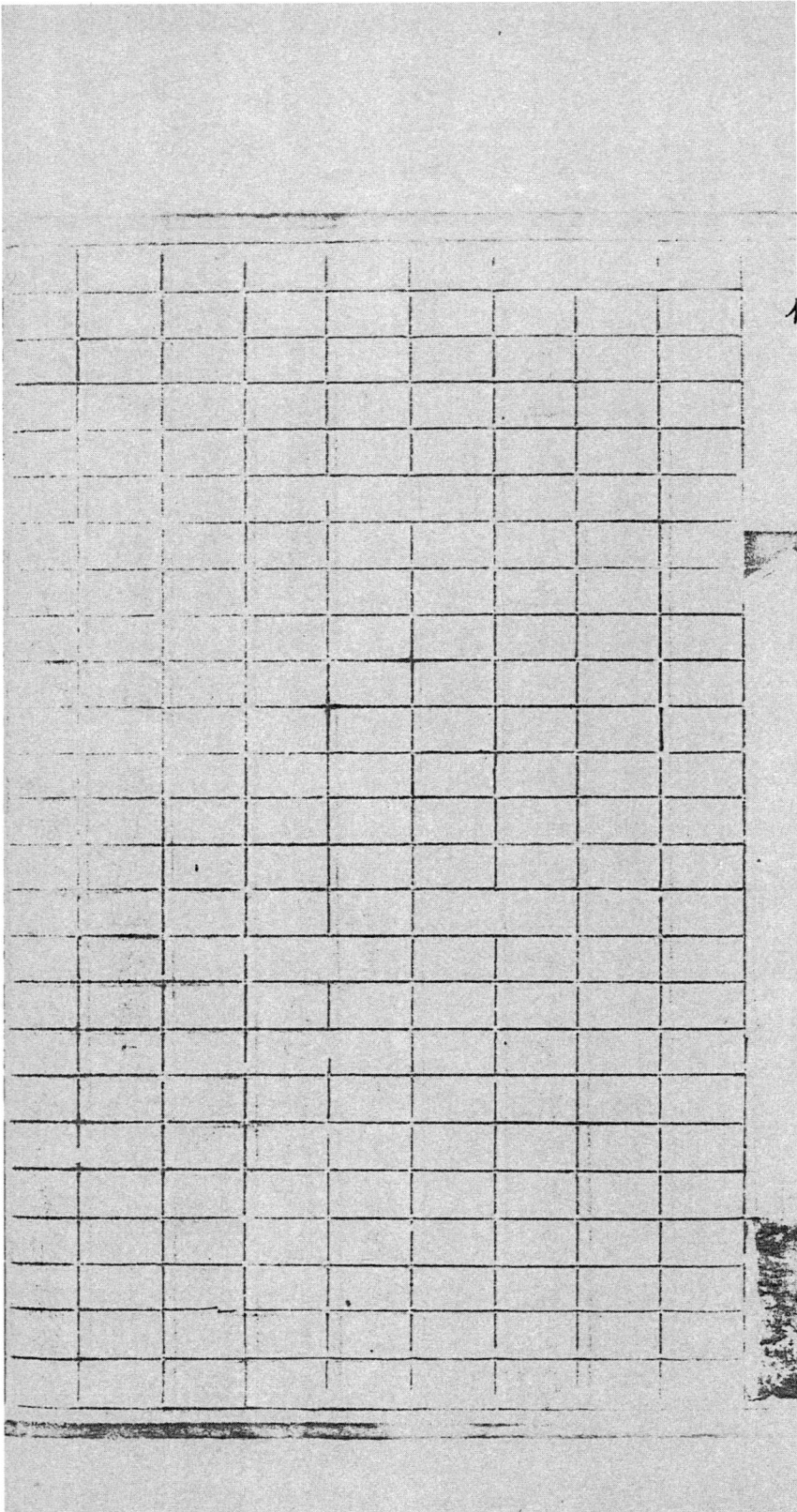

辨似

知道有與議奏相似者

邊俸期滿撤回內地

有保題字樣票議奏有候陞給咨引

見字樣亦票議奏否則只票知道

各官試俸期滿

三年試俸期滿請銷票知道如試署期滿請寔授兼請銷

試俸則票議奏

調補人員已陞者

票知道已陞人員補請寔缺者同
河員人地未宜請撤回
寔缺票議奏署缺票知道
官員在途告病
票知道如在途告終養則票議奏如已到省有將來尚堪
起用等語仍票議奏
文職告病告休告終養
票吏部議奏如未經到任在途告病及降補未經得缺者
則票知道未署事者亦票知道

總兵服滿
票兵知如丁憂時奉
旨仍署總兵在任守制者例票議奏
改發水師守備試用期滿
係奏明奉
旨改發者票知道若止咨部改發試用期滿始題者則票議奏
武官因病革退隨營
票議奏如係久病不愈且屬候補人員似無可議者票知道
各關稅務委員接管、

辦似

十二

票知道如本内有遴員改替字樣則票議奏

土司承襲

票議奏若土州同無員可調請

簡補者票知道

各竈場缺徵未復課銀

票知道如有墾復者票議奏

請換印信

尋常模糊票知道如新設及裁改移駐者則票議奏

直隸總督每年題𧽚勈復價銀兩

本内雖云動撥而本尾有起解日期一語最關緊要不可
專看帖黃應票知道不票議奏
彙題造賣賭具各案
票知道如有議處議敘者則票議奏
知道有與察覈相似者
倉監督報滿
票知道有錢糧數目票察覈
臬司交代驛站錢糧
票察覈如聲明並無收支數目則票知道

海關盈餘銀兩
票察覈本內雖有解部日期不票知道
楷穀變價
票知道有數目仍票察覈
撥過兵餉數目日期
票知道雖有冊銷字樣不票察覈
彙題追獲贓贖銀兩貯庫
票知道如有已未完者則票察覈
盛京用過紙張各數

無銀數票知道雖有題銷字樣不票察覈有銀數票察覈

如請領緞足等項則票議奏

並無私盐變價銀兩

票知道有銀數票察覈

郵符奏繳

未經填用者票知道已經填用者票察覈該部知道

議奏有與察覈相似者

墾過田地

票知道如有陞科字樣要票議奏有丈量數目票察覈

墾地陞科

本内雖有墾地若干畝共徵地丁正閏銀若干兩呈送察覈等語只票議奏

已未完正雜各項錢糧經徵各官

本内叙行開職名者票議奏如銀數在前票察覈察

山東五年丈量湖泊茭草地畝

本内有孳生字樣票議奏但只數目則票察覈

撥解打箭爐臺費銀兩數目

票察覈雖有請動支字樣不票議奏

雖有彙題字樣仍票議奏者

按季彙題豁免贓銀

彙題造賣賭具各案有議處議叙者

彙題承緝命案盜案犯未獲各職名

彙題發遣人犯三年無過

彙題按擬杖責等罪

彙題限內完贓等各犯

票部覈議如免罪票部議奏

彙題不准減等軍流各犯

票部覈議

彙題孀婦獨子例准留養之案

票部覈議以本內未敘明已未奉部覆字樣故不票知道

各官請陞請調

○○令○○○請陞○○牧　直牧同

○○令○○○請調補○○令　如已陞票知道加說帖

○○令○○○請與○○令○○○對調　兩人對調式

縣以上道以下請陞調者本面皆用此式

各官請補請署　如補要缺不票議奏

候補令○○○請補○○令

試用令○○○請署○○令

縣以上道以下請補請署者本面用此式

各官試署期滿請寔授

○○令○○○試署期滿請寔授

如試署期滿請銷試俸票知道已陞官員補請寔授者亦

票知道

各官俸滿保薦

○○令○○○俸滿保薦

教職同數人合題者照此

○府教授縣教諭訓導○○○俸滿保薦保題一人者應令分晰寫書

某地某官某人邊俸期滿保題

各員俸滿保薦有報滿無報題字樣票知道

有考語無撤回内地字樣票議奏

試用從九品○○○○屯務期滿保題

臺灣令○○○五年俸滿

本内無保題字樣而本身考語即算保題

六年俸滿教職甄別　如止一人照前式書名

○○令○○○請以陞銜留任

光緒三年三月十九日劉秉璋進新淦令謝雲龍請留任

該部議奏

吏　十七

本内新淦要缺歸復舊制仍作為中缺准部飭查現任知
縣是否勝任等因查該員本係繁缺之員才學於事應留
本任俟有相當繁缺另調等情票議奏
○○○○○請留任
新設○○同知○○堪勝員缺之任
○○令○○捐請離任
光緒二年二月二十五日票吴元炳進通州直隸梁悦馨一本
○○同知○○○捐陞知府請開缺
同治九年進四川馬邊廳同知張東堃一本

查無合例人員請　特簡

屬員廻避

嘉慶三年改議奏道光五年揚○○○一本仍票知道

潮州府同知劉朝華廻避請開缺另補

向來廻避者俱對調後始行題進票知道者本因在原籍

五百里以内該省無合例對調之俟接准部文議以為開

缺日期仍由該省另行補用是以票議奏簽酌定本面如此

同治七年十一月進

○○令○○○廻避請改發

○河同知○○○修防未能裕如請撤回

如署任票知道

○○令○○○請改教職

○縣年老舉人請給京銜

八十歲以上之。縣老民○○○請給頂戴

有數人加等字

因公溺斃之○官○○○請卹

已故○○○○之○○○請給封典

廕監請襲

土司承襲

土州同無員可調請簡補者票知道

年未及歲之土司請署　請代理者同

衍聖公請襲

保舉賢良方正　孝廉方正同

○○縣○生○○○○保舉孝廉方正

舊式無地名人名近改用此　按本内單題一人者用此

式如數人合題仍可不必出名

叅案開復　如係錢糧處分開復票簽議

○○令○○○革職降留之案請開復

○○令○○○降俸完解請開復編边俸同

○○令○○○續完承追贓罰銀兩請開復

河銀減料銀兩同

獲犯一年限滿無過之○○令○○○請開復

重犯越獄五月内拿獲典史四年無過開復知縣一年無

過開復係革留處分

承追銀兩全完請叙

叅票全完請叙

歲內通完河銀各官請叙

　河道事本尾開通完各職名續報全完不請議叙者同

盐引全銷請叙

盛京驛站監督差竣無誤請叙

勸墾荒田請叙

場員收盐缺溢分數請議　盈絀分數同

完銀開復案內遺漏職名聲叙候議

漕項奏銷案內恭正耗完欠不符各職名

已未完正雜錢糧經征各官

本内逐行開職名者票此如銀數在前仍票察覈
未完茶盐引各職名
未完盐課商人職名
督銷盐引職名
等衛所已贖屯田並承贖各職名
承緝鹽犯未獲各職名
一寫命盜案未獲各職名
有彙題字樣照加　此二條惟奉天本用之
承緝逃犯未獲職名

一寫承緝逃犯已未獲職名

玩視盜案之已革○○令○○○特参

失防獄囚自盡之○○○杖革

造報遲延已經革職

失察私塩公出

疎防公出

疎防首員別案革職

疎防首員病故卸事

疎防首員革降休離任

該部議奏

吏　二十一

卸事者看本内離任日期貼黄無之或首員有前任字樣

必須覈計限内限外限内票議奏限外票議處近不論限

内限外俱票議奏

○○縣文職疎防專叅文職本面式

○○縣武職疎防專叅武職本面式

○○縣文武疎防文武併叅本面式

疎防獲盜及半盜首在内　未半過半者同

疎防盜犯鄰省全獲

疎防外洋文武併叅聲明文職應否免議

疎防在　恩詔前請免議

四叅限滿題叅離任

盛京○部員外郎擬補

盛京戶部請更銀庫郎中

盛京驛站監督擬補

中倉內倉監督請换

盛京中江稅務差滿擬定正陪引　見

盛京遴選補放監督擬定正陪給咨赴部

吉林各處倉監督請　派

該部議奏

淮海關請委員接護

大計請展限期

年滿官學教習一等

考試筆帖式試卷進　呈

又式　加試卷併發

該部議奏 戶

文武養廉請撥

耗羨銀兩不敷動用請撥

耗羨項下銀兩不敷動用請撥

易州供應
陵寢員役俸餉等項銀兩請撥

其一寫俸餉米折銀兩
遵化州玉田縣薊州同

豐潤縣供應
隆福寺祭牲需用豆草等項銀兩請撥

豐潤縣供應
暫安殿祭祀等項銀兩請撥

西陵養育兵丁銀兩請撥

該部議奏

東陵八旗餉乾等項銀兩請撥

此與遵化等州縣供應　陵寢員役俸餉本同現歸

東陵大臣衙門自行祇領本内有原歸　縣供應云云

順天府屬雲津等閘閘軍工食銀兩請撥

清河等閘軍同　如款項多者工食下加等項二字

密雲縣潮白二河橋船水手工食等項銀兩請撥被災各州

縣存留項下災蠲銀兩請撥補

各營兵馬糧餉請撥

各營歲需俸餉等項請撥

派撥兵糧　兵米請撥同

原估兵馬糧料草束不敷動支請改撥

旗兵操演火藥鉛丸銀兩請撥

鹽茶廳共支兵糧不敷麥石請撥

給過青海王公臺吉俸銀緞疋請撥

各項歲需錢糧請於地丁動撥

歲需錢糧請於司庫撥給

應需草豆請於司庫銀兩給買

織造銀兩請於司庫動支

該部議奏　戶　二十四

兵餉不敷請將司庫銀兩採買
收買兵丁晒颺等米銀兩請動支
恩科文武鄉試各項經費銀兩請於閩海關稅銀撥支
浙省六年歲貢旗牌銀預請派定動給
應需文武舉人花幣等項銀兩請於閩海關稅銀撥支
值○○恩科之年
拆造戰船應需銀兩請動給
撥解西藏軍銀兩已經撥運
預期估撥倒馬銀兩

估撥官兵俸餉

預估各營公費銀兩

題估永定河歲修工程應需銀兩

本尾復有除飭照例題估外等語似將來尚應題估此先

題明應需銀兩

委員採辦滇銅應需銀兩本內無起程日期止請籌款動支給發

甘省驛站預備次年應需銀兩

應解臨德二倉本折銀米照例預題

運庫動支復價銀兩

養濟院孤貧口粮請動支正項

貧民請借給口粮

滑濬等縣估變逆產地畝

滑濬二縣續查逆產撥贍地畝請仍原估召變追還借欠銀

兩估變產業

盛京估變採亭等項銀兩

盛京户部請領緞疋布紙張等項數目

盛京户部請領銀兩緞疋備用

貴州撥還存儲銀兩

應追各項銀兩無力完繳請豁

陣亡之○○令○○○應追欠項請豁

出師○省亡故兵丁長支銀兩請豁

已故○○令○○○應追銀兩無力完繳請豁

減歇月糧請豁

阜河協派換塘汛弁兵借支行裝銀兩請豁

儀徵縣坍漲蘆洲課銀請豁

和林察哈爾荒地遺糧請豁

○○縣坍漲等灘地租銀請分別緩徵

該部議覆

○○府屬被災地畝豁減銀兩有數目亦票此

豁免浮糧

豁免錢糧

緩徵錢糧　帶徵同

災賑捐緩各款

已奉　旨速議過者加說帖見下災賑註

被災地畝分別應蠲應緩

被災竈地分別蠲緩

○處竈地被水請緩徵

歉收地畝請緩徵本内有雖係遵奉恩旨開其數目因尚未緩過者須另題

請蠲免地丁錢糧

勘明成灾分數分別蠲賑

勘不成灾之睞場請緩徵

續報已完成灾分數

外省灾賑本向俱量其緩急票擬如奉蠲賑後督撫復按

成灾分數分別如賑則係急需辦理之件票速議道光九

年已奉改由奏請不復歸題本矣如奏奉蠲賑後續將勘明

成灾具題則係遵

旨查辦之件票議奏如本内聲明

應蠲應緩錢糧另疏具題只係續報頃畝分數並無應辦

之件票知道俱加説帖

地丁銀兩次年併銷

請以地丁攤於糧内

錦州等屬沙壓地畝錢糧請免議

○○縣勘明坍漲田地分别陞蠲

文勘○州等處積年被淹田地應徵應免

江寧等屬五年丈勘蘆洲田攤

内有陞除孳生字樣如但數目則票察覈

元和等縣坍荒田地錢糧均勻酌減

山東五年丈量湖泊茭草地畝内有陞除字樣

墾地陞科

本内雖有呈送察覈字樣亦票議奏即本内稱墾地若干

畝徵地丁銀若干請部察覈亦票議奏

請寬陞科限期

查覆開墾地畝並無陞科等由

○○衛所屯田請照民上下二則科徵係請減則

廣東各場墾復竈税編徵移抵丁銀

該部議奏

入產項下地糧房租被衝請開除有數目亦票此

條陳漕運事宜

改運滇鹽粵銅案內鹽銅銀款事宜

截留漕運

請增茶引

查開礦場　硝廠同

道光五年進廣西一本內有另於鄰縣開採餘息銀兩毋

行文部故票此

開採鉛礦　並無產銅之處同

道光十年七月進湖南荊州請將先經禁封之山官為試
採悉照舊定章程辦理云云票此
收捐過義倉穀數內有勸捐各官照例請加級
散賑倉穀按年捐俸解司
開捐加徵米石
經徵葠票津貼銀兩考成
外洋遭風豆石沉失請豁　直督本
天津船戶裝運奉錦豆石外洋遭風沉失比照糧船遭風
例請豁票此

該部議奏禮

年逾居百齡之○縣壽民婦○○○○氏請旌

五世同堂之○縣壽民婦○○○○氏請旌

年逾居百齡五世同堂之○縣壽民婦○○○氏○請

旌

節孝請旌數縣合題人數者本面式

○縣節孝請旌一縣數人式

○縣節孝請○○○請○旌一人式

近式概不出縣名人名孝義同

○縣節婦烈婦○氏請旌

核卬儀奏　禮　三十

○縣烈貞女○○請　旌

○縣孝子○○○請　旌

樂善好施之○職員○○○請　旌　捐田贍族同

但經調戲羞忿自盡之○氏請　旌

一聞穢語氣忿自盡之○氏請　旌

强姦不從被殺之○氏請　旌　一寫拒姦被殺

此係原犯監斃或畏罪自盡毋庸議專請　旌表者與

法紀條內奏請應否　旌表及附請　旌表者有別

已故○○官○○○請祀名宦祠　請祀鄉賢祠同

殉難官之家丁請立總碑附祀本邑忠義祠
捍灾禦患之已故沈蕩鎮把總張國臣請封
明故文生羅子木等請附祀昭忠祠
漢將軍諸葛瞻請入祀典
宋故儒袁燮請從祀　文廟
靖州龍山土神楊再思請給封號
岑溪縣羽士鄧清請給封號
瀏陽縣聚龍山胡李二仙姑請加封號
長沙縣廻龍山李仙姑請給封號

建甯府練夫人參聖夫人廟神請加封號

移駐改設請換印信　如尋常模糊請換票知道

木刻鈐記請換銅記

土司巡檢印信請鑄給

○縣士民捐建考棚

請添生員名數

○縣請加學額

都綱襲替　又式票該衙門知道

官生回國　暹羅貨船被風其貨物請於浙省發賣

該部議奏兵

各員弁請補　請署　請陞　請調　請寔授　本面均與文職

○協標鎮○營守備請陞補○協標鎮○營都司

候補守備○○○請補○協標鎮○營守備

請署　請調補及對調均同

俸滿保題

千總俸滿預保

某地某官某人邊俸期滿保題

內有報滿無保題字樣票知道有考語無撤回內地字樣票

議奏　本內或無保題字樣而本身有驗看考語即算保題

署○○鎮左營守備○○○邊餉期滿請

儘先都司○○○試看期滿請改水師

改用外海水師守備○○○効力期滿保題

咨改水師守備○○○効力期滿保題

武進士武舉生監民人請改水師者先咨部註册効力三

年期滿保舉請　旨敘用

現任陸路咨改水師期滿同

右江鎮總兵○○○三年俸滿擬定正陪引　見

泰寧馬蘭二鎮守備擬定正陪引見

台灣水師協守備〇〇〇請調回内地補用

本内有人地未宜字樣

洞庭内河水師守備等缺現無合例人員請簡補

洞庭内河水師守備等缺現無合例應陞人員請簡補

河營守備〇〇〇人地未宜請撤回另補

如署任請撤票知道

〇營都司〇〇〇請開缺

保送藍翎侍衛

分發守備導
旨甄別
遵例甄別同

預行保舉未經得缺三年無過之
遵例甄別

軍政二年半薦舉若五年加院字

軍政請展限期

題補年滿千總

世職殘廢請另襲

嘉慶二十三年盛京副閑防兼膳總領名凌柱老病請退
任一本查明揭帖已送吏部曹中堂定該部議奏簽

世職防禦○○○請退

世職○○○請革退隨營
世職○○○請革退另襲
雲騎尉年老請革退仍留世職
候補守備請革退隨營請辭退回
守備因病請退仕
○營守備因病勒休
荆州城守營守備曾步雲勒休
弓馬生踈差操懶惰之○○○斥革離營
弓馬平常差操懶惰之世職○○○斥革

督揀不力之守備〇〇〇降千總侯補

年屆六十三歲之〇營都司〇〇〇保題留任

考驗新催守備弓馬平常之〇〇〇請勒休

陣亡官兵之子孫請襲

〇道加兵備銜請換敕書

湄州營遊擊等閱防請頒

烏拉額赫穆等站監督請換

病痊守備驗看

記名領催補放驍騎校

署理佐領
○○○署佐領事務俟佐領○○○及歲時再行
候補衛千總○○○請發標學習
駐防世職佐領請署
土百户○○○請襲
世職○○○請收營學習
世職○○○請襲
年已及歲之世職○○○請發標學習
世職○○○學習期滿保題

漢世職在營試用年滿

請以應襲本職作為文生員應試毋庸給俸

雲騎尉世職○○○因病請另襲

請添設官兵

請撥兵餉同

請撥驛站

各鎮標協營歲需兵糧請撥

原估兵馬糧料草束不敷動支請改撥

新設淮揚等鎮官兵營制事宜

在洋遭風被溺各弁兵請卹

改造軍器
外洋疎防出洋巡洋做此武職疎防同
疎防首員係武舉馬兵外委
彙題承緝命盜犯未獲各職名

該部議奏刑

按擬杖責等罪加徒罪以上票擬

輕罪先行發落

命案另獲正兇

應行斬絞各犯已故毋庸議

人命重案請俟首犯緝獲扣限審擬

斬絞重犯歸另案辦理附參遲延職名

咨部准釋各案查明犯親已故遞回原籍

觸犯父母各案道光三十年四月二十六日票知道奉

御筆改議奏

犯監應絞之婦監甃穩婆等仗責收贖
瘋病全愈之監犯　請釋
彙題發遣人犯三年無過
彙題造賣賭具各案
有議處議叙者如無票知道
虧空產絕請援宥
按季彙題豁免贓銀
贓銀無力完繳免追
自守冒銷老婦銀兩

該部議奏　工

條陳開濬事宜

循例補造船隻

採辦火藥鉛觔

辦觧木植

盛京廟殿更換龍毯

各鎮標協營製造火藥等項估需銀兩

各營製辦軍械估需銀兩

金州水師營修造戰船估需銀兩

福州廠大小戰船估需銀兩

漢陽船廠修造船隻估需銀兩

三陵修理鹿角工程估需銀兩

三陵歲修工程估需銀兩

盛京補修　永陵鹿角工程估需銀兩

修理貢院工程估需銀兩

各河工估需

○省○廳屬○○汛歲修工程估需銀兩

直隸永定河○汛搶修埽工估需銀兩

直隸通惠河王相公莊蠲搶鑲埽工估需銀兩
直隸溫榆河某處挑積土工估需銀兩
直隸南北三河某段加抛石工估需銀兩
直隸北運河河西務拆修垻工估需銀兩
山東運河廳屬汶上汛加廂垻工估需銀兩
山東濟寧鉅嘉汛加廂埽工估需銀兩
山東捕河廳屬東平汛廂埽工程估需銀兩
陽穀汛
壽東汛同
山東泇河廳屬聊城汛帮築堤工估需銀兩
山東泇河廳屬堂沛博汛加帮堤工估需銀兩
山東泇河廳屬滕嶧縣添抛工程估需銀兩
該部議奏

山東上河廳屬聊堂汛桃榜各工估需銀兩

山東下河廳屬夏津武城汛桃挖各工估需銀兩

豫省黄河等處拋辦石工估需銀兩

豫省南（南北岸上游四廳）岸上南河廳屬鄭州汛拋埧工程估需銀兩

豫省南河廳屬魚鱗等埧添築工程估需銀兩

豫省黄沁等廳屬唐郭汛修築工程估需銀兩

豫省衛粮廳屬封邱汛增培土工估需銀兩

豫省祥河廳屬祥符汛各工估需銀兩

豫省中河廳屬中牟下汛各工估需銀兩

豫省下南河廳屬祥符上汛各工估需銀兩

豫省下北河廳屬祥符下汛各工估需銀兩

歲修都江大小堰工程估需銀兩

江南高郵汛堵築等工估需銀兩

海塘修築埽堤各工估需銀兩

襄陽府修築隄工估需銀兩

通州修艌橋船估需銀兩

凡此等事件雖經奏准仍須題估用此式

以上各項估需與察核用過銀兩互叅

吏部議奏

吏部議奏

文職告休告病告終養

如未經到任在途告病及降補未經得缺者禀知道未署事同

○○令○○○請終養

○○令○○○告病

○○令○○○請休

○○令○○○請開缺修墓

兵部議奏

武職告休告病請終養

凡勒休之員只有老病等字無弓馬平常等字照此式如非

雲貴川廣有老病勒休者亦照此式

佐領防禦及佐領退任同

○鎮標協○營守備○○○請終養

世職○○○請終養請休請退者均同休退加因病字樣

撫標右營守備○○○告病

滿洲鑲紅旗佐領○○○告病

香山協中軍都司○○○老病請休

烏拉正藍旗公中佐領○○○老病請休

防禦○○○年老請休

提標○營中軍守備○○○老病勒休

錦州佐領○○○因病請退任

雲騎尉○○○患病請辭退隨營

光緒三年五月十八日鮑源深一本候補守備楊達榮請

革退隨營係因久病不愈且屬候補人員似無可議只票

知道

該部查議具奏

凡錢糧處分開復票此

續完降俸及編边俸並審案內開復均票議奏

○縣續完經徵錢糧原參職名請開復

○縣續完丁耗耗羨銀兩原參職名請開復

○縣續完廉費鹽課銀兩原參職名請開復

○縣續完收租漕項銀兩原參職名請開復

○縣續完緩征錢糧原參職名請開復

○縣續完商稅等銀驛站銀兩原參職名請開復

該部查議具奏

四十一

○縣續完驛站裁扣留支耗羨銀兩原叅職名請開復

銷引續完各官

兩淮各場續完正帶折價錢粮

長亭場未完皂課銀兩

○縣未完丁耗銀兩因災緩征原叅職名請減議

○縣未完丁耗銀兩逢恩豁免原叅職名請免議

○縣未完丁耗銀兩另案叅追接徵職名請免議

○縣未完展緩南糧原叅職名減等議結

如數縣併題加等字

清泉場灶課錢粮因史谿免原叅職名請開復

運弁違限全完請開復

如審案內開復仍票議奏

該部察議具奏

該部察議具奏
凡文武官員無議處字樣者票此
交代遲延
於交代遲延之○○令○○○題參
押運遲延
違限不及十月者票此十月外者票議處
失察開礦
失察盜賊
失察衙蠧

疎防漕船失火

疎失劄付

如被水盜賊查確後照例免議单請補給者票知道簽

自行檢舉緣由

銷引未完一分各官題叅

題叅違例糶賊各官

摘叅赴任違限各官　吏科題

摘叅到任遲延各弁　兵科題

請將疎庸各官休致

該部察議具奏

四十三

追補司庫短少銀兩

誤將他犯審作正凶

漕船過淮違限各職名　督押道廳同

　此違限不及十日者十月以上票議處

　道光五年黃水倒灌禦壩堵閉糧船盤運以致遲延一二

　月不等票議奏

該部分別察議具奏

凡內有數人而情節不同者此式

該部議奏餘著察議具奏

絞罪部駁照律勿論其議罪出入之問官請察議

該部嚴察議奏

凡題參各官無請革字樣者票此

查明原任督撫虧空銀兩

違　旨捐解俸工銀兩

參後侵匿銀兩

錢粮先挪後補

寔任帑銀捏抵欠項

多用耗羨銀兩

賄縱私商

霉爛倉穀

領運挂欠各弁

疎防河工各官

賠修隄工未完

參革虧空限滿未完

冒差赴部請票買馬

失察家人衙役舞弊

文憑不到

印篆不符

議處各式

失落揭帖

○○○着議處具奏該部知道

各省老病勒休

有弓馬平常字樣者票此如無票兵議○雲貴川廣不在此

例○若五年軍政叅勋劾該部下添院字○雲騎尉未補守

備亦只票議奏不拘何省○凡老病休致之本查履歷

文官只以老病别無劣蹟亦只票議奏

河工漫口

軍政二年半叅勳各官
本字有數人加添等字○如各生一法加分別二字○如
五年加院字○本面照此式
疎脱盗犯流犯
疎脱凶苗之土官
簽差不慎　經征不力　檢驗不寔　承追不力
承緝不力　承催不力　失察私塩　造報遲延
押運遲延　於○○○○之○○令○○○議處
以上數條本内如無議處字樣皆仍票議奏十日以外者

票此不及十月者票簽議
諱盗命
特參疎防
武舉外委不出名
承審遲延

○著議處具奏餘著議奏該部知道
凡本内有議處人員本尾並附奏陳者用此式

該部議奏其查報遲延之○○○著議處具奏該部知道

續報被災附參遲延職名

○○○等著分別議處該部院知道

大計參劾各官

軍政參劾各官

本面照此寫○若二年半去院字如所參各員同坐一法

不用分別二字凡大計本通本限二月初十日內進部本

限二月二十日進

大計六法　不謹　罷軟革職　浮躁降三級調用
才力不及降二級　年老　有疾休致

○○○等著議奏○○○等著議處具奏該部院知道

凡大計軍政舉劾各員共為一本者此式

軍政舉劾各官

大計舉劾各官

本面式　知一人寫人員

○○○著嚴加議處具奏該部知道

凡本内有嚴議者票此

抗糧　運私　諱盜

溺職　庸懦　疲玩

揑除名糧

縱容家人倚役兵丁

觀望番賊殺死客民

○○○等著嚴加議處○○○等著議處具奏該部知道

凡本内有嚴議議處二項字樣者票此

○○○等著嚴加議處○○○等著議奏該部知道
凡本内有奉　旨嚴議併議欽各員式
○○○等著分别嚴加議處具奏該部知道
○○○等著分别嚴加議處具奏餘著察議具奏該部知道
○○○著勒令休致該部知道

雲貴川廣五省叅革勒休者用此式

如本内無弓馬平常字様只票兵部議奏若軍政之年因病

請休雖無弓馬平常四字但有勒休等字即照式票查履歴

○鎮○營都司守備○○○老病勒休

近不論何省俱同

玉環營叅將傷病復發勒休本内有弓開不滿箭小無勁

等語從前因攻賊受有砲傷損骨與弓馬平常者有别只

票議奏簽

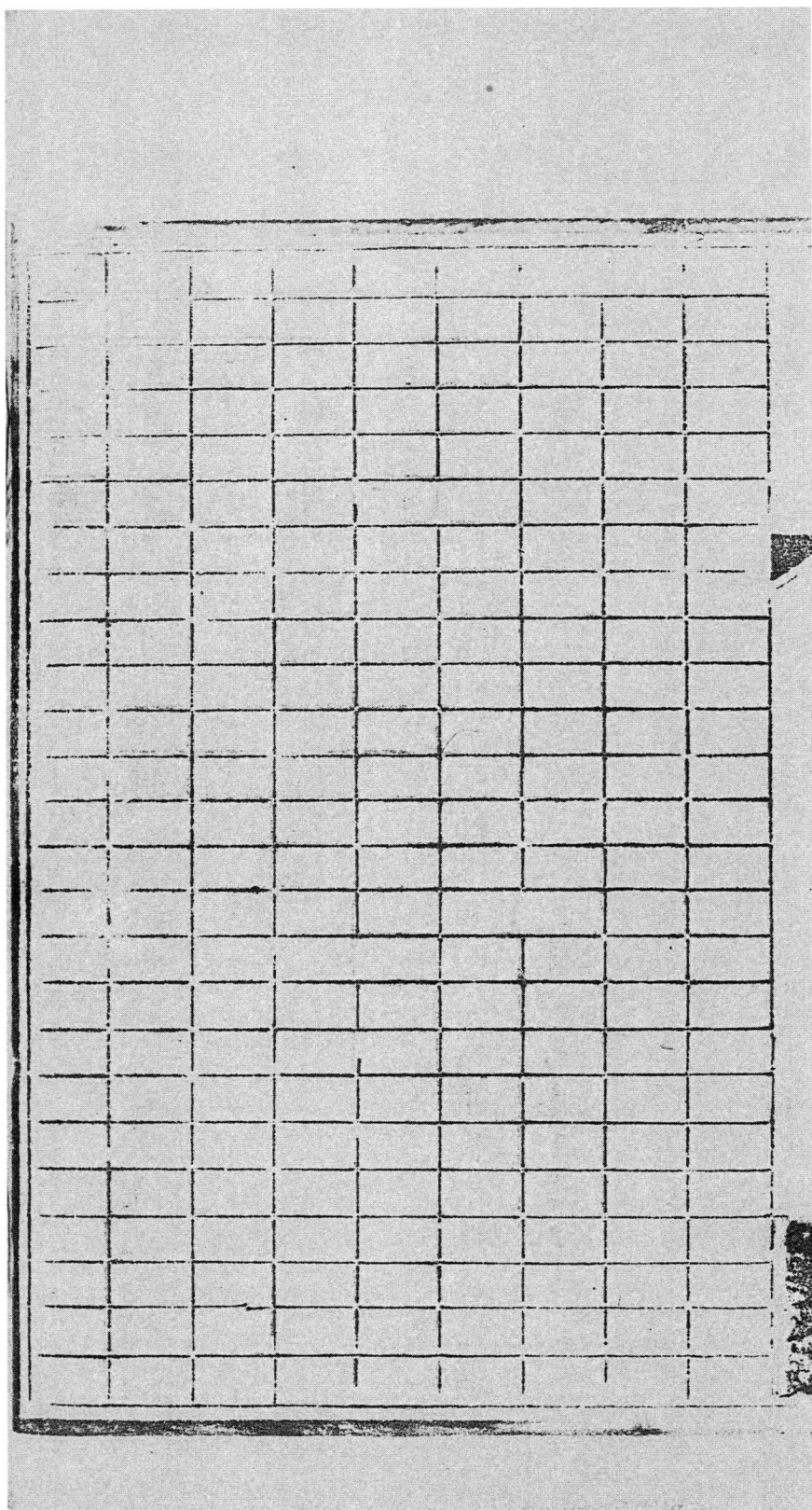

通本簽式卷二目録

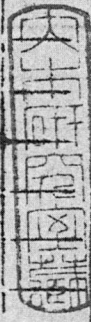

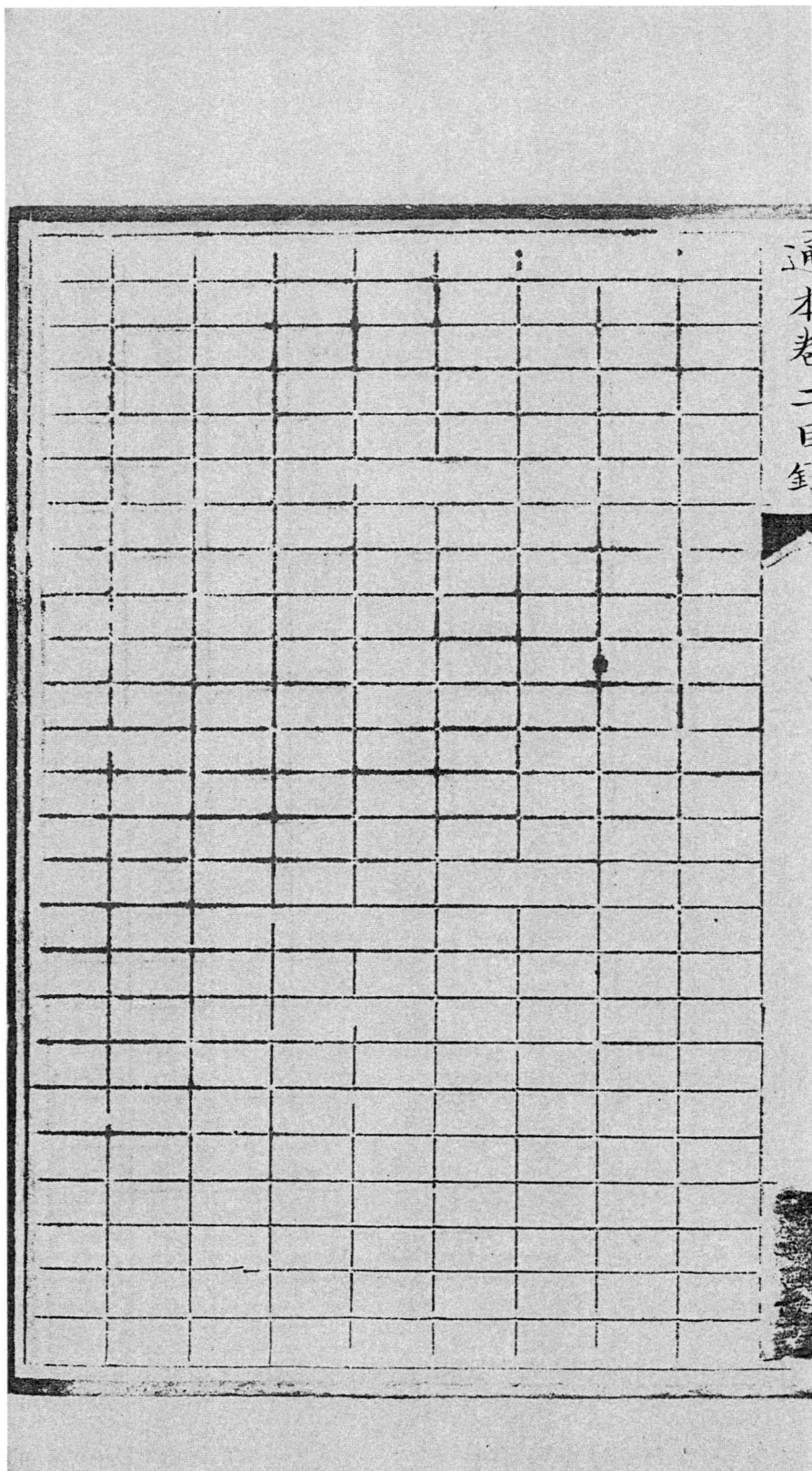

這所叅諱竊縱賊之。。。著革職該部知道

於諱竊縱賊之。。令請革

嘉慶二年江西撫張承基一本　嗣後革職人員務須寫出

事由

這所叅私放縱兇之。。。著革職拏問其有無賄縱情弊著該

撫嚴審定擬具奏該部知道

於私放兇犯之。。令。。。請革審

這所叅尅扣俸餉之守備。。。千總。。俱著革職交該督撫

嚴審定擬具奏該部知道

於剋扣俸餉之。。。守備。。。等請革審

嘉慶七年倭什布一本内有革職嚴審究辦等語

這所叅疏失餉銀並失察為盜復圖規避處分之。。。著革職
餘著議處具奏該部知道

這所叅於情實斬犯漫不經心致在監自盡之典史。。。著革
職餘著議奏該部知道

這所叅場員交代查有徵存未解銀兩之。。。著革職交該督
提同經書人等嚴審有無虧挪照例分別辦理該部知道

於徵存未解銀兩之鹽大使。。。革審

道光十四年進

這所參○○縣知縣革職留任緝拏管獄官典史○○○著革職

拏問交該撫提同禁役人等嚴訊有無賄縱情弊照例辦理該部

知道

這所參○○○著革職仍留該地方與接任官協同緝捕該部知道

續參重囚越獄限滿未獲

這所參○○○著革職該部知道

特參官并無應審事實者

這所叅恃紳肆賴不服訊斷之。。。著追奪封典交該撫飭提
訊究該部知道
霸不交房之。。。請追奪封典
這所叅。。。等俱著斥革拏解到案將阻捐把持各情由著該
撫一併嚴審定擬具奏該部知道
於阻捐把持之。。縣舉人。。等請革審
。。。著革去舉人該部知道
搶手未得贓投首減等枷杖咨行禮部行令題革因案已完
結故酌票此式

這所叅。。。著革去武舉其糾衆侮官挾令罷市情由及案内
有名人證著該撫一併嚴審定擬具奏該部知道
這所叅。。。。。。俱著革職。。。著革去舉人與。。。拏解到案
將濫禁婪贓各情由及案内有名人證著該督一併嚴審定擬具
奏該部知道
如官員請解任則云這所叅。。。著解任如文武舉貢生
監有須斥革質審者俱出名案情重大則云嚴審定擬具奏
輕則云審擬具奏如節情太輕則直票該部議奏不必出名

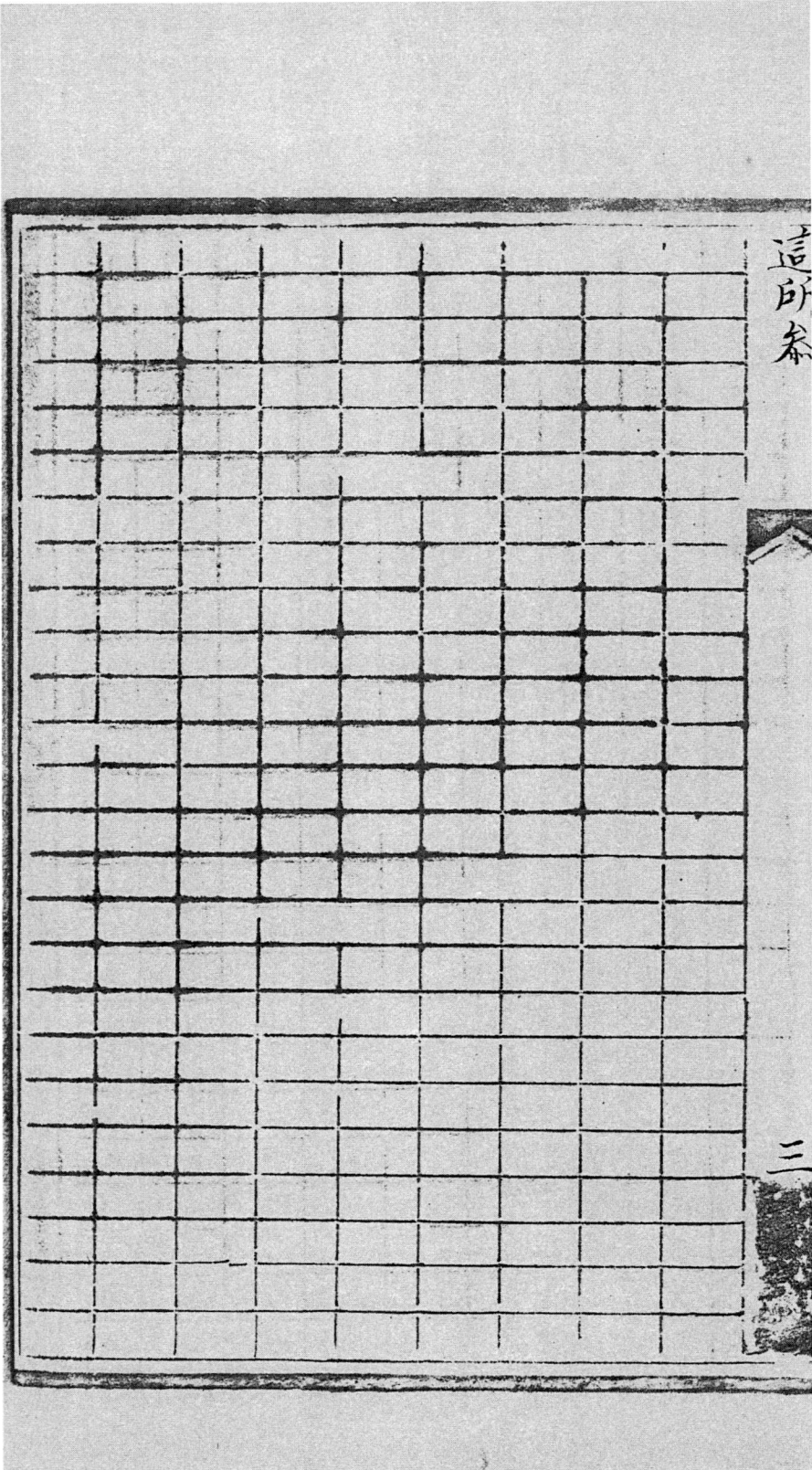

這所叅

三

該部速議具奏

勘過沿海塘工

請建新生險工估需銀兩

危險應築遥隄

搶修隄工請撥銀兩

地動請賑

鹽場淹沒

出兵借支銀兩

安插流民

各項遞議

請將逼近　陵寢小路前後禁來往

各屬被災分數及請蠲請豁請賑請緩加說帖見後

請賑被災州縣

沿邊安營拴養馬匹

該部確議具奏

凡奏不盡者式

請將本色定價充餉

該部察例具奏

貢使在途病故　琉球　緬甸各正副使同

外藩病故

各項議奏

該部分別詳議具奏
漕督題會查浙江虧空

該部分別定議具奏
奏報克取江壩陣亡兵丁

該部院議奏
大計卓異人員
軍政薦舉人員　二年半去院字

五

該衙門議奏

甘肅平番縣係理藩院辦理乾隆三年九月進過此本

該衙門速議具奏

綏遠城渾津莊被水淹沒頃畝請
旨蠲緩

各莊有隸內務府者

各項議奏

都察院議奏

李衛奏同知劉汝梅原叅不枉

大學士九卿議奏

建立怡親王祠

九卿議奏

條奏事宜

六

九卿速議具奏
請將廣西穀價買穀運交廣東分貯
九卿詹事科道會議具奏
條奏事宜
吏部會同三法司核議具奏
參革令廖科齡虧空案

各項議奏

刑部會同吏兵二部核議具奏

題參聽斷任性之天津令并私書囑託之總兵等員

戶刑二部核議具奏冊併發

虧空銀米等已參未參已完未完清數

該部察核具奏

凡各項用過銀兩奏銷及收支數票此

節年經壓徵錢糧奏銷

節年經徵漕項奏銷

節年經徵鹽綱奏銷

○○等府縣屬經徵錢糧奏銷

○○等屬地丁錢糧銀米奏銷

○○等○屬耗羨銀米奏銷

丁耗錢糧奏銷

漕倉項錢粮奏銷

驛站錢粮奏銷

蘆課錢粮奏銷內有四柱清數　會議奏銷錢粮事

礦茶課錢粮奏銷

鹽課錢粮奏銷

鹽引奏銷

朋馬奏銷

茶馬奏銷

兵馬錢粮奏銷

軍需支款奏銷新案

朋扣雜稅銀兩奏銷

合費銀兩奏銷

撫米奏銷

屯田餘租錢粮奏銷

屯防經費銀兩奏銷

退圈地畝錢粮奏銷

長蘆商竈課錢粮奏銷

兩淮鹽課錢粮奏銷

省河潮橋鹽課奏銷

○○鹽課平餘銀兩奏銷

常平等倉粮石奏銷

常豐二倉收放銀米奏銷

臨德二倉本折錢粮奏銷

九年十月英翰本安慶各屬經徵南屯本折錢粮酌寫本

折屯粮無南屯字樣

○○府屬○倉收放米石用過人夫等項銀兩請銷

○○府屬各項錢粮銀米請銷

○○府屬支過夫馬工食銀兩請銷

文武職養廉銀兩請銷

○○科文武圍鄉試用過經費銀兩請銷一寫動支銀米照本票

金銀庫各項銀兩請銷

潞綢銀兩請銷

澤綢工料用過銀兩請銷

採辦綢緞支過銀兩請銷

各陵採買器皿等項用過銀兩請銷

採買秫稭銀兩請銷

辦解木植用過銀兩請銷

辦解硝觔銀兩請銷

銅課變價請銷

碾運江蘇賑米請銷　以上三款請銷上應加用過銀兩四字

救生船隻給過水手工食銀兩請銷

各鎮標協營用過工費請銷

支過已故兵丁眷屬月米請銷

捕盜弁俸餉請銷

駐防滿營用過火藥等項請銷

各營製辦軍裝用過銀兩請銷

各營採買火藥鉛彈用過工料銀兩請銷

各營朋馬皮贓等項銀兩請銷

盛京用過顏料銀兩請銷

盛京搭蓋綵棚銀兩請銷

大興等縣供應謁陵用馬駝豆草各項銀兩報銷

遵化等州供應陵寢員役俸餉等項銀兩請銷

各廠煎獲銅鉛觔用過銀兩請銷

各項修造工程用過銀兩請銷

各河工用過銀兩請銷　詳見後數目

各廠抽收銅鉛課銀兩請銷　詳見後數目

派赴口外接粮官員借支俸餉等銀請銷

　内有請動支字樣及由司造具報銷清冊等字

臨清州更造窑座用過工料銀兩請銷

○關徵收税銀數目

東海關　九江關　天津關　太平關　浙海關　閩海關

粵海關　宿遷關　贛關　夔關　淮關　宿關

辰關　新關　打箭關　殺虎口　張家口　坐糧廳

榆關　鳳陽關

歸化城坐收落地稅銀

海關經徵盈餘數目　雖有解部日期不票知道

夔關徵收　銀兩數目

榆關徵收木稅銀兩數目

太平關抽收本稅盈餘銀兩動支數目

打箭爐關徵收茶稅銀兩數目

武昌廠徵收船稅銀兩數目

通永道徵收板木船窯稅銀數目

吉林廳徵收木植變價銀兩數目

盛京中江徵收雜稅銀兩數目

開原等城經徵雜稅銀兩數目

承德府屬經徵稅銀數目

豐寧縣徵收五行各稅銀數目

長關徵收竹木稅銀數目

長關收稅銀兩動支數目

長關經徵鹽稅銀兩數目

經徵西税等銀數目

齊齊哈爾等處徵收牛馬税銀數目

○○屬未完雜税銀兩數目

○○屬經徵税銀已未完數目

牙當等税銀兩數目

收支税課銀兩等項數目

續完税課銀兩數目

○關節省銀兩數目

淮安倉徵收商税等項銀兩數目

徵收葦稅銀兩
坐糧廳收到蓆片毛竹各數
各衛所交收蓆片數
坐糧廳動存稅銀數目
崇明等廳縣經徵包課銀兩數目
兵部等府屬蘆課銀已未完數目
徵解過。。稅銀數目
各關短少稅銀數目
經徵優票津貼銀兩數目

經徵鹽課銀兩數目

督徵鹽課銀兩數目

○府屬賠解税銀數目

鹽課錢糧已未完數目　數目在前附叅官員在後者票此

鹽綱折價銀兩數目

節年鹽課折價銀兩數目

省河等處節年未完鹽課銀兩數目

省河各埠額銷鹽引已未完數目

省河各埠徵解羨餘銀兩數目

省河各埠帶徵課餉銀兩數目

潮橋各商承辦餉銀已未　數目

兩淮鹽課緩徵銀兩

私鹽變價銀兩數目

私鹽船隻變價銀兩

額銷鹽引分數

經徵商課銀兩數目

經徵茶課銀兩數目　竈課　場羨均同

甲子夌銅廠抽收課耗銀兩數目　豹子 呂家 溝同

呂家溝抽收銅課等項動存數目

建昌道屬烏坡廠抽收銅課數目

建昌道屬獅子山廠抽收鉛課數目

石柱廳屬白沙嶺廠抽收鉛課數目

雷波廳屬龍頭山廠抽收鉛課數目

黑鉛廠○金馬廠○牛圈子溝礦廠○土漕子礦廠○

遍山綫礦廠○羅圈溝礦廠經徵解費銀兩數目

西昌縣屬西流山礦廠變價銀兩數目

西昌縣屬水銀廠抽收課耗銀兩數目

盤龍山鉛廠抽收課耗銀兩數目

金牛廠抽收鉛課銀兩數目

金絲廠抽收銅課銀兩數目

迤北廠抽收銅課銀兩數目

甘肅藩庫寄貯琉璃鉛觔變價銀兩數目

府州縣經徵錢糧　帶壓徵錢糧　額徵錢糧同

○府州縣節年正雜等項錢糧

地丁銀兩○丁耗銀兩○耗羨銀兩○留支耗羨銀兩

○糧米等項○南米折價○漕項銀兩○墾地租銀

○驛站錢糧均同

○○府屬未完節年錢糧

○○府屬經徵錢糧已未完數目

○○府屬節年帶徵錢糧已未完數目

○府屬經帶徵錢糧完欠各數

○府屬經帶徵錢糧動存各數

○府屬經帶徵錢糧完欠動存各數目

緩徵錢糧數目

停綏錢糧數目　蠲免　續完同　動存字樣照添

歸化城經徵廠地租銀　已未完動存照添

寧遠廳經徵廠地租銀

寧遠廳經徵牧地租銀旗租銀兩

豐鎮廳經徵退廠地租銀

豐鎮廳經徵馬廠正耗銀兩

豐鎮廳經徵察哈爾旗地租銀

豐鎮廠經徵五千圖廟餘地旗租銀兩

綏遠城經徵牧廠地畝銀兩

綏遠城經徵房租銀兩

安慶等府經徵馬田租稻

安慶等府馬田租稻收支存賸銀兩

安慶等府經徵南屯米麥銀兩

錦州府屬經徵退圈地畝銀兩

各衛所經徵屯田銀兩

長沙等府屬屯田加徵津貼銀兩

長沙等府衛所加徵津貼銀兩動存數目

温州府屬經徵津租銀兩

該部察核具奏

十七

仁和等縣經徵餘地租銀

玉環廳屬經徵墾地租銀

綏遠城經徵運津黑河等莊米石

豐甯縣經徵湯河地畝錢糧

蘇松府屬經徵民屯等項錢糧

各屬徵收租谷等項銀兩

各屬額徵秋禾穀數

○等屬完徵過帶徵南米

定海等縣升科地畝徵收正耗銀兩

報墾地畝徵銀數目並於何年起科

隨缺地畝已未完徵

清丈地畝

○等縣勘明濱湖坍漲田蕩

本内有應升應蠲錢糧造册核題

山東各州縣經徵河銀

河道經徵裁缺等項銀兩

該部察核具奏 十八

○府屬被灾錢糧

○府屬被災地畝額餘銀米

○等縣經徵軍田被灾蠲緩錢糧

○等府州屬被灾地畝分别蠲緩

滄州等州縣竈地被灾蠲緩錢糧

遵奉 諭旨蠲過錢糧

遵奉 諭旨豁免祠基錢糧

巡幸木蘭經過地方蠲免錢糧

○縣蠲免丁耗銀兩

各屬老民逢　恩用免丁耗銀兩

府屬被灾撫䘏口糧

濟過賑灾糧石

借賑糧石

支過孤貧口糧

額外孤貧口糧

賞過阿勒楚喀拉林孤獨養贍銀兩

給過軍流等犯口糧

囚遞口糧

吉林等處給過監犯柴薪棉衣等項銀兩

倉監督交代倉糧

舊式倉監督報滿請敘一案存叅

京通倉糧斛數目

內倉糧石同

常平等倉積穀

常平倉等存儲糧石

倉糧動存數目

社倉收支穀石

各倉收過海運漕白糧

各倉收過籌備等米

義倉額穀銀兩

京倉收放糧石

臨清倉收放銀米

臨德二倉收支緩銀米

臨德二倉收支本折錢糧

臨德項下米麥改折全完分數

祿米等倉收數

官屯收貯糧石

承德等倉收放米石用過銀兩

耤田穀石等項銀兩

耤田支存銀穀各數

耤穀變價實存銀兩 無數目要知道

各紳創捐穀石

士民捐輸積穀

各屬捐穀 冬間彙報戶部只有總數

監收官莊糧石等項

東京大學東洋文化研究所大木文庫藏明清稀見史料匯刊　第二輯

吉林等屬官莊收過糧石

盤查藩庫錢糧

運庫　道庫　各屬同　各倉糧石同

督撫到任後盤查藩臬各屬謂之盤查若前後任交代錢糧雖有盤查字樣仍是交代

藩運司交代錢糧

鹽道交代錢糧

臬司交代錢糧　如聲明並無收支數目則票知道

倉監督交代倉米
藩庫錢糧無虧
藩庫動存銀兩數目
藩庫動收支開款銀兩
庫儲開款銀兩
庫儲軍需等項銀兩
織造錢糧動存有冊
支應局收發銀兩
通濟庫收支銀兩

通濟庫收過輕齎銀兩

金銀庫支領緞疋等項　盛京交代銀兩同

盤查金銀庫　盛京戶部侍郎到任盤查

巴里坤鎮庫儲通融銀兩交代數目

綏遠城庫存備用軍需銀兩

收放道糧

支給捐輸各項銀兩

海運漕糧

兌收各省漕糧

彙題起運漕白糧船

收放完糧石漕項

浙江起運漕白二糧支過行月銀米

杭州等屬運兌漕糧各數目

蠲緩漕薊等項銀兩

漕糧銀米停緩

緩帶漕糧銀米

漕白二糧徵收開行日期

易州供應　陵寢員役俸餉等項銀兩

遵化州　薊州　玉田縣俱同

遵化州等供應　陵寢喇嘛錢糧

大興等縣供應謁　陵需用駝馬豆草各項銀兩

盛京供應　三陵器皿陵寢秫稭用過銀兩

豐潤縣供應　暫安殿祭祀等項銀兩

豐潤縣供應　隆福寺祭牲豆草等項銀兩

承修　陵工用過工料銀兩

承修　福陵牌樓工程用過銀兩

承修　福陵殿坐等工用過銀兩
承修　永陵河道等工用過銀兩
恭修　永陵明堂工程用過銀兩
修理　福陵大班房工程用過銀兩
福陵歲修工程用過銀兩
三陵修理鹿角工程銀兩銀兩
補修　永陵鹿角用過運腳銀兩
三陵採買器皿用過銀兩
修理龍亭用過銀兩

修理鑾駕庫銀兩

搭蓋綵棚等項銀兩

燒造琉璃瓦料銀兩

臨清州吏造窯座工料銀兩

吉林修理公倉銀兩

修理貢院工程銀兩

○科鄉試添製號板等項銀兩

○縣修建城垣等工銀兩

○縣修建衙署等工銀兩

諮部察核具奏

○縣修建火藥局等工銀兩
○縣承修廟宇等工銀兩
邯鄲縣修理龍神廟等工銀兩
○縣修墊運木等工銀兩
南海等縣修築園圍基各工
黑龍江等處歲修各工
通州修艌橋船等工
歲修都江大小堰工料銀兩

襄陽府修築隄工

高郵汛堵堰等工

杭州府屬東塘念汛埽壩等工

西中東等塘修築等工

嘉興府屬海鹽縣折修塘工

永定河歲修工程

通惠河王相公莊壩○○工程　照本寫

温榆河　南北三河均同

北運河河西務○○工程　照本寫照本添

南北楊軍廳屬馬棚灣〇工程　又汜水等汛同〇山東運河
廳屬汶上汛〇濟寧汛〇鉅嘉汛〇漁台汛均同〇又捕河
廳屬東城汛〇陽穀汛〇壽東汛　嘉河廳屬聊城汛〇堂
博汛〇嶧汛〇沛汛〇滕汛上河廳聊堂二汛〇夏河廳屬
夏津汛〇武城汛　豫省黃河南岸〇南岸山南河廳屬鄭
州汛〇南北岸上游四廳〇南河廳屬魚鱗等壩〇黃沁等
廳屬唐郭汛〇衛粮廳屬封邱汛〇中河廳屬中牟汛〇洋
河廳屬祥符汛〇下河南廳屬祥符上汛〇下北河廳屬祥
符下汛各處段工程均同

以上用過工程銀兩與工部估需銀兩議奏條可互叅

福州廠大小修戰船用過銀兩　台灣廠仝

漢陽廠修理船隻

長興島修理船隻

台灣協標中營修理船隻

成造金州營戰船等項

補造金州水師營戰船等項

黑龍江等處齊齊哈爾等處仝

各營製造火藥

各營製造旗幟

各鎮標協營兵丁捺演藥船用過銀兩

台灣澎潮等旗營仝

盛京添造馬隊練兵火藥工料

大同各營路補製船藥

省標八營製辦軍械

演放火藥數目

造完子母炮位

廣州旗營籌備軍裝銀兩

○科會試動用供應錢粮數目

○科文武圍鄉試用過經費銀兩

歲貢花紅旗匾銀兩

文武各官支過廉俸銀兩

青海各郡王等支過俸銀

黑龍江支過呼倫貝爾總管筆帖式口粮

○○驛站用過銀兩

合計兵粮酌量征本改折
東陵八旗員役支給俸餉米折銀兩
西陵養育兵丁銀兩
撫鎮各營武弁歲需銀兩
給過駐防滿緑各營官兵俸餉等銀
各營支過官兵馬匹等項銀兩
駐防兵丁喂養馬匹銀兩
派往各路弁官借支行裝銀兩
巡查革釐官兵借支行裝銀兩

巡查廓羅克等處官兵借支行裝銀兩

赴藏弁兵支過行裝等項銀兩

賞過出征官兵整裝等項銀兩

賞過調防官兵整裝等項銀兩

各營支過工費俸薪等項銀兩

給過官兵俸餉等項銀兩

長江水師各營俸餉等銀動存數目　有冊

四路捕盜營弁兵支給俸餉等項銀兩

各鎮標協營官弁支過養廉銀兩

獎賞兵丁銀米等項
駐防各營折給兵米
駐防兵丁獎賞等項銀兩
各營撥給兵米
○年分給各差役官弁口粮銀兩
烏里雅蘇台換防官兵支過口粮等項銀兩
科布多換防官兵支過鹽菜等項銀兩
各營兵丁借支銀兩已未扣數目
兵丁生息銀兩

借支兵丁買粮銀兩扣存數目

存儲支給兵丁買粮銀兩

各鎮標協營賞過兵丁白事銀兩

八旗兵丁賞過白事銀兩

標鎮協營出師〇處亡故兵丁長夫銀兩

陣亡兵丁眷口支過銀米

川省老病功加人員給過米餉銀兩

沙河站等驛給過官兵車價銀兩

各站用過廩粮等項銀兩

屯防經費支存銀米
承德府屬支過夫馬工料銀兩
吉林等處給過官兵養贍銀兩
遵奉　恩詔賞賚年老兵民銀兩
造報兵丁惠濟銀兩
裁停　食建曠銀兩
裁減粮船支給減半月粮銀兩
各營兵丁朋扣銀兩
臨關支放月粮

各倉收放米石用過人夫等項銀兩

救生船隻給過水手工食銀兩

山東運河等廳支過夫役工食銀兩

密雲縣潮白二河橋船給過水手工食銀兩

順天府屬給過雲津等閘軍工食銀兩

運通米豆用過脚價等項銀兩

辦解部硝　委解硫黃均同

辦解科布多備用磚茶等項銀兩

打箭爐等處用過台費銀兩

撥解打箭爐台費支過運脚銀兩奏雖有請動支字樣不票議

撥解西藏新疆餉銀

撥解新疆經費脚價銀兩

解到通濟庫銀兩收過銀兩輕賫銀兩均同

辦解〇年運綢緞用過工料銀兩

辦解三綿布疋用過脚價銀兩

辦解潞紬工料銀兩

織辦製帛誥勅等項工料銀兩

採辦銅鉛

○抽收銅課用過脚價等項銀兩

鑄造廣鍋工料銀兩

用過鐵觔

用過線蔴工料銀兩

用過心紅紙張等項銀兩　無銀數票知道

辦解油墩布疋等項銀兩

採辦木植用過銀兩

採買紬緞用過銀兩　有冊

採買硝觔

江寧蘇州杭州織造派辦布疋紬緞等項銀兩

寶川局續鼓加鑄錢文用過銅鉛等項銀兩

盤獲銅鉛盈餘數目同

彙題兵馬數目　定在數目同

盛京買補馬匹等項銀兩

吉林買補馬牛等項銀兩

裁補官兵馬駝數目

養息牧孳生羊隻數目　牛隻　駝隻　馬匹同

數年平羣一次本內雖有交內務府察核仍禀該部盖由

東京大學東洋文化研究所大木文庫藏明清稀見史料匯刊　第二輯

部傳咨也

均齊孳生牛羊數目

巴里坤各台站牧放馬匹倒斃存剩各數

本內有上諭一道

巴里坤按年奏銷軍械等項

烏魯木齊每年動用損壞農具等項報銷

盛京報銷修理船隻並支次年應用銀兩

自理贖鍰

彙題贓贖銀兩

承追贓贖銀兩耗完數目

用過銀兩照例銷六賠四

文武各官應完降俸銀兩

登答部駁各款

登答修理建造等項銀兩無從核减

該部察核具奏册併發

凡奏銷各項錢粮本有黄册者加册併發三字本面旁註有

册前察核各條有册者倣此

海關錢粮數目有册

海關盈餘數目

紅毛盈餘數目

收捐倉穀數目

內倉粮石存儲

淮安倉征收商稅等項銀兩

審核各款具奏

盛京內倉奏銷

京通倉糧石

各倉收放糧斛

兑收各省漕糧

彙題起運漕白糧船

倉塲銷算錢糧及收完漕糧數目

漕白二糧征收開行日期

浙江起運漕白等糧支過行月粮米

杭州等屬運兑漕糧各數

江西省節年已未完地丁等項

○府屬額征本色米石另册報銷

和格林爾岱等應征左衛備地租銀另册報銷

地旗租考成

隨缺地畝考成　盛京内外各城已未完數具在册内

餘地租銀考成　盛京侍郎題

金銀庫奏銷　盛京將軍同戶部侍郎題有四柱册

金銀庫各項錢糧奏銷　出入各項本内無數目有黄册

盤查金銀庫數目　盛京戶部侍郎到任盤查

盤查各城旗倉穀數

匠粮收放動存銀兩

經征南秋軍儲屯仗等項銀米

河道額征裁停夫食及建牆銀兩

河道各屬經征裁夫等銀已未完數

金銀城被災旗戶收過撫米

各屬老民逢　恩應免丁銀

稟題私鹽變價銀兩

報獲私鹽私船變價銀兩

織造錢粮動存寔數

○年分辦解緞紗等項錢粮

辦解新疆等處綢緞等項報銷

採辦綢緞支過銀兩

辦解三線布疋用過脚價銀兩

通省演見馬隊官兵用過火藥等項銀兩

修理大獄

光緒三年七月二十日票吉林估修大獄一本本內并無

奏銷字樣舊式應票議奏惟此本乃進黃冊查冊內有刻

不可緩應即修理所用工料依本處隨時價用過銀兩分
晰開列等語酌票察核册并發本面寫修理大獄旁註有
册不必以佔需用過分之也

該部察核具奏册圖併發

河道經征錢粮數目　本尾恭疏題繳無恭呈○○御覽字者

該部察核具奏册留覽

各部院奏銷錢粮

該部察核具奏摺併發

各省繕摺隨本奏銷錢粮

該部察核具奏餘著議奏

征收葦稅錢粮數目并清寔收本色銀兩

報銷本垣運河動用地丁銀兩

該部察核具奏餘著議處具奏該部知道

地丁錢粮奏銷殉有衛守備例應革職附叅

三法司核擬具奏

一切淩遲斬絞重犯

傷死〇〇之〇〇〇絞候

本内凡引鬭毆殺人無論手足他物金刃例者本面俱照

此寫

傷死〇〇〇之〇〇〇等絞候

凡互毆案内各斃各命均以鬭殺律科罪者本面照此

共毆傷死〇〇〇之〇〇〇絞候

凡共毆人致死以下手致命傷重擬抵者本面照此寫

共毆傷死○○○之○○○絞候等因

共毆案內有擬斬擬絞罪名不同者或同擬斬同擬絞而

引例不一者本面只寫在前一犯餘歸等因二字若在前

一犯擬斬擬絞而餘犯係軍流徒活罪即不加等因二字

又傷死無名竊賊之○○○絞候

傷死緦麻服兄○○○之○○○斬候

有服制者本面照本內例牌添出或寫緦麻尊屬亦照添

○緦麻卑幼罪絞候

傷死大小功服兄○○○之○○○斬決

傷死大小功尊屬○○○之斬決候大小功卑幼絞候
傷死胞兄○○○之○○斬決
刃傷胞兄之○○○絞候傷未死者不出名期親尊長仝
子毆父之○○○斬決
傷死胞伯叔○○○之○○○斬決期親尊屬仝
傷死期親伯叔母○氏○○○斬決
傷死伊妻○氏之○○○絞候
傷死伊夫○○○之氏斬決
傷伊夫期親尊屬○○○之氏斬候

僞死妻父○○○之○○○斬候　本內引例只云妻父

僞死妻前夫之子○○○之○○○絞候

僞死外姻小功尊屬○○○斬候

聽從下手僞死小功尊屬○○○之斬候

故殺死○○○之○○○斬候　凡引故殺例者本面照此

故殺死緦麻卑幼○○○之○○○絞候　尊屬斬候

故殺死大小功姪弟○○○之○○○絞候　卑幼照寫

故殺死伯叔兄弟○○○之○○○凌遲

故殺死大小功兄○○○之○○○斬候　弟絞候

故殺死期親卑幼○○○之○○○絞候

故殺死伊妻○氏之○○○絞候

故殺死弟妻○氏之○○○絞候

故殺死親夫○○之○氏凌遲

故殺死前妻之子○○○之○氏絞

故殺妻母○氏之○○斬候

故殺死外姻小功尊屬○○○之○○○絞候

故殺死外姻卑幼○○○之○○○斬候

故殺死僱工人○○○之○○○絞候

故殺幼孩○○○之○○○○斬候

擅殺死○○○之○○○絞候 凡引擅殺例者本面照此

謀殺死○○○之○○○斬候 凡引謀殺例者本面照此

謀殺死○○○從而加功之○○○絞候

謀殺死緦麻以上尊長之○○○絞候

謀殺死十歲以下幼孩○○○等二命之○○○斬梟

謀殺死十歲以下幼孩○○○為首之○○○斬決

圖財謀殺死○○○之○○○斬決 從而加功者同

圖財未得謀殺死○○○之○○○斬候

圖財謀殺死大功堂弟○○○之○○○斬候

圖財害命之○○○斬候未死不出名

因奸謀殺死○○○之○○○斬候

因奸謀殺死本夫○○○之○○○斬決等因

因奸同謀殺親夫○○○凌遲等因

同謀擬斬故加等因

謀殺死縱奸本夫○○○之○○○斬候等因

聽從之人絞候故加等因

同謀殺死縱奸親夫○○○之○氏斬決等因

奸夫自殺其夫不知情之奸婦○氏絞候

因奸謀殺氏翁○○○之○○○斬決等因

因奸謀殺死未至十歲幼孩○○○之○○○斬決梟

因奸殺死親女子○○○○○○氏絞候

因奸致死伊媳○氏之○氏絞候等因

因奸致本夫之父被毆身死之○氏絞候

因奸致祖母○氏被毆身死之○○○絞候等因兇手亦絞候

因奸致本夫○○羞忿自盡之○氏絞候

殺奸不遂致本夫○○○羞忿自盡之○氏絞候

犯奸致伊父母自盡之○○○比例斬絞決凡本內比例問擬者本面照此

子女犯奸致伊父○○被殺之○○○絞候

因奸致本夫登時身死○氏之○○○絞候

奸所獲奸致本夫傷死奸夫○氏之○○○絞候

奸夫當時脫逃到審明奸情是寔奸夫共認不諱者絞候

因奸拒捕傷死本夫○○○之○○○斬決非本夫則斬候

因奸被拒故殺死○氏之○○○斬候

強奸未成刃傷本婦之○○○絞候

強奸十二歲以下幼童女之斬絞候

强奸同宗無服之親妻已成之斬候
奸兄弟妻之奸婦○絞候
與弟婦同通奸之○○絞候
叔嫂為妻之○氏緩決等因男犯絞候
親屬相奸致死本夫○○○之○○○斬決
奸家長期親妻之○○○絞候
拒奸殺死○○之○○○絞候
聽從捉奸擅殺死强奸未成之罪人○○○之○○○絞候
因奸誤殺死○○○之○○○絞候

輪奸良家婦女已成為(首/從)○○○絞候

強奪(佔)良家婦女為妻之○○絞候

誘取良人致死○氏之○○○斬候

貪圖聘禮強賣無服卑幼之○○○絞候

誘拐(幼童/婦女)被誘不知情之○○○絞候

無服親族搶賣婦女致○氏自盡之○○○絞候等因

盜犯○○○斬(決/梟)

凡引強盜例者本面應寫盜犯二字

強盜已行得財○○○斬候

聞拏投首之盜犯○○○斬候

法司核擬具奏

竊盗拒捕傷死刃傷事主〇〇〇斬絞候如傷非一票斬決

竊盗拒捕傷死事主為從之〇〇〇絞候

竊盗獲贓傷死事主〇〇〇之首犯〇〇〇斬候

犯竊在逃傷死捕人之〇〇〇斬決

罪人拒捕傷死捕人之〇〇〇斬候

犯罪拒捕致〇〇〇自行失足落河身死之〇〇〇絞候

竊盗三犯贓逾至五十兩以上之〇〇〇絞候

盗犯得財一百兩以上之〇〇〇絞候

竊盗百二十兩以上之〇〇〇絞候

竊盜逾貫之○○○絞候

盜賣引鹽計贓逾貫之○○○絞候

聚衆犯私私傷死二人以上之○○○絞候

搶奪殺人之○○○斬決為從者絞候

搶奪殺死事主○○○之○○○斬決

白晝搶奪傷死○○○刃傷事主之○○○○○○等斬決候

搶奪婦女已成為首從之○○○斬決絞候

聚衆搶奪婦女之○○○斬決等因內有餘犯絞候或

誣執犯夜互毆傷死○○○之○○○絞候

逼迫本管官○○○致死為首之○○○絞候

詐為制書之○○○斬候

假官圖騙之○○○絞候

偽造關防誆騙財物之○○○絞候

匿名揭帖意圖傾陷之○○○絞候　帖或作告

誣告平人致○○○自盡之○○○絞候

誣告致尊長之屍蒸撿之○○○絞候

威力致縛致死○○○之○○○絞候

威力主使致死○○○之○○○絞候

違犯教令致伊父〇〇〇抱忿自盡之〇〇〇絞候

違犯教令致伊夫〇〇〇抱忿自盡之〇氏絞候

干犯致伊姑〇氏自盡之〇氏斬決

口角起衅致伊夫自盡之〇氏比例絞候

悍迫逼迫致伊夫自盡之〇氏比例絞候

逼迫期親尊長〇〇〇致令自盡之〇〇〇絞候

子婦毆斃翁姑賄和之〇〇〇絞候等因

毀棄父屍之〇〇〇比例斬決

毀瞎胞兄一目之〇〇〇絞候

用藥迷人之〇〇〇絞候

夥搶婦女拒捕殺人為從之〇〇〇絞候

糾竊臨時行强並輪奸〇氏之〇〇〇斬梟

飢民爬搶聚衆至十人以上之首犯〇〇〇斬候

匪徒攔搶殺人之〇〇〇斬決

光棍為首之〇〇〇斬決

糾衆械鬪傷死〇〇〇等之〇〇〇等絞候

糾衆劫囚隨同助勢之〇〇〇等斬候

結伙犯獄被脅勉從之〇〇〇斬候

聚衆奪犯之首犯〇〇〇絞候

聚衆奪犯傷死差役〇〇〇等之〇〇〇斬候等因

聚衆毆差傷死〇〇〇之〇〇〇斬候

發塚見棺為首從之〇〇〇絞決候

發塚見屍之〇〇〇斬決為從者斬候

發塚鑿棺之從犯〇〇〇絞候

挾仇放火致死〇〇〇之〇〇〇斬決

刁徒訛詐之〇〇〇自盡之〇〇〇絞候

蠹役詐贓致〇〇〇自盡之〇〇〇絞候

蠹役嚇詐拷打致死○○○之首犯從重斬決

私押嚇逼死致○○○自盡之倚役○○○絞候

誣良拷打致死○○○之○○○絞候　若　斬決

用藥迷人得財為首之○○○斬決

以織物罨人耳目孔竅致死○○○之○○○絞候

兩犯絞罪情節較重之匪徒○○○絞決

因瘋傷死伊夫○○○之○氏斬決

因瘋傷死○○○之○○○絞候

因瘋傷死伊父母之斬決

因瘋傷死〇〇〇等非一家二命之〇〇〇緩候

假差嚇詐致死〇〇〇之〇〇〇緩候

以他物置人孔竅致死〇〇〇之〇〇〇緩候

法司核擬具奏

四十日

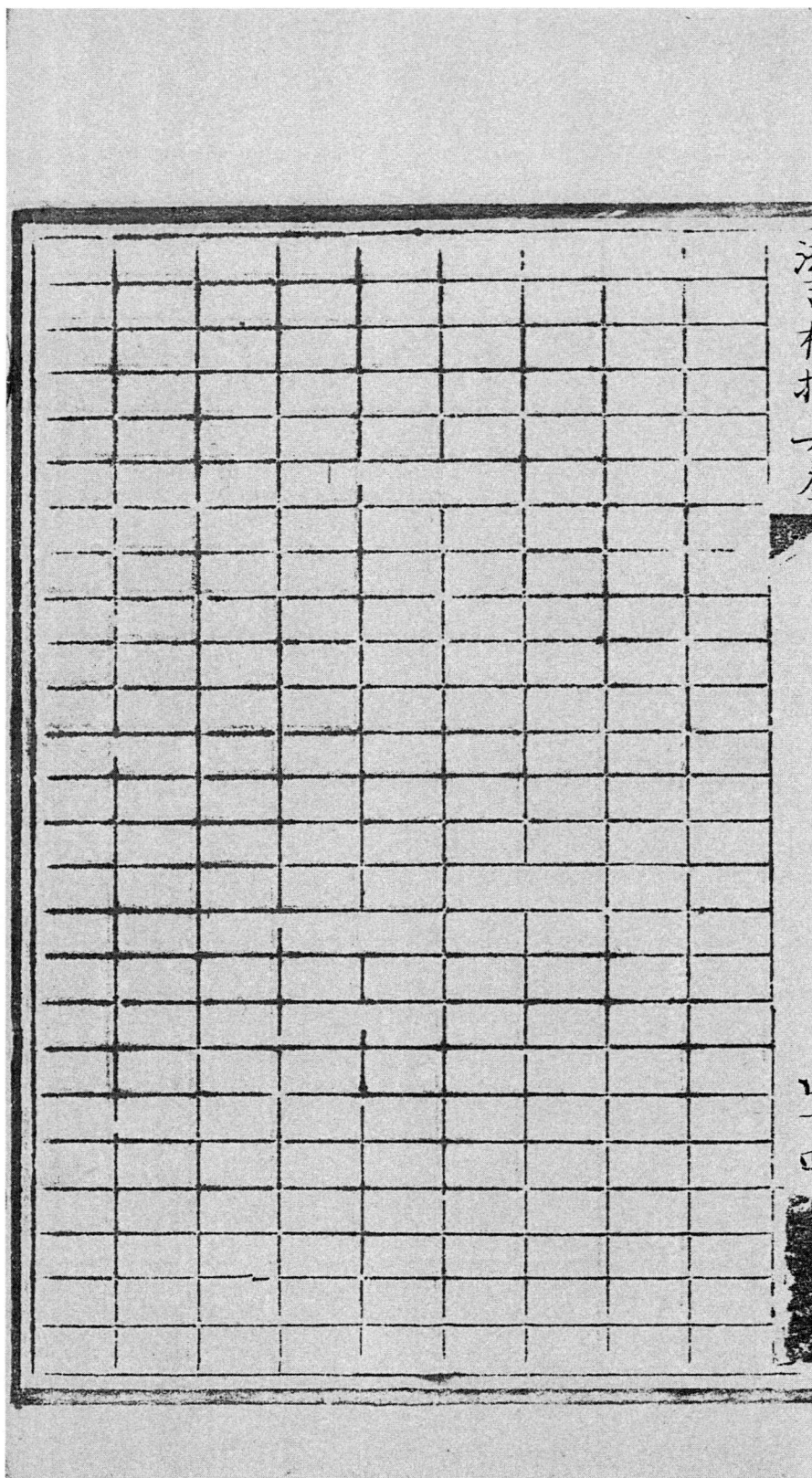

通本簽式卷三目錄

通本簽式　目録

該部核議
該部知道
吏部知道
兵部知道
刑知各式

三法司核擬具奏單併發

斬絞重犯趕入本年秋審情實

本内有十惡不赦趕入秋審情實夾單

三法司核擬具奏餘著議奏該部知道

盜犯斬決承緝官議敘

本面寫盜犯○○○斬決等因

道光十一年九月進雲撫伊里布一本緝獲鄰境盜犯之嵩

嗚州邊嗚珂送部引見票此式本尾附請議敘有送部引見

者方票此

拏獲鄰境盜犯請加鼓勵

盜案內文武疎防指名特叅者〔非指名特叅不票議奏〕

檢驗不實失出失入

斬候本內承審官於旁證罪名失出附叅亦用此式法司本

尾附叅官員或請敘俱照此式添票惟附叅審轉遲延失察

賭博鳥槍等不票出

三法司核擬具奏餘著該部議奏

東京大學東洋文化研究所大木文庫藏明清稀見史料匯刊　第二輯

本内有羞忿自盡之婦奏請應否　旌表者票此如附請旌表

不票出

強姦不從殺死○氏之○○○斬決等因

本尾有請○旌表之婦故加等因

強姦已成致○氏羞忿自盡之○○○斬候等因

但經調戲致○氏羞忿自盡之○○○斬候等因

因姦威逼致死○氏之○○○斬候等因

三法司核擬具擬餘著議處具奏該部知道

法核各式

盜犯斬決承緝官議處

三法司核擬具奏○○○著交部嚴察議奏

附叅臬司

三法司核擬具奏○○○著嚴加議處該部知道

乾隆四十七年進照本票嚴加議處

三法司核擬具奏其隱匿不報之○○○著革職部知道

隱匿盜犯越獄

三法核擬具奏其違例擅受濫差斃命之○○○著革職該部知道

單併發

差役詐贓斃命赶入情寔内有夾單

三法司核擬具奏其失於查察又不即行巡拏之巡檢○○○著革職該部知道

差役詐贓致斃○○○之○○○斬決等因

法核各式

三法司核擬具奏其郝玉麟營私婪賄情由著該部審明定擬具奏

此案俟吳璥托津審明後三法司核擬具奏

江蘇金山寺命案（命案奏題之先業經奏明奉批者票此式）

三法司核擬具奏這本貼黃內誤將傷死之李騾擬絞寔屬舛錯太甚陳若霖著交部議處

三法司核擬具奏其不能先事防範致監犯越獄脫逃之典史○
○○著革職餘著議奏該部知道
傷死伊妻越獄脫逃被獲之○○○絞候等因

三法司核擬具奏单併發
斬絞重犯赶入本年秋審情寔
本内有十惡不赦赶入秋審情寔夾單

三法司核擬具奏餘著議奏該部知道

法核名式

盜犯斬決承緝官議敘

本面寫盜犯○○斬決等因

道光十一年九月進雲南伊里布一本緝獲鄰境盜犯之嵩

鳴州邊鳴珂送部引　見票此式本尾附請議敘有送部引

見者方票此式

拏獲鄰境盜犯請加鼓勵

盜案內文武疏防指名特參者（非指名特參不票議奏）

檢驗不實失出失入

斬候本內承審官於旁証罪名失出附參亦用此式法司本

尾附叅官員式請敘俱照此式添票惟附叅審轉遲延失察

賭博鳥槍等不票出

三法司核擬具奏餘著該部議奏

本内有羞忿自盡之婦奏請應否　旌表者票此如附請

旌表者不票出

强姦不從殺死○氏之○○○斬决等因

本尾有請　旌表之婦故加等因

三法司核擬速奏

速奏本限五日題

凡殺死一家二命及非一家三命者票此式

乾隆五十九年奉諭

殺死一家二命

殺死○○○等一家二命之○○○斬決故殺斬決

傷死○○○等一家二命之○○○絞決鬭殺絞決

致死○○○等一家二命之○○○斬決一故一鬭亦斬決

如減斬候仍票結不票速

傷死〇〇〇等一家三命之〇〇〇斬決（鬪殺三命亦斬決）

共毆傷死〇〇〇等一家二命之〇〇〇絞決

傷死小功兄〇〇〇等一家二命之〇〇〇斬決

小功尊屬比例斬梟

傷死緦麻兄〇〇〇等一家二命之〇〇〇斬決

緦麻尊長絞重斬梟

謀殺〇〇〇等一家二命之〇〇〇斬梟等因（聽從加功者擬絞）

圖財謀殺死〇〇〇一家二命之〇〇〇斬梟

謀殺〇〇〇等一家二命之〇〇〇斬決

謀殺人而誤殺其人之子孫一家二命照謀殺人而誤殺旁
人一家二命斬決

行竊遺火燒死事主○○○等一家三命斬梟
如燒死一家二命又三命而非一家者斬候不票速

傷死一家二命絞決其一命係保辜限外可否由絞決改絞候
請旨

殺死非一家三命
殺死○○○等三命之○○○斬決故殺
傷死○○○等三命之○○○絞決鬪殺

主使毆打致死○○○等三命之○○○斬決等因聽從下手者擬絞

因瘋傷死○○○等一家三命之○○○絞決

若減絞候不票速

情節較重比照二命三命者

十一月九月票過傷死胞兄大功兄二命及用藥迷人毒死

非一家三命二案俱票速奏加說帖

凡監候者不票速奏不依二命三命本擬者亦不票

因瘋傷死○○○一家四命斬候

四年六月直督以例無專條請部示奏定因瘋殺死一家二命

三命以上者較平人斬決絞決上減一等為斬候絞候不票速
因瘋刃傷伊母及平人四人又傷死胞兄胞姪胞姪女及平人
五命除一家二命及殺死胞姪均止絞罪不議外其刃傷伊母
與傷死胞兄罪均斬決從一科斷照子毆母律斬決雖兩犯斬
罪究係因瘋仍免梟示不票速奏
傷死大功兄父子二命一故一鬬罪均斬決從一科斷仍照服
制定擬除故殺小功姪絞罪不議者不票速 五年十一月進
追赶皂水適塡即水湧淹死二命事出不虞與糾毆致死有間
可否改絞候請 旨

三法司核議具奏
凡罪犯已經定擬題覆者票此
越獄脫逃被獲之斬犯○○即行正法
如另有斬決之犯加等因二字
脫逃被獲之盜犯○○即行正法
盜犯發遣無故脫逃已逾五日拏獲者即行正法
監候人犯脫逃即立決
脫逃被獲之斬犯○○改立決
中途脫逃之斬犯○○改立決

脱逃被獲之絞犯〇〇〇仍絞候

因變逸出之絞犯〇〇〇仍絞候

緩決人犯脱逃改情實

脱逃被獲之絞犯〇〇〇改情實

越獄脱逃之斬犯〇〇〇改情實

緩決人犯在監致死人命改立決附叅獄官不票出

原犯軍流等罪脱逃改監候

越獄脱逃之軍流犯改絞候

斬絞重犯援免已結者票此未題結者仍票核擬

因瘋監禁之絞犯○○○不准援免

絞決絞犯○○○請留養無緩決字樣票法議

誤傷死胞兄准留養未經發落先已親故仍照原議定擬請

旨

法司議奏

三法司議奏

各案審結請即行正法

監犯在獄復犯死罪請即行正法

附叅管獄官者本内有議處字樣則添票餘着議處具奏如

無議處字樣則添餘着議奏入

奉駮查覆斬絞各犯聲請照成枷責

重犯廢囚收贖

侵餉官租限内不完擬斬監禁

侵餉租銀擬斬逾限未交之〇〇請展限

獄囚被水冲失復獲絞犯仍擬絞候聲明補入秋審

將傷死伊父之胞兄登時殺死勿論

誤傷死伊母之犯凌遲已自盡毋庸議並免戮屍

傷死張遂怔之七歲以下幼民任妨小請免罪

因無舊式酌擬票法議

已經擬絞之犯查明請留養

此無緩決字樣者若係緩決之犯則票法核議

法司讞奏

三法司知道

盜犯○○○就地正法

江洋○○○盜犯先行正法

彙題決過重囚日期起數

本内無總數通政司夾單進　呈其單不票出

彙題監斃斬絞各犯

凌遲重犯監斃戮屍

本内並無餘犯刑部向只咨覆不復具題故票知道。如有

餘犯活罪者添餘著該部核擬具奏死罪者添餘著核擬具奏

凌遲犯婦○氏監斃

强搶婦女傷死事主○○之○○○戮屍梟示

盜犯○○監斃　在監病故者本面皆如此寫

斬絞犯○○○監斃

予勾之犯○○○監斃　加說帖見後

官犯擬遣之○○○監斃

秋審重囚因監斃

彙題秋審絞犯監斃人數

秋審人犯數目

秋審情實各犯

秋審緩決各犯單題一項者本面照此寫

秋審情實緩決各犯

近式省寫實緩各犯有冊加冊併發

秋審情實人犯即緩決一人寫人犯數人寫各犯

秋審服制情實各犯

秋審留養緩決各犯

秋審案内承祀留養各犯有冊不票出

續入秋審緩決人犯

法司知道

官犯補入情實

緩決四次之絞犯仍擬緩決

補入秋審實緩各犯

秋審案內五次緩決人犯分別減等定擬緩決三次准減

秋審案內監候待質人犯仍請監候

秋審案內絞犯脫逃被獲請扣除另辦

秋審案內查出錯漏請更正本内無請處分字樣

秋審情實後尾○停勾次年各省先將上年情實後尾於二月

題送到部該部預先繕册進呈

道光三十年○盛京刑部一本本内只有宗室一名票該衙

門知道

准留養親之○○○犯親已故毋庸查辦補入本年秋審緩決

法司知道

十三

三法司知道餘著覆擬具奏

重犯畏罪自盡或病故戮屍餘犯問擬斬絞等罪者票此式

如餘犯軍流加該部二字

謀殺死〇〇〇一家二命之〇〇〇戮屍梟示等因

聽從加者緒

因姦謀殺死親夫〇〇〇之〇氏戮屍梟示等因

同謀姦夫擬斬

盜犯〇〇〇病故戮屍梟示等因　餘犯斬後

盜犯〇〇〇就地正法等因　餘犯斬後

法知名式

三法司知道餘著該部核擬具奏

重犯畏罪自盡或病故戮屍餘犯問擬軍流等罪者票此式如餘犯

斬絞不用該部二字

斬梟各犯先行正法餘犯擬軍流徒罪亦同

殺死○○○等一家三命之○○○畏罪自盡其案發遣犯○○○病故戮屍梟示本尾有發遣之案

盜犯○○○就地正法等因餘犯軍流

盜犯○○○監斃等因餘犯軍流

三法司知道餘着該部議奏

強姦殺死本婦原犯監斃或畏罪自盡本婦請○旌者票此式

強姦未成殺死本婦○氏之○○○監斃等因

強姦已成殺死○氏業經畏罪自盡之○○○戮屍梟示等因

因姦殺死○○○等一家三命律應凌遲之犯監斃仍戮屍梟示

等因本婦請○○○旌併附參獄官

斬絞各犯監斃附參獄官無議處字樣者

斬絞各犯○○○監斃等因

傷死○○○等一家二命律應斬梟之○○○監斃等因

已奉旨准留養之犯續查死者亦係獨子仍不准留養附開檢

舉職名聽議

三法司知道餘著該部議處具奏

盜犯病故戮屍梟示附叅並未協拏武職

三法司知道〇〇〇著該部議處具奏

此與前式小異此係出名前係婦人餘字者

三法司知道餘著該部察議具議
遲誤決囚
不明候質盜犯彙入秋審
重犯自盡附參獄官聽議
本月有刑禁人等並無凌虐字樣只票知道
十三年五月楊國楨具題一本管獄官無級可降聽候部議照
此式

三法司知道這所參○○○著革職餘著議處具奏不知稽察致斬

犯自盡之典史革職知縣請處

一乾隆四十八年五十三年俱進過

三法司知道這所奏○○○著革職○○○著加議處具奏該部知道

已有旨了三法司知道

殺死安榮昌等之馬立銀已經凌遲等因 加說帖見後

該衙門知道

盛京題宗室托莫爾歡絞候秋審本本内有飭下宗人府云云

該部覈具奏

凡審擬遣軍流徒等罪皆照此票

斬絞各犯減等問擬遣軍流徒者同

流犯減徒同

僉發杖徒同　如杖、發以下則票議奏

盜案擬遣監候待質者同

此與刑部依議條同有互見者各錄則備叅

原毆傷輕致○○○越日因風身死之○○○杖流 死在五日外者

共毆案内原謀監斃畏罪自盡將下年應擬絞之○○○減流

共毆案内餘人監斃畏罪自盡將下年應擬絞之○○○充軍

互毆各斃一命將應執之○○○減軍

被毆追趕致○○○自行失跌身死之○○○杖流

被毆内避致○○○自行失跌身死之○○○杖流

過失殺人之○○○收贖

謀殺死○○○從而不加功之○○○杖流

謀殺○伊妻○氏從而加功之本夫杖流主謀者

姦婦刃傷妻母之。。。杖徒

毆傷緦麻尊長之。。。杖流

毆傷緦麻卑幼。。。保辜限外身死之。。。減流請

旨因本内只引減流一層不出絞候一層故不票三法司

傷死積匪緦麻卑幼。。。減等杖流

傷死胞弟。。。之杖流等因

擅殺死圖姦未成羅人本婦畏罪自盡之。。。杖流等

逼迫尊長致。。。自盡之。。。比例減流

違犯教令致伊父。。。氣忿自盡之。。。比例減流

為父復仇殺人家屬之○○○　比例減流

忿激復仇傷死之○○○　杖流

因姦商謀同死本婦殞命因救得生之○○○　杖流

悔過拒姦傷死之○○○氏減流

拒姦傷死之○○○　杖流

男子拒姦無非死者年長十歲以上及生供確鑿者仍絞候

與其夫戲謔致○○○　氏聽聞褻語羞忿自盡之○○○　杖流

口角啟釁致○氏氣忿自盡之○○○　杖流

拒姦毆傷大功兄○○○　致囟風死之氏減流

言音杖擬

威力主使致死。。。將下手年為從者。。。杖流

威力制縛致死。。。之。。。減流

非法拷打致死。。。死之。。。杖流

非法拷打致死。。。自盡之。。。杖流

執持兇器毆傷。。。越日因風身死之。。。充軍

兇器傷人之。。。充軍從重發邊遠照本窩

藉端訛詐致。。。情急自盡之。。。減流

藉差嚇逼致人輕生為從之。。。杖徒等因

嚇詐致。。。情急自盡之。。。減流

首犯已故當有千總革職免其杖流故加等因
威嚇事主聚眾三人以上為從之○○○等充軍
因竊威逼致○氏愁急自盡之○○○減流
誣良為竊致死○○○之○○○減流
挾仇放火傷死○○○為從○○○減流
誆騙財物之○○○比例減徒此亦有擬杖加者
親屬相盜之○○○減流
強盜已行未經得財為從之○○○充軍
知盜分贓之○○○發遣

諸部杖擬

共謀為盜不行事後分贓之。。。等杖流
共謀為盜事後詐贓之。。。發遣等因
共謀為盜之夥犯。。。杖徒
聽糾為盜之。。。發遣
被脅上盜之。。。發遣
事後分贓之夥盜。。。杖徒
聞拏自首之盜犯。。。減軍
白晝搶奪聞拏投首之。。。減流
搶奪婦女聞投首之。。。杖流

搶奪殺人之從犯○○○充軍

聚眾三人以上搶奪為從之○○○充軍

聚眾搶奪並未動手為從之○○○充軍

搶奪殺人之從犯○○○充軍

聚眾搶奪毆傷事主之○○○等減流

持械搶奪為從之○○○充軍

竊盜逃走致事主○○○窘迫自盡之○○○杖流

竊盜拒捕誤傷事主之○○○減軍

竊贓逾貫鬧拏自首之○○○減等杖流

發冢鑿孔之。。。減流

鋸鑿層棺之。。。比例減流

私鑄錢文十千以上為從之。。。發遣

私鑄錢文知情分利之。。。杖流等因

侵盜錢糧之官犯。。。減等杖徒

律應擬斬已於叅後全完減等

因變逸出自行投歸之絞犯。。。減流

不票三法司凡斬絞自首者同

隨征兵丁私自潛逃之。。。等比例減等

疏脫解審絞犯之○○○等杖徒

踈防盜犯之禁卒○○○發遣併叅疏防各官

原票於核擬下添餘著察議具奏近删去亦不加餘著議奏

惟法核者加餘著議奏該部知道

匿名訐告聞拏投首之○○○充軍

胥役匿名誣告本管官之○○○比例杖流

作為異端法術之○○○杖流

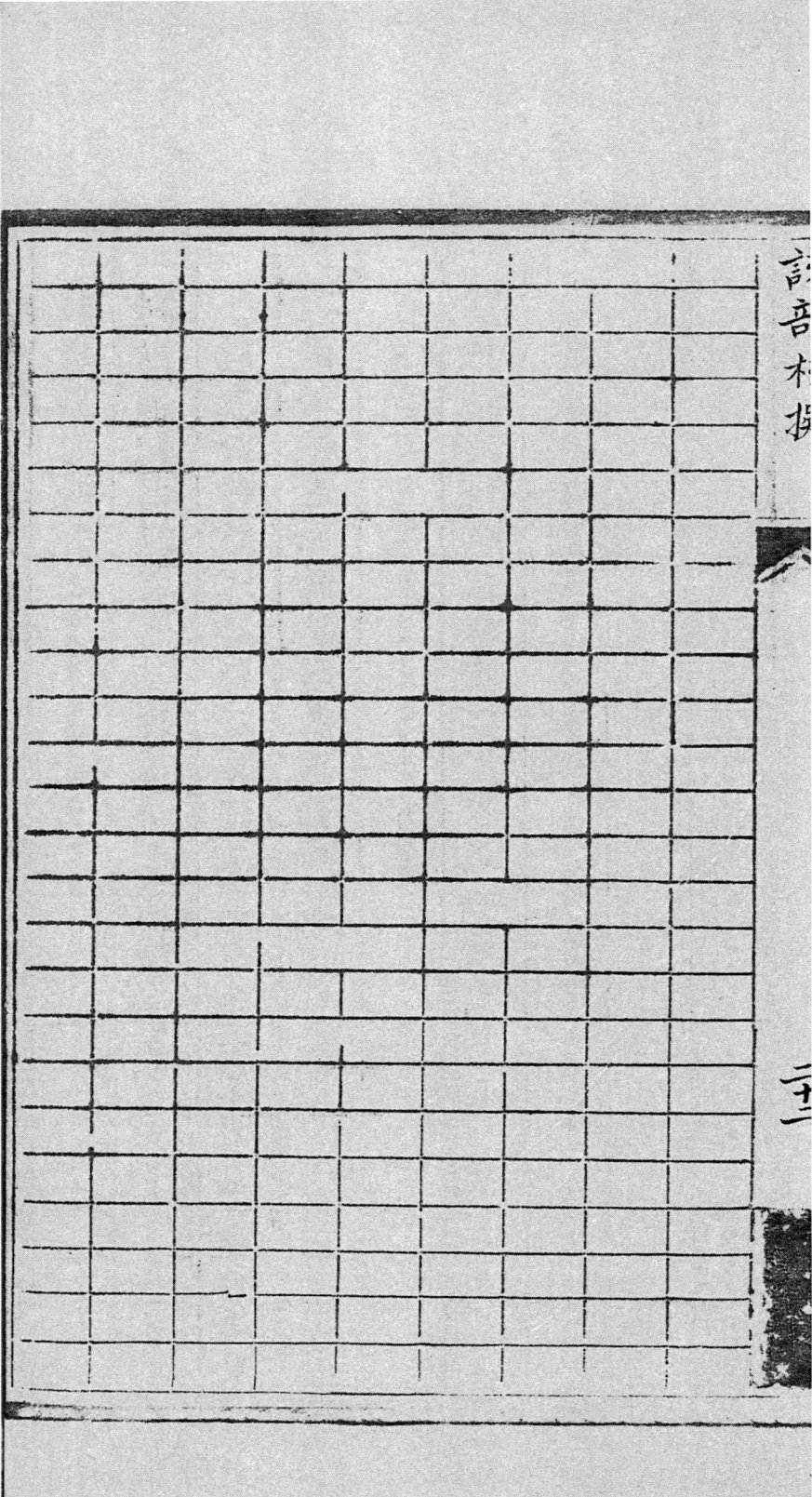

該部覈擬具奏餘著議奏

調姦未成致本婦○氏羞忿（退悔）自盡之○○○杖流等因

本婦請　旌

穢語褻狎致○氏羞忿自盡之○○○杖流等因

穢語罵詈致○氏羞忿自盡之○○○杖流等因

挾仇污衊致○氏羞忿自盡之○○○杖流監候待質等因

强逼改嫁致○氏自盡之○○○杖徒等因

用强求娶致○氏自盡之○○○充軍等因

强逼受聘致○氏自盡之○○○比例充軍等因

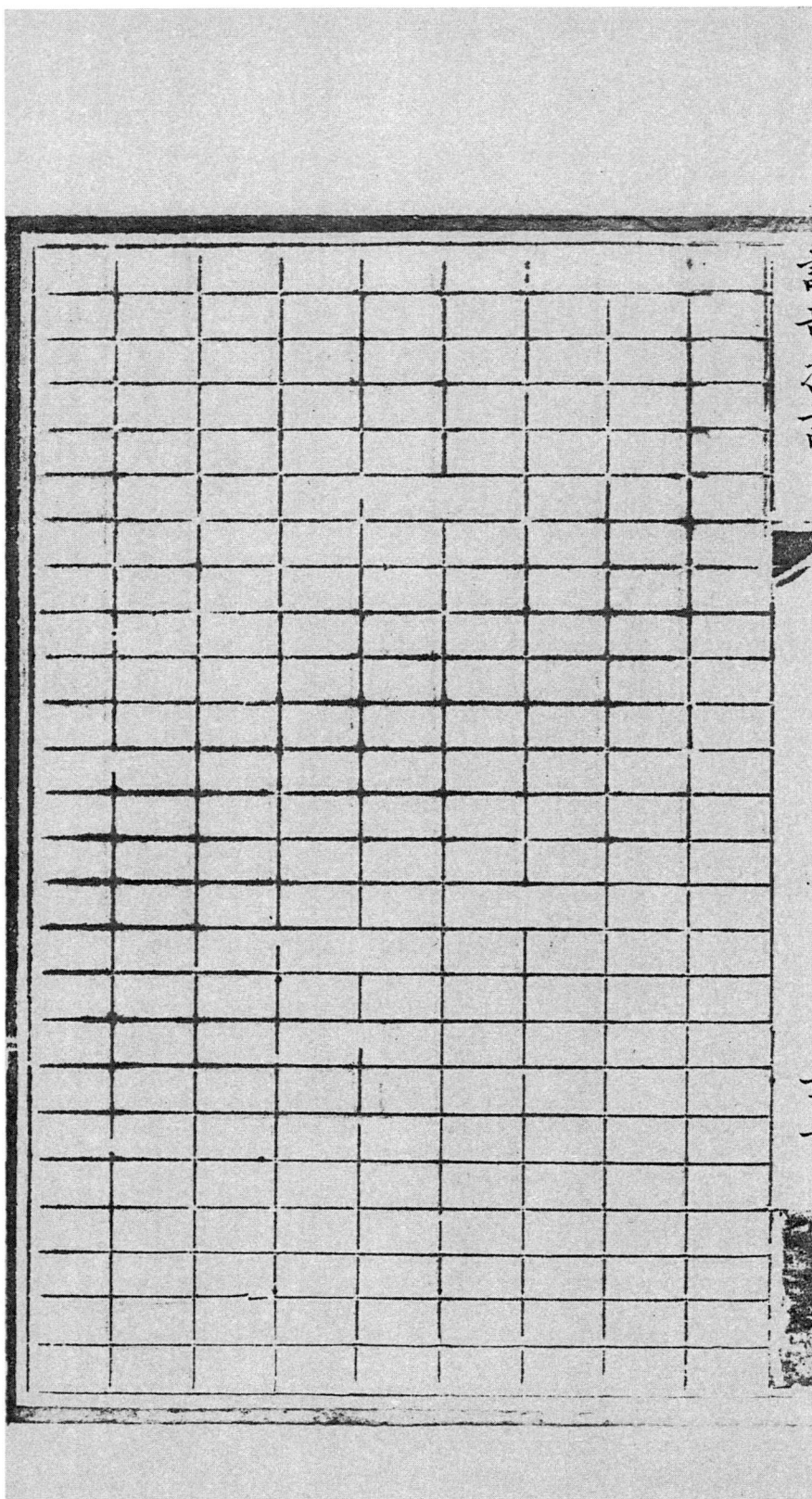

該部核議具奏

凡減等之案已定擬題覆者票此式如未定擬者票覈擬

流犯請留養凡定過流罪後請留養者票此

秋審人犯請留養

緩決斬犯○○○請承祀留養○○○絞犯內重犯捐贖捐免

流犯○○○援減免

徒罪○○○援免

軍犯○○○援減免

恩減援免

原擬徒犯遵擬流仍援

改減徒

絞犯遵駁改擬收贖

軍流徒犯已成廢病收贖

軍流各官犯准免

軍流各犯不准減免

軍流徒犯不准援減免

軍流各犯分別准減免不准減免

彙題軍流准減免各犯

彙題不准減免軍流各犯

截留遣犯在途遇赦

限內完贓減等各犯如免羅剛票議奏

恩詔內各省彙題軍流已未起解各案

未經起解減流之官犯○○援免

彙題孀婦獨子例准留養之案

本內未敘明已奉部覆字樣不票知道

原案軍流罪情輕准留者年終彙題杖罪情輕准留者年終

咨部

已未到配軍流官犯造冊咨部

發遣盜犯脫逃已逾五日拏獲例應正法遇　恩赦免仍發遣

因瘋傷死○○之不能取供照例永遠監禁

本内未出斬絞罪名　道光元年高老么一本六年王三子

一本均票此

因瘋監禁之斬犯不准援免

瘋病未愈之犯仍監禁

原謀監斃收下年應絞候之犯減流此已定擬題覆者

兇器傷非致命致○○○因風身死之○○○充軍

隨案聲明留養　勒追戲空

該部知道

恭報接印任事日期

任滿　到任　回任　卸事　起程

恭報接受○篆日期

接署　接護　交卸　督篆　撫篆　藩篆

臬篆　提篆　鎮篆　學篆

恭謝　天恩

京察　兼銜　議敘　開復　留任

代題謝　恩

該部知道

恭報接到關防日期

恭報接管關防日期

恭報接受〇關印日期

恭報接管〇關稅日期　接理同

委署牧令等官

委署丞倅等官

彙題甄別佐雜教職等官

教佐等官本尾聲明參劾不及

各官請銷試俸　署任同　三年期滿

○○令○○○請銷試俸　牧守同通同

○○令○○○請銷試俸

舊式只捐人員票知今正途亦概票知道

終養遺缺請歸部選

○○令○○○終養遺缺請歸部選

○○令員缺請歸部選近式

各官員缺無員可調請揀補

○○土州同員缺請揀補

土州同無員可調請揀　若土司承襲則票議奏

該部知道

○凡外官遺缺無員可調可補簡放者同票此
苗疆調缺州同請簡補同
已升官員補請寔授
道光三年那彥成題甘肅靖邊令已升秦州牧
升任○○○牧前署○○○令○○○補請實授
調補官員已升加說帖見後不票議奏
成都府同知請調馬邊同知
同治九年成都府同知已升知府請調馬邊同知票此式加
說帖

邊俸期滿撤回

○地○官○人邊俸期滿請撤回內地

如保題並有候升給咨引　見字樣則票議奏

署河員不諳河務回實缺者票議奏

署○○同知通判○○○不諳河務請撤回

三年十二月進泇河同知一本本內有未便因其實授稍事

因循票議奏

官員在途告病未經到任

如在途告終養則票議奏如以到省有將來尚堪起用等語

該部知道

仍票議奏此與吏部議奏條内同辦

揀發○○委用令○○○在途告病

赴任官員中途患病請展限同

開復革職人員病故　開復令○○○病故

報明復姓更名　○○令○○○請復姓更名

屬員迴避　此係對調後始行題進者票知道當與議奏條叅酌

○○令迴避請開缺　光緒二年二月初十日進丁寶楨題桃源同知桂昌迴避一本票知道

閩海關報滿

倉監督報滿

各関税務委員接管縁由本内如有遴員改替字様票議奏

○関税務委員接管

委管護○関税務

盛京内倉監督擬定正陪送部引見

吉林各處倉監督任満更換

監督任満並薦舉人員

鹽綱並無舉劾人員

奉旨保舉引見人員

藩司期満服満起復

該部知道
臬司交代文卷 無錢糧字樣
回奏屬員才能稱職
議覆條奏事宜
例應展限
截取教職自揣不勝民社請留任
盛京議敘主事試俸期滿
職官因公深(身)没外洋同安揀
承襲博士
並無參劾文武各官

二十八

該部知道　戶

委解京餉起程日期

委解兵餉銀兩起程日期

委解工需銀兩起程日期

委解普陀峪萬年吉地工程銀兩起程日期

委解各　陵工程銀兩起程日期

委解清涇協（餉）起程日期

委解俸省餉銀起程日期

委解河工銀兩起程日期

該部知道

委解固本銀兩起程日期

委解関税銀兩起程日期

委解户部塩課日期

委解塩課銀兩起程日期

委解蘆塩加價銀兩起程日期

委解南引加價銀兩起程日期

委解專項銀兩起程日期

委解盈餘銀兩日期

委解物料日期

委員報解各省銀兩日期

委解採辦硝觔領銀起程日期　本內有動支字樣不票議奏

委員採辦滇銅白鉛起程日期

委員接運京鉛

收到銀兩日期

收到鉛本日期　無日期亦知道

糧船行抵日期　過江　過淮　過臨　抵通日期同

糧船尾幫過濟日期

漕糧起運日期

漕船開幫兌日期

漕船回空日期

委員運鹽赴滇換銅以資鼓鑄五十八年進票議奏復改知道

副將赴京口催護漕船過江日期

○屬開幫起運漕糧日期　漕糧數目同

漕糧過倉全竣數目日期

借給糧船回空銀兩

請續修漕運議單

撥運漕運全單

派撥白糧全單
撥解盈餘銀兩
撥解兵餉起程日期
撥解漕工銀兩改解某工
撥過兵餉數目
不敷數目請於司庫某項下動支彙經隨時逐案咨部並造
入某年兵馬奏銷造報各合彙題
撥河工銀兩數目
撥解○○科會試供給銀兩

撥解○科會試卷箱等項銀兩

撥解盐餉復價銀兩起程日期　係直督題

本內有起程日期雖有動撥字樣不票議奏

織造絲辦絲觔動支銀兩　移解織造同

用過心紅紙張　有銀兩票察核有題銷字樣只票知道

彙題各官錢糧無虧

臬司交代清楚　本內載於某日到任所有移文信印卷並驛站下文卷俱經查收清楚

臬司並無交代驛站銀兩本內無收支數目票知道

道庫並無收存銀兩

各官並無應追虧空銀米

并案私鹽變價銀兩

彙題追獲贓贖銀兩貯庫有已未完票察核

彙題免分賠銀兩現候部覆各案

彙題各營兵丁借支銀兩分季扣還

並無紅毛船隻到關

浙海關並無徵收西洋各國稅務　無數目用此

古州等處輓運新疆兵並無私折等弊

新疆備用緞疋

盛京生息銀兩

盛京將軍[illegible]具題

該部知道

戶

該部知道

粵東雲南應用盐銅腳價銀兩請抵兑等因

閩省加功人員給過半餉銀兩奏銷案内另册報銷

江安各屬經徵撫米未完數目係兩省雙題

造册新役歷縣分撥地糧等册備核

遵奉恩旨蠲緩地畝錢糧數目

遵奉恩豁免錢糧數目

○府屬因灾蠲緩錢糧數目

彙題各屬被灾頃畝分數

彙題各場竈缺徵未復課銀如有懇復票議奏

彙題竈地秋禾被災頃畝

彙題灶地秋禾被災蠲緩錢粮數目

竈地秋禾被災情形

雨水情形

災歉分數

秋禾被水情形收成分數

早晚禾收成分數

二麥收成分數

春花蠶絲收成分數

該部知道

產鹽缺溢分數

藉田稻穀恭効　神倉

玉粒告成

藉穀變價　原票議奏　有數目仍票察核

進茶

進秈米

開墾灘地

墾過田地　有升科票議奏　有丈量數目票察核

並無開墾屯田

陝西撫提各標廠地坍漲升除

復看廠地並無升除

士民捐輸積穀　有數目票察核

蓄水濟運

封開煤窰　無煤可採已經封閉該省領照繳銷無可議者

承充鉄商　光緒二年八月十六日進涂宗瀛一本票知道

議覆條奏可否施行

奉天搜護私鏝斤数

運鉛委員中途病故遴員接運

該部知道

戶

三五

收明台費銀兩
此本向票知道道光二十年票察核經戶部來問庀覆云因
本內有詳請察核等語係銀兩數目是故此票察核嗣後當票
知道為是

該部知道　禮

恭進春山寶座　順天府

恭報耕耤日期

請給勑書

領到勑書

恭報奉到詔書日期　一寫寶詔恩詔遺詔日期同

恭繳寶詔

恭繳勑書同

領到頒賜書籍

印信模糊請換　如移駐改設請換票議奏

印信遺失請補鑄

勅諭霉爛請補給

教諭修記請鑄

開用新印日期

預題○科鄉試事宜

請點試差

恭報入闈日期　出闈同　一寫入闈監監臨臨出闈一

預題恭進三場題目事宜　順天府

恭進一二三場題目

恭報三場試竣無弊

恭報揭曉日期

恭進○○科文鄉試題名錄

恭進繙譯鄉試題目事宜

恭進繙譯題名錄

鄉試筵宴事宜

恭報學政交卸日期

恭報接任學篆日期

學政保題募賓

詳部知道

學政報滿

盛京考試助教請發試題

教職等第

選拔貢生名數

補報選拔貢生

補取○酉科拔貢名數

選拔貢生補行彙覆

舉報優劣生員

並無舉優劣生員

補舉優貢名數

以歲作科送闈

鄉飲

舉報優劣生員

應得監生年滿入監

奉天八旗節婦名數

恭報一產三男

岷州番僧進貢三年一次

莊浪報恩寺達賴喇嘛循例進貢五年一次陝督題

禮

該部知道

題報外藩進貢

琉球進貢

琉球遣夷送還船隻安插各事宜

內有土產聽其開館貿易與遭風者有間故票知道

貢使入關日期　出関日期　出洋日期

琉球回使日期　越南回

伴送琉球貢使分起啟程

琉球使臣回國日期

越南貢使起程日期

護送琉球難番回國日期
安插風漂番民
職官因風漂沒外洋會同安插
委解象使起程日期
外藩告哀
張真人還山修職日期

該部知道 兵

委署副將

接署副都統任務日期

恭報接署鎮提篆日期　接授　交卸同

代題○鎮交卸日期

恭報監臨武闈日期

恭報武鄉試出入闈日期

恭報武闈揭曉日期

恭報武闈無弊

恭進武鄉試題名錄

官兵回汎日期

更換駐防哈密官兵回日期

官兵出海遊巡日期

洋面巡哨各員

洋面巡弁名目以千把為專巡外委為協巡都守為分巡叅遊

為總巡總兵為統巡水師提督亦為統巡

操演旅順營官兵

修造戰船完竣開賀日期

軍政請展限期
軍政二年半並無舉劾人員若五年加院字
並無假冒兵丁
並無逃走兵丁
軍械無虧　馬匹無虧同
軍粮無虧
遵例保題軍器錢粮馬匹
各票年終並無甄别人員
裁汰千總

○鎮總兵○○○俸滿調撤回內地

守備遺缺請簡補無員可調請者

都司人地未宜撤任遺缺請簡

河營守備○○修防未能裕如請撤回另補

服闋署都司照例換給劄付

○營守備○○○請換給劄付

彙題駐防逃旂逾限未回照例銷檔

墾荒各弁病故

盜犯全數拏獲

該部知道

疎防越獄武職於一月全獲

奏改水師守備試用三月期滿此係奏明奉旨改發者

若此各部改發試驗期滿始題則票議奏

年終彙報協領兼佐領

奉天承管佐領接任先因年未及歲奏明委員署理嗣經引見題明接任承管

恩騎尉〇〇〇勅書毀失請重給

劄付被竊照例補給

未經填用劄符奏繳已用者着察核該部知道

各省四年一次查驗軍器

荊州八旗均齊閒散丁兵

該部知道

該部知道　刑

彙題軍流徒犯起數

審結咨結軍流徒犯各案

軍犯咨結　流犯咨結　徒犯咨結

減等軍流徒咨釋各案

造責賭具各案　有議處議敘者議奏

誣告反坐各案

准留養親各案

留養流犯奉部准行各案

軍流人犯完贓減等

簽發人犯

外省留粵安置人犯

遣犯數目

逃人數目監獄人犯非死者

八旗逃人數目已未獲同有駐防省分每年報一次逃兵同

已獲逃旗犯名數

脫逃閒散削除旗檔

旗人犯竊削除旗檔

該部知道

刑

追獲贓贖銀兩貯庫有已未完数目票察核

瘋病殺人等案

彙題過失殺人等案

並無瘋病過失殺人等犯

並無逃犯在配逃走人犯

並無贖鍰

此件近與贓罰彙為一本又與私鹽变價銀兩彙為一本票

該部知道餘著察核具奏

並無追贓銀兩衙蠹贓私

熱審減等　熱省並無減等全

收領發遣為奴人犯

拏獲私打鳥槍人犯

據獲私葠斤數

彙題私刨人葠照例完結

彙題拏獲越邊偷打牲畜等案照例完結

偷砍木植打鹿草盛京題

編審軍丁人丁有册者添册併發

編審案內登覆部查款册

例應展限委員另審案件命案請展限

該部知道

該部知道工、

題報河隄修竣

自備資斧修造工程

修築河渠等工並無淤塞

請續漕運議單

吏部知道

如實任人員丁故本尾有請補之員則添餘著議奏如已補

放有人應否述旨後有專條

文職丁憂病故　在籍職官同

○○令○○丁憂　牧守道同

固城令朱述曾丁生母憂聲明從前曾報丁憂慈母未經聲

明尚有生母今自行檢舉應照例准其丁憂票知道

○○令○○病故　牧守道同

○省○○令○○病故　由本籍督撫題者出所仕省分

吏部知道

試用通判在籍告病

候補牧令未經派署之員及在途告病故票知道

又文官告病本内有准其開缺及補授新員之旨亦票知道

揀發甘肅委用令○○○在途告病

以上告病二條與吏議條内當辦

○○同知○○○○無下落請開缺

兵部知道

武職丁憂故

總兵服滿

嘉慶八年署馬蘭鎮總兵興長服滿一本丁憂時奉　旨仍
署總兵在任守制故改議奏其餘仍舊水師降補都司吳定
邦告病請回籍
候補守備楊達榮請革退隨營

光緒三年五月十八日鮑源深一本因久病不愈且屬候補
人員似無可議者故票兵知

吏部知道餘著議奏

彙題功過事故造追

題報丁憂本尾附叅違例不取結職名

文職丁憂病故本內隨題應補人員

如遺缺請　旨簡放應否述　旨詳見後已有旨了內。若非

正印官本內有請補之員只票吏知咸豐九年三月票胡林翼

題布經歷一本

兵部知道餘著議奏

武職丁憂病故本內隨題應補人員

如請　旨簡放只票知道

該部知道册併發

鹽綱行過事蹟有册

漕白糧用過船隻

編審人軍丁

編過僧尼度牒

部知各[illegible]

該部知道志書併發

進各省志書

四十七

通本簽式卷四目錄

大中研究院圖書

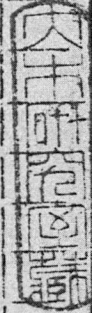

表文説帖

各項説帖

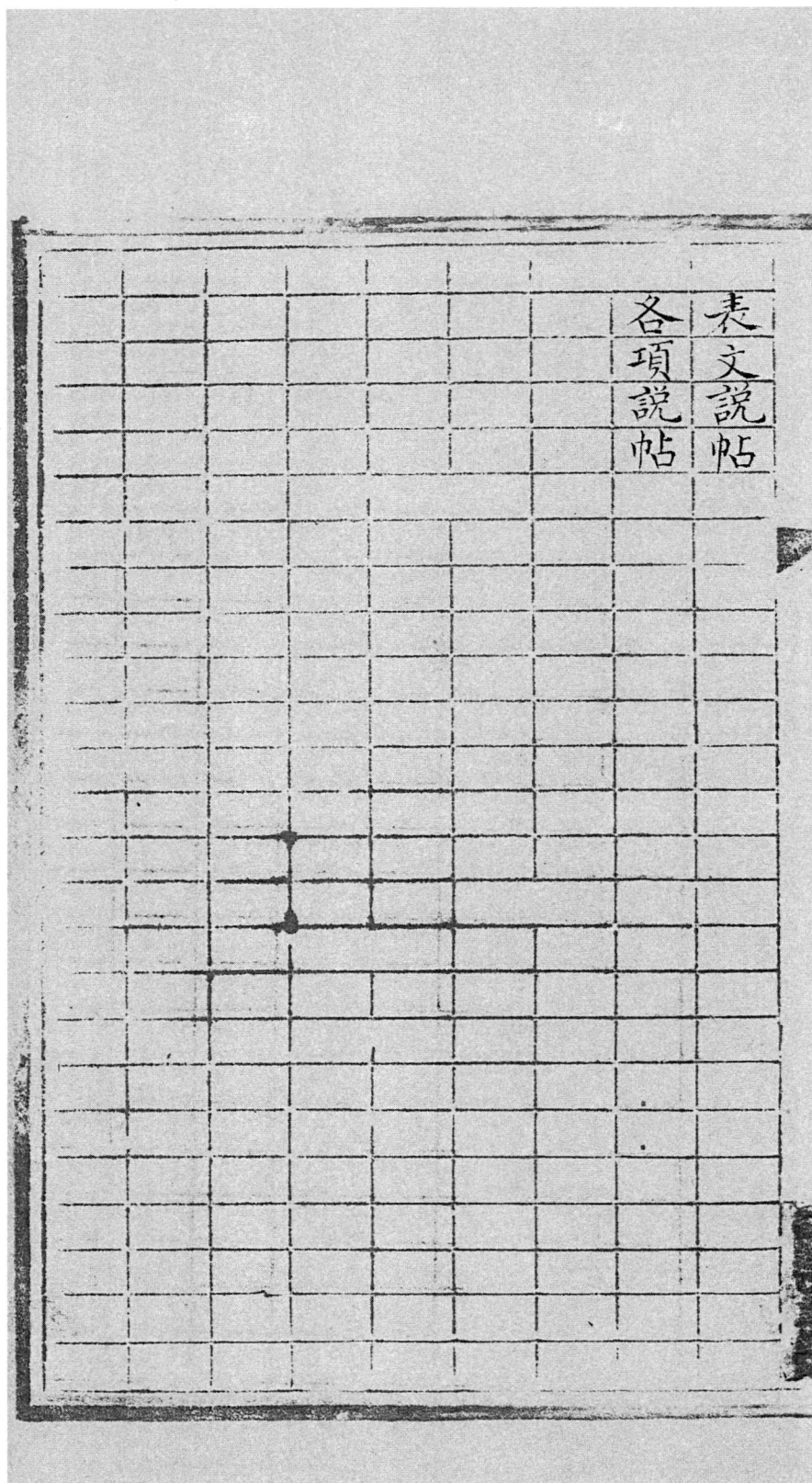

該部知道餘著議奏

擬徒官犯○○○監斃等因　附叅獄官

原本吏部議奏條內亦收此條道光九年江西撫富呢楊改一

本改此式

流犯○○○監斃等因

該部知道餘著榜議具奏

擬徒官犯○○○監斃等因

本內附叅獄官已故本尾勒追挪移未完銀兩

各項部知

該部知道餘著察議具奏

遣犯。。。在監自盡等因附恭獄官聽部議

該部知道餘著察核具奏

提督補補給　王命旗牌

應給世職給咨引　見

中式旗民籍武舉名数

並所贖緩與私塩變價兩事合為一本酌票此項

著察核該部知道

奏繳已用郵符

並所逾限事件

已經完給事件

戶工二部錢局奏銷

已有旨了該部知道

距籍五百里以内之順德府同知○○○請迴避該員先經直

督奏調保定府同知秦　硃批照所行酌票此式加說帖

○○道員缺著○○補授已有旨了該部知道

○○府知府員缺著○○○補授已有旨了該部知道道府丁憂

病故缺請　旨業經補放有人

△道（守）△△△（丁憂／病故）員缺請簡

此係特旨簡放有人者

二十年東河督李鴻賓丁憂票此（章中堂定）

道光四年雲南臨江守李肆頌病故本尾云應由部請　旨

簡放已經奉　旨放企善不票出

○○○補授○府知府已有旨了該部知道

○○○補授○道已有旨了該部知道

此係督撫專擬奏請將某補某缺已奉　硃批照所請行者

道光四年春吉林升保一本該督撫請補授（奉）批准行酌票此式

山東青州府知府陸渠准其解任回籍調理所遺員缺著重嘉補
授已有旨該部知道
告病已奉　旨准其開缺不票議奏者
四年黃縣守奉光庭告病請開缺一本亦係奉准開缺只票
知道又同時台灣道胡承珙告病一本本內已將准開缺回
籍之旨敘明並將簡放人列入故只票吏知
○○○將知府員缺緊要著該督撫於通省知府內揀員調補已有
旨了該部知道
知府丁憂遺缺請　簡葉經補放有人

各項知道

道光十年七月杭守成世暄丁憂一本本尾遺缺請簡照此式
票其前半查照原　旨抄錄至調補以下尚有所遺員缺著
周厶厶補授云云可以刪去緣此本只為丁憂遺缺也
○○○道員缺著○○○補授已有旨了該部知道
告病道員可否回旗調理遺缺請　簡業經放有人
廣東惠州府知府著武廷珍補授已有旨了餘著該部議奏
惠州守鄭梦駐告病
○省○府知府著厶厶厶補授已有旨了餘著該部議奏道光十
三年十一月黄州守周維楨告病遺缺有坐補之○○○一

員容另行請補

提督○○學政著△△去已有旨了該部知道

學政服滿及丁憂事故業經補放有人

凡道府丁憂病故之缺係請旨已經簡放者本尾如云所遺

員缺請 皇上迅賜簡放則須述旨照前式票已有旨了照

原旨抄錄不可遺漏一字如本尾無請簡字樣或云應歸部

請旨簡放則可不必述

旨經票吏知

據奏黃運湖河桃汛水勢循軌安流各處工程修防平穩重運遄

各項部知

行前進知道了該部知道

四月報南河桃汛水勢

據奏桃汛水勢已過黃沁兩河工程俱各平穩知道了該部知道

四月報東河桃汛水勢

據奏黃運湖河伏汛水勢情形各工平穩知道了該部知道

七月報南河伏汛水勢

據奏黃沁二河伏汛水勢情形各工平穩知道了該部知道

七月報東河伏汛水勢

據奏秋汛水勢已過黃運湖沁兩河工程具各平穩知道了該部知道

十月報南東河秋汛水勢運 運沁二字照本票出

據奏黃汛水勢已過黃運湖河各處工程修防平穩知道了該部

知道

五年四月因以黃濟運糧船阻滯酌票此式

據奏黃運湖河桃汛水勢安瀾各工修防平穩重運遄行此滯知

道了該部知道

各項部知

六年票式

據
奏直屬汎水安瀾工程穩固知道了該部知道
直屬河道水勢平穩情形

據
奏稱(秋)汎水勢安瀾海塘工程穩固該部知道
恭報海塘穩固情形

這所報過淮糧船著(沿)河督撫鎮道等官撥兵防護逮催低通該部

知道

各省粮船初二三次過淮日期

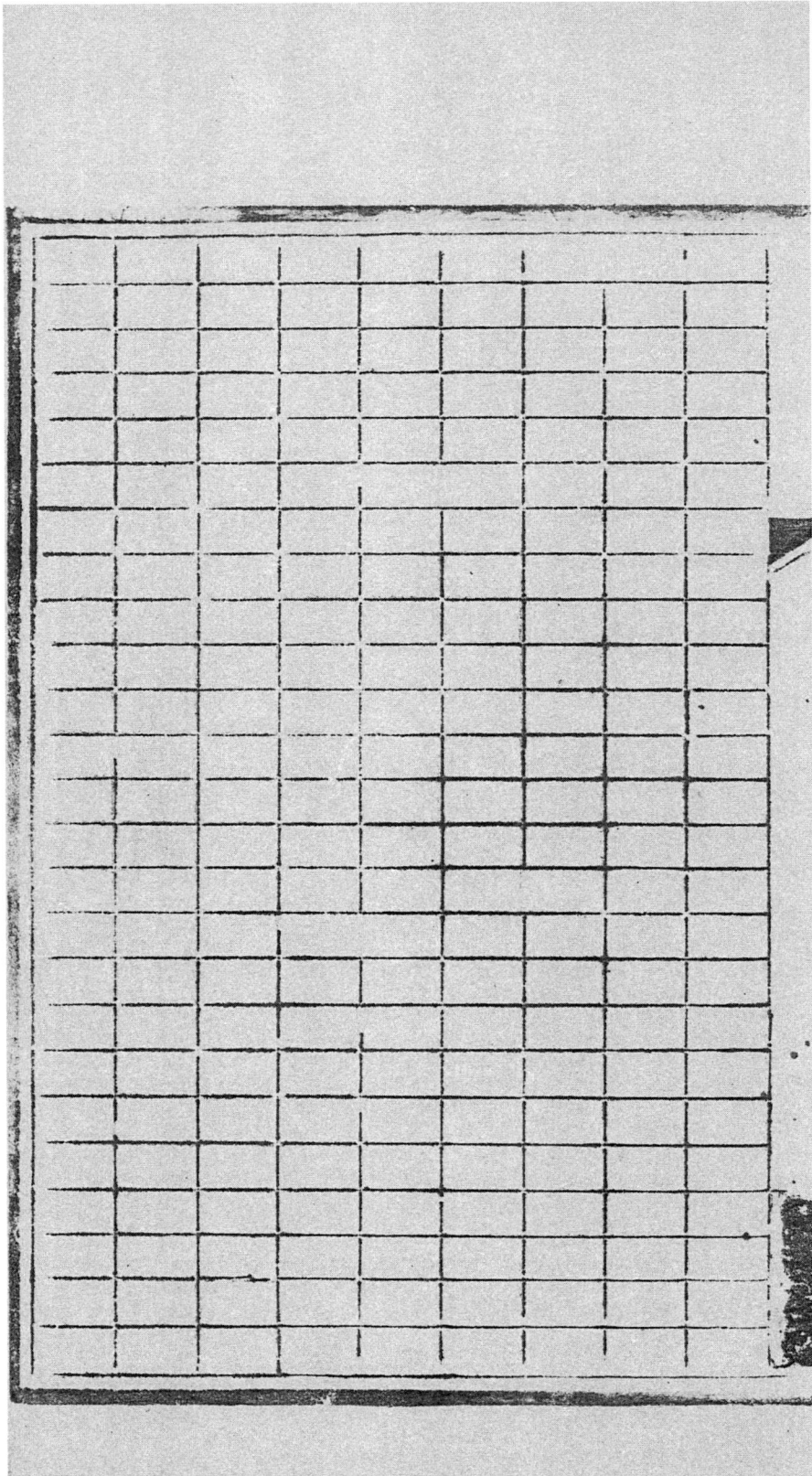

賀本簽式

凡慶賀本總督加覽卿奏賀四字巡撫無之
撫署督督署撫俱不票卿惟督兼尚書雖署撫亦票卿將軍
署督亦票卿漕督河督兼尚書銜者票卿如只侍郎銜不票
卿
直督寫○上○賀事餘俱寫慶○賀事

覽卿奏賀知道了該部知道
總督賀表票此式

知道了該部知道

巡撫慶賀禀式

恭賀○萬壽聖節本面式萬寿壽字另行抬寫

恭賀崇上徽號慶典

恭賀元旦長至令節

慶賀皇太后用

同治七年兩廣總督瑞麟署廣東巡撫本內兼尚書銜閩總督馬新貽未兼尚書銜俱禀卿瑞則固有兼銜馬則例應兼銜也原本云督署撫不禀卿者臨時再當酌擬

覽王奏賀進貢方物具見悃忱知道了該部知道

外藩慶賀貢物收受簽式

覽王奏謝進貢方物具見悃忱知道了該部知道

外藩謝恩貢物收受式

覽王奏進方物知道了該部知道

例貢表式

表文簽式

覽王所奏具見悃忱知道了該部知道
嘉慶十二年南掌國王進例貢表譯出漢字
覽王奏謝知道了該部知道
恩表式無方物者
道光元年正月十四日進朝鮮國王謝恩表四道票此式
覽王奏遣使遠來進貢方物具見悃忱知道了該部知道
嘉慶十六年緬甸國王孟既　道光四年同

覽王奏謝進貢方物著准其留抵下次正貢以示體恤該部知道

謝恩貢物留抵式

覽王奏賀進貢方物著留抵下次正貢以昭體恤該部知道

慶賀貢物留抵式

道光元年朝鮮國王李玜慶賀元旦進貢○此簽夾入元旦

賀表内其隨本方物表一件並不繙請表内前後有一聯中

間開列方物謂之禮單不票簽又年貢本係用白封套盛謂

之歲幣向係亦不票簽凡票簽之本俱繙清

表文簽式

覽奏請襲封爵已有旨了該部知道

嘉慶十二年十二月十八日琉球國世孫尚灝

飭行條款

字畫微細墨太淡

空白二字

遺漏後銜

上下扣接處參差不齊

本面墨污

後銜遺寫任字

後銜年月未經另扣書寫

後銜年月截幅書寫

後銜年月誤寫

應行抬寫之處未經抬寫
應行單抬字樣書寫平抬
應三抬字樣既多誤寫雙抬復有未經抬寫之處
這本在封印期內具奏未用印信
道員無詳請代題謝恩之例代題不合
有水迹不合
行款違式
臣字寫於室宗之下
遣犯病故向係報部無特題之例ㄙㄙㄙ違例特題不合於英和

名字並未全書祇寫臣英字樣殊失君前臣名之義不合

飭行條款

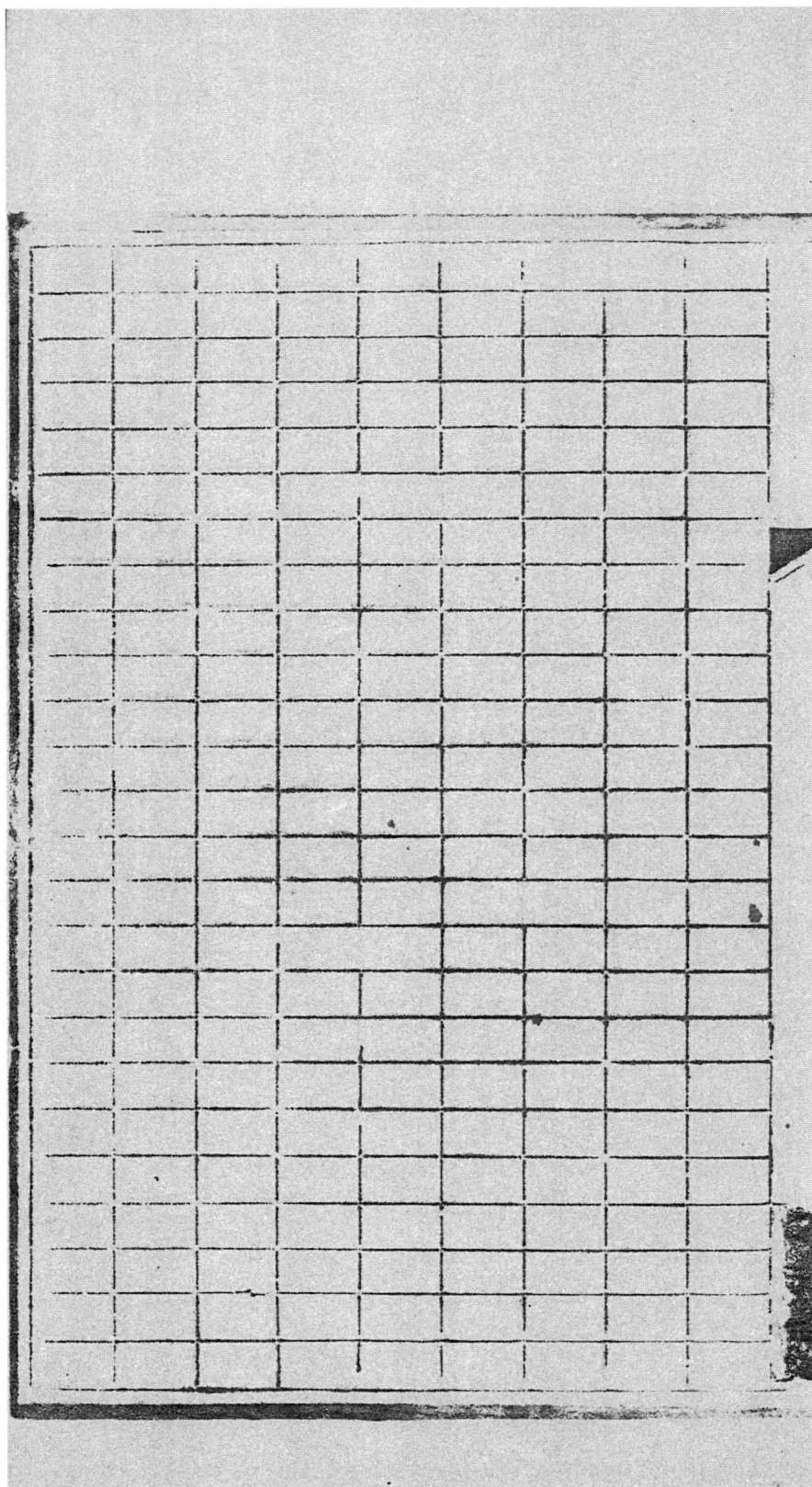

飭行簽式

該部知道這本遺漏縫印信不合著飭行

該部知道這本面用印模糊不合著飭行

該部議奏這本於封印期內拜發未將暫行啟用緣由聲明不合
著飭行

該部議奏這本邊頁破損不合著飭行

該部知道這本及貼黃內將副將漏寫副字不合著飭行

該部議奏這本於應行三抬字樣書寫兩抬不合著飭行

該部議奏這本及貼黃內抬寫違式不合著飭行

飭行簽式

該部議奏這本於應行抬寫字樣之處未經抬寫不合著飭行

該部知道這本貼黃內恭錄。年上諭次行平寫不合著飭行

該部知道這本前後銜書寫不畫一不合著飭行

三法司核擬具奏這本面　迹貼黃內遺寫為從二字俱不合著

飭行

三法司核擬具奏這本及貼黃內於該牧令並不書名不合著飭行

已革職不票飭行加說帖

該部知道

查各省題本有書寫違式之處向票飭行令此本及貼黃內悉

照原咨書寫本署将軍字樣係屬違式查原任川督○○○已奉
旨革職無庸飭行是以祇票該部知道簽進
呈理合聲明謹
奏

吏部知道這本後銜年月遺闌用印信不合著飭行

飭行簽式

議處簽式

該部議奏這本後銜年月挖補填寫著議處具奏文於應行兩抬

字樣書寫單抬不合著飭行

查各省題本開內有挖改年月之處等向票飭行嘉慶九年

五月十四日臣等會同通政司議覆御史賈允升條奏并通

飭各省不得於本內年月蓋印處再行挖改等因奉

旨依議欽此欽遵在案今此本陜西巡撫〇〇〇仍將具題日期

挖補填寫甚屬不合據通政司揭報前來是以臣等票議處

具奏簽進

議處說帖

呈理合聲明謹
奏
該部議奏這本於應行抬寫之處漏寫旨字殊屬疎忽著議處具
奏
查向例各省題本有舛錯太甚關係體制者於本內聲明請
旨交部議處歷經遵辦在案今此本內四川總督△△△於應抬
寫之字漏寫
旨字非尋常疎忽可比據通政司揭報前來是以臣等抄寫議處

具奏簽進
呈理合聲明謹
奏
如此本之督撫已故即不票議處原任川督常明題本請
旨處漏寫旨字即未票議處說帖尾查該督業經身故是以不票
議處具奏簽云云
吳光悅具題李曰青毆傷李二明身死一案著三法司核擬具奏
其貼黄內誤將業傷死之李明擬絞實屬舛錯太甚吳光悅著交
部議處
議處說帖

此簽与陳若霖一式叅觀　說帖附後

查向來各省題本間有舛錯太甚之處臣等於本內夾片聲明

請

旨交部議處今江西巡撫吳光悅具題李曰青毆傷李二明身死

貼黃內誤將李二明擬絞實屬舛錯太甚據通政司揭報前來

是以臣等票擬交部議處簽進

呈再道光四年六月十二日楊懋恬具題黃登明擬絞與此本舛錯

相同奉

旨改寫楊懋恬具題黃仲世踢傷黃登明身死一案三法司核擬

具奏等因欽此欽遵在案歷經敬謹遵照票寫理合聲明謹
奏
該部議奏這本及貼黃內人地名未經改寫寍字着察議具奏
如三法司本則票該部察議具奏
查本內人地名應行改寫寍字之處未經改寫殊屬疏忽據通
政司揭報前來是以臣等票擬察議具奏發進
呈理合聲明謹
奏
議處說帖

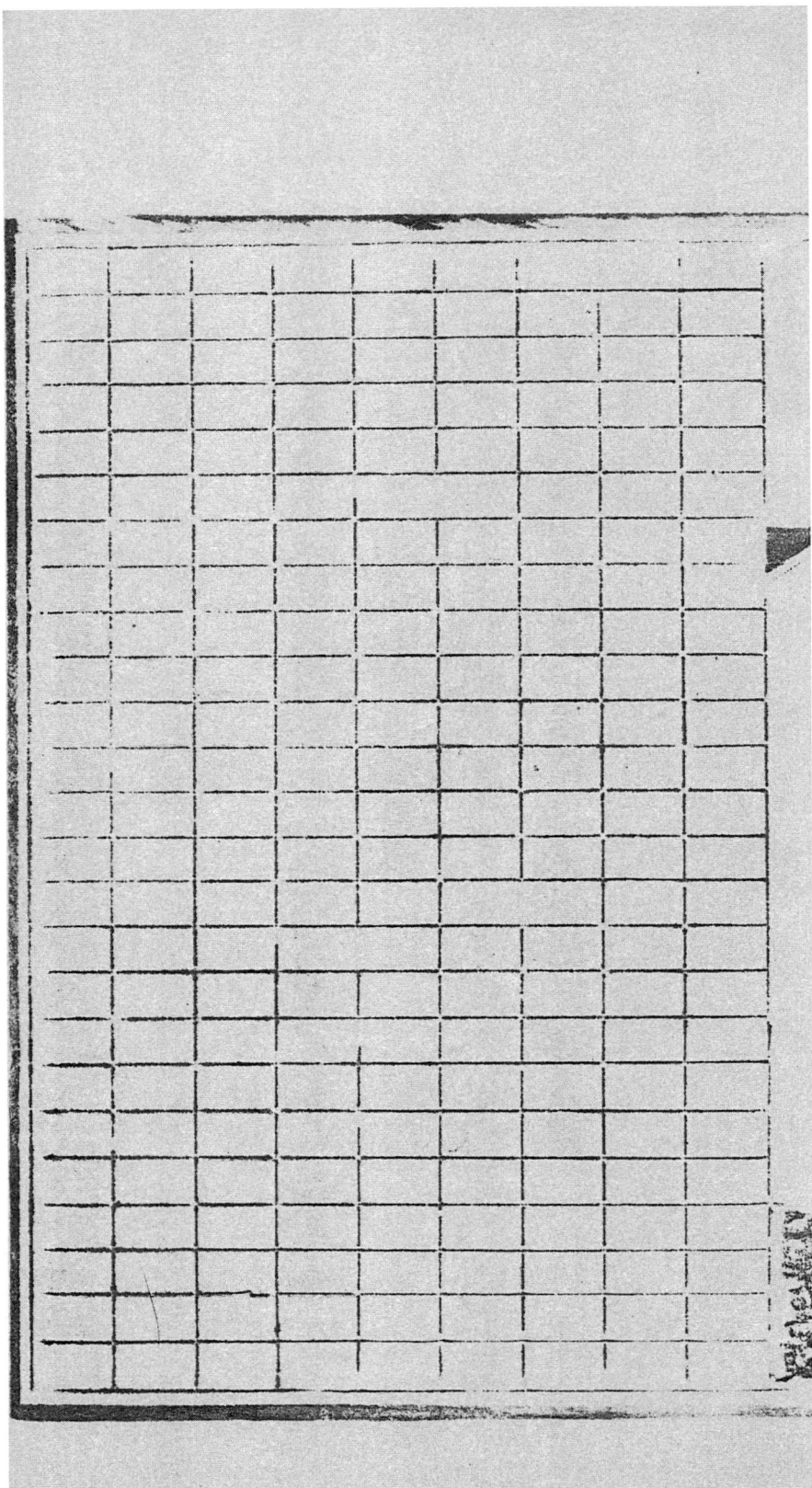

通政司說帖

題叅賀本遲延定例官員將慶賀表文遲延者罰俸一年

該部議處具奏

查各省督撫慶賀

元旦本章例應於封印前三日通政司送閣今雲貴總督○○

陝甘總督○○山東巡撫○○慶賀本章齎送遲延又

山西巡撫○○慶賀本章迄今未到現據通政司具本題

叅是以臣等於此本票擬該部議處具奏簽並將某某賫送

到賀本照例票擬同日進

呈理合聲明請
奏
又式
查向來各省慶賀本章間有逾期始行賫到者通政司具本
叅奏臣等於本内票擬議處於賀本照例票簽同日進
呈歷經遵辦在案今廣東巡撫康紹鏞慶賀
皇太后長至令節一本其賫遞遲延之處通政司已於本月十八
日先行具本題叅奉
旨交部察議除欽遵辦理外臣等謹將賀本照例票簽進

又式
查各省慶賀
元旦本章有逾限始行賫到者由通政司具本恭奏臣等票擬議
處具奏簽進
呈今江蘇巡撫李鴻章安徽巡撫喬松年陝西巡撫劉蓉慶賀本
章賫到遲延據通政司題參到閣又兩江總督曾國藩閩浙總
督左宗棠前任兩廣總督毛鴻賓四川總督駱秉章漕運總督
吳棠山東巡撫閻敬銘賀本均於十二月十五十六日賫到核
與封印前三日到通政司之例相符惟內閣揭票不及經通政

司援案聲明請免其議處又雲貴總督勞崇光貴州巡撫張亮
基福建巡撫徐宗幹賀本遲至十二月二十六正月初六等日
始到雲南巡撫林鴻年賀本迄今尚未賫到惟查係軍務省分
可否援案免議之處亦經通政司於本內聲明請
旨是以臣等於此本票擬雙簽並將李鴻章等賀本照例擬簽同
日進呈伏候
欽定

外藩表文說帖

謝表票奏謝賀表票奏賀每一表票一簽

奉厶表事

覽王奏謝知道了該部知道

謝表照例慶賀貢物收受式

漂民驛送回國謝恩

覽王奏賀進貢方物具見悃忱知道了該部知道

長至令節賀表說帖本面式

又方物表不票簽

元旦令節賀表　又方物表同
查朝鮮國王李玜進
長至令節賀表一道
元旦令節賀表一道又漂民驛送回國謝
恩表一道臣等謹各擬簽進
呈其恭進
皇太后前方物有狀無表謹照式錄出一併呈
覽再方物表二件年貢方物奏本一併例不票簽合併聲明
謹

奏

覽王奏賀謝進貢方物具見悃忱知道了該部知道

册立

皇后賀表　又方物表

加上

皇太后徽號賀表　又方物表

詔書順付謝

恩　又方物表

頒賞御書匾額謝

恩　又方物表

頒賞文獻通考謝

恩　又方物表

賜緞謝

恩

覽王奏謝知道了該部知道

表文說帖

冬至使臣賀賞謝恩
留抵正貢謝恩
漂民送回本國謝恩
查朝鮮國王李昖恭進
冊立
皇后暨
加上
皇太后徽號賀表共二道又
皇后冊封詔書順付及

頒賞
御書匾額文献通書緞疋謝表共四道併隨表進貢方物表六
件又
加上
皇太后徽號詔書順付冬至使臣加賞留抵正貢漂民送回本國
謝表共四道臣等謹擬簽進
呈共具進貢
皇太后
皇后前方物有狀無表謹照式錄出一併呈

表文說帖

覽再各方物表例不票簽合併聲明謹

奏

此謝表照例慶賀謝　恩貢物全收式

又慶賀謝　恩貢物全准留抵式

覽王奏賀謝進貢方物准著其留抵下次正貢以昭體恤該部知道

查朝鮮國王ㄙㄙㄙ恭進

皇上登極暨

崇上

仁宗睿皇帝尊謚賀表各二道又謝

恩表三道隨表進貢方物五件據禮部文稱所有慶賀呈進
皇太后前方物二分已請
旨收受共慶賀呈進
皇上前方物二分及謝
恩呈進
皇太后前方物三分
皇上前方物三分均係奏請留抵下次正貢奉
旨依議欽此欽遵在案是以臣等謹擬准抵正貢發進呈其恭
進

表文說帖

皇太后方物有狀無表謹照式錄出一併呈
覽理合聲明謹
奏
謝表照例慶賀貢物留抵式
覽王奏謝知道了該部知道
覽王奏賀進貢方物著留抵下次正貢以昭體恤該部知道
査朝鮮國王李松進謝
恩表四道臣等謹照例擬簽進
呈所有恭進

皇太后前方物有狀無表謹照式錄出呈
覽其恭進
禮部
皇上元旦表一件方物一分業經九卿奏明奉
旨准其留抵欽遵在案是以擬寫准抵正貢簽進
呈其年貢奏本一件例不票簽合併聲明謹
奏
謝表照例謝　恩貢物留抵式
覽王奏謝進貢方物著留抵下次正貢以昭體恤該部知道
賜緞謝　恩表　又方物表
表文說帖

覽王奏謝知道了該部知道
詔書順付方物移准謝　恩表
使臣免詣　陵行禮謝　恩表
加賞使臣克食謝　恩表
賀謝方物移准謝　恩表
詔書順付謝　恩表
　查朝鮮國王李熙恭進年貢奏本一道謝
恩表九道隨表方物表二件據禮部文稱除年貢方物請
旨收受外其兩次謝

表文說帖

恩呈進兩宮
皇太后前方物四分
皇上前方物二分應否准受抑或留抵下次正貢之處於光緒
三年正月二十三日具奏奉
旨留抵下次正貢餘依議欽此欽遵在案臣等謹分別擬簽進
呈其恭進
皇太后前方物有狀無表謹照式錄出一併呈
覽再年貢表例不票簽理合聲明謹
奏

謝表照例謝　恩貢物留抵慶賀賀貢收受式

覽王奏賀進貢方物具見悃忱知道了該部知道

平定西陲賀表　又方物表

覽王奏謝進貢方物著留抵下次正貢以昭體恤該部知道

勅書順付謝　恩表　又方物表

賜緞謝　恩表　又方物表

覽王奏謝知道了該部知道

賜物謝　恩表

使臣叅宴謝　恩表

驛送漂民囘國謝　恩表

査朝鮮國王李玜恭進

皇上平定西陲表一道

勑書順付謝表一道

賜緞謝表一道方物表三件又

賜物使臣叅宴驛送漂民囘國謝表共三道所有慶賀貢物應

請照常貢例

賞收謝

恩貢物應否收受或留抵下次正貢之處業經禮部奏明奉

旨准其留抵餘依議欽此欽遵在案臣等分別擬簽進呈其
進貢
皇太后
皇后前方物有狀無表照式錄出一併呈
覽再方物表例不票簽合併聲明謹
奏
又式
查朝鮮王李玜進
萬壽聖節

長至
元旦令節賀表各一道
頒賜
御書匾額謝表一道方物表四件據禮部文稱於同治五年正月
三十日具奏奉
旨以上貢物三分准其留抵下次正貢餘依議欽此欽遵在案又
加賞使臣方物移准驛送民謝表共四道臣等謹分別擬繕進
呈其呈進
皇太后前方物有狀無表謹照式錄出一併進
表文說帖

呈再方物表四件年貢奏本一件例不票簽合併聲明謹
奏
例貢表票簽說帖式
覽王奏進方物知道了該部知道
查越南國王阮福時恭進丁丑年貢奏本一道臣等謹擬
簽進
呈其方物隨表一件例不票簽理合聲明謹
奏
朝鮮國遣使迎　駕請安表簽說帖式

覽王奏因朕親謁
祖陵遣使進貢方物具見悃忱知道了該部知道

乾隆八年十月初二日進簽式

王列在外藩勤修職貢今以朕臨幸盛京遣陪臣齎表修貢迎駕
請安具見悃忱届期加恩賞賚以示優眷已有旨了該部知道

乾隆十八年進簽式

琉球國懇請　勅收餽送封儀宴金奏本簽式

此次冊封琉球國使臣等卻還宴金原屬仰體朕意不欲滋擾猶外
藩今仍不必收受令使帶回

表文說帖

査琉球國王尚泰呈進
册封謝
恩表一道隨表貢物奏本一件懇請
勅收餽送封使宴金奏本一件據禮部文稱貢物到京於八月二
十九日具奏本日奉
旨此次册封琉球使臣等卻還宴尾原屬仰體朕意不欲滋擾外
藩今仍不必收受令來使帶回欽此是以臣等欽遵擬寫不
必收受發進
呈伏候

欽定
進金葉表說帖式
查暹羅國王鄭厶厶進献金葉番字表一道臣等謹将漢字
繙冩清字擬簽進
呈至金葉表俟
發下之日知照禮部祇領轉交内務府存貯理合聲明謹
奏
查緬甸國王孟阮進献金葉番字表一道臣等謹照譯出原
文兼繕清漢擬簽進

表文說帖

呈至奎章表候
發下之日知照禮部祗領轉交内務府存貯理合聲明謹
奏
外藩稱慰表祭文呈覽表票簽
覽王具奏知道了該部知道
道光元年四月二十三日進朝鮮國王李玜稱慰表查乾隆
元年嘉慶四年縹綸檔式
查禮部文稱朝鮮國王李玜遣使詣
仁宗睿皇帝几筵前進香祭文一道並稱慰表文一道移送内繙

譯具題後仍發交本部辦理等因前來臣等謹將祭文繙譯
恭呈
御覽俟
發下之日仍交禮部辦理其補慰表文添繕清字照例擬發進
呈理合聲明謹
奏

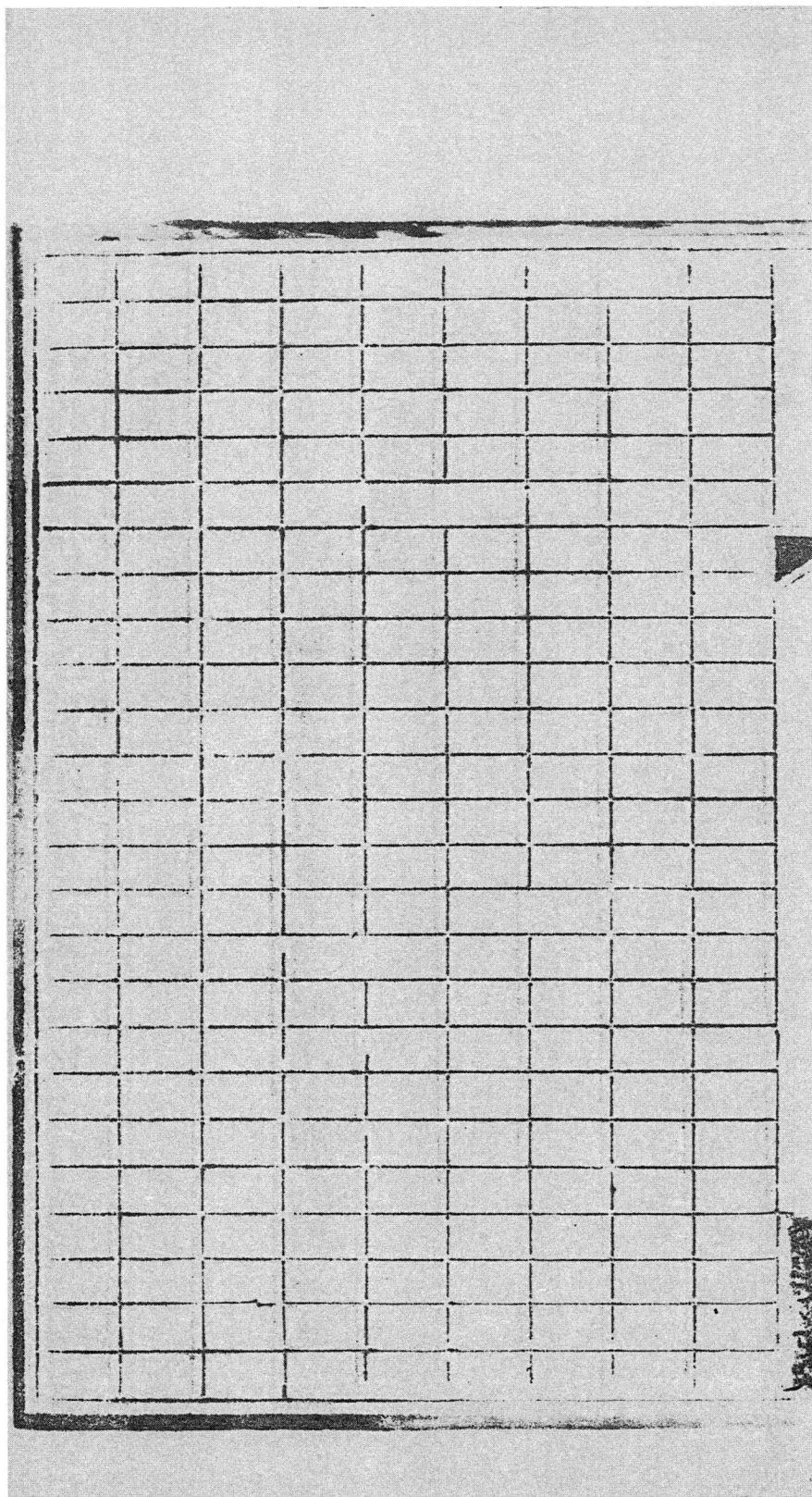

災賑蠲緩各款說帖式（已奉旨速議過者）

該部議奏

勘不成災之縣場請緩征

查向來各省災賑本章臣等量其緩急分別票簽上年長

蘆鹽屬○○等場被水業經前任鹽政題報在案今據該

鹽政○○○將該處應征課銀題請緩征前來臣等查係

遵

旨辦理之件是以祇票該部議奏簽進

呈理合聲明謹

各項說帖

奏

該部議奏

勘明成災辦理之件

查向係各省災賑本章臣等量其緩急分別票簽上年山東

臨清等州縣被水成災經該撫先後奏報欽奉

恩旨賑卹在案茲據該撫○○○將勘明成災分數安分別蠲賑各

事有宜具題前來臣等查係遵

旨辦理之件是以祇票該部議奏簽進

呈理合聲明謹 奏

該部知道
續報已未成灾分類數
查向例各省灾賑本章臣等量其緩急分別票簽上年長蘆
竈地被水偏災業經奏报欽奉
恩旨在案茲據該鹽政。。。將續經查出。。。等縣場已未成
災分類數具題前來臣等查該場地應蠲應緩錢粮經該塩政
聲明另疏會題此本只係續報項畝分類並無應需辦理之
件是以祗票該部知道簽進
呈理合聲明謹奏

該部速議具奏

被災請蠲賑請緩請免說帖式　急須辦理之件

查向係各省災賑本章臣等量其緩急分别票簽本年山西

代州等屬被水成災業經該撫奏報奉

旨蠲緩賑邮欽遵在案今據該撫將代州等州縣成災分數分别加

賑各事宜具題前來臣等查係急需辦理之件是以票擬該

部速議具奏簽進

呈理合聲明謹

奏

此條已改由奏請不歸題矣

又調補人員已升說帖式

該部知道

成都府同知△△△請調補馬邊廳同知說帖

查本内川省請補馬邊廳同知之成都府同知△△△已於

本年八月内籤升浙江處州府知府是以臣等票擬該部知

道簽進

呈理合聲明謹

奏

又官員請迴避已經奉　旨准調者說帖式

已有旨了該部知道

順德府同知○○○請迴避

查本内距籍五百里以内之順德府同知ムムム請迴避調

補該員先經直隸總督ムフム奏調保定府同知奉

硃批照所請補是以臣等票擬已有旨了發進

呈理合聲明謹

奏

該部知道

鄉試年老諸生具題

查各省鄉試三場完竣未經中式年老諸生向係各該撫專

摺具奏軍機處彙齊請

旨今ムム巡撫○ムム具題前來臣等擬寫該部知道簽進

呈恭候發下將正本交禮部存案　其副本送交軍機處仍照

向係彙齊請

旨嗣後各復用題本者具照此辦理理合聲明謹

奏

各項說帖

監犯病故已經予勾者說帖式

三法司知道

予勾斬絞犯△△△監斃說帖

查本内△犯△△△已於○年○月奉

旨予勾理合聲明謹

奏

重犯凌遲已經具奏奉　旨過者說帖式

已有旨了三法司知道

殺死寀榮昌等一家五命之馬三銀已經凌遲等因查獲理

貴州巡撫布政使汪新題到馬三銀砍傷寀榮昌等一家五

命一本據護撫繕摺具奏於正月〇日奉

硃批該部知道欽此欽遵在案是以臣等於此本内

擬寫已有旨了簽進

呈理合聲明謹

奏

三法司核擬速奏

殺死期親尊長△△△一家二命之△△△凌遲

查向例各省題本内殺死一家二命問擬絞決之案臣等俱

票擬三法司核擬速奏簽今此本四川民人唐道宣殺死胞

兄唐○○並伊嫂○氏二命該督將唐道宣依謀殺期親尊

長律問擬凌遲具題前來臣等查該犯連斃兄嫂二命兇殘

已極未便稽誅是以仍照殺死一家二命之例票擬速奏簽

進呈理合聲明謹

奏

三法司核擬速奏

用藥迷竊致死事主△△△等一家二命之△△△斬決

查向例各省題本内殺死一家二命問擬絞決之案臣等俱

票擬三法司核擬速奏簽今此本内○省民人△△△用藥

迷竊致△△△等受毒身死該撫將△△△照强盜殺人律

問擬斬決具題前來臣等查該犯迷竊得財毒死事主一家

二命兇殘已極未便稽誅是以仍照殺死一家二命之例票

擬速奏簽進　呈理合聲明謹

奏

三法司知道

斬犯雙簽揭本續報監斃

查本内監斃斬犯陳惠三因咬傷胞兄△△△手指保辜限

外身死先經刑部按律定擬斬决夾簽請

旨於本月△日具題奉

旨

未發下今據該撫題報陳惠三監斃臣等於此本照擬寫

三法司知道簽進

呈所有前件揭本應請撤出處刑部存案完結無庸辦理為此

謹奏

光緒元年署盛京將軍崇實奏請將盛京將軍管理兵刑兩
部兼管奉天府府尹事務兵部尚書銜兼理粮餉另頒總督奉
天旗民地方事務關防一顆又奉天府府尹加二品銜以右
副都御史行巡撫事等語各衙門會議均照行

各項說帖

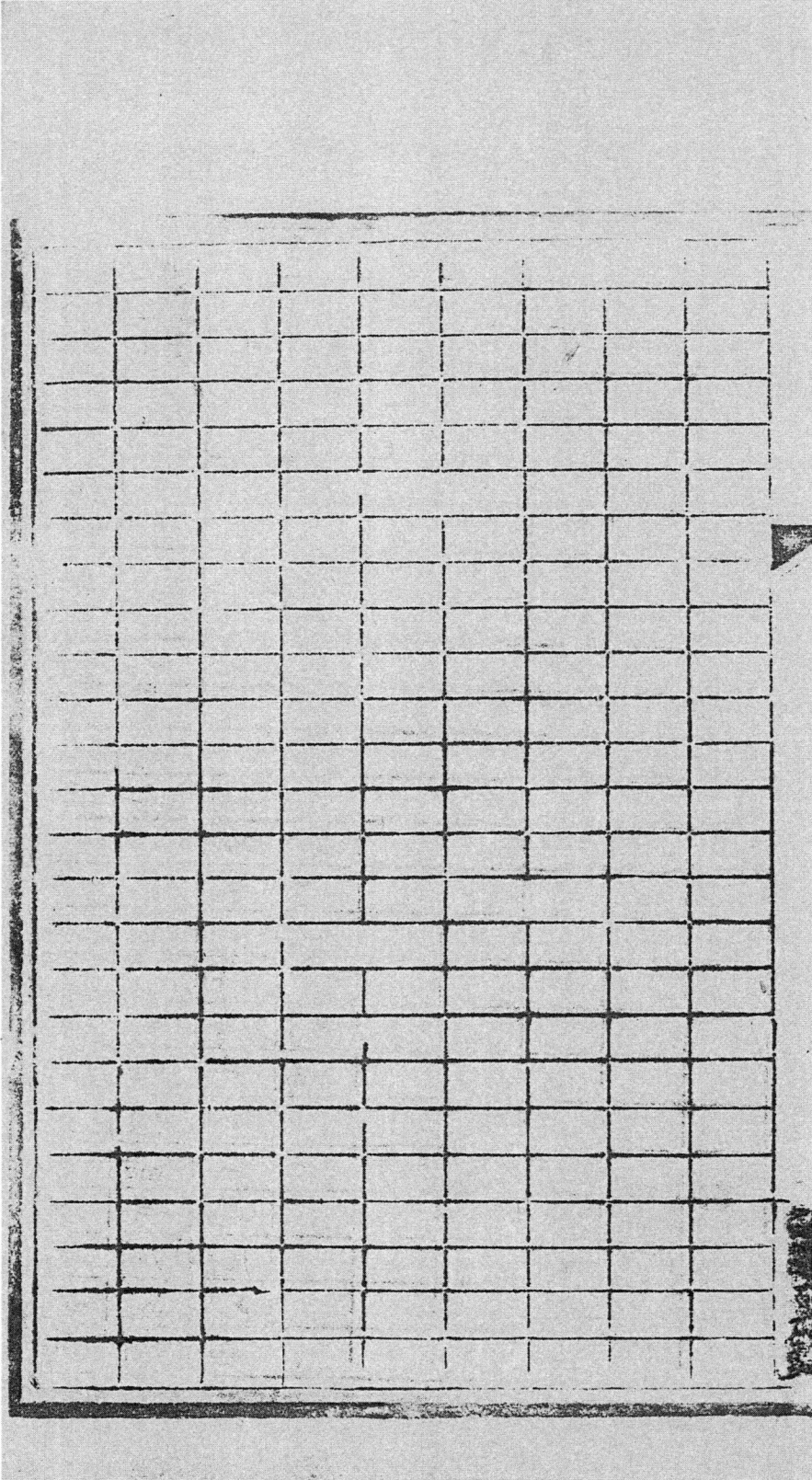

長白山詩派叢書

张福有 主编

张福有诗词选

张福有◎著

時代文藝出版社

图书在版编目（CIP）数据

张福有诗词选 / 张福有著. —长春：时代文艺出版社，2019.7
（长白山诗派丛书 / 张福有主编）

ISBN 978-7-5387-6064-4

Ⅰ. ①张… Ⅱ. ①张… Ⅲ. ①诗词－作品集－中国－当代 Ⅳ. ①I227

中国版本图书馆CIP数据核字（2019）第028061号

出品人 陈 琛
产品总监 郭力家
责任编辑 李天卿
李荣崟
封面题字 王云坤
装帧设计 孙 利
排版制作 隋淑凤

本书著作权、版式和装帧设计受国际版权公约和中华人民共和国著作权法保护
本书所有文字、图片和示意图等专有使用权为时代文艺出版社所有
未事先获得时代文艺出版社许可
本书的任何部分不得以图表、电子、影印、缩拍、录音和其他任何手段
进行复制和转载，违者必究

张福有诗词选

张福有 著

出版发行 / 时代文艺出版社
地址 / 长春市福祉大路5788号 龙腾国际大厦A座15层 邮编 / 130118
总编办 / 0431-81629751 发行部 / 0431-81629755 北京开发部 / 010-63108163
官方微博 / weibo.com / tlapress 天猫旗舰店 / sdwycbsgf.tmall.com
印刷 / 三河市万龙印装有限公司
开本 / 710mm × 1000mm 1 / 16 字数 / 667千字 印张 / 48.25
版次 / 2019年7月第1版 印次 / 2019年7月第1次印刷 定价 / 290.00元

图书如有印装错误 请寄回印厂调换

“长白山诗派丛书”编辑委员会

顾　问：王云坤　张岳琦　唐宪强
　　　　肖模文　张志军　王　库　刘庆霖

主　任：张福有

副主任：蒋力华　吴文昌

主　编：张福有

副主编：温　瑞　邵红霞　叶剑波　尹宝田

成　员：冯国际　王　娟　孟凡迎　聂德祥
　　　　寇彦龙　张文学　沈鹏云　宋有才
　　　　高丰清　张吉贵　张玉璞　黄春华
　　　　张应志　贾春泉

巍峨长白　张福有 摄

⊙2011年8月22日，张福有在长白山天池

主编与作者简介

张福有，别署养根斋，祖籍辽宁东港，1950年生于吉林集安良民村，中央党校研究生，研究员。中国文联全委，中国摄影家协会理事，中国作家协会会员，中国书法家协会会员。曾任集安县委办公室副主任，通化地委办公室副主任，吉林省委副秘书长兼办公厅副主任，白山市委副书记兼政协主席，吉林省委宣传部副部长（正厅长级）兼吉林省社科联党组书记、副主席，吉林省文联（吉林省作协）党组书记、副主席和吉林省社科院副院长，吉林省政协常委，中华诗词学会二届、三届副会长等。现为中华诗词学会顾问，吉林省诗词学会会长，长白山诗副社长，《长白山诗词》主编，吉林省长白山文化研究会会长，吉林省文史研究馆馆员，吉林师范大学客座教授，中国社科院东北工程专家组成员，吉林省文物局集安麻线高句丽碑、安图长白山神庙遗址、抚松枫林遗址专家组成员。著有《养根斋诗词选》《张福有诗词选续辑》《诗词曲律说解》《长白山诗词史话》《高句丽王陵统鉴》等，辑笺《长白山诗词选》，编著《长白山诗词论说》《百年苦旅》《集安麻线高句丽碑》等，主编《长白山池南撷韵》等三十多部大型主题诗集，有三十多项考古新发现，填补空白，纠正误识误读。2012年荣获“全国优秀科普名家”称号。被《长白山诗词》和“诗词中国”推荐为：“吉林诗家”“中华诗人”。力行以诗证史，倾心培育长白山诗派，为长白山文化研究和建设做出开拓性贡献。

长白瀑布　张福有 摄

⊙ 2014 年 10 月 20 日 8 时 31 分，张福有发现距今五万年的旧石器长白山手斧。于海民 摄

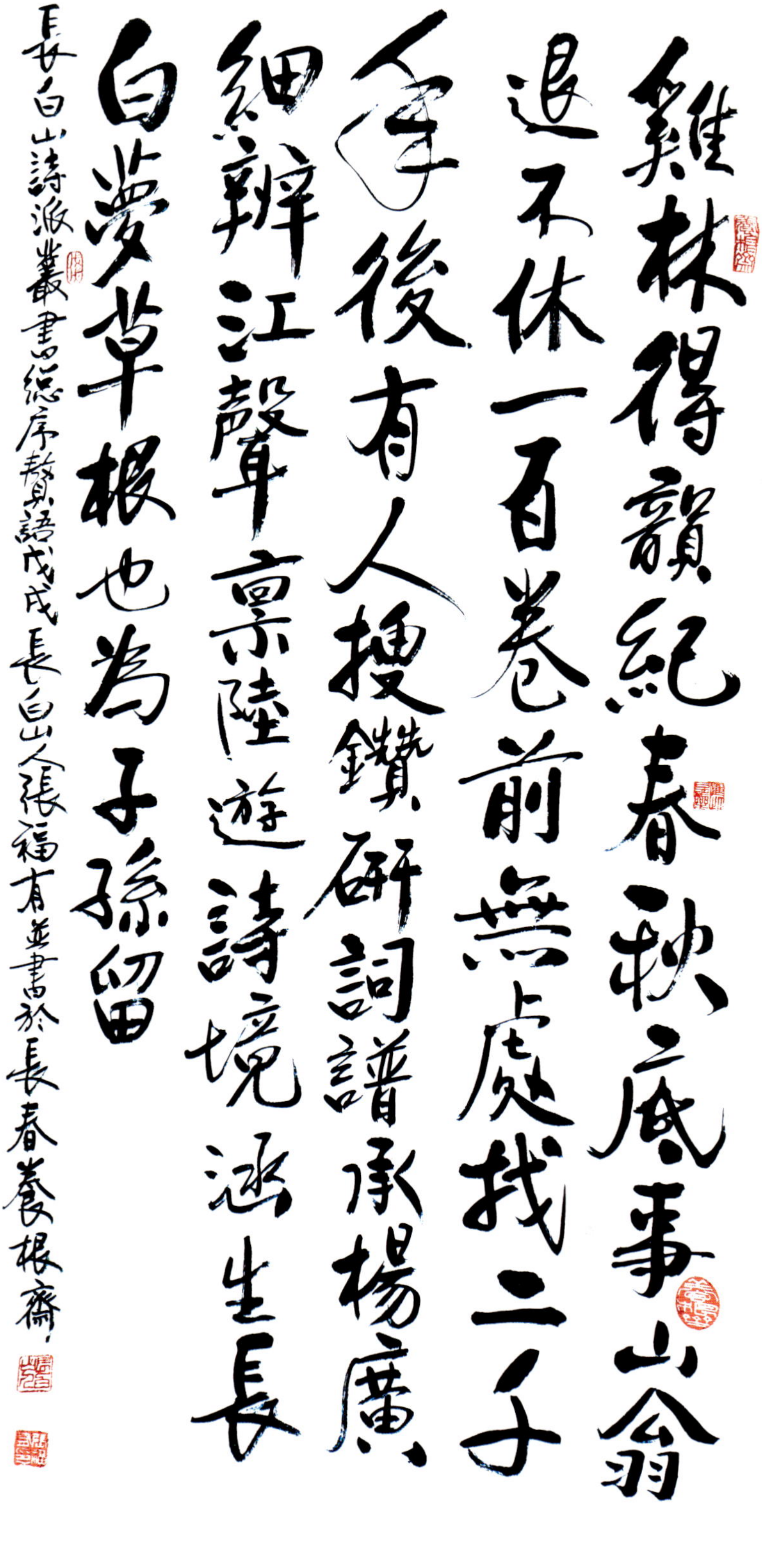
雞林得韻紀春秋底事山翁
退不休一百卷前無處找三千
年後有人搜鑽研詞譜承揚廣
細辨江聲稟陸遊詩境涵生長
白夢草根也為子孫留
長白山詩派叢書總序贅語戊戌 長白山人張福有並書於長春養根齋

⊙ 张福有书法："长白山诗派丛书"总序赘语

总　序

经过多年的策划，“长白山诗派丛书”今年终于全面启动了。

早在1994年春，时任中共白山市委副书记蒋力华建议拙斋编辑《长白山诗词选》，并云：“担纲者，非兄莫属也。”拙斋深感兹事体大意深，可做，亦应做好。只是时任中共吉林省委副秘书长兼办公厅副主任，分管综合、信息、督查等政务工作，没有时间去做。1996年5月9日，拙斋亦被省委派到白山，任中共白山市委副书记兼市政协主席。当晚席间，力华说：“老兄，《长白山诗词选》这回可以动手了吧？”我答：“此事现在真的可以做了。”

此后，两年的业余时间，均做此事，每天只睡两到四个小时。辛苦，但很充实，也很快乐。

1998年9月8日，拙斋在白山市主持召开了全国第三次长白山文化研讨会暨《长白山诗词选》首发式。应拙斋之请，时任吉林省政协主席张岳琦同志莅临会议。中华诗词学会孙轶青会长写来贺诗。中华诗词学会常务副会长、《中华诗词》杂志社社长梁东，副会长、《中华诗词》主编刘征，副会长兼秘书长、《中华诗词》常务副主编周笃文，副会长、《中华诗词》常务副主编杨金亭，副会长、河南省诗词学会会长林从龙，中华诗词学会顾问、广西政协副主席、诗词学会会长钟家佐，《诗刊》常务副主编丁国成，著名诗词理论家丁芒等国内诗词大家齐聚白山，共襄盛举。会上，诸位诗词界权威盛赞《长白山诗词选》的辑笺和出版发行。丁芒先生着重谈了《长白山诗词选》的史学意义。梁东先生说："白山市委能从历史文化遗产中吸取力量，从几千年历史中展望未来，难能可贵。"刘征先生说："张福有同志辑笺《长白山诗词选》的出版，为繁荣中华诗词做出了不可磨灭的贡献。"周笃文先生说："词的源头可以追溯到《纪辽东》。《长白山诗词选》收录了隋炀帝和王胄的《纪辽东》，既是对长白山文化的贡献，也是对中华诗词的贡献。"杨金亭先生说："随着《长白山诗词选》的出版，呼唤长白山诗派的出现。《长白山诗词选》的出版，不仅是张福有同志对长白山文化的贡献，对繁荣中华诗词也做出了不可磨灭的贡献。这部书的问世，为研究长白山文化在中华文化中的个性与特色，提供了资料。这对于建设长白山诗派，很有益处。现在，全国的诗词创作空前活跃，不足之处是缺少诗派，或者说，有的流派还在形成之中。随着《长白山诗词选》的出版，呼唤长白山诗派的出现。只有众多诗派形成之后，才能有真正的诗词的繁荣。"这都是十分难得、甚为宝贵的评价和建议。尤其是杨金亭先生的意见，对于我们吉林省的诗词创作，具有特别重要的指导意义。中华诗词学会这几位先生的重要讲话，均收录在2001年10月出版的《长白山诗词论说》一书中，由时代文艺出版社出版。

培育长白山诗词流派，最重要的是加强诗词建设。加强诗词建设，是一项宏大的事业，要将其作为事业来对待。要有事业心和责任感，在队伍建设、阵地建设、理论评论建设、风格流派建设等方面取得突破。就此问题，我们抓了三十年，大致分为三个阶段：

第一个阶段是前十年。从1987年5月15日吉林省诗词学会成立，到1998年9月8日全国第三次长白山文化研讨会暨《长白山诗词选》首发式的举办。这十年多，主要是打基础，从组织上做准备和铺垫。长白山诗社几

位社长特别是文中俊先生，做了很多工作。这十年多，虽然没有明确吉林的诗词发展要以什么为目标和主攻方向，但加强队伍建设、办好《长白山诗词》，传承旧体诗词、发展和繁荣诗词创作等方面，是明确的，而且是非常重要的。这是打基础的阶段。

第二个阶段是中十年。从1998年9月8日到2008年9月12日，即从全国第三次长白山文化研讨会暨《长白山诗词选》首发式起，到吉林省诗词学会第二次会员代表大会的召开。主要目标是深入挖掘长白山诗词的历史底蕴，建立、健全各级诗词组织。

长白山诗词底蕴深厚，从《诗经》的“大东”“追”“貊”“商”，到词的源头《纪辽东》；从汉、魏、晋、唐、宋，到辽、金、元、明、清，长白山诗词源远流长，而且有优秀的传世作品。隋炀帝的《纪辽东》，唐太宗的《辽城望月》，李白的《高句丽》《送王孝廉觐省》，张元幹的《念奴娇》，萧太后的《秋猎》，王寂的《渡辽》，赵秉文的《长白山行》，刘敏中的《卜算子·长白山中作》，朱元璋的《鸭绿江》，康熙的《望祀长白山》《柳条边望月》《松花江放船歌》等，吴兆骞的《长白山》《长白山赋》，乾隆的《驻跸吉林境望叩长白山》《望祭长白山》《吉林览古杂咏》《吉林土风杂咏十二首》等，张凤台的《赠刘建封》，刘建封的《白山纪咏》等，十分珍贵，不可多得。尤其是“三吴”——吴兆骞、吴大澂、吴禄贞，二沈——沈承瑞、沈兆禔，“吉林三杰”——成多禄、宋小濂、徐鼐霖，在长白山诗派中都堪称独树一帜，成就斐然。

《长白山诗词选》出版之后，我又陆续查找到一些与长白山直接有关的诗词。如，从金代王寂的《张子固奉命封册长白山回以诗送之》七律中可知，金代是派张子固到长白山北的神庙即安图“宝马城”封册长白山神为“开天宏圣帝”的。此事，《金史》中无记载，是以诗证史的典型例证。2009年，我将王寂这首七律收录进《长白山池南撷韵》一书，由吉林人民出版社出版。从王寂《鸡儿花》的五律中，可知他在信州偏脸城中的大明寺住过。曹雪芹的祖父曹寅，随康熙东巡到过吉林，有词《满江红·乌拉江看雨》，可谓坚证。吴大澂在《皇华纪程》中留下很多诗词，一路上在吉林境内吃住过好多地方。其实，他在第一次奉使吉林时（光绪六年腊月十五晚）就住在敦化官地镇岗子村，当时叫通沟镇，通沟驿站就是吴大澂增设的。通沟驿站的位置，与现在的通沟书院紧相比邻，仅距几十米。这都是不可多得的力作和掌故。这些长白山诗词作品，奠定了长白山诗词流派的根基。这是一笔非常宝贵的精神文化遗产。

我们要培育、建设长白山诗词流派，首先要深刻认识古人这些长白山诗词作品的重要价值，从中汲取养分，才能将其很好地传承下去。全省多数市州和有条件的县市区，都建立了诗词组织。2001年，由翟志国选编的《长白山诗词精选》，收录了《长白山诗词》自1985年创刊到2000年十五年间的诗词精品，正式出版。2003年出版的拙著《一剪梅情缘》，事由李克谦先生发端，俞平伯之子俞润民、陈煦伉俪热心助力，欧阳中石先生题写书名，严迪昌先生作序，全国近三百位诗人参与，感动了全国诗词界，其中的主要文章被收入《中华诗词年鉴》。

《长白山诗词选》出版以后，得到书法家的高度重视。徐邦家先生率先书写，出版专著。全省很多县市的县志、市志中，选入与当地有关的长白山诗词。吉林省地方志办公室又让我从志书里的诗词中，选收《志咏长白》等一百首，专门出版。《长白山诗词百韵》，是根据蒋力华先生的提议，由我从《长白山诗词选》中选录的。这一百首诗词，周至清代六十首，民国十首，当代三十首。书已出版，书法作品还举办了展览。

第三个阶段是后十年。从2008年9月13日到2018年4月4日，即从吉林省诗词学会第二次会员代表大会的召开起，到这次编辑的“长白山诗派丛书”书稿送交时代文艺出版社。

2008年9月13日，我们召开了吉林省诗词学会第二次会员代表大会。经会长办公会讨论、张岳琦会长审定，我在报告中提出“发展振兴我省诗词事业，培育、建设长白山诗词流派，使之进一步融入全国诗词由复兴走向繁荣的大潮”的五项主要工作任务：一是，扩大诗词队伍，加强组织建设；二是，提高创作质量，办好《长白山诗词》；三是，深入生活，深入实际，多创作关心时事、反映现实、感悟人生的作品，使之成为诗词创作的主流；四是，加强对外交流；五是，与时俱进，积极开发电子网络传媒中的诗词活动。其中主要是通过大规模采风创作，锻炼、提高队伍，坚持出版大型主题诗词集。这期间，在集安、长白山池南区、江源、通化县、公主岭、白城、农安、辉南、珲春、图们、梅河口、通榆、长白山池北区、四平、东丰、吉林市龙潭区江密峰镇、敦化等地举办的诗词采风和诗词活动中，我们都反复强调培育、建设长白山诗词流派这一重要工作，形成共识，齐心协力地抓落实，见到显著成效。

2010年3月21日，中华诗词学会顾问、《中华诗词》主编杨金亭先生在我省农安诗人叶宝林的诗词研讨会上高兴地说：“可以说，长白山诗词流派，现在已经初步形成。”这是杨金亭等先生对吉林和东北诗词事业的充分肯定。

三十年间，我们主要做了以下工作：

一是，连续组织大型采风活动。

1. 2005年4月23—24日，关东诗阵第一届年会暨杏花诗会在白城市召开。

2. 2006年，关东诗阵年会暨百家诗人咏黄龙活动于7月12—13日在黄龙府农安召开。

3. 2007年4月29日—5月2日，在集安召开年会，著名诗人熊东遨、包德珍、韩林坤、张驰参加。出版采风诗集《历代诗人咏集安》。

4. 2008年3月16日，由耐寂轩主主编的《长白山诗词》刊发《关东诗阵专号》，共收关东作者一百三十余人，近五百首作品。

5. 2008年9月5—7日，由长白山池南区管委会、关东诗阵联办的“长白山池南颂采风之旅暨关东诗阵2008年年会”在长白山池南区召开。出版采风诗集《长白山池南撷韵》。

6. 2009年3月23日，在中共吉林省委宣传部的大力支持下，召开了《长白山池南撷韵》出版座谈会，来自吉林、黑龙江等地的六十多位作者代表出席。

7. 2009年6月12—14日，在公主岭市举办“公主岭诗乡之旅暨关东诗阵2009年年会”，著名诗人熊东遨、李枝葱参加。出版采风诗集《公主岭风韵》。

8. 2009年7月，通化县“酒海溢香”诗会。出版采风诗集《酒海溢香》。

9. 2009年9月28—30日，由白山市江源区、中华诗词论坛、吉林省诗词学会、长白山文化研究会主办，中共白山市江源区委宣传部、关东诗阵、江源区文化旅游局承办的“江源毓秀金秋采风”活动暨《百年苦旅》首发仪式、庆祝关东诗阵成立五周年大会在江源区举行，包德珍、张驰再度参加。出版采风诗集《江源毓秀》。

10. 2010年5月，举办白城杏花诗会，熊东遨、钱明锵参加。

11. 2010年7月6日，在辉南玛珥湖山庄举办“当代诗人咏辉南龙湾采风行”活动。出版采风诗集《当代诗人咏辉南》。

12. 2010年9月11日，农安诗会暨关东诗阵2010年年会。出版《黄龙逸韵》。

13. 2011年6月，再次组织通化县采风活动，召开关东诗阵2011年年会。出版采风诗集《诗人走进通化县》。

14. 2011年8月，《图们江放歌》出版。8月19日—21日，在图们市朝鲜族百年部落举行首发式，三十位诗友聚集一堂，围绕《图们江放歌》出版发行的历史意义、文化价值、培育长白山诗词流派等问题开展研讨。

15. 2011年12月，《辛卯开岁联唱集》出版。

16. 2012年7月20—22日，梅河口采风活动，召开关东诗阵2012年年会。采风作品收入《梅津汇律》《海龙吟》。

17. 2012年9月22—23日，《珲春韵汇》《延边礼赞》出版，为延边设州六十周年献上厚礼。

18. 2013年8月5—6日，通榆向海采风活动，召开关东诗阵2013年年会。出版采风诗集《鹤乡雅韵》。

19. 2014年5月28日，中共四平市铁东区委、区政府和四平市诗词学会，共同举办“纪念纳兰性德诞辰三百六十周年端午诗会”，吉林省诗词学会参加活动。

20. 2014年7月4—6日，《诗情画意鹿乡行》采风启动仪式在东丰县举行。“中华诗词论坛·关东诗阵”的主力五十位诗友参加采风，召开关东诗阵2014年年会。12月31日，中共东丰县委、县政府隆重召开《诗情画意鹿乡行》首发式，有七百多人参加。

21. 2014年8月28日，中华诗词学会主办的“寻梦纳兰性德祖地，走进诗情画意四平”诗词研讨会在四平市铁东区叶赫大架山晨亮会馆举行。全国诗人走进四平，省诗词学会大力支持。四平市诗词学会为了宣传纳兰性德祖居地，研究纳兰性德诗词，还举办了纳兰性德诗词大讲堂。

22. 2015年12月18—21日，“纪念刘建封诞辰一百五十周年长白山诗会”在长白山一山一蓝生态主题酒店举行。诗词中国组委会代表、中国出版集团中版文化传播公司总经理助理沈昊，向“诗词中国创作基地定点合作单位”一山一蓝生态主题酒店、长白山历史文化园授牌。2015年度关东诗阵年会召开。会后结集出版《韵补东荒》。

23. 2016年9月23—25日，吉林省诗词学会组织东北三省部分诗人在吉林市龙潭区江密峰镇采风。“精彩龙潭”诗词座谈会暨关东诗阵2016年年会在龙潭区档案馆召开。关东诗阵九名版主参加了这次活动。

24. 2017年4月29日—5月1日，“敖东绮韵”关东诗阵2017年年会在敦化举行。敦化市诗词学会和通沟书院于亚茹院长给以大力支持。

关东诗阵的年度采风，得到了吉林省委原书记王云坤的高度重视和鼎力支持，多次题写书名，得利了吉林省政协原主席、中华诗词学会顾问、省诗词学会老会长张岳琦和中共吉林省委原副书记、省诗词学会顾问唐宪强的大力支持。只要能脱开身，他们都尽量到采风市县参加活动。平时，也帮助省诗词学会解决不少难题。吴文昌同志曾任中共吉林省委组织部副部长、吉林省人事厅厅长等职，出任“中华诗词论坛·关东诗阵”首版助理，帮助论坛把关定向，做了很多重要工作。个人出版有《临清集》《俯仰集》等三本诗集。聂德祥同志退休前任吉林省诗词学会副会长，是学会资历最深的副会长，出版有《试剑集》和《虎啸集》，积累了大量资料和诗词档案，为学会的建设做了很多工作。在每年诗词采风之后的编书工作中，副会长翟志国的从严把关让人记忆犹新。出力最多的是副会长温瑞，眼明手快，加快了进度，保证了质量。副会长邵红霞和关东诗阵首版助理高丰清多次参与编书。除了采风之外，我们还根据中华诗词学会的部署，编辑出版了《中华诗词文库·吉林诗词卷》，堪称是对长白山诗词流派建设成果的一次集中检阅。我们还根据中华诗词学会的部署，编辑了《当代中华诗词集成·吉林卷》。

二是，坚持办好《长白山诗词》，出版具有地域特色的诗词作品集。《长白山诗词》，有国内外公开刊号，张岳琦主席提出明确的办刊理念：“扎传统之根，开时代之花，育佳作之林，建诗友之家。”双月刊，现已出刊一百四十八期。

在采风之后正式出版的大型主题诗集之外，我们还编辑出版了《香远溢清》《百年苦旅（诗贺）》《戍楼浩咏》《人民警察颂》《法书吟鉴（诗贺）》《李元才书法集（诗贺）》《白山纪咏》《雪域情怀》《纪辽东》《辛卯开岁联唱集》《松花玉咏》《长白山黑陶》《公主岭玉米之乡》《吴景升文集（诗贺）》等诗集。九台、德惠、农安及白山、集安、通化县等地，都有固定的诗词刊物和诗集出版。真可谓硕果累累，被中华诗词论坛张驰先生称为“关东诗阵现象”“吉林诗词现象”，被周笃文先生誉为“关东铁军”。

关东诗阵的历任首版及版主，无偿做了大量工作。《关东诗阵·精华卷》，从2004年10月，到2018年3月，共有一百六十二卷，收录精华诗词曲一万零五百八十五首（篇）。其中，诗七千三百一十首，词三百一十六首，曲九十五首，赋四篇，楹联十五副。吉林省诗词建设成就斐然，与长白山诗社序列在吉林省政协有直接关系。三十多年前，中共吉林省委强晓初书记大力支持成立长白山诗社和省诗词学会，诗社有编制、有经费、有公开正式刊号。张岳琦主席等吉林省政协主要领导继续大力支持，使得吉林的诗词事业不断发展。

在近十一年由吉林人民出版社等出版的二十多本大型主题诗集中，有诗词三万多首，其中约有两万首是相对集中写长白山的诗词作品。这是长白山诗词流派的重要内容和代表作。采风所得的丰富作品与大家平时创作的作品，构成“长白山诗派丛书”的坚实基础。出版《会意天风合律鸣》等八本诗词专辑的中共吉林省委宣传部原常务副部长、省诗词学会副会长蒋力华同志，对长白山诗词创作取得的这些丰硕成果，由衷地高兴，指出：建设“诗域吉林”，已经初见成效。

三是，重在培养提高创作队伍。吉林省内多数市州县区，都有诗词组织和刊物。很多诗人都出版了自己的诗词专辑，有的出版过多本。白城“四匹狼”、德惠“三花一剑”、磐石“草堂八友”、“佟江七子”、“通化八拙”等，名传省外。李容艳、陈淑艳等诗友将关东诗阵每年一度的采风创作称之为“拉练”。每次“拉练”，关东诗阵都是主力。以《长白山池南撷韵》为例，本书作者来自全国二十三个省、市、区一百九十八人，其中，东北三省九十八人，占近百分之五十。在东北三省的九十八人中，吉林省八十一人，占百分之八十二点七。在中华诗词学会举办的六届

“华夏诗词奖”中，先后有邵红霞、奚晓琳、张文学获一等奖，翟志国、于德水、褚艳芳、寇彦龙、李红光、赵丽萍、李振平获二等奖，刘庆霖、陈旭、吴菲、边郁忠、张彦、于海凤、吴文昌、田子馥、宋轼霖、张英玉、张景芳、叶剑波、冯振江、房爱广获优秀奖。其他奖项吉林诗人就更多了。

被诗词界誉为“诗坛铁军”的这支队伍，招之即来，来之能咏。人民出版社出版的《呼唤》，中华诗词学会第四次会员代表大会的志贺诗《蟹岛唱和集》，近三年恭王府的《海棠雅集》，在很短的时间内，我在大家的支持下，均约提供了二分之一的作者、三分之二的作品。

四是，积极争取发展繁荣长白山文化、长白山诗词进入吉林全省工作决策中。根据我们的建议，长白山文化建设包括长白山诗词建设，陆续被写入省党代会报告、省委全会的决议和省政府、省政协的工作报告中，写入省委常委会、省政协的年度工作要点中，真正进入全省的工作决策。这是前所未有的重大转变，标志着长白山文化、长白山诗词建设，已经由研究层面，进入到实施层面，意义重大，影响深远。这一重大转变的时点，恰逢长白山得名一千周年之际。据《辽史》记载，辽圣宗统和三十年（1012年），“长白山三十部女直乞授爵秩”，并有“长白山女直国大王府”“鸭绿江女直大王府”之说。女直即女真，因为避辽兴宗耶律宗真之讳，辽改女真为女直。在长白山得名一千周年之际，吉林省政协于2012年6月27日，在省宾馆成功地举办了长白山文化发展论坛，机遇巧合，意义殊深。时任省政协主席、后为省长、现为省委书记的巴音朝鲁主持会议，时任全国政协副主席孙家正到会做重要讲话，省政协副主席任凤霞主持第二阶段论坛，省政协书画院院长、省诗词学会副会长蒋力华具体负责筹备这次长白山文化发展论坛。著名学者余秋雨先生和我发表主旨演讲。我的讲演的重要内容，就是阐述长白山文化是代表吉林文化的标志性符号，长白山诗词是长白山文化的精粹，介绍长白山诗词流派的重要成果。

五是，凭借网络、手机等现代传媒手段，开展全国联动唱和。吉林省诗词学会与中华诗词论坛合办关东诗阵。有了这个平台，堪称如虎添翼。正是利用这一平台，从2005年开始，我发起了贺春唱和。每年从腊月廿三“小年”开始，到次年正月十五结束，开展同韵贺春唱和，成为当代中华诗词的一道靓丽风景。2011年春节，由沈鹏、周笃文、张福有、张岳琦四家发起辛卯开岁联唱，在内地及港澳台地区引起了热烈反响，上万名诗歌爱好者上网参与，以祈福祖国、讴歌时代和歌唱生活为主题的联唱，为新春佳节增添了浓郁的中国传统文化气息。仅半个月时间，高筑吟楼八百九十九楼，点击一万三千多人次，参与唱和的诗人遍布内地三十一个省、市、自治区、直辖市和香港、澳门特别行政区以及台湾地区。这是2005年春节以来贺春的高潮，内地三十一个省、市、区和港、澳、台地区三百多位诗人参与和诗，共得同韵和诗三百八十三首，陕西旅游出版社出版了《辛卯开岁联唱集》，《人民日报》2011年11月22日做了报道。2011年，张岳琦主席的“先”韵和我的“芳”韵唱和，仅半月时间，有近千人参加，加上步四家联韵，三韵共收和诗一千二百三十首，盛况空前，史无前例。周笃文先生盛赞曰：“真昭代祥瑞也！”“功德无量！”

2012年春节，更是高潮迭起。初一漏夜，书坛泰斗沈鹏先生以手机发给我七律的首联。我即转给周笃文先生得续颔联，返我后又接成颈联发给张岳琦先生，足成一律。我将其发至网上，并提示诗友云：为客岁四家联唱之继响也，不啻当今吟坛又一雅事。

从2005年乙酉到2016年丙申，地支满一轮，历经十二年，得内地三十一个省、市、区一千二百四十多位诗人响应，共得贺春和诗四千二百多首。2016年，我们悉遵蒋力华君雅意，以《长白山诗词》2016年增刊形式，编辑出版了《春韵满神州——十二年贺春唱和集》，收录一千二百四十余位作者两千六百多首诗。2017年和2018年，又收到一千余首同韵和诗。每年春节的贺春活动，都迅即传播到很多网站。贺春主题帖成为全国诗词界目前吟楼最高（超千层）、人气最旺（过万点）的热帖。广大网友评价，网上和诗迎春，堪称一个创举。这些活动的成功，发起者因势利导，组织者既是诗人，同时又能亲自上网。张岳琦同志和周笃文先生每天都亲自上网看稿，发现情况，随时沟通协调。在和诗过一百首、二百首、三百首、五百首之后，我们相继依原韵作诗感谢诗友。春节期间，我每天都在网上工作十六个小时左右，一千多楼的跟帖，除极个别者外，每帖必回，好的给以鼓励，致以谢意；遇有出律的和需要修改的，提出意见和建议，有的还要反复多次才能定稿并不断编帖。讨论中，充分发扬学术民主，尊重作者意见。同时面对近千名作者，我都通过论坛短信、电子邮箱和手机，及时掌握作者的姓名、地址、邮编、电话，建立通讯录，出书后，给作者寄书。

大量艰苦细致的工作，赢得了广大诗友的敬意和感佩。2011年春节，安徽诗人胡宁在回帖中写道："什么叫精气神？什么叫凝聚力？"张岳琦先生在给我的短信中写道："联句唱和，蔚为壮观。此乃今年诗坛特有的盛事！工作浩繁，完全是奉献。"周笃文先生称赞道："开岁诗联唱活动形成了一种新的网络文化现象，在互联网飞速发展并影响着人们生活的今天，还有这么一群诗歌爱好者拥有着健康向上浪漫诗意的过年方式，堪称诗坛铁军，真是奇迹！"并致信于我："爱兄之骆驼精神，诗坛殆罕其匹也！"周笃文先生欣慰地说："这次活动还是一次成功的探索，它激活传统，继雅开新；网络诗文，表现当代。"

每年网上贺春结束后，我都在蒋力华的支持下，选二三十首精品佳作转给《吉林日报》刊发，《长白山诗词》也选发百八十首，做到网刊互动。

2018年的贺春活动，共收到和诗四百五十多首。《长白山日报》以三个版的篇幅，刊发一百五十首。《协商新报》刊发五十首，《城市晚报》刊发三十六首，《长白山诗词》第3期刊发一百二十首。

六是，创立新词牌，精心创作继雅开新的标志性作品。马凯先生提出“求正容变”，周笃文先生提出“继雅开新”，深有见地。就此，我们做了一些探索。

（一）规范《纪辽东》词谱，三年多全国有二十八个省、市、区三百多位诗人创作《纪辽东》四千多首。隋炀帝，即杨广（569—618），首创《纪辽东》，堪称不朽。大业八年（612年），隋炀帝伐高句丽，渡辽水，大战于东岸，并作《纪辽东》。其中“轻歌凯捷丸都水”句，“丸都水”在《全汉三国晋南北朝诗》《隋书》和《奉天通志》中均作“九都水”，乃误。我在辑笺《长白山诗词选》时将其订正为“丸都水”。“丸都”，系高句丽都城国内城的守备城——丸都山城，在今吉林省集安市城西北二点五公里处。而九都，于历史、地理等方面均不确。“丸都水”，确指应为丸都山城下的通沟河。通沟，亦称豆谷、洞沟。1998年9月8日，时任中华诗词学会副会长兼秘书长周笃文先生指出，根据任半塘先生的论断，隋炀帝和王胄的《纪辽东》，当是词的源头。之后，周笃文先生还给我转来任半塘先生论及曲辞起源应始自隋代之大札，征引旁博，确凿不移。任半塘先生的论断是可信的。宋词源于唐曲子，唐曲子自燕乐出，实始于隋。这就将词起源于晚唐、中唐之说，又向前推进了。宋人郭茂倩明确指出：“《纪辽东》，隋炀帝所作也。”即录以冠“近代曲辞”。龙沐勋肯定《纪辽东》“为倚声制词之祖”，“为词体之所托始”，这应当是不争之定说。隋炀帝的《纪辽东》，传到敦煌莫高窟中，以《求因果》为名，有四十五首。之后，两宋、金、明、清历代，都不乏类似《纪辽东》的词作，只是调以《武陵春》《贺圣朝》《导引》《祝英台》《双头莲令》《隔溪梅引》《阮郎归》变格等别名。这些词牌及作品与《求因果》《纪辽东》在体式上的联系在于“七五为章”，上下两片，四十八个字；差异在于平仄、韵脚变化增多且不换韵。词之源头，是隋炀帝的《纪辽东》。《纪辽东》，开长白山诗词之先河。词的源头能与世界文化遗产吉林集安之丸都山城乃至长白山文化相连，实为中华诗词发展史上之佳趣，更是长白山文化、长白山诗词、集安文苑中不可多得之瑰宝。2009年秋，我借《江源毓秀》创作之机，依隋词体格，作七言五言，双调联章，边创作边作规范平仄与用韵。以七律格式为底本，对于五言句，减偶数句七言句前二字。共得四种格式，就首句末二字论，有平平脚、仄平脚、平仄脚、仄仄脚四种，兼有些许变化。平仄粘对同律，词性不用对仗。仄平脚句要防孤平，可用拗救。此外，一三五不论，二四六分明。平收，均用平韵。仄收，同韵部叶仄，也可不叶。拙文在《长白山诗词》2009年第6期和“中华诗词论坛·关东诗阵”发出之后，立即得到周笃文先生的鼎力支持，挤出宝贵时间惠赐《贺〈纪辽东〉词谱问世寄张福有并序》，誉之为：“《纪辽东》词谱得福有兄悉心整理，厘定四格并亲制六组二十四阕，以为发凡起例。此大功德也，堪称不负平生之名山事业。”《中华诗词》2010年第8期，刊登了拙文《规范词谱传承〈纪辽东〉》。2010年9月25日，我在全国第二十四届（浙江乐清）中华诗词暨夏承焘、吴鹭山学术研讨会上宣读了《规范词谱传承〈纪辽东〉》的论文，此后，又上来一些作品。至此，可以说我们传承《纪辽东》的初衷完全得以实现。2011年4月，吉林人民出版社出版的《纪辽东》专辑，收录《纪辽东》一千八百一十五首。当隋炀帝初征高句丽、创作《纪辽东》一千四百周年之际，《纪辽东》突破四千首。仅蒋力华一人，就创作《纪辽东》四百多首，出版《纪辽东》专辑《天风直引大荒边》。李容艳以刘建封与拙斋的六十首《白山纪咏》为题材，一气呵成专题纪咏《纪辽东》六十首。繁荣《纪辽东》，以慰先贤，期启后世，已成现实。

（二）张文学创《玉甸凉》词体。《纪辽东》是整理古词，规范词谱所得。纯属吉林诗人自创词谱，近年有《玉甸凉》《一剪梅引》《海龙吟》。2007年，吉林省诗词学会副会长张文学先生草创《玉甸凉》，当时自度一曲，因词中有“玉甸生凉”，长春女诗人吴菲建议以《玉甸凉》名之。温瑞等整理了《玉甸凉》词谱，遂得一百九十四首《玉甸凉》作品。后来得知《新修康熙词谱》中有《玉簟凉》，音同意别格异，乃一趣也。

（三）赵光泽自度词，我帮其修改并制《一剪梅引》词谱，得佳作二百八十多首。2010年7月23日，我们与通化市诗词学会和辉南县诗词学会共同组织了“当代诗人咏辉南”采风创作活动。辉南县诗词学会会长赵光泽等自度一曲《辉发怀古》，在括号中标明：“自度，无名，请养根斋斧正赐谱为盼。”初稿共十句，一百零四字。我当时正在图们市参加“图们江文化研讨会”，起早试改并制谱。这个谱十分好记，就是将《一剪梅》在七字句前加一相对的七言律句，并作为一片。再重复一片，即为全词。叠韵处，可以不用叠韵，而选用“红了樱桃，绿了芭蕉”式的对偶韵句。但韵脚过密会给创作增加难度。第一个四字句不押韵亦可，如“燕子回时，独上西楼”。通过网上讨论，温瑞整理了六式词谱，迅即掀起创作热潮，辉南采风期间，创作三百多首《一剪梅引》，《当代诗人咏辉南》一书中选编二百二十多首。2010年，在侯振和先生建议下，又收到《一剪梅引》近百首，《图们江放歌》一书中选编六十六首。这两部诗集所收三百首《一剪梅引》，多为精品。

（四）我创《海龙吟》词谱，出版专辑。2012年夏日，为商定梅河口采风暨中华诗词论坛成立十周年事，我三下梅河口。市政协及市诗词学会遵市委领导同志意见，高度重视，精心设计，诸多要项、细节，日渐清晰。王志明兄提示，江源采风，《纪辽东》兴；辉南与图们采风，《一剪梅引》新牌创立得获颇丰。梅河口采风，亦应有所标记。李延平录白万金考乾隆诗《海兰河屯有序》予拙斋，得知“海兰霍吞”即“海兰河屯”。此地多生榆树，故民间称为榆城。遂认同“海龙”当为“海兰”之异写。读罢取其题与序中“海”字、诗文中“龙”字，亦恰合梅河口市旧名海龙县，又近词牌《水龙吟》，故作《海龙吟》，双调小令，四十二字，四仄韵，上下片六言句，宜用对仗。结，五字句，宜去声一字领，上一下四。

主要句式，从《水龙吟》中析出，求其简便。有了词谱，我先抛砖，率作二十六首《海龙吟》。梅河口采风期间，共收到《海龙吟》一千五百多首，选编一千二百三十四首，在吉林人民出版社出版了《海龙吟》专辑。

长白山文化是古老的，长白山诗词的传承是全新的。我们比较注意防止对长白山文化、长白山诗词的误解与误导。针对“东陲无文”“长白山没有文化”之类的片面认识，多做一些说明和介绍。特别是利用我们在考古田野调查中的新发现，深化对东北史和长白山区开发史、长白山诗词发展史的研究。

2014年10月20日8时31分，我在抚松发现枫林遗址和长白山手斧。手斧是打制的，是旧石器概念。据吉林大学教授、中国考古学会旧石器专业委员会副主任陈全家先生鉴定，长白山手斧距今约五万年，石斧是磨制的，是新石器概念。手斧是人类第一次懂得对称美、掌握对称艺术制成的生产劳动工具。2015年7月7日下午4时29分，我在抚松漫江发现长白山石磬，后经专家鉴定，将其定名为“长白山石磬1号”，一磬双音，小三度，应是新石器时代的打击乐器。原始人的诗性思维，与长白山人的诗意创造，在一开始就浑然一体！因而，诗意长白，是长白山人伟大的历史创举和不朽杰作。长白山手斧与长白山石磬，本身就是绝妙的史前诗。

我们今天所用“长白山诗派”这个概念，有其特定的含义。长白山雄伟壮丽的自然景观，是诗词创作的不竭源泉；深厚的历史文化底蕴，是诗词创作的牢固根基；反映长白山文化建设的成果，是诗词创作的重要题材；保护长白山生态、发展长白山文化产业的需求，是诗词创作的持久动力。这些方面，是对长白山诗派的直观诠释和诗意表达。

近些年来，我们在长白县发现战国时赵国的积坛，连同此前曾在长白县八道沟发现赵国蔺相如的青铜戈，考证在集安阳岔发现的赵国阳安君李跻的青铜短剑，在集安的良民发现公元247年东川王所筑高句丽的第一个平壤城，考证辽源龙首山城一带是扶余的后期王城，燕秦汉长城到了吉林境内，《史记》中的“筑障塞”，《汉书》中的“起营塞”，通化平岗山祭坛和敦化官地岗子遗址、岗子类型的全新发现，为寻找燕赵文化东进、汉代郡县和史书中的挹娄、靺鞨白山部及渤海国东牟山，开拓了全新的视野。考古田野调查为长白山文化研究和长白山诗词创作，提出了很多新课题。围绕这些新发现，诗人写了很多诗词，经常在《长白山诗词》上发专栏，在“关东诗阵文库”中建专题。通过诗词创作，积累以诗证史的资料，进而认清这些新发现和新研究成果的重大历史文化价值，这对于正确揭示长白山地区的开发史、提升东北文化软实力，具有重要意义。

所谓长白山诗词，是指描写长白山景物与风土人情的旧体诗词。古今中外，有关长白山的诗词是大量的。长白山诗派的成果，是诗意长白的创作载体和诗化结晶。

长白山诗词流派是历史形成的。从唐宋到辽金，从元明到清，特别是有清一代，长白山诗词十分丰富。纳兰性德，祖籍四平叶赫，其词被称为“北宋以来，一人而已”。著有《东海渔歌》的清代女词家顾春，祖籍汪清，其祖父鄂昌是雍正朝权臣大学士鄂尔太之侄，词名远播。二人被誉“男有成容若，女有太清春”，这二人堪称长白山诗词流派的重要代表。《白山诗介》是乾隆、嘉庆年间由铁保编纂的诗集，共十卷。清代，八旗文人把诗词作品辑成总集，均在题目上冠以“白山”二字。除《白山诗介》外，还有三部：雍正年间由伊福纳编纂的《白山诗钞》，四十余卷；乾隆初由卓其图编纂的《白山诗存》（卷数未清）；光绪、宣统之际，由杨钟羲编纂的《白山词介》五卷。这些汇辑满族诗人的诗词集，均用“白山”来冠名，已经被称为“白山文学流派”。还有《白山诗草》，程湞著。还有《长白山诗》，作者均为满洲已故之人。铁保编著《熙朝雅颂集》的前半部，全是白山诗选。《大东景运集》亦为铁保所辑，收近二百家满族诗人作品，分立小传，标明诗之源流。还有流放宁古塔的清代流人诗，多有佳作、力作。惜目前所见对于清诗流派的研究专著，无涉长白诗派。对于当代长白山诗词，有的研究专著也未置一词，不免遗憾。

长白山诗派，是从历史上白山文学流派中析出之一支。长白山诗词作品的风格，向以“拙、重、大”为标志。王寂在金朝鼎盛时期，以诗词考得进士，以文章政事显称于世。其诗诸如“按辔澄清须我辈，据鞍矍铄奈吾身”，不掩舍我其谁之志；“只凭忠信行蛮貊，岂有文章动鬼神”，毫无委曲求全之音。其诗文清刻镵露，博大疏放，是金代“国朝文派”的代表性人物，其特征是具有“质朴贞刚”的文化气质。此论堪称定评。这一“质朴贞刚”的文化气质，到有清一代，大家林立。吴兆骞的“长白雄东北，嵯峨俯塞州”，“白雪横千嶂，青天泻二流”，沈承瑞的“龙形蟠大野，云气撼沧溟”，“混同天一色，长白雪千堆”，“吉林三杰”翘楚成多禄的“断垒十重摇树色，大江三面走秋声。老来别有兴亡感，不向西风诉不平”均堪称代表作。这类作品，铿锵有力，远胜咿呀软语。今人张文学的“纵使八千岁，也入大荒东”“乔岳巍巍何太白，披甲傲苍穹”“湛湛天池清虚砚，愿将吾、砚尽俱成墨。大写意，忘情泼”，毫无酸腐气，脍炙人口。他的《水调歌头》《金缕曲》，皆以豪放著称，首首俱佳，几乎成品牌。古往今来的一大批诗人、一大批作品，均可列出一大批佳作。加之状写长白山土产、风情、史典、田园的诗、词、曲，乾隆以降，代不乏人，迄今可举黄龙府刘庆霖、东辽温瑞、边台聂德祥以及丸都、梅津、柳河、大东、公主岭乃至辽海、黑水等诸家例证。

不难看出，从金代的“国朝文派”到清代的“白山学派”，逮至今之长白山诗派，一脉相承。长白山诗派，是从历史上的“国朝文派”“白山学派”延续而来的，还将继续发展，不断壮大、完善。

对于长白山诗派，近年来陆续有一些研究论文发表：

蒋力华：《研究长白山文化　弘扬长白山精神》，《社会科学战线》1994年第6期。

张福有：《诗吟长白二千年》，《学问》2001年第1期。

张福有：《长白山诗词探源》，《学问》2001年第6期。

张福有：《试论长白山诗词及其流派》，《学问·东北史地》2004年第11期。

张福有：《长白山文化述要》，《长白学刊》2007年第5期。

赵丽萍：《解读长白山文化的恢宏卷帙——关于〈百年苦旅〉话题》，2012年5月10日《吉林日报》；《韵补东荒》，吉林文史出版社，2018年3月出版。

李容艳：《长白山诗词流派的重要使命》，2012年8月16日《吉林日报》。

王景珍：《日益壮大的长白山诗词流派》，2012年9月13日《吉林日报》。

张英玉：《试谈〈纪辽东〉对长白山诗歌流派的传承意义》，2012年11月1日，《吉林省第七次长白山文化研讨会论文集》。

贾维姝：《从长白山诗词流派看长白山文化的包容性》，2012年11月1日，《吉林省第七次长白山文化研讨会论文集》。

赵凌坤：《长白山诗词流派对长白山文化的历史贡献》，2012年11月1日，《吉林省第七次长白山文化研讨会论文集》。

王丽珠：《长白山文化的核心价值》，2012年11月8日《吉林日报》。

沈鹏云：《长白山诗词：长白山文化的精粹》，2012年12月13日《吉林日报》。

张福有：《长白山诗词流派建设刍议》，《中华诗词》2014年第7期。

黄春华：《长白山诗词述论》，《社会科学战线》2015年第6期；《韵补东荒》，吉林文史出版社，2018年3月出版。

这套“长白山诗派丛书”，先由吉林省长白山文化研究会申请了“吉林省扶持优秀文艺作品专项资金”。这是贯彻落实《长白山文化建设规划纲要》和中共吉林省委长白山文化建设工作会议精神的一项实际措施。编辑出版“长白山诗派丛书”，旨在落实习近平新时代中国特色社会主义思想，加强长白山诗词流派建设，传承长白山文化，以诗词的形式弘扬长白山精神，巩固改革开放和文化建设的成果，增强文化自信，增强长白山文化与长白山诗词的生命力、影响力和感染力，以诗纪事，以诗化人，以诗证史，增加学术储备，提升国家和东北边疆软实力。

“长白山诗派丛书”的基本选题，主要围绕：史迹寻踪，关于写东北历史文化、历史事件、文物古迹、已故人物、英烈事迹等作品；情系山河，关于写东北山水、自然风光、冰雪雾凇等作品，酌收向海鹤、东北虎等自然物产作品；城乡焕彩，关于写东北城市建设、工商事业、新兴产业、农村建设、田园风光等作品；风土弥淳，关于东北风土民情、风俗习惯、民间文化等作品。包括松花石、梅花鹿等咏物作品，酌收日常生活、咏物作品；吟旅扬旌，关于长白山文化建设、关东诗阵、诗事活动、诗乡创建、诗友酬唱等作品。

“长白山诗派丛书”的体量，每本收录作品五百至一千五百首不等，视不同作者情况，可上下浮动。数量服从内容的质量。

在编排上，予以灵活处理，由作者自定。可以分类、分词牌等，也可以按时间顺序，亦可分类后仍以时间为序。丛书有总序、总跋，亦可有个序、后记。

在数量上和入选人员上，开始考虑按长白山天池、松花江、鸭绿江、图们江及牡丹江、浑江、东辽河、嫩江等为脉络，列出各水系的三百位诗人。每人一卷，计三百卷。这样做，诗派如流，形象直观。但因进度不一，难以操作。后来，协助时代文艺出版社向中共吉林省委宣传部申报了文化产业专项基金，2018年先出三十卷，以后视情况续出，争取出版一百卷。

编辑、出版“长白山诗派丛书”，前无古人，纯属开创先河。2018年3月15日，我们在吉林省政协同馨宾馆召开了在长会长（扩大）会议，决定正式启动“长白山诗派丛书”编辑工作，成立了编委会，仅在二十天中，就交齐第一批书稿。全部书稿，在6月底前交完，2019年出书。

2017年1月6日，习近平总书记在十八届中央纪委第七次全会上的重要讲话中指出，“依靠文化自信坚定理想信念”，“以文化自信支撑政治定力”。文化自信是文化定力和支撑力的基础。人生和社会，都不能以搞笑为支撑。宋人张耒写过：“支撑诽笑中，久乃化而靡。”至今读来，仍发人深省。文化支撑力是生命的灵魂。我国优秀的传统文化，培育和造就了历代知识分子自强不息的支撑力精神。唐诗中有牛僧孺的“地祇愁垫压，鳌足困支撑”诗句，宋词中有姚勉的“信天生英杰，正为国计；擎天著柱，要自支撑”的词句，元曲中有汪元亨的“梅出脱林逋，菊支撑陶令，鱼成就严陵”的曲句。这种支撑力精神，给我们以极大的鞭策。拙句中有“奥壤不咸名大东，支撑引领构时空”等。蒋力华君亦有“白发山中飘雪，崎岖健足支撑”的词句。时代虽不同，但这种崇尚自重自强、自力自撑的人文精神，是一脉相承的。诗意长白、诗梦长白、诗魂长白的支撑力精神，是一以贯之的。这是真正的洪荒之力！

长白山诗派所面对的，是长白山诗词的昨天、今天和明天。长白山诗派的昨天，应是刘建封所咏：“走过大荒三百里，居然此处有桃源。”长白山诗派的今天，许是拙斋所咏：“浪花不废难淘尽，始信东陲有奥文。”长白山诗派的明天，或是沈兆禔所咏：“莫谓鸡林少竹枝，才人塞上补新词。”

墨西哥人马里奥·谢赫楠有名言：“我们终于有机会面对神秘的过去，仿佛是进入梦一样的境界，一片需要我们去发掘、诠释、赞美和加以保护的活化石。”阿根廷女诗人阿方斯娜·斯托尔妮有名言：“我感到，陌生人，在你的存在里，我被延长。”叙利亚诗人阿多尼斯有名言：

“没有诗的未来是不值得期待的。”从这些来自域外的警言中，我们可获启迪。

今年是公元2018年。从今回溯两千年，是公元18年。《长白山诗词选》中第一位有确切作者名字的诗人是高句丽第二代王琉璃明王类利。他于公元18年辞世，至今正好两千年。类利所作《黄鸟歌》：“翩翩黄鸟，雌雄相依。念我之独，谁其与归。”完全是《诗经》风格的四言诗。这首诗，写于公元前17年，距今已二千零三十五年了。《黄鸟歌》能传下来，堪称奇迹！公元245年，亲征高句丽第十一代王东川王的三国魏将毌丘俭，班师后只写了两句诗《之辽东》：“忧责重山岳，谁能为我檐？”这里的“檐”，是“擔”即“担”。距今一千七百七十三年。收录本丛书的拙卷，约一千五百首诗词中，有四十六首含“忧责”一词，出现频率极高，不少诗友也都随我用过“忧责”一词。概因“忧责”一词被毌丘俭用过后，《后汉书》《晋书》等不时出现，这个古老的词汇并未消亡，表示“沉重的担子和责任”的“忧责”，已经成为长白山诗派中的一个标志性词汇，有其特殊意义。一千四百零六年前，隋炀帝作《纪辽东》，写道：“轻歌凯捷丸都水，归宴洛阳宫。”一千三百七十三年前，唐太宗李世民作《辽城望月》，写道：“驻跸俯丸都，停观妖氛灭。”丸都，是我的故乡。读着写故乡的古典诗词，怎能不动情？从今回溯一千二百五十六年前的公元762年，是诗仙李白辞世之年。李白的《高句丽》《送王孝廉觐省》，成为长白山诗词中的瑰宝。苏东坡的“人参”，陆游的“鸭绿江”，张元干的“山拥鸡林，江澄鸭绿”，距今均在八九百年之间。从今回溯一千年，是公元1018年。当年，柳永三十八岁。他在《点绛唇·伤感》中写道：“辽鹤归来，故乡多少伤心地。”“辽鹤”，是长白山诗词中的著名典故。至今读来，倍感亲切。故乡情结，古今一也。陆游在诗中所写：“生计且支撑，小康何敢望？”如今，在习近平新时代中国特色社会主义思想指引下，全国全面决胜小康，胜利在即，我们怎能不心潮澎湃！

两千年啊，多么漫长！

两千年啊，又是多么短暂！

在类利、毌丘俭、隋炀帝、唐太宗、李白、柳永、苏东坡、陆游、张元幹、王寂、赵秉文、朱元璋、康熙、乾隆、吴兆骞、吴大澂等诸多先贤的眼里，我辈皆属陌生人。可是，对他们和他们的杰作，我们却并不陌生。所以，今天的诗词，有很多是留给我们的陌生人的。“一百卷前无处找，二千年后有人搜。”“忧责不期当世解，祸患为免后人罹。”对此，我坚信不疑。

文化自信，是一个国家和民族的“魂”与“根”。学诗、写诗，有助于把魂定稳、把根留住。昨天是神秘的。今天是需要很好把握的。明天是值得期待的。愿我们在不懈努力的拼搏奋斗中，使我们所创作的诗词如同长白山的山水林田、沙石草木一样，一起留给未来、留给陌生人。让我们共同期待吧！

“长白山诗派丛书”总序赘语

鸡林得韵纪春秋，底事山翁退不休。
一百卷前无处找，二千年后有人搜。
钻研词谱承杨广，细辨江声禀陆游。
诗境涵生长白梦，草根也为子孙留。

張福有

2018年5月17日于长春养根斋

序一

培育建设长白山诗派的创造性实践

2001年10月，时代文艺出版社出版了《张福有诗词选》。事隔十六年，《张福有诗词选续辑》也在时代文艺出版社出版。这十六年间，福有组织“中华诗词论坛·关东诗阵”搞了十七次采风，主编并出版了二十七本诗词集，却把出版自己的诗词集放在后边，足见福有的情怀和境界。

福有是中华诗词学会第二届和第三届的副会长，根据有关任职规定，第四届就做了中华诗词学会顾问。福有在任中华诗词学会副会长的十年中，倾心尽力地为诗友服务，在“呼唤”“海棠雅集”“蟹岛唱和”等多次全国性的诗词创作活动中，努力开展工作，推荐了一半的作者和三分之二的作品，成效显著，深得全国诗人的盛赞和好评。

培育和建设长白山诗派，坚持以诗证史，是福有多年来矢志不渝的一项工作。这也是吉林诗词现象的重要内容和标志。从2005年小年开始，张福有坚持领唱贺春诗。到2016年，已从乙酉到丙申，完成地支满一轮。共得全国三十一个省、市、区加港、澳、台地区和美国、新加坡等国，一千四百多位诗人所和四千二百多首诗，经过精心选编，选出两千六百多首佳作，编辑出版了《春韵满神州》。这一盛况，前所未有。

以诗证史，是福有多年来致力颇多、建树颇大的一个领域。这对于东北尤其是吉林来说，具有特殊意义。经他考证，隋炀帝的《纪辽东》，定格、联章、配乐，而且配的是燕乐。燕乐是词的特征，宫乐是曲的特征。据此，福有认为《纪辽东》是词的源头之一。福有归纳、整理了《纪辽东》词谱。在三年多时间，全国的诗人创作《纪辽东》四千多首，福有从中选出一千八百一十五首，交由吉林人民出版社出版了《纪辽东》专辑。古往今来，少有一个词牌有这么多作品。福有同志努力探索，新创《一剪梅引》《海龙吟》等词牌，得词作两千多首。这是福有对发展繁荣中华诗词所做的一个突出贡献。

福有的第一本诗词集，吉林文史出版社1993年出版，收诗词曲一百六十多首。第二本诗集，时代文艺出版社2001年出版，收诗词曲六百多首。这次收录到续辑中的，共有两千二百多首。福有是代表东北诗词家出任二、三届中华诗词学会副会长的，是国内诗词界包括东北诗词界公认的诗词活动家和诗界领袖。周笃文先生称赞张福有是“骆驼精神，殆罕其匹”，带出一支关东铁军。刘征先生在二十年前就指出：福有“从政复游于艺，能诗能书能篆刻能摄影，大荒之新人也”。丁芒先生在二十年前评价说福有：“诗风有了明显变化，而且词及为数不多的曲，几乎面目一新，清新流畅，佳句迭出，所达到的境界使我惊异。”

福有这本续辑，包括了很多考古调查方面的诗词。近十五年来，福有根据吉林省委的安排，主要负责东北史地重大问题研究，走遍东北三省扶余、高句丽、渤海国全部古墓群、古城和其他重要遗址，自觉地将文献研究与文物遗迹调查结合起来，有三十多项考古新发现，填补了一些空白，纠正了一些误识误读。福有的这些重要发现和收获，基本都有诗词记录下来。这本身就是以诗证史的创造性实践。诗中有史，史中有诗，这是长白山诗派“质朴贞刚”风格的形成路径和一个显著特点。

福有的诗词，内容丰富，资料性强，在抒发性情、表达情感方面，还有很大的空间和余地。相信会在今后的创作实践中，不断改进和提高。

郑欣淼

2017年4月6日

郑欣淼，文化部原副部长、中华诗词学会会长，本文原为《张福有诗词选续辑》所作。

序二

“吉林诗词现象”的集大成卷与长白山诗派的代表作

欣闻《张福有诗词选续辑》出版研讨会即将在吉林省政协召开，我远在贵州，难以赴会，谨致贺忱！

这次研讨会由吉林省委宣传部、吉林省政府文史研究馆、吉林省文联、吉林省作协、时代文艺出版社主办，由长白山诗社、吉林省诗词学会、吉林省长白山文化研究会、《长白山诗词》编辑部承办，规格高，阵容强，为国内罕见，足见吉林省各界对张福有及其诗词业绩的认可，我亦甚觉欣慰。

我与福有相识已逾廿载。第一次长时间一起活动是1998年9月初，福有从吉林省委到白山市委和政协任职期间，利用业余时间辑笺《长白山诗词选》，邀请中华诗词学会全体会长赴白山出席全国第三次长白山文化研讨会暨《长白山诗词选》首发式。孙轶青会长有事走不开，安排刘征、梁东、丁芒、杨金亭、林从龙、钟家佐、丁国成和我等共同前往白山。诸位大家一致认为，张福有辑笺的《长白山诗词选》，填补空白，不仅是对长白山文化和长白山诗词的重大贡献，也为发展繁荣中华诗词做出了不可磨灭的贡献。正是在这次会上，我提出了《长白山诗词选》所收录的隋炀帝的《纪辽东》，是词的源头。杨金亭提出了随着《长白山诗词选》的出版，呼唤长白山诗派的出现。林从龙、梁东、钟家佐、丁芒、丁国成等都充分肯定了《长白山诗词选》与福有同志的贡献。刘征说张福有从政复游于艺，能诗能书能篆刻能摄影，大荒之新人也，并有诗书相赠。

2009年5月14日，我陪福有到周汝昌先生府上拜访，送呈《戊子吟俦唱和集》，汝昌老大快，谈锋甚健。这次的合影，收录在《张福有诗词选续辑》书中。福有是国内著名的诗词活动家，在网上以“养根斋”著称。2011年春节，沈鹏先生与我、张福有、张岳琦联句，仅半月时间，就得三十个省、市、区同韵七律三百八十三首，陕西旅游出版社出版了《辛卯开岁联唱集》。2012年春节，我们四人两韵和诗半月得一千多首同韵七律，令我感动不已，当即赞曰：“真昭代祥瑞也”“开岁诗联唱活动形成了一种新的网络文化现象，在互联网飞速发展并影响着人们生活的今天，还有这么一群诗歌爱好者拥有着健康向上浪漫诗意的过年方式，堪称诗坛铁军，真是奇迹！”并致信张福有：“爱兄之骆驼精神，诗坛殆罕其匹也！”“这次活动还是一次成功的探索，它激活传统，继雅开新；网络诗文，表现当代。”

我常与一些人介绍，在中华诗词学会各大区二、三届副会长中，十年间，张福有对中华诗词的贡献是最大的，堪称诗界东北王。郑欣淼会长在序中写道：“福有是国内诗词界包括东北诗词界公认的诗词活动家和诗界领袖。”此言不虚。

张福有对中华诗词的最大贡献是，造就了“吉林诗词现象”和“关东诗阵现象”，成就了长白山诗派。

《张福有诗词选续辑》，时跨十六年，诗词曲赋两千多首，洋洋大观，美不胜收。2018年6月18日，首届中华诗人节在湖北荆州举办，与福有重逢，先得是书，连夜翻看，感慨不已。

这是一本践行继雅开新的力作。张福有规范了《纪辽东》词谱，三年多全国二十八个省、市、区三百多位诗人创作《纪辽东》四千多首。隋炀帝首创《纪辽东》，堪称不朽。张福有在辑笺《长白山诗词选》时将其收录书中。1998年9月8日，我在白山会上根据任半塘先生的论断，指出隋炀帝和王胄的《纪辽东》当是词的源头。会后，把任半塘先生论及曲辞起源应始自隋代之大札，转给张福有。任半塘先生旁征博引，论断坚定不移，是可信的。宋词源于唐曲子，唐曲子自燕乐出，实始于隋。这就将词起源于晚唐、中唐之说，又向前推进了。词之源头，是隋炀帝的《纪辽东》。《纪辽东》，开词之先河。词的源头能与世界文化遗产吉林集安之丸都山城乃至长白山文化相连，实为中华诗词发展史上之佳例，更是长白山文化、长白山诗词、集安文苑中不可多得之瑰宝。为此，张福有盛邀我等专赴集安，考察丸都山城等世界文化遗产。2009年秋，张福有借《江源毓秀》采风创作之机，依隋词体格，作七言五言，双调联章，边创作边做规范平仄与用韵。以七律格式为底本，对于五言句，减偶数句七言句前二字。共得四种格式，就首句末二字论，有：平平脚、仄平脚、平仄脚、仄仄脚四种，兼有些许变化。平仄粘对同律，词性不用对仗。仄平脚句要防孤平，可用拗救。此外，一三五不论，二四六分明。平收，均用平韵。仄收，同韵部叶仄，也可不叶。张福有撰文在《长白山诗词》和《中华诗词》杂志刊发，我认真看过，写了《贺〈纪辽东〉词谱问世寄张福有并序》，指出：“《纪辽东》词谱得福有兄悉心整理，厘定四格并亲制六组二十四阕，以为发凡起例。此大功德也，堪称不负平生之名山事业。”

这是一本记录考古发现的诗作。张福有身为省委机关的一位领导干部，能把分管东北史地重大问题调查与研究工作做得有声有色、像模像样，在十几年间有三十多项考古新发现。这简直令人难以置信！可是，当你了解了详细情况和看到实物之后，又不得不相信这些客观事实。我曾与刘征先生议过福有，说他是“大荒之新人也”。我们说，张福有还是大荒之奇人也！刘景禄先生也与同为全国政协委员的刘庆柱先生议过，认为专门干考古工作的，一个人一生能有一两项考古新发现，就很不简单了。而张福有，不是专业做考古工作的，能有如此多的考古新发现，直令考古人惊讶不已、赞叹不已！刘景禄、刘庆柱先生和我，都曾为张福有的书作过序。这应该说是我们的同感。福有利用自己在考古田野调查中的新发现，深化对东北史和长白山区开发史、长白山诗词发展史的创作与研究，这，可以说，是探索出一条以诗纪事、以诗证史的新的实践之路。仅就福有发现的长白山手斧、长白山石磬，就足以名垂东山，传播后世。据吉林大学教授、中国考古学会旧石器专业委员会副主任陈全家先生鉴定，长白山手斧是距今约五万年的旧石器，是人类第一次懂得对称美、掌握对称艺术打制的生产劳动工具。长白山石磬，是磨制的新石器，距今约四千年。古老的长白山人的诗性思维，与长白山人的诗意创造，如此惊奇地浑然一体，这不是奇迹吗？所以，陈全家先生说："张福有偶然间发现的手斧，是一个奇迹。"他在长白山手斧的《鉴定意见》中写道："此件手斧的发现，意义极为重大。"对于考古，非我专长。我很注重考古专家对福有考古成果的评价。曾为张福有《扶余后期王城考》一书作序的林沄先生，是我国著名考古学家。林先生在接受《东北史地》杂志编辑专访时说："关于张福有先生所提阳安君即李跻一说，我觉得很有道理。他能从史料中查出阳安君是李跻，查出李跻缘何得封阳安君，很不容易，因为不是出自战国时的记载，而是从《新唐书》中找到的，又从《战国策》和《战国史》中找到有关旁证。这可以看作他的一个发明吧，从时代上看也差不多。"（引自《东北史地》2009年第2期第16页）著名考古学家李健才、李殿福、方起东、魏存成、冯永谦、王绵厚先生，都为张福有的考古专著写过审读意见或序，充分肯定张福有对高句丽王陵、高句丽古城的调查、研究、考证成果。看到著名考古学家这样评价福有的考古学术成果，我作为诗友，由衷感到高兴。

近年来，福有在长白县发现战国时赵国的积坛，连同此前曾在长白县八道沟发现赵国蔺相如的青铜戈，考证在集安阳岔发现的赵国阳安君李跻的青铜短剑，在集安的良民发现公元247年东川王所筑高句丽的第一个平壤城，考证辽源龙首山城一带是扶余的后期王城，燕秦汉长城到了吉林境内，《史记》中的“筑障塞”，《汉书》中的“起营塞”，通化东山祭坛和敦化官地岗子遗址、岗子类型的全新发现，为寻找汉代上殷台等县和史书中的挹娄、靺鞨白山部及渤海国东牟山，开拓了全新的视野。考古田野调查为长白山文化研究和长白山诗词创作，提出了很多新课题。这对于正确揭示长白山地区的开发史、提升东北文化软实力，具有重要意义。

福有是位学者，更是难得的诗人，他对于自己的每一项考古发现和成果，都有诗咏，有的还带有注释和题记。诗中有史，史中有诗，这本身就是以诗证史的创造性实践和独特贡献。

这是一本凸显诗意长白的力作。诗意长白，是长白山人的历史创举和不朽杰作。诗意长白，本身就是一部绝妙的史诗。如同福有所说，我们今天所用“长白山诗派”这个概念，有其特定的含义。长白山雄伟壮丽的自然景观，是诗词创作的不竭源泉；深厚的历史文化底蕴，是诗词创作的牢固根基；反映长白山文化建设的成果，是诗词创作的重要题材；保护长白山生态、发展长白山文化产业的需求，是诗词创作的持久动力。

所谓长白山诗词，是指描写长白山景物与风土人情的旧体诗词。古今中外，有关长白山的诗词是大量的。长白山诗派的成果，是诗意长白的创作载体和诗化结晶。

长白山诗词流派是历史形成的。从唐宋到辽金，从元明到清，特别是有清一代，长白山诗词十分丰富。纳兰性德，祖籍四平叶赫，其词被称为“北宋以来，一人而已”。著有《东海渔歌》的清代女词家顾春，祖籍汪清，其祖父鄂昌是雍正朝权臣大学士鄂尔太之侄，词名远播，被称为男有成容若，女有太清春。这二人堪称长白山诗词流派的重要代表。《白山诗介》，乾隆、嘉庆年间由铁保编纂的诗集，共十卷。清代，八旗文人把诗词作品辑成总集，均在题目上冠以“白山”二字。除《白山诗介》外，还有三部：雍正年间由伊福纳编纂的《白山诗抄》，四十余卷；乾隆初由卓奇图编纂的《白山诗存》（卷数未清）；光绪、宣统之际，由杨钟羲编纂的《白山词介》五卷。这些汇辑满族诗人的诗词集，均用“白山”来冠名，已经被称为“白山文学流派”。还有《白山诗草》，程湏著。还有《长白山诗》，作者均为满洲已故之人。铁保编著《熙朝雅颂集》的前半部，全是白山诗选。《大东景运集》亦为铁保所集，收近二百家满族诗人作品，分立小传，标明诗之源流。还有流放宁古塔的清代流人诗，多有佳作、力作。长白山诗派，是从历史上白山文学流派中析出之一支。长白山诗词作品的风格，厚重光昌，为世所重。王寂在金朝鼎盛时期，以诗词考得进士，以文章政事显称于世。其诗如：“按辔澄清须我辈，据鞍矍铄奈吾身”，不掩舍我其谁之志；“只凭忠信行蛮貊，岂有文章动鬼神”，毫无委曲求全之音。其诗文清刻镵露，博大舒畅，是金代“国朝文派”的代表性人物，其特征是具有“质朴贞刚”的文化气质。直到有清一代，大家林立。吴兆骞的“长白雄东北，嵯峨俯塞州”“白雪横千嶂，青天泻二流”；沈承瑞的“龙形蟠大野，云气撼沧溟”“混同天一色，长白雪千堆”；“吉林三杰”翘楚成多禄的“断垒十重摇树色，大江三面走秋声。老来别有兴亡感，不向西风诉不平”，均堪称代表作。这类作品，铿锵有力，远胜咿呀软语。及至当代，张伯驹前辈有《六州歌头·长白山》云：“昆仑一脉，迤逦走游龙……看白头含笑，今见主人翁，数典归宗。”更是别开生面，令人击节。福有的“从来不信去无路，直向大荒寻梦乡”“遥思汉武玄菟郡，深解唐贤白马篇”“平心养得浩然气，何事堪当不世功”，等等，佳作锦句，不胜枚举。古往今来的一大批诗人、一大批作品，均可列出一大批佳作。加之状写长白山土产、风情、史典、田园的诗、词、曲，乾隆以降，代不乏人。

不难看出，从金代的“国朝文派”到清代的“白山学派”，乃至今日之长白山诗派，一脉相承，不断壮大、完善。

长白山诗派，最大的特点是诗风俊朗。张福有，别署“养根斋”，人奉“忍、默、勤”，诗求“拙、重、大”。领吟关东风物，常开创意先河。辞藻丰富，迥然不群，深为时辈推伏，别具长白风致，自属领军搴旌之作。因此，本书被誉为：“吉林诗词现象的集大成卷，长白山诗派的代表作。”

本书卷首语云：“长白山诗词是长白山文化的精粹。谨以此书献给长白山文化的建设者、长白山诗派的继承者。”大哉此言，盛世昌诗，古今同致，谨以此文，为福有赞。相信此书之问世，必将为诗词之繁荣做出重要的贡献。

周笃文

2018年6月27日于贵阳

周笃文，历任中国韵文学会常务理事、中华诗词学会副会长兼秘书长、中华诗词编著中心总编辑。1934年9月生。原中国新闻学院教授，中外文化研究所所长，是国务院表彰的特殊贡献专家。从事古典文学及文献学教学与研究五十余年。早年曾师从词学名家夏承焘、张伯驹诸先生，于宋词研究、敦煌文献及医学古籍、文字训诂之学有专门研究。系中国韵文学会、中华诗词学会创始人之一。发表了百余万字的专著与论文。主编《全宋词评注》《中外文化辞典》，已发表诗词近千首，多次获得论文与创作大奖。主要著作有《宋词》《宋百家词选》《金元明清词选》《华夏之歌》《经典宋词百家解说》《珍藏本宋词》《影珠书屋吟稿》《婉约词典评》《豪放词典评》等多部著作，在古典诗词学界享有盛誉。

前　言

诗词，我一直很喜欢，但没有机会学习。1983年，根据吉林省委决定，我在通化地委办公室副主任任上考入中央党校，脱产学习三年，有机会经常请教刘景禄老师。此前写了一些“诗词”，自以为还行，抄出来呈刘老师看。结果刘老师除了肯定创作热情和从注释中能看出有一定的知识面以外，其他几无是处，说得我汗流浃背。回到房间，借对门四川省理塘县委副书记郭赤诚的火柴，将其付之一炬。所写内容现在也不记得了。这次选此书稿，努力想起两首的梗概。一是1968年冬在松江河头一次见到长白山而不认识。二是1972年秋双手因公烧伤致残后，巨痛中十分伤感所补记。此后，开始认真学习诗词知识，边学边写，积累了一些问题和答案，逐渐形成《诗词曲律说解》一书，1997年6月由北方妇女儿童出版社出版。公木、丁芒、刘景禄、宁继福、温祥先生作序。

这本《张福有诗词选》，是我的第四本诗词集。

第一本是《养根斋诗词选》，1993年9月由吉林文史出版社出版。时间为1984年至1993年间所作的二百多首诗词曲赋。这些作品，比以前被自己烧掉的要好一些，但仍有很多不合律之处，所以，很少示人。

第二本是《张福有诗词选》，2001年10月由时代文艺出版社出版。时间为1993年9月至2001年8月。内含六百多首诗词曲赋。这期间，1998年辑笺《长白山诗词选》，由时代文艺出版社出版。2001年10月，还有《长白山诗词史话》《长白山诗词论说》同时在时代文艺出版社出版。长白山诗词创作与研究，已经成为自己的诗词主题。

第三本是《张福有诗词选续辑》，时间为2001年10月至2017年6月，所收诗词曲赋有两千余首。这十六年间，主要精力放在组织诗词采风创作和编辑、出版大型主题诗集等活动上。特别是从2007年到2017年这十一年间，由我出面组织了二十多次采风活动，主编了二十多本诗集，在吉林人民出版社等公开出版发行，未出个人的诗集。这十六年间的诗词，因为没有时间专门收集和整理，遗失了一些，有的在本子上，未录入电脑中，也没有时间去翻，基本上都是在“中华诗词论坛·关东诗阵”帖中选录的。正是由于这本书，促进了“长白山诗派丛书”的启动。时代文艺出版社陈琛社长看到书稿，十分高兴，果断将其列为重点选题。我又详细介绍了长白山诗词流派建设的情况和成果。现在已有二三百人的诗词创作队伍，至少约有十万首诗词作品。从而得到时代文艺出版社和省委宣传部的高度重视、大力支持。

第四本就是这一本，书名仍为《张福有诗词选》，是因为受这套丛书所限，整体保持一致，只能如此命名。但内容有所区别，是从前三本书中选出来的直接写长白山及其文化的诗词曲赋。数量约为一千五百首。有不少诗词虽属写长白山及其文化的，有的重复，有的相近，有的不尽合意，未收。

本书所选之作，主要目的在于存事、论史，考古方面所占比重较大，也主要在于以诗纪事，未过于追求描写与抒情。

有幸入选第一批七十本之中，是借了长白山、长白山文化、长白山诗词之光。随着编辑工作的不断深入，越发感到这是一项浩大的文化工程。

开弓没有回头箭。长白山文化自信，是在长白山诗词的创作实践中和“长白山诗派丛书”的编辑过程中不断增强的。

我们已信心满怀。

我们将继续努力。

张福有

2018年5月24日于长春养根斋

目　录

卷一　绝句

卷二 律诗

卷三　古风

卷四　词

卷五　曲

卷六　对联

卷七　赋

卷一　绝句

初见长白山不识自嘲

摩天岂等闲，横亘托云寰。
问明羞眼瘸，枉知长白山。

1968年12月中下旬于松江河

难　忘

高台打石头，烧手值深秋。
夜降倾盆雨，天公知我愁。

1972年9月27日于集安高台子大湖

听东北亚音乐台“情牵一曲”播放《一剪梅·五女峰》有感二首

一

家山每念自心知，夜静无眠有所思。
一曲情牵何日了，滔滔绿水息波时。

二

山花娇艳袅香迟，一曲情牵无了时。
休问百灵解语未，心声只可韵藏之。

1994年6月10日于长春

初下天池

初下瑶池弄大潮，晶宫果是管弦调。
手扬水起向天笑，到此我来吹玉箫。

1994年9月6日于松江河

登扈尔奇山观辉发河（步那清绪老原玉）

峰奇向不在多高，奥壤奠基根自牢。
归去登来临水客，几人能解诉滔滔？

1995年4月1日登山，10月1日作

附，那清绪《辉发城怀念祖先故地登扈尔奇山感旧》：

奇峰无偶不须高，起自洪荒立足牢。
多少沧桑浑未觉，依然严峻对滔滔。

感　言

白山春晓报天曙，绿水秋清浴眼明。
莫问前程多远路，欣开健足自今行。

1996年6月18日于白山

冬上天池步启功先生《行次吉林》韵

冬谒闼门开异光，雪深尤见白山长。
从来不信去无路，直向大荒寻梦乡。

1996年11月7日登山，8日夜作

附，启功先生《行次吉林》：

闼门如镜沐晨光，更见朱申世望长。
我愧中阳旧鸡犬，身来故邑似他乡。

谒将军坟

屹立东方金字塔，太王长寿大江吟。
雄风不共浮云去，总伴龙山阅古今。

1996年12月16日于白山

题灵光塔

浮图七级耀灵光，渤海文宗本汉唐。
乘兴登临凭眺处，一江塔影印沧桑。

1996年12月16日于白山

谒陈云同志临江旧居

傍岭临江一舍悭，运筹帷幄破雄关。
白山广厦千千万，青史垂名是此间。

1997年3月30日夜于白山

白山黄菊

长白山腰野菊黄，醉霜浥露散清香。
深沉不肯随流水，笑对炎凉爱淡妆。

1997年5月26日夜于白山

题张通贤画《白山野菊》二首

一

连天野菊闲，长白胜南山。
把酒问陶令，登临可往还？

二

野菊自悠然，芊芊秀百川。
早知长白路，何必守篱边！

1997年5月27日夜于白山

贺《长白山日报》首刊

犁纸耕文墨气香，启人劝业路悠长。
日新为有名山助，旨永辞宏赖锦章。

1997年7月29日于白山

辑笺《长白山诗词选》有感

长白千秋赋，而今一卷新。
感时应奋起，大业唤诗人。

1998年1月25日

贺成多禄研究会成立

江城雅集缅前贤，三杰澹堪鞭著先。
积健为雄今未晚，白山松水秀依然。

1998年2月8日于白山

谢刘忠德先生为《长白山诗词选》作序

白山绿水共摇篮，一纸华章万象涵。

喜望神州频展卷，百花园里醉犹酣。

1998年2月10日于白山

玄菟入诗知若许

大山大水自雄奇，骚客何尝奋笔迟！
玄菟入诗知若许，略陈管见决狐疑。

1998年1月8日于白山

石砮楛矢写华章

水魄山魂演大荒，石砮楛矢写华章。
以诗存史贵真确，岂可任人批短长。

1998年1月9日于白山

苏轼乾隆咏人参

上党辽东神草留，异珍永葆作何求？
天公最是无情主，远略谋空必有忧！

1998年2月5日夜写于泉阳林业局宾馆

人参与唐诗

根似人形贵似金，太行长白自依林。
唐诗一读一相劝，济世当生神草心。

1998年2月10日凌晨于白山

“九都”“丸都”辨

自古丸都非九都，鲁鱼亥豕至今虞。
失之毫半谬千里，只怪心中一点无。

1997年10月25日于白山

【题解】

这是《长白山诗词史话》文末一组绝句，共五十首，随文刊于《长白山日报》和省政协《协商新报》。此诗刊于1998年3月5日《光明日报》、1998年第5期《新华文摘》。

“九都”“丸都”再辨

一谬千年一点贫，堪悲世事假当真。
丸都但愿今匡正，莫使些些九误人。

1998年2月10日于白山

长白山诗词探源

汉时铜鉴铸华章，早共阏门开镜光。
更喜七言谐韵略，白山诗海逐流长。

1998年2月12日于白山

诗吟长白二千年

诗吟长白二千年，类利琼华领笔先。
我辈临轩当自问，敢携空简到山前？

1998年2月22日于白山

海东盛国诗声远

海东盛国诗声远，一自长安震岛滨。
水复山重吟不绝，文华早纪韵中人。

1998年4月5日于白山

李白与王孝廉

茫茫诗海渺如烟，探玉披沙晓未眠。

最是伤心无奈事，几多困惑孝廉船。

1998年4月5日于白山

再说石砮楛矢

披星戴月览华章，鲁语魏诗流韵长。
未必从今无所获，石砮楛矢出洪荒。

1998年4月17日于白山

朱申·珠申·稷慎·肃慎

遍翻辞海觅朱申，每向大荒徒问津。
音译可稽今有证，心香先敬启东人。

1998年5月18日于白山

鸡林·几林·吉临·吉林二首

一

近日临池辞凤阙，华章拒伪贵鸡林。
芳名未共风云去，别有江天秀古今。

1998年5月19日于白山

二

山拥鸡林月影残，江澄鸭绿笛声寒。
如今应谢徐明叔，一画未徒真隐看。

1998年5月22日于白山

大荒小考

大荒好个有桃源，当此喜无车马喧。
吟到如今情未了，白山一似白云轩。

1998年6月1日于长春

大东小议

寻山访水览吟笺，每咏大东空暮烟。
极目凌虚情不尽，华章丽处笔如椽。

1998年6月5日于长春

话说不咸

山海经中纪不咸，气联东岳贯秦函。
惊天自有非凡象，岂爱风流着雪衫。

1998年7月5日于长春

遥祭吟山第一人

每念芳名忆女真，清风浩气送浮尘。
诗声更比江声远，遥祭吟山第一人。

1998年7月6日于长春

元代诗人笔下的长白山

长白曾经名太白，每来清气爽天东。
浮云直透开诗眼，方见山山各不同。

1998年7月8日于白山

长白山咏略

大定始名长白山，中原入主破雄关。
有清一代诗文茂，尽载群书册府间。

1998年7月10日于白山

长 白 诗 简

徒徙從来易误刊，麻沙浑使读书难。

案头零乱心头亮，长白本当如是观。

1998年7月12日于松江河林业局宾馆

白 山 诗 鉴

选韵分门说白山，探今问古未曾闲。
高池一水开清鉴，浩气贯盈天地间。

1998年7月22日于长白县宾馆312室

诗咏白山黑水

白山黑水毓辽东，尽在神州舆地中。
粟末未输刊本误，辑笺不必问扬雄。

1998年7月26日于白山

刘建封与《白山纪咏》

绝佳胜境爽心神，雄视关东我不贫。
寄语先贤应笑慰，踏山自有后来人。

1998年7月23日写于松江河林业局宾馆219室

张凤台与《东山即事》

东山即事咏东陲，镌石脱靴勤政碑。
信是英雄淘不尽，民心难得去犹思。

1998年8月24日于白山

闼 门 神 韵

说破大荒知闼门，钓鳌台上亦销魂。
情长意笃缘何事，直印乘槎第一痕。

1998年8月25日于白山

天 池 韵 语

汩汩三江润大荒，奔腾入海逐流长。
天池钓叟今知否，依旧鳌台争席忙。

1998年8月25日于白山

窝稽·窝集·乌棘

窝集林深碍月归，每生意望与心违。

吟诗读史今知否，依旧山川木叶非。

1998年9月24日于白山

宋词宋诗中的鸭绿江

昼夜奔腾鸭绿江，澄波不废秀家邦。
沧溟四顾今犹窄，狭谷幽深世半双。

1998年10月8日于白山

辽金元诗词中的鸭绿江

鸭绿滔滔出峻峦，诗吟曲咏古弦弹。
世间多少笑谈事，看似轻松透识难。

1998年10月15日于白山

明诗中的鸭绿江

鸭绿江涛起大东，至今淘去几豪雄？
乘时力践酬民道，后世当歌不朽功。

1998年10月17日于白山

清诗中的鸭绿江三首

一

诗吟鸭绿见扶桑，说古论今话也长。
就错约成多少事，是非曲直费评量。

1998年10月28日于白山

二

滔滔绿水白山来，绝处能教石壁开。
激浪清波滋万物，词心文笔报涓埃。

1998年11月1日于白山

三

登峰造极溯江源，探险查边勘界藩。
志补东荒传万古，丰碑立在白云轩。

1998年11月9日于白山

宋诗金诗中的松花江

误谬从来凭管窥，松花粟末混同悲。
古人有失犹堪谅，自己疏迂可怨谁？

1998年11月11日于白山

康熙笔下的松花江

昔闻鸡塞泛松花，翠霭红云颂物华。
唯愿洪荒繁草木，家山毕竟是天家。

1998年11月14日于白山

清初文人笔下的松花江

松花支合易混同，也付沧桑演替中。
穿碛蹴天波未老，总淘不尽是文雄。

1998年11月16日于白山

乾隆笔下的松花江

万壑松花归海去，一川粟末白山来。
诗增御笔混同韵，传世流芳亦壮哉。

1998年11月22日于白山

清末文人笔下的松花江

清源正本说松花，可见原非我独嗟。
倘使书文规格确，今宵未枉费疏牙。

1998年11月22日夜于白山

金诗和清诗中的图们江

入海图们付劫灰，何当自古本荒莱。
拼将不息涛声远，流到如今反觉哀！

1998年12月13日于白山

金诗和清诗中的浑江

莫谓浑江远战场，总兵浅血甚悲凉。
千秋功过开山事，自在人心刻短长。

1998年12月13日夜于白山

王志修畅咏好太王碑

栉风沐雨数春秋，地老天荒岁月稠。

千古丰碑埋不住，龙山横卧鸭江流。

1999年1月1日于长春

古今诗人盛赞松花砚

品埒端洮随用舍，色欺澄歙自行藏。
故宫遗宝重光日，直引春风染大荒。

1999年1月2日于长春

词源探到《纪辽东》

联章定格纪辽东，曲贯莫高因果同。
漫道大荒空造化，词源探到白山中。

1999年1月18日于白山

十集电视连续剧《四保临江》在中央电视台一套节目黄金时段播出抒怀[1]

半纪风云感素身，披星戴月几经春。
艰辛历尽孰无憾，未顶虚名策划人。

1998年4月12日

【注释】

①1998年4月8日在吉林省委三楼西会议室召开新闻发布会，4月10日在北京人民大会堂举行首播仪式，4月12日中央电视台在一套节目二十时十分播出第一集，4月13日播完。获“飞天奖”。

读吴景春先生惠书感呈①

无限江山无限才，不才有我实堪哀。

大山大水直呼唤，椽笔齐携增色来。

1998年9月7日夜于白山

【注释】

①1998年9月6日晚，吴景春先生托金恩辉先生捎到白山一封信，告曰他不能参加第三次长白山文化研讨会。信中写道：“长白山有幸，遇上了你这位热心人。过去宋振庭部长说过一句话：‘文艺家笔下无力，连累得江山为之失色！’现在可由你为之增辉了！”余读信后，深感有愧，同时也甚为感动，备受鼓舞。

长孙女天俊在长春家中出世余在白山为其命名感怀

阿俊春来草木新，合家欢喜竞相亲。

从今尝得天伦乐，忘在白山茕一身。

1999年4月13日（己卯二月廿七）夜

杨汝岱先生一行视察白山送别

白山林海寄深情，绿水松涛诉远声。
雅韵高怀书不尽，犹期再作大荒行。

1999年5月18日于白山

国　内　城

大禹山前怀古风，倾杯夜咏纪辽东。
翩翩黄鸟今何在，投笔英豪出剑雄。

1999年10月4日上午于集安

步韵谢那清绪老惠赠《东方书画长城》巨卷并题诗①

千里探望叩雅门，深情巨卷共心存。
自强不息天行健，长白巍峨好养根。

1999年10月6日于抚顺工人养老院

【注释】

①那清绪老人生于1915年，今年已八十五岁高龄，是唯一健在的辉发那拉氏拜音达里之后，著名女诗人。1999年10月6日，将珍藏的《东方书画长城》巨卷惠赠于不才晚并题绝句《赠与张福有吟友》：

长城巨卷惠君存，港澳回归庆国门。
借她文采酬知己，终是清斋最养根。

参与拍摄十五集电视专题片《鸭绿江》在中央电视台播出有记（折腰体）

滔滔鸭绿江，千古演洪荒。
英雄淘不尽，椽笔写华章。

1999年11月10日

《白山著名烈士传》序言跋语

巍峨长白送天风，儒雅豪浑唱大东。
滚滚三江无限浪，总淘不尽是英雄。

1999年11月10日于白山

《白山英才》再刊题贺（折腰体）

白山新舞台，沃土育英才。
行藏皆济世，矢志报涓埃。

1999年11月15日

《白山烽火》刊行题贺

硝烟烽火关山月，弹雨枪林草木风。
一卷清芳歌浩气，江河不废颂英雄。

1999年12月白山

谢阚殿君同志惠诗

数九隆冬辞白山，阚君情重惠佳篇。
大东此别大荒远，怎比洪崖每拍肩①。

2000年1月18日夜于白山

【注释】

①洪崖，传说中的仙人名。晋郭璞《游仙诗》之三："左挹浮丘袖，右拍洪崖肩。"清蒋士铨《香祖楼·兰因》："形相爱，影相怜，肯向洪崖又拍肩。"

附，阚殿君《送张福有荣返省城》：

闻张福有主席荣返省城，又读福有之诗，敬其冬上天池踏荒之举，念其开拓东陲文化之功，特写拙诗一首，祝福有再续新篇。

瑞雪千年润白山，闼门冬谒写奇篇。
殊勋早已留青史，此后谁人可比肩。

痛挽金意庵先生

大荒翰墨千年秀，长白飞流万古吟。
画印诗书原不老，关东巨擘驻鸡林。

2002年2月8日

纪念刘建封踏勘长白山九十四周年暨逝世五十周年纪咏

为纪念刘建封踏勘长白山九十四周年、逝世五十周年，2002年5月18日（壬午年四月初七），余与安龙祯、王宇先生在徐连友支持下相约同上长白山。这是余第六十四次登长白山。此行收获颇丰，确认了天池周围十六峰的确切位置，同时，眼见天池亦受4月7日沙尘暴污染之害，山雪池冰皆黄，略有所摄便寻避风石，过铁壁峰，遇雪及大雾，坡危目障而返，摄中朝六号界桩未果。返回天豁峰，天池雪后新晴，一片洁白，多有所摄。乘兴去红土山、图们江北源摄中朝二十一号界桩。又下大雨，冒雨访圆池，几经折返方寻得，上树摄影时雨骤停，出太阳，摄完后继续下雨，满载而归。

一、瑶池晴岚

雪住风停别紫霞，阏门又谒未乘槎。
天公免我留遗憾，特为黄池笼白纱。

2002年5月18日于长白山

二、圆池倩影

直向圆池送远眸，欲躬天女对谁羞？

晴光忽透赤峰雨，树上匆忙换镜头。

2002年5月18日于长白山

辑安建县百年志贺

建县百年歌大东，丸都国内肇兴隆。
辑安出典源流远，盛世尤怀太史公。

2002年6月15日于长春养根斋

题白山英魂

白山自古毓英魂，百感真言一卷存。
天道酬勤诚可信，依稀梦里啃书痕。

2002年6月15日于长春养根斋

“天池钓叟”印宣册卷首题句并序

刘建封亲治“天池钓叟印”，乃刘公下天池为钓鳌台命名，登台思钓，有感而镌，常伴左右。此印命平民长孙藏之，传至长曾孙自力手中，安然无恙，特从津门携至长春，莅临长白山文化研讨会，纪念刘建封踏查长白山九十四周年、辞世五十周年。刘自力先生嘱余手钤宣册并跋赘语。诗云：

天池钓叟印宣笺，展卷尤思世纪前。
一线情长无日了，闼门把酒念先贤。

2002年7月23日撰并书于长春

杨子忱诗集《村边有条女儿河》钤“天池钓叟”印题贺

今宵幸读女儿诗，展卷沁芳驰笔时。
他日传情波浪远，村前村后各相思。

2002年7月24日夜于安图长白山宾馆

邀刘元池、刘自力夫妇共谒圆池即咏

元池东进谒圆池，痛说如今深谢迟。
布库里山云树静，倾听远客共吟诗。

2002年7月25日下午于圆池

圆 池 归 来

1993年5月16日，余随吉林省委书记何竹康同志初谒圆池；2002年5月18日，余与安龙祯、王宇再谒圆池；2002年7月25日，余邀刘建封侄孙刘元池、曾孙刘自力夫妇共谒圆池，是为余之第三次谒圆池。刘建封为三侄孙依长白山之三池相继命名天池、玉池、元池。天池、玉池已过世，唯七十二岁的元池老人尚健在。应余之邀莅临全省第二次长白山文化研讨会并登长白山、谒圆池。玉池当指小天池。圆池，初名即元池，取其长白山东第一池之意，后因其圆同荷盖，又称圆池。刘元池因圆池得名，特往拜谒，归来又在圆池饭店晚宴，颇为有趣，纯属巧合。长庆索句，即席口占。

三谒圆池百感生，元池初识自身名。
归来共赴圆池宴，未枉此心长白情。

2002年7月25日夜于二道白河圆池饭店

陪刘自力先生一日绕长白山中国一侧一匝小记

朝发白河林道滑，登临玉柱近云边。
锦江峡谷动心魄，卧虎峰前霞满天。

2002年7月27日夜于长白县宾馆

题李宝凤剪纸《金陵十二钗》

华笺巧手任铺排，镂出金陵十二钗。
倩影芳魂描不得，大荒山下女儿怀。

2002年8月4日于长春养根斋

摄六号界桩

三过紫霞今始成，界碑六号寂无声。
天公洒泪凄凉甚，穆石幽冥池水清。

2002年8月10日下午第六十九次登长白山

登华盖峰

长白登临七十回，天池不见半分灰。
莫非王母遗珠绿，华盖峰头点玉杯。

2002年8月11日上午于长白山北坡
下午去西坡王池、锦江大峡谷，夜宿维东哨所

登玉柱峰[①]

朝发西坡凭足量，拦腰北上鹿深藏。
凌虚忽见瑶池面，仙子匆匆忙试妆。

2002年8月12日上午于玉柱峰极顶

【注释】

①2002年8月12日晨五时三分，余与安龙祯、盖秀臣从长白山西坡停车场以下四公里处登玉柱峰，晚上八时六分到达北坡长白瀑布下停车场与司机李波会合，历十五小时，跋涉约百里，摄得一批珍贵资料，确定天池中国一侧诸峰名实。这是余第七十一次登长白山，得小诗六首以记之。

望白云峰

白云生处乱云飞，直引长风下翠微。
跋涉艰难辛苦甚，未臻绝顶与心违。

2002年8月12日中午

辨芝盘峰

昔日镜中常远观，而今登顶觅芝盘。
但悲草甸他人践，到此心酸甚腿酸。

2002年8月12日下午

寻锦屏峰

形若城垣似锦屏，雹坚雨急石墙青。
苦寻数载今谋面，赶路匆忙未久停。

2002年8月12日下午

觐观日峰

峰起一尖观日升，黄昏到此雾腾腾。

眼前正对销魂处，天底仙槎不敢乘。

2002年8月12日傍晚

过龙门峰

踏穿云窟过龙门，脚下瀑飞无画痕。
不见神碑风莽荡，擎天玉壁气雄浑。

2002年8月12日傍晚

第七十二次登长白山小记

客自京华入大荒，阏门深处沐秋光。
瀑悬千尺白河远，怎比高朋逸兴长。

2002年8月13日于北坡

陪浙江省书法家代表团登山

东山迎客自西泠，携手临池好写经。
一览险峰无限意，大荒千里望兰亭。

2002年8月14日第七十三次登长白山

壬行午中秋率吉林省文联“金秋采风艺术团”到抚松、长白慰问演出题赠白山诸同道及徐云鹏①

长白金秋共采风，五花山色喜由衷。
欢歌曼舞军民乐，鸭绿滔滔伴唱中。

2002年9月27日于长白县

【注释】

①这是余第七十四次去长白山，在率省文联“金秋采风艺术团”到抚松、长白慰问演出之后，又率艺术团中的韩子平、郑淑云、赵淑芬、边桂荣、秦丽君、张跃兵等艺术家专程到“鸭绿江上第一哨”，余与艺术家一起登台为边防战士演出。这首七绝，26日晚由余手书成四尺三裁的一幅中堂，27日上午由魔术大师赵淑芬在鸭绿江边的哨所从“空”礼品盒中“变”出来，再由余亲手交给1996年11月7日从长白山西坡陪余冬上天池的长白边防大队副大队长徐云鹏。此时，长白山间、鸭绿江畔的特殊舞台气氛热烈，达到高潮。

第七十五次登长白山

又谒天池十月中，雪催峰白冻原红。
琼台玉府时开眼，绝妙风光自不同。

2002年10月2日下午从北坡登山
是夜作于露水河林业局宾馆409室

题连理松

采风人在旅途中，欣摄古松连理红。
林海茫茫寻觅遍，难求最数两心同。

2002年10月2日下午摄
是夜作于露水河林业局宾馆409室

祭高国祯[①]

摄影平生爱大东，白山脚下永安中。
生前遗憾未相见，祭酒今来三鞠躬。

2002年10月3日

【注释】

①高国祯，生前为松江河林业局干部，是中国摄影家协会会员、吉林省摄影家协会理事，平生专摄长白山，春夏秋冬，摄影不倦，艰辛历尽，佳作多多。身患绝症，仍拖术后不便之身，在长白山中拍摄不辍。一日，与马运龙等影友在长白山西坡石龙岗拍摄长白山全景时说："我死后，就埋在这里，躺着也能看到长白山。"高国祯病逝后，文友赵丁和影友马运龙等在林业局的支持下，将其安葬在石龙岗。余在白山市委工作期间，曾去松江河看望高国祯，但因他当时在深圳治病而未见到，以后再问，斯人已去。10月3日，马运龙陪余等去长白山西坡拍摄，余提起此事，马运龙说高国祯就葬在长白山下，便找到其墓地。余率长春、白山十余位摄影家前去祭奠。凡为宣传长白山做出贡献者，人们是不会忘记的。

峡谷初雪

又来峡谷已秋深，雪舞路迷无客临。
到此向天轻自问，为谁照放锦江吟？

2002年10月3日于长白山西坡返回长春途中
是为第七十六次去长白山

黄秋实先生《长白山颂》大展题贺

设色高华素壁寒，琼田玉海起银峦。
大荒从此分身影，山外有山犹可观。

2002年10月9日于长春

李元蘅《百合图》题贺

素雅堪为别艳师，栉风沐雨过春时。
独闲不逐群芳闹，点染大荒开未迟。

2002年10月15日于长春养根斋

长白山温泉雪后奇景

泉热翠流天地外，树寒青抹有无中。

雪来一夜成奇景，早起心欢日出东。

2002年10月25日第七十九次登长白山
于长白瀑布下摄得雪后奇观感而有记

李昕长白山摄影作品网上读后

流星一抹绕平湖，奇镜开来我不孤。
玉润珠圆涵丽质，白山深处沁芳图。

2003年 2 月8日于长春

答 李 元 蘅

马去羊来又立春，白山掠影镜中新。
益清最数梅香远，伴雪千枝万树匀。

2003年2月10日于长春

集安建城两千年题贺

类利迁都国内城，两千年史写峥嵘。
滔滔鸭绿推波远，替演沧桑共此声。

2003年8月8日立秋之际于长春红旗街艺苑南窗

长白山诗社成立二十周年感怀

长白吟坛二十年，东陲走笔向云边。
天池许是诗家砚，总引三江唱大千。

2003年8月8日立秋之际于长春红旗街艺苑南窗

无 题 杂 咏

一

前人诗咏望江楼，水丽萍新错简休。
几个凭栏垂钓客，如今笑指月如钩?

2004年3月27日于安图

二

奶头山下曲何孤，二道涛声古洞如。
雏凤清音歌不断，三更无处借屠苏。

2004年3月27日于安图

三

一天婀娜争飞舞，万树玲珑齐放开。
清芳淡泊何如许，胜似初春金达莱。

2004年3月31日于延吉

四

再谒防川土字牌，图们江诉旧时哀。
雪花漫舞随风卷，树老根坚壮远垓。

2004年3月31日 于延吉

谒贞孝公主墓

金达莱开满目新，龙头山上过时春。
入宫深觉红尘远，公主墓中逢诞辰。

2004年4月25日 于和龙

和龙西古城遗址

一览和龙西古城，王宫遗址布纵横。
当年谁下千秋笔，片瓦残文风雨程。

2004年4月25日 于和龙

丸都山城踏查走笔二首

一、鸟瞰丸都水

脚下丸都云底涛，峰高石险志尤豪。

老夫且作少年乐，也绕山城走一遭。

二、悠然见质山

故国谷中车马喧，君臣一似对开言。
聊凭细雨报来客，激战当年此坐原。

2004年5月15日于集安

李殿福先生《高句丽考古与历史》序末韵语

考古鉴今餐雨露，摩碑辨瓦著春秋。
华笺半纪成新卷，豆谷滔滔鸭水流。

2004年5月25日于集安

通化县下龙头遗址

一

千载浑江日夜流，冈峦横亘到龙头。
传闻未见高王庙，卒本川征再探求。

二

山城北望大江河，崄障川原旧迹多。
石镐残陶经汉晋，前朝壁垒任销磨。

浑江与富尔江两江交汇

两江交汇水波平，日落群山白雾生。
归雁盘旋沙渚上，停车小驻问边城。

2004年4月19日

题高继泰摄长白山卧佛照

闼门极顶住慈航，仰卧长空放眼量。
鬼斧神工师造化，大荒深处沐天光。

2004年6月11日夜于安图白山宾馆712室

第八十三次登长白山考察小记

铁壁熔流天上来，杜鹃微笑倚云开。
凌空直下山腰半，三道白河源此垓。

2004年6月12日于长白山北坡天上温泉宾馆

珲春席间口占供友一笑

甲申盛夏聚珲春，圆木屋中诗境新。
都道知音逢处少，大东把盏有谁人？

2004年7月15日 于珲春

赠 崔 巍

三谒防川土字牌，千思百感涌心怀。
崔巍张鼓峰头立，万里云天沐我斋。

2004年7月15日 于珲春

依韵和张殿甲兄大作《寻黄城》

良民东去找黄城，平壤现身疑弄清。
木觅山称缘木密，误区率出自今明。

2004年7月22日 于长春

附，张殿甲《寻黄城赠张福有》：

苦沿鸭绿索黄城，木觅山中终显灵。
迷雾千年经一拨，古今中外看谁能？

2004年7月14日 于白山

李殿福先生《高句丽民族文化研究》序末韵语

壁画石碑连古坟，东陲奥处考斯文。
披星戴月涉山水，片纸只言含硕勋。

2004年7月23日于长春养根斋

为《东北亚金三角》题句

接海春潮涌大东，连天号响藉长风。
花股柳鞞金莺逗，正起宏图三角中。

2004年8月3日于长春养根斋

长白二十一道沟积坛出土器物五首

盖 宫 帽

一路东来遗大荒，忽开拙眼费思量。
古车珍件僻乡出，青史于兹发翰光。

2004年10月1日上午于长白县二十一道沟

青　铜　剑

一出积坛呈翠光，残边少鞘失锋芒。
寸身不逊三尺直，论价岂单凭短长。

2004年10月1日上午于长白县二十一道沟

器　无　名

五方尖顶一圈横，下部稍残底略平。
玄土之中身未朽，两千年后不知名。

2004年10月1日上午于长白县二十一道沟

箭　镞　铤

疑为镞铤助征旄，器利从来不在高。
纵使身残英色减，青铜阵里共称豪。

2004年10月1日上午于长白县二十一道沟

页　岩　圭

白石磨成直角边，依稀还见旧时烟。
大东奥处礼犹重，文化源头此占先。

2004年10月1日上午于长白县二十一道沟

吉林南城子遗址新采石砮

遍地片痕绳瓦红，大江依旧唱松风。
东团山下千秋史，一镞呈来思楛弓。

集安七星山摄豆谷东原

又谒高陵霞未红，大王太祖展雄风。
通沟一览东原阔，汹涌出川如劲弓。

桓仁望江楼摄龙首

忽本东冈龙脉红，朱蒙千载伴长风。
雄心不共江声废，到此书生欲试弓。

柳河古战场摄赵国铭文铜镞出土地

左右得工经火红，随军移此卧听风。
两千年后英姿在，为寄情怀水似弓。

柳河大沙滩石棚墓

难掩苍苔石壁红，山梁顶上沐天风。
永年不废惊神力，到此曾疑小貊弓。

通化县赤柏松古城绳纹瓦

偶得绳纹瓦尚红，城门抢摄趁霞风。
当年汉武定韬略，设郡安边孰挂弓？

柳河新安古城

雨后登临烧土红，初苗小逗北来风。
携回两块松花石，他日砚成先写弓。

柳河钓鱼台古城

欣得成双砺石红，利刀残片识山风。
灰陶记起千年史，未许钓鱼争发弓。

辑 安 八 咏

一

辑安中国汉家风，太史春秋笔法同。
替演沧桑安可废，滔滔鸭绿忆安东[1]。

【注释】

①集安，原名辑安，语出司马迁《史记》：“存抚天下，辑安中国。”

安东，丹东原称。唐设安东都护府。

二

辑安短剑赵邦风，阳岔阳安君共同。

蔺相如戈联李跻，随车苦旅鸭头东①。

【注释】

①阳安君，集安阳岔出土赵国阳安君青铜短剑，经我在雕朽斋支持下考证阳安君名李跻，乃老子李耳五世孙、唐高祖李渊三十五世祖，见于《新唐书》。论文刊于《考古与文物》2005年第六期、《东北史地》2006年第五期。长白县出土赵国蔺相如青铜戈，我们在长白县考古调查中新发现赵国十三座积坛，出土九件赵国青铜器并有古代车上的部件“盖弓帽”。

三

辑安一脉霸王风，豆谷离宫国内同。

故国川原连国壤，回归依礼自江东①。

【注释】

①霸王，集安霸王朝有高句丽山城。豆谷，即通沟，或称洞沟，集安的一条重要河流。豆谷离宫，琉璃明王所建之离宫，在通沟河东岸的梨树园子遗址，出土国家一级文物白玉耳杯等。琉璃明王葬于豆谷东原，经余考证，即集安禹山墓区0000号墓。国内，指集安之国内城，高句丽在此设都四百二十五年，史称“故国”，留下丰富的世界文化遗产。故国川、故国原、故国冈、故国壤等，为高句丽王陵区，有二十六位王葬于集安。

四

辑安板岔毌丘风，鏖战沸流梁口同。

不舍穷追成故事，经年返自大荒东①。

【注释】

①毌丘，指毌丘俭。辑安板岔岭出土三国时魏将毌丘俭纪功碑，证明

丸都的确切位置在集安城北。沸流，浑江及富尔江。梁口，浑江与富尔江汇合处。公元245年，毌丘俭与东川王大战处。

五

辑安史略故园风，水落恰如文献同。

平壤良民城可信，柴原正在大川东①。

【注释】

①平壤，本意是山间平原，从《后汉书》到《徐霞客游记》都有“平壤”的史料，均为此意。公元247年，东川王从肃慎氏南界返回丸都。看到“丸都城经乱，不可复都，筑平壤城，移民及庙社”。此平壤城，在集安东北良民村，有一座古城、六千多座古墓，惜被水没。去年，因维修大坝，水位降低，我等在库区发现高处的两千七百多座古墓，有力地证明了文献之记载。东川王陵在集安与良民之间的蒿子沟，即柴子沟、柴原。此地在鸭绿江边，谓之东川。

六

辑安文脉引唐风，陇右寻求因果同。

凯捷丸都传鼓乐，词源溯自纪辽东①。

【注释】

①《纪辽东》，隋炀帝所作之《纪辽东》，其中写道“轻歌凯捷丸都水，归宴洛阳宫”。敦煌莫高窟中有隋代所建三十七个洞窟，中有四十五首《求因果》，体制与《纪辽东》全同，乃《武陵春》《贺圣朝》等词牌之所本，因而经余依据任半塘、周笃文先生所提供的资料考证，词的源头是隋炀帝的《纪辽东》，早于中唐和晚唐。

七

辑安书法大碑风，扪得精华汉隶同①。

遗产幸留惊世界，至今矗立禹山东。

【注释】

①大碑，集安的国家一级文物“好太王碑”，乃高句丽第二十代王长寿王为其父第十九代王好太王所立之纪功碑，四面共一千七百七十五个汉字，书体介乎汉隶，在书界奉为至宝，史料价值亦极高，已列入《世界遗产名录》之中。

八

辑安总度是春风，人杰地灵今古同。
桃李不言蹊自远，天教大韵接西东①。

2007年1月15日

【注释】

①春风，唐贤佳句有“春风不度玉门关”。雕杇斋自陇西来集安访古，乃乡邦雅事。雕杇斋号“成蹊”，因以转结。大韵，指此组诗全用“一东”韵。

杨靖宇密营刻石考察感言并跋

天下太平期永日，密营深处蓄生机。
英魂不灭山音在，八十年来几步棋？

2007年7月24日于集安

【跋】

集安东岔杨靖宇抗联密营有方卧石，上刻棋盘及“天下太平五月十六王平王山音”。昨日，吾等数人前往考察，孙仁杰、迟勇捶拓，杜连德、王政助工，张福有测点、摄影，感而成吟并书。

登戍边楼

登楼不忍望长白，踏遍奇峰老此身。
笔驿吟旌成一阵，关东共祭戍边人。

【题解】

戍边楼，《延吉市文物志》认为是延吉市的“道尹楼”。徐学毅先生认为是珲春的“镇东楼”，又名“望海楼”，现无存。此说近是。

步赵朴初先生韵咏松花砚

婆猪亦毓鸭头绿①，韵逼松花石色寒。
创意形成新产业，朱申宏脉起文澜②。

【注释】

①婆猪，浑江之古称。

②朱申，即肃慎。

江源仿制清宫御砚

温如美玉润如花，发墨滋毫浮艳霞。
至爱珠申山色好①，先贤教示岂虚夸？

【注释】

①珠申，同“朱申”。

松花石四大产地题咏四首

一、安图

妙玉藏于砥石中①，色温质润与端同。
会心一笑知音近，未使琼英没大东。

【注释】

①砥石，指砥石山，最先发现松花石之处，即安图两江老坑。

二、江源

长白有池堪作砚，松花无浪不吟诗。
京城盛会瞻龙谱，点染神州万马驰。

三、通化

品埒端洮随用舍，色欺澄歙自行藏。
故宫遗宝重光日，直引春风染大荒。

四、本溪

松花余脉至桥头，紫艳绿温佳趣酬。
拙可藏珍端养德，专称辽砚品难求。

东川王陵考定感言

四野详查胜问仙，东川恍似起柴烟。
丸都经乱筑平壤，长伴西流鸭绿眠。

【题解】

集安蒿子沟1号墓，即高句丽第十一代王东川王陵。蒿子沟，亦称柴子沟，古称柴原。

解读"豆谷"小忆

豆谷东原难半仙，通沟深处透云烟。
幸能捅破西窗纸，黄鸟翩翩待月眠。

【题解】

豆谷何在？乃国内外高句丽研究的世纪之谜，无人知晓。经我考证，从《三国史记》中的"豆讷河原""杜讷之谷"可知，这就是杜讷河、豆讷河。同理，"豆谷"亦当指河。《好大王碑》中的"沸流谷"，就是沸流水，是浑江、富尔江。《三国史记》中的"鸭绿谷"，就是鸭绿江。在集安，除了鸭绿江，只有通沟河。因此，豆谷，乃通沟，亦称洞沟。豆谷是条河，即通沟河。据此，找到了豆谷离宫遗址和葬于豆谷东原的琉璃明王陵，即集安禹山墓区0000号墓。详见拙著：《高句丽王陵统鉴》。

百年苦旅行前贤咏十首

一、徐世昌——钦差大臣东三省总督兼管三省将军事务

岭曰荡平公骋目，崖崩旁绕通林谷。
双龙图案铸皇清，碑记撰书吾释读。

二、张凤台——总办长白府设治事宜军机处存记前署长春府知府

鸭头知府自长春，宿露餐霜何惜身？

记忆至今能兑现，以昭来许识披榛。

三、李廷玉——帮办长白府设治事宜候选同知署理临江县知县

平生未敢忘山川，勘界探源助马前。
志略江冈叙巅末，后来有幸赖筹边。

四、刘建封——勘界委员正任锦州府经历安图知县

直上东陲第一峰，临池登顶印遗踪。
只今不见避风石，恨未能从坡口逢。

五、许中书——勘界委员调奉补用府经

踏边能敢破拘泥，怒马当前几失蹄？
恐负此行扶健仆，避风石上见三题。

六、王瑞祥——《长白山灵迹全影》摄影师五名测绘生之一

影摄白山公第一，于今未改罕其匹。
大荒绝顶拜前贤，酬以圆虹升崒嵂。

七、刘寿鑀——刘建封之子垦务调查员随父踏查长白山设立安图县

冒险而来忧责重，诸峰有载尔无名。
查边未负江山事，上阵还须父子兵。

八、郝金——刘建封踏查长白山十六名队兵之一

出征伊始被熊伤，笛乱马嘶惊大荒。
幸有队兵刘什长，花腰毙命号神枪。

九、王凤鸣——刘建封踏查长白山多名向导之一

苦旅聊凭亲引路，蛇行雀跃记当初。

束装就道查详确，志略征存补史书。

十、曹建德——供刘建封一行二十五人一顿早餐

山头转过有人家，一饭酬宾未许夸。
功德百年刊石记，保厘蓝缕续文华[①]。

2009年11月1日

【注释】

①清曹寅《送施浔江方伯之任湖南》诗：“保厘蓝缕功非细，开拓穷荒虑必周。”

瑷珲感怀三首（用边瑾《龙江吟》韵）

一

万里悲涛笼碧空，至今未许夕阳红。
兼天血海何曾忘，六十四屯开岸东。

二

梦里依稀谁点兵，家门重对大江横。
希望寄托子孙事，不是当年挨打声。

三

江流滚滚卷悲涛，血染乱云谁住桡？
千古冤魂安可散，龙沙草色恨难消。

2009年6月18日于瑷珲

《荡平岭碑记》出版志贺三首（步蒋力华兄韵）

一

几度凌虚驻马观，荡平岭上点群峦。
东陲幸有丰碑在，沐雨栉风祈国安。

二

好碑劝我用心观，斩棘披榛浮涧峦。
回报当年长白府，拙斋识得锦堂安。

三

要略全凭慧眼观，晴晖直射透云峦。
刊碑可证拓边路，为使儿孙护鉴安。

恭步康熙《经灰发叶赫哈达》韵记辉发叶赫道中二首

一

寻诗拉练此逢时，长白吟坛古奠基。
辉发开来奔叶赫，辽东梅引布新棋。

二

冒雨连登山半坳，杖擎布伞越深茅。
诗开一派清流疾，长白云飘猎猎旓。

附，康熙原玉：

一

铁马金戈百战时，戎衣辛苦首开基。
榻边鼾睡声先定，始布中原一着棋。

二

垣墉遗址尚山坳，略地平城辟土茅。
荡涤尘沙真不易，仰思遗烈驻云旓。

这二首诗摘自《吉林通志》，原诗无题，标题为我辑笺《长白山诗词选》时所加。诗前有序："行围所经灰发、叶赫、哈达诸地，皆我祖宗之所开，并遗迹存焉。"灰发，即辉发，今辉南。叶赫，在四平。哈达，在吉林市。旓（shāo），旌旗上的飘带。

辉南古遗址杂咏三十韵选十首

一、东横虎遗址①

两山相似列西东，凤舞连音横虎同。
镞镐斧锛新石器，罐壶鼎钵属青铜。

【注释】

①遗址位于朝阳镇东北约五公里的东凤舞山上，因山形若凤舞得名，西侧亦有西凤舞山，读别而将东西凤舞山读成东横虎山、西横虎山。

四、庙前堡遗址

错过良机访已迟，石刀石斧正磨时。
惊存居址门朝北，人去何方叩不知。

五、西关遗址

打磨斧镐耀余辉，起伏山岗泛翠微。
制作精良推石镞，可随楛矢疾如飞。

七、秃葫芦山遗址

器物颇丰形态殊，永康乡属秃葫芦。
磨光石斧腰穿孔，试问西团山有无？

八、马鞍山遗址

矮足豆壶陶罐齐，农耕渔猎饲晨鸡。
马鞍遗此知何意，孰料他年不用犁？

十、冯大院遗址①

两山横跨势崔嵬，河水三通去不回。
柳岸人家谁结网，黑崴相伴欲追陪。

【注释】

①该遗址所出圆柱状网坠、匾瘤状大板耳及豆柄等，与柳河县黑崴子青铜遗址属同一文化类型。

十二、下山头遗址

如月石刀时有闻，亚腰锄镐不难分。
定然留得青山在，不到千年不运斤。

十六、东岗大长垅遗址

南北高丘峭壁连，荒原雨后起寒烟。
当年回跋点兵处，疑是青铜古道边。

十九、马道梁子遗址

一把珍奇小石刀，并存黄褐夹砂陶。
英雄亘古谁来此，山对吟军添自豪。

二十一、砖厂山遗址

泥质灰陶红褐色，夹砂稍带账纹花。
钓鱼台上任提问，豆谷缘何是故家。

2010年8月3日

依韵和云笺二首[①]

一

秋季采风先驻马，韩州奥处绕层门。
满街璀璨灯齐放，夜黑当年第几村？

二

辉发搴旌奔叶赫，方当制谱引梅红。
霍家店里诗声起，吟旅渡辽披古风。

2010年8月25日

【注释】

①云笺，四平诗人赵丽萍之网名。

附，云笺七绝二首原玉：

一、采风行

喷泉柳上飞丝雨，幽静画楼轻掩门。
笑问停车何处是，闻言已到霍家村。

二、过绿岛

何言黑土单生谷，已是花开串串红。
农父掬来香满袖，身轻气爽带春风。

和雪漫千山《自题》[①]

胸怀磊落一潭碧，难得平生养善心。
白桦青松皆可倚，纳新排毒作清吟。

2010年9月5日

【注释】

①雪漫千山，珲春李红光之网名。

登大孤山感吴大澂宿叶赫并用其韵六首[①]

一

客旅皇华经此山，愙斋一去未回还。
公来迅速我来晚，百二四年遗几关？

二

韩州考证蓟花诗，又上孤山摄老枝。
驿站难寻徒放眼，苍茫定格白头时。

三

有心举镜透烟曛，无意牵河灌杂纭。
千五辽东成大卷，聊凭吟事慰书君。

四

地嵌伊舒百象含，六楞无意柱龙潭。
排空直上青云顶，当此观星对佛龛。

五

诗文合为后人储，证史或需凭野蔬。
卌载回眸原一瞬，已甘有梦食无鱼。

六

南楼令小味亲和，略憾迟明夜黑过。
拓路十年堪自慰，吟军崛起白山多。

【注释】

①吴大澂（1835年—1902年），字清卿，号恒轩，又号愙（kè）斋，江苏吴县人。曾受命帮办吉林军务、督办吉林三姓、宁古塔、珲春防务兼屯垦。清末金石学家、文字学家。光绪十二年（1886年），吴大澂受命赴吉林珲春，与沙俄代表查勘边界，写下《皇华纪程》一书，其中吟咏多为长白山区所见。今逢伊通诗词学会征集七星山诗词，我重检《皇华纪程》，选十二年前辑笺《长白山诗词选》时所录几首以和之，顺记日前赴伊通登山杂感云。

附，吴大澂原玉：

光绪十二年二月初七，吴大澂到达叶赫站夜宿，书钟鼎拓本释文，作七绝六首：

一

过了冰河便雪山，严寒已去又重还。
我来迅速春来缓，未许东风带出关。

二

记得当年度陇诗，偶从雪里见花枝。
而今行过辽阳路，正似天山五月时。

三

车马喧阗趁夕曛，山村士女笑纷纭。
皇华诗意无人解，道是鸡林旧使君。

四

古柳婆娑生意舍，霜皮零落对寒潭。
莫嫌空洞中无物，留与枯僧作佛龛。

五

小店春斋满瓮储，荒寒无地摘园蔬。
辽东日食花猪肉，苦忆松江冰白鱼。

六

新晴天气觉风和，十里平冈策马过。
盼到莲花街里去，逢迎官吏故人多。

在大孤山上望小孤山感吴大澂于兹午餐并用其韵

举镜成吟韵影俱，望来未觉两山孤。

斯文聊补东陲阙，新局待开龙凤雏。

附，吴大澂原玉：

二月初九，吴大澂行至伊通小孤山和大孤山时，作七绝一首：

大孤山与小孤俱，卅里双峰便不孤。
况有坡陀连亘处，相延一脉尽龙雏。

摄西尖山感吴大澂宿赫尔苏次日于伊丹午餐并用其韵二首

一

叠嶂雄奇望眼遮，六楞排阵入云斜。
摄来欲劝登临醉，莫到此寻西子家。

二

燕有秦开拓大荒，汪洋一片笼枯伤。
问君孰解二龙戏，叠印新痕屐带霜。

附，吴大澂原玉：

二月初八，吴大澂到赫尔苏前途中作七绝二首，初十午间在今伊丹镇用餐，夜宿双阳苏瓦延补录。二首七绝如下：

一

平林密密断云遮，不见遥村板屋斜。
落日放牛无数点，料知山下有人家。

二

山南近已辟新荒，话到年光暗自伤。

草价增昂粮更缺，去秋八月早霏霜。

重访伊通感吴大澂于兹夜宿步韵赠诸吟友

自甘求学不求官，苦意文山韵路宽。

指点披榛谈笑地，大荒奥处刻诗盘。

附，吴大澂原玉：

此诗作于初九，亦为初十夜宿双阳苏瓦延时补录。吴自注：“伊通州地原隶吉林厅，今分设州治，辖境尚有四百余里。”吴大澂诗如下：

斗大州城新设官，花封分辖地犹宽。

弦歌风化初开日，冷落先生苜蓿盘。

题西尖山（用耐寂轩主韵）

东方魔塔巍然立，六角柱天夸峻嵘。

借得脊梁堪效国，寒风凛冽自支撑。

步赵朴初先生韵再咏松花砚

通达化春新决策，大安冬试老坑寒。
朱申偏爱鸭头绿，艺海扬帆卷墨澜。

附，赵朴初先生诗一首《题松花石砚》：

色欺洮石风漪绿，神夺松花江水寒。
重见云天供割踏，会看墨海壮波澜。

步启功先生韵再咏松花砚

一

出自洪荒向远飞，得闻海内变希微。
乘槎博望临津渡，转世还支织女机。

二

浑江清澈水长流，红叶疯时墨染秋。
一驻案头功不废，满池故事白山收。

附，启功先生诗《观松花石砚奉题二首》：

一

良工手挹片云飞，远傍云河下翠微。
不待星槎随博望，眼前今见石支机。

二

一片贞珉翠欲流，阏门闲气自千秋。
案头即是燕然碣，鸿业奇勋笔下收。

题嘎呀河步吴大澂原玉

皇华僻壤自成仙，清乐乡中识旧椽。
辛卯本应为已卯，双鱼饷客记当年。

【题解】

嘎呀河由汪清南流入图们境与布尔哈通河汇合后，入图们江。光绪十二年即庚辰年（1886年）二月二十九日下午，吴大澂行至五人班关清德家小憩。此为吴己卯年（1879年，非辛卯年）所构小屋，手书“清乐乡”三字额犹在。关清德钓得细鳞鱼二尾饷吴，吴作下面七绝以谢之。因是边行边记，不计工拙，“来”字重复，且误己卯为辛卯，毫不足怪。能把这些事记下，就已经是不朽之笔！恰如吴大澂外孙张厚琬先生在《皇华纪程》跋中所言：“东陲文献缺如。公此行所至，赋诗题名，他日皆可为此邦掌故。爰付印行，以广流传，并备言边事者之一助。”所言甚是！张厚琬先生此举，亦功德无量耶！

附，吴大澂原玉：

羡君身似地行仙，五老来游此数椽。
钓取双鱼来饷客，寿如孤鹤不知年。

恭步段成桂先生韵贺集安创建中国书法之乡

豆谷江花韵，丸都草木情。
以书堪证史，故国毓春荣。

2011年8月13日

附，段成桂先生《集安创建中国书法之乡》：

云里青山韵，江边绿水情。
风花多古意，草木一天荣。

图们古遗址杂咏三十韵选十首

一、岐新六队原始遗址

石器砂陶覆大东，光新金谷类相同。
四千五百年前事，恍在小房遗址中。

五、松林遗址

雪掩松林筑翠微，石矛带孔透霞晖。
临流欲问书上事，敬老院中春燕飞。

七、河北原始遗址

褐色夹砂陶质粗，口沿器底与盆符。
世居沃沮两千载，可补云笺一笔无？

九、曲水菜队遗址

锛矛石斧土中埋，未晓谁家未挂牌。
红瓦黑陶兼铁輨，难将渤海往前排。

十、下嘎遗址

布尔嘎呀流野垓，依山曲水绕高台。
墓中信息壶中解，岁月斑斓莫乱猜。

十一、东京村遗址

古今同址选房身，多少秋冬复夏春。
信是高坡风水好，左邻右舍一家人。

十二、杰满二队遗址

磨棒如船鲜有闻，石盘仿佛述殷勤。
运斤所向荆榛倒，兴废声中说粉纭。

十八、水口遗址

月晴水口照乡郊，指压瓦纹留末梢。
许是檐头遮不住，溪声树影共推敲。

二十九、龙虎刻石原址

邵钟师簋两神兼①，龙虎双勾涵凛严。
立地撑天魂不朽，大荒浩气始东渐。

【注释】

①邵钟师簋，吴大澂书“龙虎”二字，均临钟鼎文。“龙”字临“邵钟”，“虎”字临“师酉簋”。

三十、图们访古沉思

追昔抚今望不咸，意犹未尽帖难缄。
邀君共作图们颂，何日高扬出海帆？

2011年3月4日

通化县古遗址杂咏三十韵

一、江口遗址

两江汇合此川中，遗址位于村舍东。
斧镞镐刀皆石制，陶纹刻法不相同。

二、于家沟遗址

天外飞来岗似龙，三川汇得沸流淙。
打磨石器北坡伙，灰白红陶遗旧容。

三、龙岗遗址

巨龙腾达自浑江，一展雄风不可降。
石斧磨成偏厚重，青铜时代叹无双。

四、江沿前岗遗址

高力墓河南下时，前岗遗址考非迟。
未经扰动原层位，战国春秋仍可知。

五、小龙头山遗址

紫气东来下翠微，龙抬头处起霞辉。
欲知石剑何人舞，墓葬西江难厚非。

六、沿江遗址

为何不见亚腰锄，石坠无踪争网鱼？
喇叭状形圈足豆，左邻右舍已知书。

七、土珠子遗址

遗址得名缘土珠，石矛足可荡平芜。
亚腰锄镐伴陶片，有岭并称大小都。

八、光华十队遗址

遗址傍河称哈泥，磨光短剑入诗题。
刀耕火种曾经事，第一垄开凭石犁。

九、东台子遗址

残陶密集数东台，泥质夹砂依次来。
都岭河边追一梦，玄菟故事不须猜。

十、金珠遗址

靴形石镐步难追，孤刃直身徒往回。
未见残陶缘底事，常居邻有大村陪。

十一、西岗遗址

西岗初到动吟身，饱览青铜石器珍。
心共蝲蛄河水唱，莫疑汉韵瘦嶙峋。

十二、小都岭石范遗址

斧镜铜矛范早闻，阴阳合一未离分。
风云从未遵规矩，变化无常难运斤。

十三、任家街窖藏遗址

建炎通宝溯开元，铜币六千藏一墩。
铁脚镣坚凭锻造，辽金年代定无论。

十四、富江遗址

碱厂北头依翠峦，新开校舍建东端。
铜钱百五十斤重，汉宋辽金共聚攒。

十五、下排遗址

马镫镰矛锈迹斑，谁持铁剑出雄关？
下排可是布长阵，器竟金源未等闲。

十六、白石砬子遗址

因石得名闻大川，铁锅六耳宋时钱。
辽金马镫白瓷盖，可正衣冠铜镜前。

十七、河口窖藏遗址

万贯铜钱出一朝，崇宁通宝宋元雕。
铁箭镞中藏信息，举阵雄兵已渡辽。

十八、建设山城遗址

砬子沟门处远郊，城墙石筑绕山坳。
双重关隘各相顾，安问谁家喜寇抄？

十九、石湖关隘遗址

大罗圈谷锁惊涛，关隘犹遗马面高。
故国开来缘北道，而今一任隐蓬蒿。

二十、英戈布后山遗址

四平河汇蝲蛄河，小倒木沟阶地坡。
堆积两层文信溯，狼鱼化石晚侏罗。

二十一、英戈布窑上遗址

两河经此汇如丫，北部土多风化砂。
古墓于兹似言语，数千年外已安家。

二十二、金斗后山遗址

磨得斧身通体光，正锋斜刃利非常。
蝲蛄河水源流远，石扣留来认故乡。

二十三、黎明北山遗址

靰鞡草沟云障横，烽台望堠驻黎明。
恍闻赤柏松城鼓，恰在上殷台下鸣。

二十四、小南沟遗址

障堑修成半月形，墙围烽堠塞连星。
摄来炕灶烟缥缈，房址门前应细听。

二十五、黎明南山遗址

南山障堠气峻嶒，越上平台望碧澄。
沟堑尚存须考究，可藏戍卒结缰绳？

二十六、黎明东山遗址

东山烽堠近云头，网坠石锥常得求。
一件碎陶凭可问，上殷台里冷飕飕？

二十七、英戈布障塞遗址

山头岗岭入云岑，筑起烽台望古今。
列燧辽东遗迹在，拙斋岂是作狂吟。

二十八、砬缝石棚墓遗址

砬缝英戈布稍南，石棚消息未曾谙。
凄风咽草悲如此，拙笔沉吟何以堪！

二十九、西江原始社会墓地遗址

石刀石斧露初渐，愈显惊奇人骨瞻。
可信鱼龙沟畔地，先民足迹印深钤。

三十、二密台遗址

额尔敏河收远帆，柳边次第近苍岩。
残瓷碎瓦经望祀，未废涛声祭不咸。

2011年7月7日夜至8日凌晨

和丸都月儿重九登山记事①

尉那岩城详测来，初惊石子垒崔嵬。
残墙能证千秋史，斩棘披榛束马回。

【注释】

①丸都月儿，集安诗友李容艳之网名。

依韵谢于德水先生惠大作

一

八年考古历艰辛，未敢蹉跎闲此身。
吾道不孤谢诗友，采风撷韵作边巡。

二

忧责盈肩何敢辞，幸由同道共担之。
他年许有动情者，诵出今宵证史诗。

次韵谢李清林先生惠大作

一

霸王朝里雪纷飞，转向罗通载韵归。
考罢山城须进酒，以诗证史赖文辉。

二

骆驼砬子证前贤，一览群峰林海绵。
国北新城余考定，开元通宝五铢钱。

出河店辽金古战场（次张岳琦先生韵）

辽金命运于兹改，万里龙沙骤易旌。
以少胜多缘底事，并非天上降神兵。

题松花江干流

滔滔东去松江水，清浊混同追驿长。
南北汇流排浩荡，漫书沃野自成章。

通榆古遗址杂咏三十韵选十首

一、乌兰塔拉遗址①

西引清渠直向东，秋临甸子草原红。
五千年后惊回首，锅灶尚留房址中。

【注释】

①乌兰，蒙古语红色之意；塔拉，蒙古语草甸子之意。

二、腰哈拉毛头遗址①

褐陶手制质疏松，石片稍长双脊重。
黑树林中同走过，相从百代不相逢。

【注释】

①哈拉毛头，蒙古语黑树林之意。

六、兴隆渔场遗址

刀耕火种亦捞鱼，完整当珍鹤嘴锄。
燧石采来浑不怕，始皇未用此焚书。

九、三合屯西坨子遗址

哈拉干河故道埋[①]，沙坑遍野倚云排。
铁锅六耳无人问，听得天音轮我侪。

【注释】

①哈拉干河，蒙古语，意为黑色的护卫河。该地出土六耳铁锅。

十、新发堡东岗遗址

紧闭墓门风剥开，谁人绸缎葬荒垓。
大辽过后大金起，打铁叮当诉旧哀。

十一、聚宝山后屯西南岗遗址

沙坑疑墓锁风尘，碎骨仅凭难显身。
沼泽围岗熬岁月，饱经雨雪是何人？

十九、三道岗子遗址[①]

沟底多存素面陶，因余人骨祭松醪。
五千岁也不嫌老，自信永青挥石刀。

【注释】

①城郊永青村三道岗子遗址出土与敖包山相同的细石器及相近的陶片，且见人骨碎块、带孔蚌饰、石刀残件等。

二十二、勿合营子遗址[①]

沟壑平台俱向阳，只身四顾莽苍苍。

谁家灶址千秋在，开泰群羊兆吉祥。

【注释】

①匆合，蒙古语雄性种羊之意。

二十四、东学堂后岗遗址

学堂屯北树零星，石核多为三角形。
未老诗声传院外，今人纪咏后人听。

二十七、东憨头郎西北坨子遗址[①]

遗址珍存古石针，尖头孔尾恁难寻。
五千年著文明史，缝出长襟仔细吟。

2013年8月23日

【注释】

①该遗址位于八面乡阳光村东憨头郎屯西北五百米沙岗西侧。石针头尖孔圆，两侧光滑，做工精细，别具一格。

谢温瑞题拙斋抚鳇图二首

一

快门咔嚓手轻掀，厚爱有加忠诺言。
百世奇缘应自信，辽时捺钵已开源。

二

依依不舍每回眸，唯恐神灵误巧缪。
证罢长春州里事，江中畅返总根由。

东丰古遗址纪咏三十韵

一、幸福院东山遗址

遗址漫岗占院东，考知横耳属青铜。
率开四郡理疆野，汉武挥鞭挽劲弓。

二、小龙头山遗址

逶迤山脉似飞龙，铁䦆陶壶承汉宗。
到此采风开底蕴，邀来吟旅咏东丰。

三、红星遗址

红星闪处耀南窗，酱釉含光属大缸。
遍地布纹瓦灰色，辽金时代亦乡邦。

四、黄泥河遗址

村外高台凸起时，山前槽渡苦撑持。
缸胎瓮罐残瓷片，黄白釉均堪入诗。

五、苇塘沟遗址

水库永兴辞断矶，苇塘沟里梦依稀。
连声石臼捣星夜，疑似辽金煮熟衣。

六、龙头山遗址

石刀石斧共石锄，陶罐陶壶陶鼎如。
手制夹砂皆素面，青铜时代已知书。

七、德胜遗址

大阳难得复原壶，鼓腹罐残陶碗粗。
一口石棺人合葬，三千年未觉魂孤。

八、马蹄背遗址

嘚嘚驰来如马蹄，山峦起伏路时迷。
夹砂网坠今犹在，范蠡偏舟老话题。

九、大榆树遗址

榆树南沟去阵排，山岗次第逗平怀。
卷沿陶片勾心瓦，杰阁谁家曾作斋？

十、房框子遗址

老赵后山连远垓，姑娘坟上问谁哀。
小河南北自流去，鼓腹灰陶心莫猜。

十一．小西岗遗址

青灰陶片共飞轮，白釉泛光莲水滨。
想必当年繁盛地，曾经住过打鱼人。

十二、义新遗址

铁镰几把捆难分，石臼斜錾壁内纹。
三面环山心敞亮，釉缸米字匠挥斤。

十三、温家坡遗址

寒葱顶子大坡温，器带花边就地存。
难得当时原样在，屏风溢彩佑新村。

十四、西山坡遗址

黑陶器物颈遗残，戳印纹留尚可观。
石镐跟前存石铲，盈仓自古境平安。

十五、大架山遗址

第一规模大架山，当时汉代水云间。
缸壶豆碗夹砂制，铁器于今色殷殷。

十六、毛家沟遗址

六耳铁锅深且圆，三枚车辖本非坚。
窖藏人老知何去，耕地也能翻出钱。

十七、十大望遗址

黑褐石锄呈亚腰，罐壶豆柱不难挑。
人工修筑阶台在，秦汉访来谁觉遥？

十八、南台地遗址

三合南台到北郊，缸胎瓦片是谁抛？
灰陶泥质皆轮制，入夜拿来和梦敲。

十九、城址山遗址

大顶山峰鹰嘴高，春秋遗址隐蓬蒿。
台阶筑就宽平路，年代可知凭石陶。

二十、崔大望遗址

溪流向北入梅河，陶片酥松石打磨。
刻画细纹斜线老，万千岁月抗蹉跎。

二十一、双泉眼沟遗址

腰堡北沟泉映霞，谁遗碗底印青花。
开荒发现瓮棺墓，山谓兴隆近酒家。

二十二、西断梁山遗址

起至大阳过小阳，梅河东去逐流长。
砂陶石镞五千载，陪到云飞山断梁。

二十三、团林子遗址

坡前汩汩水流清，绿釉白衣兼色萌。
诗笔未随烟雨住，团林考罢亦生情。

二十四、西山帽遗址

小碗未残陶色青，饰纹有字印成丁。
富山福地宜居处，岁月如歌仔细听。

二十五、北福兴遗址

遗址今称北福兴，微高不具势崚嶒。
厚灰板瓦布纹密，居住此间砖可凭。

二十六、刘大坡遗址

山接丘陵坡姓刘，鹿乡美景画乡游。
实心柱豆包诗语，赋得华章一卷收。

二十七、长乐遗址

梅河日夜似鸣琴，沃野平川接远岑。
鼎足方圆撑奥壤，风来正可作长吟。

二十八、挂画地遗址

福胜东山百象涵，农民画似挂西南。
石镰石斧锋犹利，裁出新屏赏更酣。

二十九、迷魂沟遗址

金凤岭村疑惑添，迷魂沟里出霜奁。
可怜浊浪翻船后，才怪明堂规则潜。

三十、大肚川围场遗址

二十围场发不咸，远扬威武致书函。
当年狩猎图何觅，已入深山未纪岩。

2014年7月3日凌晨至中午

四平战役纪念馆留题

英城到此吊雄魂，遗物犹陈不忍扪。
故垒秋花芳沁远，鹃声依旧带啼痕。

吉林省诗词学会二届二次理事暨部分会员代表会上我提议对翟志国先生故去一周年致哀补记

不觉经年过一春，会开未及抖征尘。
席虚恍似谁迟到，传语同怀耐寂人。

2015年7月20日之事25日补诗

感谢为我考古调查当向导介绍情况的农民朋友

为了进一步考证扶余后期王城在辽源，2015年下半年我深入田野考古调查，将文献研究与文物遗迹调查结合起来，有劳几十位农民引路或介绍古城古道等情况，获益甚多，终生难忘，诗以纪之，略表谢忱。

一、磐石滚马岭田国臣

偶遇街边称国臣，皇家走马数家珍。
口传遗产活文化，幸有诗朋作证人。

二、桦甸一面城李强

古稀老者眼儿明，识得家山一面城。
应信云深无碍马，迎风指处见真情。

三、桦甸永安姜占海

岗高更觉北风寒，厮守古城期永安。
戳点纹陶辽构件，沧桑当此等闲看。

四、桦甸治安王士有

离家引路近黄昏，玉米秸横带火痕。
不怕时将天色晚，金沙河畔辨城门。

五、桦甸孤顶子常志国

登攀一路近天都，深信山孤人不孤。
话语权从脚下出，契丹故道本中无。

六、桦甸新屯子崔俊德

向导老农人姓崔，田边牵马即将回。
眼看天黑愁无计，城下频收瓦一堆。

七、桦甸小嘎河王宝鲁

山巅古垒近松花，敢坐农机不像车。
祖辈传歌薛仁贵，征东过此信无差。

八、蛟河漂河王衍田

乍识漂河王衍田，驱车一路到城边。
诚心劝我远冰雪，岁不饶人自可怜。

九、蛟河琵河申福生霍秀枢夫妇

隆冬季节访琵河，策杖归来感慨多。
终觉浅时缘纸上，聆听指教少偏颇。

十、东辽彩岚张洪礼

夏日连番到彩岚，古台铜镜出时谙。
后人应记韩迎广，复请美兮精白含。

十一、东辽萨哈岭李永福刘景禄

萨哈岭开从不咸，沙河水系记书函。
聆听老虎站前事，源自家山尉那岩。

十二、东辽狍子圈村孟祥福

流云天上变黄龙，太祖闻知已动容。
应信田间藏故事，方笺成竹早存胸。

十三、东辽段家沟张辉

辽源西抵段家沟，布瓦青砖不用搜。
商岭夜围缘底事，扶余府典史中留。

十四、东辽东腰岭子雷庆音

忽闻古堡响雷音，直向山巅树下寻。
依旧高台围一匝，我来举镜兴难禁。

十五、东丰城子村历茂满

小城子谓历家街，占草开荒第一鞋。
遗址我来新发现，沙河左岸立高阶。

江密峰考古调查四咏

一、石斧

官地遗留石斧多，形分板柱各磋磨。
马坟岗上暴风雨，直与古人狂对歌。

二、石刀

台阶三叠自洪荒，打出毛坯尺二长。
未及磨成待穿孔，而今传世亦流芳。

三、陶纺轮

逡巡遍野眼生蓝，初获半轮心不甘。
忽报新圆无破损，意随老井起烟岚。

四、鬲足

僻壤初来鬲足存，红陶一似带炉温。
西团山已成标志，誉满关东立此根。

2016年5月26日

鸭绿津头十六咏

一、策划统筹电视剧《四保临江》

出山直向海边行，着意缅怀先烈情。
万马千军今调遣，秀才布阵不知兵。

【题解】

1996年，白山市委责成我抓电视连续剧《四保临江》拍摄，但经费不足。我想，四保临江战役军事总指挥是萧劲光，萧劲光又是海军第一任司令，可到海军求援。便到北京中南海陈云家请于若木老给海军领导写信，我带信去海军汇报，承蒙援手玉成。拍成后在中央电视台1套节目黄金时段播出，获“飞天奖”。

二、策划统筹电视剧《陈云在临江》

妙计频生猫耳山，难忘雪夜动容颜。
惊呼松手不得了，一板拍完迎凯还。

【题解】

《四保临江》成功播出后，临江市委书记秦昌平又建议我继续拍一部《陈云在临江》电视连续剧。我请大连作家李藕堂先生创作《陈云在临江》剧本，先出书，后拍成电视剧，在中央电视台1套节目黄金时段播出，获“五个一”工程奖。对临江是守还是弃，当时两种意见相持不下，萧劲光请陈云连夜从临江去七道江拍板决策。陈云听完各种意见后说：“国民党军好比一头疯牛，我们坚守长白山、保临江就好比抓住了牛尾巴，这就了不得；如果松开牛尾巴，这头牛横冲直撞，就不得了。”

三、陪同葛振峰将军巡边建议修鸭绿江边国防公路得以采纳

当年有幸共巡边，筑路应排十策先。
此日通车公可敬，桥头纳履慰高贤。

【题解】

1997年4月16日，我在长白县向专程开展国防调研的葛振峰将军建议修长白—丹东边防公路，得以采纳，十年后全线通车，我考古调查时全程跑过三次，心情怡然。

四、出席“四保临江战役纪念馆”奠基仪式有记

领略西京鸭绿春，风云半纪市容新。
百零八响奠基礼，齐吊英灵醒世人。

【题解】

2005年4月3日上午，“四保临江战役纪念馆”奠基仪式在临江市举行，我和吴佩君受省委、省政府委派前往临江出席。我代表省委、省政府在仪式上讲话。此前，瞻仰烈士陵园，战士列队鸣枪一百零八响，象征“四保临江”战役之一百零八天，向烈士致敬，感而有记（临江为唐时渤海国之西京鸭绿府所在地）。

五、考察蔺相如青铜戈出土地

葫芦套里出铜戈，威远英名将相和。
岂道白山文脉浅，源开燕赵可知么？

【题解】

1988年，赵国蔺相如青铜戈在鸭绿江边长白县八道沟镇葫芦套村出土，乃国家一级文物。经著名考古学家林沄先生和方起东先生鉴定确认。

六、考证赵国阳安君是李跻

阳安君剑篆文嘉，考得李跻真不差。
鸭绿江边燕赵迹，从今未许乱云遮。

【题解】

1977年，集安阳岔高台子出土赵国阳安君青铜剑，此前《考古》杂志发两篇文章称赵国无阳安君的记载。我从《新唐书》中找到线索考证出，赵国阳安君名李跻，乃赵惠王时国相李兑之子、老子李耳五世孙、唐高祖李渊三十五世祖，此剑为国家一级文物。著名考古学家林沄先生说："考证出阳安君是李跻，这可以看作是张福有的一个发明吧，年代也差不多。"

七、发现鸭绿江边赵国祭坛群

鸭绿津头高筑坛，劝君莫作等闲观。
中华一统兵车到，征远将军犹整鞍。

【题解】

2004年，我们在长白县二十一道沟发现一个积坛群，经批准发掘了8号、11号两座，出土九件赵国青铜残剑及盖弓帽等器物，证明燕赵文化东进之史实，改写东北史，意义十分重大。

八、发现并考证鸭绿栅

鸭绿栅门通滴台，东征薛礼进军来。
临津幸有奇缘在，谜语千年不用猜。

【题解】

《旧唐书》载，公元668年，薛仁贵打下扶余城（吉林市龙潭山山城）并海略地后，与李勣会军于鸭绿栅。经我考证，鸭绿栅在滴台对面的慈城江口，石砌，残长六百米，2006年露出水面，得以拍照。

九、发现并考证良民古城

两千墓葬现惊奇，一镜收来举世知。
平壤城民碑上语，不才首解史中疑。

【题解】

2006年4月至5月初，我在故乡良民库区一举发现二千七百五十三座古墓，新华社报道后举世震惊，由此坚证良民古城是国之东北大镇新城——公元247年之平壤城。“平壤”一词本义是山间平原，大野曰平，无块曰壤。

十、调查并考证平壤东黄城

老黑山前作苦寻，桦皮甸子郁森森。
绳纹瓦似西大墓，故国原王伤透心。

【题解】

临江六道沟镇桦皮甸子古城在良民平壤城之东，城中有绳纹瓦，年代与高句丽十五代王美川王陵西大墓相同，证明此城应为十六代王故国原王移居之平壤东黄城，到此为美川王尸体二次葬守陵。

十一、发现并考证三道沟汉代古城

汪洋鸭绿减中流，忽现古城三道沟。
石壁纵横痕迹在，汉家烟火此间留。

【题解】

2006年5月2日，我与孙仁杰、迟勇先生发现汉代三道沟古城，新华社报道后，闻名中外。

十二、发现并考定东川王陵

东川陵墓在柴原，蒿子沟藏祭祀幡。

鸭绿滔滔流不废，丸都经乱证残垣。

【题解】

十一代王东川王被毌丘俭和玄菟太守王颀追到肃慎南界，第二年回来见丸都城经乱，不可复都，筑平壤城。此平壤城即良民古城。东川王薨后，葬于良民平壤城与丸都城之间的蒿子沟（亦称柴子沟）。经国家文物局批准、吉林省文物考古研究所发掘，结论：蒿子沟1号墓是高句丽王陵。蒿子沟位于东川，墓葬形制与年代合东川王，墓主人非东川王莫属。

十三、发现并考证集安高句丽都城瞭望哨

鸟瞰丸都入碧霄，虽经三普自逍遥。

拙斋有幸先开眼，国内城头第一瞭。

【题解】

集安是高句丽第二都城，历四百二十五年之久。国内城与丸都山城西山极顶，有四个瞭望哨，虽经三次文物普查，亦未被发现。影友蔡克平提供线索，我与孙仁杰、迟勇、李容艳登顶考察，确认乃高句丽都城之瞭望哨，填补高句丽都城防御体系之空白。

十四、破译“豆谷”是通沟找到琉璃明王陵

豆谷通沟始探微，双声叠字未相违。

一张窗纸今捅破，二代王陵知莫非。

【题解】

《三国史记》记载，琉璃明王迁都到集安国内城之后，筑豆谷离宫，幸豆谷离宫时薨，葬于豆谷东原。根据《三国史记》“豆讷之谷”“杜讷之谷”“杜讷河原”之记载可知，豆谷是条河。集安城附近共有两条江

河：鸭绿江，又称鸭绿谷。另一大河是通沟河，所以，豆谷只能是通沟。集安设县前叫通沟甸子、通沟巡检，现仍有通沟村和通沟街道办事处。豆谷东原，就是通沟河东岸的台地。据此，终于找到被漏测的禹山墓区0000号墓，应是琉璃明王陵。该墓有纯金陪葬品，有绳纹瓦和熔石。吉林省文物考古研究所在《高句丽王城王陵及贵族墓葬》一书中指出，该墓是集安最早形态的高句丽王陵。琉璃明王是迁都到集安的第一个王，只能是他的陵。

十五、在集安“五盔坟”首先找到瓦考证出王陵区

莫道五盔坟瓦无，绳纹青辊问何孤。

千年举世谁先找，故国川中一老夫。

【题解】

集安五盔坟向被称为贵族墓葬区。2004年以来十多年间，我与孙仁杰、迟勇反复调查，终于首先在集安五盔坟大型封土墓找到瓦，证明这一带是王陵区。这一带不是盖苏文家族墓地。盖苏文之子泉男生、泉男产，泉男生之子泉献诚，泉献诚之孙泉毖之墓，由我于2005年两下河南洛阳一一找到，已得国家文物局认可，拨款勘测。

十六、识读集安麻线高句丽碑“丁卯歳刊石”

丁卯歳刊碑石珍，欲知当此祭何神。

原非好太王时立，烟户头应是旧民。

【题解】

2012年7月29日，集安麻线村农民马绍彬发现一通石碑，原研究者认为此碑是好太王所立。我组织重新捶拓、拍照并将资料同时提供给林沄、徐建新、魏存成、孙仁杰先生共同研究、合力攻关，基本通识碑文。碑文中“丁卯歳刊石”五字由我率先认出，可知此碑由好太王之子长寿王立于公元427年，比公元414年长寿王立的好太王碑晚十三年，并非好太王时所

立。碑文中出现“国罡上太王”“号平安”“太王神武”等好太王谥号的内容，也证明此碑不是好太王所立。谥号是死后由别人封的。麻线碑碑文最后八个字“看其碑文，与其罪过”，是指看好太王碑碑文最后十一个字“卖者刑之，买人制令守墓之”。如果麻线碑立在好太王碑之前，太王碑还未立，则无法去“看其碑文”。2014年，吉林省文物局大力支持我的新结论，联系文物出版社赞助出版我编著的《集安麻线高句丽碑》这一重要专著，所得新结论，在国内外引起热烈反响。（本文古碑上文字因涉及考证过程与结果，所以沿用繁体字。）

岫岩玉璧

藏在深山亿万年，一朝入世向谁边?
未逢和氏应无憾，巧遇拙斋真有缘。

2016年8月1日于冰峪沟景区宾馆接待中心201房间

【题解】

吉林省政府文史馆员集中调研休假期间，我发现摊床出售岫岩玉璧，虎纹斑斑，虎头昂然，爱不释手，解囊购得，感而有记。

讷殷古城

紧慢江流汇讷殷，英雄到此演缤纷。
浪花不废难淘尽，始信东陲有奥文。

2016年8月28日

【题解】

英雄，取杨慎《临江仙》：“滚滚长江东逝水。浪花淘尽英雄。”

另，杨慎还有“朱颜白头，瑶台古丘，英雄到此须回头”之句。清代诗人王图炳有诗句：“君听浊浪金焦外，淘尽英雄是此声。”清末长白府张凤台《咏江排》：“但愿英雄淘不尽，沉吟且听晚钟撞。”

曾巩：“缤纷多士至，肃穆万瑞安。”《全唐文》《旧唐书》：“若夫先王秘传，列代奥文，自古之粹籍灵符，绝域之神经怪牒，尽载于此二书矣。”

吴大澂过欢喜岭二首（步韵）

一

冷雨敲窗连暮朝，天宫二号入云骄。
采风欢喜岭前过，遍数松江十六桥。

二

茶棚忽作朗吟台，始信鸡林文笔回。
再过百年谁撷韵，先从平水一东来。

【题解】

吴大澂在《皇华纪程》中记道：十二日，五更起，宋渤生太守来晤。行二十五里至搜登站，又二十里至大绥河，尖。又行二十里至老爷岭，又十五里过欢喜岭。富森堂、德远庵、文焕卿、曲鹤亭、刘怡宽、凤集庭、申少彝均来迎候。又行五里至西门外万寿宫。希赞臣将军、恩雨三都护同请圣安。未刻，进城住北门内永升店。将军、都护先后来晤，见客至薄暮而毕，不及出门矣。是日，途中得二绝句：

征尘屈指到花朝，芳草无情马不骄。
犹忆细鳞河畔路，海棠红掩绿杨桥。

壬午年四月由三岔口回至细鳞河，忽见桥边海棠一树盛开，属吴副将永敖善护之。

马前父老望春台，六七年中往复回。

一笑又登欢喜岭，只疑身入故乡来。

欢喜岭，在吉林市西郊。现在，吉林市内已有：丰满大桥，兰旗大桥，江城大桥，临江门大桥，吉林大桥，江湾大桥，高铁大桥，铁路大铁桥，雾凇大桥，龙潭大桥，清源大桥，松江大桥，哈达湾大桥，秀水大桥，高速大桥共计十五座。正在建的桥，还有一座。共十六桥。

吴大澂夜宿双岔河（步韵）

峰高拔地与云平，一似冲天马尾横。

经夜翻书知不寐，牤牛浊浪卧听声。

【题解】

马尾山，在茶棚东。牤牛河，在茶棚北。1886年二月十六日，吴大澂在吉林市北门内永升店五更起，为方晴庵大令题宋拓郭有道碑。辰刻启程，赞臣将军、雨三都护送至小东门外关帝庙，旋至机器局小憩，即在局门东三里团山子渡江。此处江心老冰尚坚，两岸沿凌水亦不甚深也。过江二十里至小茶棚，尖。渤生、集庭、少彝均来送行。又二十里至江蜜蜂。向来出省东行多在江蜜蜂住宿。今店已歇闭，无可宿之处，商旅之萧条，可见矣。又行四十里至双岔河，宿。途中得诗一绝句：

绕郭峰峦多不平，过江山势更纵横。

空潭云气随龙去，剩有流泉赴壑声。

闻芷帆出东门车轴碰损，行至机器局换车，稽侯饭后，始得渡江。候至夜深，韵松、文伯、锡安均无消息，不知今夕宿何所矣。

吴大澂伴行芷帆、韵松、文伯、锡安等人疑夜宿江密峰

踏雪驱车向大东，几多无奈亦英雄。
当年些许寻常事，都入朱申掌故中。

张应志《红楼梦人物百咏》序末赘语

人聚红楼演大荒，百家一卷满雕梁。
涕零几把辛酸泪，长白茫茫是故乡。

2016年11月23日

纪念杨靖宇将军殉国七十七周年

哀思无限向濛江，天许今春雪抵窗。
此刻问安知笑慰，后昆有力护家邦。

2017年2月23日长春养根斋

接力华微信借佳句成绝记事

又由古道启新程，何日方能罢远征。
补救东陲文阙事，还需策杖莽荒行。

2017年5月3日晨于C2012次动车上1车2F

【题解】

今晨到长春车站，为吉林省文物考古研究所到岗子遗址考古调查做向导。开车前以微信告诉蒋力华兄，力华当即在回复中发出：“又由古道启新程”，遂添足成句。

敦化岗子周围考古调查新收获四首

一、北山遗址

岗子悠然望北山，位佳形美急登攀。
夹砂陶片东头现，补白遗存未可删。

【题解】

2017年5月5日上午，发现岗子北山青铜遗址，采集15枚夹砂陶片。下午，发现西山青铜遗址，采集18枚夹砂陶片，1件完整石斧。5月7日上午，发现东山头青铜、渤海遗址，疑似小城，采集石锄（残）1件、石斧（残）1件、石刀（残）1件、夹砂陶片4件、铁刀1件、泥质灰陶片若干。城墙周长386米，城内高台360平方米。下午，发现东山头遗址2，泥质灰陶密集。2天梭巡47公里，发现4个遗址，其中1座古城，采集60余件器物，收获颇丰。

二、西山遗址

方向位于岗子西，春回此地待开犁。
登临有幸未空手，石斧夹砂陶片齐。

三、东山头古城

树壁森然夹岸高，沙河似带浪滔滔。
城墙陶片今犹在，采得石刀连铁刀。

四、东山头遗址

泥质灰陶著锦章，高台一上费思量。
东牟山即通沟岭，大祚荣曾走保忙。

2017年5月12日凌晨于集安香港城假日酒店907室

依邓树平先生韵再记牡丹江探源

树壁沙河岸，平常绝未双。
探源多苦事，趣在牡丹江。

附，邓树平原作《牡丹江探源感记》：

山深人迹渺，溪瘦出沟溏。
古称呼汗水，今谓牡丹江。

九台老年诗书画作品集出版志贺

泼墨挥毫情独钟，十年一剑砺从容。
诗真画美书风劲，直引边台跃九重。

为长白山与岗子遗址题照八首

一、天池鸟瞰图

大泽赫然池湛蓝，赤橙黄绿裹龙潭。
醒来方信原非梦，何事深深不可探。

二、锦江大峡谷

南北锦江凭我巡，廿年先报白山春。
凌虚得以观天下，撇捺分明大写人。

三、松花江巨龙

松江两道一条龙，越过大荒山万重。
泰岳巍峨兹发脉，夜深得悟在开封。

四、长白山机场

遥想当年贺首航，银鹰撷韵颂东荒。
腾空有幸识真面，拙笔凡心写吉祥。

五、小白山

打牲总管此间行，审视碑非定界清。
鸭绿图们分水岭，英雄淘尽是江声。

六、小天池

登临岂必越高岑，掩映周遭岳桦林。
无限清波装不满，山情远比此池深。

七、长白山天坑——王池

大荒奥处隐奇观，疑似天坑令胆寒。
忆及踏查曾拜访，王池下载等闲看。

八、岗子与长白山

岗子南望找不咸，类型鼓腹折沿掺。
挹娄靺羯白山部，大祚荣开渤海帆。

【题解】

2017年11月17日凌晨1时—3时下载图片，12时18分—14时40分，写于郑州至长春CZ3737航班上，35A。

欣和蒋力华先生七绝八首记最美乡村投票事

一

通沟岗子美乡村，完整褐红陶豆尊。
有幸于兹填空白，扶余文化属同根。

二

通沟岗子美乡村，肃慎石锄仍聚魂。
铁镞陶轮欣向我，同随日月纺朝暾。

三

通沟岗子美乡村，大祚荣开渤海门。
发现前山城尚在，都林谷阙证乾坤。

四

通沟岗子美乡村，船口犹遗古渡痕。
走保东牟称旧国，奥娄岂可任涛吞。

五

通沟岗子美乡村，树壁沙津迹尚存。
此地应居白山部，五铢铁镢铸雄浑。

六

通沟岗子美乡村，印记深深臼保温。
砬豁藏珍争面世，波涛汹涌不随奔。

七

通沟岗子美乡村，武圣门前共感恩。
接岸河灯争向远，天光万丈照晨昏。

八

通沟岗子美乡村，无数奇珍石穴囤。
辞旧迎新自元夜，礼花齐放向天喷。

2017年12月31日子夜于长春养根斋

步张岳琦先生记事

一

天风入夜寒，奏凯亦思还。
多少牵心事，未离长白山。

二

退休还上班，似忘乍新年。
欲问楼头月，为何今夜圆。

2018年1月2日（丁酉冬月十六）夜于敦化

附，张岳琦《假日偶感》：

一

岁尾彻天寒，寂居无往还。
拜年靠微信，屏幕看江山。

二

酉戌要交班，匆匆又一年。
频频闻喜讯，愈信梦能圆。

步蒋君力华韵记江密峰之行十首

一、应邀

三下龙潭双虎行，梨花一路笑相迎。
此间些许留遗憾，谁懂吴公玉敦情。

二、泼墨

龙潭山下共挥毫，排队求书雅趣高。
诗意人生长白典，江源鸭绿出葡萄。

三、开幕

三春连到安山上，岂许东来只赏花。
流派振兴诗阵火，张罗会外靠红霞。

四、赏花

光绪年间嫁接株，天然一幅贡园图。
驿程花雨迎风落，疑似诗家振臂呼。

五、拍照

谁家小女爱诗碑，欣遇趋前举镜随。
遗憾未知名与姓，不疑必有后人追。

六、主题

似锦驿程梨瓣铺，主题佳节未曾辜。
关东诗阵开山上，花雨何如韵雨酥。

七、美篇

奇花贡果惹无眠，并茂图文又一篇。
山以诗名自今起，众人积玉可擎天。

八、结集

三年蓄韵好诗多，流派汤汤汇永波。
双辙寻来承一脉，丸都凯捷续清歌。

九、寻脉

此行岂独作春游，三块石巅宜豁眸。
寻脉堪连长白笔，溪流不废景清幽。

十、登山

此聚吟旌八面来，诗笺长白倚云裁。
人为峰处疑天矮，百卷丛书编已开。

2018年5月4日夜于长春养根斋

恭步李文朝先生韵谢惠大作

幸得华章助养根，神州共咏毓诗魂。
长歌信入后人手，话语权留对阕门。

2018年5月31日

附，李文朝《七绝·贺〈张福有诗词选续辑〉出版》：

陶醉书斋静养根，关东诗阵聚骚魂。
江南塞北扬风雅，赞满山川贺满门。

2018年5月31日于北京

寒葱岭抗联密营留题

长白寒葱岭，洪荒热血人。

密营惊此现，警世贵藏珍。

2018年6月9日于寒葱岭

恭步张岳琦先生雅韵诚谢惠诗嘉勉

于诗于史韵关联，发轫还从故国川。

幸得钧陶增自信，山人献拙止讹传。

2018年6月19日夜于汉口天河机场东希尔顿欢朋酒店8603房间

附，张岳琦《贺〈张福有诗词选续辑〉出版》：

佳作集成珠璧联，写今写古写山川。

盈枝硕果生高树，喜得流芳四海传。

（写古，也指考古成就。写山川，尤指关于长白山的内容。高树，暗指作者的微信名：养根斋。）

悼念抗联老战士李敏同志

黑水白山南北征，枪林弹雨患忧情。

只缘抗日不亡国，东去松花唱永生。

2018年7月21日

步赵玉先生韵车上致刘郎

动车始发即闻香，为有荷花开一塘。
试问此行谁必见，大城市里识刘郎。

再步赵玉兄韵车上致披林撷秀

铁岭来风沁远香，亭亭雅韵自荷塘。
遥知撷秀多辛苦，接站牌高找沈郎。

三步赵玉兄韵再赠刘郎

荷花十里益清香，相伴莲池是苇塘。
自古往来多少客，当初未必有中郎。

2018年7月29日

沸水文光三十咏

一

燕赵匆行衍水东，避秦锐气出逃中。
相如戈共阳安剑，此地先经一路同。

二

燕汉长城跨峻峰，数来已过二千冬。
于今障塞谁人识，砖瓦无声树下逢。

三

佟水犹含富尔江，悬车束马护家邦。
刊山铭石毌丘俭，忧责至今谁在扛？

四

吟军领到茂山时，人有激情何缺诗？
摆在眼前光景异，俗关燕赵倩谁知。

五

赤柏松城接翠微，上殷台里透霞辉。
甚怀汉武玄菟郡，瓦印绳纹楛矢飞。

六

迈开双脚意何如，田野调查更误书。
九寺从来不是庙，草生官署理应锄。

七

春风走马过平芜，暴雨泼来添五铢。
经略一方恭汉武，茂山安问有何孤。

八

山起雾时诗可题，吟鞭指处韵声齐。

乡邦故事沸流水，听得堂前老友迷。

九

漫山桦木幼为柴，楛矢石砮头一牌。
孔子世家凭史笔，纪吟幸自养根斋。

十

拓疆守土忆秦开，始信先贤属将才。
不是长城砖瓦在，谁知燕赵此间来。

十一

逆战东川王事真，沸流水上考尤亲。
沧桑莫道容易改，证史以诗方法新。

十二

东陲有史岂无文，长白山南事已闻。
携手临池关护鉴，经中肃慎早挥斤。

十三

名山几度伴新元，脉络堪梳枝叶繁。
称谓不咸缘底事，确知大泽可清源。

十四

石出老坑风雪寒，年经八亿蓄波澜。
松花砚事档中记，发墨益毫夸大安。

十五

蛄水奔流绕茂山，悠扬远去入云间。
兴林多少抗联事，砥砺传承不可删。

2018年9月21日于长春至深圳飞机上

十六

秦汉长城地接燕，逶迤望处点相连。
谁人改写辽东史，当给树林留一篇。

十七

兴林再访路迢遥，抗日将军先渡辽。
铜印欣从田野出，原知青史伴青苗。

十八

后开诗教列前茅，到此采风通远郊。
佟水悠扬涛步韵，得来佳句免推敲。

十九

墓子村名原姓高，英雄自此出蓬蒿。
战鹰怒放冲天火，强敌袭来无处逃。

二十

未名尤数蝲蛄河，自古流传故事多。
列隧长垣皆可见，班师便是凯旋歌。

二十一

西江水稻正扬花，转眼金黄逼锦霞。
贡米仍为稀罕物，尝鲜最早入农家。

二十二

佟江九曲韵悠扬，障塞西来保一方。
万里衺延凭我考，如今此地是诗乡。

二十三

长白西来理至清，称南失误已分明。
坐标固定实难改，应告子孙安可更。

二十四

长城至此筑曾经，同考或为玄菟亭。
三道圆寰今尚在，一山红叶叹飘零。

二十五

家山老岭势崚嶒，抗日硝烟遍地升。
到此犹怀杨靖宇，精神尚在永传承。

二十六

重来故地值清秋，逆战当年水沸流。
豆谷辨明缘底事，诗中谁解我心忧。

二十七

凭新发现启枫林，石磬敲来上古音。
长白山门人早进，自持手斧劈荒岑。

二十八

每从龙首到龙潭，西徙近燕回彩岚。
向使扶余深考辨，此间光景或曾谙。

二十九

举县创城何畏严，金牌到手雅称添。
人民至上是根本，大茂山巅宜远瞻。

三十

卒本扶余尉那岩，阙如玉简与金函。
悠悠往事知多少，一笔收来归不咸。

2018年9月23日 于深圳

九台老年诗书画作品集出版志贺

泼墨挥毫情独钟，十年一剑砺从容。
诗真画美书风劲，直引边台跃九重。

丁酉秋贺于敦化田舍

“东京赶考”忝列监考监评感记之西湖金秋

斗转星移八百秋，大河依旧向东流。
清风已拭西湖镜，映照谁家铁面道。

2018年9月28日

丁酉秋贺于敦化田舍步张应志韵咏长白山与老白山航拍秋色图

携梦神游夜出关，收来一镜五花斑。
难分伯仲惊天下，长白山和老白山。

附，张应志《题中新网记者航拍长白山组图》：

在天入地不相关，玉带林中锦翠斑。
视觉中华说惊艳，从今莫唤大荒山。

【题解】

10月27日，中国新闻网发布《航拍吉林长白山林区金秋林海美如画》图片新闻，组图为老白山风景区茂密秋季森林林海，五彩山林风景。图片来源：视觉中国。入地，指长白山还有地下森林。

卷二　律诗

夜　读

横今纵古海云思，心悟更深展卷时。
随月囊萤堪作镜，逮光映雪可为师。
方塘半亩开清鉴，细柳满窗摇锦丝。
依旧瑶池梦如许，天明未觉日迟迟。

1984年3月15日于中央党校培训部

题保安卧佛

保安卧佛久神孤，敢问斯时有梦无？
香国上方抛锦字，福田彼岸读天书。
三摩月帐思王母，半偈云衣疑圣姑。
入定悟空休打坐，尘嚣摈却味真如。

1993年8月7日与刘克田发现并命名

【题解】

保安睡佛，位于蛟河保安村。1993年8月7日，我与沈阳市副市长刘克田去长白山途中发现并命名，新华社发稿，传遍海内外。被评为“1993中国十二奇”之一。强晓初先生题写“奇观”并和诗，文中俊先生、刘克田等亦和诗，蛟河市在王大本先生主持下，在公路旁修筑“瞻佛坛”，吉林省地图上增印此景点，成为著名旅游景观。

题天池并答友人

万里云天一鉴开，浑如仙子对妆台。
乘槎恍见寻舟客，起草犹逢洗砚才。
树拙花奇新大野，霞飞瀑落涤尘埃。
风光无限情无尽，不顾佳期几度来。

1993年8月8日第一次登长白山

贺长白山诗社成立十周年

霞飞秋圃傲霜枝，又是满山红叶时。
长白有池堪作砚，松花无浪不吟诗。
雕琼夜月十年趣，绣锦春风一练知。
莫道格高音律险，骋心纵笔任驱驰。

1993年9月19日于长春

题长白岳桦照

白山林海伴云排，唯尔凌高壮素怀。
衣锦红松输意象，衬霞紫椴逊诙俳。
顽躯不向风中倒，健足犹凭雪底埋。
无诱虚声方固本，寂心自许养根斋。

1994年10月15日

万良长白山人参市场

一自春风绿万良，嫣红姹紫秀参乡。
开通富路上新路，走出山场进市场。
奥壤原非生草芥，天翁岂可霸高堂。
齐心护我关东宝，敢使真英沁异芳。

1995年4月5日于长春

抚松仙人洞

一入奇门别洞天，寻幽览胜自飘然。
白山腹内三千界，碧水宫中五十弦。
得道真君心坦荡，含情仙子意缠绵。
劝谁迷境莫忘返，怕是人间已百年。

1995年4月6日于长春

母亲六十六岁生日感怀

声欢语笑喜盈门，遥敬萱堂酒一尊。
和善家风随夏暖，威严庭训带春温。
离乡上路怕回首，游子思娘难报恩。
至要真言心底记，老根留在小山村。

1995年12月2日

五上长白山

陪广西客人袁志祥看完长白山锦江大峡谷等景观后，试登天池，厚雪障路，车难前行。余与孙立民无惧雪没腰股，往返十公里，在青石峰下摄得冰封天池之壮观。

此作白山行，峰峤车自横。
依依松桦恋，脉脉雪花情。
峡谷千峰峭，天池一镜明。
五登方四月，路险淡云平。

1996年5月24日（农历四月初八）于抚松

咏好太王碑

绿水滔滔颂太王，石碑赫赫矗江阳。
繁荣故国广开土，雄险丸都高筑墙。
追汉超唐奇手笔，顶天立地大文章。
沧桑岂可任人改，不朽镌书万古藏。

1996年12月16日于白山

辑笺《长白山诗词选》欣得天华感怀

天华竟得一笺新，屡览翻疑梦岂真。
雪柳寒江云尚近，琼花玉树墨尤珍。

三山五岳知应妒，四水双池信更亲。
诗颂不咸吟不朽，而今我幸大荒人。

1998年3月20日于白山

辑笺《长白山诗词选》得诗友力助感怀

绿水滔滔诗几何，白山赫赫玉华多。
石砮楛矢古时贡①，宋韵唐风盛世歌。
类利开宗惊子建②，谪仙继绝慰东坡③。
披沙辨误不知苦④，心血和牙共砚磨。

1998年3月15日夜于白山

【注释】

①石砮楛矢，砮，石箭头；楛，木箭杆。长白山区肃慎国向周王朝进贡之物。《后汉书·东夷传》载："武王灭纣，肃慎来贡石砮楛矢。"

②类利，高句丽第二代王琉璃明王类利于公元前17年作《黄鸟歌》："翩翩黄鸟，雌雄相依。念我之独，谁其与归。"至今已二千零一十五年。子建，曹植，作《白马篇》和《矫志诗》长韵，中有"宿昔秉良弓，楛矢何参差"和"门机之间，楛矢不追"之句。

③谪仙，李白写有《高句丽》。东坡，苏轼写有《人参》。

④披沙，披沙拣金，喻细心挑选，去粗存精。

谢中华诗词学会并《中华诗词》与《诗刊》有序

戊寅仲秋，余辑笺之《长白山诗词选》出版发行。同时，主持召开第三次长白山文化研讨会。中华诗词学会、《中华诗词》、《诗刊》和广西、河南、黑龙江诸方家莅临志贺；吉林省政协张岳琦先生到会做重要讲话；省内学者同与会方家共襄盛举，即兴吟咏，不计工拙，以歌盛事云尔。

雅集邀椽笔，识荆秋露时。
诗书茶酒饭①，翰墨谷峰池。
句拙吟情重，心诚谢语迟。
大东长白远，难得众良师。

1998年9月10日于白山

【注释】

①茶酒饭，指在长白山文化研讨会期间，诸吟长齐邀愚抵京一叙，刘征先生曰："管茶"，周笃文先生曰："管酒"，梁东先生曰："管饭"，顿然乐乎。

五十初度

已卯初逢三月春①，抽芽苑柳绿黄匀。
扪心没有亏心事，放眼自无迷眼尘。
欣上白山成大卷②，畅吟碧水渡浑津。
从今果是知天命，不负良宵祝酒人③。

1999年4月22日（三月初七）于长春

【注释】

①己卯初逢，余生于庚寅年三月初七，已历辛卯、癸卯、乙卯、丁卯、己卯，虚盈五十，谓之五十初度。

②大卷，由余辑笺的《长白山诗词选》，收古今五百二十六位作者一千一百四十五首诗词。

③祝酒人，是日晚，赵长盛、戴大兴等兄设宴祝兴，殷殷厚意，感怀至深。

步韵奉谢金意庵先生为不才治名斋印并惠五律

诗书钦大雅，画印仰高堂。
雪柳琼魂绕，琼花雪意扬。
流长追汉魏，源远逐隋唐。
鲁殿存精萃，关东耀翰光。

1999年6月19日夜于长春养根斋

附，金意庵《赠张福有》：

每每思佳客，期登大雅堂。
白山神仰止，松水韵飞扬。
书法东西晋，诗宗中晚唐。
养根为固本，茂叶发华光。

1999年6月19日下午于吉林市

启功先生签名惠赠大作初读感赋[1]

赘语尽通言，浑成警世喧。
堂明题画册[2]，笔走颂婵媛[3]。
数米常倾箧[4]，知书喜负暄[5]。
家山因雪近[6]，共仰白云轩[7]。

1999年8月15日于白山

【注释】

①启功先生已有《启功韵语》《启功絮语》行世。近又出版《启功赘语》，亲手题名惠赠余，郑喆立即以挂号寄来，令余感奋不已，无言以谢。

②题画册，《启功赘语》中有《题中国历史博物馆藏历代法书影印册》。

③颂婵媛，《启功赘语》中有《题古代名媛故事图十三幅》。

④书中《夜中不寐，倾箧数钱有作》写道："一家数米担忧惯，此日摊钱却厌频。"秦永龙教授说启先生这种感受很深。

⑤负暄，书中有《题〈负暄琐话〉二首》，其中写道："苦果无回甘，负暄有实话。""每读负暄话，拍案不以手。"负暄，原指冬日晒太阳。

⑥家山，指长白山。启先生书中有"长白雪长白，皓洁迎新年"之句，读来甚觉亲近。

⑦白云轩，指白云峰。长白山中国一侧最高峰名白云峰，海拔2691米，在白山市境内。

复韩晟昊先生信赞语

秋到大荒花未凋，依稀梦里路迢迢。
滔滔绿水语难尽，赫赫白山魂岂销。
屈指边城风半纪，回眸故国酒三浇。
聊凭尺牍送音讯，当信家乡去不遥。

1999年9月23日于白山

与刘克田登丸都山城感怀[①]

束马悬车地[②]，同游己卯秋。
临流山夹岸，点将客登丘[③]。
首作丸都辨[④]，频吟靓岘谋[⑤]。
黄昏难障眼，胜境夕阳收。

1999年10月3日傍晚于集安

【注释】

①丸都山城，乃高句丽都城国内城之守备城，亦称尉那岩城，距今集安城西北2.5公里，建于公元3年。公元209年，高句丽山上王移都山城，历35年。公元342年，故国原王又移都山城。此为全国重点文物保护单位。

②束马悬车，亦作悬车束马、束马县车、县车束马。系紧马套，拴牢车子，以防马脱缰、车倾覆。形容山路险峻难行。三国魏正始五年（244年），毋丘俭征高句丽，束马悬车，破丸都山城。

③点将，丸都山城内有一高丘，谓“点将台”。

④丸都辨，《全唐诗》刊李世民《辽城望月》诗，将“驻跸俯丸都，停观妖氛灭”，印作“驻跸俯九都”；《全隋诗》中将隋炀帝《纪辽东》

词中“清歌凯捷丸都水，归宴洛阳宫”，印作“清歌凯捷九都水”，乃误。余在辑笺《长白山诗词选》时将其改作丸都，并撰文《“九都”“丸都”辨》刊发于1998年3月5日《光明日报》。《新华文摘》1998年第5期全文转载。

⑤靓岘，今集安小板岔岭西北天沟一带。毌丘俭征高句丽，“追至靓岘，悬车束马，登丸都山，屠其所部。”（《北史·高句丽传》）王国维先生曾有考证。毌丘俭在此停车驻马，安营扎寨，查明路线，选派将士乘夜翻山越岭，攀上城墙，袭击丸都。

鸭绿江入海口抒怀二首
（步金毓黻先生《登镇江山观樱》原韵）

一

江阳初起雾空濛，海上吹来鼓浪风。
云淡水清深鸭绿，桥端岸曲老花红。
汤汤推破石屏阻，淼淼启开沟谷蒙。
一指西南天际近，根源发自大荒东。

二

初抵边城月色濛，花山一路染秋风。
鸭江去海连云碧，虎岭凌空泣血红。
到此犹诚尊史哲，至今不敢比阿蒙。
驱车千里如陈愿，小夜论诗起大东。

1999年10月5日夜于沈阳刘克田君府上

附，1925年4月25日，金毓黻先生在安东作《登镇江山观樱》二首：

一

近江烟雨正空濛，夹道新杨趁晓风。
浓雾漫身疑溅白，繁樱满眼欲飘红。
主人可拟云中鹤，客子依然吴下蒙。
昔恨开迟今恰好，看花重得到安东。

二

春云袅袅雨濛濛，一路轻寒又细风。
龙背水温犹漾碧，鸭江花老尚留红。
清宵暂下高人榻，妙论难开曲士蒙。
惟觉坡公词句好，听君高唱大江东。

金意庵艺术馆开馆志喜

关东翰府新，阔殿独藏珍。
文苑升堂喜，艺门临室遵。
从今长白雅，到此大荒春。
画印诗书绝，公推第一人。

1999年11月16日于白山

告别白山四首（步唐薛逢韵）

一、步《开元后乐》韵

雪夜临行理旧章，书声墨语动诗肠。
不曾尸位情尤重，竟得天华梦亦香。
岐路虚名空远近，大荒足迹遍阴阳。
浮生未许清闲志，自信春来草又芳。

2000年1月18日夜于白山

附，薛逢《开元后乐》：

莫奏开元旧乐章，乐中歌曲断人肠。
邠王玉笛三更咽，虢国金车十里香。
一自犬戎生蓟北，便从征战老汾阳。
中原骏马搜求尽，沙苑年来草又芳。

二、步《上吏部崔相公》韵

双池四水起浑澜，峡谷长川酝急湍。
笔拙情真催石破，文荒憾甚蛰林蟠。
自嘲不尽歌功酒，窃笑空弹庆贺冠。
倒是诗笺堪祭祖，平心可慰有何难。

2000年1月19日

附，薛逢《上吏部崔相公》：

龙门曾共战惊澜，雷电浮云出浚湍。
紫府有名同羽化，碧霄无伴却泥蟠。

公车未结王生袜，客路虚弹贡禹冠。
今日垆锤任真宰，暂回风水不应难。

三、步《悼古》韵

今人不学古人愁，滑雪乘风越玉丘。
得意曾经邀树舞，销魂最数伴云流。
诗书未觉朝还暮，草木当知春复秋。
忙里偷闲能几度，大荒山下梦乡游。

2000年1月20日

附，薛逢《悼古》：

细推今古事堪愁，贵贱同归土一丘。
汉武玉堂人岂在，石家金谷水空流。
光阴自旦还将暮，草木从春又到秋。
闲事与时俱不了，且将身暂醉乡游。

四、步《潼关驿亭》韵

江上冰封暖日开，能遮多少事堪哀。
山人长白爱山雪，石客疑红赏石苔。
禄禄安知需有分，官官谁惧处非才。
而今邀会同吟者，问月指星论史来。

2000年1月20日

附，薛逢《潼关驿亭》：

河上关门日日开，古今名利旋堪哀。
终军壮节埋黄土，杨震丰碑翳绿苔。

寸禄应知霑有分，一官常惧处非才。
犹惊往岁同袍者，尚逐江东计吏来。

书稿送印即咏

四简杀青心慰之[①]，独醒岂肯歠其醨[②]。
自甘淡泊咬文老，不悔边荒啮雪疲[③]。
掩卷依稀思往事，开机婉转打新诗。
遥知长白无人处，照旧杜鹃红未迟[④]。

2000年3月31日于长春养根斋

【注释】

①四简，指一起送印的《长白山诗词论说》《长白山诗词史话》《张福有诗词选》《江花边草》四本书。

②歠（chuò）其醨（lí），歠，饮。醨，薄酒。《楚辞·渔父》中有："屈原曰：'世人皆浊我独清，众人皆醉我独醒，是以见放。'渔父曰：'圣人不凝滞于物，而能与世推移。世人皆浊，何不淈（gǔ，搅动）其泥而扬其波？众人皆醉，何不餔（bū，吃）其糟而歠其醨？何故深思高举，自令放为？'屈原曰：'吾闻之，新沐者必弹冠，新浴者必振衣。安能以身之察察，受物之汶汶者乎？宁赴湘流，葬于江鱼腹中，安能以皓皓之白，蒙世俗之尘埃乎？'"

③啮（niè）雪，嚼雪。《汉书·苏武传》："单于逾益欲降之，乃幽武，置大窖中，绝不饮食。天雨雪，武卧啮雪，与旃毛并咽之。"后因以喻不屈不挠。诗中指在白山工作期间，从长白山西坡冬上天池，前无古人，摄得绝妙奇观，雪夜迷路，危在旦夕；精疲力尽，吃雪而返。

④杜鹃，指长白山上之高山杜鹃，恰值本书编就之时，《吉林画报》贾惠卿、李守芳索余拍摄之高山杜鹃照，用作第2期封底，并以"春到长白"名之。

二十一世纪第一缕曙光照耀珲春森林山感赋

明霞出海东，紫气共长风。
万里无双碧，千年第一红。
龙腾惊世界，蛇舞振寰中。
强国富民路，敢论谁与同。

2001年1月1日凌晨于吉林日报社

张笑天先生《往事钩沉》读后

往事钩沉入目新，生来便是笑天人。
雁鸣湖畔白山曲，鹰搏岭头松水春。
温不增华升境界，寒何改叶减精神。
千言百卷凭荣辱，昨夜醒时一梦真。

2001年4月12日夜于养根斋

和李枝葱咏好太王碑帖诗

碑没边荒近始知，通沟巡检遇其时①。
曾嗟欧赵先封卷②，也叹孙黄未补遗③。
焚后失文伤健体④，灰前存意见真姿⑤。
精良拓本印工差⑥，满纸花斑可问谁？

2001年7月31日于长春养根斋

【注释】

①通沟巡检，光绪三年（1877年），怀仁（今桓仁）设治，通沟（今集安）设巡检，第一任巡检为王彦庄。好太王碑被怀仁设治委员章樾的书启关月山发现。同年，王志修到通沟，考察了好太王碑，并以长诗《高句丽永乐太王古碑歌试院示诸生》记之。关于好太王碑的发现时间，曾有同治末年、光绪元年、光绪六年、光绪初年四说。耿铁华教授经考证认为应是光绪三年（1877年）。余在辑笺《长白山诗词选》时，选入王志修的诗，并以诗中“我皇驭宇之三载，衽席黎首开边疆。奇文自有鬼神护，逢时不敢名山藏。伐林架木拓碑出，得者宝之同琳琅”为根据，证好太王碑确于光绪三年被发现。

②欧赵，指宋代金石家欧阳修与赵明诚。

③孙黄，指清代金石家孙诒让和黄宗羲。

④焚后，好太王碑发现之初，漫布苔藓，加之碑面不平，难以捶拓。约在光绪三至九年（1877年—1883年），当地拓碑人初天富奉知县之命，用牛粪涂抹碑面，干后烧烤除苔，致使石碑第三面右下角表皮崩落一块，损失部分碑文。

⑤灰前，方起东先生指出，1904年前后，拓碑人开始用泥土和石灰填补字迹周围凸凹不平的碑面，不断勾填描画缺笔的文字。由于水平有限，有意无意将一些字迹的笔画勾补错了。这种情形一直持续到1939年。此前六十年间是好太王碑拓本制作的高潮时期，流行于世的拓本几乎都出自这一阶段。只有抹灰以前的拓本，才能真实地反映原碑文字。

⑥精良拓本，指吉林文史出版社1999年6月出版的《好太王碑》，用的是北京大学图书馆收藏的五种“灰前本”中最精良的“馆藏C本”，可惜印制质量太差，模糊不清，实在是一大憾事。

附，李枝葱《谢张福有赠好太王碑帖》：

太王碑好忆初知，西苑华灯烂漫时。

句丽史传追古石，丸都考辨见桑榆。

赏珍惠我灰前本，品墨欣君法后姿。

新释十言功莫大，剩将逸字问其谁？

2001年2月 1 日于兰州雕朽斋

第五十五次、五十六次登长白山纪咏①

万顷花园次第收，西坡南麓影重留。
奇葩三寸与天接，绝色一方无地求。
石上条纹闲浪漫，山中草木自风流。
凌虚直觉碧空阔，望断烟霞谁唱酬？

2001年8月5日于长春养根斋

【注释】

①2001年7月7日，吉林省人民政府在长白山举办长白山花卉节，余应邀前往。7日从西坡抚松松江河去高山花园并上天池；8日凌晨从南坡长白横山上天池并去望天鹅火山景区，摄得佳作多多，被《中国摄影家》杂志刊发。

丸都之李

盈盈青木子，脉脉结丸都。
梦觉长安远，心知故国虞。
味甘思苦县，花白秀玄菟。
妆淡无言语，蹊弯指坦途。

太白山之菟

本是高山客，壤平难作都。
未知春后冷，安解雪中虞。
词喜淡黄柳，名惭太白菟。
劳劳浑不顾，苦苦觅通途。

访 霸 王 朝

聊发悠情作此狂，残墙老宅树中藏。
三枚陶片千年史，一座山城几霸王。
泉井泛波传故事，霜枫含韵说秋阳。
成排巨石阵容改，不尽浑江逸带长。

2001年10月3日于集安

游 五 女 山

久慕辽东五女山，而今直上月牙关。
朱蒙定鼎奠基业，类利迁都开圣颜。
不朽华章留国内，长存铁笔纪花间。
雨中未见佳人影，信是情真去复还。

2001年10月 4 日于桓仁

唐鸿胪井刻石研究的两点质疑赘语

掘井崔忻镂石横，辽东志里误称名。
立人侍节无依据，提手持清岂可更。
靺鞨当初云靺羯，鸿胪自古颂儒卿。
后来史笔须笺辨，学问贵乎疑定评。

2001年10月25日初稿，30日改定于长春

图们江北源感怀

布库里东寻界桩，弱流红土指南疆。
碑无华夏金汤固，地失河山带砺长。
石影依稀存志略，江源错落入书详。
前贤数典开怀处，我辈登临心底茫。

2002年5月18日于长白山

刘自力先生惠赠芝里老人诗书学步感呈并序

刘建封诗云："超然台上超然客，多少诗豪多少诗。人家十万自今古，世界三千付噫嘻。苏子风流安在也，刘郎漂泊有归时。琅琊南望碑存否，劝进当年笑李斯。"诗后有跋曰："壬申春三月，晨起无事，命童子煮芝酒一壶，烤柳杂鱼数尾，微醉。研吾家槎河山庄墨，试芝城新出汉大吉昌专砚，录旧句。芝里老人。"

阏门自古登临客，几个能吟怒马诗？
志略江岗间岛辨，文征穆石土人嘻。
丰碑半纪依山起，热血一生融雪时。
椽笔恭悬犹劝进，槎河翰墨诲如斯。

2002年7月22日夜于长春养根斋

由西至北踏查长白山归来兴阅刘自力电邮喜读刘建封所作七律《绣江山色》直咏长白山并书步韵抒怀

绕池一匝十年中，春夏秋冬各不同。
有序峰峦缘水绿，无边林海遇霜红。
影留长白山门里，诗咏大荒沟谷东。
旷世奇观存志略，引余学步读书工。

2002年8月15日夜初稿于长春家中
8月18日夜改于杭州西湖国宾馆6120室

附，刘建封《绣江山色》：

登高远望群峦中，绣水天然景不同。
禾秀油油铺地锦，荷开片片满江红。
云连长白山之右，气接小青河以东。
乘兴而来兴未尽，赋诗时恐句难工。

题赠《矿泉城文学》

靖宇矿泉城，白山琼液清。
如饴花气盛，若醴水光明。
倚马凌云笔，雕龙掷地声。
天池通翰府，展卷动诗情。

2002年9月14日凌晨于长春

集安市书画院成立题贺

大禹山秋艳，五花长忆中。
雄碑书汉隶，灵壁舞唐风。
鸭绿滋毫劲，桃红润笔丰。
丸都邀雅集，祝兴我心同。

2002年9月19日于长春

长白山天然根雕群

2002年10月17日第七十七次登长白山，于北锦江大峡谷北岸摄得十多幅天然根雕作品，2002年10月20日晨于北京吉林大厦1258房间配此诗，求电视片《鸭绿江》军中制片人刘莉出车去怀柔集贤山庄，会同正在京华修改文件的李枝葱，共同到中央党校给刘景录老师送刘克田、洪天慧、李枝葱和余之诗及张改琴、王创业所书手卷，顺便将此诗抄奉李枝葱老友。

草花摇落木芳新，万朵奇葩逼郢人。
根拙须顽涵气势，风雕雨镂见精神。
果然僻壤生瑰宝，独使奥区藏异珍。
天若无情天不老，免教松桦染红尘。

2002年10月20日晨作于北京吉林大厦1258房间

再摄长白山天然根雕群

谷寂壑明银色新，兽踪交错喊无人。
瑶池天幕堪挥笔，玉宇琼楼好养神。
根老成仙缘倒木，景深得法亦藏珍。
从来未使余空去，今日尤欣雪洗尘。

2002年10月24日第七十八次登长白山
之后吟记于从西坡至北坡雪夜道中

大 东 怀 古

长白琼华秀大东，披沙聊补艺林穷。
石砮楛矢周公赏，铁马金戈汉武躬。
一卷雄文诗证史，千秋绝唱画吟风。
山人自解其中乐，八十往还无悔同。

2003年3月9日

【题解】

论证安图县长白山文化广场，第八十次登长白山小记于天上温泉宾馆204房间。

大荒揽胜

眼底瑶池着玉纱，大荒奥处舞银蛇。
凌虚不愧云中客，登顶全凭雪上车。
万树萧疏风有韵，千峰浩莽目无遮。
阏门掠影临仙境，旷世雄奇安可赊。

2003年3月19日

【题解】

中国艺术摄影学会创作基地挂牌，第八十一次登长白山小记于大宇饭店301房间。

《素心斋诗词》读后

案牍纷繁解素心，诗途韵路可探寻。
白山脚下开新局，黄鹤楼头访古琴。
骏马三鞭追梦影，寒梅一剪遇知音。
未遑绛阙嗟浮躁，且向东荒卧雅林。

2003年3月28日夜于养根斋

附，孙占国和诗并序：

今接《长白山诗词》第三期，载福有写的评论《案牍纷繁解素心》，读后很有感慨，依韵奉和，请郢正。

山客与君论素心，天台有路枉追寻。
穷经未醒庄生梦，仗剑犹裁焦尾琴。
诗草重敲唐宋韵，梅花三弄大荒音。
星移斗转几多事，都入胸中不老林。

2003年5月7日

延边长白山文化研究会成立题贺

大东雅集忆边楼，佳气郁葱松水流。
古树翳天风莽荡，浮云接地瀑闲悠。
沧桑变换千秋演，册府恒留万卷收。
命笔由兹清误谬，纵论往事说从头。

2003年6月26日于长春

安图县长白山文化研究会成立题贺

又旅东荒梦笔花，云深林莽渺无涯。
白山到处称佳境，碧水从今颂锦华。
古洞河边存瑞雪，望江楼下咏春霞。
安图奋起创新业，把酒高歌月影斜。

2004年3月27日于安图白山宾馆

丸都山城踏查走笔二首

一、东眺故国谷

甲申初夏走丸都，遗憾如今一了无。
山舞高墙经大略，心随古道起雄图。
风声故国千秋劲，草色新春万木苏。
谁共兵家悲逝水，肯听来者咏斯夫。

二、惊识八卦城

丸都北顶眺南边，太极图形跃眼前。
豆谷蜿蜒涵气象，通沟浩瀚领山川。
高天旷宇三千界，故国雄风四百年。
有幸今来新发现，偶然一得是机缘。

2004年5月15日于集安

甲申端阳步铁华兄雅韵二首

一

莫说良民是鄙乡，汪洋一片亦流芳。
旧题初考新城早，大镇微吟古道长。
父老倾谈悲石墓，诗文惆怅咏泥墙。
往今多少非凡事，可到山房问北堂。

二

辨铭合瓦拜中郎，更信斯文遍远荒。
类利迁都雄豆谷，东川坐镇守边疆。
千年典籍用心读，万里舆图放眼量。
幸得同仁齐努力，便从脚下出华章。

2004年6月22日端阳于通化佟佳江宾馆308房间

附，耿铁华《陪福有部长集安考察》：

一

昨夜春风返故乡，岭南一派杏花芳。
车行靓岘山川美，水过丸都日月长。
已掘王宫残土瓦，又迁民舍见城墙。
珍稀绿地千般好，烟户无凭在草房。

二

斗成残瓦识中郎，又考王陵走大荒。
长白诗篇传禹域，句丽史迹着边疆。
神思豆谷通沟解，巧运中川国内量。
待到功成申报日，黄绢定是好文章。

2004年4月18日

再登五女山城

盘旋车队入云中，石级如悬下半空。
此际登临非本愿，当年励治可亲躬?

高寒岩壁泉源少，危峻途程草秣穷。
觅得城垣雄险处，乃宜烽火不宜宫。

2004年4月20日

第八十四次登长白山喜闻集安申遗成功感赋

大荒极顶雨清晨，此刻天池我一人。
遥想申遗歌胜事，佳音报喜爽心神。
沸腾最数丸都水，娇美当推国内春。
二十八王应笑起，从今名录古陵新。

2004年7月1日在长白山北坡接电话，下山途中吟成

幽谷森林

畅游林海未彷徨，兴致高时雨不凉。
二道白河幽谷隐，万坡玉树板桥长。
洞天瀑布弹清曲，遍地苔衣沁古芳。
至此翻疑身是客，闼门深处有仙乡。

2004年7月1日从长白山返长春途中

寻得定法《咏孤石》依韵感和

穿云向半空，咏石显神通。
佳句欣传世，奇松正御风。
江平澄鸭绿，壁峭泛霞红。
未得寻常见，大荒初识中。

2004年7月11日于长白道中

附，高句丽诗僧定法原玉：

迥石直升空，平湖四望通。
岩根恒洒浪，树杪镇摇风。
临流还渍影，侵霞更上红。
独拔群峰外，孤秀白云中。

寻到东黄城无寐感赋

木觅原称茂密山，桦皮甸子露真颜。
西来初考黄城墓，东狩频临白鹿湾。
确解壤平缘故国，天生壁绝作雄关。
阏门滋润鸭头绿，正本清源度万艰。

2004年7月11日于长白道中

发现二十一道沟古遗迹急就

溯江而上苦寻求，二十一沟遗迹留。
鸭绿津头量巨垒，鹅黄柳下测平畴。
千秋史笔未曾记，万古风情由此收。
慢说东山文底浅，岩根树杪共云悠。

2004年7月12日夜于长白县宾馆

纪念张蔚华先生

乘风作远游，壮举纪千秋。
饮鸩非因渴，赴汤安说愁。
深情明大义，硬骨卧高丘。
山舞涛声劲，松花万古流。

2004年8月3日于长春养根斋

发现二十一道沟古遗迹再咏

二十一沟遗迹新，前无定制可遵循。
壝坛是否形由此，堳埒茫然须较真。
五色土中封社稷，三层石上祭尊神。
至今考古白山下，束马悬车访谷民。

2004年9月14夜于长白县宾馆208

祭 香 魂

长白山南麓积坛群W8西侧发现一具遗骨，当为女性。孙仁杰、迟勇我等数人不忍惊扰，特采集柞枝覆于其上，拍照后为其覆土，并嘱余赋五律一首，中秋月夜共同往祭以奠之。

长白中秋月，清辉欲去寒。
何年来永住，今夜祷平安。
贝结陪芳骨，金枝作玉冠。
瓦残留素影，传世共高坛。

2004年9月28日（甲申八月十五）于长白县二十一道沟

夜宿临江铜矿考古工地留别傅佳欣

长夜倾杯相见欢，新朋老友兴无前。
白山腹内觅红土，翠壁隙中寻黑烟。
井下乾坤铜世界，海东盛国史诗篇。
古今共此迢遥路，一步一千三百年。

2004年10月24日夜

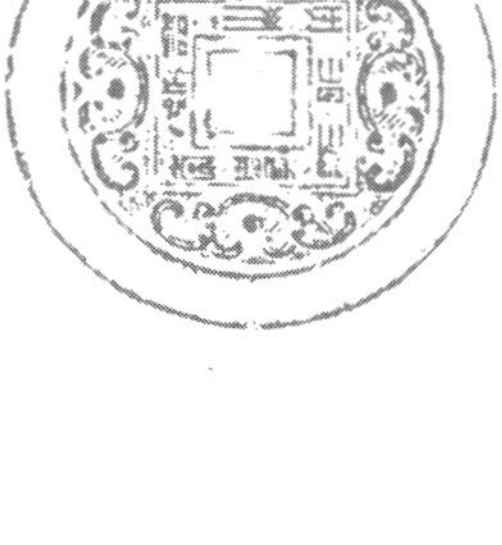

赠金恩辉先生

长白诗笺入馆门，放船清曲共销魂。
寻根学问修方志，编目情怀报国恩。
万卷舆图千里眼，百科会典一窗痕。
天池钓叟知应谢，君识东荒谭简存。

2004年11月7日于长春养根斋

吉林省政协成立五十周年志贺

甲申又祭小春前，风雨同舟五十年。
国策政纲邀众议，社情民意系心弦。
江澄鸭水千帆劲，山拥鸡林万树绵。
报晓一声争起舞，寒梅吟罢雪翩翩。

2004年11月29日于长春养根斋

姚俊卿师生书法展志贺

瑞雪催春觉察无？几多展事此间殊。
清芳桃李兰亭志，飞动龙蛇笔阵图。
半尺砚田修道远，三江气韵润毫枯。
大东雅集群英会，泼墨声中换旧符。

2004年12月2日于长春养根斋

为《缩影》题卷

关东子号伍民斋，缩影清踪不用猜。
冬去花殷勤试笔，春来叶茂自成才。
浮名力却存高志，杂草芟除送旧哀。
走近白山知幸运，跰夫苦作富荒垓。

2005年1月2日于长春养根斋

杨靖宇将军诞辰百年

烽烟乱处挽雕弓，猛士东荒浴血中。
寸草皆挥亡国泪，长缨自带卷旗风。
雨随瀑泻涛声怒，雪共岩巍气势雄。
水魄山魂原不灭，繁花茂树意相通。

2005年1月28日于长春养根斋

新春寄网上诗友

趁雪一声啼晓东，今春不似去春同。
情关网上吟坛事，墨寄联中乐府功。
有韵琼华摇岸柳，无边瑞气自云空。
思君遥祝迎新酒，送爽安留长白风！

2005年2月7日（腊月二十九）于长春

恭和酒风石雨先生《春归写意》五首（辘轳体）

酒风石雨熊东遨先生《春归写意》五首，美不胜收，已得多家唱和，实乃新正吟坛一件快事。为助雅兴，并谢梅关雪韩林坤、濯缨轩主人方伟、古道西风瘦马阮荣登、渔艇丽人包德珍，余不揣浅陋，步韵以和，以酬诗友。

一

一剪梅从岭上还，留香门户岂曾关。
篷窗未识传书讯，酒账堪赊好赋闲。
细煮清泉迎石雨，漫吟红叶上花山。
云笺遥寄雪飞处，独抱相思入梦看。

二

书中没有护花班，一剪梅从岭上还。
风影临窗云影乱，琴声入韵月边弯。
寻诗最爱迎春雪，组网何愁遮目山。
得读华章缘不浅，联吟阵里识君颜。

三

韵海扬帆难得闲，无端风月也相关。
双飞燕自梁间去，一剪梅从岭上还。
春在堂前留淡墨，养根斋后对青山。
如烟往事存心底，酒梦醒来不忍删。

四

西风古道马蹄顽，南北驱驰雨雪间。
征和领鞭忙率阵，救场援驾未偷闲。
百年事在书中纪，一剪梅从岭上还。
拙笔掂来羞出手，枫桥夜泊忆寒山。

五

诗阵成军未出关，欣开东韵柬初颁。
吟楼五百竞风采，妙手六千无等闲。
自古鸡林多雅事，而今鸭水秀家山。
先贤解此心堪慰，一剪梅从岭上还。

2005年2月23日

深切怀念启功先生

不才有幸于1986年得启功先生题“养根斋”匾额，1996年蒙先生赐杜甫《复愁十二首》之十中堂，1999年获先生亲笔题名惠《启功赘语》及《启功韵语》《启功絮语》，并应不才之请为吉林省白山市题“白山图书馆”“白山体育馆”。惊悉先生仙逝，尽日悲痛不已，遂与先生家人通话，转达网上诸诗友之哀意和问候。启功先生的告别仪式于7月7日在京举行。哭成一律，聊寄哀思。

痛别先生作远游，华笺恭礼泪长流。
养根斋匾锋犹劲，数米箧空心惯忧①。
情寄草堂工部笔，昧开松砚木兰舟。

阏门一自乘风去，勿忘朱申频转眸[2]。

2005年6月5日

【注释】

①启功先生赠余书中有“一家数米担忧惯”之诗句。

②阏门，宫门，此指长白山天池。朱申，即肃慎，启功先生有“阏门如镜沐晨光，更见朱申世望长”之诗句。

痛挽方起东先生并序二首

我与方起东先生相识于四十年前，适逢先生在我的家乡集安良民搞考古发掘、在集安禹山清理“五盔坟”4号、5号墓。然直接向先生请教，是从研究《好太王碑》碑文识读与书法开始。尤其是请方先生帮助厘定拙文《集安禹山3319号墓卷云纹瓦当铭文识读与考证》，先生抱病审读六个小时，滴水未饮，逐一确认瓦当上的三十六个字，直至定稿。对于我考证“豆谷”即“通沟”、良民古城即高句丽第一个平壤城国之东北大镇新城、平壤东黄城即临江桦皮甸子古城、赵阳安君为李跻、长白县二十一道沟遗迹是赵国后裔与当地人结合之文化遗产，方先生非常兴奋，均予赞同、肯定和指导，一再叮嘱先拿出来让大家知道、共同研究。斯人远去，悲痛不已。泣吟二律，聊寄哀思。

一

水恸山悲春夜寒，新城故国祭公坛。
长遗宏愿何曾了，绝别哀弦孰忍弹。
石冢参差星默对，江波澒洞月孤单。
泉台此去迢遥路，鸭绿滔滔总问安。

二

识荆原在禹山旁，甚解良民非僻乡。
残瓦铭文欣释读，大碑厘字费思量。
辨明豆谷先称是，考定丸都岂许忘。
携笔仙游行未远，续公事业莫彷徨。

2005年7月17日于长春养根斋

【题解】

方起东先生，吉林省考古研究所原所长，研究员，国家有突出贡献专家，在东北考古中做出重要贡献。今年3月30日因病在长春去世，享年六十六岁。

吴禄贞塑像揭幕志贺

（次吴禄贞《戍边楼落成登临有感》韵）

邀公重返戍边楼，百感千言一韵收。
图水长歌都统事，白山早识请缨侯。
风平勿忘烽烟急，酒美当思羽檄愁。
幕府三年书尚在，干霄浩气复悠悠。

2005年7月16日

附，吴禄贞《戍边楼落成登临有感》：

筹边我亦起高楼，极目星关次第收。
万里请缨歌出塞，十年磨剑笑封侯。
鸿沟浪静金瓯固，雁碛风高铁骑愁。
西望白山云气渺，图们江水自悠悠。

吉林市长白山文化研究会成立题贺

小春雅集会鸡陵，文蕴深涵一脉承。
楛矢石砮留史典，宏图大略颂新兴。
笔随长白峰头拙，情寄松花槎上腾。
温德亨山宜放眼，华章重蓄势崚嶒。

2006年3月27日

答　友　人

畅饮无需下酒蔬，当珍最数亚腰锄。
清凉惠我三更雨，别致看君一卷书。
踏遍荒坡知胜迹，荡平险峡识残墟。
良民信是繁华地，水复山重盖马车。

赠豆谷吟老友①

难忘小春炊野蔬，雪飘冰覆未开锄。
谬言岂可纂青史，创获欣能证汉书。
慧眼洞明滩上冢，奇缘得识水中墟。
子孙应记毌丘俭，曾到东陲悬马车。

【注释】

①豆谷吟，集安博物馆孙仁杰先生。

欢迎豆谷吟加入关东诗阵

青睐乡邦豆谷蔬，秋前汗滴未休锄。
石湖巨冢延郊事，板岔残碑补魏书。
有幸同征寻大镇，无妨共楫识边墟。
听君评点盖弓帽，鸭绿津头定属车。

《长白诗墨》序言赘语①

一从长白踏歌行，词野诗田任笔耕。
雄阵千重排络绎，大荒万里布纵横。
毫痴翻使山增色，墨洒犹存瀑泻声。
合璧沁芳流韵远，天池自可鉴深情。

2006年11月20日

【注释】

①《长白诗墨》，徐邦家书《长白山诗词》作品集，长春出版社，2006年出版。

“诗坛名家咏集安笔会暨关东诗阵2007年会”志贺

鸭绿滔滔日夜流，邀来吟旅赋通沟。
阳安遗剑添风韵，司马道文解雨愁。
摩抚石碑雄奥壤，濒临天水醉飞舟。
会师国内唐声壮，五女峰巅一豁眸。

悼念强晓初先生

又是仲春怀晓初，养根斋里动吟锄。
名颁长白扶刊刻，韵领大荒尝著疏。
入定明空知物象，保安奇境颂真如。
永生乐土歌盈耳，更有心声祭寝庐。

读《临清集》①

遗恨俱因土字牌，后生可待化阴霾。
原非偶作临清叹，果是常持涵素怀。
笔直风云听调遣，情真草木任安排。
蹇予滞涩相知晚，促扎深根养拙斋。

2008年1月19日

【注释】

①《临清集》，吴文昌著，吉林人民出版社2006年出版。

吉林省诗词学会第二次会员代表大会即将召开志贺

长白新晴霞漫天，雄兵会集羽旌悬。
鸡林再发唐宋韵，鹤表犹笼秦汉烟。
万马凌风成一阵，百家走笔颂三川。
大荒回首浩茫处，澎湃声中易旧弦。

2008年4月16日

步韵五首贺吉林省诗词学会“二代会”

一、依相见恨晚韵贺吉林省诗词学会[1]

浴雪家山骄岳邦，雷惊瀑泻出云窗。
兼天潮涌松花浪，走石风吹鸭绿江。
词咏丸都称第一，宫离豆谷考无双。
廿年养得兵三路，齐发唐声壮汉腔。

【注释】

①相见恨晚，诗友温瑞之网名。

二、依月迷津渡韵贺吉林省诗词学会[1]

联吟几度韵彰咸，雅士四方俱启缄。
春雨夜来花自艳，秋蓬朝发萼相衔。
丸都城下设归宴，鸭绿津头涨曙帆。
不信汉风能泯灭，笑看大木作夷芟。

【注释】

①月迷津渡，亦为诗友温瑞之网名。

三、依衣袂飘雪韵贺吉林省诗词学会[1]

痴深谁解苦犹甜，落魄美川曾贩盐。
天助能教湖水浅，梦回偶识质山尖。
甘从险壁抡冰镐，傻靠平心磨月镰。
三卷杀青经四载，掬来先向史翘瞻。

【注释】

①衣袂飘雪，诗友孙湘平之网名。

四、依杏花疏影韵贺吉林省诗词学会[①]

经年越野考苍岩，热汗挥来浇冷杉。
铜剑无声昭泰古，石碑有纪义殊凡。
乘风遣韵排诗阵，解意抒怀开影衫。
华旆焕然今一指，三江举棹鼓征帆。

【注释】

①杏花疏影，诗友陈旭之网名。

五、依松花一叶韵贺吉林省诗词学会[①]

苔影斑斓染石芸，江声激荡述遗闻。
汉唐故府留诗史，魏晋丰碑笼锦云。
驿外搜寻梅一剪，吟边巧借韵三分。
积年排演将开幕，先谢高朋贺彩纷。

2008年4月29日

【注释】

①松花一叶，诗友孙湘平之网名。

《历代诗人咏集安》书成拣寒韵以纪之（辘轳体）

一

历代诗人咏集安，不经此事不知难。
丸都古韵临风押，故国华章倚石看。
惯赏晴川飞雪乱，偶惊沃野倒春寒。
斟成一卷堪传史，天地无私心底宽。

二

书成未敢觉江宽，历代诗人咏集安。
豆谷和声山解易，通沟雅辑梦回难。
坡间草茂随风倒，云外星疏共月看。
路不直时平也险，当知雨骤暖还寒。

三

每遇唇翻齿必寒，桥逢独处窄犹宽。
一朝冷眼识凉谷，历代诗人咏集安。
磨涅未教初版废，杀青岂解老怀难。
躬行力拨文思乱，辑下鸿篇作史看。

四

此书留给子孙看，秀美山川岂胆寒。
坎坷荡平风浪静，崚嶒踏破水云宽。
几家戈剑知忧患，历代诗人咏集安。
敢问烟飞缘底事，莫疑艰险莫疑难。

五

向有恒心能克难，谁珍此卷共谁看。
良民甸自碑中老，平壤城从水底寒。
月隐当明幽烛暗，天阴或觉故原宽。
家山信是吟无绝，历代诗人咏集安。

2008年5月5日

长白山机场首航志贺

乔岳东陲第一篇，腾云展翼欲书天。
江澄鸭绿期千载，山拥鸡林阅百川。
壮美大荒开伟业，迢遥胜境结奇缘。
从今携得龙冈舞，四海五洲通老边。

2008年8月3日

《长白山池南颂》诗词集即将编辑出版和张岳琦先生《游长白望天鹅风景区》

几度沿江访古行，深沟诸道掩河灵。
虹围万仞琉璃塔，壁立千寻孔雀屏。
坛冢积成皆石筑，铜戈驻罢与云停①。
他年或许知来者，鸭绿波涵数点星。

【注释】

①长白干沟子有全国重点文物保护单位战国古墓群。二十一道沟有积坛群，出土赵国盖弓帽、残剑、箭镞等青铜器。八道沟葫芦套村出土赵国蔺相如监制的青铜戈。

长白山南门竣工志贺五首（辘轳体）

一

巍峨长白耸南门，四面山开此独尊。
鸭绿江头鹰劲翥，鹅黄柳下鹿闲奔[①]。
石坛三叠涵新义，松桦千寻赖老根。
走过桃源心醉处，大荒一梦接晨昏[②]。

【注释】

①长白二十一道沟鸭绿江边古遗址处有株老柳。

②刘建封诗云：走过大荒三百里，居然此处有桃源。

二

日暮登临野色昏，巍峨长白耸南门。
挂流崱屴瀑千叠[①]，守土狻猊狮两尊[②]。
冠冕峰巅山似削，谷头河底水如奔。
泥沙下处浊声起，剩有天风护岸根。

【注释】

①崱屴（zèlì），山势高峻、高竦。南坡有岳桦瀑布高悬山上。

②狻猊（suānní），传说中的一种猛兽。山门前有两尊石狮子。

三

大东峻极托云根，十六奇峰割晓昏。
庨岊遥青悬左輢[①]，巍峨长白耸南门。
凝空神宅无双穆，郁蓊洞天藏一尊。
滮濑鸭江穿峡谷[②]，满川頳砡罥难奔[③]。

【注释】

①庨岊（xiāojié），山的转弯处深空之貌。輢（yǐ）砙，凭倚、靠近。冠冕峰下停车场左侧天池边，人工仿真做一大看台，直如真石。

②滮（biāo），水流貌。濑（lài），湍急之水。

③磒硆（yūnyù），石堆积的样子。罥（juàn），挂，缠貌。鸭绿江大峡谷柱状火山熔岩，悬于峭壁，叹为观止。

四

一自寒山引误奔，殷雷地底动灵根。
横雰靄靄充黝邃[①]，槎蘖沉沉遮甈昏[②]。
塘峡杳荒开右嶂[③]，巍峨长白耸南门。
百年苦旅报家国，光耀中华无二尊！

【注释】

①横雰（fēn），雾气平铺。黝（yǒu），微青黑色。

②槎蘖（bò），倒木斜卧。甈（xì），暗昧不明。

③塘（dàng），山堆积的样子。峡（yǎng），山足。鸭绿江右岸山根，新修二级路，已通车。

五

有灵木石必成尊，既渫群流朝壑奔。
无碍九重欣骋目，未央万仞自生根。
毫飞不计留题拙，墨醉安能解梦昏。
北上西行今驻马，巍峨长白耸南门。

2008年8月20日

【题解】

此五首生僻字较多。均出自吴兆骞《长白山赋》中，用别的字，不如这些字达意。长白山文化中有此内容，或可一知。这五首，我在长白山南坡山门开启典礼上宣读。

依韵和剑气轩主[1]

长白高悬浴雪旌，沧桑演衍一池呈。
冰方化处瀑光曳，云乍飞时山影横。
剑气催人磨笔锐，江声发韵放心倾[2]。
开来吟旅成雄阵，共唱鸡林大道行。

2008年9月16日

【注释】

①剑气轩主，聂德祥，省诗词学会副会长，同庚属虎。

②放心，失去了的本心。孟子曰："仁，人心也；义，人路也。舍其路而弗由，放其心而不知求，哀哉！人有鸡犬放，则知求之；有放心而不知求。学问之道无他，求其放心而已矣。"意即：仁是人的本心，义是人的大道。放弃大道不走，失去本心而不知找回，真是悲哀啊！有的人鸡狗丢了知道找，本心丢了却不知道找。学问之道没有别的，不过就是把失去的本心找回来罢了。求其放心，乃现代人寻找失去的灵魂之意。为诗之道，不失为一径也。

登天华山天台峰

神工总是胜人镌，长白西南布大千。
龙脊逶迤连虎背，石崖峭拔挂云笺。
于忘机处须收足，到最高峰可问天。
多少奇观称绝妙，但能一览算真缘。

2008年10月13日

戊子初冬偕友访三狂草庐[1]

踏雪乘风到草庐，狂歌又忆杏花初。
贺新郎处木兰慢，玉甸凉时水调如。
邀瀑放吟长白颂，牵云聊补大荒书。
登临尽数寻诗客，满苑晴光带韵锄。

2008年11月18日

【注释】

①三狂草庐，吉林省诗词学会副会长张文学网名“三狂居士”，乡居谓草庐。

冬十月携友访冰城

十月冰城谢友人，携来初雪唤吟春。
韵悠不惧山水远，情笃孰疑松桦亲。
原放江花涵格调，心倾屋脊抖精神。
关东莽野开华卷，诗路逶迤满目新。

【题解】

11月18日，我与耐寂轩主翟志国、三狂居士张文学、懵懂人儿王述评、大漠无忧客王峥、王喜赋、豆谷吟孙仁杰、龙山客迟勇到哈尔滨，答谢为《长白山池南撷韵》和《雪影情怀》建立殊勋的黑龙江诗友。欣见张智深、赵宝海、一叶轻舟王卓平、素心兰儿张明艳、雪语姜立凭、秋雨孤灯王林全诸诗友，把酒论诗，不亦乐乎。

雪夜与呼兰诗友小酌即辞

难忘长白舞吟旌，淡泊清纯翰墨情。
八号闸边蝴蝶梦[①]，百花丛里鹧鸪声。
会新友矣雪先兴，遇故知哉杯自盈。
但得相逢何苦短，迎风举棹又前行。

【注释】

①八号闸，长白山南景区山门所在地的地名为八号闸。

望 奎 留 别

北上原来先向西，重逢辑别作诗题。
白城忽发开哈校，兰水惜辞奔望奎。
得遇三狂一醉也，草成七律四吟兮。
驱车踏雪远相送，回念知音路不迷。

2008年11月20日

【题解】

此行匆抵望奎，诸诗友夜迎于“中华诗词之县”标志牌下。翌日参观林枫纪念馆、博物馆、展览馆，观摩地方传统艺术驴皮影。之后把酒话别。王兆义、刘丽霞、邹相军送我、耐寂轩主、豆谷吟、龙山客回长春；马洪海、吴继国、宫殿阁送三狂、懵懂人儿、大漠无忧客、王喜赋回白城。寒风凛凛，别绪依依。苦不成吟，聊以纪之。

与豆谷吟龙山客考古归来赠桓州旧友

前日忽惊寒早侵，同行一路倍牵心。
雪狂风助龙岗舞，雨歇波催豆谷吟。
鸭绿江边争故事，玉皇山下觅知音。
他年若得儿孙济，我辈何嗟枉苦寻。

2008年11月23日

白山市诗词学会成立志贺

遍赏琼华浴塞沟，陈年百感一笺收。
而今不枉山长白，从此敢教江更悠。
水击吟帆云万里，风摇绣旆画千秋。
缤纷趁得大东韵，直向青霄豁亮眸。

2008年11月27日

通化八拙喜结诗缘志贺①（用大唐盛世韵）

佟佳七子伴松吟，八拙齐弹一曲琴。
古韵崚嶒开奥壤，雄风浩荡自瑶林。
花红不拒青来早，山白何妨绿涨深。
遥祝江湾无限意，大东翰墨贵如金。

2008年12月9日

【注释】

①文戈，戚月雪，三人行，大唐盛世，月移疏柳，月下吹箫人，不舍，关东横笛客。大雪日喜结诗缘，名曰——通化八拙。

《长白山池南撷韵》出版有记[①]

长白池南撷韵新，更欣有幸率吟珍。
漫江不冻鸭江暖，雪柳欲催红柳春。
椽笔点睛诗证史，华章传世瀑湔尘。
先贤会此应含笑，护鉴从今期后人。

2008年12月20日

【注释】

①《长白山池南撷韵》，2009年由吉林人民出版社出处，上编“大荒古韵”五十五首，中编“池南撷韵”六百七十六首，下编“百年续韵”一百六十七首，计八百九十八首。

夜访防川

雪莹冰洁照冬阳，孰料大东寒叶黄。
撷韵池南说今古，含悲域外数沧桑。
棋逢迷局寸光短，月到亏时小夜长。
剩有微吟堪醉墨，难能蹈海透心凉。

2008年12月30日

深秋又返池南

偕来同道溯江巡，南上天池景幻真。
一二十年梦依旧，百三八次访如新。
柳兰萧索含生意，岳桦横斜欲返春。
冠冕峰头重放眼，拿云心事属闲身。

2009年1月9日

【题解】

2008年9月21日，我偕省委宣传部部分机关干部等从南坡登天池，天气与一行人心情极佳，一路详介长白山古今文事，使在机关工作二十一年却第一次登长白山者眼界大开，感慨万千，其余诸位也多是第一次到池南，为我第一百三十八次登长白山考察增添不少话题，堪称一堂生动的爱国主义教育实践课，大家印象殊深。

《长白山池南撷韵》开印在即为诗友贺年

喜迎瑞雪贺牛年，撷韵池南一路缘。
共为圣山征大雅，还凭拙眼注华笺。
浮生六十惊初度，故垒三千待续编。
遥祝诗家身笔健，我心如水自安然。

2009年1月21日

悼念宫玉春同志

雪乱缘君作远行，天东辽鹤引文旌。
千寻长白峰垂首，头道松花浪失声。
莫恐仙乡难奋笔，可随童话续嘤鸣。
玉成直令春弦动，流水高山十万筝。

2009年2月18日

《长白山池南撷韵》印就再谢诗友

喜自新华一卷开，无边春色御风来。
松桦得意同欢也，云瀑飞流共快哉。
撷韵池南留史册，倾情峰顶守灵台。
微吟几度谢诗友，相约何曾忘远垓。

2009年3月7日

《法书吟鉴》出版志贺

临池撷韵苦追求，合璧因缘倩笔俦。
吟释砚书任潇洒，法随心鉴演风流。
长锋仄起丸都远，淡墨平收豆谷幽。
纵览前贤碑帖事，文坛携手续千秋。

2009年3月15日

【题解】

蒋力华，吉林省诗词学会副会长，中国书协会员、吉林省楹联家协会主席，有多部书法作品出版。《法书吟鉴》是蒋力华第一部诗词著作，乃上百首遵平水韵之以诗论书力作。

集安文化论坛开版有寄

吟鞭一甩值牛年，恍续云中黄鸟篇。
崒嵂丸都涵古韵，蜿蜒豆谷发春弦。
高句丽印晋风也，好太王碑汉隶然。
证史以诗歌故国，家山信顶艳阳天。

公主岭市创建中华诗词之乡志贺

梦闻公主返诗乡，遍野响铃歌锦章。
陶器绳纹先两汉，鸡林商贾重三唐。
问心敢勒石怀德，发韵能教草沁芳。
白马黄龙嘶共远，且随辽水逐流长。

2009年6月2日

依荣文达韵亦作《辽东怀古》八首[1]

1998年，我辑笺《长白山诗词选》于白山，初读荣文达《辽东怀古》八首。十一年后，适逢公主岭市创建中华诗词之乡，甚为该地有“辽东三才子”之一的荣文达而喜，遂不揣浅陋，学步八首，以歌盛事云。

一

古月深洇太白躔，回望漠视见何鲜。
迁都东过新城驿，返葬西邻故国川。
藏断剑于追豕地，广开土自造铃年。
慕容智取攻南道，被迫移居早北燕。

二

健足开时眼界宽，深求学问淡求官。
阳安剑主跻宗李，追貊诗题奕姓韩。
北道碑铭存尚确，东川陵考否尤难。
信笺豆谷堪醒士，一点分明辨九丸。

三

难知暗地与谁谋，治乱勿封雍齿侯。
豆谷离宫一捆箭，丸都山月半轮秋。
曾经是处失神马，载记何方出怪牛。
激浪声中摇鸭绿，美川可泊贩盐舟？

四

忧国何曾嗟位卑，三千古墓水中奇。
城黄谷赤无双处，鸭绿鼍青第一资。
纸上谈兵犹可笑，山间楔石足堪师。
库区百里俱成阵，直指良民竖锦麾。

五

二十四沟连夜霜，菊痴枫醉染东荒。
每从江表登林表，几上辽阳下洛阳。
久利之前先暂费，达临而后自通长。
百年重祭荡平岭，校释双碑翰墨香。

六

连绵不断似燕云，欲笼山前公主坟。
怀德馆藏创业史，问心碑刻利民文。
敢教诗画能联合，为使城乡难隔分。
恭请百家成一卷，响铃风韵振红曛。

七

地近精庐见塔倾，府称鸭绿置西京。
待归风阻孝廉路，觐省诗从搁笔名。
白马小迟长袖舞，黄龙频点沸流兵。
库区淹没千秋史，三道沟中又一城。

八

学子平生耻拜尘，陵城考鉴力求真。
池前无计愧先哲，笔底有心期后人。
水复山重焉浪漫，任艰才短敢沉沦？
信谁一出回天手，四面葱茏岭上春。

2009年6月9日

【注释】

①荣文达（1847年—1903年），字可民，吉林怀德（今公主岭）人，

善诗文，晚清与刘春烺、房毓琛并称“辽东三才子”，光绪二十九年（1903年）任奉天大学堂总教习，是年五月卒。著有《鹿苹斋集》。

贺酒海溢香诗会三首

一、大泉源颂

大东泉涌宝之源，御用烧锅挂酒旛。
寄意倾杯凭甑灶，驱寒卧雪胜茅轩。
领先一路双遗产，饮后有情无醉言。
傲世招牌珍古井，名扬海内众英繁。

二、酒海溢香诗会题贺

正州酒海溢清香，诗友邀来共举觞。
赤柏松风摇秀色，沸流水韵闪晴光。
开源顿使大泉涌，展卷浑教古井芳。
信有灵音能醒世，关东吟旅醉歌长。

三、《森茂诗林》研讨会题贺

佟佳雅集会知音，滮濑嘤鸣涌不禁。
酒海沧浪烟淼淼，诗林蓊郁茂森森。
灿因烈焰连天染，醇惹深情抱地吟。
长白雄风成一派，大荒史话说于今。

2009年7月5日

登鸡冠山[1]

登临观大略，一路上云边。
水与松花接，山同长白连。
鸡冠峰十二，龙脉景三千。
可贵原生态，桃源在眼前。

2009年7月11日

【注释】

①鸡冠山，在梅河口市境内。

鸡冠山老柞（用周焕武韵）

幸识山中一柞翁，迎春未悔早居东。
双盘灵珏期完璧，独挽惊涛立半空。
臂上新芽担石雨，身旁寸草抖天风。
如凭嵽嵲扎根稳，诗到奇时拙也工。

2009年7月14日

和吴禄贞《戍边楼落成登临有感》

几度巡边访一楼，百年回首意难收。
山门阙矣留残局，江浪悲哉呼故侯。
怒马蹄飞焉息鼓，高天云涌似生愁。

登临继迹豪儒志，万里疆场戍路悠。

怀念文中俊先生[①]

满怀思念到吟边，未觉公辞已十年。
直引大荒开胜境，当欣飞瀑奏高弦。
流云安共文心老，彩蝶争携雪意翩。
月上峰头霞落处，躬耕不废是诗田。

2009年7月27日

【注释】

①文中俊（1933年—1999年），号雪意斋主，湖南宁乡人。诗人、剧作家，著有《雪意斋诗文书画选》等。曾任长白山诗社常务副社长、《长白山诗词》主编。今年7月31日，是文中俊先生辞世十周年。1993年3月30日，文中俊先生抱病为《养根斋诗词选》撰写《养根斋诗词的情感传递与艺术想象》，文末附七律，颈联云："清香长醉登峰月，艳色遥羞落岭霞。"

王太祥先生《老兵心歌》读后[①]

华章捧读韵中行，山水嘉风谐趣情。
人到白头珍一诺，石逢赤子许三生。
老兵语重心歌亮，新卷诗芳视野宏。
走进自然谁更醉，松涛雪浪共嘤鸣。

2009年8月2日

【注释】

①王太祥，1928年生于黑龙江齐齐哈尔，年轻时参军，参加过辽沈、平津、锦州等战役，解放海南、援朝过江。转业后长期在吉林省文化厅工作，诗人，爱好摄影。其诗集《老兵心歌》，2009年2月由长春出版社出版。吉林省文化厅原厅长吴景春、副厅长陈景东作序，董辅文先生写长篇书评。内含“山山水水”“事事情情”“浓淡谐趣”“和睦嘉风”四个单元，多有佳作，直抒心声。读其“一诺白头山海誓，三生赤子肘膝缘”“颐神且入松花界，不醉琼浆醉自然”等佳句，深有同感。八十一岁高龄的王老仍笔耕不辍，令人钦敬，遂呈小诗，略表寸心。

大东诗社成立志贺并致社长陈静

澎湃诗潮涌大东，晓鸡啼醒月何同？
八连城瓦当盛国，三道沟河流韵风。
都御嗟时千嶂黯，濂溪乐处一池红。
从今记取家山事，吟鉴信存边史中。

2009年8月19日

关东诗阵成立五周年感事寄诗友（步渔艇丽人韵）

公主岭前携韵还，大东布阵岂安闲。
千三余首证青史，百五十回登白山。
苦旅归来惊域外，密云散去豁心间。
曹家沟立砚形石，纪略堪称又一关。

2009年9月12日

步乾隆韵咏松花砚

松花奇石出浑江，绿润黄莹玉色庞。
澄弗能争洮可让，端方可比歙能降。
清宫遗宝珍殊独，别馆精华德岂双？
到此会心知不远，敢凭创意富家邦。

附，乾隆诗一首《松花玉》：

长白分源天汉江，方流瑞气孕灵庞。
琢为砚佐文之焕，较以品知歙可降。
起墨益毫功有独，匪奢用朴德无双。
昨来偶制龙宾谱，宝重三朝示万邦。

（原题下弘历有引文：“混同江产松花玉，色净绿，细腻温润，可中砚材。发墨与端溪同品，在歙坑之右。”）

梅河口市诗词学会成立两周年之日巧遇牧野黑石兄席间同贺①

梅津载韵流，两度赋金秋。
目骋鸡冠秀，心仪鸭水悠。
清音歌大吕，绮色染平畴。
一路吟旌展，辽东纪远谋。

2009年9月23日

【注释】

①牧野，磐石诗友边郁忠。墨石，磐石诗友郑综，网名墨石头人。

恭和张岳琦先生《居长春廿年有感》

雪舞池南覆紫薇，梦惊僻壤染霞晖。
徜徉极顶八千里，攀越奇峰十六围。
难忍艰辛难得乐，不求真是不知非。
山间草木多情趣，席上如今重葑菲。

2009年11月20日

瑷珲历史陈列馆观后

至此无关觅黑龙，涛声依旧势汹汹。
一江烟雨似血泪，半壁风铃如警钟。
命丧六千难入目，地丢百万愤盈胸。
国人勿忘伤心史，犹有庭前见证松。

2009年6月18日 于瑷珲

黑龙江怀古

龙沙浊浪黑悠悠，万里滔滔血泪流。
西岸有松能见证，东屯无土不含仇。
抚安宗祖从长计，寄望子孙须远谋。
或许雄鹰丰羽翼，家门重返易春秋。

2009年6月18日 于瑷珲

松花江纵笔

不停暴雨带寒侵，把酒松涛和泪吟。
墨意深情临石鼓，江花边草忆瑶琴。
夜阑无线连南北，韵雅有诗通古今。
世事洞明能激浊，仰天犹敢问清心。

2009年6月19日于哈尔滨

《酒海溢香》出版志贺（步金永先韵）

双重遗产两知名，雪舞大泉随韵惊。
书贵传文安可少，诗堪证史孰能轻。
兴来挥就春秋笔，吟罢结成山水盟。
信是长旌催浩荡，江潮汹涌势腾倾。

2010年1月13日

蒙通化县诗友盛意为集安柳河梅河辽源德惠长春等地诗友捎书有记

一路捎书各有名，酒香盈把捧时惊。
丸都浩渺山影淡，梅柳翩然凇絮轻。
络绎朋侪期后作，纷呈流派践前盟。

百年继迹非关我，为使东荒避秽倾。

2010年1月14日

客岁大东文事小忆（三步金永先韵）

绮卷初开看署名，走来新秀满坛惊。
帽山雅集闻遐迩，忧责盈肩觉重轻。
心醉情知通酒海，笔还寡悔结文盟。
百年苦旅曾经处，石纪曹家觚一倾。

2010年1月16日

悼念刘成源先生①

传神铁笔大寒收，辽鹤陪公作远游。
赤谷幽时涵紫气，白山奥处筑红楼。
一生得失千斤凿，万印阴阳百世修。
俯首耕耘功不废，滔滔鸭绿水长流。

2010年1月27日

【注释】

①刘成源，1928年出生，吉林长白人。笔名长白石主、秋石，斋名长白石主创作室、秋石居。中国书法家协会会员、长白石微刻艺术创始人、吉林省长白石微刻艺术家协会会长。书法擅颜楷、隶、简。又专攻微刻艺术，独具艺术风格，屡获国际国内大奖，奉邀为党和国家领导人邓小平、江泽民及日、美等国家元首、政府首脑、知名人士微刻、治印，倍受宝

爱。刘开渠大师、中国书协主席沈鹏等多有题赞。刘成源先生于2010年1月19日下午四时在山东烟台去世，1月27日上午八时三十分在白山市举行追悼会。

步韵和张吉贵抒怀并简乡友

何日良辰照晓光，呱啼悦耳一声长。
原知魏北图葱绿，共纪辽东续柘黄。
辨识丸都更大典，濒临酒海叙衷肠。
人生难得醒如醉，自许诗心老愈狂。

2010年1月30日

贺长白山文化进入省委决策

文尊长白自庚寅，要旨明镌满纸新。
展卷厘清边外史，乘槎相告大荒人。
词宗立谱雄犹雅，峰顶飞虹圆更珍。
不懈十年磨一剑，东陲雪野始逢春。

记《江源毓秀》出版[①]

开机趁雪贺庚寅，盈把芬芳浴目新。
咏叹浑江惊逝者，清吟苦旅感征人。

松花逗引黑陶俏，石韵奉陪红叶珍。
诗阵嘤鸣犹在耳，华章捧读共迎春。

【注释】

①《江源毓秀》，张福有主编，吉林人民出版社，2010年出版。

谢邵红霞并众诗友贺家母八十寿诞

六十年前一大寅，回眸时觉眼中新。
老来难忘家乡水，归去剩有韵府人。
岱岳安如友谊重，鸭水自解玉华珍。
拙斋更祝朋侪辈，松鹤高堂驻永春。

《荡平岭碑记》出版感怀[①]（步蒋力华兄韵）

老岭云飞半壑烟，荡平豆谷识东川。
江声带雨催潮卷，墨色随风共树翩。
援绝从兹通奥壤，势悬当此近高天。
书成不惧雄碑殁，敢示儿孙效古贤。

【注释】

①《荡平岭碑记》，张福有编著，吉林人民出版社，2010年出版。

张鼓峰事件战地展览馆题句①

大东每到感忧责，忍垢眺瞻张鼓峰。
山色犹惊风瑟瑟，江声恍诉恨淙淙。
巡边怅惘车千里，望海萧然浪万重。
长吉图开新局面，试催啸虎接骧龙。

2010年3月30日

【注释】

①珲春张鼓峰事件战地展览馆于5月28日举办继往开来纪念恢复图们江通海航行二十周年诗词图片展。1990年5月28日，我国组织专家进行了图们江出海复航科学考察。至今已二十年。是为1938年张鼓峰事件后，我国船只首次由图们江出海。

依韵和陈德才兄并贺《中华诗词文库·吉林诗词卷》杀青

鸭绿津头韵影差，共吟喜鹊踏秋枝。
辩时亮剑闻谁怯，高处临风寒自知。
张鼓峰前催虎啸，荡平岭上拓龙姿。
千年长白成流派，一脉煌煌万卷诗。

2010年4月9日

依李红光韵贺珲春纪事诗逾百首

论坛连日和声长，张鼓峰前话海疆。
几度登楼频北顾，廿年把舵向东航。
联吟安为过诗瘾，领韵皆缘补史荒。
又起大风怜草木，不谙须鬓已苍浪①。

【注释】

①苍浪（cānglánɡ），斑白意。

依李红光韵倒序谢众诗友为刘丛志喝彩

抚牌不觉泪浪浪①，惨戚红莓零乱荒②。
圻丧西邻吴窸纪③，渔歌东海顾春航④。
图强坛坫皇华录⑤，积弱枉争铜柱疆⑥。
诗意鸡林后人解⑦，源开流派白山长⑧。

2010年4月11日

【注释】

①浪浪，水流貌。

②惨戚红莓，俄罗斯诗人伊萨科夫斯基于1938年创作了《喀秋莎》，歌颂一位名叫喀秋莎的美丽的姑娘。《红莓花儿开》亦为他所作。“张鼓峰战役”后，驻扎在远东的苏联红军战士用“喀秋莎”的名字称呼他们使用的火箭炮。

③圻（qí），地的边长。方千里之地。

④顾春，满洲镶蓝旗人，本为西林觉罗氏，后改姓顾，名春，道号太清。是乾隆玄孙贝勒奕绘的侧室，著有词集《东海渔歌》六卷。

⑤坛坫（tándiàn），会盟的坛台。引为谈判场所。

⑥铜柱，吴大澂于光绪十二年（1886年），时任都察院左副都御史，受朝廷委派与珲春副都统伊克唐阿办理边界事务。收回珲春黑顶子，重新设立土字牌，补立萨字牌（C）和拉字牌（P）等37个界牌，在长岭子要隘上设立高4.15米的铜柱，上刻吴大澂手书篆文“疆域有表国有维，此柱可立不可移”。更可贵的是，使沙俄以文件形式承认了我国在图们江的航行出海权，这是清廷对外交涉中少有的一次胜利。

⑦诗意鸡林，吴大澂在《皇华纪程》中写道：“皇华诗意无人解，道是鸡林旧使君。”皇华，语出《诗经·小雅·皇皇者华》篇，谓君遣使臣，后世称颂使臣为皇华。吴大澂言“皇华诗意无人解”，恰是说其深层意义在于以诗证史，并非“鸡林旧使君”发一时之诗兴耳。吾辈今可告慰先贤，以诗证史已成鸡林后人之共识。

⑧源开流派白山长，谓长白山诗词流派今已初步形成。《长白山诗词选》《长白山池南撷韵》《江源毓秀》《中华诗词文库·吉林诗词卷》等十多部诗词集，共一万余首长白山诗词，是其结晶。六百多首《纪辽东》，是标志性作品。

吉林省长白山文化研究会成立十周年感赋兼贺“长白书院”揭牌①

一路走来经十年，餐风沐雨亦欣然。
天池雪意凭神会，豆谷吟声和泪煎。
自信诗文能证史，岂疑金石早通边。
白云峰上抬望眼，无尽征途更奋鞭。

2010年7月17日

【注释】

①吉林省长白山文化研究会2000年10月29日成立，已有延边市、白山市、吉林市、通化市及安图县、抚松县等市州县相继成立分会，拥有会员数百人，召开五次长白山文化研讨会，出版三辑《长白山文化论丛》，发表论文一百五十多篇，会员出版专著百余部，被省有关部门评为先进学会。长白山文化已进入省委决策，写入2010年吉林省委常委《工作要点》中。本月19日上午八时三十分，在吉林省图书馆召开吉林省第六次长白山文化研讨会，省委常委、宣传部长荀凤栖发表书面讲话。吉林省图书馆与吉林省长白山文化研究会共同主办的“长白书院”将同时挂牌。

吉林市北山画院成立三十周年志贺

北山钟鼓报佳音，画阁欣欣喜事临。
夜雨连江丰鸭水，熏风拂岸暖鸡林。
一池菡萏令人醉，卅载耕耘教笔钦。
幸有云天能着色，百家踊跃益倾心。

2010年7月21日

辉南采风有寄

阔别同乡憾未逢，夜阑独忆旧行踪。
考城初识上平壤①，辨石重分下活龙②。
豆谷沟随燕岭动，丸都水助鸭江汹。
何当共纪辽东事，写入家山五女峰。

【注释】

①上平壤，公元247年东川王所筑平壤城，地处我的故乡集安良民，近年等在此库区新发现一座古城、三千多座古墓。《好太王碑》为别其谓，称半岛之平壤为下平壤。

②下活龙，邹本春之故乡集安麻线有下活龙、上活龙村，近日新发现上活龙东山古墓群。

辉南采风又寄

游观吊水瀑潺潺，万木葱茏大椅山。
未必回波通豆谷，原知横虎卧龙湾。
宏图布局抒怀处，旷野开盘转眼间。
造福黎元无止境，四方台上再登攀。

辉南采风三寄

山水如歌足下寻，龙湾寂处觅知音。
三河印证千年史，多壁圈成一片林。
霜打叶红非本色，雨浇神爽是文心。
别君有日欣相告，绮卷辑来闲可吟。

2010年7月31日

恭步乾隆《辉发故城怀古》韵记辉南采风事

每忆丸都凯捷雄，词牌初创纪辽东。
风云能解安邦苦，岁月难磨证史功。
山载先贤开伟烈，诗教吾辈领吟戎。
寒流荒堵荒唐事，继迹中原践夙衷。

附，乾隆《辉发故城怀古》原玉①：

天教草昧起英雄，开创艰难自大东。
刬削蓬蒿基景运，驰驱险阻立丰功。
渝盟徒恃营三窟，不战惟劳举一戎。
荒堵秋风怀昔日，钦承统绪凛予衷。

【注释】

①原题下有序："昔辉发贝勒拜音达里，持两端于我朝及叶赫之间。屡背姻盟，因山筑城，凡三层以自固，我太祖一举而平之。至今经其城，仰神威之如昨，励慎守于无疆。"此诗亦摘自《吉林通志》。刬（chǎn），通"铲"。凛，严肃。

重登辉发城（依吴兆骞《经灰法故城》韵）

扈尔奇峰托古城，未曾登览已闻名。
一玫铁镢千秋考，三道泥垣多壁生。
善识良民能证史，不谙草木枉知兵。
悲哉唯恐南庭闹，岂奈八公山自惊。

附，吴兆骞《经灰法故城》原玉：

雪峰天畔见荒城，犹是南庭属国名。
空碛风云当日尽，战场杨柳至今生。
祭天祠在悲高会，候月营空想度兵。
异域君臣兴废里，登临几度客心惊。

东北虎颂——兼贺汪玢玲先生《东北虎文化》出版

耄耋之年刊绮卷，披榛启智浚先河。
敏求博览甘探路，勤撰深思苦作歌。
带起雄风排浩荡，携来生气踞巍峨。
庚寅山客诚相拜，虎学钩沉创一科。

韩州夜读发现王寂咏鸡儿花五律依韵抒怀有序

8月27日出席中华诗词辽河采风活动，夜宿梨树县霍家店兴旺休闲酒店。附近是梨树偏脸古城，乃金代韩州。往昔知此线索，然无时细究。时逮小闲，便检王寂《辽东行部志》，其中记曰："乙丑次韩州，宿于大明寺。韩州，辽圣宗时并三河、榆河二州为韩州。三河，本燕之三河县。辽祖掠其民于此置州，故因其旧名而改。城在辽水之侧，常苦风沙，移于白塔寨。后为辽水所侵，移于今柳河县。又以州非冲涂，即徙于旧九百奚营，即今所治是也。是日，路傍见俗谓鸡儿花者，予为驻马久之。吾乡原野闲此物无数，然未尝一顾。今寒乡久客，忽见此花，欣然有会于心。退之所谓：'照壁喜见蝎者'，亦此意欤？其花形色与鸡绝不相类，不知何以得此名也？为赋一诗：花有鸡儿号，形殊意却同。封包敷玉卵，含蕊啄秋虫。影卧夜栖月，头骈晓舞风。但令无夭折，甘作白头翁。"

王寂（1128年—1194年）在金朝鼎盛时期，以诗词考得进士，以文章政事显称于世。其诗文清刻镵露，博大疏畅，是金代"国朝文派"的代表性人物，其特征是具有"质朴贞刚"的文化气质。

王寂这首咏鸡儿花五律，作于明昌元年（1190年）春三月乙丑即三月初十。他的老家蓟州玉田，今河北玉田，原野中这种闲花极多，却未尝一顾。及寒乡久客，忽见此花，欣然有会于心。如同韩愈所谓：似"照壁喜见蝎者"。因赋五律如上。王寂作这首五律时，正宿在韩州，即今梨树县偏脸古城。他住在韩州大明寺客馆中。此时之韩州，已是商贾云集之都市。天会五年（1127年），金将囚居在三置韩州（此时韩州为今辽宁昌图八面城时称柳河县）两年之久的徽、钦二帝从韩州徙往五国城时，就是经梨树偏脸城而北行的。天德二年（1150年），完颜亮将韩州州治从昌图八面城迁到梨树偏脸城。四十年后，王寂夜宿韩州大明寺，并有咏鸡儿花诗为证。弄清这些问题，已是8月28日凌晨一点二十分，难以成寐，遂依王寂原玉续貂云：

夜读霍家店，心情自不同。
庚寅方赋虎，乙丑考雕虫。
边外鸭绿水，辽东长白风。
效公建书院，一个踏山翁。

故乡集安道中摄娇艳小蓟再步王寂韵

重返故乡道，飞车掠影同。
心诚能冒雨，花艳可驱虫。
邀得阵中友，吹来塞外风。
韩州传轶事，当谢玉田翁。

2010年9月5日

农安人民公园中摄枯萎大蓟三步王寂韵

大蓟觅时伙，黄龙府外同。
轻摩身有刺，近看蕊无虫。
才沐葬花雨，待吹流韵风。
叶枯芳已散，果是白头翁。

2010年9月5日

依韵谢邢国先生有赠

韩州兴会赖吟缘，回首难忘属虎年。
夜读诗关老牛铿①，晨歌情系霍家篇。
大明寺里宿王寂，生态村中梦浩然。
客馆临津何处是，城南偏脸问苍天。

【注释】

① 老牛铿，即王寂诗中之“鸡儿花”。

依王寂《张子固奉命封册长白山回以诗送之》韵咏《辽东行部志》与《鸭江行部志》

封册归来谁与同，千秋一脉咏神蓬。
花随苦旅开边外，志藉歌行纪大东。
两部绮文青玉案，半坡飞絮白头翁。
江山如画苍茫色，都付西流鸭水中。

2010年9月1日

【题解】

金大定十二年（1172年）十二月，封长白山为“兴国灵应王，即其山北地建庙宇”。大定十五年（1175年）三月，奏定封册仪物，每逢春秋二季，择日致祭。明昌四年（1193年）十月，复册长白山为“开天宏圣帝”。金朝册封长白山，派谁去的？《金史》无载。我从《全金诗》中找到答案，是派张子固前来长白山的。张子固完成册封使命后，王寂赠张子固一首七律《张子固奉命封册长白山回以诗送之》：“劳生汩没海浮粟，薄宦飘零风转蓬。我昔按囚之汶上，君今持节出辽东。分携遽尔阅三岁，相对索然成两翁。健羡归鞍趁重九，黄花手捻寿杯中。”张子固于何时封册长白山，尚难断定。1172年，王寂任山西祈县县令，不具与张子固接触之可能性。1175年，王寂奉使去白灵治狱。从“我昔按囚之汶上，君今持节出辽东”诗句看，应不是这次。1186年，王寂因救灾之事蒙冤，被贬蔡州防御使。1191年，王寂被章宗完颜璟召还，任中都路转运使。1193年，章宗复册封长白山为“开天宏圣帝”，王寂时任中都路转运使，具有为张子固作诗的可能性。1194年，王寂故去。

依熊东遨先生《访灵泉禅院》韵记寻金韩州大明寺旧址未得事

信是临津傍古渠，常嗟苦旅每成嘘。
路逢险处心犹冷，事到真时梦不如。
大宋帝曾含泪过，老牛锉被带花锄。
依稀旧址寻无地，始建亦当天德初。

【题解】

昨日晨收到熊东遨先生大作时，我正查王寂夜宿韩州大明寺事，今晨附骥乞正耳。王寂的《辽东行部志》和《鸭江行部志》及其诗笔之下的鸡儿花，是长白山文化、长白山诗词之珍品。

大东诗社成立一周年暨大东论坛开版依冰儿韵志贺①

韵纪大东安可轻，临风出阵立婷婷。
图们江畔花千顷，张鼓峰头诗百屏。
冷落霏微悲玉敦，迷离雨矢妒新星。
无关琐戚萧萧下，敢骋词锋策马行。

2010年9月5日

【注释】

①冰儿，大东诗社社长陈静。

《农安逸韵》征稿启事并媵一律

此展吟旌信可夸，金秋撷韵到农家。
黄龙臻萃传文藻，碧野风情涵锦华。
松水放歌推浪远，诗乡贺简倚云斜。
而今振旅慰先哲，封豕培田计未差①。

2010年9月7日

【注释】

①封豕，明·王致中有“声传檄外奔封豕，羽入云中看落雕”诗句，借意以申抵制贪得无厌之豕，以诗证史、护鉴守疆之旨也。

吉林省委省政府办公厅印发《长白山文化建设规划纲要》感怀

初展宏图万象新，衰翁孰枉画中人？
未疑水远涛尤壮，自信山奇韵不贫。
一曲辽东堪助阵，八方吟旅共披榛。
巍峨长白开流派，更著华章绮梦真。

2010年11月2日

【题解】

2010年9月27日，中共吉林省委办公厅、吉林省人民政府办公厅发出《关于印发〈长白山文化建设规划纲要〉的通知》。《纲要》已经省委、省政府同意，要求全省各级党委、政府和部门认真贯彻执行。根据有关领导同志的指示，我有幸与林君同志牵头负责文件起草工作，与有关部门几经研究，反复修改。《纲要》的下发，是长白山文化、长白山诗词的难得历史机遇。吉林省长白山文化研究会成立于2000年10月29日，至今已经走过十年不平常的征途。

登丹东虎山长城赠梓瑶[1]

鸭水一江连酒斟，豪情融雪雨淋淋。
躬行欲健慎投足，是问惟疑求放心。
城险常凭山起势，韵悠每藉理含箴。
独从栈道察今古，绮卷刊来拒史侵。

【注释】

①梓瑶，辽宁省丹东市诗词学会副会长刘炜霞。

梓瑶设宴并惠雅赠依韵致谢

直下鸭江披雪襟，山城故道两相寻。
流云或解天心远，醉墨当含底蕴深。
石老经年安问月，瓦残格古可通今。
席间新雨坛中事，共纪辽东凯捷吟。

2010年11月15日

公主岭市荣获中华诗词之乡称号志贺

诗乡誉美属当先，雪舞花飞助管弦。
半纸芜言期后俊，满城秀玉慰前贤。
路之远也韵无限，岭者雄哉梦有缘。
信是鸡林铃响处，吟旌漫卷动云天。

2010年12月28日

咏松花石松花砚——贺吉林省首届松花石产业发展研讨会在通化召开

未觉佟佳雪色寒，松花放处暖文坛。
用来以静开清鉴，携去凭功隐大安。
长白支机先砥砺，东荒草创任艰难。
此通石径化声远，艺海扬帆引巨澜。

2011年1月3日

步乾隆韵再咏松花砚

奇石松花隐鸭江，岂求声色豁中庞。
澄先见绌洮当退，端不含优歙自降。
濡墨濡毫名第一，创牌创意业成双。

大东重现清宫宝，永续经营文富邦。

2011年1月3日

刘迺中先生九十椿寿敬贺

松花江水带天风，千里高歌介寿同。
峡谷放船身笔健，平畴驰马篆刀雄。
楷行不惧砚池隔，篆隶偏教翰海通。
万卷欣成功奕世，期颐仙茗献书翁。

2011年1月12日

【题解】

刘迺中，字汉宽，1921年2月生于北京，天津杨柳青人。曾任吉林市图书馆副馆长，研究馆员。书法师事启功、刻印师法王福庵。治印端庄古雅，遒丽多姿。赵朴初、启功、何海霞等晚年用印大多出自先生之手。

辛卯贺春并序

寅归卯至，瑞雪新春。在这辞旧迎新之际，中华诗词论坛诸版诗友欢聚一堂，共贺佳节。关东诗阵已连续八年开展网上贺春活动，向得诗友支持。今仍依例，韵贺迎春之喜，共作祝福之吟。

瑞雪殷梅连幻阳，寅归卯至唤春芳。
辽东一纪山雄伟，柳外千巡人健康。
接地风雷涵绝色，惊天手笔赋奇章。
年新又择汉唐韵，砚喜毫飞贺吉祥。

依张岳琦先生韵贺春并忆考古事

月上梢头抱笔眠，梦窗冰影衬幽娟。
考知赤谷却疏窅，解析黄龙乃恍然。
韵毓大荒随路远，苦登极顶遇虹圆。
不教羽翳遮望眼，一派空蒙万壑烟。

贺春怀古依韵谢杨庆才学长

荡平岭辟指东边，长白巍峨诸脉连。
拙笔上书安国计，清歌谱写纪辽篇。
鸡林苍莽常翘驻，鸭水雄浑深榷研。
幸与李唐磨一剑，自寻忧责担盈肩。

辛卯贺春诗发两日步韵过百忆及旧事并谢诗友

思乡每忆质山阳，故国初春草木芳。
辨识丸都铭永固，笺明兽炭籍当康。
两千词补辽东史，八百诗传鸭右章。
未负雄心登极顶，峰头喜罩瑞云祥。

依韵和辛卯开岁联唱兼咏长白山诗词流派

流派汤汤发长白，大荒极顶摄雄图。
八年塞外和声疾，一纪辽东绮韵殊。
古洞河边开筚路，荡平岭上辟榛芜。
鸡林鸭水魂应驻，自信丸都非九都。

2011年2月3日

聂德祥兄《虎啸集》出版志贺

虎啸一声醒大东，忽闻不与往时同。
山因抖擞方惊世，林藉威严亦带风。
试剑松花江浩荡，抒怀长白月朦胧。
梯云峰上共回首，驻足原知心更雄。

2011年2月26日

贺蒋力华兄《青山依旧在》出版

青山依旧在，忧责极其沉。
诗域吉林建，家乡圣水吟。
情钟长短句，梦绕古今心。
求索漫漫路，搴旌越莽岑。

蒋力华兄《青山依旧在》出版再贺二首

一

青山依旧在，华卷力深沉。
卧虎临峰啸，潜龙教水吟。
出新凭铁笔，不老是文心。
从此再携手，同观沧海岑。

二

青山依旧在，眠薄绮思沉。
树影花姿动，风魂水韵吟。
神龙催梦笔，灵境润诗心。
江作太常引，问津知雅岑。

2011年2月26日

【题解】

第二首中的：树影、花姿、风魂、水韵、神龙、灵境，是力华书中自摄风光插页之标题。问津，乃力华之女儿，力华诗成，助其录入。

辛卯感事步吴大澂韵二首

一

皇华部曲赴边垵，一口能干水半匏。
奉使百年怜旧驿，辑笺十载梦新巢。

不疑铁笔书崚字，考定柴原过道茅。
有幸未轻精白镜，王宫西徙照眉梢。

二

屡补阙疑非偶然，扶余往事越千年。
何当辛巳作辛卯，道是有缘真有缘。
石驿山中持镜喜，松窝月下抱书眠。
贺春高韵神州满，安乐乡侯丰砚田。

【题解】

辛卯新正，蒙图们诗词学会邀诗人共作《图们江放歌》，忆及吴大澂1886年作《皇华纪程》，多有图们纪事，依韵学步，再颂先贤。吴大澂于1880年夏和1886年二月，两过图们，因有“七年蓄艾知何补，两度皇华岂易逢”诗句。其初度皇华，时在再度皇华七年之前，《皇华纪程》吴大澂自记云：“即余辛卯年所筑之望松窝也。”1998年，我辑笺《长白山诗词选》时略考，吴公生于1835年，其前一个辛卯年为1831年，后一个辛卯年为1891年，均未逢。据此可断，此“辛卯年所筑”必误。但我在《长白山诗词选》中注为己卯年（1879年），也不对。实际当为辛巳年（1881年）。此错，已在《张福有诗词选续辑》中纠正。此处，再正。垙（qiāo），瘠薄的土地。匏（páo），即瓠，葫芦，此作饮具。

步张岳琦会长韵咏图们江

督统戍边围战裙，东疆草木带伤痕。
山因抽泣时推浪，水忆凄凉自覆敦。
来者乐乡三径缈，在乎忧责一心存。
今朝辑得图们卷，浣取诗魂浣国魂。

《白山雅韵》出版志贺

雅韵收来喜妙音，滔滔鸭绿默同吟。
笑迎赤谷黑风口，梦忆白山红柳林。
武帝开边夸汉魏，文宗封册纪辽金。
鹅毛雪后抬望眼，宏阔胸襟接壑岑。

2011年1月4日于长春养根斋

段成桂先生两卷齐刊京华书展恭贺

一家五体几堪任，饮誉京都四海钦①。
师古知难非泥古，入今能易贵融今②。
钱花无价安轻得，苏赋有缘方可寻③。
群玉堂中开慧眼，神州评鉴重鸡林④。

2011年4月1日

【注释】

①五体、四海，借用启功先生对段成桂先生书法的评价。启功先生《伯硕同志书法作品集》：“昔日吴兴全五体，兼工篆隶草真行。欣看伯硕新身手，化古融今四海惊。”

②师古，段成桂先生《论书札记》言：“学书之道，唯二字耳：曰师古。师古不可泥古，泥古必不能师古。”“泥者，入也；师者，出也。研知天地万物之理，须先入而后出之也。入之而得知，出之而得能，是为万事之理也。”信然。

③钱花、苏赋，段成桂先生为吉林省博物馆征集收藏了清宫流失书画《钱维城花卉手卷》和《苏轼〈洞庭春色·中山松醪二赋〉墨迹手卷》。

④群玉堂、鸡林，段成桂先生著有《苏轼〈洞庭春色·中山松醪二赋〉墨迹卷考评》《群玉堂苏贴考评》《苏轼法书年表》《论书法艺术之美》《论书札记》等。鸡林，原指唐之鸡林州，史称新罗，其宰相喜白居易诗书，买得洛阳纸贵。清末民初，鸡林演为吉林。福建人林寿图著有《鸡林旧闻录》，皆纪今之吉林市事典。

祝贺临清居士荣任关东诗阵常务管理员①

瑶池沸处自临清，激荡长流携雨行。
峡谷风光欣觉美，漫空星斗点犹明。
舞诗旌与吟家唱，举栋梁同木石撑。
信是鸡林天语在，大江不住续涛声。

2011年4月8日

【注释】

①临清居士，诗友吴文昌之网名。

聂德祥兄《虎啸集》初读感记

大作又刊逢小春，如闻虎啸感嶙峋。
廿年纪得游忆旧，双阕赋存郎贺新。
沟外放牛返阳草，河边饮马弄潮人。
寒心最数席无地，偶坐相邀未敢频。

2011年4月14日

【题解】

与聂德祥兄相识相交已二十多年，同龄相怜，多有过从。同逢花甲，德祥兄惠《贺养根兄六十初度》，我无暇答谢。今逢《虎啸集》刊行，步韵以贺。忆及往事，颇生感慨。德祥兄《试剑集》与《虎啸集》杀青后，均以《贺新郎》作《编定感赋》，颇见心志。联想到德祥兄到省委宣传部拙办访晤，两间大屋书乱成堆，又因编校《百年苦旅》和《荡平岭碑记》，筹备《江源毓秀》采风事等，无暇小叙，每每以此为憾。放牛沟、饮马河，均为九台地名。返阳草，指德祥兄书中诗吟集体户旧事。

东辽河诗社成立志贺①

烂漫吟旌舞，扶余故地新。
岚中藏镜古，掌上肇源珍。
歌起踏青路，韵辉长白春。
东辽花色好，岂可少诗人！

2011年4月29日

【注释】

①东辽河诗社今日在东辽县宣告成立，我与翟志国、吴文昌、宋有才、聂德祥和沈鹏云，代表张岳琦会长前往祝贺，以表支持。东辽县地处东辽河发源地，是辽河文化与长白山文化的重要交汇地带，也是扶余后期王城龙首山城一带彩岚扶余贵族墓地所在地，历史文化底蕴深厚，乃诗词创作藏龙卧虎之地。温瑞是吉林省诗词学会副会长、中华诗词论坛执行坛主。高丰清是关东诗阵首版助理。东辽河诗词学会的成立，必将成为吉林省诗词创作的一支劲旅，对于培育和建设长白山诗词流派，具有重要意义。

依韵甚谢蒋力华先生雅赠兼纪释读《重修赤山龙潭寺造佛安禅碑记》

两到赤山登险岚，寺由凯捷易龙潭。
残碑一石倩谁撰，忧责几肩欣共担。
驻跸太宗颁圣旨，冲锋仁贵得神龛。
又收创获连殊喜，活泼心渊酒敢酣。

2011年4月30日凌晨于辽源北方宾馆2201房间

吉宝斋隆重开业致贺

宏业新开吉宝斋，华旌林立倚云排。
东荒石典添名录，长白文渊树品牌。
书到神时通大雅，画逢妙处解清怀。
山能载道同携手，后世论今说我侪。

访抚顺送《纪辽东》会诸诗友

辽阳砥课访新城，适愿嘤鸣求友声。
山挺脊梁称铁背，诗雄肝胆固盘营。
一条心是弘国粹，满纸泪非嗟利名。
探得词源成大卷，携来醇酒壮吟旌。

2011年6月11日

《诗人走进通化县》采风志贺

六月山川浴眼新，邀来四面采风人。
大泉源晋双遗产，二密台尊一绝伦。
碧水沸流围障塞，玄菟威赫荡嚣尘。
关情雅集吟声远，早信东陲韵不贫。

“长春圈楼首届长白山松花奇石松花砚精品展”剪彩志贺

砚尊长白赋松花，入展春城时运嘉。
点石成金凭慧眼，骋心向海放灵槎。
补天情也通今古，拊掌笑哉传迩遐。
亿载修来缘一面，当欣幸落好人家。

2011年6月25日

《长白山诗词》百期感记

长白松笺逢百期，兼风兼雨共磨旗①。
江澄鸭绿开流派，山拥鸡林奠韵基②。
一纪辽东千载史，千军塞外一盘棋。
大荒放眼再携手，云乱岩苍安可疑？

2011年7月20日

【题解】

《长白山诗词》1984年试刊，1985年创刊，到今年第六期出刊一百期。《长白山诗词》由吉林省政协办公厅主管，吉林省诗词学会、长白山诗社主办。国内外公开刊号。适值《长白山诗词》出刊一百期之际，我们怀念强晓初、公木、钟英、江涛、文中俊等先生，感谢多年来一直支持《长白山诗词》的广大诗友。

肇源莲花湖①

静倚澄湖六月天，浑忘今夕是何年。
芦间飞出画中羽，水底勾开云际莲。
二站原来通古驿，大荒于此隐花仙。
悠然闯入濂溪梦，应可乘槎到日边。

【注释】

①莲花湖地处肇源二站镇，系古驿站。

嫩江与松花江汇合处踏查纪实（次熊东遨先生韵）

三岔河边两岸台，驱车到此一游哉。
北南汇合东流去，春夏难分秋渐来。
浪滚蓝天情未已，草书青史卷常开。
从头细数辽金事，得胜碑前望野垓。

2011年7月28日

【题解】

7月24日，我从肇源古恰镇到三岔河探嫩江与松花江汇合处；7月27日，又随张岳琦先生偕熊东遨、胡迎建兄和杨启宇先生从松原平凤乡踏查嫩江与松花江汇合处。两岸汇考，感而有记。

包德珍大姐行次吉林有赠

雨中有客莅长春，匆返迎来搏浪人。
坛建十年留韵致，诗吟一路历艰辛。
白山开派重书史，黑水向洋先问津。
信继隋唐弘国粹，率从平仄力披榛。

2011年8月1日

张驰站长吉林行有赠

此行携韵过平芜，诗网昌隆城内殊。
驰笔原凭心坦荡，畅吟不惧路崎岖。
讯波浩浩须提速，酒海汤汤任满壶。
凯捷寺中碑又现，辽东一纪证丸都。

2011年8月1日

《图们江放歌》出厂到公主岭发书有记

闲翻风韵偶思友，转眼经年又小秋。
书出客来称不速，蝶翩梦绕忆常留。
图们江上渔歌美，公主岭前碑问稠。
信是诗真能证史，免遗失策后人忧。

《图们江放歌》研讨会志贺

图们高韵美东陲，文化兴边共作为。
古迹游来吟次第，土风采罢颂葳蕤。
嘎呀河润安康境，城子山连龙虎碑。
部落百年能见证，春华秋实贺累累。

2011年8月18日于长春养根斋

访九台韩家堡子赠韩国荣先生

八桂归来逸兴悠，吟朋齐和塞鸿秋。
既知所以杨朱笑①，安问缘何宋玉愁②？
驿外长河堪饮马，篱边瘦菊不牵牛。
羡君参透逍遥赋，心境无涯骋自由。

2011年9月11日

【注释】

①杨朱，先秦哲学家，反对墨子兼爱思想，不赞成拔一毛而利天下，“一毛不拔”由兹成典。他欲知韩先生在家宴客，不知其是否会笑之欤？

②韩国荣有诗《重阳感怀》云：“秋色撩人神气爽，缘何宋玉赋愁肠？”在饮马河边赏不趋炎牵牛之菊，人生一大快事耳！

清祖文化园开园庆典致贺

俄闻清祖文化园开园庆典在即，不胜悦欣，遥致贺忱！大德敦化，文脉绵长。龙兴圣地，世泽永昌。海东盛国，受封李唐。尊宗敬祖，韵补洪荒！诗曰：

盛国驰名耀海东，排云杰阁贺高崇。
柳船奥壤开先泽，天女圆池浴圣躬。
三姓八旗恭六顶，万年百福寄千盅。
鸿胪卿可添欣慰[①]，水魄山魂知诱衷[②]。

2011年9月12日于长春养根斋

【注释】

①鸿胪卿，古代官职，秦曰典客，汉改为大行令，武帝时又改名大鸿胪，主官为鸿胪寺卿。唐沿用。唐玄宗先天二年（713年），派鸿胪卿崔忻前往震国王都今吉林敦化册封大祚荣为渤海郡王、左骁卫员外大将军，去靺鞨封号。崔忻完成使命后，于唐开元二年（714年）返回长安途经旅顺黄金山，在山北掘井刻石纪事。石刻全文为：“敕持节宣劳靺羯使鸿胪卿崔忻井两口永为记验开元二年五月十八日”。这一具有重要文献和文物价值的石刻，1908年竟被侵华日军劫掠到日本，现存于日本皇宫内建安府前院。

②诱衷，《左传·僖公二十八年》：“今天诱其衷。”杨伯峻注：

“（《吴语》云）‘天舍其衷’，即‘天诱其衷’。皆天心在我之意。”后以“诱衷”指天意保佑。

恭和张岳琦先生《中秋夜望月》忆近年采风事二首①

一

十五冰轮十六圆，健谈诗阵采风连。
丸都月下试初笔，苦旅池南逢百年。
毓秀江源公主笑，溢香酒海井绳缠。
白山发韵成流派，一纪辽东可信然。

二

松花石刻砚池圆，通化白山同脉连。
土字牌书悲数载，黄龙府韵逸经年。
飞霜傲雪随风舞，撕纸牵云绕指缠。
第一缕光犹可盼，绮霞染海共欣然。

2011年9月13日

【注释】

①2007年以来，我们在各地诗词组织和众诗友的大力支持下，组织采风创作，至今五年间在吉林人民出版社和香港亚洲出版社出版了大型诗词集《历代诗人咏集安》《长白山池南撷韵》《香远溢清》《百年苦旅》《江源毓秀》《公主岭风韵》《酒海溢香》《戍楼浩咏》《人民警察颂》《法书吟鉴（诗贺）》《李元才书法集（诗贺）》《白山纪咏》《雪域情怀》《中华诗词文库·吉林诗词卷》《纪辽东》《图们江放歌》《长白山文化论丛（诗贺）》等十七部，共收诗词一万五千余首。还有《黄龙逸

韵》《珲春韵汇》《松花石砚》《诗人走进通化县》《公主岭玉米之乡》等五部诗集正在编辑出版中，约收诗词五千余首。

恭贺江城艺苑金秋盛典

2011年10月7日，刘廼中艺术馆开馆及作品集首发式、西泠印社百名社员作品展开幕式、刘廼中书法篆刻艺术研讨会将在吉林市博物馆隆重举行，谨撰拙句，聊表贺忱。

高朋云集古扶余，嘉会隆仪敬硕儒。
美矣灵光趋鲁殿，壮哉铁笔继丸都。
石惊北国百家璨，墨醉西泠五色殊。
善艺之根先养学，鸡林纸贵辟新途。

辛卯重阳三登丸都山城考察接林燕兰诗家发自北京国子监即日所作七律步韵有记

山城考古值清秋，东察残墙起尽头。
碎石堆成年代远，浮言笑罢算家愁。
唐书曾记丸都李，魏志何刊尉那由。
说破科班多少事，全凭健足校关楼。

【题解】

宋·欧阳修、宋祁等合撰的《新唐书》卷二百一十九·列传第一百四十四："俗所贵者，曰太白山之莬，南海之昆布，栅城之豉，扶余之鹿，鄚颉之豕，率宾之马，显州之布，沃州之绵，龙州之䌷，位城之铁，庐城之稻，湄沱湖之鲫。果有九都之李，乐游之梨。余俗与高丽、契丹略等。”此“九都之李”，乃“丸都之李”。算家，谓有人不管文物遗迹如何，只凭文献书本资料互抄互捧，浮言误人，以讹传讹。尉那由，重阳日同考尉那岩城的有由寿军者，家乡中学校长。关楼，山城上的哨楼。

临屏依前韵谢丸都月儿惠雅作[①]

莫道登临为赏秋，千年故事考从头。
眼前兽迹曾寒胆，崖顶霜枫不染愁。
尉那岩藤拦去路，丸都月影印来由。
悬车束马此间史，红瓦当初覆堞楼。

【注释】

①丸都月儿，集安诗友李容艳之网名。

依前韵谢山泉吟惠大作[①]

证史欣逢尉那秋，丸都水调引歌头。
披榛幸藉君身健，策杖平添树影愁。
此地兵争知夙怨，何年城筑问根由。
夜深偶忆重阳事，又上关东接韵楼。

【注释】

①山泉吟，集安市诗词学会会长高良田之网名。

尉那岩城即丸都山城无疑有记

哪是重阳易醉秋，只因石小暖心头。
丸都水笑风添乱，尉那岩知我释愁。
百二山城分类别，万千图片列缘由。
一期考就定书稿，不上南墙上酒楼。

找到尉那岩城建筑遗迹赠同行诸君

月隐丸都玉湛秋，测量经纬老张头。
山泉迷彩寿军喜，豆谷吟波过客愁。
载酒登高迎晓旭，趁霞撷韵和端由。
此行艰苦浑难忘，争似双城十二楼？

【题解】

此行有我与山泉吟高良田、豆谷吟孙仁杰、丸都月儿李容艳（又一网名玉湛清秋）、由寿军、张旭、董凤波。另有博物馆郑霞为大伙儿准备给养，她自己因值班而未能同行。艰苦浑难忘，清人萧鸿吉《崖城》：“艰苦浑难忘，挑灯记驿程。”情景似，借用耳。借其意，将五城十二楼改成双城十二楼，指国内城和丸都山城。

谢耶律阿格尔惠和[1]

丸都畅旅共吟秋，鸭绿江边古渡头。
率抒豪情司马笑[2]，力肩忧责毌丘愁[3]。

能常联系知消息，不好意思何理由？
铁岭逢君生感慨，附城图补忆张楼④。

【注释】

①耶律阿格尔，辽宁铁岭诗友刘文革之网名。

②司马，集安出土汉军司马印。

③毌丘，魏将毌丘俭束马悬车以登丸都，有“忧责重山岳，谁能为我檐（担）”之诗句。

④张楼，刘文革所在之铁岭有张楼子山城，刘文革发现该城还有附城，已得专业部门认可。

2011年10月7日

谢诗友支持我考古调查及以诗证史四首

一、致耶律阿格尔

雅韵传波自友人，张楼催阵忆庚寅。
考城有赖开望眼，拓片无疑首释榛。
石不能言防笔误，诗堪证史用心真。
待将泛水映红叶，直向泉源共洗尘。

二、致小泥丸

天华赏石摄猿人，一路行吟说卯寅。
避刺伤衣先鉴瓦，以诗证史共披榛。
龙潭寺里碑边阙，城子山围玉带真。
燕汉辽东通障塞，沸流水畔涤浮尘。

三、致丸都月儿

独木桥头纪鄙人，巡山敢伴客称寅。
重阳豆谷同驱豕，半月丸都初识榛。
国在霸王朝甚假，城修尉那地犹真。
一期石碎三期楔，再筑如今苔覆尘。

四、致东方如石

好个东方如石人，支持护鉴踏山寅。
查边证史共探路，策杖吟风忘采榛。
壁立千寻登且近，情牵一曲梦成真。
天池钓叟知应慰，问学潜心耻拜尘。

2011年10月13日

【题解】

自2003年秋以来，我遵照组织安排，主持省某研究中心工作，专司东北史地重大问题研究，一做八年，将文物遗迹调查与文献研究结合起来，多有重要发现，时正以往误断，渐被学界所重。一路走来，常得诗友力助，深情难尽谢也。耶律阿格尔，刘文革。小泥丸，贾维妹。丸都月儿，李容艳。东方如石，李延平。

辛卯霜降后一日四考柳河罗通山城

孟秋初雪益清寒，路结熙冰忍弃鞍。
如肺双生连左右，似驼一耸历悲欢。
柳南故迹志先载，国北新城我首刊。

踏遍辽东峰万座，且留长卷后人看。

考察高句丽山城历时八年一朝告竣返回长春感记

2011年10月25日夜

【题解】

罗通山高句丽山城，属全国重点文物保护单位，位于吉林柳河县城西南45公里罗通山中部海拔960米的主峰上，为高句丽第十六代王故国原王五年（公元335年）所筑之“国北新城”，是高句丽北道上的一处重要战略城堡。公元339年，慕容氏来攻，进抵此城，盟和，不战而还。

中国地图出版社2003年5月第1版《吉林省地图册》将罗通山古城印成“罗道山古城”，是错误的。

高句丽共有三个新城。即：公元247年东川王所筑集安良民“平壤城”亦即国之东北大镇新城，公元335年故国原王所筑柳河罗通山国北新城，公元385年故国壤王所筑抚顺高尔山新城。在我发现集安国内城之东北良民“平壤城”即国之东北大镇新城、考证国内城之北罗通山国北新城之前，史学界与考古学界多将国之东北大镇新城和国北新城指认为抚顺高尔山城之新城，年代、地点都是不对的。我关于国之东北大镇新城是良民古城、国北新城是罗通山城之新说，已被吉林李健才、李殿福、耿铁华，辽宁曹德全、萧景全、梁志龙等专家认可。

我与孙仁杰、迟勇自2004年起，相继考察高句丽墓葬、高句丽王陵、高句丽千里长城与高句丽山城等，已出版《集安高句丽墓葬》《高句丽王陵通考》《高句丽王陵统鉴》《高句丽千里长城》四部全面、系统的学术专著，均属填补空白之作。《高句丽古城考鉴》的调查工作历时八年，走遍中国境内辽宁、吉林的二百多座山城，其中一百一十多座属高句丽山城，将其逐一拍摄、著录。到2011年10月25日，野外调查工作已告结束，业已转入此书的书稿整理阶段。这项工作，此前无人曾做。

恭请冯永谦先生率领调查武厉逻遗址有记

新民郊外巨流河，遗迹方当武厉逻。
人是物非城毁尽，壶残鬲碎片留多。
渡辽尚记丸都史，通定犹传颇利歌。
隋帝唐宗俱凯捷，而今共到考如何。

2011年10月18日夜晚于海城景朝宾馆

【题解】

冯永谦先生，辽宁省文物考古研究所研究员，1935年生，老当益壮，退而不休，在考古界多有建树。武厉逻遗址1996年2月18日，由冯永谦先生发现，当时城墙清晰可见。2011年10月18日，冯永谦先生率张福有、孙仁杰调查于此，见此城近年被取土所毁，挖成一个巨大深坑。冯永谦先生感叹曰："人是物非！"在城之东北角，剩有一处遗迹，发现夯土层中夹有青铜时代鬲足、壶底、口沿、鋬耳等类似高台山遗迹陶片。城墙附近有素面抹光瓦片。该城西北距清代巨流河城一百五十米，东紧邻辽河大堤。该城乃高句丽在辽河之西唯一建筑，隋征后设通定镇，唐征后改称颇利城。隋炀帝、唐太宗均由此渡辽。

赴辽考察山城返回集安有作恭呈冯永谦先生

难忘同登铁背山，转湾子路岂悠闲。
千年一惑几人解，五日六城三道关。
堆土东南隅尚在，缛文西壁卷须删。
海龙川上考安市，终证隋唐奏凯还。

2011年10月24日凌晨于集安香港城假日大酒店

【题解】

冯永谦先生应我之邀，与孙仁杰等自10月18日至22日，一道考察了新民市巨流河村古城、海城英城子、大石桥海龙川、盖县高丽城子、章党界藩城，新宾五龙山城和三道关。时有发现，解决了一些疑难问题，在几个关键问题上形成共识。三人年龄共199岁，平均每人66.33岁，一路戏称“老中青三结合”年龄最小的孙仁杰也已花甲。行程一千多公里，爬山涉水，不计其数，披荆斩棘，苦不堪言；解决疑惑，乐在其中。考察后将冯先生平安送回府上，我等在桓仁补摄下古城子，城墙砬子和瓦房沟山城，在集安补摄七个顶子关隘，海关老边墙。返回集安市，特记以赠，不记工拙，不成敬意。

辛卯霜降日三访集安霸王朝山城

经年又访霸王朝，踏雪攀崖上碧霄。
衣薄不禁风瑟瑟，车悬难继路迢迢。
楔形石证三期恰，尉那岩疑一笔销。
百座山城通考就，敷文更觉读无聊①。

2011年10月23日凌晨于柳河帝翼宾馆

【注释】

①敷文，铺叙文辞，指作文。此指某些不重文物遗迹调查一味抄来转去的所谓论文，认为霸王朝山城是公元3年的尉那岩城。但霸王朝山城是用楔形石砌成的，楔形石出现年代的上限是公元324年，是三期山城中的。二期山城始于公元198年，公元3年的尉那岩城是丸都山城，那里有一期山城的遗迹。

高句丽山城野外调查告竣归来诗友接风感呈

踏雪归时盛宴开，洗尘酒暖感春来。
八年考遍百城也，半载裒成一卷哉。
更信诗佳能证史，安疑眼拙可称才。
千山万水雄东北，只为防遗后世哀。

【题解】

自2004年起，我偕孙仁杰、迟勇系统调查高句丽墓葬、王陵、千里长城、都城和山城，相继出版四部学术著作。至10月25日，高句丽山城野外调查告竣，耐寂兄与春来兄邀请春城诗友为我接风。席间，临清兄朗吟大作，力华兄致辞情深意长，耐寂兄宣读于德水、李清林先生赠我诗作，鹏云兄及到场诸君挚语纷呈，令人难忘，诗以纪之，不计工拙。

四考罗通山城拍摄到骆驼砬子有记（次赵凌坤韵）

四登幸识骆驼峰，秋雪初临酷似冬。
林密擦肩曾错过，缘悭对面未相逢。
征尘拂去惊新貌，志略翻来忆旧容。
扫北罗通休怪我，顾名音转问青松。

【题解】

罗通山主峰上的东、西两城之间下方有一个巨大的又高又扁的石头砬子，似刀锋直立，从正面看状如上山的骆驼，故名骆驼砬子，音转成罗通砬子、罗通山。此城与所谓罗通扫北毫无关系。刘建封《长白山江岗志略》中记载：“骆驼砬子，在杨子哨西，产铜。”杨子哨，即今辉南县样子哨镇。

骆驼砬子，应是罗通山得名的依据和标志。以前我曾怀疑刘建封《长白山江岗志略》中所记“骆驼砬子”是柳河县驼腰岭镇的一座小山峰，打电话让赵凌坤打听当地老人核对。她问多人都不赞成，告曰：“骆驼砬子是罗通山的旧称。”这回找到依据了！

《当代诗人咏辉南》中印成“驼砬子”，掉个“骆”字。这次真的竟在罗通山发现了骆驼砬子！

《高句丽古城考鉴》于韩州统编抒怀

千载之疑或可除[①]，八年苦乐责何如？
探班酒沸酬知己，择韵情浓惠感予。
流派开宗诗证史，古城考鉴石成书。
不遗后世忧也嘱，直命朋侪齐荷锄。

2011年11月19日

【注释】

①千载之疑：金毓黻先生在《奉天通志》中把辽之通州从农安剥离出来，置于昌图四面城，颇为兴奋，写道：“今考得通州之所在而扶余黄龙府以及肃州韩州之所在，皆能确指千载之疑，一旦发之，不亦快乎！”近考，昌图四面城因出土安州残碑而确证通州说误。通州当在昌图曲家店黑城或梨树城楞子古城等地。经我等考，渤海扶余府及扶余后期王城，在辽源龙首山城一带。农安是开泰九年（1020年）复置之黄龙府。此亦堪称“千载之疑，一旦发之，不亦快乎！”

依先贤张学典《晓起漫兴》韵示孙仁杰兄

客旅韩州日夜忙，南窗未觉换冬妆。
兴同吟友说唐韵，懒向敷文解柳床。
腕底千寻欣笔健，山巅百上试云凉。
前无考鉴共刊就，不耐城头古道肠。

2011年11月29日

【题解】

国内城即不耐城，已被清代诗人写入诗中。太原人张佚的四女张学典，字古政，号羽仙，诸生杨易亭室。有《花樵集》《倡和吟》行世。她在七律《晓起漫兴》中写道："帘开梁燕觅泥忙，冉冉熏风欲倦妆。苑柳垂绦笼绣户，风桃飞片点书床。修眉不整因伤别，碧槛慵歌怯晓凉。不耐城东吹画角，听来浑欲断人肠。"此律颇佳，虽有风、欲两个重字，但写到"不耐城东"，尤珍。这个"不耐城东"，当指较大范围，不宜理解成不耐城之东。

附，孙仁杰和诗《步张学典〈晓起漫兴〉韵赠张福有兄》：

雪夜灯明探古忙，行人又见理新妆。
书香自可开清鉴，笔健依然启惑床。
不耐城头常往返，丸都水畔考炎凉。
窗前月上何言晚，共诉轻歌凯捷肠。

长白山文化研究写入吉林省委贯彻落实中央决定感赋

东陲几被笑无文，拓路披榛率发军。
孔子世家传楛矢，阳安君剑伴戈斤。

墓三千自一朝现，峰十六登三境勤。
信遇圆虹非巧合，高山红景接天殷。

2011年12月10日

恭和张岳琦先生《新年》原玉记《高句丽古城考鉴》杀青

踏遍辽东景致奇，丽山岂可任封之。
三千日摄图存史，百二城登鉴辨夷。
忧责不期当世解，祸患为免后人罹。
欣将留得非常卷，先赏丸都第一曦。

2011年12月26日

《珲春韵汇》发厂有寄

韵汇珲春傍贺春，经年好事慰艰辛。
诗书合璧存青史，龙虎同亭盼绿茵。
近海硝烟缭未远，高贤绮梦待成真。
江山当此留符号，张鼓峰头月照人。

2012年1月9日

吉林市长白岛掠影

岛称长白水湍湍，雪地冰天一景观。
鸭子河中鸭知暖，雁鸣湖外雁何寒？
新刊符号标文史，不废涛声卷巨澜。
欲请吉林三杰起，龙潭山上咏龙潭。

2012年1月15日

壬辰春颂

冲天爆竹闪金光，秀水奇山未枉妆。
辞玉兔迎朝旭暖，引苍龙翥满园芳。
文标长白新符号，酒蓄浅红臻吉祥。
又是年根同抚键，齐吟嘉贶颂安康。

2012年1月18日

壬辰开岁日四家漏夜联句

初一漏夜，书坛泰斗沈鹏先生以手机发给中华诗词学会副会长张福有首联。福有即转中华诗词学会顾问周笃文先生得续颔联，返回后又接成颈联发给中华诗词学会顾问、吉林省诗词学会会长张岳琦先生，足成一律。是为客岁四家联唱之继响也。爰发网上，求其友声，不啻当今吟坛又一雅事欤？

龙孙吐节存高远[①]，凤羽摩云振大千[②]。（沈　鹏）
万国轺车驰魏阙[③]，百重佳气满幽燕。（周笃文）
史从汉障通关外[④]，春引唐声出柳边[⑤]。（张福有）
四海风烟纵难测，金虬顺势必翱天[⑥]。（张岳琦）

【注释】

①龙孙，竹之别称。

②凤羽，亦通凤毫，笔之别称。

③轺车，一马所驾轻便之车。

④汉障，燕秦汉筑辽东长城史书中称之为“筑障塞”。

⑤柳边，清筑柳条边。

⑥金虬，龙之别称。句诠《易经》“飞龙在天”之意。

壬辰开岁举国联吟一日破百古今未有恭步周老笃文先生韵诚谢众诗友

龙腾信是啸吟年，一日临屏点五千。
豆谷原藏司马印，丸都水识慕容燕。
挥旌指处添新咏，抚键酣时梦老边。
证史以诗感忧责，浑如长白雪连天！

2012年1月25日（正月初三）于长春养根斋

【题解】

困极难耐，小睡片刻，醒来竟添恁多新作，连周老大作短信都未听见，惭愧有加！周老却安慰我：“太辛苦了，历史不会忘记。文。”

世界文化遗产地集安乃吾家乡，河曰豆谷，原上出土汉军司马印。词之源头隋炀帝所创《纪辽东》咏及“丸都水”即豆谷，今称洞沟、通沟，史上屡有慕容燕征伐之记述。毋丘俭“刊丸都之山，铭不耐之城”之后作诗云：“忧责重山岳，谁能为我檐（担）？”忧责，担负重任。

次四家联句韵集唐明清古贤佳句记和诗逾六百首

尊前莫话诗三百，唐·韦　庄：《病中闻相府夜宴戏赠集贤卢学士》
舒处周流遍大千。唐·寒山子：《寒山诗三百三首》
夜唱竹枝留北客，唐·张　籍：《江南曲》
独吟风月过南燕。唐·刘　沧：《匡城寻薛闵秀才不遇》
前锋直指阴山外，唐·韩　翃：《送孙泼赴云中》（作者亦有称韦应物）
仙阙遥开白日边。清·屈大均：《西樵歌》
忽见故园春色好，明·刘基注：《灵棋经》
拱辰重认旧云天。唐·徐　铉：《再领制诰和王明府见贺》

次四家联句韵集唐宋古贤佳句记双韵和诗逾千首

碧舞红啼相唱和，唐·陆龟蒙：《置酒行》
越香巴锦万千千。唐·杜　牧：《中丞业深韬略志在功名再奉长句一篇兼有咨劝》
曾逢啮缺话东海[①]，唐·陈　陶：《钟陵道中作》
行看文星照北燕。宋·黄　庚：《上李承旨学士》
新月已升飞鸟外，宋·张　耒：《春日遣兴》
琴壶犹恋落花边。唐·曹　松：《罗浮山下书逸人壁》
迎春正启流霞席，唐·李　显：《立春日游苑迎春》（作者亦有称李治）

虎吼龙鸣腾上天。唐·李　峤：《宝剑篇》

2012年2月6日（正月十五）21时26分

【注释】

①啮缺（nièquē），传说中的上古贤人，借指隐士。

省政府工作报告中强调“实施长白山文化建设工程”感怀

山民议政放高音，何事倾情便动心。
赫矣峰奇标产业，褎然文采冠儒林[①]。
堪欣奥壤添双喜[②]，不愧关东第一岑。
软实力强能护国，大荒樵海莽幽森。

【注释】

①褎然文采冠儒林，宋·李光：《悼程伯寓尚书》中句。

②双喜，吉林省委九届十二次全会通过的贯彻中央决定《实施意见》和吉林省十一届五次人代会上省政府工作报告中，均写入“长白山文化”。

受聘吉林省政府文史研究馆馆员有记

新春伊始获佳音，手捧聘书扪自心。
涉世未疑亲鸭水，浮生注定守鸡林。
传承记忆标符号，挖掘资源踏峻岑。
杖策洪荒专一事，属望长白郁森森。

用拙韵集古贤佳句记省政府工作报告中强调“实施长白山文化建设工程”事

殷勤终是感知音，唐·杨巨源：《冬夜陪丘侍御先辈听崔校书弹琴》
惊破红楼梦里心。唐·蔡　京：《咏子规》
谁酿西陲炽妖火，清·吕师濂：《御香歌》
官崇东省秀儒林。宋·杜　弦：《送程给事知越州》
初疑鞭石跨沧海，宋·楼　钥：《游天台山石桥》
数叠云峰压翠岑。宋·黄　裳：《暑中二首》
身到静中方有我，宋·冯　山：《和吕少蒙题大卿林下轩》
乾坤万象总森森。宋·胡　宏：《和范公授》

用拙韵集唐宋贤佳句记受聘吉林省政府文史研究馆馆员事

乾坤自与我知音，唐·吕　岩：《七言》
更有何人肯苦心。唐·罗　邺：《落第书怀寄友人》
鸑抱云霞朝凤阙，唐·翁　洮：《春》
口传天语到鸡林。唐·刘禹锡：《送源中丞充新罗册立使》
如今处处生芳草，宋·王沂孙：《高阳台·和周草窗寄越中诸友韵》
犹为年年下翠岑。唐·崔　涂：《过绣岭宫》
踏遍山川成底事，宋·高斯得：《庸斋再赋予亦再和》
江边邑屋树森森。宋·李　纲：《次贵州二首》

吉林省政协长白山文化发展论坛志贺

巍峨长白帜高悬，符号一新标赫然。
云底雄文峰十六，辽东信史韵三千。
黄龙故塞鸡花艳，玄菟清秋鸭水绵。
此刻闼门应启鉴，青埂不老共擎天。

2012年6月12日

延边设州六十年志贺

东陲最美数延边，屈指堪欣六十年。
长白山前花果地，海兰江畔米粮川。
舞随象帽农家乐，歌伴洞箫诗梦牵。
第一州中风景异，管弦奏罢又新天。

2012年3月11日

【题解】

今年9月3日，是延边设州六十周年。延边是我国唯一的朝鲜族自治州，也是连续多年的全国民族团结模范自治州。

沉痛悼念刘忠德先生

长白巍峨鸭水流，边陲赤子著春秋。
仙州远赴桓州渺，豆谷睽辞神谷幽。

不老山河甘守护，弥坚志气苦追求。
从今伸出拿云手，携雨书天无尽头。

2012年5月25日于长春

公主岭端午诗友会暨新农村采风行题赠

响铃故里咏端阳，老友新朋聚一堂。
碑尚问心风韵雅，诗堪证史选骚芳。
翻书不觉信州远，骋目方通疑玉光。
白马黄龙关底事①，辽东怀古领华章。

2012年6月22日

【注释】

①辽东三才子之一、公主岭人荣文达有《辽东怀古》七律八首，其中写道："黄龙最恨书生计，白马犹严太子兵。"

磐石三余诗社成立二十周年志贺

结社联吟二十春，磨盘辉发纪风尘。
沙河曾主黄河事，红石犹期黑石人。
小白山隈花永艳，大荒顶子韵何贫？
瑶池启脉成流派，地接扶余无俗邻。

2012年6月24日

长白山文化论坛举办之际恰逢长白山得名一千周年感怀并赠余秋雨先生

誉领大东长白山，定名未早到辽前。
金源清祖同望祭，石鼓松涛合管弦。
女直从来三十部，雄称至此一千年。
今由我辈强符号，绛帐高堂慰古贤。

【题解】

2012年6月27日（壬辰五月初九）下午，吉林省政协在省宾馆礼堂举办“长白山文化发展论坛”，著名学者余秋雨先生到会做主旨演讲，本人有幸做主题发言，感呈乞正。

自辽圣宗统和三十年（1012年）《辽史》中始见“长白山三十部女直乞授爵秩”，至今2012年，正好一千周年！

《梅津汇律》暨中华诗词论坛成立十周年采风行志贺

梅津汇律采风行，十载论坛百度明。
历览天章珍古韵，重游故地发新声。
惠民强市高科技，兴教弘文老感情。
长白腹中生态美，海龙吟起纪征程。

2012年7月7日凌晨于长春养根斋

长白山得名一千年有记

知名无愧一千年，历览沧桑命笔前。
路险何曾嗟苦旅，心清未许忘高贤。
堪凭异态标符号，敢引同经奏管弦。
总领古今东北亚，白云峰上著华笺。

2012年7月19日

《吉林日报·东北风》隆重推出长白山文化之旅征文志贺

长白撷英头等功，报刊遍数几家同？
沐心偶待西南雨，健翼总迎东北风。
词纪丸都山色老，文征豆谷水声雄。
百年苦旅千年事，皆入鸡林一卷中。

2012年8月16日

长白山诗词流派咏叹四首（依孙成学先生韵）

一、韵祭先贤

丸都水魄浚词源，韵府犹存证史篇。
东海渔歌焉唱晚，白山诗介已争先。
城头二沈关清野，塞上三吴共戍边。

流派涌来催我辈，信当启后效前贤。

【题解】

隋炀帝的《纪辽东》是词的源头，其中写到集安的“丸都水”。《东海渔歌》，为清代女词家顾春所作，其词名远播，被称为男有成容若，女有太清春，堪称长白山诗词流派的重要代表。《白山诗介》，乾隆、嘉庆年间由铁保编纂的诗集，共十卷。清代，八旗文人把诗词作品辑成总集，均在题目上冠以“白山”二字。除《白山诗介》外，还有三部：雍正年间由伊福纳编纂的《白山诗钞》，四十余卷；乾隆初由卓其图编纂的《白山诗存》（卷数未清）；光绪、宣统之际由杨钟羲编纂的《白山词介》五卷。这些汇辑满族诗人的诗词集，均用“白山”来冠名，已经被称为“白山文学流派”。刘世南先生的《清诗流派史》一书，已经出版。

长白山诗词流派，是1998年9月8日，由中华诗词学会副会长、《中华诗词》主编杨金亭先生在白山市提出来的。长白山诗词流派，是从历史上白山文学流派中析出之一支。以诗证史，是长白山诗词流派的重要使命。2010年3月21日，杨金亭先生在吉林农安的一个诗词研讨会上高兴地说：“可以说，长白山诗词流派，现在已经初步形成。”

二沈，指清末吉林市诗人沈承瑞和沈兆禔。

三吴，指吴兆骞、吴大澂、吴禄贞。

三吴、二沈，是长白山诗派之重要代表。

二、读诗补字

仍是**海天望无际**，大荒**一别动经年**。
绶卿**慨慷从戎日**，钓叟**苍凉出塞篇**。
不晓**山依长白起**，安知**江与牡丹连**。
而今**外患风潮迫**，志乘**陈诗当策边**。

【题解】

此诗，每句后五字黑体字，为沈淑英所作五律《吉林纪事诗题句》。

前二字宋体字，是我加的。沈淑英，是沈兆禔之姐，与其姐妹淑兰、淑芳著有《黛吟草》。日前，我刚为吉林省地方志校补影印刘建封《长白山江岗志略》。绶卿，吴禄贞之字。钓叟，刘建封号天池钓叟。此记。

三、继雅开新

爵秩乞封大王府，山称长白整千年。
听蕃女怨江梅引，创海龙吟岸柳牵。
玉甸凉时思雁碛，丸都静处读云笺。
辽东一纪承流派，命笔遥题卧虎巅。

【题解】

蕃女怨，本为词牌名，此指洪皓羁金时听一酒肆歌女所唱王观作《江梅引》。洪皓是洪秀全二十八世祖，使金被扣十五年。词中之“念此情，家万里”六字，钩起洪皓无限伤怀，彻夜无眠，连作四首《江梅引》，以述羁于冷山之苦。

《辽史》载，辽圣宗统和三十年（1012年），长白山女直大王府乞授爵秩。这是典籍中第一次见东北长白山之记载。长白山得名，至今年2012年正好一千周年。近几年中，已得《玉甸凉》四十多首，专题《江梅引》六十多首，《纪辽东》三千五百多首，《一剪梅引》三百多首，《海龙吟》六百多首。共得新体词作四千五百多首。这是长白山诗词流派的标志性作品。

四、双韵东驰

两书秋日到延边，赶在东疆庆典前。
辑萃锦章开雅韵，大荒胜境毓鸿篇。
墨花飞舞山河醉，诗介浩歌魂梦牵。
此刻笺成纪符号，后人共我慰先贤。

2012年9月4日

【题解】

《珲春韵汇》与《延边礼赞》，8月31日下午装订完毕，取出部分样书。9月1日，印刷厂起早送书，上午到延吉，中午到珲春。终于赶在9月3日延边建州六十周年庆典之前送达。两书中收有大量歌颂吴兆骞、吴大澂、吴禄贞不朽业绩的诗词。

《珲春韵汇》与《延边礼赞》，均由吉林人民出版社出版。《珲春韵汇》由邓凯和张安顺作序。吴大澂书“龙”“虎”二字刻石，用于该书封面。《延边礼赞》由张安顺等作序。

长白山诗词流派建设硕果累累。在今年6月20日中央文史馆、中华诗词研究院于哈尔滨召开的“文史馆员中华诗词理论研讨会”和6月21日中华诗词学会在辽阳召开的全国第二十六届（中国·辽阳）中华诗词研讨会上，我在这两个会的大会发言中加以介绍并得以确认，吉林诗词这一现象，目前全国独有，被周笃文先生誉为“关东铁军”“昭代祥瑞”。

《珲春韵汇》《延边礼赞》出版座谈会次拙韵又记并答李红光①

吟关良策欲筹边，近海风云汇眼前。
两本书中知信史，五家山上释疑篇。
车临凉水波涛涌，碑立防川笔墨牵。
韵贯三江长白起，传承流派赖群贤。

2012年9月26日凌晨于长春养根斋

【注释】

①《珲春韵汇》《延边礼赞》，张福有主编，2012年由吉林人民出版社出版。

恭步乾隆《海兰河屯有序》御韵记《海龙吟》得词近千首兼贺《梅津汇律》与《海龙吟》编就

一指旌麾聚此时，梅津汇律出天池。
词牌草创推前浪，流派薪承续古基。
忧责盈肩知尚重，诗文征史未穷期。
海龙吟起榆戍处，苦旅迢遥宜勉思。

2012年10月8日

【题解】

乾隆《海兰河屯有序》，记下重要史料："海兰河屯者，汉言榆城也。遵槎尔筏岭以西，旁见旧城之基焉，雉堞无存，土垒尚在，昔年征战之时，各筑堡自守。遗老既尽，无能道其事者。以其生榆树焉，则谓之榆城而已。"其诗云：

虎视龙争各据时，高培战垒阔穿池。
何年贝勒失名姓，剩此荒城祗址基。
总为圣人驱除难，维新天命眷归期。
秋风榆戍经过处，奋旅维艰企继思。

据此，我草创词牌《海龙吟》，两阅月得全国诗人创作《海龙吟》近一千首。承蒙梅河口市委、市人大、市政府、市政协领导高度重视，单出一本《海龙吟》，以纪其盛，感而有记。

九台雅集次韵赠德祥兄

长白巍峨瀑照悬，龙腾虎跃任经年。
收来韵影留岁月，除去隐忧邀管弦。

地处他乡珍友谊，天生我辈重诗缘。
河边驻马一回首，往事依稀过眼前。

2012年10月13日凌晨于长春养根斋

长白山文化与鸭绿江文化研讨会召开志贺

临江盛会近冬阳，泼墨摛毫择韵忙。
流到黄城绿水远[①]，派通赤谷白山长[②]。
海边盗起防狼跋[③]，林下文兴助虎藏[④]。
但愿烟氛能扫尽，西京从此固东疆。

【注释】

①临江桦甸皮甸子古城，乃集安良民之平壤城以东的黄城。

②赤谷，乃白山市浑江区红土崖河之古称。

③狼跋，进退两难。《三国志》："当斯之时，进退狼跋。"吴大澂有诗句："山中盗起愁狼跋，门外寒多惊鹤眠。"

④临江城北有卧虎山。临江是渤海国之西京鸭绿府所在地。

第七次长白山文化第一次鸭绿江文化研讨会召开有记

明堂雅集忆先贤，继迹新征共策边。
下乱泥塘疑蜀道，过烟筒砬著华笺[①]。
诗从长白开流派，文向洪荒补史篇。
不朽碑刊荡平岭，披榛结卷续年年。

2012年10月26日

【注释】

①临江有乱泥塘村、烟筒砬子村，借名而用，喻长白山文化研究及鸭绿江文化研究步履维艰。

吉林市诗词学会成立志贺

冬雨浣将吟帜新，汤汤流派涤沙尘。
兑涵大泽毓三杰，艮托不咸滋四神。
长白发龙潭荡漾，洪荒威虎岭嶙峋。
鸡林得续旧闻录，诗介传承启后人。

2012年11月11日于长白山下

沉痛悼念桑逢文先生①

暗谴冬寒雪乱飘，岂谙文栋赴仙邀。
白云峰上苍龙寂，绿水桥头红叶凋。
旷野无端风瑟瑟，天堂有梦路迢迢。
从今更觉知音少，忆及桑公已渡辽。

2012年12月10日

【注释】

①桑逢文，1939年11月生，2012年12月5日在长春去世，终年七十三岁。我任吉林省委副秘书长时，与时任省政府秘书长的桑老多有工作联系。我编《长白山诗词选》，请桑逢文副省长批的出版经费。

沉痛悼念郝贵堂先生

联章识翘楚，拊掌几经年。
七子推丕显，一心尊圣贤。
雪飞天洒泪，江凝地生烟。
啼血灯枯尽，春来供杜鹃。

2012年12月11日

沈鹏云兄《长白山诗词：长白山文化的精粹》刊于吉林日报有贺

长白开流派，纪辽东发端。
诗词联曲赋，精美雅高难。
回顾五阶段，犹期百尺竿。
支撑诽笑弱，有赖艮雄盘。

2012年12月13日

赵公武木普墓碑题咏

赵公墓石刊嘉庆，武木普名尤可珍。
辉发旧岗祖居地，盛京榆堡毓旗人。
打牲乌拉应差美，寄迹松江创业辛。
长白山前存信史，年年踏雪贺新春。

2013年1月5日夜于吉林市五洲花园大酒店1805房间

《中国工艺美术全集》编撰工作会议有记
（次宋应星《思美诗》韵）

天工开物启今人，忧责清心豁老身。
砚解豪情探奥壤，根知深意访山民。
期圆盛世小康梦，信放奇葩大泽春。
我辈神州留绮卷，岂教绝艺付烟尘。

2013年3月16日于深圳麒麟山庄

【题解】

这次会议，李铁映同志到会做重要讲话，重申一定要举全国之力，将《中国工艺美术全集》编成中国当代的《天工开物》。我被聘为吉林卷主编，故用《天工开物》作者宋应星《思美诗》韵以记。《思美诗》共十首，其一为：

闻道西方有美人，大圆清淑幻成身。
容华婥约仙山质，德性温良葛氏民。
著作功高天不夜，应酬气爽日长春。
却怜俗骨烦陶冶，宁惜蒙淄混世尘。

悼念石宗源同志

癸巳小春天骤阴，忽闻噩耗泪沾襟。
白山有梦石堪记，黔水无涯源可钦。
不信忠魂随雪散，岂疑宏愿遣风吟。
音容笑貌犹长在，鹤舞松青共古今。

忆石宗源同志

以诗证史鉴先河，椽笔雄推鸭绿波。
免使华刊成绝版，更催莽野谱新歌。
駃行不注凭谁解，泉汩有声同韵磨。
已信从今乘鹤远，徒留思念与时多。

2013年3月28日

【题解】

2000年10月19日，石宗源先生为拙著《长白山诗词史话》题词：“以诗证史，力开先河。”《长白山诗词》的刊号一度出现情况，是石宗源按张岳琦意指示多方核查，从实际出发重新核发国内外公开刊号。駃，音鸟，沙漠行走工具，言其不可替代。2000年秋，石宗源遵王云坤先生意嘱余考证后并告，文苑小趣一桩，曾广流传。

悼念王纯信先生

垂首玉皇悲沸流，文星陨落满城忧。
漫江木屋难重访，老岭雪乡空请求。
箱底花纹存眼底，枕头顶样驻心头。
白山瑰宝寻无尽，可信先生觅小休。

2013年3月22日

题赠辽阳雷锋纪念馆

华堂别致独藏珍，五十年来境界新。
事小莫疑非善举，德高可信是凡人。
老爷岭上山常绿，太子河边梦永春。
暖意融融风故国，世间无价属精神。

2013年4月5日

集安麻线高句丽碑碑文补释有记

国罡之上号平安，始祖邹牟道法天。
神武雄风广开土，弥高烋烈略看烟。
戊申定律四时祭，丁卯刊碑廿代宣。
孰以文忧因石喜，且欣我辈有殊缘。

【题解】

2013年香港《名家》杂志、2013年4月10日《中国文物报》已刊发拙文《集安麻线高句丽碑碑文补释》。

叶剑波新著杀青志贺

欣闻绮叶迭鸿篇，一剑甘磨又十年。
鸭绿波清烟浩渺，鹅黄柳弹韵翩跹。
行无碍已先探路，情有钟还自策鞭。

如梦人生休错过，世间可重是文缘。

2013年4月15日凌晨

癸巳初春急就并拟集安新发现高句丽碑笔法书奉

吉林省委党校长白山分校成立并开班志贺

乔岳巍巍耸大东，白云峰上起春风。
天荒破处书声朗，文脉通时山色雄。
求是咸清心感外，涤非瀑泻月明中。
临池绛帐余忝列，携手养根重启蒙。

2013年4月23日

孙挺进在轮椅上写就《说周边历史　话疆域变迁》感赋

巡山历险忆当年，几度魂牵岳桦前。
文遣鼠标钻腹内，泪驱轮椅转周边。
辨明晴雨表中史，续得古今书外篇。
空白缘君欣补就，何堪忧责重盈肩。

2013年4月30日于长春养根斋

【题解】

孙挺进，伤前任吉林省边防总队后勤部长，因公车祸致残，高位截瘫。克服极大困难，写成《说周边历史　话疆域变迁》（此书2016年9月1日，由中国友谊出版公司出版）一书，十五章，七十九万字，填补空白，适宜于部队干部、战士及地方国防教育读本。意义重大，精神感人。忆及十七年前我在白山市委供职期间，孙挺进尽其职责，多次陪我查边，冒着生命危险陪我冬上天池，搞清了长白山地区一系列历史与现实问题，所获甚为难得。

敦化市诗词学会第三次代表大会志贺

辞冬忽觉景新奇，鄂达里今传韵旗①。
山北清祠昭不显，海东盛国奠鸿基。
示儿未搁春秋笔，证史还凭雨雪诗。
流派开来承大德，鸡林岂许缀偏师？

2013年5月13日

【注释】

①鄂达里，敦化旧称。1908年冬，林伯渠重到敦化县境，披雪游览清始祖誓师点将的鄂达里台并作七律一首。“不显”，“不”，通“丕”，大之意。乾隆在《盛京赋》中写道：“奥我清初，肇长白山。扶舆所钟，不显不灵。”不显不灵，即大显大灵。渤海国，始建于敦化，史称“旧国”。“雨雪诗”，《穆天子传》：“北风雨雪，有冻人。”林伯渠诗中有“和戎尽有诸公策，满眼狐乌雨雪诗”之句。“大德”，出自《中庸》：“小德川流，大德敦化，此天地之所以为大也。”“大德敦化”，敦化地名之所本。

梅河口市政协学习研究长白山文化感赋

梅津岂道过春时，恰近磨盘临凤池。
资政育人开史鉴，协商监督奠文基。

胸怀绮梦一流志，路接小康三步棋。
为使山门榆戍固，还须渺虑助澄思。

2013年5月18日

纪念成多禄先生诞辰一百五十周年

一代清官百世尊，以文会友下中原。
吉林三杰称翘楚，绥化首知培澹园。
带起书风长白烈，继开诗派闳门喧。
九台高诵吟声远，直引奇葩塞外繁。

长白山文化时空框架刍议小记

奥壤不咸名大东，支撑引领构时空。
崔嵬气可清寰宇，飒爽风堪动閟宫。
白马诗藏欣发现，黄龙府谓得幽通。
高坛有幸释符号，文阐真知声自雄。

2013年5月30日

《打牲乌拉三百年》出版志贺

案头档子册中笺，乌拉打牲三百年。

去日兰台存记忆，当时绮卷付长编。
山川剩有奔波处，历史曾留触摸缘。
尽数风云朝贡事，丰功须纪柳条边。

2013年6月5日

敬挽陈翰章将军

英烈回归半截河，瑶池敦蓄百年波。
战功赫赫戍家国，祭雪纷纷讨贼倭。
双目浑如光炯炯，无声远胜话多多。
临流可信雄魂在，不老民心剑自磨。

2013年6月6日

【题解】

陈翰章将军牺牲前被残暴的日寇剜去双眼，割下舌头，那是一颗真正的“不屈的头颅”！ 陈翰章将军，应当什么都能看见。陈翰章将军，应当有很多话要说！

长白山诗社成立三十周年恰逢《文化吉林》筹办“中秋诗会”感赋

无暑清凉八月风，中秋孰与昔时同？
尝惊故国词牌老，更喜边陲诗韵雄。
流派扬波源大泽，吟旌奋旅解初衷。

卅年回首瞬间事，寄望江河入海东。

2013年7月17日晨

【题解】

长白山诗社在吉林省委宣传部文艺处吴景春等先生运筹下成立于1983年中秋节。时任吉林省委第一书记强晓初为名誉社长，公木先生任社长，迄今已逾三十周年。当此之际，恰逢吉林省委宣传部文艺处支持的《文化吉林》筹办“中秋诗会”，感而有记。

刘建封故里王培范先生索句并书有赠

安丘添挚友，看重古今情。
未搁千秋笔，常留万世名。
渠风扶泰岱，苦旅觅康平。
十六峰长白，源高流自清。

2013年7月17日凌晨

大唐名将张士贵后裔张洲张宝在先生寻访先祖东征故地奉陪有记

携得草原风，当初古道同。
不谙开汉郡，岂解纪辽东？
鸭绿栅犹在，丸都水尚雄。
唐宗知也慰，驻跸万年功。

2013年7月17日凌晨

出席吉林省文联吉林省作协第八次代表大会开幕式有记

雅集春城忆故人，萧疏往事付烟尘。
八千里路留清影，十二年光显老身。
燕赵文东增自信，汉唐化北启天真。
高台举目催心敞，梦演吉林形象新。

2013年7月30日

【题解】

2013年7月29日上午9时，吉林省文联第八次代表大会、吉林省作协第八次代表大会开幕式在吉林省宾馆礼堂隆重举行。

延边长白山文化研究会第二次会员代表大会志贺

长白文军东部雄，海兰歌美染江枫。
山盟结自闼门外，铁笔挥从天豁中。
十六峰峦涵大泽，三千日夜著丰功。
行方一站路犹远，继迹诸君矢志同。

2013年7月31日

海龙城总管衙门碑考证补记

此到梅津创获殊，海龙总管府衙俱。
碑残掠影凭光线，志补全文赖国图。
边地粗荒施厚泽，榆城艰苦履危途。
百年载得惠民事，传世免其昭久虞。

2013年8月4日

【题解】

2013年6月，梅河口市文化部门在海龙镇得获一通残碑，碑文漫漶严重，不知其年代与性质等。我抵梅引以为见，摄影后加以处理，与长白岳桦、炮兵、东方如石诗友一道，辨认出“海龙□总管衙门碑”及前两行文字：“国朝深仁厚泽覃及边陲开常供之鲜围”“万年富庶之基蒸蒸日进何其隆欤查”，从民国海龙县志中查到该碑碑文，又从国家图书馆下载该碑文电子版，两相对照，碑文一致。全文十八行、六百二十四字，残碑上现存三百余字，堪称殊喜创获，感而有记。此残碑，是梅河口境内发现的第一通古碑，意义重大。

重上霸王朝山城

千尺孤城一境墟，丛林不掩霸王居。
灵泉犹在冰坑浅，断壁残存雪爪疏。
老树原藏空腹史，高台漫裹白皮书。
幽幽古洞谁人晓，弹铗何曾食有鱼？

诗家眼中的通榆采风暨关东诗阵2013年会感赋

当秋吟旅发征途，向海扬旌择韵殊。
开砚田宜书望杏，束诗耒可纪瞻榆。
卅年泽显催流派，一卷刊成雅兑隅。
松漠欣凭文放绿，归来辽鹤戏平湖。

通榆七律六首

一、通榆春捺钵遗址初考

捺钵荒原故事真，辽京扈从几千人。
西来马队通榆塞，东进雁声消驿尘。
聚宝鱼鹅头宴美，生花桃杏百年珍。
长春州治今重考，自信能经坨子巡。

【题解】

春捺钵是辽代皇帝以行宫理政的重要形式。捺钵是契丹语“行在”“行营”等意。辽代圣宗、兴宗、道宗、天祚四帝一百三十九年中有一百零六次春捺钵活动。其行进路线是从辽上京内蒙古巴林左旗出发，经突泉、通榆一带到达长春州（白城城四家子古城）、长春河（洮儿河）、查干湖、月亮泡、向海一带钓鱼，捕鹅，举行“头鱼宴”“头鹅宴”处理政务等。通榆境内存有十二处名为“坨子”的辽代遗址，出土辽代砖瓦、陶片、白瓷、铜钱、铜镜等文物。“坨子”周围是宜于钓鱼、捕鹅的沼泽地。通榆境内，也有辽代春捺钵遗址，应开展调查考证工作。

二、重考长春州

通说推州塔虎城，曾经发掘考无征。
四家居处砖铭确，三月如时文献清。
挞鲁长春隆绪诏，黄龙收国大金更。
瞻榆斗隼改朝事，深得民心不用兵。

【题解】

辽代长春州，学界通说推定在前郭塔虎城，2000年经考古发掘，结论该城始建于金代。2007年白城洮北区城四家子古城中出土一块金代铭文砖，宋德辉先生考证此城应为辽代长春州、金代新泰州，我撰文赞同。《辽史》载圣宗耶律隆绪太平二年三月（1022年）如长春州，太平四年（1024年）昭改挞鲁河为长春河，均应指城四家子古城及紧濒城西的洮儿河。洮儿河《魏书》作太鲁水，《北史》作太岳鲁水，《新唐书》作他漏河，《辽史》作他鲁河，挞鲁河。辽金冲突的导火索是海东青即隼。1115年，完颜阿骨打与辽大战黄龙府，辽大败，金建国，为收国元年。1117年，金攻打辽长春州，失去民心的辽军不战自败。通榆之地当时归长春州管辖。

三、长发古城

兴隆长发小平原，遗有古城存断垣。
烈马面今无迹象，牤牛河已隔笳喧。
一方铜印都督府，百户亲军刊至元。
辽建金明皆续用，安疑异代驻征轩。

【题解】

长发古城位于通榆县兴隆山镇长发屯，坐落在四面环山的小平原西侧。南八十米为牤牛河。城墙周长一千米，未见马面。东墙有一座城门。城内有六处建筑遗址。有砖瓦、陶片、瓷片等。黄白釉铁花瓷、青花瓷、缸胎瓮、坛类器物较常见。1977年有一农民在城南四华里趟地时捡到一方元代铜印，印纽两行汉字：“中书礼部造”“至元五年四月□日”。印文为八思巴文阳刻篆书“东路蒙古侍卫亲军百户印”。东路蒙古侍卫亲军前身受大都督府节制。元代两次用过“至元”年号，至顺二年（1331年）庚寅，改东路蒙古侍卫军万户府为东路蒙古侍卫军指挥使司，可知至元五年四月应是1339年四月。百户，相当于从六品官，与该城规模相合。

四、西学堂古城

遗址有城西学堂，敖包祭祀上高岗。
白瓷片断疑云影，灰瓦丰盈耀翰光。
通宝通榆开泰定，熙宁熙佑肇嘉祥。
青砖手掌谁人印，力转乾坤为稻粱。

【题解】

西学堂古城位于龙山乡长青村西学堂西北四华里的敖包山上。周长七百七十米，于南墙中段开门，无瓮城和马面，似有角楼。城内最高处是敖包山新石器遗址。城内和城南有建筑址及大量遗物。主要有：青砖、布纹瓦、辽白瓷、瓮缸残片和大量的黄白釉瓷片、陶片。陶片上有压印疏朗齿轮纹、竖短道纹、竖划纹，也有一定数量的明代青花瓷片。城中还出土北宋“宋元通宝”“熙宁元宝”铜钱。城外东南部发现人骨和带有手掌印的青砖。从遗物上分析，此城由辽代建于新石器遗址上，金、元、明代沿用。

五、通榆建设生态经济城市感记

生态通榆作远谋，弘文方略几经修。
兴农兴电兴商贸，宜业宜居宜旅游。
灰瓦青砖遗紫陌，蓝天碧水衬红牛。
和谐幸福人为本，向海凭高豁亮眸。

【题解】

通榆县委书记孙洪君将拟在全县干训班的讲稿送我阅改。这一规划，站位很高，视野开阔，目光长远，符合实际，具有前瞻性和可操作性，略加润色，稍做补充，感而成吟。

六、孙洪君先生《大写鹤乡》读后（倒次原韵）

平衡生态景观新，绿色城乡美梦真。
朿耒何妨先放胆，瞻榆或可助修身。
诗花簃雅敢称富，墨宝园盈难说贫。
电送风升缘木起，遵循德义道司春。

2013年8月25日

【题解】

孙洪君先生以手机和电子邮件发来大作《大写鹤乡》，读后深有感触。

甚谢王云坤先生为《鹤乡雅韵》题写书名

矧复华笺印色新，鹤乡雅韵锦函珍。
从飞白处风轻起，到放花时野自春。
浩渺烟波涵气象，蜿蜒墨迹长精神。
瞻榆望杏传流远，证史荐诗芰秽榛。

2013年9月18日于长春养根斋

邱恩义先生书《长白山诗词选》百首大展志贺

书排诗阵势如何？十六奇峰助砚磨。
长白长龙长韵逸，大荒大泽大风歌。
华章醉墨催当笔，矢志钟情任烂柯。
各显神通齐出手，家山不信少文讹。

2013年9月29日于长春养根斋

长白寻幽

此行初摄海东青，雄立桦枝故事听。
大泽隐时金壁现，灵槎放后玉潭泠。
庙台曾锁千秋史，柱础犹存一丈亭。
摛笔深怀张子固，转蓬薄宦止飘零。

2013年10月17日于长春养根斋

《中国长白山文化》在中华书局出版志贺

绮卷初刊山色新，十年一剑倍艰辛。
确谙大泽不咸解，幸遇圆虹日晕珍。
鸭水滔滔诗写意，鸡林郁郁史逢春。
天池钓叟信应慰，继迹群贤启后人。

2013年10月23日

祝贺《中华辞赋》在全国出版发行

欣闻辞赋即交邮，宏愿可期纷贺酬。
早许华章名海宇，新生绮卷雅神州。
班张脉发传丕振，屈宋源开奠壮猷。
策马扬鞭长白麓，三江携韵放歌喉。

2013年11月14日

【题解】

经国家新闻出版广电总局批准，《中华辞赋》获内地正式出版刊号（原为香港刊号），自2014年1月起，作为国内第一家辞赋文学月刊，向全国出版发行。

题江源枫叶岭

江源枫岭岂需夸，入镜斜阳已染霞。
赤谷黑陶缘绿水，白山红叶伴黄花。
天然景色添文采，地道乡贤理史麻。
苦旅百年书一卷，大荒走过到曹家。

2013年11月20日

进京参加《中国工艺美术全集》省卷主编考评小住东方饭店感记

李铁映同志要求，要将全国二百三十一卷的《中国工艺美术全集》做成中国当代的《天工开物》。诗中的“著作功高”，很有内涵。“长春”，当是春长在之意。与今之“长春”同字，也属早有文缘，兹再续貂一首：

偶来小住忆名人，自古英豪不惜身。
四卷鼎新存要义，百年革故为平民。
手工劳作创文史，数码精编著锦春。
盛世宏刊同格物，传承大美步芳尘。

2013年11月30日

【题解】

这次主编考评地点安排在北京东方饭店，意义殊深。此店建于1918年，至今已九十五年。陈独秀、李大钊、蔡元培、鲁迅、胡适、钱玄同、刘半农等在这里留下足迹，刘海粟、张大千、叶圣陶、郭沫若、茅盾、巴金、傅抱石、关山月等文艺巨匠在这里均有建树。来到这里举行省卷主编考评，本身就是在上课，感而有记。

这次参加考评的陕西、天津、上海、湖南、河南、湖北、辽宁、四川、吉林等十一位主编，全部通过。

甲 午 迎 春

雪飞风卷送严寒，梅报春新遣笔端。
百廿惊涛何敢忘，五千史典等闲看。
虔心诚祝高堂健，属意唯期后嗣安。
携手同圆中国梦，关东大泽毓群峦。

2014年1月23日

甲午迎春和诗逾五百首诚谢廿九省市区众诗友

和声高处未知寒，筑起吟楼跃顶端。
时值良辰谁至乐，君成佳句我惊看。
十年春节临屏过，万里诗朋步韵安。
共举芳樽欣骋目，不咸山外遍花峦。

2014年2月6日（甲午正月初七）15时30分于长春养根斋

李书磊赴闽供职有赠

一自盛京闲问寒，便随鹏举过云端。
磊成翠玉书中写，舞起青龙马上看。
三晋泉声谋大略，八闽烟影梦长安。
铁肩向可扛忧责，心底苍生足下峦。

2014年2月8日于长春养根斋

拜读《中央党校大讲堂·刘景禄讲稿》感呈恩师

载道飞鸿春莅时，燕园问稼忆樊迟。
五经所本凭师说，万物皆供于我思。
绛帐启蒙愚有幸，养根爱智信无疑。
而今犹笑不才事，考墓辨碑仍自持。

【题解】

刘景禄，笔名刘耕路，1936年生于吉林双辽，中央党校教授、文史教研部原主任，学术委员会委员，国务院特贴第一批获得者。著有《韩愈及其作品》《红楼梦诗词解析》《中国的诗词曲赋》《史记选译》等，创作电影剧本《谭嗣同》，与人合作电视剧本《红楼梦》。1983—1986年，余就读于中央党校，受教多多。“养根斋”之谓，欣得刘老师认可。《刘景禄讲稿》，是“中央党校大讲堂”丛书第一辑十本之一。

《走进集安》出版志贺

驴友行吟展卷时，约期即到已嫌迟。
丸都月影随风近，豆谷涛声席梦思。
继古人之慷慨笔，发清韵者凯旋诗。
乐山乐水相宜处，何忍归来歇杖持。

【题解】

《走进集安》，由臧旺红、吴广孝、周长庆著，吉林出版集团吉林电子出版社于2013年10月出版。

重读《中国长白山文化·序言》恭呈王云坤先生

序开椽笔十年时，一剑磨光未算迟。
豆谷蜿蜒涵大略，不咸璀璨发深思。
黄龙府外史应信，塔虎城中文释疑。
每忆白云峰上事，圆虹现处镜难持。

【题解】

《中国长白山文化》一书，刘厚生主编，2003年12月，王云坤先生作序，近期将出版，已逾十年。豆谷，集安之通沟河。不咸，大泽，长白山天池。黄龙府，并非始终在农安。其于926年得名于辽源龙首山城一带，历四十九年。975年被废，城通州，历四十五年。1020年复置于通州东北，才是在农安，辽代九十五年，金代二十五年。《中国长白山文化》由我作跋，写入这些东北史地调查研究新结论。

敬酬孙老春节惠玉

彩信传来漏夜温，华笺读罢已销魂。
释疑豆谷诗含醉，考遍山城石有痕。
学浅率由寻古道，憾深未得立程门。
白云峰上忽开悟，仕不优才重养根。

【题解】

著名高句丽、渤海问题研究专家孙玉良先生鼓励不才从政同时潜心做学问已逾三十年，向以“学而优则仕，仕而优则学”鞭策有加。对不才考证“靺鞨”原初称“靺羯”，“豆谷”是通沟，泉氏墓地不在集安而在洛阳，集安良民古城是公元247年东川王所筑之平壤城，等等，给予充分肯定，认为“所辨甚当”。

癸巳年三十夜孙老发来彩信，是先生赠诗手迹，《甲午新春致贺养根斋主》：

仕优养根千尺深，学问不朽百世闻。
神游玄菟故郡城，心系高丽诸王坟。
庸流裹足海无涯，俊秀奋步天接身。
囊萤照亮侯门路，映雪花香累倍馨。

八分宣笺，毛笔行书，充满鼓励我考古治学之情，备受鼓舞，兹欣然领受，依韵以谢。

刘成先生书艺鉴赏感呈

制高点上苦登攀，一路留诚砚色殷。
唯道是从堂自悟，以真为信意难闲。
净心静气敬文笔，严己研书妍墨斓。
满纸通融知脉络，侧身天地立雄关。

【题解】

刘成先生，中国书法家协会会员，维权与收藏鉴定委员会委员，吉林省书法家协副主席兼副秘书长，被评为2012年“中国书法十大年度人物”。其斋号为“唯道是从堂”。

沈鹏云先生《秋实集》首发座谈会志贺

三百诗章一卷收，浮生轨迹印从头。
秋凝锦瑟春含爽，实博佳园名显猷。

不避手低难入眼，方凭师古好登楼。
结缘长白推流派，我辈原知后世忧。

2014年3月7日凌晨于长春养根斋

刘萱堂先生《岁月如画》结集志贺

岁月如歌如画时，酸甜苦辣有谁知？
驮壶穿过青纱帐，驰笔摹来白马姿。
事靠行躬终避浅，喜随运蹇每推迟。
赫然边史骤然正，平壤良民共考之。

2014年3月17日

重读《人民呼唤焦裕禄》怀穆青先生

斯文不厌读，泪雨感桐停。
椽笔动长白，微吟怀穆青①。
词开千顷碧，树茂百家馨。
五十年前梦，依然伴月星。

【注释】

①穆青（1921年—2003年），著名新闻记者，长篇通讯《县委书记的榜样——焦裕禄》作者之一。1999年7月29日，笔者有幸赴京出席“世纪颂”中华诗词大赛获奖及特邀代表座谈会。会上，吉林省委原第一书记、中华诗词学会名誉会长强晓初先生向穆青先生推介笔者，笔者向穆青先生赠送拙编《长白山诗词选》，二老共阅之。笔者为其拍照，珍贵照片用于

2001年时代文艺出版社出版的拙编《长白山诗词论说》和2018年5月时代文艺出版社出版的《张福有诗词选续辑》中。

公主岭市荣获中华诗词之乡三载有寄

诗乡载誉已三年，次第青黄染韵田。
秉笔问心碑烜赫，采风得意柳翩跹。
每当铃响打头阵，岂许山荒违顺躔。
流派开来齐举棹，遵凭绮卷慰前贤。

《东北史地》创刊十周年感赋

雪雨征程安可忘，十年跋涉不寻常。
初甄故国三家史，再现新都九寺光。
司马雄风何阻挡，毌丘忧责孰担当？
唯期绮卷存华夏，改写良民是僻乡！

【题解】

《东北史地》由我创办于2004年，国内外公开刊号，十年中前七年由我兼任社长，每文必亲自审定，共出版六期，刊发四百六十多篇有关东北史地重大问题的文章，在极特殊的情况下，勇于担当，未曾失语，首发百余篇具有创新之见的重要文章，为国家做了重要的学术储备，是十年来国内唯一连续大量刊发高句丽等学术文章的重要平台。

集安高句丽王城王陵及贵族墓葬列入《世界遗产名录》十周年感吟

举世闻名遗产珍，功成锤落费艰辛。
游巡故国知兴诣，释读中郎解作民。
豆谷离宫杯甚美，丸都雅韵墨犹新。
更欣丁卯岁刊石，定律之年自戊申。

2014年4月7日

【题解】

2004年7月1日，第二十八次世界遗产大会在苏州召开，批准将集安高句丽王城王陵及贵族墓葬列入《世界遗产名录》，转眼已届十年。这期间，集安新发现3319号墓铭文瓦当、麻线高句丽碑等重要文物。我识读“中郎”“巡故國”“丁卯歳刊石”“戊申”等关键字，可定3319号墓不是高句丽王陵，麻线碑的立碑年代不是好太王时期，而是长寿王时期。

十年考古调研三十多项新发现新成果感怀

卅项新知费十年，扪心或可慰先贤。
阳安君剑中郎瓦，平壤城民大泽笺。
九寺九都非九域，三碑三谷定三川。
回眸莫笑荒唐事，仍有沟濠障路前。

【题解】

2003年11月，吉林省委决定调我从吉林省文联、吉林省作协党组书记副主席兼省委宣传部副部长之岗位，到吉林省委宣传部任副部长（正厅长级）兼任省社科院副院长、省高句丽研究中心常务副主任及专家委员会主任、《东北史地》杂志社社长之职。十年间，处理政务之外，与孙仁杰、迟勇一起行程四十多万公里，完成《集安高句丽墓葬》《高句丽王陵通考》《高句丽千里长城》《高句丽古城考鉴》《集安麻线高句丽碑》等专著相继或即将出版。粗略回顾，十年间文物遗迹调查新发现、文献研究新成果主要有三十多项：

1. 发现集安禹山3319号墓卷云纹铭文瓦当并识读“中郎”等三十六字，证明该墓不是高句丽王陵。

2. 首次发现集安“五盔坟”有瓦，考证该地是高句丽王陵区。

3. 在集安麻线石庙子发现有瓦的石窟，应是闵中王所葬之地。

4. 在河南洛阳找到泉男生、泉男产、泉献诚、泉毖之墓，证明集安“五盔坟”不是泉氏墓地。

5. 在长白县二十一道沟前林子发现十三座积坛，出土赵国青铜器残件九件。连同长白县八道沟镇葫芦套村出土的赵国蔺相如青铜戈、集安阳岔高台子出土的赵国阳安君青铜剑和全国重点文物保护单位长白县干沟子战国古墓群，可证燕赵文化东进的史实。考证赵阳安君是李跻，乃老子李耳五世孙、高唐祖李渊的三十五世祖。

6. 在集安良民库区发现二千七百五十三座古墓、两座古城，抢救发掘七十六座墓葬，出土二百多件金、银、铜、铁、陶等珍贵文物，获国家文物局野外考古优秀成果奖，可证良民古城是公元247年东川王所筑之平壤城，即国之东北大镇新城。

7. 在集安通沟岭发现“乐善好施碑”，可证高句丽北道走向。

8. 在集安同和岭发现“同和岭修道碑”，可证高句丽南道走向。

9. 在辽宁盖州赤山龙潭寺中发现“重修龙潭寺造佛安禅碑记”残碑，可证唐太宗在此避暑。

10. 发现集安禹山0号墓有瓦，位于豆谷东原，应是迁都到集安的琉璃明王陵。

11. 全线调查高句丽千里长城，确认其实际地望。

12. 发现辽宁营口海龙川山城东南隅的人工土山，可证该城是安市城。

13. 发现位于慈城江口的鸭绿栅，可证《新唐书》所记无误。

14. 在丸都山城西山发现四所高句丽瞭望哨。

15. 集安禹山0号墓之下的梨树园子遗址，出土大量瓦当、础石、汉代白玉耳杯、大型成批的鎏金铜箭头等，应是豆谷离宫所在地。

16. 太王陵出土铜铃未识之字是“崚”字，通“陵”，可证集安禹山0541号墓是十九代王好太王之陵。

17. 考证好太王碑上的“平壤城”，是指良民古城，而非朝鲜半岛之平壤。朝鲜半岛之平壤，当时称朝鲜县，是汉武帝所设四郡乐浪郡郡治所在地，在好太王碑中称作“下平壤”。

18. 考证集安阳岔高台子出土的赵国阳安君青铜短剑之阳安君，是老子李耳五世孙、唐高祖李渊三十五世祖李跻。李跻之父，是赵惠文王时宰相李兑。

19. 考证“豆谷”是通沟，亦称“洞沟”，即通沟河，入鸭绿江。凉谷，是桓仁凉水泉子河，入浑江。赤谷，是白山市红土崖河，亦入浑江。浑江，入鸭绿江。

20. 考证唐太宗《辽城望月》等诗文中的“九都”，均应是“丸都”之误。集安有丸都山城。唐代有丸都县。

21. 考证隋炀帝的《纪辽东》是词之源头，其中写道“清歌凯捷丸都水，归宴洛阳宫”。丸都水，是集安通沟河。

22. 考证高句丽的“中川”“西川”“东川”“美川”“故国川”“故国谷”“故国原”“故国壤”“国罡上”，均在集安。

23. 考证集安等地出土、发现的晋封高句丽官印有七枚。

24. 考证好太王“创九寺于平壤”，“九寺”是官署，不是建九座寺庙。

25. 识读、考证集安麻线高句丽碑“巡故國”“丁卯歲刊石”“戊申”“舊民”等关键性文字，可证该碑为长寿王时所立。

26. 考证“黄龙府”时间上之三阶段、空间上之三地点。黄龙府得名之地、扶余后期王城在辽源龙首山城一带。黄龙府废后所建之通州不在四平一面城和昌图四面城，应在昌图曲家店黑城。农安是1020年复置于通州东北的黄龙府。

27. 考证金代派张子固册封长白山。

28. 考证王寂所宿韩州大明寺，在梨树偏脸古城中，有《鸡儿花》五律为证。

29. 组织专家考证“不咸”是大泽，即长白山天池，不是“色白似盐而不咸”。

30. 考证长白山得名一千年，长白山神庙建于安图宝马遗址。建议考古发掘后，已得到证明。

31. 在江源找到百年前刘建封踏查长白山一行在曹家早餐的曹建德之孙曹献春，刊石《曹家沟纪略》。

32. 考证白城也有辽代春捺钵遗址，通榆西边昭东坨子遗址等，应是辽代春捺钵遗址。

33. 考证辽代长春州不在松原前郭塔虎城，而在白城洮北区城四家子古城。

34. 在沈阳青桩子发现一座汉代古城和古墓群，叫停沈抚新城四环东街该段新建工程，报告辽宁省有关部门，紧急做考古发掘，立即加以保护。

35. 在图们江边发现外国出资立的“间岛”石碑，报告省上责成有关部门彻底予以处理。

36. 发现《辞海》个别词条严重有误，上书国家领导人责成上海辞书出版社予以修订。

37. 发现抚松漫江枫林遗址和旧石器长白山手斧。

38. 发现抚松漫江“王八炕”遗址和长白山石磬1号。

伊通满族博物馆留题

伊通河畔耸高阁，满族馆藏重领衔。
自惜贤儒留墨宝，堪欣方志补书函。
白山从此传淳俗，青史于兹铭不咸。
历数古今兴废事，由来并纪七星岩。

2014年4月12日

赴伊通探望耐寂轩主握别寄语

恰值杏花开满园，伊通拊掌见辞源。
鹤乡韵送精华卷，诗阵杯归耐寂轩。
暂且防风吹硬骨，何期进酒放豪言。
心宽信是胜微创，梦笔回春雨后繁。

2014年4月12日夜

甲午新春辽源会诗友

迎春花染聚龙泉，夹岸鹅黄沁柳烟。
酒藉英华浮脸上，心因雅韵醉樽前。
东来汉镜诗证史，西徙扶余城近燕。
漫卷吟旌翩驿路，儿孙或可纪韶年。

2014年4月12日夜

甲午春日欣得刘老师和柳椿兄雅韵急就以谢

校雠日夜付烟霞，似水流年感物华。
绿鸭江头坛影立，黄龙府里塔光斜。
碑铭陇右醇王阁，纪补辽东炀帝家。
检点诗囊思绛帐，养根斋正理笺麻。

2014年4月22日即和致谢

【题解】

1983—1986年，我在中央党校培训部脱产学习三年。1984年，后任《吉林日报》副总编辑的柳椿到中央党校看望刘景禄老师，把酒燕园，不亦乐乎。转眼间，三十年过去，往事非烟。

养根斋之称得刘老师首肯。这两天正校《集安麻线高句丽碑》一书。收到刘老师大作，正参加省文史馆召开的《永远的长白山赋》传记编委会，晚上改写《破解黄龙府难题》和《扶余后期王城考》两篇论文，忆及我等在鸭绿江最上游发现二十一道沟积坛群，出土赵国青铜器，甘肃诗友李枝葱赠我《醇化阁帖》，考证隋炀帝《纪辽东》乃词之源头，规范整理《纪辽东》词谱，得全国诗友作三千六百多首《纪辽东》，无不得益于刘老师绛帐之恩，感而有记。

吉林省政协成立六十周年志贺

乙未往还春复秋，曾经岁月忆同舟。
山涵鸭水花先艳，江毓鸡林雨后幽。
策待决焉民意举，议而从也社情收。
老来韵藉常言建，开泰尤宜叙九畴。

2014年4月28日晨于长春养根

恭步乾隆韵咏调查辽代春捺钵遗迹巧遇鲟鳇鱼

千年故事今应验，灵气通神雄不驯。
摆尾当来传信史，闪光可见耀殊鳞。
未忘槛外依诗韵，何忍江中扯网缗。
逢考辽时春捺钵，大安有意祭前人。

2014年5月13日于大安宾馆512室

【题解】

2014年5月12日中午从镇赉到大安，住于大安宾馆512室。下午，看大安博物馆、东山头辽代遗址、大安酿酒总厂。下午三点多，大安嫩江老北江柴火垛处，渔民捕到一条大鱼，告知鱼行。鱼行将此事告知酷爱研究当地历史文化的大安酿酒总厂董事长孔令海。此时，孔令海正与我和白城市博物馆原馆长宋德辉研究辽代春捺钵纳水钩鱼等问题。得知这一重要信息后，我们猜想这条大鱼很有可能是鲟鳇鱼，建议孔令海进一步了解情况，如果是鲟鳇鱼，不能卖给鱼行和客户吃掉，应加以保护，予以放生。15日夜，这条鲟鳇鱼被运到大安酒院内保护起来。经我和孔令海实测，这条鲟鳇鱼长3.4米，头部宽35厘米、厚28厘米，两侧胸鳍含鱼体总宽86厘米，重约280斤，其脖下、背鳍、腹鳍等部位已受伤，急需救治。现在未到禁捕期，渔民捕到鲟鳇鱼，事属偶然，为当地人近百年来所未见。对这条大鲟鳇鱼，孔令海出巨资将其买下，作为研究辽代春捺钵的重要文物保护起来，尽力救治。这条大鲟鳇鱼运抵大安后，我急就祭文，诵读后放入池中。

考定通榆拉户嘎古城小憩并食城中榆钱（步温瑞韵）

城中小憩指轻拈，盈把圆钱教守廉。
劳苦终寻残瓦在，味甘未计细沙沾。
扎根陌上疏犹挺，昂首风前老不嫌。
辽史而今初考证，山榆淀址信吾添。

2014年5月9日夜于通榆向海大酒店505

大安半拉城调查感记

轻抚鲟鳇鱼不惊，眼睁尾摆诉如声。
长春州著千秋史，老坎子留半拉城。
唐宋铜钱标远近，辽金泥瓦格纵横。
追寻捺钵多遗迹，待有心人考辨明。

2014年5月18日晨于长春养根斋

【题解】

大安半拉城，位于大赉旧城南门外，民国二年版《大赉县志》中载："四面土墙犹有存者，高丈余，宽五六尺"。现在，其地仍多存辽代砖瓦、陶片及大型石柱础。清代在此地设大赉厅，遗有大量建筑石刻。孔令海先生认为此城为辽代长春州。待考。第四句孤平，因是地名，不改了。

好太王碑雄立一千六百周年感记

飞也光阴胡可追，经年不懈考边维。
新刊举世无双卷，巨石擎天第一碑。
城共壤平捞水底，词因韵老壮山陲。
欣看长白春风起，犹颂灵光塔独岿。

【题解】

集安好太王碑立于东晋义熙十年（414年），距今正好一千六百周年。忆及集安高句丽王城王陵及贵族墓葬列入《世界遗产名录》十周年、我主办的《东北史地》杂志创刊十周年、主管并开展东北史地重大问题研究十周年。这十年，欣获公元247年东川王所筑平壤城是集安良民古城、泉氏墓地在洛阳等三十多项新发现、新成果。

好太王碑雄立一千六百周年再记

雄立国罡云自飞，石刊青史共山巍。
太王碑字灰前后，平壤城民鉴是非。
辨伪从来防眼拙，求真尚未与心违。
诗书合璧期传世，慷慨斯文万代辉。

【题解】

好太王碑，立于东晋义熙十年（414年），至今一千六百周年。该碑是高句丽第二十代王长寿王为其父十九代王所立纪功碑，四面环刻一千一百七十五个汉字，隶书，记述了高句丽建国传说、王系、守墓烟户制度等，记载了高句丽第一个平壤城集安良民古城。好太王碑在中国书法史上具有重要地位。

再谒桓仁龙山朱蒙墓惊见巨蛇乌梢

文书风水两相宜，天地从来不可欺。
墓葬龙山余考定，首呈王字众称奇。
建都史载纥升骨，刊石碑铭始祖基。
烈日炎炎惊互见，望江楼上决狐疑。

【题解】

2014年6月11日下午，余陪蒋力华、林景胤、董佩信、孙立民等拜谒桓仁龙山朱蒙墓，桓仁县委宣传部副部长杨伟松、文化局原副局长王俊辉陪同，在墓地惊见一条两米多长、鹅蛋粗的大乌梢蛇。《好太王碑》中写道：“履龙首升天。”龙山，在桓仁县城东之龙岗，又称龙岗山、望江楼，是一条四公里长、二百米高的长岗，其头部称龙头山、龙头，酷似人首，尾部渐细，伸入浑江水中。其背部正中，有六座有坛积石石圹墓，用河卵石堆筑，其中4号墓，位于中间，直径约十五米，一米高。出土陶罐、车上的部件、玛瑙珠佩饰链、铜铃等。

《集安麻线高句丽碑》由文物出版社出版抒怀

文物社添麻线碑，尤欣瑰宝补东陲。
戊申定律平安号，丁卯刊言长寿为。
先圣乘舆巡故国，旧民守墓履新规。
廿家烟户头初见，万世悠悠述可追。

【题解】

《集安麻线高句丽碑》，张福有编著，文物出版社2014年5月出版，三十万字，第一次完整释读碑文。此碑立于丁卯岁，此丁卯岁，是高句丽第二十代王长寿王十五年（427年），立此碑后，长寿王将都城迁于平壤。此碑二百一十七字，汉字，隶书，比好太王碑晚立十三年。集安麻线高句丽碑，2012年7月29日，由麻线五组农民马绍彬发现，是1877年发现好太王碑以来最为重大的考古发现，引起国内外的高度关注。

东丰得读乾隆行围即事诗次韵

一

猎围何故纪三韩，直欲控弦今古看。
捺钵承辽源大泽，行宫依汉布长竿。
风前举镜田犹旱，雨后挥毫墨不干。
把酒席间缘底事，吟旌舞处谢加餐。

2014年5月23日于东丰南山宾馆305房间

二

入山溜套久徘徊，往事童年心底来。
帽捕野鸡安用夹，肩背狡兔不加锛。
坚冰每在汗中化，长路皆从脚下开。
芜句难能追御笔，毛边留给子孙裁。

2014年5月27日凌晨于长春

三

当珍标本海东青，神色犹存未变形。
记得石砮传孔语，随从楛矢落陈庭。
难曾卜后求因果，亦在山前自显灵。

侪辈热衷诗证史，俱受天佑永康宁。

2014年5月27日凌晨于长春

东丰县创建中华诗词之乡感记

闻说画乡流韵风，心情孰与此时同？
校园律动花含笑，诗旅旌扬路自通。
一事当前争创建，万难克后感由衷。
围场豳雅从兹盛，奥壤吟声誉大东。

2014年5月22夜于长春养根斋

横道河镇掠影

绿水青山美若何，长鞭指处韵婆娑。
霞辉一抹斜阳坝，树影千重横道河。
抬起龙头吟啸远，排开马阵贺诗多。
办刊结社新风貌，鱼米乡中听好歌。

2014年5月23日下午于东丰

哀大鲟鳇鱼之救治无效

2014年5月25日16时02分，孔令海先生电话告，大鲟鳇鱼已于今天中午12时停止呼吸！下腮、下腹有三个大钩眼，伤得太重，能活十二天已是奇迹。已用福尔马林浸泡做成标本保存。呜呼！不胜哀惜之情！特向雨中洒一瓶诗友送自长白山下的“长白私房醇”白酒以祀。

忽报鲟鳇鱼断魂，腹腮深处现伤痕。
嫩江湾里空相待，老坎子前徒欲奔。
酒向长天开祭奠，诗从大泽悼雄浑。
但期转世自今起，标本生成得永存。

2014年5月25日19时25分

新型农村合作医疗好

鸭绿江边有老家，手机忙接叫声妈。
开心电话山乡事，住院花销政府拿。
旧病犯频娘不怕，新农合好党应夸。
小康生活咱多过，百岁村中赏彩霞。

2014年6月1日晨

【题解】

2014年5月31日晨，在“中华诗词论坛·关东诗阵”发完纪念建党九十三周年和“勿忘国耻，圆梦中华”诗词大赛征稿帖子，接到远在千里之外乡下八十五岁的老妈王恒英用手机打来的电话，兴告：去年有病住院的钱，“新农合”报销比例很大，自己基本上不用拿钱了。老妈说，党的政策真好！

读《东北人民抗日歌谣》

夜深无寐读歌谣，抗日烽烟遍地烧。
十四年中旗猎猎，八千路上雨潇潇。
白山瀑泻犹流恨，旷野龙腾正骋骄。
此际神州非昔比，英雄怒处射群雕。

2014年6月1日晨

【题解】

《东北人民抗日歌谣》，由董学增先生搜集整理，吉林省博物馆刊印，收录东北人民抗日歌谣九十八首，其中有六十首谱曲传唱，在抗日战争中起到重要的激励作用。

题敦化雁鸣湖温泉度假村

爽气充盈别有天，凡尘洗去胜神仙。
东陲湿地名遐迩，北国温泉改后先。
沐浴千家山莽荡。欢歌百鸟曲悠然。
当珍此处原生态，留得儿孙享万年。

2014年6月17日于敦化至镜泊湖道中

赠刁丽伟院长新出拙著麻线碑小记

旅游地质脉相通，镜泊湖头话夜空。

丁卯刊碑发令后，戊申定律教言中。
石能释也参差异，史可证兮慷慨同。
千六百年留翰墨，乘舆故国共西东。

2014年6月17日夜于镜泊湖北湖头林业疗养院215房间

【题解】

刁丽伟女史，牡丹江师范学院历史与文化学院院长，渤海文化研究中心副主任，教授，硕士生导师，对渤海国历史与文化素有深究，著述颇丰。应余之邀加入国家级长白山地质旅游文化项目课题组，引导课题组八人在黑龙江省境内的调查研究工作。

《诗情画意鹿乡行》采风启动有记

甲午吟旌指处擎，诗情画意鹿乡行。
围场古韵传豳雅，胜境新风沐锦英。
山不碍天南照爽，门能容月北开明。
沙河澎湃汇流派，告慰先贤是此声。

2014年7月2日凌晨于长春养根斋

【题解】

这次采风住东丰南山宾馆。宾馆所在地，称作南照山。南照山前，是沙河。此沙河，与梅河口的大沙河，都汇入辉发河，这一带，应是《新唐书》和《文献通考》中所记“男建以兵五万袭夫馀（扶余），绩破之萨贺水上，斩首五千级，俘口三万，器械牛马称之”的萨贺水。南照山公园，建于1917年，至今已九十七年。公园里曾有一亭、一阁，亭曰“挹爽亭”，阁曰“东华峰”。其月亮门有东丰知事王镜寰撰对联：“门小可容月，山高不碍天”，意境颇佳。

张家文化大院留题

偶来择韵信前缘，摛笔当书田畯篇。
文毓张家传厚道，史存鹿苑慰高贤。
升旗七月豳风起，击壤千番雅事连。
南北屯基涵福地，民康村美续年年。

2014年7月6日凌晨于东丰南山宾馆

沉痛悼念孟繁锦先生（步蒋力华韵）

忽闻鹤驾孟公远，未得探望一憾深。
力改诗风无顾虑，率颁联律有知音。
蓝天翰墨空灵鉴，碧水情怀淡泊寻。
春色满园繁似锦，韩州把酒带云斟。

2014年7月21日夜于广西都峤山下

【题解】

孟繁锦先生，吉林梨树人，梨树地属古韩州。著有《孟繁锦书法集》等，主编《蓝天翰墨大观》等，为《春色满园》等题写篇名甚多。

今日吉林日报刊发拙文《破解“黄龙府”难题》有记

府曰黄龙千载迷，拙斋尝试解难题。
两迁皆系通州地，三段相关并海鼙。

开泰年甄城复置，保宁兵变事先提。
巍然辽塔铎声紧，访古探真史可稽。

2014年7月31日上午写于齐齐哈尔至长春T310次火车上

第十二届中国辽金契丹女真史学术研讨会召开致贺
（次元·刘因《易台》韵）

穷经牧野未消沉，哪管天光晴或阴。
老窖铜钱属唐宋，嫩江石础考辽金。
痴追捺钵征程远，巧遇鲟鳇祭语深。
千载回眸先一瞥，也拈古韵效狂吟。

2014年8月5日凌晨于大安宾馆422房间

附，元·刘因《易台》：

望中孤鸟入消沉，云带离愁结暮阴。
万国河山有燕赵，百年风气尚辽金。
物华暗与秋光老，杯酒不随人意深。
无限霜松动岩壑，天教摇落助清吟。

《长白山地质旅游服务项目》实施方案审查论证会召开致贺

项目审查论实施，松江河畔小秋时。

专家力助好应信，尚品风行宜必思。
黑瞎岛前孤鹤舞，白山峰上五岩持[①]。
而今共补大荒阙，文旅不咸游未迟。

2014年8月9日凌晨于松江河宜必思尚品酒店6076房间

【注释】

①五岩，长白山有五种火山岩：黑曜岩、粗面岩、安山岩、流纹岩、浮岩。7月11日，冒雨登顶采集标本。

第一百七十一次登长白山有记

人山眼底一池横，再度登临杂感萌。
摄得圆虹心浩瀚，掬来峡谷影峥嵘。
诗能证史先言事，水可洗尘犹抒情。
最是倾杯豪比拟，松江河上畅流声。

2014年8月11日晨于松江河岭泉别墅越桔201房间

长白山归来感怀

长白归途与力华，奔波千里共还家。
大荒生命诗先赋，极目云天笔未赊。
三度同班心不悔，百年苦旅道犹嘉。
老来更觉友情重，携手原无半点差。

2014年8月11日17时07分作于车抵辉南镇时

寄语《长白山诗词》并贺沈鹏云兄履新

刊老路新同策鞭，山风起处请高贤。
可惊天瀑闼门出，能感人诗绮卷传。
到此家中常驻足，从兹韵外倍珍缘。
三江齐涌推流派，无愧凌虚大泽前。

2014年8月16日

题吉林省政协书画院展览中心及刘成书法艺术馆

身居闹市此流芳，不尽琼华一苑藏。
饱学料知非虑事，深谙唯道是从堂。
墨随椽笔泼长白，心逐松花润大荒。
储宝由兹传后世，法书格物纪沧桑。

2014年8月18日

贺倚剑白云天出任关东诗阵首版

夜深把键乐由兹，暑往秋来爽未迟。
天挂长云堪倚剑，韵涵青史好吟诗。
论坛事业心相许，忧责情怀梦共知。
辽海白山连黑水，汇成流派更当时。

纪念好太王碑雄立一千六百周年之际研究麻线碑感赋

千六百年雄海东，他碑难与此碑同。
戊申定律教言后，丁卯刊文刻石中。
长寿王追先圣业，平安号纪古人功。
舆巡故国我坚信，麻线河吹好壤风。

2014年8月21日

晨亮会馆留题

城下星稀篝火温，轻歌曼舞亦销魂。
自然风景原生态，历史情怀古墨痕。
夜黑河涵晨亮馆，启明珠毓武英门。
纳兰词韵传承久，大架山中宜养根。

2014年8月29日 于晨亮会馆8213房间

柞　颂

虬枝挺干势峥嵘，貌不惊人亦有情。
地老云飞擎著柱，天倾鳌陷敢支撑。
把安刀斧开山劲，叶喂鹿蚕供食诚。
问史岂输大夫姓，东丰县树纪英名。

2014年8月30日凌晨

步韵甚谢星汉兄贺拙著麻线碑在文物出版社出版

半年读石费操劳，拙著厚评何敢豪。
故国巡车看墓事，汉家笔法刻碑刀。
校之麻线太王早，考矣朱蒙本姓高。
以此河流无道改，西边依旧种葡萄。

步韵再谢星汉兄惠大作咏我考碑事

频走西东共运筹，说诗论史点评优。
戊申定律太王在，丁卯刊碑长寿留。
卖者刑之先制令，与其罪过后探求。
迁都前夕明规矩，着重廿家烟户头。

2014年8月30日下午

送友人赴晋

一令传来听调遣，卅年往事涌心间。
任从三晋拓新局，步起八郎攻险关。
长白松涛声入梦，大东露水曲开颜。
前行道远须珍重，策杖犹期奏凯还。

2014年8月31日夜于东丰全省十七运开幕前夕

出席东丰吉林省第十七届运动会开幕式小记

健儿到此展英豪，十七运开头一遭。
南照山前旗猎猎，东丰县里韵滔滔。
才惊鹿苑歌声美，更喜诗乡画意高。
定格瞬间留史册，沙河不废诉风骚。

2014年9月1日上午开幕

9月17日祭甲午海战遗址感怀

时轮甲午又重逢，百廿年前此日中。
炮火连天云挂耻，战船沉海鸟悲空。
登临不必嗟超勇，揖别诚期立异功。
信是梦圆真致远，扣舷飞处好乘风。

2014年9月17日于丹东

今日吉林日报刊发拙文《扶余后期王城考》有记

堪凭遗迹考扶余，应慎趋时改古书。
庙社东移归汉久，王城西徙近燕初。
龙潭向使迁龙首，鹿苑从来毗鹿居。
问史狐疑多少事，都由唯实易班如。

2014年9月18日由东港返长春道中

杨靖宇将军殉国七十五周年祭

白山风起雪纷纷，七十五年呼铁军。
南满林间疯讨伐，东边道上立殊勋。
树皮棉絮充饥腹，身体头颅葬义坟。
不信英雄魂不在，三江涌处鼓声闻。

2014年9月23日

抗日战争胜利七十周年前夕重走抗联路

七十年前抗日侵，今朝我亦踏高岑。
望儿峰上老爷岭，玛尔湖边李子林。
浴血终将听鬼哭，餐风尚可就诗吟。
堪悲最是龙湾侧，争慰彤彤壮士心。

2014年9月23日

长春初雪衣薄身寒尤怀杨靖宇感记

重走抗联路，请君跟我来。
二龙泉野啸，五女石垂哀[①]。
难解叛徒恨，偏遭大雪灾。
于今经过处，李子遍荒垓。

【注释】

①曹亚范烈士殉国地在靖宇县龙泉镇梨树村西瓮圈山坡中，山下有火山口东龙湾与西龙湾，亦谓“二龙泉”。集安五女峰中有杨靖宇抗联队伍住过的石屋，里面的用火痕迹犹在。杨靖宇被困的根本原因在于程斌等人的叛变，叛徒真是可恶至极！抗联李子林，亦牺牲在“二龙泉”附近。

2014年9月29日上午，腹成于去大家文化公司校对东丰诗集《诗情画意鹿乡行》时雨雪交加道中。

锁定“丹东一号”感记

10月2日晚，中央电视台在新闻联播节目中播报，“中国考古01号”9月17日在丹东发现一百二十年前甲午海战沉船，根据打捞上来的格林机关炮和水下探测结果判断，可以确定是邓世昌管带的“致远号”。9月17日，我与蒋力华有幸在现场，见证这一重要历史时刻！我拍下了潜水员下水的瞬间，又与在水下拍摄的潜水记者相识交谈。当晚在船上小住，终生难忘，此时应有诗为记。

丹东一号探明时，有幸登船先得知。
百二年前开激战，千三里外发深思。
格林机炮打捞出，碎片锅炉爆炸遗。
方孔舷窗成力证，邓公致远展雄姿。

2014年10月2日夜于长春养根斋致周春水队长、陈维坤船长

关东诗阵十年贺

一自搴旌练列班，吟声浩荡出榆关。
采风万里续青史，择韵十年依白山。
诗到佳时传阵外，友从别处驻心间。
携将五色描云笔，信筑高坛后世攀。

2014年10月8日

【题解】

关东诗阵于2004年9月18日在呼兰成立。十年，诗友们一路走来，共创佳绩。

十分感谢包德珍大姐首创之功。十分感谢张驰站长鼎力支持。十分感谢诗阵内外所有版主和诗友，风雨相随，共搴吟旌。非常怀念翟志国先生为关东诗阵呕心沥血，琢璞不辍。

自2004年关东诗阵成立以来，召开十次年会。自2007年以来，关东诗阵共举办十六次大规模采风活动，在吉林人民出版社等出版社出版二十六本诗集。

雪柳诗社成立三十周年志贺

龙潭山下展吟旌，回首时开又一程。
雪柳摇春牵雅韵，寒江织梦染诗声。
四神气象千秋美，三杰风华百世荣。
不废松花涛向远，大东流派寄长情。

咏本人发现的五万年前长白山手斧（辘轳体）

一

几万年前为我留，枫林道上卧黄丘。
于兹举目谒长白，自古修仙耐迴幽。
核到精时添刮削，点逢正处免穷搜。
事成心想皆天赐，健仆拓荒何所求！

二

东陲学问苦追求，几万年前为我留。
平壤城清凭拙笔，良民水落现高丘。
剑知崇李阳安贵，峰早随张草帽幽。
证史以诗尊大泽，不咸山下赖勤搜。

三

搜稳搜登皆力搜，讷殷大小两探求。
千寻山下倩谁隐，几万年前为我留。
武木仙公开绝路，养根俗眼瞥边丘。
东荒走过桃源现，景色方知孤顶幽。

四

仙乡自有景清幽，举镜成焦不用搜。
城寨寻来凭足到，文章写就赖心求。
五千里外任人验，几万年前为我留。
额赫讷殷遗迹在，他时信可伴书丘。

五

乍返春城说毌丘，幸凭火眼破玄幽。
三秋踏遍千山老，万卷翻加一网搜。
大泽尚能期确解，真知岂止向书求。
谜团究竟剩多少，几万年前为我留。

2014年10月26凌晨4时50分—7时6分

赵氏始祖武木普墓列入省级文物保护单位

龙潭故道景清奇，布政只缘同护碑。
积善人家重修德，慎终志向更堪师。
盛京榆树堡迁此，乌拉打牲差事宜。
文物从今成省保，松花不废润东陲。

2014年11月1日（闰九月初九）

【题解】

根据我和刘厚生教授的建议，吉林省文物局报请吉林省人民政府同意，将武木谱墓列入省级文物保护单位。

依蓬莱人韵赋松花石贺虚无寿[1]

清怀独抱掩芳姿，梦笔成吟醒也痴。
难画尤推听月影，可钦还数问心诗。
神思长白路千里，情寄松花墨半池。

奇石不言堪解惑，虚无境界贵先知。

【注释】

①蓬莱人，赵凌坤。虚无，张明艳。皆诗友。

蒋力华先生主编《雄碑韵影》出版致贺

飞雪漫天舞，传觞到广庭。
碑雄吟厚重，墨醉法空灵。
不独太王喜，皆缘雅韵馨。
年光千六百，大卷纪真形。

2014年12月13日凌晨

【题解】

蒋力华先生主编纪念好太王碑立碑1600周年诗词书法作品集《雄碑韵影》，近日由吉林美术出版社出版，共收录197幅诗词曲联之书法作品，附诗词作者127人、213首诗词曲。该书长42厘米，宽28厘米，厚2.6厘米，重5斤。卷首收录有关好太王碑、集安麻线高句丽碑图片、碑帖等若干，厚重有加，信可传世。拙斋为之约诗、撰文、摄影。

宁远古城楼东望怀漫江（次袁崇焕《边关送别》韵）

讷殷寻访路悠悠，找到漫江古渡头。
手斧我珍缘我拾，难题谁解为谁留。
曹操兴作观沧海，杨广说封雍齿侯。
兵督蓟辽兹策杖，登楼感慨共云收。

附，袁崇焕《边关送别》：

五载离家别路悠，送君寒御宝刀头。
欲知肺腑同生死，何用安危计去留。
策杖只因图雪耻，横戈原不为封侯。
故园亲侣如相问，愧我边尘尚未收。

《诗情画意鹿乡行》首发暨东丰荣获省诗词之乡致贺

绮卷刊行到画乡，鹿鸣声啭韵悠长。
恰祈新岁歌豳雅，同赏华章披朔光。
南照山头人飒爽，东流水畔树阳刚。
诗林繁茂壮青史，一派宗源毓大荒。

2014年12月31日

吟坛寄语二首

根据工作需要和吉林省诗词学会《章程》规定，经会长协商并理事会（通讯）商定，自2015年1月28日起，增补沈鹏云为吉林省诗词学会副会长兼秘书长，邵红霞为吉林省诗词学会副会长。此乃吉林吟坛大事，诗以纪之。

一

鹏抟信可舞彤云，吟旅新征共领军。
流派汤汤源大泽，华刊熠熠荟斯文。

于无形处争清雅，逢有思时忍默勤。
佳作成林芳沃野，东陲韵府笑欣欣。

二

白山毓秀泛红霞，领版关东催锦华。
诗阵开新须继雅，江湖搏浪好行槎。
寒烟淡去心无悔，骚客吟来韵有家。
或许从今衣妒紫，不咸幽处影横斜。

祝贺集安好太王碑成功申创中国书法名碑

历尽烟云硕影横，名碑布德国冈宏。
传承引胜太王迹，继胤开新书法城。
小学兰亭培巨子，大东绿水举奇缨。
沸流谷口呼春到，雪沃长川耀眼明。

沈鹏云兄出任吉林省诗词学会副会长兼秘书长有赠

赴任退休原不同，未疑侪辈爱关东。
缘何道喜担忧责，俱是心甘下苦功。
舞起吟旌翩奥壤，荡开韵桨助山风。
诗从长白成流派，乐在三江浪破中。

邵红霞出任吉林省诗词学会副会长及关东诗阵首版有赠

率阵跟班迥不同，从今格格掌关东。
屏前务必多留意，诗外还需更用功。
向使夜深听旧雨，犹期路远树新风。
开来流派浪汹涌，稳在惊涛把舵中。

乙未迎春十天得和诗四百首谢二十八省市区众诗友

贺春诗涌满屏嘉，南北西东起韵霞。
畅咏无虞缘底事，素心有梦重初家。
情深键可敲千里，阵壮坛堪放百花。
大泽源开流派远，白云峰望阆门涯。

2015年2月21日

次拙韵集古贤佳句谢全国诗友惠和

冰台近岁景尤嘉，宋·文彦博：《寄相州侍中韩魏公》
向镜轻匀衬脸霞。唐·韩　偓：《咏手》
着底香心真蜡色，宋·史　铸：《玉瓯菊》
关东新月宿谁家。唐·钱　起：《送崔十三东游》
高人早擅无双誉，宋·牟山献：《和王梅泉黄静斋载酒问花》
木笔犹开第一花。宋·陆　游：《幽居初夏》

目下离离长春草，唐·李　白：《金陵歌送别范宣》
独随渔艇老天涯。唐·许　浑：《甘露寺感事贻同志》

恭贺高丰清先生古稀寿

几度邀君撷韵还，亦兄亦友两心间。
诗从鸭水亲辽水，酒祝龙山通寿山。
流派源于长白顶，霜枫红自大荒颜。
辑成绮卷同忧乐，斟释声中未敢闲。

全省长白山文化建设工作会议召开感言

南来雁阵字排空，继雅吉林名大东。
韵藉不咸知厚泽，花从肃慎感春风。
奠基之路孰无憾，收获其时笑一通。
长白斯文今已盛，云边策杖有山翁。

“吉林诗词现象”“关东诗阵现象”受到吉林省委高度重视感怀

诗词繁盛共追寻，现象何时重吉林。
凯捷清歌同望月，苦担忧责只凭心。

八千路上展横幅，十六峰头架竖琴。
岂独山人明实质，此堪证史作长吟。

扶持长白山诗词流派进入全省宣传文化工作决策感吟

松江滚滚鸭江悠，东去图们入海流。
大泽雄涛堪借势，奇峰雅韵可消愁。
天荒恩赐开山斧，舵稳争乘搏浪舟。
浩浩涌来离峡谷，百年之计赖今谋。

吉林省第八次长白山文化研讨会召开感记

十五年来八卷新，龙纹雁阵巧逢春。
夜飞鹊处山飞虎，风入松时笔入神。
固本早知忧责重，养根岂忘苦劳辛。
高堂舞墨从兹起，亦是横刀立马人。

2015年3月23日凌晨于长春养根斋

考定龙首山山城一带乃扶余后期王城及黄龙府得名之地

近燕西徙自龙潭，千六百年笺史谙。
疙瘩旧称围合大，王城新说点分三。

瓦当濊貊含深意，铜镜扶余出彩岚。
万里奔波逾十载，破开此谜我亲戡。

东辽安恕小城沟古城当为辽代行宫及辽太祖升天殿

龙首西南商岭前，城仁雄邑越千年。
会当通鉴扶余府，自属行宫渤海篇。
故垒高台隆起地，大辽太祖此升天。
渭津梨树两河在，依旧滔滔续古弦。

辽源建城于1669年之前感题

逡巡十载考扶余，未必盲从尽信书。
汉镜珍奇辽镜异，王城独特古城如。
得名始自黄龙府，求实清于红瓦墟。
登上塔山抬望眼，苦甘多少忆当初。

乙未季春有记

先闻贺电是娘亲，挚语祈儿百岁人。
四世同堂齐祝福，一山异景总涵春。
添新发现心难老，补大遗存梦已真。

多少史疑欣改判，怀藏手斧乐披榛。

2015年4月25日于长春养根斋

辽源龙首山山城及相关遗迹学术研讨会成功召开有记（用姜维东先生韵）

十年一路辨时空，解惑尤须别异同。
三地分从通说外，两河连自小城中。
感君情笃黄龙府，叹我心忧白首翁。
豆谷远侔商岭隐，于无影处起雄风。

附，黄龙姜维东先生原玉《即席呈福公》：

楚火秦灰记忆空，周章孔制将无同。
逸思椽笔开新貌，剩水残山改旧容。
金匮洞天谁置意？青鞋捷步人知龙。
商岭豆谷他年会，指点江山尽仰公。

姜维东先生，长春师范学院东北亚研究所教授，著有《辽金黄龙府丛考》等专著。诗中偶有失律处，待改。

赴九台讲长白山文化与边台文化有记（次聂德祥兄韵）

边台文化与时雄，长白吹来大泽风。
腰岭通由山脚下，石门开自柳条东。
龙吟千里绕清野，虎啸一声笼碧空。

靠己支撑根底稳，群雕气概践行中。

附，聂德祥原玉《读〈文化吉林·九台卷〉》：

松水滔滔长白雄，鸡林豪唱挟边风。
千秋雪野腾文彩，百卷汗青歌大东。
柳塞曾经声震远，龙乡今欲势凌空。
会看一代英才出，璀灿星光相映中。

《文化集安》创刊志贺

雅事初闻自集安，边陲吉日诞华刊。
抒怀好藉丸都水，证史堪凭大镇鞍。
防失真声喧馆外，欣添丰采壮毫端。
关东信数家山美，鸭绿津头放远观。

2015年5月23日 于长春

《寻访额赫讷殷》后记赘语
（恭步吴兆骞《奉赠封山使侍中对公》韵）

戴月披沙宽锦衣，寒窗几度透熹微。
踏山足使浮文去，证史书随绮梦飞。
一卷成时存奥壤，百年过后忆遐畿。
不咸遍访知神秘，额赫讷殷从此归。

2015年6月9日 于长春养根斋

【题解】

对公，对秦，武默纳看验长白山后，回封长白山，并将吴兆骞的《长白山赋》等带回京师呈康熙，使吴兆骞，在明珠等助力下，得以赎还。

《寻访额赫讷殷》首发式及省诗词学会理事暨部分会员代表会有记

客岁深秋访讷殷，探寻骥老亦耕耘。
五千里路踏查苦，三百年风领略欣。
史证以诗连盛会，情钟于道遇雄斤。
心关忧责知仍重，大泽长川走铁军。

赴沈阳道中次德祥兄韵忆旧

些些韵事记心中，每起吟声自大东。
手斧拾来争问古，边台寻去宿疑终。
几身烟雨欣行健，一路霜风到任穷。
流派天成催我辈，白云峰上摄圆虹。

7月25日吉林日报第六版刊发

《寻访额赫讷殷》序、评、跋及简介有记

探寻一路访殷殷，漫演洪荒初力耘。
湖上双沟曾历险，书中百贺阅陶欣。

齐尊大泽承流派，自仰先贤效运斤。
琼树瑶乡知道远，三江浩浩助吟军。

中华诗词学会第四次代表大会召开有贺恭步马凯先生韵

遥瞻大纛愧趋迟，喜报声声鹊踏枝。
次第乡音浓墨舞，婆娑桂影锦帆驰。
白山小试拿云手，青简续收流派诗。
不信天光偏老我，圆中国梦正当时。

2015年7月30日晨于长春养根斋

步高丰清兄雅韵致谢

浮躁声中考不咸，年年未得叠征帆。
尝因大泽生千虑，何计虚名少一衔。
幸有天公遗手斧，深通地气效云杉。
活真自我良民子，情系家山尉那岩。

【题解】

我生于集安良民甸子。十二年前，经我率队考古调查，一举发现被水淹了四十二年的二千七百五十三座古墓及古城，证明这是公元247年“国之东北大镇”的新城平壤城，在好太王碑中称之为平壤城。而此后半岛的另一处平壤城，在好太王碑中称为“下平壤”。尉那岩，为公元3年琉璃明王迁都国内城时所筑，后称丸都山城。公元245年，魏将毋丘俭征东川王，“束马悬车，以登丸都”，东川王被辽东太守追至肃慎氏南界。公元

247年，东川王回丸都城一看，“丸都城经乱，不可复都，筑平壤城，移民及庙社。”此平壤城，即良民古城。此前，国内外学界将东川王所筑之平壤城推定在半岛和集安国内城，属误定。我考古新说，已被国家权威专家肯定并被省专业部门认可。

附，高丰清先生原玉《迟贺养根斋荣任吉林省诗词学会会长》：

一自吟鞭指不咸，三江鼓浪挂云帆。
苍山宛宛凭追梦，流派汤汤可领衔。
莫道人生如草木，偏将履迹伴松杉。
起肩横敢担忧责，不问征途多雪岩。

致诸位丸都子

坛中忽共说丸都，始信于今道不孤。
偶得山间真学问，仅凭键底假称呼。
诗缘初结用心守，矢志难移任酒酤。
能效古人继慷慨，滔滔豆谷伴征途。

2015年8月30日于青岛花园大酒店怡宾楼3109房间

为东丰题写“中华诗词之乡”石刻并为诗教先进单位授牌有记

鹿乡矢志建诗乡，群力功高未可量。
萨哈岭前挖典故①，沙河水上出文章。

花随流派传千古，栎挺精神誉四方[2]。

刊石为求昭后世，中华绮韵与时长。

2015年9月17日

【注释】

①萨哈岭，古之商岭，位于东丰与东辽两县之间，是东辽河与辉发河的分水岭。公元925年闰腊月十二，辽太祖耶律阿保机曾在此驻扎。

②花，指东丰县花——大丽花。栎，指东丰县树——柞树。

中华诗词学会到东丰考核创建中华诗词之乡有赠二首

一、赠赵永生副会长

金秋率队验诗乡，商岭风光放眼量[1]。

十进十佳皆入韵，一波一浪自成章。

相同志趣通灵镜，与共心声拜解方[2]。

永葆青春安是梦，生花妙笔赋情长。

【注释】

①商岭，辽太祖曾于925年闰腊月廿九次商岭，夜围扶余府。此商岭，即东丰与东辽分界线之萨哈岭。

②解方，1955年第一个被授予中国人民解放军少将军衔，历任中央军委情报部三局局长、三五八旅参谋长、东北民主联军副参谋长、十二兵团参谋长、中国人民志愿军参谋长、军委军训部副部长、军事学院副教育长、高等军事学院教育长、副院长等职，系东丰县小四平镇生人。

二、赠黄小甜副秘书长[1]

一路边光抵鹿乡，豳风雅趣耐思量。

四平称小甜秋果[2]，八桂含情赋锦章。
通典丸都连北史，藏经大泽毓东方。
感君助力验收事，水亦绕盈流韵长[3]。

【注释】

①黄小甜亦为广西诗词学会副会长。
②小四平镇盛产水果，以甜著称。
③绕盈河，东丰境内的一条大河。

徐鼐霖诞辰一百五十周年有记

兴东兵备发强音，几度筹边旧界寻。
帐展舆图开草昧，深怀忧责主鸡林。
曾经往事诗存史，领略雄风韵起心。
应信松花江不废，推波向远跃高岑。

2015年10月6日

祝贺“吉林一号”组星发射成功[1]

忽有佳音自酒泉，吉林一号上青天。
常规推扫细分辨，侧摆视频全汇编。
新秀长光初试手，高科遥感已争先。
不咸山顶添标志，笑傲苍穹改史篇。

2015年10月7日即兴小记

【注释】

①2015年10月7日12时13分，我国在酒泉卫星发射中心用长征二号丁运载火箭成功将一组“吉林一号”商业卫星发射升空，包括一颗光学遥感卫星、两颗视频卫星和一颗技术验证卫星，标志着我国航天遥感应用领域商业化、产业化发展迈出重要一步。

敦化马圈子古城中喜获金代铜钱有记

扶余详考路由斟，一剑十年磨到今。
太祖东征收渤海，古城北固继辽金。
钱来大定称通宝，雉舞小康歌永琛。
坚信诗存能证史，白头翁岂负文心。

2015年10月10日夜于敦化六鼎山商务酒店8209房间

【题解】

为考证辽太祖东征渤海国的进军路线，我于2015年10月10日前往敦化马圈子古城调查。该城地处辽源龙首山山城一带（渤海扶余府）桦甸苏密城（渤海长岭府）与黑龙江宁安（上京龙泉府）之间。从城内发现渤海陶片、金代铁锅、铜钱等遗物分析，应为辽代所用。可证该城应在辽太祖进军路线上。“大定通宝”铜钱见处玉米地边，一只大野鸡突然飞起，惜未及摄到。发现铜钱时间：下午3时55分。

纪念刘建封诞辰一百五十周年

谭余早已补东荒，百五十年花更芳。
拙笔续貂传纪咏，痴情织梦走江岗。

山从大泽开生面，水自瑶池奏锦章。
继迹后昆犹在路，刘公脚步得延长。

【题解】

刘建封生于1865年腊月十九，阳历是1866年2月4日，卒于1952年六月初二，阳历是7月23日。刘建封，长白府帮办、安图第一任知县。光绪三十四年（1908年）阴历五月二十八率队从临江束装就道，开始了有史以来第一次对长白山的科学踏查，八月十五返回临江，四下天池，为天池周围十六峰命名，写下《长白山江岗志略》《白山纪咏》等。辛亥革命爆发后，刘建封将名字改为刘大同，在安图县建“大同共和国”，被清军打败后，南下与孙中山共同开展二次革命。

吉林画报·天工国宝长白山文化专刊出版志贺

华刊面世值金秋，图美文嘉创意优。
拙笔率篇尝作赋，琼瑶豁目喜登楼。
高哉古迹寻踪影，宝也新藏镇馆留。
事在人为犹可信，不咸山上点平畴。

2015年10月21日凌晨于辽源宾馆506房间

为吉林画报·天工国宝“古迹寻踪”“镇馆之宝”撰稿有记

西徙近燕今补书，王城轶事考扶余。
时分三段黄龙府，浪涌千重黑石墟。
天地祭前山裂缝，马兵征处梦萧疏。

心随钓叟莫言老，夜半无眠思草庐。

2015年10月21日凌晨于辽源宾馆506房间

长白山历史文化园留题

此间杰阁对山门，虔敬不咸诚至尊。
天际龙腾形未远，云边虎卧势犹存。
岂疑奥壤堪生智，坚信大荒宜养根。
鼎力托圆长白梦，继开流派演雄浑。

2015年10月23日凌晨于长白山下天鼎大酒店

敦化至长春高铁上有怀

僻壤何曾作异乡，严霜降即感凄凉。
寒星起后慈声远，秋月白时清韵长。
幸有婵娟能解意，焉无菊泪亦含芳。
大荒莽荡涵高洁，文史园中耀慧光。

2015年10月24日上午于D7678次高铁6车无坐

长白山历史文化展览馆落成有贺

乍入园中疑梦边，华堂雄峙白山前。
奇光一线托秋月，美酒三杯付古弦。

遐畅妙音风莽荡，汇编故事曲悠然。
馆藏应解不咸意，证史以诗当有缘。

2015年10月28日夜于天鼎大酒店7038室

吉林省长白山文化研究会研学基地确定到长白山历史文化园感怀

不咸池北奠宏基，奥壤文旌或转移。
弹学知行三部曲，操诗书画一盘棋。
读山当此谈何远，悟道随缘诚可期。
谢引拙斋兴境教，奇光托月韵晨曦。

2015年10月30凌晨于敦化财政宾馆515房间

长白山原始萨满部落印象

不咸奥处影悠悠，仙境于今何所求。
大细塔河涵雅韵，小乔参女演风流。
森林王国养生地，萨满故乡祈福洲。
诗旅开来山色变，闼门直对放歌喉。

2015年10月30日上午于敦化火车站候车之际

应邀为长白山历史文化园牌坊撰联并书有记

云边阊阖耸煌煌，景祚由兹添殿堂。
古刹巍然连圣域，名园赫矣发昭光。
文从奥壤俯坤轴，史赖真知继汉唐。
宏愿魁心天鼎力，大东更数白山长。

敦化德林石文化园

敦化石奇称德林，天公布阵演森森。
狮身龙首连同体，秦篆汉碑遗远音。
夜雨淅漓疑白昼，晨光闪烁启瑶琴。
大荒剩有迷茫处，不息文辉照古今。

2015年10月30日上午于敦化至长春D7678次高铁无坐

《长白山诗词百韵书法作品集》出版诚谢蒋力华先生

泛光翰墨足堪夸，百韵重刊劳十家。
追貊发端文故国，辽金纵马振中华。
诗因证史与山壮，书可传薪随雪加。
跬步积朝千里外，拓荒事业力甘赊。

步蒋力华兄韵贺《吉林省十大青年书法家长白山诗词百韵书法作品集》出版

百韵新刊乙未年，余笺重录倍欣然。
考精白镜知王府，咏纪辽东证史篇。
放达中锋时浪漫，拓荒边鄙守恭虔。
洛阳纸贵遗风劲，金壁煌煌玉带缠。

韵邀李广义先生出席长白山历史文化园采风活动

牡丹江水酿新醅，韵纪敖东谁占魁？
碌碌三生石下老，斑斑两鬓雪中催。
不咸上演红楼梦，瑚里轻摇翡翠杯。
一卷吟声欣结识，临窗抚键莫迟回。

附，李广义《答张福有先生邀请书》

丹江碧水酿新醅，始信风骚友占魁。
学富五车歌若海，才高八斗品如梅。
丹青妙笔春秋墨，琥珀文章翡翠杯。
酬谢相邀知己短，白山聚首育诗胚。

李广义沐手奉上

2015年11月10日于敖东古邑

恭步张岳琦先生《今冬新雪》韵记近日考古遇雪事

直发辽源因问史，寒冬听得落花声。
浑如阵上控弦紧，恍似云中飞镝鸣。
策马千年留驿站，寻边一路觅精英。
渡江未觉松风冷，新雪催征考古城。

2015年11月23日

延边诗词学会成立二十周年志贺①

流派开来望大东，吟声未与往时同。
海兰江畔翩清雪，长白山头起韵风。
信是诗真能证史，除非霜暖不亲枫。
而今携手高登远，一路奉陪看老翁。

【注释】

①延边诗词学会成立于1995年6月，二十年来，硕果累累。11月28日，延边诗词学会召开纪念大会。特派沈鹏云代表省诗词学会前往祝贺。兹急就一律，略表贺忱。

次韵谢郑综冒雪陪同我磐石考古

千年掌故费钩沉，驿马河边踏雪寻。
岂是老夫闲管事，原为青史爱操心。

扶余西徙王城考，渤海东亡太祖吟。

龙首龙潭山尚在，辽源初向吉林斟。

【题解】

扶余，是我国东北第一个边疆政权，存续六百多年。扶余建国时间，至少应从公元前108年算起，已见诸历史文献，公元494年灭亡。扶余初期王城，史学界公认在吉林市龙潭山一带或东团山下南城子。扶余后期王城，于公元346年前几年西徙近燕，通说认为在农安，可是农安无考古学支持。我将文献与文物遗迹及环境辨析结合起来考证十年，率先提出扶余后期王城应在辽源龙首山山城一带，渐得史学界和考古学界重视，2015年5月12—13日，中国辽金史学会、吉林省文化厅、吉林省文物局、吉林省长白山文化研究会在辽源召开“辽源龙首山山城及相关遗迹学术研讨会”，确立新说。省文物局已定进一步做考古发掘工作，加以确认。磐石考古调查，是为取得扶余后期王城在辽源的旁证而做的工作。

吉林省楹联家协会成立十周年志贺

趁风邀雪会知音，敢负东陲翰墨心？

一栋楹轩频纳吉，十年联阵壮繁林。

白山大戏钟华夏，绿水奇观毓峻岑。

回首深谙路犹远，龙门峰上启瑶琴。

2015年12月2日

梁志龙先生《沸流集》出版致贺

隆冬得读沸流集，送炭雪中何兴如。
太子河边笺衍水，鹤盘岭下说扶余。
摩碑麻线同追述，证史丸都共考疏。
果使诸君多建树，安愁话语执无书。

2015年12月3日

次温瑞《读养根斋十五幅照片感题》韵致谢

雄关率破几多重，龙首龙潭接二龙。
城证碑文诗证史，课师教授道师农。
书刊偶尔出新语，田野时常露笑容。
剩有艰辛千里路，苍茫深处赖扶筇。

2015年12月4日

附，温瑞《读养根斋十五幅照片感题》：

山岭千重水万重，满襟风露考黄龙。
史留众惑开新说，路遇小疑咨老农。
糙手握知淳朴性，细心听有恪恭容。
追寻遗迹足犹健，更向苍茫策远筇。

一山一蓝生态主题酒店被确定为诗词中国创作基地定点合作单位有记

招牌金闪闪，生态主题吟。
山水小康梦，诗词中国心。
瑶池人向往，奥壤共登临。
当此添基地，汤汤流派沉。

2015年12月14日凌晨

一山一蓝生态主题酒店留题

崇尚原生态，一山加一蓝。
结缘长白守，证史大荒参。
忧责如乔岳，诗家共我担。
此行安可忘，回首忆池南。

2015年12月14日凌晨

特邀“诗词中国”莅临长白山诗会感记

瑞雪纷飞当此时，春临河畔柳先知。
高坛积学芳名雅，故国寻根本姓诗。
塞外由来称奥壤，京中自古重瑶池。

韵和张岳琦先生《假日神游》

夜半传诗神韵到，年新梦美觉何孤。
翠围商岭花争放，红染漫江柳复苏。
古道存书山后有，奇文证史马前无。
鲁鱼亥豕今常见，确信丸都非九都。

元旦次韵谢赵玉惠赠并酬为《韵补东荒》奋力创作众诗友

兴见屏前韵缤纷，贺年得句赠由君。
史新考罢未曾记，城老识初应罕闻。
北国拓荒余有幸，东陲携手辩无文。
吟旌指处山风爽，十六峰头起瑞云。

刘元德先生持赠石斧致谢

赶山人自抚松来，石斧磨光刃早开。
古树丛中藏老手，荒沟门里有高才。
池深好做钓鳌梦，志远堪登放鹤台。
又忆枫林轰动事，微吟补韵颂乡垓。

2016年1月8日

长白山诗词百韵书法作品展有记（步蒋力华兄韵）

有幸生为长白人，离乡来自鸭江滨。
辑笺山下开先路，证史途中考要津。
确解不咸甘辨伪，敢担忧责苦求真。
十家共补鸡林卷，落笔华章墨染春。

2016年1月14日下午

我的考古研究成果写入辽源市政府工作报告有记

西徙近燕书载清，史家实地未分明。
东辽河畔立新说，龙首山前辨古城。
首辨彩岚精白镜，初提商岭重黄莺。
浊流冲击扶余府，淘尽哀兵是此声。

【题解】

2016年1月15日，辽源市文广新局王晓冬局长以短信告：13日上午，辽源市长王立平在《政府工作报告》中强调："搞好扶余后期王城等特色历史文化资源保护开发"，采用我考古调查研究结论，认同扶余后期王城在辽源。这一学术成果正式进入辽源市委、市政府工作决策，是吉林省考古与史学研究的一个重要成果。

《韵补东荒》征稿逾二千五百首谢众诗友
（步刘自力先生韵）

白山依旧雪茫茫，清夜怀乡念国岗。
千虑常因重护鉴，百登原不为观光。
早知天豁烟云乱，已惯龙门风雨狂。
华诞今逢思钓叟，继开流派筑津梁。

2016年1月19日凌晨于长春养根斋

《韵补东荒》截稿前贺长白山雪节暨长白山冰雪嘉年华活动开幕

微吟未觉大寒晨，岂敢临池歇老身。
冰雪嘉年华正美，诗书贺岁曲尤珍。
两千韵补东荒色，十六峰开北国春。
绮卷安疑能证史，他时此谢陌生人。

2016年1月19日凌晨

为东丰县授中华诗词之乡牌匾有记

此行趁雪贺诗乡，代授金牌风韵芳。
大度川中歌硕果，小康路上赋华章。
成文考定扶余府，举镜摄来辉发光。

继雅开新凭我辈，汤汤流派出山长。

东丰画乡诗社“喜迎新春放歌诗乡”诗友联谊会志贺

寒冬雅集共迎春，硕果满堂诚感珍。
四校嘉园连韵野，五乡沃土毓诗民。
金牌闪耀围场内，商岭逶迤萨贺滨。
甚喜吟旌展青史，儿孙把读长精神。

2016年1月24日

丙申贺春

又到迎春畅咏时，吟旌催阵早心知。
键敲乙酉先成韵，年近丙申支引诗。
长白结缘凭地望，大荒发脉赖天池。
律归十二一轮满，流派由兹纪出师。

【题解】

贺春步韵唱和，由2004年小年与佟江七子一东联句发端，从2005年乙酉到2016年丙申，迎春贺诗地支满一轮。2005年（乙酉）我另择一先韵起贺，十一年已得同韵和诗约三千首。今年是此轮最后一年。仍在腊月二十三小年于关东诗阵发出，正月初七晚结束。

第一百八十次赴长白山考察赠何发林何亭豫父子

腊月乘风数廿时，不咸本意劝人知。
白河夹岸亲冰雪，红柳随心摇古诗。
飞越群山山定格，摄来美梦梦围池。
谁家手笔寻常出，感悟奇观是大师。

【题解】

2016年1月29日，乙未年腊月二十，去长白山，航拍头道松花江与二道松花江汇合口、长白山等。甚为壮观！为二道白河休闲公园文化廊提供长白山历史文化指导。

集安诗友雅集留题

二嫂饭庄邀饮时，融融其乐各心知。
说良民甸千年史，贺小江南十卷诗。
豆谷考陵尊类利，丸都秣马刻莲池。
开来流派谢程远，一路难忘初会师。

【题解】

2016年1月30日，乙未年腊月廿一晚，到集安，兴会集安诗词学会诸诗友，程远在座，代诗友致谢。由于他的建议，关东诗阵2007年首开采风之举。

集安至梅河口道中邀诗友小聚寄语

韵补东荒编辑时，披沙格调友俱知。
毫无做作如呼酒，没有心情难写诗。
商岭藏兵连萨贺，梅津生脉自瑶池。
十年一剑今朝亮，证史先催辉发师。

【题解】

2016年1月31日，乙未年腊月廿二，午间到梅河口，兴会梅河口诗词学会诗友。诸位不胜欣喜，谈资丰富，感慨殊深。

丙申贺春逾五百首诚谢众诗友

同韵贺春轮满时，网中贴出友人知。
先从乙酉开征路，直到丙申收和诗。
唐宋无缘云布阵，明清有笔梦临池。
涌来流派求因果，续纪辽东慰太师。

得张应志惠纳兰性德《通志堂集》步韵致谢

转玉无须纸半张，兼天雨雪韵飞扬。
养根斋外择邻近，通志堂中溢墨香。
流派传承排浩荡，玑珠陈列耀琳琅。
开新有幸吟旌指，大泽雄浑发脉长。

2016年2月13日（正月初六）晚

《刘大同诗集》出版致贺

绮卷成书名大同，陈年故事寓诗中。
身临崖下看悬雪，忆到石前曾避风。
百二华章歌奥壤，五千信史纪豪雄。
清谈不属纵横笔，气势超凡一钓公。

2016年2月17日（丙申正月初十）于长春养根斋

沉痛悼念张笑天先生

忽闻噩耗顿茫然，不料今宵挽笑天。
往事钩沉犹历历，新春展卷忆篇篇。
影从大典惊开国，书自华堂梦抚弦。
深憾浮生佳日短，长歌传世未如烟。

2016年2月23日（丙申正月十六）夜

【题解】

张笑天，1939年生，2016年2月23日17时45分，在北京逝世，享年七十七岁。2001年至2003年，省委决定将吉林省文联与吉林省作协合并，张笑天任主席，我任党组书记、副主席，共事三年，记忆犹新。

九台诗社成立三十周年志贺

三十年来弹指间，迹迷河卫换新颜。
九台力拓鸡林路，三杰先开剑气班。

史到虚时诗可补，事逢实处伪能删。
慢云择韵为消遣，流派推从大泽还。

2016年2月25日

【题解】

明永乐六年（1408年）在九台境内设奇塔穆卫（其塔木），嘉靖年间（1522年—1566年）设穆苏卫（木石河）、迹迷河卫（饮马河）。

惊蛰前日赴辽源编辑《韵补东荒》兼题蒋力华兄“一山捧寿三水开春”法书

东辽河醒伴雷惊，韵补扶余城下声。
山捧寿兮人更健，水开春也树先荣。
临池泼墨挥椽笔，入室索书凭感情。
长白发来流派劲，鸡林现象共搴旌。

2016年3月5日（丙申正月廿七）于辽源宾馆

赠高丰清兄

春雷惊蛰觉清寒，龙首山前独倚栏。
瀑北曾期千里共，池南能得几回看。
扶坛苦旅频挥手，益寿长思允卸鞍。
流派经年犹向远，大荒奥处数层峦。

2016年3月7日（正月廿九）

恭步张岳琦先生《早春遐思》韵记春城雅集

春到偶飞雪，嗟何冷暖间。
诗吟声朗朗，脉发水潺潺。
举阵布清野，挥毫写白山。
东荒方补韵，奏凯御风还。

2016年3月12日

彭祖述先生精雕一百六十方松花砚先睹为快赋诗以贺

一入华堂满目惊，松花百宝砚刊成。
爱莲甚解濂溪醉，赏菊深知陶令贞。
梦演红楼通雅俗，刀亲翠玉布纵横。
植根长白终无悔，拜石堪钟万古情。

2016年3月13日观后有记

【题解】

彭祖述先生，1933年生，今年84岁，中国工艺美术大师，继《红楼梦》微雕之后，又雕出一百六十方松花砚精品，即将入馆、出书。一百六十方松花砚精品，完全用长白山所产松花石所雕，内容丰富，有《论语》、吴兆骞《长白山赋》、竹、莲、松、鹤、长白山天池等。大致分为：宫廷砚、微刻砚、书法砚、篆刻砚、天籁砚、微型砚六大类，国内外首创，整体出新，是长白山文化宝库中的新贵。彭先生本着随心治砚、悟道传文的旨要，投石问路，刊石激浪、铺石承文，宝刀不老，令人敬重，值得一贺。

彭祖述先生精雕松花砚备展有记

杰阁琼台闹市寻，得缘布展早登临。
随心雕就传薪砚，治砚情钟悟道心。
石到有神因奋笔，工凭无价莫论金。
重书长白山中史，流派开新共放吟。

拙作《扶余后期王城考》付梓感记

一卷杀青非短章，十年辛苦不寻常。
扶余西徙王城在，辽祖东征渤海殇。
初考契丹开古道，重临磐石透晴光。
报批发掘当春动，成竹盈胸笑勿妨。

2016年3月18日（丙申二月初十）于长春养根斋

田子馥先生八十华诞志贺

鸭绿津头早耳闻，卅年翰墨揖清芬。
读碑确解汉家史，展卷深谙孔府文，
有幸缘公常命笔，无涯治学效挥斤。
时光隧道催过客，未负前贤觉怿欣。

2016年3月23日

《吴景升文集》出版志贺

凭栏渐觉风光好，把读奇文感慨多。
未使青春添浪漫，却教岁月罢蹉跎。
儿孙或解传家宝，草木信听醒世歌。
故国乡愁遗几许，可随长白共巍峨。

2016年3月29日

《云笺集萃》出版有记[①]

读罢琼章入丙申，键中说韵值新春。
云笺集萃天风劲，雪野涵华流派珍。
大写心声能证史，深情口语必传神。
诗思发脉关长白，苦旅邀来继迹人。

2016年2月21日

【注释】

①《云笺集萃》，四平诗友赵丽萍的诗词集。

在终校《扶余后期王城考》两书之际 收读岳琦先生《梦境行》恭和供哂

校刊客岁两书罢，新发现珍心独欢。
路振使辽东殿远，燕颇举义北风寒。

黄龙府废谁留守，红瓦当圆我辨残。
千载之疑今破解，时空透视感微阑。

2016年4月5日

敦化城山子再考并赠同行者

烽火早消霞漫天，城头直上率由前。
俄多力野契丹道，老相兵营渤海田。
满目残垣通史鉴，一肩忧责与心牵。
毅然奋起何云晚，不必从今退十年。

发现敦化东山头渤海瞭望哨有记

携雨乘风敦化行，沙河峡谷或藏兵。
东牟山越天门岭，瞭望台知大祚荣。
城谓石湖惊石臼，春逢花海赏花声。
通沟四壁随云舞，盛国初基奠此明。

发现敦化东山头青铜遗址有记

东山头耸绕沙河，登顶心随喜鹊歌。
忽见夹砂陶片密，方知带索石锄多。
三千年后我来此，百十件中思若何？
应信古人真智慧，斧刊青史岂消磨。

2016年4月30日

《千载回眸——辽代春捺钵遗迹调查》出厂有记

钩沉往事出新书，千载回眸何兴如？
云连天恰归大雁，图压卷期祭鳇鱼。
春州重考开三昧，捺钵初通疑半除。
邀得诗家歌集锦，共同证史莫嘉予。

2016年5月9日

拍摄美人松

玉立傲苍穹，情钟十六峰。
大东芳草地，奇景美人松。
云白疑仙舞，天蓝似醉逢。
悠悠多少事，淡泊便从容。

遥望长白山

骋怀期远望，向晚尚高攀。
奇幻大红幕，太虚长白山。
无边林海阔，有梦朵云闲。
一部天书厚，而今韵未删。

2016年5月20日于长白山下

长白山归来道中读张岳琦先生《病中杂想》步韵恭和

年长平添问古情，砂陶石斧采同层。
东牟山上史疑减，老虎洞前文脉增。
理背常规原可弃，书符遗迹足堪凭。
清源正本由兹盛，心共牡丹江浪腾。

2016年5月22日

江密峰古梨园考察有记

地名称作衙门口，大小风门上下江。
果子楼中梨占首，寒葱沟里饯无双。
出山威猛牤牛水，入蜜温馨望马窗。
有幸凌虚先举镜，备文传后继兴邦。

2016年4月29日

【题解】

古梨园在安山村桃山脚下，有百年以上的梨树七千多株。据清代档案记载，这里的山梨等经果子楼收购贡于清宫。

题龙潭区双瑞太空种子蔬菜

菜种巡航遨太空，龙潭双瑞正兴隆。
鲜蔬雨后郊园绿，美酒饮前神字红。
从古奇葩生奥壤，而今驿路起雄风。
老爷岭下朝天笑，改写农耕自大东。

2016年4月29日

吉林市龙潭区博物馆开馆志贺

甚喜鸡林换旧符，龙潭山下醒玄菟。
源承文化开三系，未负扶余第一都。
杰阁江南新馆秀，圆城塞外故园殊。
而今补白驰名远，太史公堪把玉壶。

2016年6月3日 于长春养根斋

【题解】

吉林市是我国古代东北第一个方国政权扶余的初期王城所在地。扶余初期王城所在之鹿山，在吉林市龙潭山一带或东团山下的南城子。公元346年之前，扶余王城西徙近燕，从今吉林市迁至辽源龙首山山城、城子山山城一带。龙潭区博物馆，是国内外第一个正确介绍这段历史的博物馆。

张应志《红楼梦人物百咏》告竣步韵以贺

红楼几度惊春梦，笔底英灵获永生。
夜黑河边邀月隐，大荒山下带诗呈。
境通虚幻花输媚，岸接逶迤柳绽荣。
世事洞明皆好了，入微撷韵叙穷精。

2016年6月10日19时

四平约见赵玉先生次韵记怀

屏前唱和早知名，偶觉神交如梦萦。
踏雪心思缘大泽，拿云意气凭高情。
酒逢趣处醒还醉，话到真时少也诚。
流派传承家国事，纳兰故里共搴旌。

2016年6月16日

在人民网谈“吉林诗词现象”与“关东诗阵现象”

座客高端现象谈，关东撷韵忆池南。
纸媒刊物加诗阵，苦旅采风宗彩岚。
发自隋唐源已考，开来流派路先探。
山音传到人民网，舞起吟旌忧责担。

吉林省诗词学会加入“诗词中国”云科技联盟有记

诗词云涌早加盟，老白山巅一帜横。
信息飞腾如海量，吟旌漫卷续长征。
携生花笔随心舞，创吉尼斯载梦行。
现象新根深奥壤，更钟还属不咸情。

2016年6月18日于北京

恭和张岳琦先生《有感当代人生活》

此际乘风心向远，驱车搜韵倚云攀。
东黄城里释疑去，鸭绿栅前歌凯还。
考得良民平壤在，辨明赤谷小兄闲。
飘零散叶时遮目，可笑达人偷设关。

2016年6月23日

白山军分区留题

故园向是水雄浑，鸭绿津头守国门。
号角频吹飞剑影，战旗直指感春温。
翻光荣册红花艳，谒纪功碑青史存。
最忆当年同护鉴，不咸极顶摄朝暾。

重返白山感怀

些些往事忆欣然，屈指曾经二十年。
织梦骋怀依大泽，开山撷韵著鸿篇。
从无字处听风雨，到有诗时付管弦。
过眼烟云遗几许，荡平岭上读华笺。

苇沙河执勤点留题①

经年驻守苇沙河，鸭绿滔滔日夜歌。
铜斧钺形通体铸，石镰弧背满身磨。
夹砂素面查时少，羼滑褐纹斯处多。
长白巍峨连远古，今来择韵慰兵戈。

【注释】

①苇沙河有原始遗址，出土夹砂素面陶片、羼滑石刻划纹陶片等。当地还出土钺形铜斧，模制，年代为战国时期。

边防一团巡礼

最美戍边人，一团风貌新。
方来温战史，未及抖征尘。
情寄大荒梦，心怀鸭绿春。
临流羞笔拙，许我共江巡。

重读葛振峰先生赠余题词有怀

兵营一入动清心，重读题词感慨深。
初识将军言戍守，欣从鸭水忆登临。
当年献策修边路，此际无虞隔远岑。
总览风云谁敌手，英雄护国自应钦。

【题解】

1997年4月16日，余陪葛振峰先生巡边，到临江、长白、抚松调研国防要略，有机会汇报张凤台、刘建封《筹边十策》，建议尽快修筑长白至丹东沿江公路，得到沈阳军区和国家高度重视，很快开工并全线通车。在长白县起早汇报之后，我说："本人军人的不是，战术的不懂。姑妄言之，仅供参考。"葛振峰先生笑说："幸亏你军人的不是，不然，我们还吃什么饭了？"众笑。随后，葛振峰先生书赠："根植长白沃土，心系繁荣安宁。为官勤奋谦诚，德才造福人民。"余甚感动，诗以谢之。《谢葛振峰先生》：

车飞尘滚路茫茫，千里巡边情谊长。
自古英雄淘不尽，安民护国大文章。

其中第三句，化用张凤台"但愿英雄淘不尽，沉吟且听晚钟撞"。这次采风所到边防一团，是后来调到临江的，葛振峰曾任该团团长。

《侠客吟》序末补笔

展卷欣看侠客吟，原知择韵意深沉。
避风石已寻无影，迎月山方纪有音。
诗可抒情犹证史，曲能明志复弹琴。

回眸时刻扬眉处，最数开怀浊酒斟。

2016年6月29日于长春养根斋

读赵连伟文章感记

军人此处重攀登，传统于兹得继承。
猫耳山迎爬壁虎，鸭江浪指搏天鹰。
腾空影闪手抓木，拔地心惊脚踩绳。
过硬功夫勤练就，战时信可傲崚嶒。

【题解】

2016年7月21日吉林日报刊登赵连伟的文章：《攀登，攀登，新一代军人》。

吉林市雅风诗社成立十周年志贺

茫茫人海阔，难得此心同。
奥壤涵诗韵，江城继雅风。
沉浮尘世外，俯仰性情中。
近考天门岭，松花一派通。

2016年7月25日

《雪泥鸿爪集——留住历史文化的记忆》出版志贺

先睹飞鸿踏雪泥，见贤欣感早思齐。
拓开视野无羁绊，抄转陈言有问题。
携手登攀同策杖，放心治学却歧迷。
躬耕自得其中乐，大泽凌虚一笑兮。

2016年7月30日于长春养根斋

【题解】

此书作者为徐学毅先生，吉林文史出版社出版时定名为《长白文史拾粹》，由我作序。

卢继清诗词集出版志贺

华卷开时雅兴收，七编一体品从头。
含英蓄志练诗笔，滴渌清心浴眼眸。
着绿装推黄海浪，挥红手致白山邮。
吟旌展处现身影，为后来人筑韵楼。

2016年7月30日于长春养根斋

恭和张岳琦先生《长春连日酷热遐思》兼记拙作《千载回眸》出版

烈日炎炎似火烧，悟空此际扇徒摇。
兴亡入史胡能改，凉热随心皆可调。
寻捺钵中查驻跸，于行在处考淋浇。
长春州里纷繁事，千载回眸立一标。

2016年8月4日

金州鸶鹭花海

步出家门趁小秋，心牵何事向金州？
扶余府里王城考，鸶鹭湖边骚客游。
信是求真能辨伪，岂云致远为寻幽。
唐风宋韵花间集，流派诗魂长白收。

2016年8月16日夜

首次发现敦化青铜与汉代遗址记怀

发现无前见报端，初呈遗迹世人看。
惊新石器早期隐，感小沙河大水漫。
树壁天门堪自固，筑城旧国聚逋残。
东牟山考余穷蹑，敦化经春六下鞍。

【题解】

2016年4月28日至7月2日，余六下敦化，在官地镇通沟岭山城和石湖古城附近发现东山头青铜遗址和岗子汉代遗址，采集到二十多件石斧、石锄、石网坠和一件完整陶豆等，年代约与三千年前的莺歌岭文化、团结文化和扶余文化相似，填补敦化青铜和汉代考古空白。地理环境与及挹娄、靺鞨白山部《旧唐书》《新唐书》所载大祚荣保太白山东北东牟山树壁自固，唐将李楷固败还相合。对研究渤海国建国都城东牟山和旧国，有重要参考，意义重大，感而再记。

集安一中二年四班离校五十年小聚感怀

带雨牵风五十年，些些往事岂如烟。
何期浊世无遗憾，应信浮生有夙缘。
随鸭绿江推浩荡，与鹅黄柳舞悠然。
于今回首莫言老，长忆青春豆谷边。

2016年8月22日

《诗意长白浅说》补韵

诗境随风入小秋，兼天夜雨降无休。
深思原未忘杨广，浅说安能负陆游。
开大泽推流派远，辑雄文鉴老夫愁。
沧桑满目山川懂，向陌生人布兆谋。

2016年9月1日

忙里偷闲和岳琦先生《时气不顺》戏作

白山南北苦驱驰，采石寻陶未觉疲。
岔外岔中风给力，泉阳泉下水冲肌。
欣凭异证真空补，幸免同遭伪学欺。
韵毓东荒流派壮，开新继雅合时宜。

2016年9月2日

天宫二号发射成功赠总设计师通化老乡杨宏

问君何事最关情，今夜天宫二号行。
一剑十年磨大任，头功几许赖长征。
飞船软件硬标准，在轨电联新证明。
为有老乡惊世界，白山盛赞返回声。

2016年9月16日

【题解】

杨宏，“天宫一号”“天宫二号”总设计师，1963年11月生于吉林省通化市，1991年起开始新型返回式卫星的研制工作，1992年进入中国载人飞船总体室从事飞船总体设计工作。现任中国空间技术研究院研究员，“神舟”号飞船系统副总设计师，“天宫一号”总设计师。

吴大澂打尖小茶棚

著得皇华自纪程，午餐地处小茶棚。
东团山下松江渡，西直沟门土路横。
尖饼泡汤安可少，大葱蘸酱必须精。
百三十载抱书过，告后人知有此行。

【题解】

1886年二月十六，吴大澂在吉林市机器局小憩后，从机器局门东三里东团山渡江。此处江心老冰尚坚，两岸沿凌水亦不甚深也。过江二十里至小茶棚，打尖，即简单吃午饭。

吴大澂途经江密峰

二十里临江蜜蜂，皇华到此纪行踪。
宿无旅店萧条甚，路有坑洼愁绪浓。
望马沟门高速畅，牤牛河畔大田丰。
百年光景真如幻，写下变迁存旧容。

2016年9月17日凌晨于长春养根斋

【题解】

1886年二月十六，吴大澂从今江密峰镇小茶棚村吃午饭。过江密峰，无店，又东行四十里，宿双岔河。双岔河，在蛟河市天岗镇。江密峰，当时称“江蜜蜂”。望马沟，在江密峰西南。

赠江密峰镇牛爱民书记

逢秋倍觉凯歌轻，江密峰头皓月明。
驿道披榛寻史典，城关策杖重民生。
巡千里路搏风雪，进百家门报雨情。
心系元元解忧乐，龙潭给力助支撑。

2016年9月17日夜于长春养根斋

寻 双 岔 河

此日专寻双岔河，天岗境内未偏多。
太平川与牤牛汇，吴大澂牵文伯何？
流去华光淹岁月，摄来列影起雄歌。
而今留下桥头照，期待后人禁打磨。

2016年9月23日夜于吉林市北都大酒店516室

夜宿中国考古01号首席专家室

破浪今来自大东，回眸百廿隔时空。
信铭致远瓷盘上，欣读贺诗船史中。
江密峰行留翰墨，海参崴别起狂风。
手持捞出水烟袋，夜不成眠怀邓公。

2016年9月25日夜于中国考古01号首席专家室

【题解】

2016年9月25日晨，江密峰诗会结束后，应邀与辽宁刘炜霞、黑龙江王卓平、吉林李容艳、赵凌坤乘高铁到丹东，下车后即租车到东港大孤山，再换车到水口码头，乘中国考古01号补给船“丹渔捕0859号”于黄昏登上中国考古01号。9月24日，余在江密峰会上讲话中介绍了光绪十二年（1886年）二月十六，《皇华纪程》所记，吴大澂途经江密峰赴珲春与俄谈判，争回图们江出海权等。七月初一，奉李鸿章之命，丁汝昌率“定远”“镇远”“济远”“超勇”“扬威”“威远”六舰行抵朝鲜之元山，初一日开至海参崴。留“超勇”“扬威”二船泊摩阔崴（即克拉斯基诺），候界务事竣送吴大澂乘军舰回天津。“致远号”当时在英国刚造成，秋后开抵清海军入列。七月初七，另四铁舰赴长崎上油，因杂事引发骚乱，日本借机壮大海军，八年后发生甲午海战，与邓世昌的“致远”在此战中沉没的还有北洋海军另外三条战舰：黄建勋的“超勇”、林履中的“扬威”、林永升的“经远”舰。这一天是农历八月十八日，是邓世昌的四十五岁生日。光绪皇帝亲笔手书挽联“此日漫挥天下泪，有公足壮海军威”，破例赐予邓世昌“壮节”谥号。2014年9月17日，正逢甲午海战一百二十周年，余与蒋力华登上中国考古01号，祭奠英烈。赋诗后，发在关东诗阵，诗友争相和助。余一并转给考古领队周春水先生和陈维坤船长。这次重登中国考古01号，现任船长连业航拿出《船史簿》，选收有手抄本诗友惠诗。余与蒋力华、王春艳、贾维姝、李容艳、王文福、孙成学、黄玉春、贾广惠、张明艳、史继武、叶剑波等诗友诗作均被抄录其中，颇有所感。余将贺诗完整稿再赠连业航船长和周春水队长。余所宿“首席专家室”中，考古队梁国庆正在绘打捞出来的“致远号”上的水烟袋。晚饭后，周春水领队又给我详细介绍了水烟袋等出水文物的情况，略残，刻有“寿”字，繁体，圆形，清晰。夜不成寐，感而有记。9月26日晨，余将新作这首七律抄到中国考古01号《船史簿》上并钤章。刘炜霞、王卓平、李容艳、赵凌坤亦多有所赋，余并转连业航船长、周春水队长。

步魏义友先生韵致意

西来东往羡游仙，未得相逢如隔渊。
黄海临风推激浪，白山写意著鸿篇。
友情不减何须酒，无奈增加方惜缘。
似懂前贤夸访戴，纵悭雪夜亦欣然。

吉林、丹东归后奉和，2016年10月2日

吴大澂出吉林东莱门

行装理就出东门，机器局中残貌存。
难向团山寻古道，便从故邑着微痕。
欣然驿外黄龙考，驻矣城边白马奔。
可叹时髦趋打造，只图花架不留根。

【题解】

吉林城东门曰“东莱门”，东去江密峰古驿路必出此门。惜早已无存，幸有老照片。

吴大澂过张广才岭

公问当年张广才，区区何物费疑猜。
堪称不朽山灵许，可信传奇驿路开。
两道辙知青史续，半身隐见白云裁。

而今工拙浑不计，六出此沟亲远垓。

2016年10月4日

【题解】

吴大澂在《皇华纪程》中作《又赋张广才岭七古一章》中有：“我问当年张广才，何物区区，乃与山灵同不朽。”2016年，我沿此驿路，六下江密峰与敦化，发现距今二三千年的东山头和岗子青铜与汉代遗址，填补敦化空白。

铭记吴大澂筹建驿路通沟站三首（步吴兆骞韵）

一

龙潭早发理行装，雪压青松山色苍。
新站通沟连驿路，故园巡检是家乡。
渡辽慷慨将军印，抗日巍峨脱剑霜。
应劝嘉州先莫笑，愙斋尚敢赴沙场。

二

皇华过此效飞鸿，星夜忽吹岗子风。
大祚荣留千载谜，小康梦促一沟通。
只身赴会韩边外，双岔寻来车啸中。
感慨山民邀野老，入乡再续纪辽东。

三

湖沟遗址现，陶豆底微残。
书载丸都李，鏊藏边外韩。

深山红叶美，大泽白云寒。
扎寨沙河畔，缘何忘卸鞍。

2016年10月5日

【题解】

2016年4月28—7月2日，我沿一百三十年前吴大澂《皇华纪程》之路，六过江密峰，六下敦化，一举发现东山头、岗子青铜和汉代遗址，采集二百多件石斧、石锄、石网坠和陶豆等文物，填补敦化考古调查与文物普查空白，将吴大澂增设的岗子（即通沟驿站）之地的历史提到三千年之前，极大地鼓舞了岗子村民。他们奔走相告，传阅8月18日的《吉林日报》，在村委会的大力支持下，完善村文化站，将文化大院修整一新，为吴大澂、吴禄贞塑像，盛邀我常住岗子村，以期深化村史研究，为吴大澂、吴禄贞等树碑立传，培养新人，不断传承长白山文化。联想到吴大澂主动请缨抗日，兵败海城，嘉州黄遵宪作《度辽将军歌》以嘲之，抓住吴大澂购得“度辽将军”汉印便以为是万里封侯之兆，讥其“弃冠脱剑无人惜，只幸腰间印未失”，实在有失偏颇。吴大澂守土致力，只身赴夹皮沟会韩边外将其收编成为抗日后盾，名高大东，山民咸敬，感人至深，因以为记。

孙挺进《鸡肋集》出版感怀

问世鸿篇书影随，当惊难事在人为。
周边疆域悉堪说，鸡肋牛排俱可炊。
忧责心中寒彻骨，乐观天下笑扬眉。
若遵格律从今始，应信狂吟亦有维。

2016年10月15日

【题解】

孙挺进，在《说周边历史，话疆域变迁》出版后，又出版诗集《鸡肋集》，精神可嘉，感怀志贺。

出席安图宝马金代长白山神庙遗址考古成果专家论证会并记第一百八十四次登长白山

宝马新增开发区，聘余顾问得其需。
首先建议行依法，然后钻研庙合符。
封册专司张子固，撰文确考竹溪殊。
如今论定凭癸丑，天豁峰前桦未枯。

2016年10月25日夜于二道白河金水鹤国际大酒店8427房间

【题解】

2013年2月2日，我应长白山管委会之邀参加“宝马古城文化研讨会”，被聘为历史文化总顾问，当即提出暂缓开发宝马遗址，应按《文物法》规定，先搞考古发掘，然后统筹规划，加强文物保护，统筹发展的建议，并帮他们协调、联系，省文物局安排吉林大学边疆考古中心和省考古所承担考古发掘。经过四年的工作，宝马遗址中出土大量高级柱础、瓦当，特别是出土玉册残件，带有“金”“癸丑”等字，确证这是金大定十五年（1175年）、明昌四年（癸丑1193年）年封册“兴国灵应王”“开天宏圣帝”的长白山神庙，不是古城。册文，由党怀英（号竹溪）撰写。册文中只写派“某官某”到长白山封册，具体是谁，《金史》无载。我从《全金诗》中查到王寂有一首七律《张子固奉命封册长白山回诗以送之》：“劳生汨没海浮粟，薄宦飘零风转蓬。我昔按囚之汶上，君今持节出辽东。分携遽尔阅三岁，相对索然成两翁。健羡归鞍趁重九，黄花手捻寿杯中。”2008年12月，我将王寂这首诗收到《长白山池南撷韵》书中，推测“宝马城”不是城，应是金代在长白山北所建神庙。考古发掘结论，完全证明我之推测，今又出席专家论证会，颇感欣慰。

出席抚松枫林旧石器遗址考古发现专家论证会有记

满腔义愤自填膺，破坏野蛮推鲁能。
手斧崖包先铲尽，山民年代宿疑增。
器珍抢出一千件，壤厚探明三四层。
国宝现身惊域外，后人惜可叹崚嶒。

2016年10月27日上午会后
备忘于抚松长白山大饭店407房间

【题解】

2014年10月20日8时31分，我在寻访额赫讷殷考古调查途中，于抚松枫林发现长白山手斧，经新华社报道后，轰动国内外。鉴于枫林村已由抚松县卖给鲁能集团搞旅游开发，我在鲁能开工前以书面建议有关部门、抚松县及鲁能集团，依法先搞考古发掘再搞基建。可是各方在一年多无动于衷，几经呼吁，毫无效果，鲁能终将出土手斧的黄土崖包推铲得荡然无存。在我一再催促下，考古队在出土手斧的黄土崖包附近抢救性开掘三百平方米探方、探沟，得获一千余件旧石器，其中有十分罕见的棱柱状石页石核，长度超过十厘米，重约六百克。枫林遗址地层堆积最深处超过四米，为光释光年代学研究、沉积学研究和孢粉环境研究等，提供了难得的手斧、石页石核等标志性器物和可靠的地层剖面。会上，展出了手斧和石页石核等重要器物近百件，丰硕成果，令人震撼。与会专家高度评价发现手斧及枫林遗址的极端重要性。我对鲁能野蛮施工、严重破坏重要文物遗址、造成不可挽回的重大损失之行径，表示强烈愤慨，保留追诉权利。会场满堂愕然。事关重大，诗以记之。

吉林省政府文史馆冒雪赴敦化集安考古调研抒怀

渐近初冬冰雪天，难更矢志笑趋前。
情衷岗子乡民盼，史记王陵豆谷怜。
正误每从新版后，释疑不在旧论先。
几多发现自田野，空白补时皆有缘。

2016年10月31日凌晨于长春养根斋

“《皇华纪程》今昔”正式启动有记

皇华之路破坚冰，以此缅怀吴大澂。
恰选通沟增驿站，直趋官地启专乘。
夹砂陶片莺歌岭，带雪牛棚木克楞。
遗址空前多黑豆，千秋宏业在兹兴。

2016年11月1日于敦化万豪国际大酒店278房间

【题解】

2016年10月31—11月4日，根据吉林省人民政府办公厅的通知，吉林省政府文史馆张福有、陈景东、王立安馆员，吉林省政府参事曹保明，吉林省文史馆孙志明一行赴敦化、集安，就张福有发现的岗子遗址和高句丽第二代王琉璃明王陵的保护问题开展考古调研，召开两个座谈会，听取了敦化市政府和集安市文物局的工作汇报，与当地政府和有关部门商讨如何加强文物保护工作。

《吉林日报·东北风》刊赵连伟美文读后致谢（次邵红霞韵）

鼙鼓声闻近老营，邀来诗阵采风行。
峰头崒嵂池边醉，脚印阑珊雪野耕。
直视古今宜辨史，兼修文武各钟情。
东西并作通沟考，偶像千年问石城。

2016年11月4日凌晨于集安紫都苑8206房间

听二弟福玉高歌《一壶老酒》为妈祝寿感记

弟先高唱一壶酒，兄亦思亲双泪流。
捡石辨陶忙不住，以诗证史志方酬。
离家之际怕回首，采豆时分欣跨沟。
忠孝两全难在我，勘巡驿路又从头。

2016年11月16日（丙申十月十七）夜

曹保明先生撰文肯定我的考古发现致谢

旧国初萦岗子霞，沙河峡谷早流槎。
南天门阻李楷固，老虎洞开年喜花。
赐福乘风惊石窖，送财随雪到田家。
而今我幸新发现，椽笔又将村落夸。

2016年11月19日

【题解】

曹保明，中国民间文艺家协会原副主席、吉林省非物质文化遗产专家组组长。2016年11月15日《吉林日报》05版文化版刊发曹保明文章《传统村落，何去何从》，展示了满族称杜鹃花为“年喜花”，意义重大。

乘风，岗子村赵岳强幼时到沙河东砬子老鹰窝掏鹰崽，被其父训斥后送回，恰被老鹰返回发现，遂将赵岳强叼起飞过沙河，其父隔河在地上大喊，老鹰将小强扔到地上，摔昏迷后复生。我让小强再到鹰窝处留影，小强攀岩途中，我偶然发现鹰窝下地面上陶片密布，由此发现岗子遗址又一处新地点，采集多件黑陶豆残件及陶片等。拍照后，我问小强当时怕不怕，小强说：“吓得眼泪都哭了。”“眼泪哭了”，直似“红叶疯了”。岗子村，清代为通沟镇，吴大澂在此增设驿站。

恭贺蒋力华兄喜迁新居

祥临佳境艳阳春，丽阁乔迁华宅新。
拓路佟江怀柳韵，搴旌学府自梅津。
砚亲椽笔墨香远，情重好花年喜真。
净月潭边堪放眼，观沧海更长精神。

2016年11月29日

恭读张岳琦先生《老之初》敬和

回眸往昔亦悠然，十载匆匆一瞬间。
扫去浮言投笔笑，携来陶豆御风还。
肩担忧责尚需尽，自解难题未敢闲。

承诺事应师树壁，天门岭上苦登攀。

2016年12月15日

附，张岳琦《老之初》并序：

看到福有现在精力充沛，成果累累，觉得真好。回想我刚退时，也觉得精力旺盛。自从得了带状疱疹后遗神经痛之后就差了。有感于此，戏成一律。

人世何时最乐然，退休之后十年间。
身形尚健山河旅，头脑犹清文债还。
囊有小钱足温饱，手无公务享悠闲。
几多往事如烟去，每喜中华更跃攀。

出席中央文史馆第三届国学论坛感怀

长安论剑忆从头，机遇难逢孰可求。
崛起中华凭智慧，弘扬国学毓神州。
路通田野迈双脚，韵领诗坛创一流。
蠢事连番交演替，初心敢忘杞人忧？

2016年12月15日

西安访查高提昔墓志拓片留赠王其祎先生

来自同乡国内城，时逢贞观入唐行。
易州刺史新官职，茂族京师古郡生。

泉氏府君携手处，高陵铭石刻心情。
折冲都尉留家事，水镜相公应考明。

2016年12月16日凌晨于西安人民大厦3122房间

【题解】

近年西安新发现高句丽人高提昔墓志，知其父祖乃国内城人。国内城，今集安，余之家乡。高提昔，女。其父于唐太宗贞观十九年（645年）降唐入长安为高官，并成为京师茂族。高提昔二十六岁时方嫁高句丽人泉氏，当年却不幸病逝，令人惋惜。然能居并葬于长安，尤其值得关注。其父祖曾任水镜城道使与大相，其地待考。

西安再会良民同乡孙世安先生有记

此行赴会入长安，再访同乡相见欢。
有幸先成平壤考，无疑更释大碑刊。
半头已足分申甲，一点当心辨九丸。
俚语抄来充捷报，鸭江笑对起波澜。

2016年12月16日凌晨于西安人民大厦1322房间

【题解】

申甲，2012年7月29日，集安麻线农民马绍彬发现麻线高句丽碑，碑文中有“自戊申定律”，有人误读为“甲戌年定律”。从碑石看，戊字无小横，非戌。自，亦非甲。因此，改戊申为甲戌，不成立。九丸，集安丸都山城，并非九都，多有错讹。本人撰《“九都”“丸都”辨》，刊于1998年3月5日《光明日报》，《新华文摘》1998年第五期全文转摘。拙著《集安麻线高句丽碑》，2014年由文物出版社出版。

西安再访张在明先生留题

长安问古赖兄贤，屈指凡经十一年。
灞上乘风追月影，桥头纳履访碑阡。
汉唐故国辽东史，魏晋新城水底篇。
辞海偶疏余改写，笑他乱语已重镌。

悼念袁毅先生

雪乱难遮奥壤忧，奇峰十六冷飕飕。
松花泪涌凝呜咽，长白风号唤导游。
怪谜从今何问解，方情而后觅遗留。
大荒补韵传承事，继迹同仁共索求。

2016年12月19日于长春

步蒋力华兄雅韵谢惠大作并谢张宁克兄转发拙作《长白山赋》

八方共颂不咸雄，流派浩然涛未穷。
凡事绝知堪正误，奇缘得遇赖亲躬。
挹娄寻到白山部，勿吉携来靺羯风。
岗子凭余新发现，欣谙旧国迥非同。

2016年12月23日

【题解】

2016年，我十下敦化，发现岗子遗址，采集五百多件石器、陶器，年代自青铜至汉晋，包含完整的豆等，属扶余、沃沮汇聚到挹娄、勿吉、靺羯之白山部，可证这一带可能是大祚荣在其先祖白山部建渤海国。通沟岭东山头，当是挹娄之东牟山；牡丹江，即忽汗河；沙河，即奥娄河；岗子，可能为渤海国旧国之所在。这一全新推定，只待考古发掘验证。勿吉，音转为“靺羯”，因形近而写成“靺鞨”。

附，蒋力华《丙申冬至再读张福有先生长白山赋得律》：

原始源头元气雄，神奇神圣势无穷。
藏灵玉界玉皇赏，通海仙池仙女躬。
生态圈中山比岳，基因库底木摇风。
凌云健笔纵横写，龙脉腾龙独不同。

2016年12月21日

集安至敦化道中见侯振和先生赠诗步韵以谢

夜阑正绕大荒根，何事梦回心底存。
树壁缘谁挥石斧，沙河为我献陶樽。
扶余曾属白山部，渤海原招靺羯魂[①]。
举世初闻岗子说，挹娄国里数年轮。

2016年12月25日

【注释】

①靺，革字在左，未字在右，音：未。《通典》中记载，勿吉，一称靺羯，音：未杰，是因勿吉与靺羯音同。木刻版《二十五史》中，多有靺羯，而非靺，革在左，末在右，音：末。勿吉与靺鞨，音不同，转不了。

靺鞨，音：末贺。是因字形相近，才将靺羯写成靺鞨。大连黄金山鸿胪井刻石，就是靺羯。这说明渤海国当初不称靺鞨，而称靺羯。

岗子青铜遗址的发现，很重要。敦化属挹娄国之地，《清史稿》中有记：“敦化县，古挹娄国。”还有《三国志》等记载，蒋力华先生甚赞：“白山部——古挹娄国——，这真是大问题，真是很重要。老兄的善于发现是一种超能力，佩服之至。”

创办年喜花节贺岗子类型新发现

万般景色信堪夸，岗子尤珍年喜花。
大祚荣曾旌树壁，白山部选崴安家。
折沿鼓腹类型特，敛口筒形格调奢。
钵罐豆壶开盛宴，标新立异绽奇葩。

2016年12月31日凌晨4时25分于长春养根斋

【题解】

2016年4月28日、5月2日、5月11日、5月18日、6月1日、7月2日、7月19日、9月3日、10月20日、11月1日、12月9日，笔者十一次下敦化官地镇岗子村考古调查，在地表采集一批石斧、石锄、陶豆、陶罐等器物，填补空白。经考古专家专业绘图助我研究，发现多种文化因素汇集于此，地表采集的这批陶器，与团结文化、东康文化、东团山文化既有相似之处，又有明显的差异，具有自己“折沿鼓腹”的显著特点，建议将其命名为“岗子类型”，意义重大。其年代在战国至魏晋，延续近千年。如果沙河两岸的通沟岭山城、石湖平地城，经过进一步考古工作，确实探明为大祚荣“树壁自固”之地，那么，这次发现的岗子遗址则更增加了渤海最初都城的文化底蕴。

丁酉迎春寄语兼贺《春韵满神州》出版

丁酉贺春重赋东，地支轮满韵相同。
平心养得浩然气，何事堪当不世功?
纳福深深通大泽，呈祥朗朗接晴空。
雄鸡唱处云霞曙，长白漫天行健风。

2017年1月20日

恭谢林沄先生郢正拙文①

开机赏玉满屏新，诚向先生贺雅春。
绛帐祛疑心不倦，承蒙解惑语尤亲。
识荆当谢阳安剑，释字同临麻线滨。
岗子类型欣首赞，公推第一又何人!

【注释】

①林沄，中国著名考古学家、吉林大学资深教授，肯定十三年前我考证集安出土赵国阳安君剑之阳安君是李跻，乃老子李耳五世孙、唐高祖李渊三十五世祖，认为“这应是张福有的一个发明”。赵阳安君是李跻之结论，被写入《中国先秦史研究概览》。2014年春节，有幸与林沄先生共同研究集安麻线高句丽碑碑文，结下深厚文谊。去年，为拙著《扶余后期王城考》作序，肯定书中提出创见。近日，夜以继日郢正拙文《岗子遗址的新发现和岗子类型》，首肯我发现的敦化岗子类型古遗址，填补敦化空白，改写岗子历史，意义重大。

恭谢王云坤先生惠予厚誉

一到春前百感生，至今不觉此身轻。
向无旧雨留遗憾，每有新书赐卷名。
长白凭公骄子誉，大荒许我弱肩撑。
他年历数鸡林事，唯恐养根斋未清。

【题解】

2017年1月26日晨，王云坤先生微信中称："福有好，长白山骄子。"二十年间，王云坤先生为我题写八本书的书名。《吉林日报》记者陶彬，撰写了专访《张福有：长白山骄子》，刊发在《东西南北》杂志2017年第十期。

诚谢孙仁杰先生助绘岗子类型器物图①

麻线河边溪水流，劳君出手绘通沟。
折沿鼓腹凭青眼，平顶斜身藏穴头。
岗子类型惊问世，白山部落欲何求？
浮生幸遇罕逢事，历史由兹改后留。

2017年1月26日

【注释】

①孙仁杰，集安博物馆研究馆员，著名考古及文物专家。拙稿整理时，集安市博物馆副馆长郭建刚和于亚茹给以大力支持。

正月初四晨集安出圆虹

江边邀日出，客与我心同。
垂柳鹅黄白，圆虹鸭绿红。
国家刊地理，乡梓沐天风。
冰雪鸡林路，壤平收镜中。

2017年2月1日

《中国国家地理·吉林专辑》采访组考察良民与岗子有记

国家地理吉林行，正月初三征未停。
平壤良民城可信，敷文误判醉应醒。
通沟书院老传统，岗子陶壶新类型。
长白鸿篇山水赋，当春著就咏康宁。

2017年2月3日

次唐贤王勃韵赠集安名医杨晓凤主任①

电视看强秦，手机通鸭津。
鸡年升晓凤，豆谷考山人。
故里添知己，当初未买邻。
相逢歌恨晚，别意寄诗巾。

2017年2月10日

【注释】

①关东诗阵有三十一首和诗称道杨晓凤，收录在《张福有诗词选续辑》中。

丁酉新春国际金融形势感题兼咏相龙国摄“长白金元宝”奇观

金融开苦战，高处可胜寒。
原本不争霸，应须护国安。
大东挥妙手，长白现奇观。
元宝从天降，清心感万端。

2017年2月11日（丁酉正月十五夜）于长春养根斋

回集安道中接剑波呈《长白山日报》次韵致谢

古云一字值千金，何况连篇赋莽林。
鸭绿津头流雅韵，鹅黄柳下作长吟。
东山未愧无双景，大泽深知不二心。
忧责盈肩同策杖，乘风含笑越高岑。

2017年2月15日

附，叶剑波《白山东高速路口迎接福有先生》：

情谊深长每胜金，喜逢知友会鸡林。
千家诗贺年兴替，一卷风行日苦吟。
补韵大荒书异景，投身奥壤现真心。
殷殷寄语无相忘，执意追随过远岑。

2017年2月15日

丁酉新正再回集安诗友雅集感怀

圆虹正月出江村，大吉随缘入福门。
奥壤风华平壤考，古人慷慨后人尊。
堪凭新典丰碑赞，难报老家慈母恩。
且喜今天心境好，白山清鉴养深根。

2017年2月15日

附，蒋力华和诗《有感于张福有先生丁酉新正再回集安》：

豆谷通开好进村，圆虹升起喜盈门。
乡邦贞利良民考，家国吉祥敦化尊。
迈步从来难歇脚，回头必定静思恩。
白山松水留真影，得道发声惟养根。

2017年2月15日晚

白山市委召开长白山文化暨东北抗联文化座谈会有记

雪舞原为冻泪潸，南湖论剑令重颁。
抗联血沃染红柳，学子情深钟白山。
问史于心明大义，思今迈步越雄关。
东陲文脉经春盛，不废江河奏凯还。

2017年2月20日长春养根斋

丁酉新春雅集记怀（次剑波韵）

果是今年多雪春，祥光遍野气清新。
篇开工美无双卷，韵领神州又一轮。
大泽飞花声莽荡，天涯布草色均匀。
报知流派华函事，安问杯空第几巡。

附，白山叶剑波《新正雅集》：

不知不觉已初春，一路风光气象新。
云下有心观雪景，林前无处问年轮。
亦真亦幻山犹美，半掩半遮霞更匀。
翰墨丹青难写意，谁人与我梦中巡？

大 东 留 题

丁酉新春访大东，心情不与往时同。
抗联提起知忧患，靖宇缅怀醒世功。
诗写冷门能证史，洞凭热穴可防风。
考城通海烟云密，携手前行继迹中。

2017年2月24日长春养根斋

正月二十八考察岗子遗址

重过窝集岭森森，岗子类型名穴岑。
雪踏破能通地气，云牵线可感天音。
佩君正月来东北，问史边陲访吉林。
专辑鸡年欣结卷，陌生人必懂初心[①]。

2017年2月24日夜于敦化

【注释】

①阿根廷女诗人阿方斯娜·斯托尔妮在《致一个陌生人》诗中写道："我感到，陌生人，在你的存在里，我被延长。"对此，深有同感。

岗子类型座谈会在省政府召开有记

沙河沿树壁，吃苦乐躬行。
力解长卿渴，心钟大泽清。

高堂邀雅客，古道发新征。
拼却此身老，赢来岗子名。

2017年3月11日

《一代士人宋振庭》读后感记

京华思绛帐，随感与时新。
诗达鸡林路，花开鸭水滨。
从文腰不折，效柳志何贫。
通古人慷慨，清心洗驿尘。

2017年3月23日

【题解】

2017年3月23日，《吉林日报》刊发光明日报社驻吉林记者站站长鲍盛华的宏文：《一代士人宋振庭》，读后感慨万端。1983年至1986年，不才在中央党校培训部学习三年，宋振庭是中央党校校委、教务长。曾给我们讲课——读书与写作，每有典故名句，闻所未闻，大家记不下来。刘景禄老师就为我们写板书。1985年春，我登门拜访宋老，幸得一幅四尺半开国画《菊蟹图》并题诗文：“菊黄明月夜，蟹肥酒满卮。老夫无别事，头白写花枝。同志正之，宋振庭作。乙丑初春，灯下写菊蟹图并题句以赠张福有同志两政。”今读文朋鲍盛华力作，忆及往事，怀念有加。1998年9月6日，不才在白山市委工作，吴景春先生在给我的信中写道：“长白山有幸，遇见了你这位热心人。过去宋振庭部长说过一句话：‘文艺家笔下无力，连累的江山为之失色！’现在可由你为之增辉了！”（引自：时代文艺出版社2001年10月版《长白山诗词论说》469页，）宋老倡导、培育长白山画派，亲自请关山月、傅抱石等先生到长春作画并陪同，诗以记之。

协商新报“同馨画廊”礼赞

小春恰值画廊馨，整版奇葩芳满庭。
岗子惊人新发现，白山警世早曾经。
诗能证史铿锵韵，路引初心次第铃。
林立高坛先出手，不教故事忆空屏。

2017年4月12日

附，蒋力华《步养根斋韵赠协商新报》：

街头花绽好温馨，又是晨光洒满庭。
画笔难描春意闹，砂陶敢证路途经。
情铺整版清平律，风动良田爽逸铃。
激赏艺廊迎谷雨，登枝喜鹊笑开屏。

筹备《敖东绮韵》雅集抒怀

采风临旧国，古道指天涯。
河放灯祈福，院开年喜花。
敖东涵绮韵，岗子沁芳华。
靺羯白山部，初惊识敢差？

2017年4月26日敦化赴长白山道中

《张福有诗词选续辑》出版有记

悠悠岁月积诗词，掩卷扪心若有思。
十五年间人已老，二千首外辑何迟。
江山胜迹留于我，艮兑清吟寄向谁。
长白巍峨流派远，传承国粹信堪期。

2017年6月3日凌晨于长春养根斋

【题解】

《张福有诗词选续辑》，时代文艺出版社出版，吉林省创美堂印刷有限公司印制，2018年5月25日出厂。

通沟十景

一、砬豁藏珍

传奇故事赖雄鹰，叼跑顽童隔岸停。
欲摄砬头留趣影，忽欣陶片散荒陉。
呼朋入穴探瑰宝，鼓腹折沿新类型。
岗子从今名奥壤，豆珍壶怪醉娉婷。

【题解】

这首及以下九首，是《通沟十景》，由本人命名、赋诗，共得诗友惠和百余首。

二、东牟故邑

临水有城通石湖，东牟王府两相呼。

沙河峡谷奇优美，树壁深沟险绝殊。
敛口壶留平纽异，折沿罐见凸棱孤。
高邻远祖继昌胤，遍考初谙第一都。

三、年喜花都

夹岸盛开年喜花，引来春色到农家。
堪追渤海国中事，好放东牟山外槎。
采叶心收忠护鉴，制香芳沁醉流沙。
雪飞腊八创佳节，且把乡音赋彩霞。

四、河崖树壁

当春携友到沙河，旧国安疑故事多。
树壁居然能自固，引痍遁也岂残疴。
天门岭战东牟保，老虎洞悠长斧磨。
千载轶闻今考证，滔滔浊浪奏清歌。

五、驿路雄风

逢春古道碧悠悠，不掩沧桑纪远陬。
砬豁森森惊壁峭，沙河滚滚领云流。
一文改写千年史，两岸围成百丈沟。
驿路开通归老档，著书乃替子孙谋。

六、奥娄霞艳

河东砬子景新奇，每到黄昏霞正宜。
醉引山城披晚霁，花开峡谷胜晨曦。
烟波涵梦晴方好，玉带缠诗乐不疲。

大祚荣曾亲走保，崔忻封册岂容疑。

七、祈福河灯

乡愁记住为传承，祈福心声板石凭。
淡引春风两岸柳，情投碧水一河灯。
花开岁月江山美，衣洁仙家道业兴。
撷韵临流堪许愿，祥和圣岳起崚嶒。

八、沙河古渡

陶壶铁镬纺轮圆，器物当惊种类全。
本是通沟云底树，刳成砬缝水中船。
东牟山上城犹在，西崴浪头涡尚旋。
最数系舟留石孔，于兹青史出新篇。

九、武圣神泉

艺高名远引敖东，武圣医留不世功。
大道祥和怀盛德，神泉汩荡映圆虹。
千年都阙存遗址，百姓灵台驻思聪。
无量天尊人会意，丰碑立处起雄风。

十、通沟书院

乍来岗子忆如初，鹊喜当头陶改书。
开辟鸿蒙单刃斧，扮装紫陌亚腰锄。
海东盛国入通鉴，山北老城遗旧墟。
空白补时挥史笔，临风绛帐率由予。

恩光普照

白山布道祥和事，率放河灯出太阳。
流派通沟连地气，诗家岗子沐天光。
敖东绮韵由兹盛，岭底繁花分外香。
一展吟旌成记号，不咸护佑福绵长。

【题解】

2017年4月30日下午，《敖东绮韵——关东诗阵2017年会》在岗子放祈福河灯。何志轩道长主持并布道，张福有宣读祭文。十四时四十六分，乌云散开，露出太阳，一道天光直照祭坛，张福有摄录这一瞬间天象奇观，同时高喊提示大家观看，众人皆由惊转喜。

为省考古所调查岗子遗址当向导有记

束装重就道，开拔赴敖东。
客岁多来早，巡游未扑空。
调查充向导，孰料是山翁。
新发现珍贵，居然补白中。

再上东山头遗址捡到铁镬和石刀片有记

通沟岭垄斜，陶片夹粗砂。
铁镬初收获，石刀犹补差。

登高欣骋目，望远略看花。
遗址何偏我，谁来任调查。

2017年5月3日夜于敦化

步张岳琦先生韵忆吟旅三十年

吟路搴旌事业兴，吉林现象国人惊。
一千年后飞花火，十六峰头撷韵成。
岂独陶情邀梦笔，也因证史结诗盟。
三江浪涌开流派，质朴贞刚和律鸣。

步李文朝先生韵贺中华诗词学会成立三十周年

金声玉振抵边州，韵染东陲五色秋。
奥壤先开诗域广，华刊早沁墨香稠。
歌吟卅载长驰笔，坛接千重高筑楼。
流派推来成大势，全新境界白山头。

纪念吉林省诗词学会成立三十周年

冒雨乘风若许年，吟旌指处盛空前。
鸡林光景贞刚铸，鸭水涛声流派传。

为陌生人留韵语，替东陲史著华笺。
我侪携手开新局，一代诗家继古贤。

【题解】

吉林省诗词学会成立于1987年5月15日（四月十八）。中华诗词学会成立于1987年5月31日（端午节）。今年均三十周年。长白山诗社、雪柳诗社，是中华诗词学会的发起单位之一。

2017年5月15日，纪念吉林省诗词学会成立三十周年座谈会在吉林省政协六楼会议室举行。全省六十多位诗人出席，表彰了十个先进集体、五十三个先进诗人。

有感于成为岗子的荣誉村民

漫山遍野苦逡巡，中暑爬冰未惜身。
补白全凭新发现，踏青或使悖论甄。
花开创节称年喜，本固培根与土亲。
岗子类型何以立，口碑所重是村民。

2017年5月23日凌晨

【题解】

欣闻日前岗子村委会决定，批准我与杨明谷、蒋力华、曹保明、于亚茹、陈琦为岗子村荣誉村民，不胜荣幸，感而有记。

附，蒋力华《有幸与张福有先生获批岗子荣誉村民喜和其韵留记》：

一年十度石湖巡，古道山风共护身。
陶豆千秋祈运醒，故都百代遇贤甄。
光来灯伴沙河俏，福到心牵岗子亲。

遗迹频催圆梦者，文明史典赠乡民。

2017年5月23日晨

【题解】

2016年张福有先生先后十一次深入官地考察历史遗迹，获得十分丰硕成果，并且得到权威考古专家肯定，初步确立为岗子类型。2017年吉林省文物部门开始对该地历史进行深入发掘和全面研究。张福有因此被岗子村民极力拥戴。曹保明和于亚茹女士也功不可没。杨明谷和陈琦先生助力甚多。余跟随张福有先生两次到达通沟古邑，也忝列荣誉村民之中，实在惭愧。

步剑波韵贺长白山日报《大东汇韵》专栏首发

汇韵花骰第一枝，赏来深信是雄诗。
率挥莽野开山斧，坚竖大东流派旗。
生面崭然皆叫好，雅园盛也未嫌迟。
吉林现象神州赞，岂独贺春高唱时。

2017年5月24日晚

考证刘建封到过敦化沙河感记

天池钓叟到沙河，应信还从岗子过。
树壁于兹能自固，刊书以后拒相磨。
缘奇恰有大荒证，道合方无假语讹。
学问尚须求甚解，躬行或可失偏颇。

【题解】

2017年5月29日凌晨校拙诗集核对《续白山纪咏》，发现刘建封在《长白山江岗志略》中写道：“沙河崖，西北距敦化县三十五里。”正是岗子之沙河！不胜欣喜。《志略》中还写到沙河沿、岭底、敦化县，“我朝创业之始，实基于此。”感而特记。

丁酉端午前日通沟书院工地现圆虹志喜

通沟书院贺新禧，鞭炮鸣于梁上时。
长白圆虹逢有幸，大东好晕遇称奇。
沙河崖共铁崖立，石板斧牵铜斧移。
斩棘披榛开正道，山人不惧路岖崎。

2017年5月29日

【题解】

光绪三十四年（1908年），刘建封一行在长白山铁崖见圆虹。2009年10月16日，张福有、王宇一行在白云峰上见圆虹。2017年5月29日十一时八分，于亚茹等在通沟书院遇圆虹。照片与录像发来时，张福有正在校诗词续集，补录《续白山纪咏》之后，十分巧然，感而有记。

再到省宾馆做长白山文化讲演抒怀

欣凭国学奠鸿基，据典引经焉猎奇。
腹有诗书添自信，山无草木证狐疑。
初登大雅辨丸九，又到华堂说不丕。
向未回眸嗟苦旅，吉林现象誉东陲。

【题解】

2012年6月27日，我奉吉林省政协雅命，在省宾馆与余秋雨先生同台做长白山文化讲演。2017年6月2日，我应杨庆才和吉林省国学研究会之邀，到省宾馆出席“国学教育与国民文化自信暨第五届国学当代使命论坛”，做《长白山文化概述》讲演，畅谈吉林诗诗词现象，阐述省委书记在吉林省第十一次党代会报告中强调“建设长白山文化”的深远意义，两个小时中博得几十次热烈掌声。会后，上台与我合影、请予鉴定文物、签名者众，令我感动不已，遂记于兹。

《高句丽古城考鉴》上中下卷出厂有记

古城考鉴告成时，忧乐情怀岂自知。
百万艰程山顶绕，三千故垒眼前移。
汉唐方国留遗产，乡壤元书补远陲。
一剑十年磨尚利，滔滔鸭绿共长思。

2017年6月12日下午取回样书顺记

纪念“四保临江”战役胜利七十周年

如泣如歌七十年，运筹东北一枪先。
大荒沟里爬冰雪，绿水桥旁笼炮烟。
屈指常惊牛尾喻，回眸更赞马头弦。
两篇影视忆犹近，不朽精神驻老边。

2017年6月15日

【题解】

“四保临江”战役，从1946年12月17日到1947年4月3日一百零八天间，陈云、萧劲光、肖华所领导的四次战役，歼敌四万多人，收复十一座城市，坚守了长白山根据地。在退与守的关键时刻，两种意见都有道理，相持不下。陈云雪夜从临江赶到七道江，充分听取大家的意见，之后表态：国民党军好比一头疯牛，我们抓住了牛尾巴，就了不得；如果松开手，放开牛尾巴，就不得了，我们再打回来，损失就大了。于是决定不撤，就在长白山打游击。陈云对萧劲光说：前方有你，后方有我。他在后方搞土改、支前。当时，辽东、辽宁省机关都迁在临江。陈云手边有一把二胡，不时拉拉，运筹帷幄，决胜千里。“四保临江”战役，拉开三大战役特别是辽沈战役的序幕。

为了纪念“四保临江”战役胜利五十周年，张福有为策划，得到海军的大力支持，在白山主抓了电视剧《四保临江》的拍摄，在中央电视台一套节目黄金时段播出，荣获全国长篇电视剧“飞天奖”三等奖。为了纪念陈云同志诞辰一百周年，张福有请大连作家李藕堂写了《陈云在临江》剧本，张福有为文学统筹，先由中央文献出版社出书，后又拍成电视剧，亦在中央电视台一套节目黄金时段播出，荣获中宣部“五个一”工程奖。

为筹拍《四保临江》和《陈云在临江》两部电视剧，张福有多次到中南海陈云家中拜访于若木老人，请于老题词、给海军领导写信求助。于老签名赠《陈云在延安》等书给张福有，十分珍贵。谨以微吟，纪念“四保临江”战役胜利七十周年，缅怀陈云、萧劲光、肖华等将军、烈士，怀念于若木老人。

吉林市松花湖浪木艺术研究会成立三十周年志贺

三十年前发好音，更新工美自鸡林。
松花出彩等千载，浪木成才抵万金。
爽矣开源生创意，快哉去腐见初心。
世间多少寻常物，妙点魂灵变瑞琛。

2017年6月24日于长春养根斋

船厂古韵——松毓遗墨展志贺

鸡林腴壤出英豪，名士三家有秀涛。
中学毓文公创建，先声吉报率持操。
市民保路推会长，矢志维新摧白蒿。
革故投身称奋勇，应怀振臂举旌旄。

2017年6月27日于长春养根斋

应邀专门介绍长白山文化有记

林田远达久闻名，文创求新一帜擎。
大泽深深心浩莽，雄风烈烈梦晶莹。
剑磨十载标符号，路继百年通汇征。
虚拟高科开境界，变更印象亦峥嵘。

2017年6月30日中午于长春养根斋

长春地铁开通第一天全程往返感怀

地下飞龙载梦驰，亲身体验感心知。
北环红嘴先开局，南部新城宜赋辞。
苦旅纪程凭史纪，皇华故事至今思。
乘车出示老年卡，莫笑颠颠找乐时。

2017年6月30日下午于长春地铁一号线01154车上

头道松花江源头发现辽代砖瓦与龙纹瓦当感记

访寻额赫讷殷处，又有青砖惊世来。
方正坚坚犹厚重，板筒朗朗费疑猜。
龙纹首尾瓦当现，布印浅深沟滴裁。
女直大王长白府，千年在此统荒垓。

2017年7月6日夜于长白山东沃大酒店

【题解】

2017年7月6日下午赴长白山道中，忽接长白山池南区秘书刘宇电话，漫江讷殷古城外筑桥施工现场发现大量砖瓦，请我看下是不是文物？图片已发我邮箱中。我告：路上手机信号不稳，邮箱中看不了图。请发微信中。俄顷，微信中传来图片，一看，应是辽代砖瓦，沟滴，与我和冯永谦先生2014年10月1日在内蒙古库伦旗扣河子镇酒局子辽代古城中采集到的沟滴完全一样。其他砖瓦，亦应是辽代的。于是，我当即决定改道，先去漫江，后去二道白河。到了现场方知，砖瓦是在锦江与漫江汇合处锦江尾闾左岸桥基挖出来的，与挖出来的土石堆放在北部十余米处，约有一千立方米。在土堆浅表处发现砖瓦。大块，已由池南区的同志取回会议室。我在土堆表面，又捡到九块小瓦片，有筒瓦，有板瓦。更珍贵的，有一块龙纹瓦当，残，多半尚存，龙首、龙尾俱在，不胜欣喜！王季平先生主编的《长白山志》中记载："长白山女真部，分布在今长白山腹地松花江发源处这一地区。"辽圣宗统和三十年（1012年），'长白山三十部女直乞授爵秩'（《辽史·百官志》）。辽朝设长白山女直大王府。"女直，即女真。因避辽兴宗耶律宗真之讳，辽将女真改为女直。2014年10月，寻访额赫讷殷时，我曾疑辽代长白山女直大王府应在锦江与漫江汇合处的古代码头附近，苦无证据。今偶获力证，遂择韵以记。

第一百八十七次登长白山纪咏

课罢又登天豁峰，连忙举镜摄新容。
逶迤栈道随云绕，浩莽烟岚逐水汹。
问姓初惊疑拊掌，称名应贺巧相逢。
星繁月朗讯波密，纪咏吟怀当此钟。

2017年7月7日夜于长白山东沃大酒店

【题解】

2017年7月7日上午，应长白山管委会党工委王子联书记之邀，为长白山保护开发区党工委理论学习中心组2017年第六次（扩大）会议讲"长白山历史与文化概述"。下午，长白山管委会党群工作部祖德文部长安排文广新局外宣办唐恬恬陪我等登长白山。这是我第一百八十七次登长白山。在天豁峰遇北京张超、张天译及其小女月月和西安游客杨阳，其母毕芳言，其小女贝儿，互相拍照并合影。杨阳说："我们曾见过，八年前我在长春参加一个活动，你也参加了，还合过影。"惭愧，已忘记。

北大传统文化与传承研修班讲长白山历史与文化有记

燕园游学自京华，文史研修谋未差。
秦晋启蒙凭智慧，云川绛帐亮奇葩。
大王府内瓦当捡，长白山前手斧拏。
纸上得来成旧说，龙神碑阁佑桑麻。

【题解】

2017年7月8日上午，在二道白河金水鹤大酒店，为北大传统文化与传承研修班讲“长白山历史与文化”，课后作于重返前日新发现的辽代长白山女直大王府遗址道中。龙神碑阁，天池东有石碑，上刻：“大太白、大澤守、龍神碑閣”十个字。

携吉林省考古所人员调查锦江尾闾遗址留记

烈日炎炎似火烧，漫江疾赴止修桥。
瓦当女直大王府，砖合松花长白辽。
有幸于兹新发现，甚嗟原貌已清消。
设方抢救识春信，为醒千年一梦遥。

2017年7月9日晨于长春养根斋

【题解】

2017年7月7日夜，以微信反复与吉林省文化厅副厅长、吉林省文物局局长金旭东，长白山池南区委书记曹树清，吉林省文物考古研究所所长安文荣沟通、磋商漫江重要遗址的考古调查和抢救性考古发掘事。金旭东明确指出：“按文物法，工程需停工，发掘后再建设。”曹树清立即安排停工事宜。金旭东通知安文荣安排人去漫江事宜，安文荣安排徐廷从集安霸王朝山城撤下来回长春，赶赴漫江。曹树清希望我与省考古所的人一块去。金旭东和安文荣完全同意。

通沟书院“东疆贤达”石雕奠基有记[①]

群英石像立东疆，岗子烟尘自汉唐。
十二高贤凭史载，三千僻壤用心量。
通沟岭现青铜事，砬豁云开红豆光。
多少砂陶惊客岁[②]，奥娄河水正流芳[③]。

2017年7月21日（丁酉六月廿八）于长春养根斋

【注释】

①“东疆贤达”，指唐以降至今对东疆兴盛贡献卓著的十二人。他们分别为：

大祚荣（？—719年），靺鞨白山部人。698年保挹娄东牟山（应即东山头），阻奥娄河（即沙河），树壁自固，胜李楷固，创建震国。713年受唐册封，去靺鞨封号，专称渤海。渤海国第一代王。

崔忻（生卒年不详），唐鸿胪卿。713年奉唐玄宗之命，册封大祚荣为左骁卫大将军、渤海郡王、忽汗州都督。714年归途于大连黄金山掘井两口，永为纪验。石被日寇掠走。

张子固（生卒年不详），金世宗大定十二年（1172年）封册长白山之神为兴国灵应王，金章宗明昌四年（1193年）封册长白山之神为开天宏圣帝。张子固奉命前往安图宝马长白山神庙封册。

吴兆骞（1631年—1684年），清初诗人。字汉槎，号季子，今苏州人。少有才名，顺治十四年（1657年）科场案，无辜遭累，遣戍宁古塔二十三年，著《长白山赋》，今仍无出其右者。

武默纳（生卒年不详），清大臣。康熙十六年（1677年），奉命勘验长白山，从吉林市出发，于漫江登上长白山西坡。康熙十七年（1678

年），武默纳侍卫对秦诏封长白山之神，祭祀如五岳。

依克唐阿（1834年—1901年），字尧山，满族，镶黄旗，祖籍伊通。在任珲春副都统时，与吴大澂同俄谈判，据理力争，索回黑顶子地方，争回图们江出海权等，捍卫了国家主权和领土。

吴大澂（1835年—1902年），江苏吴县人。奉使吉林，曾宿岗子，增设通沟驿站，与依克唐阿同俄国人谈判，争回黑顶子地方、图们江出海权，将“土字牌”前移，捍卫了国家主权和领土。

刘建封（1865年—1952年），山东诸城人，又名刘大同，长白府帮办。光绪三十四年（1908年），率队第一次全面科学踏查长白山，到过岗子附近的沙河崖、岭底村等。安图首任知县。

吴禄贞（1880年—1911年），字绶卿，湖北云梦人，1907年任延吉边务帮办，根据实际踏查，写出《延吉边务报告书》，上报朝廷，据此谈判，挫败日本捏造“间岛”侵略阴谋，戍边有功。

于祥和（1882年—1945年），生于吉林船厂，修道于青岛崂山。1921年来岗子，任武圣观住持，支持抗联，以道医助民，力克瘟疫，广积功德，口碑永传。坐化于武圣观院内，遗址犹存。

陈翰章（1913年—1940年），吉林敦化人，满族。“九一八”事变后，参与反日爱国宣传活动。1932年秋加入中国共产党，后任抗联第一路军第三方面军指挥，屡建战功，牺牲时年仅二十七岁。

释佛性（1925年—2013年），俗名关淑琴，生于敦化市官地镇岗子村，满族正白旗，中国佛教协会咨议委员会委员。多年来她云游四方，创建美国纽约正觉寺和敦化正觉寺，功德无量，恩光普照，惠及后世。

②客岁，去年。丙申年，拙斋十一次抵岗子考古调查，首次发现东山头遗址和岗子遗址、岗子类型，填补空白。

③奥娄河，见《新唐书》和《文献通考》。其中记载，大祚荣东走，“度辽水，保太白山之东北，阻奥娄河，树壁自固。”唐时太白山即长白山。奥娄河，学界历有多指，皆应未确。拙斋认为应是牡丹江支流沙河。牡丹江即文献中的忽汗河。

漫江渤海遗址考古发掘开工敦化惊现金鼎佛光感记

2017年7月26日晨，漫江镇锦江渤海遗址考古发掘开工之际，敦化电视台记者在六顶山拍摄到金鼎佛光，十分巧合，令人称奇，非常难得，感而有记。

金鼎良辰现佛光，原知吉兆遇非常。
群贤雕自通沟起，瑰宝昭从砬豁祥。
象异关心犹可信，片奇过目不能忘。
开工渤海瓦先出，早在江边著锦章。

2017年7月26日（丁酉年闰六月初四）于漫江镇长白山天沐大酒店

写在翟志国辞世三周年之日

阴阳两隔忽三年，仿佛联吟在眼前。
山越百重甄异化，诗成数卷未同编。
红霞执版白衣领，黑石躬耕黄菊妍。
此日关东原阵势，雄风不减率旌搴。

2017年7月27日凌晨于长白山池南区

珲春市红色文化民俗博物馆开馆志贺

新馆从今立大东，盈门焕彩满堂红。
百年连铸百强梦，一带频吹一路风。
展示云霞通海阔，收藏雪柳御边雄。
窸斋龙虎精神在，为后来人照夜空。

2017年7月30日晨于长春养根斋

吉林省长白山文化研究会珲春研究基地挂牌有记

又增基地选珲春，诸馆齐开面貌新。
铁壁峰前挥梦笔，皇华路上忆风尘。
以诗证史渔歌远，拓石通边龙虎珍。
拊掌笑时声朗朗，亭岩城里问谁人。

2017年8月1日清晨于珲春红菊国际大厦7013房间

【题解】

今天上午9时，珲春市红色文化民俗博物馆开馆，吉林省长白山文化研究会珲春研究基地挂牌。昨夜，老友于德江设宴与陈静、李红光把酒参花，忆及十二年前共考图们亭岩山城事。今天开馆、挂牌之后，赶赴防川，请省考古所于丽群传拓吴大澂书“龙虎”石刻，感而记之。

吉林省第九次长白山文化研讨会在靖宇召开有记

此行靖宇雨无休，盛会开时逢小秋。
敬缅抗联同祭酒，诚邀诗旅谢吟俦。
白浆隰壤公园美，赤谷奥文泉水优。
可笑老夫闲不住，至今还替古人愁。

2017年8月8日晨于靖宇鹿鸣大酒店

【题解】

吉林省第九次长白山文化研讨会8月9—11日在靖宇县鹿鸣大酒店召开。主题是弘扬抗联精神，加强长白山文化和长白山诗词流派建设。靖宇的白浆河与浑江区的红土崖河，是高句丽第三代王大武神王进军扶余国南所经之沼泽地。扶余初期王城在今吉林市。赤谷是红土崖河，此地人麻卢是大武神王的向导。最近在锦江尾闾发现的大量渤海国时的砖瓦，可能为渤海国西京鸭绿府（临江）所辖丰州（抚松、新安）所属硖石县及辽代长白山女直大王府所在地。靖宇一带，可能为隰壤县。隰，是指低湿的地方；隰壤，是新开垦的田，正合靖宇白浆河两岸的沼泽地、火山地质公园地貌。

岗子遗址暴雨冲出二枚五铢钱有记

不咸之北大荒隅，暴雨冲来汉五铢。
石斧纺轮陶豆美，折沿鼓腹敛壶殊。
金低朱突三官少，武早昭迟四点孤。
八百年根生渤海，东牟山下定初都。

2017年8月13日

【题解】

丁酉初秋，敦化岗子暴雨不断。8月7日、8月12日暴雨之后，在2016年7月2日完整红陶豆被暴雨冲出之处，捡到两枚汉代五铢钱，一好一略残。较好的一枚，“五铢”二字清晰，小篆书，光背。“五”字，交笔缓曲；“铢”字之“朱”，头方折，“金”呈三角形，与“朱”字头尾平齐；“三官”，汉武帝上林管理铸币的机构。“金”字四个点较短。总体看，岗子遗址五铢钱，应为汉武帝五铢，早于渤海国八百一十六年。岗子遗址惊现汉五铢钱，连同在东山头遗址采集到汉代铁，证明此地为汉武帝设玄菟郡所辖，亦为挹娄白山部属地的重要证据。

海东青诔

砬豁波涛涌，海东青自来。
缘何留不返，为有馆将开。
肃慎传佳话，挹娄亲野垓。
白山部当此，足据岂须猜。

2017年8月14日

刘成先生书法鉴赏有记

抚砚挥椽笔，匠心碑帖通。
清斋藏大卷，博艺起雄风。
唯道是从外，非精不取中。
鸡林趋纸贵，慷慨气应同。

2017年8月23日凌晨于长春养根斋

国学讲堂展示长白山手斧抒怀

课开国学慢山里，基地从兹尚自然。
详解不咸明大泽，略疏长白浚清泉。
手持手斧满堂彩，心发心声遍野怜。
郊外平添新去处，结庐人境笔耕田。

【题解】

2017年8月29日，拙斋应吉林省国学研究会蔡雨珉会长之邀，与高凤楼先生为长春慢山里度假农场及吉林省国学研究会自然教育基地揭牌。之后，展示长白山手斧，讲“长白山文化概述”，博得满堂喝彩。

第三届百佳深呼吸小城旅游文化节致贺

同贺池南登榜首，讷殷寻访率欣然。
望天鹅益深呼吸，持手斧开新井泉。
问史方知山可敬，临流甚觉瓦堪怜。
灵应宫里圣闻喜，不废江声佑福田。

【题解】

在拙斋寻访额赫讷殷成果基础上，长白山池南区斥巨资兴建了讷殷古城。池南区荣登深呼吸小城百佳之首。8月28日，池南区与中国国土经济学会、百佳深呼吸小城共建办商定，将讷殷古城作为全国百佳深呼吸小城县市长论坛永久会址。第三届百佳深呼吸小城旅游文化节，9月30日在讷殷古城开幕，邀请拙斋到开幕式上介绍长白山文化和讷殷地区文史，感而有记。

《岗子村志》启动有记

村志堪当敦化先，风骚亦领慰前贤。
白山靺鞨祖居地，盛国海东名震天。
大泽横空三百里，五铢证史两千年。
拙斋有幸担纲事，传世还需补一编。

2017年9月5日于敦化金茂大酒店307房间

抗联文化高端论坛志贺

国内名家论抗联，约期靖宇聚山前。
救亡恨极叛徒近，守土尊崇烈士先。
真假细分凭史实，是非明辨待时贤。
江流不废精神在，信我中华梦必圆。

【题解】

“抗联文化高端论坛”，9月14至16日在靖宇举行，由东北抗战研究会、吉林省长白山文化研究会、东北抗联教育中心主办。北京、河南、河北、辽宁、黑龙江、吉林等省市研究抗联的专家学者将赴会研讨。拙斋在开幕式上代表吉林省长白山文化研究会致辞，在闭幕式上做论坛总结发言。

《中国松花石》创刊志贺

发刊名石号松花，格致镜源传首夸。
垒垒灿然山叠玉，坚坚润也墨濡霞。

荒烟埋没野无失，蔓草陪生韵有加。
踏遍京东寻觅处，磨刀砥砺擢何差。

2017年9月19日凌晨于长春养根斋

石湖故邑

池畔有城名石湖，东牟山寨两称呼。
沙河峡谷奇优美，树壁深沟险绝殊。
敛口壶留平纽异，折沿罐见凸棱孤。
高邻远祖相继胤，当此安知非古都。

敦化万人大秧歌挑战吉尼斯世界纪录成功志贺

万众秧歌孰与同，不咸山北贺成功。
轻吟醉舞高跷绿，大德金秋中国红。
录破天时惊海外，名归地利纪敖东。
乡情独染芳菲色，岗子类型流韵风。

2017年9月30日晚自长白山池南回长春道中

【题解】

9月30日上午，延边州文化旅游艺术节暨敦化秧歌民俗旅游节隆重开幕。在敦化六鼎山风景区山门南侧一千二百米长的金鼎大街沿线上，由一万二千三百人组成的秧歌队伍，在欢快激昂的乐曲中，向吉尼斯世界纪录发起挑战。最后以一万一千九百一十九人的有效人数，成功挑战最多人数秧歌舞吉尼斯世界纪录。

为集安名医杨晓凤主任题照

难得登山乐，频将雅兴添。
步移知景变，镜举察心潜。
飒飒翩红叶，芊芊涌白尖。
家乡时入梦，撷韵补诗帘。

2017年10月1日于长春养根斋

韵贺中共十九大

浮生矢志苦追寻，九十六年知义深。
道路求真期永日，人民至上守初心。
加油可鉴一身正，挽袖堪除三孽祲[①]。
获得感凭中国梦，万方乐奏共瑶琴。

2017年10月7日于长春养根斋

【注释】

①三孽，邪恶之臣。祲，妖氛。

周维莲逝世十年祭

赴贵仙游已十年，年年此日动哀弦。
弦弹旧雨燕园泣，泣引诗声鸡塞悬。
悬雪崖边迎雪避，避风石后挡风前。

前人考罢槎河典，典纪濂溪说爱莲。

2017年10月9日于长春养根斋

【题解】

周维莲，1945年生，四川省财政厅原厅长、中共十六大代表、第九届全国人大代表。三十四年前，拙斋与她在中央党校同窗三载。2005年8月20日，有幸陪她游览长白山北坡、西坡，详细介绍刘建封命名的十六峰、悬雪崖、避风石、乘槎河及天池、瀑布、锦江大峡谷等景观和典故。长白瀑布下木牌上印有孔广泉的七律《槎河瀑布》，作者因“前人”二字被误署为刘建封，拙斋多次指误未果。2007年10月12日，周维莲随四川省人大常委会副主任马开明（亦为中央党校同学）到贵州考察遇车祸，另有崔伟萍、李友成一行四人全部因公殉职。拙斋写一首悼诗，得张岳琦、周笃文、熊东遨、吴文昌等国内诗友和诗五十余首，出版《香远益清》送其家。濂溪，《爱莲说》作者周敦颐之号。拙斋为周维莲撰写《墓志铭》，中央党校同学、甘肃省科协副主席李枝葱书丹，周维莲丈夫赵登惠先生携子赵峰、媳杨安、女赵欣等将碑立于周维莲墓前。转瞬十年，往事历历，倒次前韵以记之。

附，沉痛悼念周维莲同志：

无端霜剑向秋莲，玉立清姿在眼前。
翠盖支离嗟不造，苍蓬丰满吊空悬。
鹧鸪阵阵非神曲，杜宇声声是绝弦。
人去难知身后事，濂溪悲处恸年年。

痛悼谷长春先生（步其《白山夜咏》韵）

有幸同登一座山，置身霄汉白云间。
养根斋效躬耕乐，文子牛吟歌赋闲。
雪夜群峰托晓月，鸭江孤石镇边关。
每承教诲谙长计，不改初心砥砺攀。

2017年10月12日

【题解】

谷长春，1933年生，2017年10月11日病逝。笔名文子牛，曾任吉林省委常委宣传部长、吉林省委副书记、吉林省政府文史馆名誉馆长等职。拙斋任吉林省文联（作协）党组书记、副主席，继续聘请谷长春任名誉主席，多蒙指教。1991年元旦，谷长春到长白山看望冰雪教练员、运动员，作七律八首，拙斋选其四首编入《长白山诗词选》。其一《白山夜咏》：

自古不咸披雪山，奇峰险道莽原间。
游人翘首期登览，骚客归心岂等闲。
银瀑连天惊胜境，瑶池当此否雄关。
最珍元旦大荒夜，笔走情飞戴月攀。

2009年，拙斋与曹保明、梁琴、周长庆著《百年苦旅》杀青，谷长春挥毫题赠《百年苦旅出版题贺》：

长白巍峨始发龙，大荒奥处印行踪。
百年苦旅何嗟远，后世当怀刘建封。

谷长春先生主编《中国地域文化通览：吉林卷》，主编“满族口头遗产传统说部丛书”，在长白山文化史上留下不朽之作。

应聘吉林师大客座教授感怀

乍出家门入校门，金风银杏感秋温。
初中未肄殷殷学，小恐犹含惴惴痕。
空白补来欣绛帐，雌黄涂去戒眵昏。
知三者语足堪训，不患位无深养根。

2017年10月11日夜于长春养根斋

【题解】

2017年10月11日，拙斋应吉林师范大学之请为文学院师生讲诗词格律。课后，举行“吉林师范大学客座教授聘任仪式”，副校长祖国华主持，介绍拙斋情况及学术成果，党委书记许才山致辞，校长杨景海发聘书，拙斋讲话，合影。因“文革”，拙斋只读初中一年半即停课，常怀深憾而自学不辍，2000年获研究员职称。此后，分管东北史地重大问题研究，将文献研究、文物遗迹调查与环境辨析结合起来，取得发现长白山手斧、岗子遗址和岗子类型等三十多项考古新发现，填补空白，改写误判。一入吉林师大校门，初见蒋力华君所书《中庸》名言校训：“好学近知，力行近仁。”拙斋在即席讲话结束时，引用孔子“不患无位，患所以立；不患莫己知，求为可知也”，聊以自勉。

王海岩夺冠志贺

青山绿水看中国，斩棘披榛数海岩。
历史演来赢百度，地图写罢过千帆。
题从五道分高下，家在四平连不咸。
八十一人比拼后，华堂夺冠显非凡。

2017年10月15日于长春养根斋

【题解】

2017年10月13日，中央电视台举办的《绿水青山看中国》节目收官，吉林四平籍的广东中山高中历史老师王海岩夺得总冠军，诗以贺之。

十九大确立习近平新时代中国特色社会主义思想感怀四首

一、新时代（步蒋力华韵）

时代全新跟领航，京华盛会掌声长。
站来曾吃富强苦，行起早知风浪狂。
走到哪儿人已晓，心从始处梦先彰。
小康决胜添自信，开出一单中国方。

二、新矛盾

新释神州矛盾论，不充分及不平衡。
升华实践称思想，砥砺披榛举旆旌。
生活需求期美好，国家发展更光明。
山重水复开奇境，看我长征又一程。

三、新目标

回眸已历三步走，双十五成新目标。
力量源泉听汩汩，精神支柱矗岧岧。
人民至上初心在，文化繁荣稗草凋。
两个百年信圆梦，复兴伟业颂天骄。

四、新方略

瑶篇启寐费艰辛，继迹划时代伟人。
后有准章缘革故，前无实践创维新。
四全民本重依法，五体党宗常洗尘。
治国安邦兴大业，深求的是理真真。

2017年10月18日十九大开幕当天夜晚于长春养根斋

到岗子一年偶忆兼酬唐文福诸君

于今客岁启征程，故事些些众口生。
鹰怒叼人因护崽，河消露壁本藏兵。
深埋文史豆初现，勤踏野荒书可更。
复活诸贤欣会聚，通沟依旧系乡情。

【题解】

2016年10月20日，拙斋应岗子九十九位乡民联名摁手印致信之盛请初次汇合考古调查，不觉间已满一年。正在编辑《松花玉咏》图版之际，收到于亚茹、唐文福、史桂娟、赵岳强、卢雅洁、于亚春、于亚杰、李慧超等微信、视频呼叫，更有唐文福发来一诗云："去年今日遇恩公，揉怀纳志为民生。草民万语难言谢，乞盼明年更恢宏。"势逼拙斋打点行装径去长春站购到一张无座高铁票，候车时草就记事云耳。

次韵恭贺郑欣淼先生古稀寿禧五首

其一

群峰阅尽转眸旋，看似偶然含必然。
心系关中怜雪色，梦醒塬上数云烟。
倾情故国常回首，领韵神州不计年。
无限光风吟一路，平生所重是诗缘。

其二

跟班两届独情钟，有幸同船效艄公。
派出天池亲奥壤，经刊山海纪华雄。
才持手斧又拿豆，方考阶坛圆摄虹。
发现已逾三十项，古今岂付笑谈中。

其三

不咸山北觉寒渐，贤达东疆刻石探。
岗子类型惊地远，通沟书院赏天蓝。
新城辨异有初鉴，遗址藏珍欣首谙。
我幸披榛先附骥，大荒草木韵常耽。

其四

到处皆留步履匆，无端雪夜念飞鸿。
诗声一派传千载，韵影三江数几重。
驿路犹存开道辙，河灯不息涤心胸。
书成信惠陌生者，堪继前人苦旅踪。

其五

多少箴言珍晚秋，初心仍系戍边楼。
白山赫赫雄常在，青史漫漫真自求。
未许沙河崖壁隐，岂令麻线石碑沤。
前行砥砺路犹远，绮卷邀来后世留。

2017年10月24日凌晨于敦化田舍

附，郑欣淼《七十咏怀》：

其一

风尘一路忽如旋，造化驱人岂偶然？
血荐韶华镐京月，心萦畎亩渭川烟。
雪峰饱看五千仞，紫阙欣聆六百年。
今可从心矩犹在，衙门再结海山缘[①]。

【注释】

①作者退下后移往故宫清代稽查内务部御史衙门办公，衙门左为景山，右是北海。

其二

心头骚雅耳边钟，相伴今生有两公。
春望秋兴感沉郁，鹰飞鲸掣思宏雄。
热风已得燃犀烛，直面才看贯日虹。
鲁迅锋芒工部韵，殷殷尽在不言中[①]。

【注释】

①作者有《文化批判与国民性改造》与《鲁迅与宗教文化》两本鲁迅研究专著出版。

其三

一脉文渊岁月渐，天教我辈领珠探。

故宫倡学深侔海，才俊为基青出蓝。
十五流年鼓无歇，三千世界味初谙。
衰翁漫道古稀日，秋色斑斓思正耽。

其四

屐痕到处总匆匆，我有相机留雪鸿。
青藏风情情万种，紫垣殿影影千重①。
刹那定格供开眼，经久回思凭荡胸。
历历行程最堪记，恒河畔觅佛陀踪。

【注释】

①作者有《高天厚土——青藏高原印象》与《紫禁气象——郑欣淼故宫摄影集》两本影集出版。

其五

黄华银桂正宜秋，欢聚倾杯松鹤楼。
儿辈自强差可慰，老夫尚健复何求。
人生青岁总风雨，世事红尘不泡沤。
回首犹存几多憾，至今惜少好诗留。

2017年10月20日

小雪日诗友雅集留题

南北联吟未觉寒，心怀雅意暖诗坛。
神州喜入新时代，小雪初逢好景观。
路远信期开健足，身轻自可越重峦。

东荒韵补将签印，编就松花石砚安。

2017年11月22日（丁酉十月初五）

为松花石珠宝叫好

珠光一夜脱凡尘，此石寻常备显神。
不叫磨刀登帝阙，岂缘琢璞惠山民。
初心守定消沉日，慧眼开收稀世珍。
满目琳琅惊玉美，安知谁是等闲人。

雪夜和张小蛮《失眠闲遣》①

辎重盈肩未许愁，沙河崖上雪山头。
听涛境界超音速，读月心情比水柔。
几度春风三笑过，千年故事半笺收。
一家不晓一家乐，莫道梦中无所求。

【注释】

①张小蛮，黑龙江诗友张明艳，网名：小蛮。拙斋称之为张小蛮。由此，亦称另几位诗友为：王轻舟、姜雪语、陈冰儿、贾幽燕等。

题赠仙风茶行

仙风过处驻佳音，万马千军十指任。

酌理绎辞堪载道，品茶观雪合听琴。
山高石美流清水，室雅声轻静素心。
研阅攀缘信穷照，沙津树壁共登临。

【题解】

2017年12月11日雪舞时分，通沟书院一行数人，在仙风茶行听陈乐鼓琴，俄顷弹罢《酒狂》《良宵引》《平沙落雁》三曲，听得如痴如醉，遵雅洁雅命留题献拙。长白山人乞正于敦化田舍。

公主岭市荣获中华诗教先进单位志贺

施教岭城欣创先，吟旌所向指空前。
率开韵路诗乡美，雅集华章曲调妍。
长白巍峨流派起，关东劲旅阵风旋。
问心事业用心做，激励后昆师古贤。

2017年12月12日于长春养根斋

夜宿龙润温泉

雪夜驱车过大东，乍惊山顶串灯红。
珍珠门里泉依旧，林子头南景不同。
流韵鸭江流派起，养生龙润养心雄。
老三队进新时代，雅集吹来恰恰风。

2017年12月15日夜于临江老三队龙润温泉1106房间

龙头山风景区戏题

入冬雪野雅兴增，僻壤而今添韵朋。
坡口飞橇山载乐，龙头指月瀑成冰。
原知远望应无碍，莫问高登第几层。
草木迎风皆笑我，何曾到此搏全能。

四道沟古榆

背山面水指苍天，一览古今些许年。
鸭绿江清涛致远，鹅黄钱旺干犹坚。
迎风不避门前雪，出世安随岭底烟。
信是根深能固本，创新岂止有诗缘。

2017年12月16日下午4—5时于临江千百禾酒店7555房间

江心岛谒陈云雕像

骋目当年猫耳山，临江四保破时艰。
马爬犁疾夜飞雪，牛尾巴抓情动颜。
有幸府中曾两拜，无私镜外闯三关。
风云由此留青史，都付滔滔去不还。

2017年12月16日夜于临江千百禾酒店7555房间

恭和岳琦先生《冬居长春》韵记辨古事

去伪求真着实难，依山傍水起狼烟。
危途苦旅先填空，误说浮言试洞穿。
物异常惊新发现，缘奇不舍破羁缠。
为民祈福报恩德，树影沙风照雪燃。

毛主席诞辰一百二十四周年感记

阔别经年何去远，不咸事业续肩扛。
海东盛国都林谷，壁上雄师驻石江。
直信殷忧堪启圣，未疑多难欲兴邦。
惊天动地倾神力，佑护深根枝实庞。

2017年12月26日于集安至长春道中

挽老友刘克田

严冬传噩耗，君已共云游。
辽海少知己，白山多憾眸。
念深缘底事，路远苦追求。
只信身无恙，漫嗟志未酬。

2017年12月22日

附，北京刘景禄《步福有韵挽克田》：

远行当至日，北望纵神游。
八斗才难展，九泉应骋眸。
仕途多仄路，宦海少奢求。
极乐西方地，安魂愿必酬。

德惠诗社留题

相迎欣抚掌，踏雪赴窑门。
风烈吹诗健，梦回尝酒温。
初心盟远路，茂树赖深根。
流派值期待，吾侪留一痕。

2017年12月23日（丁酉冬月初六）

敬挽性空长老

法师圆寂意难平，犹忆寒梅一剪情。
像奉曲园留韵影，神关古刹听钟声。
消灾乐善持恒久，增福慈悲心至诚。
长白山前容祭拜，恩光普照济苍生。

【题解】

性空长老，俗名杨葆青，1921年3月14日生，2017年12月12日圆寂，享寿九十七岁，僧腊八十二年，戒腊七十七夏，曾任苏州寒山寺方丈。2003

年春节，我拜谒性空方丈，呈俞樾照片，性空方丈惊喜道："这就是俞樾啊！"性空方丈为保护俞樾诗碑等，极其用心，功德无量。在百度搜"都林谷""德林石"时，偶然发现性空方丈示寂讯息，缅怀不已，微吟遥祭。

纪念强晓初先生诞辰百年

陕北灵童初牧羊，良师引荐入书房。
甘泉热土培新秀，黑水白山成故乡。
有幸蒙公亲正韵，承恩命笔赐华章。
雄鸡晓报百年诞，圆梦神州图国强。

2018年1月8日凌晨于养根斋

【题解】

强晓初，1918年3月生，2007年10月15日逝世，享年九十岁。出席党的七大，十七大仍是列席代表，惜在开幕之日辞世。曾任吉林省委第一书记，鼎力支持成立长白山诗社，创办《长白山诗词》。为省内多家县级诗词刊物题写刊名。陪同邓小平上长白山，作七绝《我陪小平登白山》七首并书。鼓励、指教我学诗，赐和拙作《保安睡佛》并题写"奇观"，写信、赐诗鼓励《养根斋诗词选》出版，为培育、建设长白山诗词流派做出重要贡献。

东山头小城当为都林谷城

全新发现不知名，文献浑茫难廓清。
恰有都林谷城出，堪将德理镇虞更。

东牟山下依然守，大祚荣时未了情。

鞭石乘槎凭我考，长编旧志解纵横。

【题解】

渤海建国都城或是都林谷城。日前，我找到敦化千年古都新证据：民国版《宁安县志》记载，渤海王城，是西距宁安西二百一十里的都林谷城，在都林谷河边，亦为《渤海国志长编》中的额多力城。这正是官地岗子前山山城之南的东山头城址！也就是通沟十景中“年喜花都”对岸的小城，北墙犹存，石砌。石材是玄武岩，即带孔的德林石。德林石，《金史》中称“德邻石”。清代杨宾《柳边纪略》中也有记载。2017年春，我们在城内采集到石刀、石铲、石网坠、黑曜石片、渤海铁刀、青铜时代夹砂陶片、渤海时的泥质灰陶片等。东北史巨擘金毓黻先生在《渤海国志长编》中引用民国版《宁安县志》云：德林石，土人曰德林倭赫，倭赫，满语谓石也。又有石头甸子相连，俗呼黑石甸子。石缝时有鱼跃出甸上。岗子河东砬子遗址就是大片的黑石甸子，在黑石缝中，有大量的陶豆、夹砂陶片等。这与《新唐书》所记渤海王城北经德理镇至南黑水靺鞨千里，完全吻合。德理镇在黑龙江依兰。黑水靺鞨在松花江与黑龙江汇合处，距德理镇千里。方位、里距均相当。牡丹江与沙河所包围的火山岩岛，面积七十八平方公里，也可称为“都林谷岛”。牡丹江是文献中的忽汗河、呼尔哈河。沙河，应是文献中的奥娄河，亦可能别称都林谷河。敦化境内的都凌河，很小，无城，应不是都林谷河。都林谷城，在都林河边，即沙河边。城北高高的悬崖峭壁，就是大祚荣树壁自固的东牟山。沙河，就是奥娄河、都林谷河。

考明吴大澂曾宿岗子有记

窸斋雪夜宿通沟，好似斯文为我留。

遥想当年何局所，焉知此日比邻俦。

寻来陶豆令公慰，发现山城释晚愁。
有幸率先颂贤达，尚期后世亦回眸。

【题解】

2018年1月12日凌晨，我找到家藏吴公大澂《奉使吉林日记》，内有：光绪六年（1880年）十二月十五日，“至通沟，宿。”这是吴大澂自己记的，可靠，可信。岗子村即清代通沟镇。光绪六年腊月十五，是1881年1月14日。吴大澂到达甩湾子、二合店，敦化县长赵敦諴前往会晤。此事，到明天距今正好一百三十七周年。这是十分珍贵的。

第二届官地岗子年喜花节志贺

额手同相庆，节称年喜花。
炮声惊白雪，树壁泛红霞。
初识都林谷，原为渤海家。
与民祈万福，大吉满津涯。

用张岳琦先生韵记在省政协十二届一次会议列席讨论组展示岗子考古新发现

山北不咸称大荒，莽榛深处现城墙。
五铢钱币孔方正，三角箭头尖细长。
地表能遗铜带銙，崴中可觉石锄霜。
都林谷在东牟下，岗子原藏渤海王。

戊戌贺春

立春时节值寒冬，择韵成吟亦动容。
十四年来同贺岁，五千首辑印行踪。
雪飞莫问究何似，缘到深知终可逢。
天若无情天不曙，东方依旧日彤彤。

2018年2月3日（丁酉腊月十八立春前日）于长春养根斋

【题解】

贺春步韵唱和，由2004年小年与佟江七子一东联句发端，从2005年乙酉到2016年丙申，迎春贺诗地支满一轮。全国三十一个省市区及港澳台地区、海外共一千二百四十余位诗人响应，共得贺春和诗四千二百多首。从中选出一千二百四十余位作者，二千六百余首和诗，以《长白山诗词》2016·增刊形式结辑出版。

2017年，得贺春和诗五百多首。

应邀出席吉林省委省政府春节团拜会

不觉春来渐远冬，舞台锦绣露华容。
席间拊掌留诗韵，风里巡山踏雪踪。
苦旅浮生非梦幻，轻歌一首是相逢。
自嘲拼命衰翁老，若比初心彤更彤。

2018年2月11日（丁酉腊月廿六）

出席省委宣传部迎春座谈会感记

瑞雪飘飞又一冬，入门武警审衰容。
鉴明砬豁五铢史，考证沙河千载踪。
当此携图登大雅，于今讲古话重逢。
东牟山下都林谷，更有接天年喜彤。

2018年2月12日（丁酉腊月廿七）

省委宣传部慰问致谢

寒舍迎宾又一冬，临门俱是贺春容。
眼明每见新遗址，地远多留古道踪。
武帝东荒四郡设，拙斋砬豁五铢逢。
御风自信缘殊贵，半纸人情万福彤。

2018年2月13日（丁酉腊月廿八）

净手赋诗为老妈王恒英祈福

刚毅何曾惧冷冬，不当儿女露憔容。
英髦发辫自梳理，硬骨情怀杖点踪。
忆旧问谁檐下助，感恩领我世间逢。
期颐顿首许心愿，洪福红灯满屋彤。

2018年2月13日（丁酉腊月廿八）

戊戌春节依次子海鹉意为长孙天保题句

丙戌冬连戊戌冬，初临本命展新容。
心宽常走康平路，身健欣留幸福踪。
机遇不从闲处得，成功岂在巧中逢。
自强可获支撑力，本色家风别样彤。

2018年2月12日（丁酉腊月廿七）

戊戌贺春冬韵唱和逾三百首谢诗友

戊戌迎春韵择冬，未曾见面识吟容。
报刊发出贺岁曲，流派开来承史踪。
壮矣花间诗阵盛，快哉雪夜网坛逢。
大荒积萃五千首，十四年惊月色彤。

2018年2月13日（丁酉腊月廿八）

为长孙女天俊题句

大学入门头一冬，归来稚语女儿容。
成年心事露心迹，命笔墨声藏墨踪。
术业拟将随月补，情怀或可伴花逢。
征途漫漫祝牵手，玉犬诚邀日色彤。

2018年2月13日（丁酉腊月廿八）

为次孙女天信题句

生就虎娃谁怕冬，入门张臂幼时容。
迎新每过北安路，从小欣留畅旅踪。
天赐良机勤补拙，信来好运苦中逢。
健康成长增聪慧，野沃虹圆雨后彤。

2018年2月13日（丁酉腊月廿八）

《长白山日报》刊发步韵贺春诗一百首志谢

好个飞花流韵冬，连排整版发诗容。
遍查海内无双影，检阅神州第一踪。
南北吟家长白会，古今事典大荒逢。
不咸莽荡开新脉，也照峰头天豁彤。

2018年2月13日（丁酉腊月廿八）

刘建封来孙女刘佩钦在人民大会堂演奏《新春乐》有记

登上华堂趁雪冬，佩钦当此现娇容。
小提琴奏新春乐，大太白留天祖踪。
手法持弓夸个别，心声化曲喜相逢。
神州圣殿参团拜，腕底飞扬屋顶彤。

2018年2月14日（丁酉腊月廿九）

【题解】

从朋友圈中偶见到刘建封曾孙刘自力先生发的消息：“我的孙女今年已经十二岁了，在中央音乐学院附小六年级学习，第三年了，学小提琴。今天早上五点起床，出发，去人民大会堂，给《2018年春节团拜会》演出。真是有苗不愁长，有出息了，我很高兴！”我亦甚兴，立即问明有关情况，得知刘自力先生的孙女名叫刘佩钦，是刘建封的来孙女，与我长孙张天保同岁，皆属狗。顿时手痒，步前韵以记之。

锦江木屋村大年初四上央视直播寄叶剑波

载道以文推此冬，荧屏展现大荒容。
漫江两岸万年雪，奥壤一池千里踪。
木屋情怀心底记，枫林手斧路边逢。
秒传民俗堪惊世，旭日东升孤顶彤。

吉林市运动员武大靖冬奥会夺冠并破世界纪录志贺

平昌奥战在斯冬，大靖终于现美容。
雪耻夺金非运气，刷新纪录是刀踪。
爱冰圆梦心中喜，为国领军场上逢。
实力相当拼意志，身披旗艳五星彤。

纪念杨靖宇将军殉国七十八周年

七十八年嗟酷冬，缅怀勇士谒遗容。
濛江有我眼中泪，槭树知公雪底踪。
先烈自甘为国殛，后生幸与继民逢。
高歌进入新时代，奋斗精神耀帜彤。

戊戌感怀（步李文朝先生韵）

转眼拙斋成老身，登高每忆数年轮。
东牟山考呈三地，大祚荣推第一人。
岗子类型开学说，通沟驿站唤阳春。
沙河许是都林谷，齐放百花当出新。

2018年2月17日（戊戌正月初二）

【题解】

三地，指学界认为渤海国第一个都城东牟山是敦化城子山山城、图们城子山山城、和龙西古城之一。我认为，大祚荣保东牟山、筑城以居之，可能在敦化官地东山头一带。

正月初三长春一家人小聚

而今携酒兴抽身，欢聚坐庄从此轮。
常忆常谈卅载事，相亲相爱一家人。
丸都发脉根传福，佳节领吟心永春。
四世同堂多喜庆，贺年诗境与时新。

缅怀杨汝岱先生

十九年前许我迎，陪公欣作大荒行。
开山勿忘重环保，证史犹须继远征。
可仰峰高无限意，孰谙墨淡蕴深情。
于今抚卷添思念，人去尚能存政声。

2018年2月25日（戊戌正月初十）于长春养根斋

【题解】

1999年5月16—18日，全国政协副主席杨汝岱率全国政协常委视察白山市。我时任白山市委副书记兼政协主席，作为主陪全程接待。杨汝岱副主席高度重视生态和环保，在讲话中说，在白山咳出的痰是黑色的，说明白山的大气污染还须进一步治理。他高度评价我辑笺的《长白山诗词选》。对我考证隋炀帝《纪辽东》是词的源头，甚兴。并说，中华诗词源远流长。三日间，多次与我谈论诗词，凭记忆背诵他的绝句《为“世纪颂”诗词大赛题》《颂福建“山海经”》，鼓励我们弘扬大山精神，建设好长白山这座名山。杨公虽去，言犹在耳，不胜怀念。

为《长白山日报·大东汇韵》点赞

雅韵铿锵汇大东，古今敢问几时同。
岳桦林下杜鹃美，露水河边奇石雄。
诗上云笺松作笔，情关史典梦如枫。
欣看侪辈推流派，为后来人续底功。

【题解】

戊戌贺春，收到步韵和诗五百余首。《长白山日报·大东汇韵》于2月6日、13日、27日，用三个版刊发一百五十首。《吉林日报》《协商新报》《城市晚报》共刊发和诗九十一首。《长白山诗词》亦将刊发一百二十首。有感于《长白山日报·大东汇韵》之力助，特作此律，聊致谢忱。

李文朝先生七十初度次韵以贺

兼武兼文未久稀，每从韵府拟吟题。
何如旧雨邀新雨，原本戎衣自布衣。
绿水深时推浩荡，白山极顶数璇玑。
而今有幸曾携手，诗国披榛共举旗。

附，李文朝先生《七十初度》原玉：

步履匆匆届古稀，从容淡定续新题。
柴门刻苦耕读路，营帐艰辛作训衣。
志在传媒生璀璨，情倾吟苑弄珠玑。
兼习翰墨求锋劲，顺借天风舞雅旗。

步张岳琦先生韵贺官地岗子冰雪拉灯节

正月秧歌唢呐声，沙河助阵透冰清。
春风欲引春山绿，谜面将开谜底呈。
年喜花临岗子驿，都林谷近石湖城。
上元戊戌布新局，此夜通沟灯火明。

附，张岳琦《不同的春节》：

入夜全无鞭炮声，天蓝气爽月华清。
拜年不再遍街走，问候常由微信呈。
做饭累人多歇手，网车赴宴满春城。
自从迈进新时代，路更畅通灯更明。

【原注】

由于经济、科技的发展，过春节也出现了许多新的现象。感而草成一律。

纪念张伯驹先生诞辰一百二十周年

戊戌双回故里新，缅怀敬重数斯人。
上阳孤本传嘉世，平复诸家择好邻。
吉博收藏亲辨伪，丸都撷韵喜游春。
鸡林有幸邀公到，慧眼清心许国珍。

2018年3月5日 于敦化

【题解】

张伯驹（1898年3月14日—1982年2月26日），原名张家骐，字家骐，号丛碧，别号游春主人、好好先生，河南项城人。著名收藏鉴赏家、书画家、诗词学家。曾任故宫博物院专门委员，国家文物局鉴定委员会委员，吉林省博物馆副研究员、副馆长，中央文史馆馆员等职。1956年，将多件珍贵文物捐献给国家。

1961年，张伯驹夫妇来到长春，在吉林省博物馆工作，主要负责文物的鉴定工作。其间，张伯驹到我的故乡集安，考察丸都山城，作《辑安怀古》。

2018年3月4日，张伯驹先生故里河南项城诗词学会李建华会长寄赠《张伯驹传》《张伯驹词传》《张伯驹词说》三本书。项城市将于3月9日举办纪念张伯驹先生诞辰一百二十周年诗词朗诵暨座谈会，约我献拙，聊寄缅怀之忱。

四平战役胜利七十周年有记

已靖烽烟七十春，攻防鏖战两艰辛。
东方马德里嫌远，北国四平街确真。
争夺岂曾轻胜负，打援毕竟赖兵民。
华章续写新时代，坚守初心励后人。

2018年3月5日 于敦化

通化县创建中华诗词之乡全面启动志贺

春风渐起越龙岗，雪化柳新文气扬。
泉涌沟门通韵府，沸流谷里建诗乡。
玄菟故塞传烽远，白马小迟生脉长。

自信从来凭底蕴，满怀期待著华章。

2018年3月7日于通化县碧云天大酒店

恭祝张岳琦先生八十华诞[①]

鸡声报晓入华年，乐奏春城小夜天。
喜自白山增岳韵，歌从绿水发琦弦。
擎旌笑在风狂后，策杖奔于雪乱前。
有幸临屏欣命笔，不咸极顶著长篇。

【注释】

①张岳琦，中华诗词学会顾问、吉林省诗词学会原会长、长白山诗社社长，二十多年支持长白山文化研究和长白山诗词流派建设，深受广大诗人拥戴。

恭贺张岳琦先生八十华诞

境界超然信可修，寿长必定有因由。
心如坦荡身能健，山若崔巍水自流。
未许投闲忘国计，难书依旧是乡愁。
展眸多少事须做，除却安康何所求。

张岳琦先生八秩华诞众诗友惠贺致谢

浮生学问重研修，诗旅拓荒尝率由。
大树乘凉心底热，清泉消雪石边流。
良辰共祝同依韵，正月齐吟不说愁。
物喜已悲应笑我，茫茫瀚海苦寻求。

附，张岳琦《八十随想》：

无龄感是最高修，增岁焉宜作庆由。
不必劳心写回忆，何妨舍手付东流。
宽容为念多能谅，佳梦萦怀少引愁。
莫道光阴尽虚度，历经崛起遇难求。

长白山石磬发现与鉴定有记（依唐贤皮日休陆龟蒙雅韵）

共鸣悦耳妙音飞，倨顶凹弧孔透晖。
频击率歌开乐舞，高悬神律绕云扉。
心通大泽五千载，背靠奇峰十六围。
韵咏唐贤朝贡道，冰天丝路带霞归。

2018年4月8日于长春养根斋

【题解】

2015年7月7日下午，我在长白山池南区与曹树清、于建到漫江村村民曾发现黑曜石核的“王八炕”搞田野调查。于建在村民前几天平整过的石堆处捡到一块带孔的扁状石，被铲车砸掉底边，拿给我看。我接到手中掂量，能有十来斤重，细看，顶部带自然折弯，中上部有孔，底边从孔边折损，有新碴。孔壁光滑，孔径一面粗一面细，两面孔沿周围有明显磨痕致凹，肯定是人工所为，非自然形成。应是一件新石器时代器物，应马上寻找残边！于是，我们三人和漫江村的书记吴永权、村主任徐有文、村民邢玉花等，找了四十多分钟，终于在原石堆处找到残边，将其斗合后正好，严丝合缝，属原玉无疑。当时我说，这件石器，很有可能是石磬，大致量了一下，长三十五厘米、宽二十一厘米、厚九厘米，孔径：长七厘米、宽五厘米、深四厘米。孔距长端边缘二十二厘米、距短端边缘十厘米。当即嘱曹树清书记，让于建拿回区里，好好保存。当时，我让给于建拿着石磬，给他拍了十多张照片。在现场的十一人，都参加了合影。我是用三脚架自拍的。

一两年后，池南区在漫江一带又陆续发现四块带孔的石头，石孔虽为人工所为，但不是石磬。

2017年7月6日，我在去长白山管委会的途中，接到池南区刘宇的报告，锦江河口建桥工地发现砖瓦，图片已发我邮箱。我让她用微信发来。一看，明显是渤海时的檐头板瓦等。就立即改道，先去漫江。这次，又拍些那个石磬的照片。清洗后，已见石头本色，应是一块玄武岩。这次，告诉李校、杨来革，设法将其修复、粘好。

2017年9月30日，池南区请我去向全国第三届百佳深呼吸小城高端论坛介绍长白山历史文化，会上，向与会者展示了这五个带孔的石器，我做了介绍。

在2018年4月8日下午这次鉴定中，池南区请吉林大学教授、中国考古学会旧石器专业委员会副主任、动物骨骼专业委员会副主任陈全家为专家组组长，我与吉林省文物鉴定专家委员会主任赵聆实、文物鉴定入库专家王文锋、吉林大学音乐专家刘哲为专家组成员。李校主持会。曹树清和我介绍了发现经过。经过了解发现过程、现场实物观摩和认真严肃论证，专家组一致同意认定其为长白山石磬，在《鉴定意见》中写道：

一、长白山穿孔石器，定名为：长白山石磬。

二、长白山石磬1号，是长白山早期人类打击乐器。长白山石磬1号，从结构、形态到音色，符合石磬的形态和敲击产生悦耳共鸣的基本特征。

带孔石器2号、3号、4号、5号，推测为长白山石磬的早期形态，可能用于在祭祀、乐舞活动中击打节奏，也不排除其他功用。

三、长白山石磬的发现，为研究石磬的起源及萨满文化，提供了重要的实物见证，对研究长白山历史、文化具有重大意义。

四、建议有关部门对长白山石磬的发现地点，做好保护工作，深入开展调查与研究。

鉴定会上，大家盛赞我当初很有眼光，认定“长白山石磬1号”是一件新石器并当机立断寻找残边。如无此举，这么一件极为珍贵、极其重要的文物，就有被丢弃的危险。

专家组组长陈全家先生再次评价了我发现枫林遗址和长白山手斧的地位与价值，认为，长白山石磬，堪与张福有发现的长白山手斧媲美。曹树清书记一再说，长白山石磬1号，应该命名为“张福有石磬”！我说，不可，不可。长白山石磬，很好，无可替代。长白山石磬，对于研究石磬的起源、长白山的历史归属、长白山文化的源远流长和博大精深，提供了重要的实物证据。

2017年5月17日上午，我和于亚茹、邓树平、林松、林宇鹏等，在长白山北的敦化岗子遗址中也发现一个石磬，孔的外缘和底边缺损。

孔安国传、孔颖达疏《尚书正义》卷三·舜典第二中载：“予击石拊石，百兽率舞。”“石，磬也。磬，音之清者。拊亦击也。举清者和则其余皆从矣。乐感百兽，使相率而舞，则神人和可知。”在中国古代的八音乐器分类法：金、石、土、革、丝、木、匏、竹。其中，磬居石类。磬，可以分为两种，一种为单个的磬，一种为编磬。长白山石磬，不是编磬。因不出在同一地点，不具备组合关系。

唐·陆龟蒙《和袭美重送圆载上人归日本国》中，写道石磬：

老思东极旧岩扉，却待秋风泛舶归。
晓梵阳乌当石磬，夜禅阴火照田衣。
见翻经论多盈箧，亲植杉松大几围。
遥想到时思魏阙，只应遥拜望斜晖。

唐·皮日休在《送圆载上人归日本国》中写道：

讲殿谈馀著赐衣，椰帆却返旧禅扉。
贝多纸上经文动，如意瓶中佛爪飞。
飓母影边持戒宿，波神宫里受斋归。
家山到日将何入，白象新秋十二围。

石磬从出现到唐代，已历数千年。这二首诗与渤海朝贡道和日本道有关联。唐代日本人从长安和洛阳归国所走之路，是渤海朝贡道，即为海上、水上、冰上丝绸之路，经过丹东、集安、临江、长白、漫江、抚松、敦化、安图、图们、珲春等地。

吉林大学组建了以刘哲为组长的课题组，请国内古乐器专家鉴定，认为长白山石磬是"先商乐器"或"前乐器"。有"咪""嗦"两个音阶，属小三度。

长白山石磬的发现，填补了长白山文化的诸多空白，意义殊深，参加鉴定之后，感而有记。

金代长白山神庙遗址荣获2017年度全国十大考古新发现感怀（步王寂《张子固奉命封册长白山回以诗送之》韵）

神庙白山新考证，传来喜讯慰寒蓬。
册封初辨闳门北，发掘首倡金水东。
积学惟期防软骨，关心岂独笑衰翁。
艰难多少书生事，都付青黄替演中。

2018年4月10日夜于养根斋

【题解】

金大定十二年（1172年）十二月，金世宗完颜雍封长白山为"兴国灵应王，即其山北地建庙宇”。大定十五年（1175年）三月，奏定封册仪物，每逢春秋二季，择日致祭。明昌四年（1193年）十月，复册长白山为“开天弘圣帝”。金代在长白山北建了长白山神庙，确定无疑。党怀英撰《封长白山为灵应王册文》。但朝廷派谁来册封长白山，《金史》无载。建在长白山北的神庙，具体在什么地方，也不得而知。

2008年，我从《全金诗》中发现王寂的一首七律，得知完颜璟是派张子固到长白山册封的。张子固完成使命后，王寂作《张子固奉命封册长白山回以诗送之》：

劳生汩没海浮粟，薄宦飘零风转蓬。
我昔按囚之汶上，君今持节出辽东。
分携遽尔阅三岁，相对索然成两翁。
健羡归鞍趁重九，黄花手捻寿杯中。

以诗证史，此一力证。于是，我将王寂这首七律收录在《长白山池南撷韵》中，2009年由吉林人民出版社出版。由此想到，长白山北的神庙，很有可能是安图的宝马城遗址。该遗址围墙只有四百六十五米，不见角楼、马面等，未必是城。2008年至2012年，多次在安图蒋成义、徐庆发陪同下去宝马城考查。

2013年2月2日，长白山池北区管委会召开“宝马古城文化研讨会”，研讨在宝马城建“十八坊”的规划，聘请我为宝马经济开发区历史文化总顾问，与会人员冒雪考察了宝马城遗址。会上，我在发言中指出：“宝马城名为城，实际不是城，太小，很可能是金代在长白山北建的神庙。这个遗址是省文物保护单位，《安图县文物志》有记载，不能搞经济开发。当时，已在宝马城周围做完前期工作。如开发宝马城本体，首先要报省文物局，搞完考古发掘后，方可研究开发的事，不然，违法。”当天下午，我给省文化厅厅长林君、省文化厅副厅长兼省文物局局长金旭东打电话，约定2月3日上午，长白山管委会及池北区、安图县有关部门负责同志去省里汇报。省文化厅、文物局特别重视，立即着手进行有关报批、请示等工作，确定由省文物考古研究所、吉林大学边疆考古研究中心负责考古发掘，赵俊杰领队。发掘后，得出宝马城是金代皇家神庙的结论。

2016年10月24—25日，吉林省文化厅（省文物局）、长白山管委会在长白山召开“宝马城——长白山金代皇家神庙遗址”考古成果专家论证会，我忝列门墙。

2018年4月10日，2017年度全国十大考古新发现揭晓，宝马城金代长白山神庙遗址名列其中。

春夜宁安和海林徐景辉先生

不眠知己共吟春，驿路寻来为择邻。
老虎洞南花辨伪，德林石上辙求真。
一如邀友欣提酒，几度劳君苦费神。
扉页名言犹在耳①，心关前后百年人。

2018年4月27日3时于宁安东兴新宾馆888房间

【注释】

①四年前，拙斋重走武默纳勘验长白山之路，徐景辉先生说：“武默纳是三百年前的我们，我们是三百年后的他们！”语惊四座。拙斋将这一名言，印在《寻访额赫讷殷》一书的扉页。

附，高志敏《读张福有先生诗有感》：

长白山之路，徐景辉先生的话“武默纳是三百年前的我们，我们是三百年后的他们！”不光语惊四座，当以名言名句留存。也真正总结了您的人生态度。

不畏征途多远路，何来足下丈量愁。
老书误说由君改，遗址新城凭眼收。
无友相随文浅出，有诗为伴理深求。
丹心只系千年事，一世甘为孺子牛。

附，蒋力华《读张福有和徐景辉先生诗感赋》：

勘验东疆频踏春，从来吉黑互为邻。
芳名志略拓荒早，贤达文章辨史真。
五万年前存斧影，一千载后考山神。
匆忙脚步未曾歇，都是龙门守护人。

寻找并拍摄德林石路面车辙有记

沿途寻到瓦盆沟，水态山容次第收。
雁碛风高边务急，马蹄声碎旅人愁。
铁钉锈掌穿烽底，石刻篆书藏岭头。
穷摄百年双辙印，云飞杏艳路悠悠。

2018年4月27日下午宁安至珲春道中作

寻到宁安渤海镇德林石路面车辙再记

此遗奇迹碾双沟，方国异珍朝贡收。
丝路迢遥山北笑，波涛浩荡海东愁。
铜铃阵阵动心底，铁辙深深印石头。
剩有古今多少事，数来千载梦悠悠。

2018年4月27日夜于珲春宾馆303房间

江密峰第二届梨花节开幕志贺

又是龙潭春色幽，登临尚忆那时秋。
梨花带雨安山美，柳叶牵云牤水流。
几代旗人关社稷，百年驿路达边陲。
皇华纪得窸斋事，韵补东疆守白头。

2018年5月3日凌晨于吉林市北都酒店

再考长白山石磬发现地

驱车又向岭南巡，叹我诗文动野津。
王八炕头铺锦绣，白山脚下隐殊珍。
江流慢可听音远，台筑高能观景频。
年代信当新石器，堪更乐史倩谁人？

2018年5月12日

【题解】

2018年5月12日，应长白山池南区之邀，我请中国考古学学会旧石器专业委员会副主任、吉林大学陈全家教授和刘哲副教授一道，去漫江考察长白山石磬发现地。

《韵补东荒》出厂感记（借书中拙作颈联续成四首）

一

山从大泽开生面，水自瑶池奏锦章。
绮卷捧来心激荡，狐疑扫去梦悠长。
无文枉说遗清野，有幸邀吟补远荒。
告慰先贤当此际，白云峰上韵飞扬。

二

钓叟初征名远扬，首刊墨迹放华光。
山从大泽开生面，水自瑶池奏锦章。
深解毌丘忧责重，高歌司马玉缨长。
史诗信可由兹盛，新发现堪文莽荒。

三

辑成绮韵补东荒，未负前贤豪气扬。
奇格局逢高格调，新时代遇好时光。
山从大泽开生面，水自瑶池奏锦章。
为后来人留话语，以诗证史路犹长。

四

我辈何关韵律长，诗声未许弃洪荒。
谭余得续听涛起，志略犹传看纛扬。
一磬双音歌奥壤，三江四季映晴光。
山从大泽开生面，水自瑶池奏锦章。

2018年5月14日于长春养根斋

新华社长篇报道长白山神庙保护与考古成果志贺
（恭步王寂韵）

堪欣君命春秋笔，大雅堂彰草木蓬。
纪不咸山封塞外，谢张子固出辽东。
有诗证也凭金卷，无毁幸哉逢乃翁。
兴国灵应神位显，同登苦旅驿程中。

2018年5月18日晨于长春养根斋

【题解】

2018年5月18日7时，《新华每日电讯》播发新华社记者周长庆、刘硕合写长篇通讯，介绍2017年度中国考古六大新发现和全国考古十大新发现——长白山神庙的保护、发掘经过和考古成果。金代长白山神庙的考证，意义重大，影响深远。

《吉林日报》刊发蒋力华宏文《日月精华砚载情》读后

何事倾心能动情，松花瑰宝大东生。
老坑走马知深邃，新款雕龙意迥明。
写就石铭凭铁笔，携来墨韵点书城。
卞和重见信如是，得续兰亭求定评。

2018年5月19日晨于养根斋

《长白山日报·大东汇韵》发刊一周年致贺

且欣长白起高岑，韵汇大东成茂林。
十五期刊真给力，一千首近共倾心。
玄菟故地文南北，黄鸟清歌唱古今。
满载史诗传后世，佟佳江畔发雄音。

【题解】

《长白山日报·大东汇韵》，2017年5月24日创刊，迄今已届一周年。出刊十五期，刊发长白山诗词六百多首，成为长白山诗派的创作基地、重要平台和崭新品牌，特此为贺。

步吴文昌兄韵再贺《长白山日报·大东汇韵》发刊一周年

吟旌一指震寰中，流派汤汤汇韵丰。
峰谓白云涵梦笔，花开赤谷乐山翁。
奠基俱属拓荒者，把酒当歌传世功。
应晓王池光景异，关心岂止闼门东。

步孙湘平韵三贺《长白山日报·大东汇韵》发刊一周年

俨然岳桦气威严，胜似一园红豆杉。
大泽涵魂山藉势，圆虹成象卦称咸。
石能奏乐磬非梦，手可披榛斧不凡。
我幸浮生多挚友，三江此际过千帆。

琉璃明王辞世两千周年祭

岁月悠悠宜静思，念王之独重今时。
依然浩荡绿江水，不废嘤鸣黄鸟诗。
豆谷东原陵首定，丸都西岭燧先知。
二千年后离宫显，忧责担哉欣未迟。

2018年5月24日凌晨于长春养根斋

刘建封踏查长白山一百一十周年感记

我重人间五月天，效公苦旅又经年。
曹家沟里碑犹在，铁壁峰前石默然。
韵补东荒刊首版，像雕北耸敬高贤。
府中诗画今行世，附骥欣留序跋篇。

2018年5月24日凌晨于长春养根斋

附，孙湘平赠养根斋五首：

《大东汇韵》创刊一周年寄养根斋二首

一

拷问荒蛮笔墨严，壮哉红豆养根杉。
扶余亘古鹃花老，渤海枯干霸气咸。
蓟北繁华堪取舍，辽东陟履不平凡。
川流未作如斯叹，饱挂三江大梦帆。

二

证史沉吟课已严，垭弦听老美人杉。
鹊飞淇水含朱果，气贯圆虹道不咸。
拄杖大荒追幻梦，飘髯绝顶隔仙凡。
数般求索初心在，隐见松花过一帆。

养根斋作《琉璃明王辞世两千年祭所感》

虬柳丝丝有所思，丸都旧事许花知。
太王碑说棠梨白，尉那岩涵杜宇悲。
眸底急湍宣豆谷，杯中大梦醉琉璃。
君之独念依黄鸟，羽化通沟更为谁？

读养根斋考古手记

鹗隼呼号大祚崖，东牟死守杜鹃花。
彤云总覆貊追鄙，老岭翻疑肃慎家。
玄武斑斓空往事，通沟涟漪水沉沙。
忒多题问无从辨，自有张公理乱麻。

丁酉末感养根斋十四年经营关东文化以诗证史得五千余首步其韵作

小叩春扃了却冬，梅花落幕亦从容。
鱼龙泅渡句丽水，鸿雁追寻靺鞨踪。
一秩风云诚可墨，百年根叶许相逢。
经营十四煌煌集，拥抱辽东梦正彤。

金椿先生书法展志贺

饱蘸松江水，天池作砚池[①]。
传承书画艺，继绪雪风师。
翰墨合家善，鸡林举世知。
馆存长白事，额庆问何迟。

2018年5月25日于长春养根斋

【注释】

①金椿先生有一幅书法作品："挥毫蘸尽松江水，再把天池作砚池。"此句借其意。

次韵贺吴文昌兄古稀寿五首

其一

回眸不必作何疑，客岁当趋贺古稀。
任重居然忘路远，身轻尚未觉心疲。
曾经存有卅年忆，阅历犹成四卷诗。
都付笑谈多少事，开怀最数共吟时。

其二

屈指浮生付苦辛，做官甘守退仍贫。
派成已使山含韵，道合独钟书养神。
信念不随风改向，追求看重理当真。
心安如此何殊我，天地悠悠俯仰身。

其三

雨夜无眠凝笔端，遣词造句为吟安。
三千卷底韵犹雅，十六峰头雪尚寒。
放眼倾情开苦旅，齐心协力领诗坛。
临清一笑山河动，未枉江花曰牡丹。

其四

厅堂同事一心连，四月人间俱乐天。
风起恰吟三杰韵，雨冲喜获五铢钱。
史甄北国立新说，情系东疆效古贤。
幸得山前兄助我，临流尚可共陶然。

其五

五车学富岂言穷，继雅开新步履匆。
为画为诗称劲旅，援疆援藏立殊功。
静观长白山头月，笑挽松花江上风。
该出手时还出手，夕烟遍地数英雄。

2018年5月27日于长春养根斋

步蒋力华韵谢记拙作出版

续辑诗收十六年，养根斋里少闲篇。
原知心静开三昧，孰忘身经哪一天。
韵拙不随呢语软，文华直向后人宣。

拾来手斧曾惊世，奥壤披榛效古贤。

2018年5月31日午间于长春养根斋

吉林省首届诗教工作会议有记

诗教相商聚岭城，田间久旱雨晴明。
吉林现象称流派，大泽奇观毓韵旌。
拔地龙门堪砥砺，擎天玉柱自支撑。
前贤回顾应欣慰，继迹可民师太清。

2018年5月29日凌晨于长春养根斋

【题解】

吉林省首届诗教工作会议，将于6月2日至3日在公主岭市召开，总结吉林省诗教工作经验，表彰全省诗教工作先进集体和先进个人，通报“长白山诗派丛书”第一批三十卷入选诗家和编辑进展情况，部署下一步诗教工作。第六句借用宋人姚勉《沁园春》的“信天生英杰，正为国计；擎天著柱，要自支撑”之意。龙门、玉柱，长白山天池十六峰之二峰。可民，清代“辽东三才子”之首荣文达之字，公主岭怀德人。太清，清代第一女词家顾春，号太清，祖籍吉林汪清。

第一百八十九次登长白山赠曹保明先生

审核地名邀向东，白河两岸起天风。
云中伸出托鹰手，城外张开猎豹弓。
失落精神非好汉，传承文化亦英雄。

浮生有幸共探路，安问此时谁与同。

2018年6月8日于长白山鼎力大厦6409房间

刘建封踏查长白山一百一十周年之际题赠刘桂仙女史①

苦旅百年加十年，安图重返忆从前。
仍如鞅掌日忙也，直效公心文灿然。
淹畱东瀛何忘顾，移居僻壤恋基躔。
而今有幸庆生聚，辍笔家山草木鲜。

2018年6月9日凌晨于长白山鼎力大厦6409房间

【注释】

①刘桂仙，刘建封侄刘钰堂之女，1925年农历五月初四生于安图松江，1993年旅居日本，今年九十四岁。近日回安图，有幸一见。

池南区历史文化研究会成立暨长白山学术高端论坛举办致贺

天高气爽韵嵯峨，启运池南喜事多。
云绕大王长白府，风吹妙曲锦江波。
乐音磬发小三度，荆路斧开超九歌。
额赫讷殷寻访后，桃源奥处隐如何？

2018年6月13日夜于长春养根斋

应邀出席中国首届诗人节有记

客从东北下荆州，有幸乘舆携卷游。
能继古人之慷慨，将颁通韵也风流。
大荒敢报开诗派，奥壤频传筑雅楼。
告慰前贤牵后浪，新时代里续春秋。

2018年6月14日

悼念文怀沙先生

难忘为合影，易装襟略斜。
文心能抱海，铮骨可怀沙。
花放逗燕叟，墨凝悲楚笳。
闻公今去远，归路待星槎。

2018年6月23日于长春养根斋

【题解】

文怀沙先生，今日凌晨于日本东京辞世，享寿一百零九岁。2011年5月30日，抽斋登门拜访先生，谈笑风生，情景如昨。

敦化官地岗子第二届河灯祈雨文化节有记

岗子多传统，文辉一脉承。
通边开驿路，祈雨放河灯。

书院百年史，辖车千里乘。
时空交会处，风物效雄鹰。

2018年6月26日（戊戌五月十三）于敦化如家酒店1008房间

改革开放四十周年有记

瑶章启昧大江横，此日回眸百感生。
十亿神州寻特色，三中盛会举殊旌。
脱贫当自勤劳始，幸福还需奋斗成。
潜海探天难不住，小康全面凯歌声。

2018年6月29日

拙作出版研讨会召开诚谢主办承办单位和有关方面

大雅华堂喜又逢，二千拙韵写花容。
培基墨泼双城堡，正误梦回孤隼峰。
纸上心情书上史，山中风物雪中松。
雄关一任横群嶂，笑指东荒霞万重。

2018年6月29日于长春养根斋

附，蒋力华《〈张福有诗词选续辑〉出版研讨会明日在长召开》：

期待文园雅士逢，心花盛绽更雍容。
辑笺淘玉沙河驿，开派寻芳冠冕峰。
黄鸟旌扬诗化史，白云势借韵凌松。

古今苦旅骆驼引，赤子不言山水重。

2018年6月29日晚

讷殷古城开业志贺

开业同来贺讷殷，小城推出大新闻。
传承重在明双责，保护堪称第一勋。
留得桃源寻不断，敲将石磬韵曾分。
漫江邀合锦江唱，及入海时连白云。

2018年7月2日

通化县走笔

逶迤伙洛出群山，设县缘归张锡銮。
长白东来经此顺，大荒北上自胜寒。
天生宝地称金斗，路引遗风忆铁鞍。
古遇今逢多少事，蝲蛄河畔等闲看。

2018年7月5日

【题解】

通化县金斗，民国初年为金斗伙洛自然屯。满语口语“金斗”是敞亮之意，“伙洛”为山沟，金斗伙洛即敞亮的山沟。

光绪元年（1875年），清政府任命遗留在奉天的补用知县张锡銮为设治委员，在今通化县金斗村设局丈放荒地，山东、河北、山西和辽南等地的私民纷纷入籍认种荒地。至光绪三年（1877年）二月，通化入册开垦的土地约达七十万亩。据此，记名提督左宝贵奏报朝廷，应“添设州县”，以加强治理，“维系人心”；盛京将军崇厚也奏请增设县治。七月己卯（1877年9月3日），清廷批准在兴京南境佟佳江（今浑江）设通化县，隶属兴京抚民厅，张锡銮任知县，县署定在头道江（今通化市）。

刘建封踏查长白山一百一十周年暨百年苦旅十周年有记

履勘桃源仍未休，万山踏遍一回眸。
瀑沿玉壁乘槎起，虹架铁崖随雪收。
大浪河边添浪漫，黑风口上数风流。
劝公重返莫迷路，额赫讷殷高筑楼。

2018年7月10日于长春至敦化G8035高铁7车9号D座

【题解】

光绪三十四年（1908年）五月二十八，刘建封率队全面踏查长白山，至明日一百一十周年，亦为2008年吾与曹保明、周长庆、梁琴纪念刘建封踏查长白山一百周年之百年苦旅十周年，诗以纪之。

敦化市人大常委会视察岗子有记

回首当初发现新，补来空白是山人。
于无载处填遗址，从有豆时收异珍。
岗子类型欣问世，通沟驿站恰逢春。
千年古邑机遇到，十景诞生沙水滨。

2018年7月11日凌晨于敦化如家酒店

张笑天文学馆开馆致贺

有幸当年同放槎，雁鸣湖畔纪桑麻。
吉林文学称高地，电影传奇属大家。
若许烟尘堪一笑，几多剑气值重夸。
江流不废淘过客，抹到天边铺锦霞。

2018年7月13日于长春养根斋

为数字吉林建设叫好

建设吉林方略臻，与时俱进自推陈。
整链条促观全角，大数据搜归一身。
本土人才无变有，外来技术旧生新。
思维通透互联网，获得感增终惠民。

2018年7月18日于长春养根斋

咏枫林遗址

冠名遗址谓枫林，手斧于兹幸得寻。
长白人群精采猎，大荒工艺利拿擒。
更新世末冰期过，仙女木中山客临。
从此拙斋亲学报，登攀未许老文心。

2018年7月19日凌晨于长春养根斋

【题解】

2014年10月20日8时31分，我在寻访额赫讷殷途中，于抚松县漫江镇枫林村山路边黄土崖头发现长白山手斧。2015年6月，我又前往手斧发现地调查，发现262件黑曜石器，报吉林省文物局并建议、促成对枫林遗址的考古发掘。

2016年8月，吉林省文物考古研究所、中国科学院古脊椎动物与古人类研究所、抚松县文管所，对枫林遗址进行了考古发掘，收获甚丰，采集到2000多件旧石器，挖掘出600多件旧石器，获取了4.2米深的旧石器地层。同时，获取多件黑曜石楔形大石核。枫林遗址属旧石器晚期早段。长白山手斧的年代距今约3至5万年，有可能与距今12800年因慧星撞地球造成的末冰河期和新仙女木事件有关。

田川、徐廷、关莹与中国考古学会旧石器专业委员会主任高星先生一起，撰写了《吉林抚松枫林遗址细石核研究》一文，约1.5万字，刊于《人类学学报》网络版2017年第36卷，纸质版刊于2019年第1期。文末附《致谢》：

枫林遗址的发掘与研究，得益于该遗址的发现者吉林省省委宣传部副部长张福有先生的相关考察工作；吉林省文物考古研究所苏作巍先生、王昭女士以及抚松县文物管理所工作人员在遗址的调查发掘期间给予了大力协助。在此，作者对以上单位和个人一并表示感谢。同时感谢审稿人对本文提出宝贵意见和建议。

吉林大学李万博、陈全家和张福有合写的《吉林枫林旧石器遗址发现的石制器》一文，刊于《人类学学报》2018年第37卷（网络版）。

读报有感并谢五首（嵌欧阳修“人生自是有情痴”句）

一

人生自是有情痴，感奋文章大块时。
长白行吟从未悔，洪荒发现值深思。
追随已作英雄赋，引领岂嗟流派迟。
风月何关涉风物，田间宝藏倩谁知。

二

发现全新举世知，人生自是有情痴。
圆虹出在雪风后，手斧收于觉醒时。
查去书中无记载，归来野外费心思。
奇缘应信何殊我，多少亡羊补未迟。

三

高温不退恨秋迟，霜降枫红信可知。
学问并非无意趣，人生自是有情痴。
甘于放眼为文上，乐在收心克己时。
难顾一身乡土味，山间草木惹相思。

四

无寐谁家席梦思，孰关月落语犹迟。
当惊奥壤缘何贵，不患凡间莫己知。
景色原非亏气象，人生自是有情痴。
三江浩浩开流派，用在由诗证史时。

五

朦胧天色未明时，拙句难成苦苦思。
错怪临窗鸡叫早，恰逢抚键韵敲迟。
登高向顶莫须问，望远瞻前犹可知。
筑梦家山同携手，人生自是有情痴。

2018年8月9日晨于长春养根斋

【题解】

今天，《吉林日报》第十五版刊发陈耀辉总编辑《人生自是有情痴》宏文，劲挥椽笔，评介拙著，深感五内，微吟至谢。

附，宋·欧阳修《玉楼春·尊前拟把归期说》：

尊前拟把归期说，欲语春容先惨咽。
人生自是有情痴，此恨不关风与月。
离歌且莫翻新阕，一曲能教肠寸结。
直须看尽洛城花，始共春风容易别。

第一百九十次登长白山有记

初秋上长白，出隧入山门。
戎祀千年史，青蓝一线痕。
祭文凭拙笔，宏圣举清樽。
登顶天堪问，凌虚心敢扪。

2018年8月20日

在两次台风到来之际登长白山欣见天池喜赋

苏力又加西马仑，连天阴雨乱晨昏。
率由护鉴留神庙，注重养心培壮根。
一九一回登顶笑，寻常寻索共风哼。
携来硕果凌虚处，厚载高歌对阅门。

2018年8月22日夜于二道白河金水鹤国际酒店8525房间

【题解】

2018年8月22日上午，余陪吉林省文史馆名誉馆长王云坤从北坡登长白山。此行为“深刻理解长白山文化时代价值，增强文化自信”调研内容之一。时值“苏力”“西马仑”两个台风到来之际，暴雨成灾，登山前多人心存顾虑，担心看不到天池，唯独拙斋充满自信，对众语云：“放心吧，我们今天能看到天池。”登顶后，果然不出所料，蓝天白云，苍岩碧水，美不胜收，好不快哉。是为记。

随王云坤名誉馆长做长白山文化调研有记

文化调研长白山，奔波自是水云间。
口中念念孰关切，板上钉钉何等闲。
大泽心思千载诉，洪荒事业八方攀。
风狂雨暴路难阻，不废江声奏凯还。

2018年8月24日夜于长春养根斋

【题解】

2018年8月21—24日，吉林省文史馆名誉馆长王云坤，就“深刻理解长白山文化时代价值，增强文化自信”开展调研。四天间，到二道白河长白山管委会、漫江长白山管委会池南区和敦化，考察了安图宝马金代长白山神庙遗址、长白山天池、复建的长白山讷殷古城、寒葱岭抗联密营展览馆、敦化博物馆和展示本人发现的岗子遗址、岗子类型“岗子印记·旧国雄风”展览馆，大开眼界，满载而归。

吉林省文史馆馆员陈景东、张福有，吉林省文联副主席曹保明，吉林省政府办公厅副主任季景伟、副巡视员王忠安，吉林省文史馆常务副馆长冯国际，文史馆段红杰和温永峰等，随同调研。长白山管委会主任王库、副主任李一杨、副主任尹涛、文广新局局长张在茂、副局长王楠，池南区委书记曹树清，白山市政府副秘书长徐洪图，抚松县委书记张铁明，延边州副州长曹於今、文广新局副局长于明亮，敦化市委书记刘岩智、市长冯玉宝、市人大常委会主任徐立君、副市长孙红霞、原副市长何效义，吉林大学刘哲，官地镇和岗子村负责人，通沟书院志愿者，等等，分别参加了调研活动。

调研所到的金代长白山神庙遗址，缘于张福有建议考古发掘；复建的讷殷古城，依据张福有《寻访额赫讷殷》的考古调查成果；岗子遗址与岗子类型，乃由张福有首次发现和命名。通过调研，王云坤名誉馆长对这些重要成果给予充分肯定和高度评价，反复强调要深刻领会习近平新时代中国特色社会主义文化思想，增强文化自信。而文化自信的基础和底蕴，是不断发现、深入挖掘历史文化，搞清广义长白山文化的深厚根基、深刻内涵与时代价值，正本清源，澄清是非，以“板上钉钉”的高标准，留下学术储备和话语权，增强国家软实力。这是一项功在当代、利在千秋的有益之举。要埋头苦干，低调行事，敬老崇文，存史资政，实事求是，传承文史，切实增强文化自觉和文化自信。

王云坤名誉馆长多次讲道：“张福有主动做了这么多事情，首次发现岗子遗址和岗子类型，得到著名考古学家林沄先生的首肯，确实很重要，不愧为长白山骄子，是吉林省的宝贝。”

王云坤强调，在工作中，要力所能及，又要尽心尽力，高度重视考古调查新成果，大力支持长白山文化研究，大力支持长白山诗派的作品创作与成果汇集，出好“长白山诗派丛书”，力争形成《长白山文化大典》一类的综合成果。这是一种责任和使命，值得为之付出，应当有所作为。

吉林省文史馆馆员蒋力华参与了此次调研的前期筹备工作。

长白山管委会池南区、延边州和敦化市文广新局做了工做汇报。长白山讷殷古城、寒葱岭抗联密营展览馆、官地镇、岗子村、通沟书院，做了充分准备，收到良好效果。

2018长白山历史文化园敬天朝山大典惊现圆虹感赋

致祭白山呈碧空，敬天盛典现圆虹。
文园雅颂歌清野，绮韵华章秀大东。
遥想铁崖佳话在，原知苦旅契机逢。
诗家携手畅吟处，见证惊奇孰与同。

2018年8月28日敦化返长春动车上

为通化县创建全国文明城市点赞

欣看旧貌变容颜，自拟高标信可攀。
豳雅从来生锦绣，苍茫向使胜斑斓。
进新时代风气改，建小康村宏策颁。
长白西延传圣脉，悠扬佟水韵湾湾。

祝贺通化县成为省级中华诗词之乡

弹冠缘底事，金匾秀江湾。
韵擞沸流水，花开大茂山。
中华牌更靓，盛典令重颁。
百尺竿头进，来年奏凯还。

2018年9月15日于庄园一号

高志航故居感题

积石封堆排岭东，滔滔佟水颂英雄。
村新记得离分路，榆老牵来断续风。
膏药旗飞终落地，雪山鹰健首升空。
天生一股浩然气，怒火烧云不朽功。

2018年9月19日

试步宁安清代大石桥

远东宁古塔，总访无须邀。
驿路秋声赋，皇清大石桥。
纪程传野老，试步感迢遥。
车辙痕深印，永恒成地标。

2018年10月16日上午拍照下午记于宁安至汪清道中

《东疆贤达颂》揭幕有记

贤达屹东疆，英名播四方。
通沟书院雅，岗子印痕煌。
豆美因连雨，叶红夸酷霜。
不咸挹娄国，渤海白山长。

三登张广才岭对接《皇华纪程》之路

皇华之路越层峦，三次登攀克万难。
撅尾巴茶添味爽，贴胸脯饼暖心寒。
野猪拱地眼前走，俊鸟飞天头顶盘。
庆幸诸多新发现，会师时刻欲狂欢。

2018年10月20日夜于蛟河华都现代商务宾馆306房间

【题解】

此行三登张广才岭，终于搞清吴大澂《皇华纪程》之路如何翻越张广才岭。第一次是10月13日，无向导。从蛟河前进老肖头窝棚登顶，下岭是黄泥河林业局五场，与清驿路接不上。第二次是10月14日，在向导王成林、潘守诗引领下，从敦化额穆意气松林场登顶，到达旗杆坐处。因时间不够，未能到达“三不管”地带驿路之巅。仍不知驿路如何在张广才岭顶对接。第三次是10月20日，我与赵岳强和向导潘守诗，从东南坡意气松，向约定位置“三不管”进发；杨忠华及其妻于雅杰，在向导林秀永、王爱胜引领下，从蛟河前进老冯头沟向“三不管”地带进发。南北两路，终于在清驿路巅峰会合，到达延边州与吉林市界碑。又找到石头庙遗址。传说，张广才住过此庙。树上有半块“土庄遗址”木板标志。地上有两处房。散落11件花岗岩石块。上面似有文字。看不清。

2018年10月20日夜于蛟河桦都现代商务宾馆306

恭步张岳琦先生韵记走完《皇华纪程》之路

无心千里赏芳菲，红叶悠然伴雪飞。
林下辙痕通浩莽，石边文字辨依稀。
吼风疑似抒情曲，流汗浑如画锦衣。
驿路逶迤重领略，皇华至此验程归。

【题解】

重走吴大澂一百三十二年前《皇华纪程》之路，三段历经二十三天，累计行程约一千二百公里，今日归来，恰见岳琦先生《秋去冬来有感》，步韵以记之。

附，张岳琦《秋去冬来有感》：

故园何处觅芳菲，黄叶纷纷似蝶飞。
晚见雪花舞茫渺，尚余孤柳绿依稀。
大风未到先修屋，寒气将来早备衣。
时令转旋须适应，严冬过后自春归。

找到吴大澂在五人班小憩之关清德后裔纪咏

皇华驿岭几登攀，花絮缤纷岂可删。
大坎子连千里路，细鳞鱼饷五人班。

旺钦初拓称荒片，掌故长留居首关。
清乐乡中亲野老，深情每动为家山。

恭步吴大澂韵记找到关清德后裔

清乐乡中寻逸仙，奠公愧少笔如椽。
微吟幸颂双鱼事，信可传承纪永年。

2018年11月17日下午于成都至长春CZ6442航班飞机上

【题解】

光绪十二年（1886年）二月二十九日，吴大澂从宁安去珲春途中，经现在的汪清县五人班村，在关清德家小憩。关清德从嘎呀河里现钓两条细鳞鱼饷吴大澂一行。吴大澂辛巳年曾经此地，建屋一处，手书“清乐乡”三字额。这次重来，三字犹在。遂作一绝谢之：

羡君身似地行仙，五老来游此数椽。
钓取双鱼来饷客，寿如孤鹤不知年。

2018年，拙斋重走吴大澂《皇华纪程》之路，与杨忠华、张焕平、胡宝堂、胡玉贵抵五人班村时，夜幕降临。遂托诗友胡宝堂、胡玉贵继续寻找关清德后人。功夫不负有心人。胡玉贵几经周折，关清义曾孙关学，现为五人班村党支部组织委员；关友，现为五人班村村会计。得胡玉贵诗友报此喜讯，拙斋正待机飞蓉。返长途中，机上作一律一绝，聊以纪怀云尔。

后来，我专程到五人班村，终于寻访到关清德曾孙关宝文，现为敦化市卫生局纪检书记，正在浙江宁波挂职。

白山市诗词学会成立十周年志贺

何事数来先动心，如歌如梦醉瑶琴。
浑江从此添风韵，大泽由兹涌乐音。
石不能言堪嘱砚，云犹可集好缠林。
十年携手推流派，为陌生人备忆今。

2018年11月29日

己亥新春七十初度咏怀

幸入山前七秩春，每凭风雨洗烟尘。
田间尚记务农事，岭底安忘蹈火身。
十六峰头书正误，八千路外史开新。
嗟疑巨镐凤凰出，手斧先商石磬真。

2018年12月5日于长春养根斋

赠鉴定长白山手斧等石器的陈全家先生

自从手斧偶然寻，首例堪称举国琛。
三万年前来等我，一千里外到枫林。
先商石磬双音脆，后继皇华巨镐沉。
如此奇缘惊学界，大荒奥处宝森森。

2018年12月12日于长春养根斋

【题解】

拙斋考古田野调查中有幸发现3件特殊重要石器，均由吉林大学教授、中国考古学会旧石器专业委员会副主任陈全家先生领衔鉴定。一是，枫林遗址的长白山手斧，是距今3万年左右的旧石器，打制，两面加工，左右对称，是我国首例标准手斧，可与西方的阿舍利手斧媲美，彻底否定美国莫维斯线假说，意义特别重大。二是，长白山池南区漫江王八炕的长白山石磬，是距今约近万年的新旧石器过渡阶段的打击乐器，有“咪”“嗦”两个音阶，小三度，属“先商乐器”或称“前乐器”。三是，敦化凤凰店的石镐，43厘米长、10.6斤重，利用自然石条，打掉二片成刃，并有使用痕迹，伴有青铜时代石镞、石片，属青铜时代遗物，系目前所知同类器物中的“巨无霸”。

改写长白山文化史的长白山手斧、长白山石磬、凤凰店石镐，均由拙斋发现、陈全家教授领衔鉴定，文缘殊深。日前，陈全家教授在吉林大学讲完本科生最后一堂课，但仍会坚持他钟爱四十年的石器实验室和旧石器考古。陈先生是中国考古学会旧石器专业委员会副主任，同时也是中国考古学会动物骨骼专业委员会副主任。这在中国考古界，仅此一人，桃李满天下，名扬海内外。陈先生领队发掘的桦甸仙人洞、抚松新屯子、和龙大洞、石人沟四处旧石器遗址，均成为全国重点文物保护单位。特作一律，不计工拙，呈陈全家教授一笑尔。

吊柴世荣将军故居

龙海村称柴半沟，碑中染谷史中留。
支撑大厦赖风骨，守护洪荒做远谋。
铁弹神枪驱敌寇，土坯茅草记乡愁。
丰功原在民心里，永世传承一馆收。

2018年12月15日 于和龙

【题解】

抗联五军军长柴世荣将军故居，在和龙柴半沟，保存完好。近日，拙斋随姜宝才先生陪同柴世荣将军长子柴国华、蔡干萍夫妇回故里考察，感慨良多，不计工拙，席间诗以纪之。

贺长白山粉雪节开幕兼题佟家老营

此地曾生不世骄，乘槎河下洗尘嚣。
奔来奥壤路千里，崛起清宫佟半朝。
粉雪常于青岭驻，紫峰总有白云飘。
连同佳节新年贺，韵骋南窗未觉遥。

2018年12月25日于长春养根斋

【题解】

粉雪，就是常说的powder snow，是凝固核还没有充分冰冻变大就落到了地面的雪颗粒，雪的核心是冰晶，冰晶外面吸附着细小而密实的雪绒花，雪成颗粒状。根据颗粒的大小，可以分为细粉雪、粗粉雪。长白山地处北纬41度至42度之间，这个区域是世界“冰雪黄金纬度带”，分布着世界三大粉雪基地——中国的长白山、欧洲的阿尔卑斯山和北美的落基山。

孤儿努尔哈赤十岁流落到佟家老营，挖参遇险，被佟恩收留，并娶佟恩孙女佟春秀为妻。“佟佳氏”除了曾经招赘过努尔哈赤外，还出过三位皇后，分别是顺治皇帝时期的孝康章皇后（康熙的生母）、康熙皇帝的第三位皇后孝懿仁皇后，是隆科多的妹妹，抚养过雍正皇帝十年，所以雍正叫隆科多舅舅，隆科多名叫佟保。道光皇帝的孝慎成皇后，也是佟佳氏。清宫十二帝，她们嫁了三分之一的皇帝做正妻。据统计，当时佟佳氏在宫中做官的有一百零八人，做地方官的多达五百七十七人，因称“佟半朝”。

组织为杨靖宇后人家庭投票夺冠感记

民生温暖选庭优，桦树皮因靖宇留。
千古艰难唯一票，八方奋起越中游。
正能量自屏前闪，价值观从心底求。
众志成城赢胜利，年新有泪不轻流。

2018年12月31日

【题解】

“温暖郑州十大民生人物”投票活动已结束，参选20人，从12月15日到31日，参与投票157.6万人，总票数950053票。杨靖宇儿媳方秀云得125520票，获得第一，比第二多出21420票。

这次活动，值得思考的事情很多，其中最重要的就是，检验了以杨靖宇为代表的抗联精神仍是被人们所看重的价值取向。诚可告慰英烈了。

卷三　古风

别白山读陈子昂《座右铭》依韵学吟

养根为固本，俟实必坚贞。业立骨筋苦，身修肝胆诚。大荒千载赫，小草寸心明。谷底怀空阔，山冈眼界平。未忘开政道，尚解察民情。宠辱菊莲觉，行藏风雨惊。诗成笔坟起，曲罢墨池倾。摄影百家掖，文言四座听。春深亲驾处，夜半上机声。忧乐黎元重，浮生进退轻。敢当先足者，羞请玉冠缨。自信来时路，应知去后名。

2000年1月21日凌晨于白山

附，唐·陈子昂《座右铭》：

事父尽孝敬，事君端忠贞。兄弟敦和睦，朋友笃信诚。从官重公慎，立身贵廉明。待士慕谦让，莅民尚宽平。理讼惟正直，察狱必审情。谤议不足怨，宠辱讵须惊？处满常惮溢，居高本虑倾。诗礼固可学，郑卫不足听。幸能修实操，何俟钧虚声？白珪玷可灭，黄金诺不轻。秦穆饮盗马，楚客报绝缨。言行既无择，存殁自扬名。

探究长白山南麓积坛群祷文

2004年6月，我与孙仁杰、迟勇在长白县文化局任宝堂的陪同下，在二十一道沟前林子发现61座土石混筑的高坛，其中大者13个。经向省委领导汇报，责请吉林省文化厅、吉林省文物考古研究所指定领队，对其中8号、11号进行考古发掘，出土青铜箭镞铤、环手柄、青铜剑残段、圭，在附近采集到青铜盖弓帽等重要战国时期的文物9件。在发掘11号积坛之前，举行祭奠仪式，由我撰写祷文并宣读：

昊天毓秀，厚土含英。巍巍长白，气势恢宏。滔滔鸭绿，捭阖纵横。当今盛世，考古方兴。丸都故国，遗产留名。宝壤圣境，谜底未清。泥分五色，石叠三层。向称官地，鲜载书经。孰壝孰埒，孰坛孰陵。前无定制，刻意求精。山川日月，社稷灵星。大荒奥处，草木有情。几度打扰，不才数生。衷心万望，诸神勿惊。佑护吾辈，顺利安平。诚盼先祖，真旨显呈。一朝惑解，昭示文明。后人祭拜，与时偕行。

2004年9月15日于长白县二十一道沟

良民墓群考鉴祭文

2006年4月3日至5月2日间，我与集安市博物馆孙仁杰、迟勇等在集安良民云峰库区一举发现21个墓区2753座古墓、2座古城，紧急向国家报告，得到党和国家领导人的高度重视，立即做出重要批示，派出以国家文物局副局长童明康为组长的专家组到现场考察确认，由我向专家组在现场和会场做专门汇报。之后，吉林省文物局、吉林省文物考古研究所在全省抽调26位专业人员，进驻良民，抢救性发掘76座墓葬，出土200余件金、银、铜、铁、陶、珍珠、玛瑙、琉璃、宝石等文物，十分珍贵，有力证明良民古城，就是公元247年高句丽第十一代王东川王所筑之平壤城——国之东北大镇新城。在考古发掘前，工地举行庄严的祭奠仪式，由我撰写并宣读祭文：

昊天沃土，养育良民。长白赫赫，鸭绿津津。底蕴厚重，半纪无闻。适逢盛世，未泯斯文。古高句丽，壤平城新。千家累累，八区芸芸。大江上下，川原庆春。京畿内外，谷冈泛茵。舟车相济，历尽艰辛。几度讨扰，盖为识君。一朝水落，除却烟尘。欲探究竟，惟汝至尊。移石响动，勿惊诸神。护佑我等，各辈众人。拜望先祖，元容显真。山间草木，俱壮深根。昭明日月，社稷乾坤。薪传后代，华光永存。

2006年5月15日于良民

纪念刘建封踏查长白山一百周年之百年苦旅祭文

戊申初夏，刘建封应张凤台、李廷玉之约，受徐世昌之命委勘奉吉界线，兼查松花、鸭绿、图们三江之源。一行共推刘建封领班，率二十余人，五月二十八日于临江启程，八月末返回临江，历尽艰辛，完成踏查长白山之壮举，写下《长白山江冈志略》《长白设治兼勘分奉吉界线书》等不巧之著述。倏忽百年，如在眼前，适逢戊子，吾等数人，缅怀先贤，遵循前途，探访遗迹，斠理新知，以启后世，爱我家山，登程伊始，特此祭曰：

踏查长白，发自临江。胸怀宏愿，就道束装。征存汇录，志略文芳。寄情山水，百年沧桑。肇兴之地，奥壤边疆。守土有责，吃苦无妨。奇峰十六，一一在望。防患进取，壮哉大荒。

2008年5月28日于临江古道边

《曹家沟纪略》之砚石颂

清·光绪三十四年（1908年）五月二十八日，奉吉勘界委员、选用知县刘建封奉命应约领班踏查长白山，遍走名胜百二，饱览奇峰十六，查明三江源流，廓清中韩国界。四登峰顶，两下天池，时逾三月，历尽艰辛，不辱使命，遂成壮举。完成《长白山江冈志略》《白山纪咏》等不朽著述。踏查伊始，途经此地，二十余人早餐于曹氏十四世曹建德家，志略文载，纪咏诗存。时过百年，吾等循迹重征，访查至此，悉见曹公建德所录家谱，十五世曹公永福所指旧宅，得识十六世曹献春妻巩梅香有子女十七世曹殿君、曹铃铃。并知曹家十六世还有曹桂兰、曹献荣、曹献武、曹献华、曹献珍、曹献法。十六世曹献武妻李琴，有子女十七世曹殿臣、曹洋洋。爱国护疆，匹夫有责。刊石纪事，盖可证史。兹从集安太平鸭绿江畔，请来砚石。祭酒诵文，奠基落成。特作荣刊《曹家沟纪略》之砚石颂曰：

长白胜迹，刘公命名。百年苦旅，重启征程。山头转过，顿悟诗声。早餐当此，曹家献呈。两间土屋，一井溪清。沙石解意，草木含情。撰书纪略，手拙心诚。先贤可慰，后继笃行。允吾三拜，浥尘镂铭。生于鸭绿，出自太平。天然宝砚，地载殊荣。神奇故事，民族精英。功在不朽，子孙有成。临风沐雨，寒暑身经。川流弗息，墨发池泓。椽笔永续，林茂沟青。寄语来者，跋涉莫停。盈时兴诣，万世以恒。

2008年7月16日（戊子六月十四）

松桦对语（依陆游《昼卧》韵）并序

1998年8月31日，我偕新华社记者周长庆登长白山，特引其谒“松桦恋”，正值蓝天白云衬托青松岳桦，奇妙无比，美不胜收，摄得满意之作而归。拙摄“松桦恋”，署名刊发于1999年1月16日人民日报海外版、《中国长白山》画册2000年版等。2008年9月7日，我偕六十余位诗友采风专程至此，幸惹诗友争相拍照，采食蓝莓，归后诗兴大发，正咏反题，每有佳作，配图上网。对比十年间松桦照片，变化不小，青松高出一头，岳桦丰姿绰约，首赖根之功也。偶检“养根斋”于百度，发现陆游《昼卧》，其中写道：“所求养根原”，比韩愈《答李翊书》中“养其根而俟其实”这一养根斋之出典更为直接，喜不自禁，夜不能寐，依韵而和之，兼谢众诗友。

我幸未昏然，不敢卧高枕。携手又十年，边风凄凛凛。诚邀寻诗客，争相食莓葚[①]。衮衮诸公远，作镜堪自审。无意窥豪门，鸿荒日夜寝。穮蓘重养根[②]，甘诚躐阶品[③]。来者听一劝，常临成素稔[④]。江冈尚有虞，切莫愧俸廪[⑤]。

2008年10月5日。

附，陆游《昼卧》：

我意殊昏然，一日三就枕。目前幸未病，病势亦凛凛。偶拈一卷读，美若鸠食葚。虽云嗜好笃，自计亦已审。圣门未能窥，讵敢希在寝。所求养根原，常恐躐阶品。死期诚已迫，尚可支数稔。藨蓘不废功，吾其享高廪。

【注释】

①葚（shèn），桑葚，桑树的果实，暗紫色，浆果状，酸甜适中，可食。《说文》：葚，桑实也。从草，甚声。字亦作椹。《诗·卫风·氓》：“于嗟鸠兮，无食桑葚。”拙和中指诗友在“松桦恋”所在之

梯子河畔找食蓝莓，味同桑葚。

②穮蔉（biāogǔn），同“藨蔉”。耘田除草。《左传·昭公元年》：“譬如农夫，是穮是蔉，虽有饥馑，必有丰年。”杜预注：“穮，耘也；壅苗为蔉。”

③躐（liè），超越。

④稔（rěn），谷熟，草木茂盛。素稔，熟悉。

⑤廪（lǐn），米仓。俸廪，即官俸，国家发给的俸禄。宋·陈岩肖《庚溪诗话》：“唐明皇初好贤乐士，殊有帝王之志，遂致开元之治。及其晚节，信谗好佞，遽改初志，遂致天宝之乱。……薛令之为东宫侍读，别无吏职，而俸廪甚薄，戏题其壁曰：‘朝日上团团，照见先生盘。盘中无所有，苜蓿长阑干。饭沚匙难绾，羹稀箸易宽。只可谋朝夕，何由度岁寒？’唐明皇幸东宫见之，索笔续之曰：‘啄木觜距长，凤凰毛心短。若嫌松桂寒，任逐桑榆暖。’薛令之惧而谢病归，遂不复用。”俸廪，亦称官廪、廪俸。陆游《暑夜》诗：“无功耗官廪，太息负平生。”《梁书·儒林传·严植之》：“植之自疾后，便不受廪俸，妻子困乏。”

重修吴都护禄贞去思碑落成祭文

吴公禄贞1907至1910年两赴延吉，率队勘边，历经二千六百里，查究地理，厘辨图们与豆满之同及豆满与海兰之别，绘制《延吉边务专图》，编著《延吉边务报告》，粉碎日本捏造“间岛”之图谋，不得不承认中朝传统国界，形成具有近代意义的正式边界文件《图们江中韩界务条款》。吴禄贞被害后，延边各族群众自愿为其立“吴都护禄贞去思碑”。此碑后被日寇所毁。适值戍边楼落成百年之际，延边州政府、延吉市政府重修去思碑，以告子孙，永世缅怀。立碑伊始，特此祭曰：

吴公绶卿，史载英名。戍边两度，身体力行。图们豆满，据理厘清。专呈报告，界线分明。条款签订，提供坚凭。辩退敌寇，嗟莫可轻。万仞长白，峻骨峥嵘。丰碑不朽，敬勒石铭。

2009年9月18日

【题解】

戍边楼，延边州认为是延吉市的“道尹楼”，徐学毅先生认为是珲春的镇东楼（一名“望海楼”），孰是，待考。

恭步乾隆《登辉发城再赋》韵记集安至辉南吟旅事

康乾从此共曾经，亦是吾侪登览处。起止汉明皆险依，筑城三匝求坚固。何人国北建当初，继有辽金延续屡。辉发江山扈尔奇，开来诗阵吟旌树。新征丁亥始丸都，长白池南撷韵附。公主岭连赴江源，龙湾驻马钦黎庶。百年苦旅雨兼风，访得曹家孰巧遇？友可择人难择邻，偷珍攥史徒加剧。当知效应如骨牌，不幸拙斋言所预。考古出家半路间，艰辛十年涉沮洳。洛阳三女冢姓泉，古墓三千水下摅。笺明豆谷鉴王陵，邀君共作阏门护。新城平壤在良民，剑铭李跻唐书录，骤成千五纪辽东。一剪梅引新典故，南北吟朋皆可证，拙诗存此怕失语。

2010年7月31日。

【题解】

我与孙仁杰、迟勇将文献研究与文物遗迹调查结合起来，每每有所发现。集安五盔坟一带不是泉氏墓地，泉氏墓地在洛阳。在集安良民库区发现三千余座古墓和一座古城，良民古城乃东川王所筑之国之东北大镇新城即第一个平壤城。解读“豆谷”是通沟，著有《高句丽王陵通考》《高句丽王陵统鉴》。集安出土阳安君青铜短剑之阳安君是老子李耳五世孙、李世民三十六世祖。词之源头是隋炀帝所创《纪辽东》，整理词谱后已得全国二十余省市区诗友力助作《纪辽东》一千五百多首，共同以诗证史云。

附，乾隆《登辉发城再赋》原玉：

辉发河东嶵崣峰，云是当年征战处。拜音达里抗王师，筑城三遭守险固。质臣取还婚弗娶，潜与叶赫通盟屡。患在肘腋弗剪除，堂堂大业何由树？我祖神武真天人，一时龙虎风云附。师兴五日破坚城，歼魁宥胁为臣庶。即今旗籍那拉氏，百年世禄被恩遇。我来仰烈忆草创，抚绩应亲揽艰剧。威呼双桨渡溪河，彼岸候马乱流预。苇从蔽骑披冒过，其下浸淫尽沮洳。山从人面起嵯峨，仰不见天密林摅。策骑寻径历其颠，雉堞久颓蔓草护。故老无能为我言，敬观缔造披实录。徒见山高水清概，怀哉久安长治故。从臣谓我今日劳，较昔如何莫轻语。

【题解】

此诗亦摘自《吉林通志》。嶵（zuì）崣（wéi），高峻貌。拜音达里，辉发贝勒名。威呼，满语，即小船。沮洳，低湿之地。摅（shū），遍布。

小城子怀古（依吴兆骞《过灰扒废城》韵）

三河兹汇后[①]，辉发始推来。山曰葫芦秃，原藏王府衰。门残无柱础，垣断覆苍苔。南部成村校，北区遗筑台。垄中夯土硬，城内旱田开。隐约角楼直，依稀壕水回。瓦陶多碎片，风雨紧相催。公事勾当印，辽金不可猜。大同落边款[②]，荒埂替蒿莱。外瓮逞雄赫，副墙堆雪皑。依岗官阁设，近路宅居摧。石臼存墟废，彩瓷蒙壁埃。咸州司不再，回跋势夷恢[③]。许是京观建，何年已变灰。小城余足迹[④]，旧垒易装裁。考古频经柳，采风聊引梅。连番抛创见，几度响轰雷。空白时填补，难题未绕徊。心倾护汉史，岂想效崔隤。邀得诗家唱，屐痕留野垓。

【注释】

①三河，永康小城子古城位于辉发河上源，城址西南是三通河、大柳河、一统河。这三条大河汇合以后始称辉发河。

②小城子古城出土的九叠篆书“勾当公事之印”，有“大同七年七月”“礼部造”边款，疑为东夏国之印。小城子中出土的白瓷碗和辽三彩，是辽代的典型器物。

③文献记载，辽灭渤海以后，回跋族人在辽代咸州兵马司设“回跋大王府”。根据地理位置、古城形制、建筑特点、出土器物等文化内涵推测，小城子古城应为辽代回跋大王府。

④文物部门在发掘小城子遗址时，在一房址前发现男女足迹双双对立，清晰可辨。

附，吴兆骞《过灰扒废城》原玉：

大漠何王国，行人此日来。雄图一战尽，废址百年衰。鱼鸟空横草，麒麟已没苔。松声悲旧垒，水气冷荒台。伊昔龙庭日，曾传狼纛开。势窥东海盛，部绕北关回。候月雕弓尽，乘冰铁骑催。两雄方龉龁，杂种遂纷猜。衅此征祠祭，勋期辟草莱。旌飞沙浩浩，鼓合雪皑皑。大敌全师会，孤城力斗摧。兵声残白草，战哭聚黄埃。韩进秦先举，虞亡晋始恢。尚传京观在，谁叹（火鼏）爨灰。隘塞形空设，兴衰恨莫裁。依稀营畔柳，惆怅笛中梅。丛棘朝晞露，崩沙晚沸雷。抚尘心侘傺，览迹思徘徊。地远何人吊，程遥我马隤。凄凉怀古意，秋角满长垓。

黄龙府怀古

庚寅诗节到农安，文献遗址共查看。历史沿革溯今古，地名缘起俗龙湾。检史可稽扶余府，时在渤海有出处。百济迫徙西近燕，通说于斯难立住。扶州济州又隆州，隆安府当本所由。开元上京归一路，龙安驿站未曾收。隆龙农皆一音转，音同字异相替换。剩有安字代相据，庇佑生民常相伴。化石每见猛玛象，人留足迹原野上。距今约有四万年，旧石器时先草创。左家元宝卜尔墩，新石器之遗址存。居住址中属最早，六七千年之字纹。东北古族曰肃慎，中原王朝当虞舜。竹书纪年国语凭，楛矢石砮应可信。田家坨子及沿江，西团山与汉书双。石锄石斧加陶器，青铜文化系一邦。传由东明建扶余，遣使贡汉光武疏。初居鹿山属信史，争奈徙兹遗迹无。秦汉魏晋俱经历，边岗遗迹尚可觅。高句丽之扶余城，亦非此地缘李绩。安东都护府归唐，大祚荣封渤海王。扶余府当由兹起，扶仙二州列西疆。契丹耶律阿保机，攻陷扶余城在兹。乘胜灭掉渤海国，驾崩之际正回师。是夕星陨见黄龙，黄龙府称此时封。下辖五州并三县，升天殿起两河淙。卫将燕颇已叛辽，黄龙府迁一面邀。圣宗开泰黄龙返，新城通州又萧条。兵马都部司军事，信宾祥威益州治。兀惹铁骊部族军，得见辽塔求祥瑞。当此黄龙府繁华，正值大辽鼎盛夸。城廓相望人烟密，诸国语言译未差。完颜阿古打崛起，收国元年开新纪。称帝国号名大金，攻下黄龙府启矣。熙宗天眷之三载，黄龙府降济州代。辖县节度利涉军，复改隆州通边塞。成吉思汗剑南挥，隆安府衙得复归。耶律留哥兵十万，大败金军树元威。开元上京府治所，二万户府设此处。惠宗升为路开元，辽阳行省隶如许。至正二年有变更，开元路治迁咸平。黄龙府从斯时废，蒙古游牧百草生。明代开设龙安站，奴尔干都司地范。伊通河卫属其中，开原北陆边由渐。清代实行盟旗制，郭尔罗斯游牧裔。垦荒招募自乾隆，山东人来开荒蓟。农安乡设始嘉庆，第一集镇称繁盛。斯时隶属长春厅，粮丰牧茂无由竞。光绪年设农安县，长春厅府名称变，分防移驻靠山屯，连接城乡多方便。民国辖归吉长道，西南路通是原号。府变县矣名长春，而今问古从头考。诗词之乡省授牌，巴吉垒今韵阵排。长白诗词成流派，聊藉拙笔抒老怀。

2010年9月13日

登东尖山感吴大澂览东西尖山依韵试笔

东西尖列齐，丰美如双乳。登临偶一窥，何曾有甜醹？居高宜瞭望，烽烟尽可睹。地近前大屯，城中藏宝姥。经年从此过，今来成小聚。梦回如醒处，白山信阳煦。

2010年11月1日

【题解】

二月初九，吴大澂见伊通河北有两山，东西并峙，大小相等，土人不知其名。吴曰“此东天姥两乳也”，并赋此诗。此二山，便是今所谓东尖山、西尖山。吴大澂诗如下：

两峦左右齐，端如双玉乳。山顶宜有泉，甘美胜酒醹。饮之令人寿，童颜可再睹。此山本无名，名以东天姥。北为长春城，万商于兹聚。地脉非偶然，一乳所含煦。

鲟鳇鱼幸临大安祭文

甲午初夏，鲟鳇还家。辽帝纳钵，行在游车。长春州置，讷水放槎。千年虽过，万代永嘉。恢复生态，鱼隐莲花。鸭子河泺，沃野桑麻。幸临近岸，形象总夸。大安和美，丽日灿霞。繁荣文化，传承有加。为民造福，盛世奇葩。不咸圣典，护佑中华。神灵肇远，吉祥无涯！

2014年5月15日夜于大安急就现场诵读

寻访额赫讷殷祭文

肃慎奥壤，楛矢之通。不咸长白，艮兑大东。康熙丁巳，命臣往躬。遣武木讷，看验尽忠。京都出发，启程故宫。鸡陵乌拉，奉旨接风。将军巴海，成竹在胸。命萨布素，护鉴随从。水陆并进，各留行踪。讷殷会合，两队相逢。伐木登山，知者桦松。艰辛历尽，乐在其中。大泽入目，万象争雄。山高百里，环绕五峰。临水而立，如破鸿蒙。三三七载，过也匆匆。当年道路，争奈朦胧？池南额赫，继迹无穷！

2014年10月12日

【题解】

康熙十六年（1677年）武木讷看验长白山的出发地吉林乌拉街古城中举行祭奠仪式，张福有宣读祭文，每人祭洮儿河酒。

刘建封踏查白山歌

天池钓叟刘建封，踏查白山建首功。江岗志略开山志，命名山水第一翁。书中别体馆中异，东荒谭余成迷蒙。束装就道临江起，五月开始八月终。出师首日遭意外，队兵受伤遇三熊。枪声大作回山谷，怒马当前来因公。发三枪者称刘五，熊四顾若无事中。队兵郝金称胆大，一枪打得大熊疯。奔跃坐到郝身上，爪抓口咬不放松。众皆情急怒目视，持枪不放心发瞢。幸有手准刘什长，急迎熊口一枪冲。不省人事郝金醒，亲为调药搽肩胸。剖熊取胆割掌弃，四百余斤花腰凶。至此下令遇虎豹，非善枪者不准从。队伍开到花园岭，踏查方略定初衷。理应求一天然界，不负委任事亲躬。边框四至点方定，由北向南再西东。东西长约六百里，南北峰峦四百重。率子亲征传佳话，刘次彭确见贞忠。纵横捭阖方满月，西坡初览天池雄。奉吉分界间岛辨，三江探源记心瞳。中韩国界了指掌，大泽深山资源丰。鸡冠无言深探水，坡口有石可避风。临池四遭回首顾，十日九雨一日曈。火山锥体八千仞，玉柱擎天十六峰。天豁铁壁连华盖，紫霞孤隼三奇崇。白头冠冕宜卧虎，梯云玉柱白云慵。芝盘锦屏观日出，龙门峰上跃苍龙。闼门奇景多无数，名胜百二近天宫。乘槎河，补天石，龙门天豁口难缝。一泻奔腾来天际，化生万物种无穷。伏龙岗，双龙尾，追随奇峰挽苍穹。石多五色光灿烂，池水逐石乐声洪。天晴能传十里远，福地洞天老还童。龙岗山顶很平坦，花草繁盛虎留踪。相传岗下多石洞，为龙所居门不空。龙脉神端当此发，岗西南边花葱茏。闲花点点迎新客，野草深深藏古菘。云峦突兀临仙阜，云芝两峰架长弓。当年传有王猎户，闻人劝酒近前聋。马尾河急声接岸，及赴阜前不见盅。公与二位李太守，过柳条边火球彤。犹忆三十一年事，海龙郡署火如烽。八月球飞九龙口，仆役惊疑躲茅篷。悬雪崖，异常软，西坡口上走从容。携侣来游开心处，玉浆灌满响淙淙。汩石坡，寒心胆，行者无不畏其嗡。二下天池公到此，我望此处心忡忡。钓鳌放鹤台两座，小蓬莱阁影朦胧。麟峦凤峦牛郎渡，补天石畔鸟雍雍。女真祭台今尚在，兴国灵应王可恭。开天宏圣帝佑护，肃慎之国石玲珑。自公踏查百年后，继迹我来春复冬。也曾腆颜续纪咏，也辨前人瀑诗充。辑笺一卷诗证史，池南撷韵如醇醲。发韵丸都采风热，纪辽东唱源开曚。梅津汇律鹤乡舞，海龙吟罢歌鹿茸。响铃公主回眸笑，松花江畔起雾凇。珲春韵汇延边赞，佟江辉发寒烟笼。扶余后期王城考，龙潭龙首山何庸。东征渤海辽太祖，路线初考足音跫。兼顾文献与遗迹，路不明则问老农。额赫讷殷寻访苦，白山西边居祖宗。为寻祖谱黑水涉，溯源年代属乾隆。最数漫江潇洒甚，停车梦醒亲霜枫。莫维斯线由兹改，五万年前手斧逢。长白诗词推流派，吟旌指处大荒通。神龙府阁大太白，大泽守刊石上工。三十多项新发现，考古修史步匆匆。邀请圆池和自力，绕池一匝拄长筇。犹忆白云峰上喜，我幸与公逢圆虹。二十四沟明月夜，江边露宿乐融融。莫问百年谁知我，当惊今日白山红。于今约友山前聚，百五华诞鼓冬冬。苦吟一百五十句，长歌缅怀刘大同。

2015年12月13日

江密峰冬韵吟

悉数丙申事，首提江密峰。梨园临古道，梦境近初冬。缘起吴巡抚，亦关刘建封。康乾修驿路，嘉道启神宗。东口吉城出，西团文祖逢。龙潭夸胜境，虎穴印仙踪。林茂半山秀，溪清二水淙。富民包雅俗，高技助工农。袖隐传家笔，坡排落叶松。心乡云万里，稻海浪千重。野牧梅花鹿，闲追毒尾蜂。含香推贡米，爱美举钗茸。玄武岩何缺，青岗材更丰。平湖观浩荡，晴帐卧从容。丹顶鹤声远，乌头鹊喜醲。眸中图旖旎，岭下树葱茏。滑雪场犹设，弹琴馆已供。天台开碾业，老厂促桃侬。独博运时好，双飚薪品雍。养加三素鹊，销产一条龙。菜果真空贮，京杭上席恭。门窗藏后福，机械打先锋。石嘴锯音脆，茶棚壶色彤。牤牛河夜雨，望马谷晨凇。有幸诗成卷，无虞竹在胸。应钦流派继，信使巉嵓溶。田野知轻足，华笺着柱笻。笑迎风瑟瑟，冷对语喁喁。韵壮携吟旅，草新遭乱蛩。洪荒标极峻，大泽赋情钟。

2016年9月15日丙申中秋于长春养根斋

“《皇华纪程》今昔”启动祭文

《皇华纪程》，始自皇清。百卅年后，祭吴大澂。通沟驿站，窸斋补成。抚今追昔，岗子启征。津门遥忆，起点自明。诸事待举，盛世方兴。考机器局，夏日江城。出东门外，打尖茶棚。江密峰过，双岔河迎。张广才岭，几度曾经。先贤引路，高山景行。丙申六下，敦化峥嵘。青铜遗址，夹砂陶呈。石锄石斧，斩棘披荆。叹李楷固，追大祚荣。树壁遁去，旧国显形。回眸千载，祈民康宁。巍峨乔岳，长白崚嶒。

2016年11月1日（丙申十月初二）

安山贡梨园纪咏

龙潭区属古梨园，鸡塞驿中新景观。果子楼台呈贡久，打牲乌喇采珍全。上江口是衙门地，五户丁来落草阡。吴郡大澂经略处，张家元伯养根缘。偶临花下坡间笑，驻足村头梦底还。奏请所增机器局，亲邀韵补拓荒笺。茶棚尚记搭尖事，雪野深藏证史编。重返单车无客馆，初寻双岔有泉源。百三十载蓦回首，万八千株岂等闲。阔步小康襄伟业，富民强镇著鸿篇。太空育种丰田美，沃土培基广厦连。石斧石刀开浩莽，陶轮陶罐系缠绵。牤牛河唱清歌远，望马沟挥醉墨旋。献拙摛毫曾恐后，攻坚克险必争先。东陲奥壤疑仙境，掌故传奇信本原。续就皇华流派壮，率吟长白咏安山。

2017年4月3日（丁酉三月初七）

长白山人张福有撰并书于长春养根斋

放河灯祈福祭文

丁酉乾月，岗子设坛。近岸铺石，流水潺潺。敖东绮韵，雅集新篇。河灯待放，传到眼前。许下心愿，祈福求缘。祝福国民，国泰民安。祝福父母，益寿延年。祝福各家，安康无患。祝福自己，福寿双全。祝福子孙，世代相传。沙河源远，好事连连。河灯流去，幸福无边。

2017年4月30日（丁酉四月初五）

于岗子沙河北岸，30日凌晨于敦化金豪宾馆402室

东疆贤达颂

东疆者，神州之艮维也。贤达者，自唐大祚荣、崔忻，金张子固，清吴兆骞、武默纳、依克唐阿、吴大澂、刘建封、吴禄贞，至民国以降于祥

和、陈翰章、释佛性是也。皆属力促东疆兴盛之功臣焉。今之岗子，清谓通沟。四围山川，当系唐天门岭、东牟山、树壁自固及清沙河崖诸称之实境耳。丙申春秋，拙斋莅达，首次发现东山头与岗子青铜至铁器时代遗址及岗子类型，采集大量石斧、陶豆、铁镢等器物，疑其为靺鞨白山部之所在乎？遂不揣浅陋，策划建馆，一展千年古都雄风，以传后世矣。

2017年7月22日

长白山人张福有丁酉六月廿九于长春养根斋

恭祭长白山之神祭文

厥惟长白，东北雄寅。不咸大泽，艮维圣神。发祥肃慎，亦称朱申。历经汉晋，挹娄相因。继而勿吉，靺羯音存。辽金崛起，女直女真。江山社稷，元明更新。皇清故里，满族烟尘。沟数二四，代有寻根。西边常住，额赫讷殷。访查至此，绮卷成文。古城名记，鄂赫库伦。枫林手斧，开启山门。三五万载，惊世感恩。脉引泰岳，发龙聚魂。池南祈福，拜谒山君。灵应宏圣，护国佑民。岁时奉祀，无量天尊！

2017年9月23日（八月初四）于长春养根斋

良　　民

良民，历史悠久。魏正始年间、东川王二十年（公元246年），毌丘俭征高句丽，“束马悬车，以登丸都”。第十一代王东川王位宫率千余坐骑从鸭绿原东走。玄菟太守王旂奉毌丘俭之命穷追不舍至日本海东界。

第二年（公元247年），东川王经乐浪返回，见丸都城经乱，不可复都，筑平壤城，移民及庙社。此平壤城，即良民古城。亦称："国之东北大镇"新城。

良民，东西长五公里，南北宽三公里，是鸭绿江中上游最大平原，因称平壤，乃大野曰平，无块曰壤之意。良民古城，建在良民北侧鸭绿江右岸的二级阶地上，土筑。周长一千三百六十米。城内坐标为：北纬四十一度二十五分，东经一百二十六度三十分，海拔二百四十三米。设东、西、南、北四门。城门处，有红色板瓦与筒瓦。城北端，有故国原王增筑之石城，石墙长五百五十米，直抵砬子头。美川王移辽东八千民户，亦应在此。良民村有汉唐之际七百年间的古墓两千余座。2006年，因维修大坝迎水面放水，实测到一千零十六座古墓。云峰库区共测到二千七百五十三座古墓及三道沟古城。现均淹于水下。

良民之平壤城，在好太王碑碑文中称作：平壤城。此后朝鲜半岛之平壤城，在好太王碑中称作：下平壤。乃南下北上之意。

东川王于公元248年薨，葬于柴原，即良民与集安正中间的蒿子沟（亦称柴子沟）高台上的一号墓，其上有大量瓦件与熔石，至今仍保留五座陪坟、一座祭台。

铭曰：

史称平壤，古城良民。东川王筑，鸭绿江滨。国之东北，大镇城新。土石墙接，库容难泯。辑安设治，八区志陈。非关良茂，信史应遵。拙斋有幸，奥壤生身。刊石立此，以告后人。

长白山人张福有戊戌谷旦撰文并书

吉林省民政厅立　2018年六月初五（7月17日）

祭　文

惟公元二零一八年六月二十四，岁在戊戌立秋前二日。长白儿女，汇集池南，谨效金礼，试循清仪，诚怀虔敬之心，略施可行之举，致祭于长白山之神兴国灵应王、开天宏圣帝。辞曰：

厥惟长白，佑护伟邦。经载山海，不咸沧桑。其高仰止，混同流芳。原地山北，兴国兴王。朝议封爵，部院太常。时逢大定，选址吉祥。开天宏圣，癸丑明昌。玉圭玉册，函币祝香。国基子固，有若岐阳。少尹楼室，爵号服章。衮冕幄次，旗鼓牙杖。持节备物，规制开创。礼用三献，赫赫煌煌。时近千载，气贯东方。以原生态，势胜西洋。保护建设，龙脉家乡。传承文化，踏查寻访。手斧石磬，文明曙光。肃慎挹娄，天地玄黄。勿吉靺鞨，女真争强。额赫讷殷，古城灵贶。温泉天沐，神怡心康。木屋部落，仍傍锦江。谒祭祖殿，福佑东疆。桃源再现，直疑大荒。前贤可慰，列圣汉唐。逢新时代，伟业共襄。欣深呼吸，发奋图强。兹山之神，举世共仰。大美白山，伏惟尚飨！

长白山人张福有2018年7月23日于长春养根斋（因故未举行）

东疆贤达颂揭幕祭文

东疆艮维，肃慎传奇。挹娄古国，白山部随。赫赫长白，贤达雄碑。汉唐国祚，护鉴奠基。丰功伟业，世代应知。通沟岗子，驿路开时。皇华宏纪，重走展旗。传承文脉，永志东陲。

长白山人张福有2018年10月20日于通沟书院

卷四　词

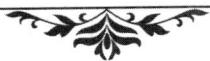

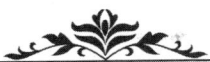

西江月·圆池[①]

注目山郎神笔，浴躬天女澄湖。银峰丹壁拱明珠，忽见蟾宫桂树。　　玉界脱清尘俗，琼田洗尽凡芜。如痴仙子劝陶朱，快著扁舟一渡。

1993年5月16日

【注释】

①圆池，位于长白山天池东三十公里处，长白山三大池之一，相传为清始祖发祥地，刘建封曾题“仙女浴躬处”。

行香子·仙松壁[①]

峭壁凌空，怪树惊风。巍然立、直向苍穹。天开浪涌，雾绕云重。竞华山路，庐山洞，黄山松。　　奇峰秀水，鬼斧神工。谁能识、卧虎藏龙？波痕石影，雨霁潭虹。任文人痴，村人悟，道人恭。

1993年7月初于吉林市

【注释】

①仙松壁，位于松花湖卧龙潭山上。

一剪梅·题五女峰小照

五女峰前借画栏，石也坚坚，云也绵绵。嫣红姹紫碧连天，蝶又翩翩，蜂又翾翾。　　解意蒿莱摇眼前，神自闲闲，魂自牵牵。似弹流水涧中弦，溪更湍湍，曲更潺潺。

1993年7月13日于集安

望海潮·长白山天池

群峰环抱，天开清鉴，飞花凝碧藏娇。名岳逊低，清江胜远，奔腾万里波涛。雄丽掩妖娆。疾鹰弄飞瀑，还掠云桥。雪驻花间，不需神笔画尤高。　　晶宫鼓乐如潮。演沧桑叠变，石笑天烧。磨灭魅魑，淘清憰怪，心随玉宇陶陶。浑似入青霄。自古过山客，争试钩鳌。总是高天圣水，无住洗尘嚣。

1993年8月8日第一次登长白山

念奴娇·长白山

东方乔岳，耸巍峨天柱，苍茫雄赫。阅尽沧桑辉映处，依旧一池琼液。雾往云来，烟驰雪驻，尘外清凉国。瀑悬千尺，大荒如此山色。　　再度踏入青霄，凌虚纵目，一望无穷碧。莽荡天风吹万里，敞我清怀无极。举翼乘风，拿云攀月，安得凌云笔？仰空题句，笑看天地盈昃！

1994年7月29日第二次上长白山

相见欢·长白山诗社成立十周年纪咏二首

一

几经柳绿花黄，墨文香。领略青松皑雪尽华章。　　轩楹内，佳朋会，诉衷肠。道是十年风雨不寻常。

二

关东万里雄风，碧空中。且看霞飞秋圃傲霜红。　　寻诗路，秀幽处，若些重？一样横看成岭侧成峰。

1994年10月6日于长春

眼儿媚·赠友人

一江绿水小山村，草木往年痕。奔波南北，索求上下，几度销魂？　　小楼细语人归晚，旧事不堪温。书生笔底，百灵歌里，伴尽黄昏。

1994年6月12日于长春

一剪梅·续李克谦先生提供古字画中无名氏词

许是人生似梦游，月下花休，柳下江流。世间岂独叶知秋，泪里妆楼，浪里孤舟。　　可信春光不总留，云自悠悠，风自飕飕。几多悲喜去心头，散却闲愁，了却烦忧。

1996年6月20日于白山

沁园春·为四保临江胜利五十周年而作

半纪风云，历历如初，百又八天。正敌强我弱，白山逐鹿；南攻北守，碧水封鼋。地冻天寒，衣单粮缺，南满坚持固若磐。硝烟起，遍关东大地，辽沈开篇。　　回看为继当年，怎敢忘征途几险艰。对灯红酒绿，安知伏祸；路遥任远，岂可偷闲。固本强基，清心健足，无字文章百姓传。须铭记，为黎民造福，原本无边。

1997年3月30日夜于白山

虞美人·恭和李枝葱《读〈长白山诗词选〉奉张福有》

大东文粹藏经典，辑得披沙简。笺成一卷补鸿荒，至喜天华韶秀赫煌煌。　　山人岂合征文手，戴月连心呕。校仇不尽愧无如，诚望方家师者诲求予。

1999年1月24日（腊月初八）夜于白山

附，李枝葱《虞美人·读〈长白山诗词选〉奉张福有》：

《大招》《韩奕》诗之典，汗出千章简。收香藏白破天荒，又见琼花玉树更辉煌。　　风情万种笺天手，血向名山呕。膊山知瘦惭何如，欣有珠玑照眼岁华予。

1999年元旦夜于雕朽斋灯下

太常引·航拍长白山天池

横空出世荡银波，天帝玉宫过。举镜问嫦娥：摄倩影、谁知许何？　　乘风几上，碧空万里，直下拍山河。长白更巍峨，照天镜、灵光我磨。

1999年6月28日

好事近·航拍鸭绿江

一跃上晴空，波漾满江春色。飞到大江源处，有山头长白。　腾云驾雾未徘徊，奇景动心魄。信道漫天游转，没不知南北。

1999年6月28日

沁园春·从朝鲜一侧登长白山天池

平壤归来，欲曙时分，小憩又行。叹连天阴雨，楼窗不晓；胜烟大雾，山石无形。不改初衷，一如既往，直向天池发远征。天成我，放晴空万里，玉宇清澄。　欣探鸭绿津生，眼见那南源一派兴。绕天池一匝，而今有几；白山四季，此后谁登？南北奇峰，东西跳涧，往昔刘公都命名①。吾何乐，有钓翁共悟，大野知声。

1999年7月22日夜于惠山宾馆301房间

【注释】

①刘公，指刘建封，号天池钓叟，1908年5月率员踏查长白山，为天池周围十六峰命名，在《白山纪咏》中写道："辽东第一佳山水，留到于今我命名。"著有《长白山三江源流考》《长白山江岗志略》等，做出历史性的贡献。至此，本人已三十九次登上长白山，且从安图、抚松、长白、朝鲜四路登山，机会难得；春夏秋冬一年四季都曾登长白山，颇具艰辛。然大有助于长白山文化之研究，至今不悔矣。

临江仙·鸭绿江源头断想[①]

摄得天池清影，急寻鸭绿源头。旱河不见水悠悠。一泉缘地出，三瀑顺天流[②]。　　錾引叆江南下，剑川袍脱安留[③]？合流二水出松洲[④]。山高情不尽，水远曲难收。

1999年7月22日夜于惠山宾馆301房间

【注释】

①据刘建封实地踏查，鸭绿江有南北二源。南源为源于南胞胎山中的剑川江，北源为源于长白山三奇峰下的大旱河即暖江，二水合流为鸭绿江。这两个源头，原来均在中国境内，1972年划归朝鲜。此行眼见鸭绿江南北二源，感慨系之。

②三瀑，鸭绿江北源有思技文瀑、白头瀑、兄弟瀑三个瀑布。

③袍脱，指袍脱河，即胞胎水，乃剑川江。《长白山江岗志略》载："世传，唐薛仁贵平高丽归渡河，军士各脱战袍，洗于河上。至今宝泰洞西河崖，犹称为洗袍处。"

④松洲，指三池渊。共有七湖，列如北斗，曰"七星湖"；相连者三，故名"三池渊"。其中东南一湖最大，四围皆松，中间特起平甸，松生其上，名曰"松洲"。

苏幕遮·五女峰奇影

地中天，云外树。叶未归根，到底归何处？洞里秋光谁赐予，边草含情，不肯随风舞。　　叹神工，惊鬼斧。奥妙无穷，奇影添情趣。梦得难求醒可遇，岁月悠悠，莫把流光误。

1999年10月3日摄于集安五女峰，10日作于白山

青玉案·五女峰怪影

水横花谢知何处，莫不是、风吹去？拾级无须呼小渡。满山芳草，一崖红树，正是寻诗处。　　人生南北多歧路，不是吴公笑谈句[①]。每问民情知若许？岳阳忧乐，桃源疑虑，品味浑如故。

1999年10月3日摄于集安五女峰，10日作于白山

【注释】

①吴公，吴敬梓，其在《儒林外史》第一回开篇写一首《蝶恋花》："人生南北多歧路，将相神仙，也要凡人做。百代兴亡朝复暮，江风吹倒前朝树。功名富贵无凭据，费尽心情，总把流光误。浊酒三杯沉睡去，水流花谢知何处。"眼前水流花谢，歧路纵横，见景生情，立即想到吴敬梓这首词。

行香子·陪袁第锐吕厚民先生从北坡登长白山

一柱擎天，二水摇山[①]。生花笔、直写云笺。风停雨住，花好冰残。伴瑶池碧，龙池阔，砚池圆。　　诗吟虎卧，曲颂龙蟠[②]。文星会、盛况空前[③]。身轻履健，意笃情牵。正童心盛[④]，笔心壮，匠心宽。

2000年6月22日第47次登长白山之后作

【注释】

①二水，此指长白瀑布的两股水流及由其发端的二道白河。康熙《望祀长白山》诗中有"名山钟灵秀，二水发真源"句，是指松花江、鸭绿江。

②虎卧、龙蟠，中华诗词学会副会长、甘肃省诗词学会会长袁第锐先生在长白瀑布下脱口吟出："山如卧虎吞残雪，瀑似游龙下夕烟。"此乃

借意而咏。

③文星会，指袁第锐先生和中国文联副主席、中国摄影家协会副主席、党组书记吕厚民先生，由余作陪同登长白山。

④童心盛，袁第锐先生七十八周岁，吕厚民先生七十二周岁，二人年龄加起来为一百五十周岁，双双健步登上长白山，壮心不已，胜似少年。

南歌子·陪袁第锐吕厚民先生从西坡登长白山

狭谷探奇景，高峰仰盛名。餐风饮露雨中行，最爱杜鹃岳桦管弦声。　大雅临乔岳，雄风助鳌筝。元龙到此意纵横①，贵在乐山乐水乐心情。

2000年6月23日第四十八次登长白山之后作

【注释】

①元龙，东汉陈登，字元龙，许汜尝谓刘备曰：“陈元龙湖海之士，豪气不除。”此借元龙豪气之典，咏袁第锐、吕厚民先生到长白山诗丰影富，不胜快哉。

恭和俞樾先生《一剪梅》四首

一

片纸强留托管弦，画阁廊边，病榻窗前。梅花三弄墨花妍，神隔喧喧，魂已翩翩。　大海捞针若许年，无意歌筵，无负吟鞭。李公闻此定欣然，携卷凌烟，携酒追仙。

二

寻觅终生近海阳，西域开窗，北国移墙。联章四首备周详，世代书香，世代荣光。　　春在堂前敬一觞，未枉商量，未枉评章。养根斋里简中忙，苦了娇娘，乐了书郎。

三

一上书楼倦眼明，键下鸣笙，架底藏筝。珠联璧合现珑玲，情寄音屏，喜出车辂。　　雅事悠悠韵梦醒，盛会华京，同庆金軿。歌莺逗燕笑浮生，杯也盈盈，雪也星星。

四

貂续吟微不足夸，韵别尤麻，语隐桃花。而今庆幸道无差，唤起诗家，浮起云霞。　　踏雪归来词账赊，垒石供娲，循瀑乘槎。聊凭学问说琵琶，历尽天华，历览楞伽。

2001年12月25日于长春

附，俞樾《一剪梅》四首：

一

记得春游逐管弦，红版桥边，白版门前。闲花野草为谁妍？蜂也喧喧，蝶也翩翩。　　风月何尝负少年？花底歌筵，柳外吟鞭。而今回首总凄然，旧事如烟，旧梦如仙。

二

一抹胭脂艳夕阳，品字儿窗，卍字儿墙。个中光景费端详，清是花香，浓是花光。　　无计能消酒一觞，燕与商量，莺与平章。五张六角逐年忙，老了秋娘，病了萧郎。

三

何处红楼夜月明，楼上吹笙，楼下弹筝。绮窗珠箔最珑玲，人倚银屏，花映雕棂。　　容易游仙容易醒，梦断瑶京，盼断云軿。青衫灯下百愁生，红泪盈盈，绿鬓星星。

四

误入仙源亦足夸，饱吃胡麻，饱看桃花。刘郎一去计原差，抛了仙家，负了烟霞。　　青鸟沉沉信转赊，天上灵娲，海外仙槎。莫将忧怨托琵琶，一卷南华，一部楞伽。

酷相思·寻避风石

几度寻君何处有，紫霞北，东坡口。在天豁峰南寻觅久，形近者，非如旧；镂字者，无如旧。　　志里形容山里覆，在何处，天知否？遇风雪天池思钓叟，欲避也，风中走；欲去也，云中走。

2002年5月18日于长白山

纪辽东·谒紫霞峰

长白山巅论大东，遥谒紫霞峰。奇峰十六安无恙？缅怀刘建封。　　日染林涛万树红，举镜向苍穹。晴光忽隐顿飞雪，探碑遗憾中。

2002年5月18日于长白山

忆少年·峡谷撷珍

无人游览，无声峡谷，无形高格。红黄黑白绿，是谁家颜色？ 苦意追求求不得，偶登临、却惊魂魄。山尊最公道，助心诚来客。

2002年10月3日于长白山西坡返回长春途中

纪辽东·《长白山文化建设规划纲要》放歌二首

一

深秋长白获佳音，诗文韵吉林。不废躬耕沙聚锦，万水共鸣琴。 吟军直发纪辽东，千年流派同。宏圣开天山可供，极顶捧圆虹。

二

大东莫道荒凉甚，满园春色沁。情系丸都赤子心，戮力献精品。 洛阳宫里清歌诵，诗人忧责重。奥妙深藏豆谷中，笔下风雷动。

纪辽东·第一百五十五次登长白山暨《纪辽东》杀青二首（步力华集句韵）

一

天豁峰头莽荡风，述说命名功。白山神韵惊寰宇，飞流悬碧空。 举镜遥望故国川，情系大江边。峥嵘岁月烟云录，俱收证史笺。

二

拓荒君是力行人，文华培壮根。风雨同舟曾几度，护守白山魂。　　瑶池润笔考天章，清词纪汉唐。驰骋疆场齐策马，翰墨演沧桑。

柳色黄·挽许中田先生[①]

忽起悲声，风急夜寒，何调凄绝。神州柳翆花殷，策马斯人先折。天河谁挽，正接烟树苍茫，白山骤落清凉雪。情切笔沉时，忆同窗时节[②]。　　先阅，手抄新作，把卷长谈，苑西宫阙。几度春秋，伴尽疏星残月。京华雅集，赏光共会三贤，当歌未叹金台缺[③]。此后怎相邀，竟无言离别。

2002年10月29日于长春

【注释】

①许中田，人民日报社社长。2002年10月25日，余在长白山上接省委宣传部通知：许中田同志于10月24日因病抢救无效在北京逝世，享年六十二岁。24日夜，长白山下大雪，一尺多深。《柳色黄》，即《石州慢》，贺铸体，因其词句“长亭柳色才黄”得名。

②同窗，余于1983—1986年在中央党校培训部学习，许中田同志1984—1986年亦在中央党校培训部学习，相处二年。

③金台，人民日报社地处北京市金台西路。

江梅引·恭步王观洪皓元韵为《洪皓传》序跋

孤山才别又寻梅。卷重开。好音来。何处管弦，双燕对吟台。绝唱悲歌凄楚甚，今听出，王观语，诉阿谁？　从到冷山怜雪蕊。“念此情，家万里”。六言瑰绮。夜无寐，离泪空飞。四笑琼枝，寒气透征衣。大传刊行情不老，迎春放，趁东风，向北吹。

2003年6月22日于长春养根斋

念奴娇·出席中华诗词学会二届一次会长会议

京华盛会，集高堂杰阁，一如佳节。海北天南谈笑处，都是吟缘情结。乘韵挥觞，翻书走笔，网上言曾接。而今拊掌，却还无话细说。　回首苦旅艰程，仄平平仄，可问弯弯月。古曲新声逢盛世，多少雄关重越。丰草长林，白山黑水，岂独貊风烈。也当勤勉，不亏天地空阔。

2004年12月9日于北京东风宾馆5133室

临江仙·送庆霖君江城履新

翘首金鸡高唱，临风玉树低吟。无关赏柳会知音。黄龙遗塔古，赤子系情深。　驻马松花湖畔，送君长白山阴。三江源处沐诗心。江流长万里，诗路上千寻。

2005年2月14日凌晨于长春养根斋

行香子·白城杏花诗会

瀚海留春，韵府销魂。瞻榆处、松漠斯文。沙飞树舞，鹊闹虹新。恰墨花淡，诗花艳，杏花珍。　　此间辽鹤，遍野踪痕。引来客、一洗征尘。吟旌漫卷，诗阵耕耘。戒古人忧，今人笑，后人嗔。

2005年4月24日

沁园春·和“琉璃王后”《游丸都山城》

倚北凌空，眼底苍茫，故国古都。对东来豆谷，原非外客；西流鸭绿，当此中枢。类利开基，延优续筑，及到斯由成废墟。山河秀，赖坡间草木，尚不含糊。　　临酤从不欷歔，幸未失良机偶水枯。测高滩石冢，笑迎风雨；古城驿路，兼济舟车。自苇沙河，到良民甸，荆棘丛中辟坦途。吾何乐，证水晶宫里，便是华胥！

2006年8月12日

【题解】

2004年5月15日，余登丸都山城顶走一遭，颇感艰辛。豆谷，乃流经丸都山城的通沟河。丸都山城，系第二位王琉璃明王类利于公元3年所筑之尉那岩城。公元198年，第十代王山上王延优续筑为丸都城。公元342年，第十六代王故国原王斯由钊再度修葺，数月便废。下阕是写余与孙迟二君今年春夏新发现之有关诸事，借此调以和，供吟友一笑耳。琉璃王后，诗友温瑞之网名。

过片“酤”字是暗韵。余所作《沁园春》，常本此格。

附，“琉璃王后”《沁园春·游丸都山城》：

鸭绿江边，主宰曾谁？且访丸都。见凭山临水，峥嵘形势；残垣断壁，依约机枢。戍卒茅篷，国君金殿，此际同埋野草墟。斜阳外，正蛩声凄切，冢影模糊。 徘徊漫自欷歔，弹丸地也经荣与枯。念奇谋左铺，劳军献鲤；威风刺史，束马悬车。功过千秋，兴亡一瞬，历史长河不改途。烽台上，但瞭望今古，何处华胥？

千秋岁引·痛悼孙践先生①

远驿孤车，寒风冷月，尽付悲歌向天阙。平生传全杨靖宇，春来自共英雄活。抗联路，不停步，笔刚歇。 从此再难前拜谒，从此再无期语切。自恨浮生梦空澈。心中几多言未尽，仍开大口当谁说？不敢信，一霎时，音容没。

2007年2月23日

【注释】

①孙践，笔名卓昕，著名作家，著有《杨靖宇全传》《杨靖宇年谱》等。1930年生，2007年2月21日在长春去世。享年七十八岁。今天上午，在朝阳沟送别孙先生，悲情难抑，特填此词痛悼孙践先生。

玉甸凉·长白山王池兼贺“关东诗阵”创建三周年①

既得天生，岂随地老？与长空，共清幽、任云缥缈。桦自参差松自挺，还数无名花好。雾里鹰闲，林中虎卧，未许沙飞石笑。一似龙潭，玉甸凉、直逼歌头水调。　岁月悠悠，烟波浩浩。问谁知，此中涵、无穷奥妙。自古大荒悬此镜，淘漉英雄多少？检点良知，掂量意志，许是山魂未掉。故地重游，草木欣、依旧森森小道。

2007年9月5日

【注释】

①王池在长白山西坡，圆而美，远且悠。依三狂居士自度曲而咏，兼贺“关东诗阵”创建三周年。

金缕曲·悼念强晓初先生

一任漫天雪，锁层峦、千村素裹，百城银迭。飘得山川堆愁絮，更是芳菲都歇。听又是、凄风呜咽。枝上琼花开未已，却缘何低首同悲切，莫不是，祭英杰？　白山料得松奇绝，立苍茫、诗旌一展，当空猎猎。松水兼天流浩荡，各路吟军齐发。续故国、华章新页。乔岳天东仍雄健，待春回奥壤邀公阅。看不尽，花如血。

减字木兰花·和周笃文先生

三江一脉，清鉴天开冲向北。十六峰头，共济云帆天际流。　阏门石雨，四百高弦惊乐府。诗野花池，不用铿锵韵自奇。

行香子·重访望天鹅火山景区

长白东道，鸭绿西流。望天鹅、几度遨游。林中栈道，河底沙洲。共溪泉清，石泉响，瀑泉幽。　　马龙车水，墨客诗舟。忆当年、踏探斯沟。筹边上策，护鉴良谋。在合民心，知民意，解民忧。

沁园春·第一百三十二次登长白山遇彩虹并摄

揖别天河，西折南行，一路赏花。摄忽晴忽雨，彩虹飞架；时云时雾，霓影横斜。眼底新门，梦中老路，纪咏吟来又踏查。山中事、对诗朋墨客，历数同嗟。　　百登百感交加。愧满目青川半岭霞。任星疏月隐，江声依旧；天荒地老，山色仍佳。炭木犹青，行人渐老，得失安从后世赊？谁知我、是哀生慷慨，乐在浮槎。

沁园春·第一百三十三次登长白山陪张岳琦、周笃文诸先生考察鸭绿江大峡谷纪事

每越横山，一缕天开，涧险欲倾。对嶙峋怪石，手忙眼疾；崚嶒峭壁，胆战心惊。峰底飞涛，谷头排浪，日夜滔滔不住声。声声似、问何人不累，到此常登？　　千年炭木曾经，梦若许诗家携笔行。又吟张元幹，江澄鸭绿；题徐明叔，月隐鼍青①。岂我无聊，非谁贪玩，豪气从来为国生。尤须记、立擎天著柱，要自支撑②。

【注释】

①宋·张元幹有《念奴娇·题徐明叔海月吟笛图》二首，其中写道："山拥鸡林，江澄鸭绿，四顾沧溟窄。""云气苍茫吟啸处，鼍吼鲸奔天黑。"

②宋·姚勉《沁园春》中有："信天生英杰，正为国计；擎天著柱，要自支撑。"甚喜借用。

沁园春·第一百三十四次登长白山陪蒋力华兄踏查鸭绿江上游断想

携侣重游，鸭绿江头，奥壤野垓。望三奇毓秀，东西跳涧；二源滺跃，南北胞胎。叆水闲奔，剑川曲折，廿四长沟依谷排。穿云水、放冲天巨浪，一洗尘埃。　　天池高筑层台，对冠冕峰前一鉴开。叹穆公刻石，已留隐患；刘郎纪咏，枉抒胸怀。圣水浑波，神渊呜咽，一览江山倍觉哀。驰疆野、定筹边大策，更待雄才。

沁园春·第一百三十五次登长白山三访绿渊潭

自小天池，到绿渊潭，别有洞天。曳流云瞵睇①，魂游嶰壑②；旋梯蜿蟺③，气动栏干。双瀑喧豗④，四围碕曲⑤，积翠滋鳟山臼窞间⑥。谺池澈⑦、若会澜广潒⑧，灵液沦涟。　　临渊心系群峦，更何况风来闹眼前。任沙飞石走，孰成绝境；花凋树倒，也是奇观。源浚流清，根深叶茂，再活先赊五百年⑨。匆匆过、是山门过客，过眼云烟。

【注释】

①瞵（lín），瞪眼看。睇（dì），斜视，流盼。

②嶰（xiè），无水之沟壑。

③蜿蟺（shàn），屈曲盘旋。

④豗（huī），水相击声。

⑤碕（qī），山石错落不平之曲岸。

⑥山臽（kǎn）窞（dàn），山坡中的小穴、覆窟。

⑦谺（xiā），山谷空洞。

⑧潒（dàng），水荡漾貌。

⑨绿渊潭路边有一折卧老岳桦，旁有标牌曰“真想再活五百年”，在此摄影者众。

沁园春·第一百三十六次登长白山举办池南诗会

诗友相邀，上不咸山，瞷鸭绿江。叹江天一线，神仙手笔；岳桦双瀑，绝妙文章。怪兽潜身，雄鹰展翅，狍子奔来化路霜。空前事、带唐风宋韵，直演沧桑。　　此生此举难忘，舞吟帜排成诗阵长。述周游孔圣，辨知楛矢；痴顽老子，欹坐胡床①。八月灵槎，四方同道，解意何须自引觞。相逢处、是大东胜境，海内奇疆。

【注释】

①张元干《念奴娇·题徐明叔海月吟笛图》中有：“谁似老子痴顽，胡床欹坐，自引壶觞醉。”老子，指冯道。《五代史·冯道传》：“契丹灭晋，（冯）道又事契丹，朝耶律德光于京师。……德光诮之曰：‘尔是何等老子？’对曰：‘无才无德，痴顽老子。’”胡床，交椅，俗称太师椅。《旧唐书·郝处俊传》有“方倚胡床安餐干粮”。《后汉书·五行志》：“灵帝好胡服、胡帐、胡床……京都贵戚皆竞为之。”隋以谶有胡，改名交床。宋程大昌《演繁露》：“今之交床，制自虏来，始名胡

床，桓伊下马据胡床取笛三弄是也。”金·王庭筠《书西斋壁》：“偶然携柱杖，来此据胡床。”此一“胡”字，正是词写长白山区先人之明证。

沁园春·第一百三十七次登长白山引众诗友赏“松桦恋”

林海茫茫，万木萧疏，独汝可钦。衬天蓝云白，不同瑟瑟；枝繁干挺，一样森森。连理迎风，共帷负雪，胜友长生力可任。松攀桦、盖相依为命，缘系根深。　　登临千里相寻，默相顾浑如齐默吟。怪山间趣事，花能解语；梦中弹者，水可知音。草木含情，风云常变，旷野难容越野心。秋清日、到大荒深处，秃笔难禁。

沁园春·长白设治百年兼贺改革开放三十周年

长白山南，鸭绿江头，引人注眸。望天鹅上下，摩空石柱①；塔山前后②，拔地琼楼。沃野参乡，宝泉金厂，巨变尤推马鹿沟。凌虚处、看花毁柳亸，浪涌云浮。　　无由不喜今秋，好机遇难逢不可求。幸白山纪咏，倾情续就③；筹边方略，未雨绸缪。蔺相如戈④，阳安君剑⑤，坛积前林燕赵留⑥。心花怒、对先贤低语，江水仍流。

【注释】

①长白县于光绪三十四年（1908年）设长白府，今届百年。境内有望天鹅火山景区，石以柱状节理排比为奇。

②塔山，长白县城有唐代渤海国灵光塔。

③《白山纪咏》，1908年刘建封踏查长白山所作，含于其专著《长白山江岗志略》中，多为两句一组，我将其续为律绝，共六十首，原载于

《百年苦旅》一书中，限于篇幅，本书未录。

④蔺相如戈，1988年，长白县八道沟镇葫芦套村出土蔺相如戈，国家一级文物。

⑤阳安君剑，1977年，集安市阳岔乡高台子村出土赵国阳安君青铜短剑，国家一级文物。阳安君，乃老子李耳五世孙、唐高祖李渊三十五世祖李跻。

⑥2004年，本词作者等在长白县二十一道沟前林子发现十三座较大积坛，经有关部门批准调查清理两座，出土赵国青铜残剑、箭镞及盖弓帽等。长白干沟子有战国古墓群，出土汉五铢钱等。

沁园春·松江河林业有限公司建制五十周年志贺

长白西坡，耀眼明珠，大美画图。历松山板石，长林广被；曙光胜利，沃野芳蔬①。伐木加工，旅游基建，原始神奇生态区。天然趣、恰域中仙境，海外何如？　当初那部新书，记创业艰难一锯无。忆风餐露宿，不知路险；水流树在，未觉人孤。槐梦醒时，礼花夜放，十万人家庆有余。幡然悟、是春风浩荡，遍染松榆。

2008年9月18日

【注释】

①松山、板石、曙光、胜利，是松江河林业有限公司所属部分林场。

水调歌头·依韵泪和三狂兄诚谢众诗友齐颂长白①

戊子布诗阵，直进大荒中。百花齐放池南，雅韵染江风。前世名留草帽②，我辈行经石道，作证有桦松。峡谷一携手，托梦也相逢。　路漫漫，山莽莽，雾濛濛。层林尽染，秋老何必怨霜枫。头白何因负雪，忧责何人肯歇，屈指百年同。安问君知否，鸭绿不朝东！

【注释】

①三狂，诗友张文学之网名。

②草帽，长白山南的望天鹅火山，又称张草帽顶。

鹊桥仙·和桓州旧友《鹊桥仙·松桦恋》三首

一

蝶翩花舞，松青桦白，荡漾秋光春意。梯云峰下水潺潺，似潜诉、浮生哲理。　　同甘共苦，同心携手，同志何人能比？百登百度听山音，不忍别、文游胜地。

二

中秋时节，边陲雅集，已出些些新意。华章丽句自然成，岂仅靠、加工处理？　　大荒景色，大东史事，举世无山能比。一峰一壑不寻常，更期待、求真见地。

三

无眠无悔，有诗有影，吟友咸知我意。百年又到踏山时，未敢忘、区疆署理。　　情深难赋，景奇易咏，情景深奇怎比？踏查路上敬前贤，尽忧责、安辞险地[①]？

2008年9月29日于长白山

【注释】

①忧责，引用魏·毌丘俭《之辽东诗》："忧责重山岳，谁能为我檐。"檐，通"擔"，即"担"。举，负荷。肩舆之类。《史记·卷七六·平原君虞卿传》："蹑蹻檐簦说赵孝成王。"《新唐书·车服志》："疾病许乘檐。"均为担意，担子。忧责，即重担。《汉语大词典》："忧责，负责，担负责任。《后汉书·张酺传》：'朝廷望公思维得失，与国同心，而托病自絜，求去重任，谁当与吾同忧责者？'责任，重任。《晋书·刘颂传》：'若未尽其理，虽经异时，忧责犹追在陛下，将如之何？'《资治通鉴·魏邵陵厉公正始七年》：'夫忧责在身者，不暇尽乐，先帝之志，堂构未成，诚非尽乐之时。'"此外，《后汉书·吴良传》："东平王苍上疏荐良曰：臣苍荣宠绝矣，忧责深大，私慕公叔同升之义，惧干臧文窃位之罪。"《全汉文·卷五十五·说王根》："忧责甚重，要在得人。"《后汉书·陈蕃传》："臣位列台司，忧责深重，不敢尸禄惜生，坐观成败。"《全唐文·卷四百五十二》："臣幸备相位，尚负忧责。"均为此意。《抱朴子》："金玉崇而寇盗至，名位高而忧责集。"梅尧臣《感兴诗》："古来高世人，林下遗忧责。"白居易："勿嫌禄俸薄，厚即多忧责。""官闲离忧责，身泰无羁束。"亦均为重任之意。

沁园春·第一百四十一次登长白山摄鸭绿江头

戊子吟山，已是深秋，又到麓南。顺瑷江西下，三奇源远；剑川东入，九曲流渐。二水居然，合而为一，鸭绿江才有内涵。山知我、进深沟廿四，矢志频添。　　谁谙忧责难担，更不解湖山恸不堪。论封疆得力，孰为弱女；踏边失误，枉誉英男。如语江花，似乎泣诉，山海经中称不咸。留连处、摄诗中仙境，梦里沙尖。

2008年10月3日

宴清都·《长白山池南撷韵》初选告竣冒雪再访池南

又向横山走。风吹雪、恰是初冬时候。大荒藏奥，池南撷韵，百年回首。欣逢一集成后，拊掌笑、连声呼酒。循古道、遍赏山柳、河柳、雪柳、红柳。　　山柳，似解吾心，河柳，更解天池钓叟。妆成雪柳，雪柳，怎抵卷中红柳。开来一批作手，乘吟兴，新词铸就。送与谁？史上先贤，心中诗友。

2008年12月4日

【题解】

戊子初冬，我与耐寂轩主、塞上白衣子、月高风清到池南区编辑《长白山池南撷韵》，昼夜兼程，奋战四日，基本告竣。共分上、中、下三卷，上卷：大荒古韵。中卷：池南撷韵。下卷：百年续韵。共八百五十二首。仅以此词，再谢各位诗友！

宴清都·《长白山池南撷韵》编就于牧野亭驰笔

早慕斯亭也。原不是、闹市华街高厦。一坡素丽，一池寂静，一船清雅。晴云健隼旋驾，好比我、书中驰马。飞白时、正越田野、山野、雪野、冬野。　　田野，又个家园；山野，任凭山人潇洒。今来雪野。雪野，岂是梦边冬野？池南撷珍编罢。辑新卷、诗存史话。可信矣、大象无形，真情无价！

2008年12月6日

宴清都·《长白山池南撷韵》编就德惠留别

撷韵池南辑，成新卷、鹊踏枝杪听笛。春城飘雪，江城把酒，冰城来客。溪头倚剑神奕。且共喜、平平仄仄，铸锦章、少长咸集，云集，雅集，诗集。　　咸集，鸭绿扬帆；云集，十六峰头长白。邀君雅集，雅集，荟萃古今诗集。俨然梦回史笔。纪疏影、河山历历。励后人、常沐吟怀，江声难息。

2008年12月9日

减字木兰花·和周笃文先生

清弦撳撳，灯海扬波寒韵透。眼底冰洲，博望槎河雪趣稠。　　牛哞虎啸，老白山前狍鹿跳。谁引长龙，正对阌门吟更雄。

2009年2月8日

千秋岁·沉痛悼念中华诗词学会孙轶青会长

大荒山外，千里烟霞退。池万古[①]，清波碎。寒霄淹月影，苍莽遮林带。公去矣，乱云峭岸徒遥对[②]。　　几度开年会，常嘱清轩盖。辽鹤远，宏文在。自知孤梦杳，未许吟怀改。神北顾，天东奠野花成海。

2009年3月18日

【注释】

①池万古，2000年元旦，孙老书《乙丑年游长白山天池诗二首》赠我

入编《长白山诗词论说》一书，诗中有“凌霄万古一天池”句。

②峭岸，孙老诗中有“云去峭岸流风采”句。

临江仙·六十初度（依苏东坡韵）

撷韵池南长白颂，披沙矣几深更。邀来诗友共嘤鸣。新门歌内外，鸭绿助雄声。　　如梦子瞻恭一揖，缘悭也漫江营。百年苦旅路何平？大荒诗证史，三卷慰浮生。

2009年3月25日

沁园春·戍边楼怀古

一代豪雄，万里封侯，两度戍边。创踏山壮举，奉天八勇；专图初绘，报告三编。据理驱蝗，挺身卫国，起筑高楼敌胆寒。艰辛路、历百年风雨，几许云烟。　　凭栏轻数重关。对忧责何曾敢息肩？续流丹翰墨，当传后世；常青草木，勿愧先贤。意寄书驼，情钟笔阵，不朽英名共史刊。秋犹近、看杜鹃啼处，尽染群峦。

2009年7月18日

【题解】

吴禄贞，字绶卿。1907年7月，随东三省总督徐世昌赴奉天（今沈阳），充督练处监督。8月，被派往吉林延边调查边务。9月，被任命为陆军正参领帮办吉林边务。他带人途经敦化县、延吉厅、珲春城，沿图们江登长白山，后折到夹皮沟，历时七十三天，纵横二千六百多里，考察了长白山及延边地区的山水村寨，记录了二十一种图例，绘出《延吉边务专图》，写成长达十万字的《延吉边务报告》，证明延边自古即为中国领土，力破日本侵略者企图侵吞我领土的阴谋。1909年5月，吴禄贞再度赴延边，升任为延吉边务督办兼任陆军协督统。吴禄贞有力地捍卫了国家尊严和领土完整，做出了不可磨灭的历史性贡献。他依靠延边民众，建城发电，修路架桥，办学兴医，建厂兴商，卓有建树。孙中山在吴禄贞的祭文中写道："代有伟人，振我汉声。觥觥吴公，盖世之杰。"

纪辽东·《百年苦旅》出版感怀四首（平起平收式）

一、踏查纪胜

艰辛跋涉宿西坡，营安梯子河。苦旅帐中运帷幄，向未敢蹉跎。　边情谙练又如何，文心岂可磨？雄赫每经风雨后，长白更巍峨。

二、白山纪咏

大东山水此间殊，篇篇无字书。钓叟天池吟咏后，志略纪当初。　踏查心系护舆图，铮铮一老夫。指点四围峰十六，拙笔辩丸都。

三、曹家纪略

曹家沟里感沧桑，清流诉慨慷。砚石坚坚刊纪略，建德自流芳。　同行一路未彷徨，吟旌漫大荒。再到百年谁展卷，勿忘告儿郎。

四、采风纪行

行吟几度路迢迢，诗潮逐浪高。豆谷池南公主岭，苦咏乐陶陶。　江源毓秀美难描，精神或可雕。讵似辽东今制谱，未许任逍遥。

纪辽东·江源毓秀四首（仄起平收式）

一、松花石韵

毓秀大东山水佳，名石属松花。康乾盛世宫中宝，文豪笔墨夸。　吟鉴闲评进万家，誉美遍中华。开来诗阵波涛涌，天边一抹霞。

二、浑江咏叹

自古佟佳谓沸流，故事演悠悠。沧桑岂可任人改，何曾问毌丘！　健足频开未许愁，考辨每从头。四方吟友嘤鸣处，依然好个秋。

三、苦旅清吟

每忆当年刘建封，率队踏查中。曹家纪略沟中事，于今大不同。　托起巅连笔架峰，撷韵壮关东。劝君莫笑苍山老，逢秋万树红。

四、诗阵嘤鸣

漫卷吟旌未觉寒，东道韵开边。大荒走过三千里，匆匆又一年。　四部华章始集安，拉练每成班。荡平岭上丰碑在，披榛浩莽间。

纪辽东·岭之韵四首（平起仄收叶仄式）

一、磐岭江源

白山深处秋芳沁，探源过爱林。磐岭悠悠南谷秀，奏出万年琴。　地偏莫道荒凉甚，登临可涤心。三岔汇流无反顾，到此觅知音。

二、老岭石碑

驱车又上荡平岭，摩碑百感生。斩棘披榛开此路，信是大工程。　云间摄下千秋影，山中不了情。再数百年谁继迹，悄问石无声。

三、枫岭红叶

霜枫满目胜花艳，经心染翠岚。画里诗声红烂漫，一梦到池南。　劝君莫道秋容淡，醉看心已酣。此日大东多作手，撷韵入新函。

四、松岭根雕

笔筒有赠收何忍，拙斋称养根。妙点心灵无弃物，山大自藏珍。　随形藉意添风韵，贵无刀斧痕。未及出名先出土，创意便销魂。

纪辽东·江源之特四首（仄起仄收叶仄式）

一、石之乡

奇石深藏山底处，砚阵势何如？京华一展惊中外，他乡可有无？　一上征程多苦旅，既去莫含糊。艰辛更在初成后，临池有老夫。

二、瓦之都

村建小康称大美，僻壤尽春晖。五沟三岔浑红遍，随心染翠微。　开发页岩称一最，入画傍山偎。瓦都名气传犹远，今年又夺魁。

三、林之海

雪野无边风莽荡，犬吠有林场。盆称干饭知多少，梦回思大荒。　日丽风清山自唱，调似喜洋洋。登高指点水分处，松江又鸭江。

四、煤之城

已在深山藏万载，出世胜于柴。无私奉献光和热，苗红岂自哀。　　每过湾沟思紫塞，奥壤隐高才。微吟未必能醒世，临风好抒怀。

纪辽东·题长白山黑陶艺术馆四首
（平仄通叶换韵格，当为正格）

一、创新业

偶然窑变得奇招，浑江出黑陶。直与龙山成一脉，玉柱绕浮雕。　　再生三宝白山魂，石人逢吉辰。聊藉古埙歌几曲，调寄沁园春。

二、观布展

满目琳琅发翰光，黑马白山藏。欣逢盛世列成阵，嘶鸣震大荒。　　效仿中华第一词，杰作叹神奇。清歌凯捷丸都水[①]，隋唐不可摧。

【注释】

①清歌凯捷丸都水，隋炀帝句。

三、请奇石

亿年高隐居深岔，山洪现角斜。共有奇缘能会此，宾客远天涯。　　踏山重返荡平岭，拙斋题馆名。笔法太王碑体健，立地自支撑。

四、贺开馆

红幕初开欣揭处，回首路崎岖。会心不语是知己，笑看云卷舒。　　诚可遵循仁可颂，倡作纪辽东。兴隆生意不须问，满山枫叶红。

纪辽东·江源石友四首（同前，正格）

一、刘洪生

率藏奇石贵先知，他人未觉时。巧藉神明凭慧眼，工拙自成诗。　　初逢已是十年前，文缘一线牵。创意拓开新产业，邀友赋江源。

二、张涤新

石得新生先涤尘，刀笔自传神。随形刊刻千般妙，师成不二门。　　谁使龙泉壁上鸣，肃气带寒生。阳安君若能亲试，堪麾百万兵。

三、于树涛

山间求索连春夏，杏林添彩霞。手到病除多上品，名砚贵松花。　　大荒奥妙知多少，树深涵石涛。许是百年前约定，笔墨供刘曹。

四、孙吉春

僻壤藏珍称极品，奇响遇知音。采来红石经风雨，黑陶连古今。　　绍介华堂挥拙手，汉隶大东留。馆名题罢牌刊就，可逢安可求？

2009年9月19日

纪辽东·登白云峰

大荒极顶一吟中，绮光环彩虹。有幸从今完夙愿，登上白云峰。　　百年苦旅继遗踪，可称心境同。欣得诗朋明大义，未枉饮天风。

2009年10月17日

纪辽东·白云峰上摄刘建封百年前所见圆虹
（续刘建封《白山纪咏》句）

铁崖偶见圆虹现，蟾蛾坠翠环。今在白云峰上显，钓叟记奇观。　辽东第一佳山水，命名听与谁？百五登临从不悔，嘱石守边陲。

2009年10月19日

纪辽东·丸都感事（用隋炀帝、王胄韵各二首）

一

何时或可翦鲨鲸，奔流鸭绿清。辨壤别原知豆谷，几度考西京。　但惊噩梦助谁威，重披铜甲衣。山拥鸡林成故事，空自雪途归。

二

秉旄遗韵纪辽东，漫天起朔风。有赖文军诗证史，只眼识离宫。　墨书合为子孙留，尤须集智谋。僧似愚氓安可训，护鉴感王侯。

三

沐雨餐霜策杖行，老矣踏查兵。大荒深处起燕乐，犹如瀑泄声。　躬察山城每赴辽，足到夙疑消。缘峰筑断楔形石，偶能遇辔镳。

四

束马悬车妙略鲜，杜讷赐田旋。拨乱尚余多少事，匆匆又一年。　当向词宗祭梓潼，冷眼对虚庸。谙练边情关国计，倍思刘建封。

2009年11月27日

浣溪沙·和周笃文先生《新年喜雪有怀栋恒将军并柬白山诗友》

又启新元不夜天，京华瑞影大东连。绮霞如火早胜寒。　奥壤雄饶红柳外，圆虹高挂白云边。且听啸虎伴笳喧。

2010年1月3日

临江仙·金上京博物馆

遍野断垣残瓦，满城紫蒜蓬蒿。石棺柱础自荒郊。千军开铁阵，万马起风涛。　太白苍茫辽阔，混同莽荡呼号。长城岂止是边壕？登临烟浩渺，回首路迢遥。

2009年6月16日 于阿城

沁园春·金上京怀古

又访金源，故垒巍然，遍览土城。剩平畴万顷，蒜畦远近；錾沟千叠，墙垛纵横。战马嘶嘶，烽烟滚滚，犹带春秋演替声。登临处、数英雄遍地，未泯其名。　顿生百感豪情，是一脉相承各展旌。共开疆拓土，诵江南好；采珠储宝，驯海东青。留典传文，祭山敬祖，许有高坛曾镂铭？君知否、撰中华通史，更待重评。

2009年6月16日 于阿城

石州慢·杨靖宇将军殉国七十周年祭

大敌当前，鏖战舍身，英勇忠烈。硝烟遍布关东，怒火何曾湮灭？坚持游击，四野草木俱知，舍身救国凭高节。红柳染松江，是英雄鲜血。　　飞雪，漫天翻卷，七十寒冬，浩然清绝。外患堪忧，衅祸安能无察？白山旧恨，数来记忆犹新，丸都月色期空澈。护鉴敬先贤，信贞心如铁！

2010年1月16日

【题解】

今年2月23日，是杨靖宇将军殉国七十周年。谨以此词缅怀英烈。

沁园春·纪念张爱萍将军诞辰百年①

百战身经，百世流芳，百鏖恪虔。忆长征陷阵，赤河四渡；奇兵退敌，黑剿三边。万马千军，一星两弹，荒漠为营敢问天。雄风起，赖元勋策杖，上将挥鞭。　　敬贤我幸殊缘，每惠及诗书宝墨笺。励养根俟实，关情社稷；浚源固本，守望家山。扶正祛邪，扬清激浊，斩棘披榛护鉴安。公仍健，驻神州奥处，草木之间。

2010年1月16

【注释】

①今年1月9日，是张爱萍将军诞辰一百周年。1985年，张爱萍将军为我书其大作《破阵子·我国同步卫星发射成功》四尺横幅；此后，又为我题“养根斋”、《养根斋诗词选》、《张福有诗词选》书名等，十分珍贵。忆及如此殊缘，倍加怀念张老。

纪辽东·《江源毓秀》和《荡平岭碑记》出厂二首

一、《江源毓秀》出厂[①]

松花石韵率鸿篇，一吟经百年。苦旅横排诗阵上，破浪咏江源。　迎春瑞雪御风来，案头华卷开。遥祝诗朋身笔健，寄自养根斋。

【注释】

①《江源毓秀》，四编，共一千首诗词，十六开本，三十六页彩版，二百二十四页正文。装帧印制精美。正月十五以后举行首发式。

二、《荡平岭碑记》出厂[①]

斩棘披榛沐雪风，护鉴亦英雄。开边见证荡平岭，丰碑耸大东。　千里驱车捶拓初，如醉读天书。信然后世能知我，补遗前也无。

2010年2月11日

【注释】

①《荡平岭碑记》，共两通。一通为清光绪三十四年（1908年）东三省总督徐世昌撰文并书丹；另一通为同年长白府张凤台、临江县李廷玉撰文、田锦堂书丹。捶拓后经张福有释读并斠注，八开本，字帖式，每页十二字，一百五十二页，一百五十七克亚光铜版纸印刷，印制精良。

纪辽东·《中华诗词文库·吉林诗词卷》付梓[①]

中华文库吉林卷，千家共撷珍。高奏轻歌传凯捷，豆谷沁芳芬。　诗词长白成流派，三江毓一根。漫舞吟旌堪证史，古韵促新军。

2010年4月13日

【注释】

①《纪辽东》乃隋炀帝所创，定格、联章、配燕乐，是词之源头，因写集安之“丸都”，亦为长白山诗词之滥觞。客岁，经我初次整理规范《纪辽东》词谱，南北诗朋群起响应，两月得《纪辽东》六百多首，盛况空前。《纪辽东》专辑编印在即，《纪辽东》碑林亦将启动。

纪辽东·贺长白山诗词流派形成兼咏长白山四季名胜四首

一、花园春意

置身花海伴香吹，翩翾蜂蝶飞。九曲冰凌勾一醉，上巳话流杯。　劳心抚字日相催，情甘得道肥。万亩芳菲开奥境，几度梦萦回。

二、瀑布夏吟

独对槎河吟向远，日夜荡银波。瀑飞一泄三千丈，铿锵汩石坡。　藉得山魂人抖擞，高唱大风歌。诗词长白成流派，笺天感慨多。

三、峡谷秋思

遮天蔽日通幽径，花楸不忍情。千首立成缘谱定，一路踏歌行。　登临岂独赏风景，何曾觉笔轻？冀望锦江流梦影，瀑泄露心声。

四、天池冬韵

诺大仙乡任雪埋，今又御风来。白山神意千秋事，冰心岂可猜。　高洁连云覆积埃，骋目爽吟怀。天池钓叟情犹在，霞围放鹤台。

2010年4月18日

纪辽东·图们江出海复航二十周年纪略二首

公元1938年，震惊中外的张鼓峰事件爆发。中国由图们江出海被迫中断。公元1990年5月28日五时三十分，在防川举行图们江出海复航仪式。吉林省副省长、延边州委书记、复航总指挥李德洙做动员讲话并向考察队长丁士晟授旗。国家海洋局、外交部、中国人民解放军总参谋部、吉林省延边朝鲜族自治州、珲春市、延边军分区代表及各界群众参加仪式。六时整，六十二名队员乘船九只，皆悬国旗，驶向大海。六时三十分，到达俄朝铁路桥。八时，到达图们江出海口。八时四十分，返航。十四时八分，安全返回，胜利完成首次复航考察任务。为纪念图们江出海复航二十周年，传承开边通海爱国主义精神，特刊斯石以纪有作。

一

文镌一石耸东陲，开边通海碑。图水刀峰烟浩渺，晷影日相催。　山间草木知青史，铭心唤国威。龙虎精神当未减，舰放问阿谁？

二

复航出海敬前贤，风云二十年。张鼓峰头惊妙笔，证史韵当先。　纪程每忆皇华远，情怀凭石刊。土字牌前期后勇，把酒勒燕然。

2010年5月28日

纪辽东·贺动漫《白山神》注册成功

喜闻注册白山神，旗展恰逢春。鸡林演绎华雄事，惊诧技高新。
大东开辟破天荒，箴言喻世长。斩棘披榛不气馁，男儿当自强。

纪辽东·考定朱蒙庙遗址

初识龙山逾四年，忧责系心间。江流改道王陵在，有文刊在先。　瓦当云纹出大田，汉代五铢钱。城东遗址朱蒙庙，幸如归预言。

【题解】

2005年，我与孙仁杰、迟勇在桓仁考定朱蒙所葬之龙山为桓仁“望江楼”之龙山，其上的4号墓为朱蒙墓。龙山之下如出瓦，该处则应为朱蒙庙之所在。最近，果在龙山下出土汉代卷云纹瓦当和西汉五铢钱及王莽货泉，足证此前推测。《三国史记》中的五王如卒本、三王幸卒本，当为到此谒朱蒙庙。

纪辽东·此调征稿突破一千五百首甚谢众诗友兼贺长白山自然保护区建区五十周年四首

一

名曰不咸开大荒，原始铸苍茫。横空出世雄东北，悠然生慨慷。　兴国佑民庇四方，宏圣耀神光。化成万物经山海，千年灵应王。

二

浴躬天女恋瑶池，白云无尽时。河谷乘槎寻梦境，一瀑百川诗。　三江原上纵歌之，心追万马驰。花海淹山山烂漫，何景美如斯?

三

奇观大美原生态，堪称绝妙哉。物种基因闻世界，发展巧安排。　资源宝库涵精彩，看家护品牌。一片痴心终不改，自许养根斋。

四

楛矢石砮曾出处，劝我读班书。折冲防患察今古，雍容识剑无？　　玉敦珠盘须远虑，岂可忘玄菟。山高水险休迷路，安疑护鉴孤？

2010年6月20日

一剪梅引·辉南采风赠魏增福

吟军直引向辉南，七彩虹临七色潭。天象深涵，天意谁谙？响水河声或可探，滔滔不住似倾谈。可藉云岚，可寄书函。　　无边美景任贪婪，万绿丛中醉不堪。雨疾情憨，墨淡情渐。忧责盈肩期共担，敢忘长白嘱儿男？路远心凡，任重心惭。

2010年7月25日

一剪梅引·龙湾十二桥

收来虎赋千三首，走过龙湾十二桥。雾向亭飘，雨向人浇。风卷长旌夜渡辽，虹连今古接迢遥。才涌花涛，又涌诗潮。　　偏教草昧徒生胆，直引英雄竞折腰。树下波摇，瀑下津号。唯有山魂不可淘，席间唱和说刘曹。洗尽尘嚣，赏尽妖娆。

2010年7月26日

一剪梅引·辉南甘饭盆石刻

村归东堡谓新兴，甘饭盆呈石臼形。万宝原名，甘露含名。当地有山称大椅，斯文无识聚凹坑。白作平声？夕读何声？　群峦叠嶂谷纵横，角砾凝灰岩凿成。笔迹难明，句意谁明？汉字偏旁多不似，女真部首或能行。墓志刊铭？祭祀镌铭？

2010年7月27日

一剪梅引·辉南出土石器

经年考古此间殊，石器辉南或可书。宝殿残墟，僻壤平芜。叶片锋尖利似初，核皮完好硬何如？地近孤隅，用派多途。　红黄黑白绿蓝紫，镞镐刀矛斧凿锄。野兽堪屠，强敌能除。美玉攻来取所需，从文岂必执金吾。详说玄菟，力辩丸都。

2010年7月27日

一剪梅引·辉南秃葫芦山遗址断想

永康山谓秃葫芦，遍野葱茏披翠芦。叫秃葫芦，非秃葫芦。遗址东端藏塞芦，亚腰器物似葫芦。镐像葫芦，罐类葫芦。

尖头许是刻葫芦，陶片饰纹缠线芦。长颈葫芦，平底葫芦。新石器时黄褐芦，西团文化近葫芦。志载葫芦，词写葫芦。

2010年8月4日

南楼令·依高士奇过夜黑河见梨花韵记辉南采风事

虎谱引梅稠，龙湾响水流。采风行、转眼逢秋。骤得华章千二百，虽截稿，意难休。　　诗阵筑高楼，搴旌登岭头。谢朋侪、美酒山篝。自信榛芜能证史，都付与、子孙留。

一剪梅引·吉林抗洪素描

洪灾突降近秋宵，毁地淹城势甚嚣。暴雨潇潇，浊浪滔滔。道路连江疑接海，瓦房上树似铺桥。铁桶漂漂，车驾摇摇。　　军民奋起战河妖，抢险争将苦担挑。斗志高高，堤坝牢牢。重建家园先设计，初兴事业任操劳。愿景昭昭，心境陶陶。

2010年8月6日

长相思·游三角龙湾

湖水流，瀑水流，流到江河不到头，出山难罢休。　　草也秋，木也秋，秋近龙湾染画舟，低吟回醉眸。

一剪梅引·龙湾诗旅

吟旌一指会龙湾，十里烟波笼韵船。雅兴如前，雅集空前。吊水瀑惊人更欢，同心岛小懒回还。十二桥边，廿四沟边。　待燃篝火起心间，猜令浑忘山夜寒。虹架云端，情系毫端。辉发城中冒雨看，英雄数尽有余篇。珍惜人缘，倍惜诗缘。

一剪梅引·辉南经济开发区走笔

天然绿野开篇美，规划蓝图入目新。拓展新区，接近河滨。环保节能村脱贫，提升文化长精神。位次前移，产业逢春。　功亏力欠难欢喜，心想事成多苦辛。克险攻坚，斩棘披榛，草创艰难谁问津，探寻一得自当珍。不懈躬耕，奥壤无垠。

一剪梅引·龙湾葫芦台

少时见过点葫芦，点出金山梦不如。不种葫芦，未画葫芦。昨夜春风顿觉殊，争先恐后咏葫芦。朝读葫芦，暮赏葫芦。　寒梅一剪引葫芦，唐宋诗词信也无。台谓葫芦，套共葫芦。南北联吟非自娱，龙湾结出韵葫芦。歌赋葫芦，史载葫芦。

一剪梅引·辉发城出土金耳环

耳环形状似葫芦，足赤纯金画不如。坠系葫芦，线系葫芦。另有一双花样殊，直侔枣核像葫芦。花仿葫芦，蔓仿葫芦。　何年谁者爱葫芦，小巧玲珑别处无。碗阙葫芦，罐阙葫芦。万历大明非戏娱，花纹瓷器少葫芦。土掩葫芦，石盖葫芦。

南楼令·依高士奇韵谢李容艳惠和

鸡塞数星稠，辉江撷韵流。重天章、难得清秋。证史以诗谁罢手，邀胜友，岂曾休。　　高筑揽云楼，穷追辨石头。幸先知、豆谷离篝。考定阳安君短剑，识李跻，大湖留。

南楼令·依李容艳韵记拙斋解析文案事

累月惑萦怀，当年未付排。夜黑河、遍笼阴霾。扈从东巡挥珥笔，破茅塞，韵荒垓。　　甘许养根斋，清心守柏台。纪辽东、词祖源开。一剪寒梅芳又引，流派出，白山来。

南楼令·依高士奇韵谢王卓平惠和

率阵赋桥稠，倚山笑瀑流。畅吟时、恰是初秋。百六篇章仍抚键，屏解意，笔何休？　　伴月咏南楼，指江临北头。到云林、织就花篝。豆谷龙湾歌一路，情若许，梦边留。

南楼令·依高士奇韵谢唐仁举惠和

山雨促云稠，江风共影流。忆雅行、必有今秋。骤得两千三百首，夜继日，问谁休？　　几度筑诗楼，原非靠笔头。镇朝阳、韵自燃篝。信使金川花不老，频举镜，用心留。

南楼令·清张凤台《长白汇征录》有记辉发河辉发城

长白事征存，古城辉发闻。隔柳边、哈达东门。水道提纲曾记载，现名晚，亦当珍。　　当此渡河津，吟鞭指处奔。一剪梅、引遍清芬。二百阕推新派涌，终可藉，慰前人。

【题解】

长白府知府张凤台撰《长白汇征录》亦名《长白征存录》载：“惟三江流域，松花最长，自下两江口北流入吉林之·江州界，西南受辉发河水道提纲所谓土们河，按河出柳边外之鸡林哈达东北，流经辉发城，历受色勒河、波箕河、大万两河、富太河、呼兰河等水，现名为辉发河。”

本人此作，2010年8月10日初发于“中华诗词论坛·关东诗阵”，继刊于吉林人民出版社2010年11月出版的《当代诗人咏辉南》第8页。2014年9月，时代文艺出版社出版，范立红执行主编的《文化吉林·辉南卷》第34页，将此词属为张凤台之作，乃误。

南楼令·清刘建封《长白山江岗志略》有记辉南史地事九首

一、辉发城

志略史犹征，江滨辉发城。许未知、故国先营。铁镢五铢多石臼，辽金续，马嘶声。　　撷韵布纵横，采风排阵兵。奋争先、纷露峥嵘。再纪辽东山水胜，忆钓叟，命初名。

【题解】

《长白山江岗志略》记载：“辉发城，即辉发部，在辉发江东北岸。”

本人此题九首，2010年8月10日初发于“中华诗词论坛·关东词阵”，继刊于吉林人民出版社2010年11月出版的《当代诗人咏辉南》第8—10页。2014年9月，时代文艺出版社出版、范立红执行主编的《文化吉林·辉南卷》第32—33页，将此九首词属为刘建封之作，乃误。

二、蛟河

有水亦蛟河，汇流推碧波。几岔分、俱未蹉跎。奥处有沟堪吊鹿，四方顶，耸巍峨。　　屈指百年过，江山演若何？草木心、岂可消磨。向使英雄思报国，唱不尽，大风歌。

【题解】

《长白山江岗志略》记载：“又北而二道江自东来合。两大源既合，水势浩荡，即名松花江古名松嘎里乌喇，北流受东南之三母石河。折西北流，有吉林哈达所发之三通河，会吉子岭所发之柳河，以及山岔子西麓所发之蛟河、虾蟆河诸水，自西来会，水量愈加。”“蛟河，源出山岔子西北之龙岗，西北流入辉发江。”

三、虾蟆河

河岸遍桑麻，今名曰蛤蟆。极石铺、遍野山花。源近龙湾邻奥壤，榆树岔，挂云霞。　　千里我驱车，百年又踏查。过抚民、未访何家。奇事津门能有偶，天地大，不须夸。

【题解】

《长白山江岗志略》记载："虾蟆河，在蛟河西，东北流入辉发江。土人云，前有何氏妇，每在河边洗衣。一日，偕妇女数人至河上，觉腹痛异常，头晕眼花，仰卧地上。产物如球，蠢动鼓鸣。一妇抛掷岸上，倏见有一虾蟆，色红如血，奔跃河中不见。至今传以为异。何生永祥曾在天津见有此事。天地之大，奇事有偶，怪哉！"

四、三通河

岭后发三通，河边住范公。父渡辽、年少随从。月夜读书闻水厉，大鳌射，挽长弓。　　方略育英雄，奇招变幻中。善用兵、奥妙无穷。剩有神形遗卷里，听风雨，化云龙。

【题解】

《长白山江岗志略》记载："三通河，源出龙岗之瓮圈岭后，东北流入辉发江。相传，国初范文肃公文程，少时从父渡辽，筑室河边，夜月读书。忽闻水声澎隆甚厉。开户视之，见一鳌大如水牛，摇尾吐浪，向月下参拜状。公唤仆起视，仆惧而踣，遂自取弓跃岸射之。鳌毙。脱衣入水，推至水边。用刀割项断尾，分为三截。负入室中，劈其头，内有巨鹿遗书黄帝战蚩尤之书。裂其腹内有阿衡方略伊尹相汤伐桀之书。抉其尾，内有太公阴符太公佐武王伐纣之书。计书三通。启视遗书，茫然不识一字，方略之文多不解，唯阴符一目了然，其用兵之神出鬼没，千变万化，俱印脑髓。至以少胜多，主意一字一珠，尤觉独有心得。终夜读之，无少懈。未几日出，剩有鳌而书已杳。烹食之，有异香。厥后，公从龙入关，指挥如意，百战百胜，人皆以为自阴符得来，故至今河名三通云。"

五、七十二龙湾

七十二仙湾，镶嵌志略篇。位勘明、点缀群峦。光绪末年逢夕雨，人曾见，玉龙悬。　　至此向东边，腾腾紫气环。卷巨风、吹出黄烟。飞入天池尘梦杳，卧长白，阅江川。

【题解】

《长白山江岗志略》记载：“七十二龙湾，均在龙岗。唯团头山西北一湾最大，方圆约有三十里，余则长茂草顶西南一湾，方圆约有七里。大滩坪南一湾，方圆约有十里。至方圆三四里、一二里，是其小焉者也。塔甸于祥麟云，光绪丁未五月间，日夕大雨，忽见双龙跃于龙岗，旋自西南陡起狂风，吹出无数黄云，直奔白山而去。盖龙湾所出之龙，飞入天池，理或有焉。陈冰生大令、杨炳初二尹，均言之甚悉。”

六、杉松岗

到此路迢遥，矿藏俱富饶。十数家、煤厂牌招。炼铁公司名宝聚，寒门土，火中烧。　　植物做皮硝，须将涩性挑。种类繁、槲栎先标。途遇云龙而后晓，天津客，任辛劳。

【题解】

《长白山江岗志略》记载：“杉松岗，西南距样子哨街二十里。按，岗产煤铁甚富饶。煤厂十数家，铁厂唯宝聚公司一家。又产‘寒门得土’，可做洋灰。轮船、火车多用之，特无人研究耳。余过岗，途遇天津张君云龙。据称，调查东山各种树皮。凡植物中，含有涩性者，数百种。无论根株花果、枝叶壳蒂，皆能考验，以做硝皮之用。现已研究十数种，唯槲皮为最。他若榴柿、松杉、栎欅、核桃、栗子、酸杏各种，皆可用。盖树皮能硝兽皮中之胶质，则兽皮分外坚洁柔润，制造器物，可以耐久。此法得之西洋，我国初试体验耳。若张君所云，如岗后之山榛、山李、山柰、山梨、山核桃、山色木，以及王勃骨头、臭李子杆，皆含有涩性。而不识其名者，为数尤多，皆宜口尝手采，而以涩表测验以资需用，致令竹头，木屑，毫无弃材，留心学者鉴之。”

七、样子哨

近哨耸亭孤，兰山传汉儒。故事留、东野闻书。施礼移前恭问讯：就新学，意何如？　　叟答祖居涂，云孙与老狐。为避秦、遁迹偏庐。隔世两千年以上，论此地，属玄菟。

【题解】

“样子哨”，《长白山江岗志略》中又写作“杨子哨”，今作“样子哨”。《志略》中记载：“兰山，脉出龙岗，在三通沟上掌。相传，山有一古亭，汉儒王烈读书之处，后废圮无踪。土人云，数年前，有山左东野生，夏日薄暮过山下闻书声，心疑山中素无人烟，书声胡为乎来？登而观之，扶石上至巅，见一草舍，灯火荧荧。推扉入，内一叟坐，二童侍立，一老仆就舍东北隅煮茗。叟方巾博带，非近世衣冠，见东野起而问曰：‘客从何处来？有何勾当？’东野揖曰：‘闻先生读书声，愿学牧夫听经耳。不知先生所读之书，是何年代之书？’叟曰：‘今夜读者孝经耳。二童系予云孙年幼无知，恐为习俗所染，清夜寂静，故略为解释。’东野曰：‘目下学堂林立，有志者皆涉猎新学，方可上达，何必泥古？’叟曰：‘新学为何？’答曰：‘声光化电、格致实业，各有专门，即新学也。’叟曰：‘君所谈者，问世之学，予才学浅陋，不敢稍参末议。’命仆洗杯斟茗饮之。东野曰：‘今春蒙入学堂，三月卒业，稍有心得，二令孙春秋方富，随蒙入堂肄业若何？’叟起谢曰：‘实告君，予涂山狐籍，被秦乱遁迹于此，二千余年不入人世。今为吾孙辈讲经，愿留六经种于毛虫之中，为将来洪荒时代立脚地步，非应世耳。’东野惊惧，手足失措。叟察之，命仆持烛跋送山下。仆送至山下。弃烛不见。东野秉烛返，至家见烛不少损。视之似烛非烛，其坚如玉。后每夜燃之，可以照读。”

八、朝阳镇

古镇谓朝阳，百年前重商。近海龙、西有围场。此近天池思钓叟，担忧责、走江岗。　　志略记行藏，文华补大荒。未了情、草木沧桑。二十四沟明月夜，分明是，照刘郎。

【题解】

《长白山江岗志略》记载：“朝阳镇，西距海龙府四十里，商业颇旺。围场，在东平、西安、西丰界内，均已开垦。”

九、骆驼砬子

铜矿现边陲，驼腰岭过时。砬子形、颇具神奇。开发东荒添举措，县丞设，柳河宜。　　古道布深棋，新愁会小诗。近太初、板屋参差。游遍花园寻铁笔，山有恙，问谁知？

【题解】

《长白山江岗志略》记载：“骆驼砬子，在杨子哨西，产铜。”今柳河之驼腰岭是也。因原文与样子哨关联，特写入。

江梅引·依王观洪皓韵咏黄龙府采风事

龙湾前度引寒梅，阵重开，采风来。巴吉垒前，秋色笼吟台。绝妙醉湖芦荡秀，碧波荡，蓟无数，指与谁？　　初识韩州白头蕊，纪辽东，行部里。塔明霞绮，远望处、云涌涛飞。苦旅千年，如梦补天衣。倾力披榛焉反顾，向松漠，笑阴风，可劲吹。

2010年9月15日

江梅引·于黄龙府重读《松漠纪闻》二首有序
（用王观洪皓韵）

《松漠纪闻》中多次提到黄龙府。庚寅初秋，小住黄龙府，把读是书，有感于所记白芍药，皆野生，绝无红色，好事之家以芽为菜，待大宾，每两价至千二百金，因珍贵，不肯妄设。又记西瓜，色极青翠，味甘脆，中有汁，《五代史·四夷附录》云：以牛粪覆棚种之。洪皓携之以归江西故里，遍及乡圃。鄱阳有久苦目疾者，曝干服之而愈，盖其性冷故也。因依王观洪皓韵填词二首以纪之：

一、白芍药

草黄时节忆松梅，蓟迷开，墨香来。芦荡扬波，吟旅振高台。到此拙斋疏雅韵，续篇得，济州事，书与谁？　　初知女真芍药蕊，待上宾，纪闻里。白芽殊绮，绝红色、品异芳飞。旷野丛生，无意着花衣。清艳唯当燕地有，千金贵，百家珍，岂妄吹。

二、西瓜

型如圆蒲案如梅，瓞中开，沁芳来。甘冽味甜，清脆爽灵台。带返家乡传遍地，鄱阳圃，村乡有，知缘谁？　　五代史言棚覆蕊，录可查，四夷里。妙文新绮，心疑释、梦笔闲飞。十六峰头，不断换云衣。松漠千年遗苦旅，今乘韵，舞天风，再猛吹。

2010年9月22日

纪辽东·松花砚重新面世缅怀宋振庭先生①

江山失色砚无名，铿锵掷地声。遍野逡巡坑隐处，万事一心成。　京华鉴定语音惊，深怀宋振庭。和璧重光谁抱璞，效石自支撑。

【注释】

①宋振庭到长白山之后，深有感慨地说，吉林的文艺家笔下乏力，连累得江山为之失色！遂请关山月、傅抱石等先生到长白山采风，创作一批精品。1980年，宋振庭在北京两次组织松花砚鉴定会，请到赵朴初、启功、舒同、张爱萍、溥杰等先生到场赋诗题词。

纪辽东·写给刻出第一方重光松花砚的刘祖林先生

寻到老坑磨石山，绮绿耀斑斓。会当墨海扬帆远，开来第一船。　命笔敢为天下先，补白著新篇。从兹绝艺无中断，承传二百年。

纪辽东·养根斋创意天池砚

长白有池堪藉意，作砚好题诗。奇峰十六宛然在，排名我亦知。　又忆当年山里事，抱石惹相思。松花都道好颜色，偷嗟遇已迟。

纪辽东·养根斋鉴赏松花砚

寻幽梦入仙人洞，松花藏大东。较品原知当歙右，发墨与端同。　临池起韵书唐宋，挥毫颂雅风。果是佟佳工艺美，不愧奉清宫。

2011年1月3日

一剪梅引二首并序

《图们江放歌》策划伊始，图们侯振和先生一再强调，客岁，我恰值出席“图们江庆典·图们江文化论坛”之际，在图们制《一剪梅引》词谱，得辉南采风诗友支持获二百多首《一剪梅引》词作。此次《图们江放歌》，何不请诗友再继辉发余响，续作梅引朗吟，亦可助关东诗友雅兴，或期有成耶欤？因以为由，抛砖引玉，是为所期矣！

一、吴大澂夜宿凉水百二五年感记（隐括吴公夜宿凉水泉子并依原玉）

皇华两度有殊缘，夜宿图们凉水泉。四顾茫然，一饭安眠。恨不能飞到海边，土牌力辩立东阡。农劝高悬，垦辟蝉联。　悫斋忧责意拳拳，嘱我风尘未息肩。吴使台前，张鼓峰巅。龙虎精神犹在焉，白云飞鸟几时还？遥指归船，遥问虞天。

【题解】

吴大澂在《皇华纪程》中写道：“三月初一日，寒食。”午“饭后，行十五里至德通。又三十里至凉水泉子，宿。得诗一首”：

我初度地凉水泉，六十里中无人烟。膏腴一片空弃捐，临江四顾心茫然。命工起构屋数椽，曰劝农所三字悬。屋成之岁辛巳年，作者七人始耒田。朝出耦耕荷锄便，夜归一饭解衣眠。从此垦辟相蝉联，满沟满车歌十千。自我移师北海边，两年跋涉忧心煎。梦魂不到蟠岭巅，重来一宿有前缘。但见西陌与东阡，鸡犬家家相毗连。五尺童子衣争牵，瞻望使君犹拳拳。遥指一屋小如船，手书篆额犹在焉。嗟我风尘未息肩，白云飞鸟何时还。安得买山古渎川，相忘耕凿唐虞天。

蟠岭，在凉水泉南四十里。图们诗友可查其现名。诗中的辛巳年，是1881年。“屋成之岁辛巳年，作者七人始耒田”，此“作者”，是农田耕作者。凉水地处边陲，乡民弃田他奔。1879年（己卯），吴大澂查边至此，命工构屋数椽，举办“劝农所”，始有七人来作。当地民人以报恩守土卫国之志，请吴大澂赐书，吴公书赠“龙”“虎”大字，刻石励志，以壮国威。据吴公自记，1886年5月6日（四月初三），书大虎字四，龙字一。5月8日（四月初五），书虎字八，龙字二。龙虎大字，均书于珲春南门内吴大澂钦差行台。刻石初立于凉水路边，现立于珲春公园。

二、寄语《图们江放歌》（叠前韵）

山人幸结考城缘，汉镜探源过白泉。惑解欣然，梦晓春眠。率舞吟旌豆谷边，移师东进接蟠阡。何事心悬，何手蝉联？　　忽思督护怒挥拳，刻石深知难息肩。土怕牌前，沙草峰巅。证史以诗任重焉，清歌玉敦会时还。野烧云船，韵烧云天。

【题解】

吴大澂1886年（丙戌）与俄反复谈判，解决了“土字牌”与“怕字牌”之间距离过大的问题，将“土字牌”向海边推进十余里，争回黑顶子要隘和图们江出海权等，功不可没。督护，吴禄贞，据理力争，粉碎日寇掠土图谋，亦为戍边功臣。其刻有石门岭碑石。2009年，延边州和吉林省长白山文化研究会重修“吴督护禄贞去思碑记”。

纪辽东·集吴大澂《皇华纪程》佳句忆长白山踏查事

一

远脉原从长白来，高砌宛成台。天公玉戏巧难就，心诚金石开。　防患尤宜策未然，吾性爱名山。而今行进辽阳路，东风带出关。

二

词锋敢骋笔如杠，年光暗自伤。驿路已忘曾宿处，昨日渡松江。　山村仕女笑纷纭，同行四五人。盼到莲花街里去，草木有灵根。

纪辽东·叠前韵咏图们江文化论坛

一

盈襟雅意御风来，瑶池放鹤台[①]。艺路条条皆顺畅，谁学为谁开。　东方乔岳立魏然，壮哉长白山。流派汤汤推浩荡，激浪破雄关。

【注释】

①放鹤台，在天池东北岸，刘建封命名，因台上每有白鹤飞落而得，南距钓鳌台六十余步。《白山纪咏》有云："信是天池名胜地，两台看罢看三山。"

二

大略宏图立锦杠[①]，医治往年伤。窸斋心事疑如梦[②]，春回豆满江。　产业新开局纷纭[③]，商海弄潮人。增强文化支撑力，深培国学根。

【注释】

①锦杠，旗杆。古时旗杠以锦包之，故称。此指长吉图开发开放上升为国家战略。

②窸斋，吴大澂，号窸斋。其书土字牌、龙虎刻石，现立于珲春。

③纷纭，繁芜。

一剪梅引·吴大澂龙虎石刻原址断想

衰翁撷韵此巡边，又过图们凉水泉。龙隐云天，虎到山前。测纬量经海拔间，沧桑变处起群峦。影掠风烟，笔乱蛮笺。　　吟旌卷处祭英贤，转眼工夫越百年。江冷谁怜，浪语何弦？未忍寒梅一剪残，当珍后会有前缘。梦里魂牵，砚底江连。

一剪梅引·中国朝鲜族百年部落抒怀

百年部落入图们，似燕如蜂寒暑耘。舍筑庚辰，业创庚辰。官造瓦铭辛亥真，德林石臼骨嶙峋。历尽风尘，刻录风尘。　　院中老井纪披榛，磨小锅深添木盆。水亦甘醇，酒亦甘醇。画栋雕梁今尚存，载歌载舞共销魂。男也殷勤，女也殷勤。

一剪梅引・嘎呀河与图们江汇合处沉思

冰封可是蓄清波，渐暖渐生心事多。冬未消磨，春怎消磨？地垅条条挤半坡，山风起处画如何？树影婆娑，云影婆娑。　千里图们一首歌，流长源远赖巍峨。岂许蹉跎，岂敢蹉跎。艰难险阻每经过，有幸先凭诗正讹。谁失偏颇，莫失偏颇。

一剪梅引・城子山山城纪史

磨盘山似马蹄形，两壑四峰围一城。溪水纵横，谷壁峥嵘。石砌土披间筑成，瓮门尚在角楼崩。九级宫倾，柱础徒撑。　红灰瓦片板筒型，铜印铜钱铜镜明。兵马司丞，路属南京。东夏于兹结尾声，高句丽始舞长旌。渤海经营，查剌从征。

2011年4月14日

【题解】

图们城子山山城，城内有宫殿遗址，殿基为台阶式，共九级。此城为高句丽始建，渤海、东夏沿用。出土大量高句丽红格纹瓦、渤海指压纹板瓦和辽金的布纹瓦。出土“兵马按抚使之印”“南京路勾当公事之印”“勾当公事之印”。出土“长命富贵”“德富长寿”铜镜。出土玉带饰、鸳鸯佩、玛瑙佩等。《元史》载，查剌，石抹阿辛之子，及从国王军征万奴，围南京，城坚如立铁，查剌命偏将先警其东北，亲奋长槊大呼，登西南角，摧其飞橹，手斩陴卒数十人，大军乘之，遂克南京。此南京，当即城子山山城。万奴，即蒲鲜万奴（？—1233），金末大将。女真族。原任金辽东宣抚使。1214年，受金宣宗命，攻伐耶律留哥，战败，逃往东京。发动反金叛乱，占领咸平、东京、沈州等地，进攻婆速府路（今辽宁东南部，治所在今丹东）、上京城等。十月，自立为天王，国号大真，建年号天泰。1216年十月，蒙古木华黎陷锦州后，归降蒙古。蒙古军退后，又叛蒙古自立，东徙曷懒路，称“东夏国王”。1218年，追随蒙古、高丽军围剿喊舍为首的契丹起义军。此后，割据辽东东部，都南京，就是今图们城子山山城。1233年为蒙古所攻杀，东夏国灭亡。

一剪梅引·《纪辽东》开机并谢段成桂先生为《珲春韵汇》和《图们江放歌》题写书名

辽东纪就共欢欣，千八百篇同部存。感喟艰辛，感念诸君。凯捷丸都豆谷滨，神州遍地有传人。炀帝重论，故国雄魂。　　诗词流派一旌新，又补琼瑶长白贫。韵汇珲春，歌咏图们。椽笔挥来两卷珍，华章联袂是诗邻。携手披榛，携雨耕耘。

一剪梅引·段成桂先生书拙联在图们刻石

安康胜境市容新，崛起东陲壮国门。奥壤斯文，吉瑞图们。东去大江含泪痕，不堪回首史堪闻。草木芳魂，龙虎精神。　　非遗馆靓绿茵茵，博采奇珍励后人。物理藏真，天理长存。崇石于兹敢舍身，有灵世界自乾坤。永驻青春，福佑边民。

一剪梅引·《纪辽东》“五·一”前出厂感怀

初刊绮卷纪辽东，千八宏编哪代同？词谱归宗，词祖安宫。奏凯清歌水势泷，江声不废觅英雄。雁阵长空，诗阵长风。　　拙斋有幸列其中，每忆江源赏雪枫。老岭碑丰，老骥身躬。共发瑶池一脉通，图们又放杜鹃红。流韵淙淙，流派彤彤。

一剪梅引·《中华诗词文库·吉林诗词卷》五月份出厂感言

京城喜讯报飞鸿，吉卷将投邮寄中。感慨由衷，感悟谁同？诗派汹汹自大东，开来劲旅带雄风。其韵无穷，其乐无穷。　　三年积雪一朝融，八百吟朋几世功。未睹芳容，未觉轻松。放眼鸡林山万重，刊碑勿忘洛阳宫。尚有高峰，尚越高峰。

2011年4月16日

纪辽东·集安惊现圆虹
（用拙作长白山主峰白云峰所见圆虹韵）

故乡亦有圆虹现，依然呈玉环。凯捷寺名碑上显，敢信有奇观？　　宏编缘起丸都水，谱成传与谁？隋帝唐宗当未悔，矢志捍边陲。

2011年5月10日中午11时30分，集安出现圆虹

纪辽东·通化县辽东长城障塞遗址调查感赋四首

一、赤柏松古城

赤柏松名冠古城，隐约露峥嵘。残垣土筑四门在，登临百感生。　西汉山河岭大都，此地隶玄菟。青铜矛伴绳纹瓦，上殷台近乎？

二、南台子障堡

列城障保布南台，三榆守野垓。莫笑燕丹逃塞外，驿路向东开。　依稀尚见护城壕，烽烟乱石刀。若许风光此地好，证史有残陶。

三、太平沟门城堡

增胜沟前遗塞障，土石混堆墙。西高东矮方形近，迢遥接大荒。　浩劫历经存旧梦，青史列群峰。天书读破今人晓，何需问鬼雄。

四、伊木树障城

漫坡荆棘遮望眼，绮霞红满天。铁箭铁刀传共识，树笼汉家烟。　长城考罢情难尽，诗成择韵新。万里逡巡终不悔，依旧踏山人。

纪辽东·李树林先生发现通化县境障塞遗址研究感赋四首

一、平顶山障堠

石基木垒构城垣，障居平顶山。险峻天然围四壁，墙角筑台圆。　汉遗堠面状如弓，南依赤柏松。磨制镐刀兼砍砸，陶片夹砂红。

二、砬缝障堡

障堡呈方濒砬缝，混筑四边同。两垣东北尚完好，西南已改容。　文献遗存趋一致，慧眼识城池。不希后世承忧患，巅峰踏未迟。

三、黎明北山障堠

障塞偏西门道开，望堠设烽台。石陶铁器共同出，烽烟战国来。　赤柏卫城终渐谙，拱护北东南。天成地设神如此，浑然分布三。

四、黎明南山障堠

障亭组合缘烽堑，东排接不咸。石堠圆形基未毁，汉碗上高岩。　与君有幸同研究，双城水下留。续纪辽东词证史，莫使子孙愁。

沁园春·祭刘大同兼咏辛亥革命一百周年①

辛亥风云，百载回眸，祭刘大同。在安图举义，扼寒葱岭；奉天围剿，战牡丹峰。长白巍巍，洪荒莽莽，告别前朝刘建封。流年变，看两江浪激，五虎枫红。　登来多少豪雄，怎比得天池一钓翁？踏危巅十六，命名有意；奇观百二，妙趣无穷。继迹开新，续担忧责，笑对关山千万重。凌虚望，信烽烟乱处，月未朦胧。

2011年7月1日

【注释】

①刘建封（1865年—1952年），又名刘大同，字桐阶，号芝叟道人、芝里老人、天池钓叟。辛亥革命爆发，刘建封改名为刘大同，在安图建立大同共和国，率先通电响应孙中山。清军围剿，在敦化牡丹岭大战先胜后败，逃往广州会同孙中山投入民主革命斗争中。1905年加入中国同盟会，

成为东三省支部长。1949年10月1日中华人民共和国成立后，中央人民政府副主席李济深专程赴天津看望辛亥老人刘大同，共庆新中国诞生。已是耄耋之年的刘大同目睹自己追求一生的“大同”理想终成现实，满怀欣喜之情，以诗志贺：“人人盼共和，徒嗔莫奈何。今日新成立，我先击壤歌。”1952年7月23日（六月初二），刘建封在济南病逝，享年八十八岁。两江，指松花江上游的头道江、二道江。五虎，指安图的五虎岭，上有古代山城。

纪辽东·用丸都月儿韵记向中国书协“集安创建中国书法之乡”验收团介绍有关情况事

小秋雨住觉风舒，晴阳暖石湖。鸭绿图们连浩咏，豆谷垒诗炉。　　山从上古近因提①，七星城外飞。书法之乡称必得，证史有新词。

【注释】

①因提，通沟河边的三千里烧烤村，在七星山下。因提，相传为上古时代的纪年单位，十纪中的第八纪。《广雅·释天》：“天地辟设，人皇以来，至鲁哀公十有四年，积二百七十六万岁，分为十纪，曰九头、五龙、摄提、合雒、连通、序命、循蜚、因提、禅通、疏讫。”

纪辽东·题集安莲花湖诗词石刻园

太宗驻跸近寒秋，安遗后世忧？广袖翩翩思李白，凯捷寺碑留。　　诗书证史意犹同，莲湖秀国东。邀得朋侪挥妙笔，豆谷起雄风。

2011年8月13日

纪辽东·与家山诗友夜饮豆谷河边（用丸都月儿韵）

夜忆天池云卷舒，绿韵透高湖。下山千里邀同饮，烟香绕兽炉。　豆谷初笺旧事提，兴逐浪花飞。丸都秣马纪辽笔，神州第一词。

【题解】

2011年8月22日，我第一百五十九次登长白山并偕独倚斜阳、玉湛清秋、云笺、东方如石从北坡观天池，天气极佳，池绿如玉，流连忘返。下山后，直抵集安通沟河边，与禹山居士、月移疏柳、河塘听雨、五女松涛等把酒河边，不亦乐乎。

纪辽东·三上丸都山城寻到一期建筑遗迹感赋四首

一

山城百二四期分，八年多苦辛。万幅图片归一卷，此担重千斤。　岗梁无路任迢迢，足痕留吉辽。踏出真知证文献，梦笔亦徒劳。

二

三四二年标志明，修葺载文清。史刊国内城又筑，石材成楔形。　字铭小兄存瓦当，台起为瞭望。分期自有规律性，细看东北墙。

三

王称山上为宫始，丸都重筑时。一九八年犹可信，触目尚雄姿。　秋深又是霜枫艳，情缘故国川。酒桶村人知往事，于氏伴长眠。

四

国内城中凭一览，遗产不平凡。公元三年迁都后，同修尉那岩。　百二山城今汇总，再作纪辽东。以诗证史穷期未，高歌豆谷风。

【题解】

从2004年开始至今八年间，我与集安博物馆孙仁杰、迟勇一道，将文物遗迹调查与文献研究紧密结合起来，每年都有新发现，已出版《集安高句丽墓葬》《高句丽王陵通考》《高句丽王陵统鉴》《高句丽千里长城》四部专著。《高句丽古城》即将编就。一一走遍中国境内的高句丽山城，拍照、测点、著录，我们之前，尚无一人。2011年9月5日，辛卯年九九重阳。为彻底搞清集安丸都山城的建筑年代问题，我建议集安市文物局和博物馆组织了踏山调查，绕丸都山城一遭，发现山城建筑遗迹分为早、中、晚三期，可证第二代王琉璃明王二十二年（公元3年）“迁都于国内，筑尉那岩城”；第十代王山上王二年（公元198年）“筑丸都山城”；第十六代王故国原王十二年（公元342年）“修葺丸都城，又筑国内城”的记载可信。丸都山城即尉那岩城。一道考察者七：养根斋、山泉吟、豆谷吟、丸都月儿、董凤波、张旭、由寿军。费时十一个小时又二十二分，拍摄七百四十一幅图片，摸黑下山，平安返回。特撰《纪辽东》四首以记之。

纪辽东·吉林省诗词学会会长会议辛卯秋在通化市召开纪咏

雅集佟佳逢瑞秋，长白肇清流。关山点染沁芳韵，华章后世留。　一展吟旌舞大东，盛况几时同？齐心携手布新局，雄哉塞外风。

2011年10月13日

纪辽东四首

一、纪辽东·和贾维姝记英城子山城无人工土山

重返英城寻土山，攀越棘墙艰。东南隅外天然景，何曾破此关。　五十万人同筑丘，似障塞咽喉。循垣踏遍无陈迹，难当安市求。

二、纪辽东·四访海龙川山城确认人工土山有作

驱驰昼夜越荒垓，车朝安市开。材勇无名入青史，徒惹后人猜。　一身汗渍染云衫，求真访过三。寻得土山犹可信，测点恰东南。

三、纪辽东·金山当为铁背山

南苏木底苍岩退，金山已先摧。夜袭新城当不远，铁背势崔巍。　界藩至此安宫处，高句丽占初。大伙房中淹墓葬，遗迹幸存无?

四、纪辽东·高句丽山城野外调查结束于霸王朝和罗通山有记

举步维艰山缥缈，三上霸王朝。策来松杖笑飞雪，敷文皆可抛!　国北新城先识我，感慨任其多。罗通于此无干系，得名缘骆驼。

纪辽东·高句丽古城野外调查结束赠同行诸君四首

一、孙仁杰

八年一道效长征，悬车万里行。双膝何堪生骨刺，步步叩山声。　牵云越岭考残垣，祛疑若等闲。共信书成能补白，排石首编年。

二、迟勇

著录何曾形远离，拙摄每称奇。风光多在累时好，繁忙无话题。　双脚迈开堪补书，首次走丸都。纵然力竭陪登顶，为将疑虑除。

三、王政

屈指八年车四辆，潇洒过浑江。山城二百皆跑到，何堪用步量。　春夏秋冬越野垓，争忍瘦如柴？不将忧患遗后世，路穷尝试开。

四、公配专车

爬山涉水行冬夏，披星伴晚霞。访得城山无远近，甘以路为家。　忆君形象如亲友，深情心底留。证史邀来同受苦，免得子孙愁。

纪辽东·肇源走笔四首

一、贺肇源成为中华诗词之乡

肇源矢志创诗乡，松花沁韵芳。化雨春风吹北国，香远自荷塘。　云围四野趁清吟，崇文意义深。华夏繁荣欣此举，信可胜辽金。

二、参观肇源博物馆

眼界新开自肇源，猛玛象家园。水牛王氏命名处，于兹化石全。　出土残陶堪补书，看重古扶余。亦云王子向南渡，宏基草奠初。

三、考察白金宝遗址

驱车考察白金宝，原知大庙高。文化三期开新貌，松嫩浪滔滔。　房连隧道惊初现，青铜分后先。黄褐灰红陶罐鬲，早晚可编年。

四、出河店古战场断想

拜谒完颜阿骨打，王绩肇基嘉。古城遗迹寻难见，龙沙有蓟花。　以少胜多惊塞外，雕像耸高台。开弓策马仍驰骋，大辽遗旧哀。

2011年11月6日

纪辽东·读《人民日报》关于旧体诗词的两篇专访兼贺《辛卯开岁联唱集》出版

诗词旧体热京华，奇葩党报夸。二百万人开境界，心底泛云霞。　聊凭指键贺新春，联吟律作珍。一韵传情全国和，昭代见精神。

2011年12月2日

纪辽东·长白山人口文化建设论坛致贺[①]

白山人文区域优，奥壤毓良谋。提升发展支撑力，何遗后世忧。　龙虎精神倚石镌，我辈忆先贤。山魂水魄寄高远，和谐生态篇。

【注释】

①长白山人口文化建设论坛，由省委宣传部、省人口计生委、省委政策研究室、省委党校、吉林大学、省社科院、省妇联共同主办，12月3日在延吉市隆重举行。国内有关部门及专家和全省有关部门二百多人出席。这是长白山文化建设的一件大事。

纪辽东·贺集安荣获中国书法之乡称号四首

一、好太王碑

东晋碑文好太王，翰墨沁清香。边陲刻就家山事，国烟传世长。　无悔良民甸子人，一路率披榛。以书证史云无尽，欣欣鸭绿春。

二、冉牟墓墨书题记

冉牟墓里墨书题，释文堪解疑。好太王家多少事，濡笔不需移。　书乡小学谓兰亭，悠悠万古情。国粹传承期教化，砚底溅花声。

三、释读集安禹山3319号墓瓦当铭文

瓦当铭文知出处，独数此间殊。拼残拓摄经予读，疏遗半字无。　兴诣盈时郊享寝，似听作民吟。三三一九眠崔毖，原非小兽林。

四、毌丘俭纪功碑

碑铭板岔毌丘俭，沟门西北天。此地原来称靓岘，束马战车悬。　丸都城下阵先破，辽东纪凯歌。湖畔如今重刻石，历史岂堪磨。

2011年12月5日

纪辽东·吉林省委贯彻落实中央决定《实施意见》写入长白山文化研究抒怀

迎春快雪耀晴空，劲吹长白风。文化吉林符号雅，岂逊古时雄！　资源共享惠民衷，传承领亚东。忧国忘身甘束马，策杖步云中。

2011年12月10日

纪辽东·长白山文化由研究层面转入推进实施层面有记

支撑自我笑三郎，无官日夜忙。文史咨询成决策，流派润诗乡。　近燕西徙向东辽，龙云岂可销。长白山前说符号，为创品牌高。

纪辽东·谢蒋力华先生惠大作再记长白山文化由研究转入实施四首

一

束马悬车策杖郎，十载未空忙。东陲文化标符号，词源忆故乡。　遍考山城百赴辽，遗迹岂容销。以诗证史存清鉴，朱蒙本姓高。

二

山高水远鉴深情，登临怕负名。警惕屈从增自信，风雨伴新征。　白云峰上逐虹行，参天气势宏。往事悠悠每相忆，一路共搴旌。

三

鸡塞无文是秕言，符号定初宣。大荒顶子祭坛在，层林尽染丹。　凯捷丸都欲靖边，几度费周旋。一千四百年前事，辽东去复还。

四

漫挥拙笔唤同知，化成天下驰。百六十回如一旅，感觉豁然时。　文标引领拓新机，闼门飞韵旗。长白精神原不老，史载养根诗。

2012年2月17日（壬辰正月廿五）

纪辽东·用拙韵及力华韵集古贤佳句再咏长白山文化由研究转入实施四首

一

长白山前知世郎，隋·大业年间《长白山谣》
笑我懒中忙。宋·刘辰翁：《内家娇·寿王城山》
清歌凯捷丸都水，隋·杨广：《纪辽东》
天晴忆故乡。唐·郑锡：《李嘉佑与锡游春》
四月春风不度辽，清·费锡璜：《边辞》
关阵晓云销。唐·褚遂良：《奉和行经破薛举战地应诏》画图史笔俱张大，宋·朱翌：《送杨·致政还乡》
仰之弥已高。晋·傅玄：《鼙舞歌》

二

转见千秋万古情，唐·杜甫：《越王楼歌》
济世岂邀名。唐·李世民：《还陕述怀》
前山草木疑长白，宋·陈简轩：《次悬谷雪韵》
何当驱马征。南朝·庾肩吾：《相和歌辞》
月夕花晨伴我行，清·田松岩：《手杖》
祖业信能宏。宋·韩淲：《赵主簿群书室因喜三世两中科举》
大荒披发返阊阖，清·黄钊：《苏文忠昌黎伯韩文公庙碑》
珠竿悬翠旌。南朝·徐陵：《从顿还城应令》

三

门外何人求所言，汉·轶名：《董逃行》

美化自公宣。　　宋・蒋堂：《谢李兵部》
归来笑把洪崖手，唐・李白：《下途归》
才惊枫叶丹。　　宋・郭祥正：《庐陵乐府十首》
不羡乘槎云汉边，唐・苏颋：《奉和初春幸太平公主南庄应制》
曾是旷周旋。　　唐・张谓：《读后汉逸人传二首》
天池辽阔谁相待，唐・李商隐：《东下三寻苦于风土马上戏作》
应传一字还。　　唐・赵嘏：《关山别荡子》

四

蹑景追风忽见知，唐・韩曜：《舞马篇》
鞍马自驱驰。　　唐・崔峒：《送张芬东归》
月明三度临岐柳，元・贯仲明：《吊李寿卿》
如今胜古时。　　唐・贯休：《入塞曲》
新授龙韬识战机，唐・许浑：《赠河东虞押》
峰叶荡春旗。　　唐・李义府：《在嶲州遥叙封禅》
天边烁烁榆长白，金・于道显：《为唐庵主姑姑寿》
依然又赋诗。　　唐・钱起：《题苏公林亭》

2012年2月18日（壬辰正月廿六）

【题解】

非常感谢蒋力华先生鼎力支持。我与力华先生曾在通化地委办公室、白山市委、吉林省委宣传部一起工作过，三度搭班子。是所谓："月明三度临岐柳。"

长白山文化研究，始于1994年，首倡之功当属蒋力华先生，当时他任白山市委常委、宣传部长，主持召开了全国第一次长白山文化研讨会。并建议我主编《长白山诗词选》。因我当时在吉林省委副秘书长兼办公厅副主任位上，无时间，而延迟到1996年我也到白山市委工作，与力华二度同在一个班子中，共同继续开展长白山文化的挖掘等工作。我在白山，接着主持召开了全国第二次、第三次长白山文化研讨会。2000年调回省里，10月29日成立吉林省长白山文化研究会，又主持召开了六次长白山文化研讨会，出版四辑《长白山文化论丛》。《长白山池南撷韵》首发式及出版座谈会，就是在力华支持下办的。

今年，将召开第七次长白山文化研讨会。

长白山文化进入省委、省政府工作决策，由研究层面转入实施层面，有一系列新问题需要回答，仍然任重道远。希望诗友们继续积极参与、大力支持。

纪辽东·和蒋力华先生《纪辽东》九首咏珲春

（次蒋力华先生韵）

一、国际窗口城市

驱车每向大东行，连番访古城。盛国从来非异域，证史舞吟旌。　图们入海气恢宏，开边数历程。喜望云霞催早曙，峰峭韵先登。

二、“土字牌”与“龙虎石刻”

龙虎魂镌土字边，欲佑国门安。等闲防得风云变，须留话语权。　雄立大东天地间，铁笔早书丹。嘤鸣声里查遗迹，犹扛老骥辕。

三、八连城遗址

登临几度遇晴明，龙原故府宏。瓦当莲花犹浴眼，陶釉夹青橙。　丸都之李志方情，栅城槌鼓横。京治四迁缘底事，风过寂无声。

四、春化镇风光

茂林四壁罩崔巍，牵云脚下窥。僻壤深藏光景异，虎老不能追。　夏临通肯野虻围，惊心未久徊。碧水滔滔源旧国，我自唤春归。

五、敬信湿地

又是边陲六月天，争忍踏芳妍。花乡野漠原无界，青黄轮复盘。　云际风来荷叶翩，蝶舞惹蜂欢。力求保护原生态，菁华期永鲜。

六、老爷岭主峰森林山

何当圆梦上峰巅，开光一缕先。老去熬成爷级岭，原本是春山。　笑看俯仰往来间，心高难得缘。长白精神生足下，重越自今天。

七、沙丘公园

眼见沙丘逼绿洲，碧水蓄清幽。牵魂许是花仙子，临风怡倦眸。　到此无端寻莫愁，怎不向东游。相逢听我一声劝，用新符号讴。

八、张鼓峰

图们向日辟长川，炮声留极巅。未许渔家船出海，刻石记周旋。　纪辽东句读时鲜，严冬不觉寒。频嘱刀山休失忆，倚馆说忧患。

九、《珲春韵汇》排版后一校有记

今喜大东流韵风，辑校入诗宫。重编彩版发工厂，增删一线通。　峰顶白云头顶虹，雅事正兴隆。吟旌漫卷堪乘势，鸡林起巨龙。

2012年2月19日（壬辰正月廿八）

纪辽东·次韵谢玉湛清秋惠大作三首[1]

一、忆登白云峰

长白主峰飞异彩，问顶我重来。终窥奥处孰能忘，仰天聆古怀。　守望家山缘自信，硕果慰闲身。百年逢得圆虹现，仙台连峻峋。

二、关注吉林网[2]

符号标文非记号，未许混分毫。清歌发自丸都水，源开贺圣朝[3]。　网络题端联各片，抚键似魂牵。东陲豪气冲天外，白山笼紫烟。

【注释】

①玉湛清秋，集安诗友李容艳之网名。

②拙文《长白山文化：代表吉林文化的标志性符号》，2月22日被转发在中国吉林网“热点新闻”头题。

③《贺圣朝》，词牌名，体式同《纪辽东》《武陵春》等。

三、情钟文史馆

入列方知张果老，雪野感春昭。不容枉说频更误，飞霜趁暮潇。　学问未精知克已，敢笑秕言微。丸都秣马莲池月，仍怀刻石期。

2012年2月23日（壬辰二月初二龙抬头日凌晨雪厚）

纪辽东·次丸都月儿韵记蒋力华兄与拙斋共襄长白山文化研究之盛举

志通长白道相缪，盈池翰墨稠。携手走来吟一路，未枉作诗俦。　十年磨剑岂轻悠，巡山汗水流。研究精华成实践，共引大风讴。

2012年2月24日

纪辽东·吉林省长白山文化研究会会长会议有记

龙抬头日话辰龙，特符标远东。创意力兴新产业，高帜舞春风。　百年苦旅率披榛，开篇谁斫轮？此页已翻俱往矣，再塑白山人。

2012年2月24日

纪辽东·杨庆祥先生新作《敬贤斋零简》拜读感记四首

一

心灵如树用常青，书山作苦行。壮怀不共千篇老，犹自伴春耕。　夜深走进敬贤斋，平生独爱才。俯仰星辰如美玉，共享大门开。

二

依旧耕耘未下岗，再就业犹忙。案头日课心潮起，拾来成简章。　发誓天天读好书，岂可一时无？如同人海择师友，崇文是丈夫。

三

汪洋大海待江河，奔流一路歌。不老童心千里共，仍未许蹉跎。　人能自立靠精神，坚贞岂可泯。吐气扬眉当次我，矢志为求真。

四

奉献华章龄已高，仁者路迢迢。信公难挂收官笔，文心尚可雕。　万里奔波未下鞍，世事等闲看。东行忽忆渡江趣，匆匆二十年。

2012年2月25日凌晨

【题解】

杨庆祥先生退休前任吉林省高级人民法院院长，为人宽厚，治学严谨。退休后每天仍读书写作七八个小时，笔耕不辍。近有《敬贤斋零简》出版，签名相赠，读罢感慨万千。尤敬其“年年岁岁一床书”“不写‘水货’”，勇于“我当了一次我”，深知“把自己的脑袋借给别人使用，实在不放心”，矢志“拥抱智慧，心灵之树是常青的”。忆及1992年4月，我有幸以吉林省委办公厅副主任身份，与时任吉林省政府副秘书长的杨庆祥先生作为“吉林省友好代表团”成员访朝，祝贺金日成主席八十寿诞。转眼间二十年过去了，特赋此纪，以志过从。

纪辽东·甑峰岭摄长白山兼贺延边州成立六十周年四首

一

眼前仙境恨无诗，朝山愧此时。百六三登惊首现，远近各参差。　绝佳美景镜中留，可逢安可求。俱是钟情一见者，键落笑云浮。

二

三道闲云九道林，千载待知音。我来摄到销魂处，乘风踏一岑。　欲向珲春从此过，影共韵巍峨。诗词长白成流派，波涛汇浩歌。

三

驱车直上甑峰岭，欣逢雪后晴。西望白山烟气缈，万障共云横。　收来一镜入华典，成州六十年。崛起东陲惊世界，合力谱新篇。

四

此上甑峰呈万象，乔岳耸东方。谁能举镜谁开眼，登临数大荒。　源肇海兰涵古洞，调寄纪辽东。置身高处听澎湃，百川腾巨龙。

2012年3月19日凌晨于珲春宾馆418房间

纪辽东·延边州州庆六十周年过和龙赠诸诗友八首

一、刘加海

白山林海倚云排，谈诗娱老怀。小聚和龙皆恨晚，约定我还来。　甑峰岭上景观台，登临望眼开。摄得雄奇堪励志，寄意养根斋。

二、侯振清

雪沃边陲韵律清，酒罢赋三更。乘风泼墨难藏拙，笑谈亲弟兄。　小夜倾杯不尽情，浪语助江声。豪言信共图们远，开新又一程。

三、刘玉凤

第一键传缘玉凤，再启韵朦胧。家园守望开诗派，吟旌展大东。　　俟实养根齐认同，濡墨在和龙。攒芜积楚从兹起，坚持贵始终。

四、崔少华

有景无弦赋锦华，举镜喜朝霞。会心一笑知音在，山佳多梦些。　　警句常吟何足夸，僻壤好乘槎。天池钓叟信应觉，雪深谁踏查。

五、田文娟

满目琼田惜墨缘，钤印赖文娟。图们江畔龙蛇动，临屏正纪年。　　证史以诗从未闲，尤到海兰前。鸡林流播原非梦，华章信可传。

六、杨占林

寻诗自喜上高岑，极东如海林。求为可知言可训，勿忘暗轻吟。　　甑峰莽荡郁森森，依稀听古音。东去图们歇疯浪，冰下演瑶琴。

七、刘希军

图们入派集吟军，事成皆在人。韵汇放歌传后世，勿忘大东门。　　和龙又到近黄昏，席间齐说文。染谷西原碑尚在，雪夜议壬辰。

八、曲利民

小弹夜曲聚东陲，动情逢此时。林海雪原多故事，数罢自成诗。　　未通音律莫嗟迟，光阴犹可追。国粹传承凭众力，当勿等闲之。

2012年3月20日凌晨于和龙民族大厦

3月20日夜于长白宾馆

纪辽东·获奖感言

诗林天下何殊我，斋名号养根。长白巍峨涵大泽，撷韵励精神。　南来拊掌会吟旅，度词同创新。齐放百花争继雅，岂敢躲闲身。

【题解】

2015年3月30日，中华诗词创新研究会在河南郑州仙客来坊度假酒店举行全国第三届度词新词大赛颁奖仪式，香港诗词学会会长林峰先生与我获“特别荣誉创新奖”。第一届获此奖者是：马凯、丁芒。第二届获此奖者是：顾浩、周兴俊。第三届获此奖者是：林峰、张福有。

纪辽东·第一届中华诗词创新高峰论坛

仙客来时闻鹊喜，韵上柳梢头。创新事业由兹盛，诗村近后刘。　流派纷呈开眼界，天下汇中州。黄河九曲波涛滚，关东一脉悠。

2015年3月29日夜于郑州仙客来坊度假酒店北012房间

【题解】

在高峰论坛上，我着重介绍了整理《纪辽东》词谱，全国诗友创作《纪辽东》三千六百多首，张文学创作《玉匈凉》，吴菲、温瑞等记谱情况，创《一剪梅引》及《海龙吟》新词牌的情况，带到会上收有一千八百一十五首《纪辽东》和一千二百三十四首《海龙吟》的两本书。

纪辽东·《白山雅韵》第二集序

欣闻《白山雅韵》第二集初校告竣并发来，忙开邮箱。下载千首，饱览华章。先看作者，老友重逢，新人登场。又读佳作，不忍关机，扑面清芳。

夫白山绿水，积汉唐之底蕴，山高水长。岭枫秋菊，追李杜之遗风，枫红菊黄。培育长白山诗词流派，岂少得山下之劲旅？吟咏吉林文化标志性符号，孰可忘以韵雅东荒？长白山文化由研究转入实施，长白山诗词亦应从分头写作提升为共同促进长白山精神之弘扬。我们为跻身于长白山诗词流派中而庆幸！我们希冀一批新秀在长白山脚下扛大梁！

噫！山有恙兮人自强，诗不老矣乐未央！言不尽，賸以《纪辽东》云：

再贺江声成雅韵，历数白山人。以诗文市显身手，铿锵又一春。　汇得细流推浩荡，风绿化清芳。百年信积传家宝，功高不可量。

2012年3月31日于长春养根斋

纪辽东·寻到刘建封百四年前踏查长白山所经之双松岭一带感赋四首

一、考双松岭

初来孰为赏光景，皆缘岭荡平。测定坐标兼摄影，苦旅纪征程。　而今为考双松岭，欣然作此行。中国雪村名远播，椴抱老松生。

二、鉴熊伏渠

细雨淋淋熊伏渠，钓叟也骑驴。束装就道从兹始，详刊志略如。　山道泥泞溪水污，莫笑郝金愚。幸亏什长好枪法，影留堪证书。

三、访珍珠门

多少珍珠门里事，远客没听之。刘公挥就如椽笔，有心传我知。　妙点春波凭一指，涛溅半坡诗。无边雪野皆留白，于今补未迟。

四、探趵突泉

驱车我又到山前，来探趵突泉。难怪临流人不识，未得读高贤。　心随布谷忆当年，披沙辑锦笺。拙眼遗珠多憾事，寄语到江边。

2012年4月3日夜

【题解】

2008年5月28日，我率曹保明、周长庆、梁琴沿1908年刘建封踏查长白山所走之路重走一过，未找到刘建封一行遇熊的双松岭。是为《百年苦旅》中之一憾。

2012年3月24日，雪后初晴，我正在临江研究成立鸭绿江文化研究会事。市委、市政府诸君建议去花山镇珍珠门雪乡松岭拍雪景，欣然应允。拍完松岭回返途中，忽觉珍珠门不就是刘建封在《长白山江岗志略》中所记之珍珠门吗！趵突泉，也吻合。双松岭，也应在这一带。因为刘建封在《长白山江岗志略》中所记这几个地方，是接连写下来的，现场中，这几个地方也是挨在一起的。由松岭过老岭，就是林子头，正是刘建封1908年所经之路。松岭村附近，还有个“椴木松沟”。这与《长白山江岗志略》中所记“双松岭”又称“椴抱松岭”高度一致！这路边的小溪，冬天也不冻，很有可能就是“熊伏渠”。因有四首《纪辽东》以备忘也。

纪辽东·鸭江拾遗八首

一、长白十二道沟关隘

序起临江沟十二，一路走边陲。古城考鉴拾遗处，溪声疑是诗。　老朽生来亲鸭水，波逝日相催。滔滔不绝似叮嘱，烽烟未靖时。

二、临江东马鹿泡哨卡

自古西东马鹿泡，备狩路迢遥。不遗后世忧须记，隋唐皇渡辽。　临徙黄城独数钊，计逊慕容高。壤平信是良民甸，狐疑俱可销。

三、临江夹皮沟古城

群山锁钥夹皮沟，喧䨱鸭水流。后耸前低堆土厚，靠岸泊行舟。　南墙未设有缘由，江航一码头。铁镞铜钱今尚在，云影荡悠悠。

四、临江古城

西京鸭绿府何差，石狮遗爪牙。我自桓州山踏遍，大韵赋中华。　巡江几度夕阳斜，凄清噪暮鸦。句拙他年堪证史，笃信浪淘沙。

五、临江临城哨卡

石笑榛闲雪润琴，举步共登临。当年烽火连天处，而今草木深。　持镜怡怀收远岑，驿外沐清心。鸭江春晚冰犹厚，水流难静音。

六、临江“鸭水神蟾”

奥壤古来多险陕，鸭水毓神蟾。似乎晓得敷文谬，如盐尝不咸。　千里奔流波潋滟，浩荡向西南。许知故国原王事，黄城岂可淹。

七、集安丸都山城西瞭望哨

丸都国内城何远，石台浮眼前。历数烽烟藏故事，寂寂卧山巅。　千年隐逸今初现，谁云是偶然？忧责盈怀心底重，证史结诗缘。

八、鸭绿栅

扶余将下男建挺，清川趋北征。萨贺水边鏖战急，辉发凯旋声。　南苏何力又驰骋，回军夜点兵。鸭绿栅边留李绩，共克大行城。

2012年4月14日夜

纪辽东·征集长白山文化与鸭绿江文化研讨会论文有寄

山因厚载毓雄魂，擎天柱地根。十二年来专要务，回首乐披榛。　人凭文化长精神，英华传子孙。证史以诗忧责重，长白发吟军。

纪辽东·临江市鸭绿江文化研究会筹建寄语

历史名城文化功，遗产在江东。西京鸭绿府前事，多年考证中。　追忆踏山刘建封，遍野印行踪。珍珠门里风光好，雪乡春梦同。

2012年4月16日

纪辽东·培育长白山文化品牌

十六峰头列阵排，玉柱拱瑶台。如闻鼓角千军发，雄文树品牌。　标志巍然视野开，创意演荒垓。认同长白新符号，山人一快哉！

2012年5月3日上午记事

纪辽东·和蒋力华《长白山文化史韵》十二首

一

天地玄黄演化中，卷起大荒风。拓开新境已惊世，拥山文自雄。　三十亿年丰势隆，造就不咸崇。青苍灵应安无视，当心动怒容。

二

奥衍皇图比响廊，杖策韵飞扬。国东大镇曰平壤，水深怜故乡。　瑰宝厚丰深蕴藏，极目透雄苍。齐天符号岂能泯，良民肇吉祥。

三

东陲文薄至今疑，瑶池云雾弥。极顶登来撕乱影，教我识天机。　入山百度谒尊仪，凌虚插锦旗。此日微吟能证史，信有后人知。

四

船轻利济唤威呼，松花鞣鞨珠。忽本东岗履龙首，早有大碑书。　江源圣水界灵渠，塔山遗凤庐。束马悬车非故事，苦旅百年图。

五

老边千里谜团开，沉沉一线排。首起扶余属之海，绮卷我先裁。 滔滔鸭绿浴清怀，丸都除积埃。考定阳安君李跻，短剑出高台。

六

鸭绿栅今遗迹存，萨贺向梅津。古城考鉴吾补白，辑成华卷新。 多少敷文因说陈，无术攘纷纷。八年踏遍千山顶，归来细数珍。

七

几度登临三道关，曲水绕长弦。南苏木底苍岩在，应嗟演绎篇。 诗咏东荒推谪仙，白舄小驰间。孝廉觐省晴江转，家山撑汉天。

八

鸭子河濒春水潮，鱼泺驻天骄。后鸣村外土台密，堪知捺钵豪。 岂为巡游兴致高，征战隔酣鏖。长春州共伯都讷，闻龙腾九霄。

九

乐在披榛远俗波，到老未蹉跎。辽东踏得山城遍，往来如掷梭。 田野旬年发现多，碑隐赤山峨。唐宗避暑龙潭寺，笺明驻跸歌。

十

浮生笃信学无涯，躬耕护锦华。笔拙文长符号雅，极顶托虹霞。 鸡林荒野任披沙，梅开众口夸。靠自支撑嗟搞笑，驿路品秋笳。

十一

五女峰前夜理缨，苦意效牛耕。耻于文化屈从体，新征又启程。 凯捷清歌源鉴明，大韵布纵横。辽东纪得三千首，涛随豆谷鸣。

十二

开山放出大江流，高坛共远谋。封册深怀张子固，长白典中收。　儿孙有待续春秋，追求万世讴。十六峰巅欣骋目，护鉴浚源头。

2012年5月24日

【题解】

2012年5月8日，得读蒋力华先生《纪辽东·长白山文化史韵》（十二首），捧读再三，爱不释手。忆及与力华三十年间三度共事于通化地委办公室、白山市委、省委宣传部，情同手足，文缘难得。《纪辽东》为隋炀帝所创，经余考证，乃词之源头。遂不揣浅陋，初次整理《纪辽东》词谱，幸得全国三百多位诗人热烈响应，三年多创作《纪辽东》三千二百多首。吉林人民出版社2011年4月出版《纪辽东》专辑，收录一千八百一十五首。此后，力华累作《纪辽东》三百五十多首，力拔头筹，一举扛鼎。隋炀帝在《纪辽东》中写道："清歌凯捷丸都水，归宴洛阳宫。"此乃长白山文化、长白山诗词中不可多得之瑰宝。传承《纪辽东》，意在以诗证史。思于二十年间与力华携手开拓长白山文化事业，钩沉近十年来余致力于东北史地重大问题调查、研究，在古墓、古城、古迹与文献结合考证等方面多有发现与逮获，感慨良多，步韵续貂，聊以纪念《纪辽东》词牌诞生一千四百周年。

纪辽东·考毌丘俭

慕名专访毌丘村，山前吊祖坟。司马子元开壑远，墓砖铸钱纹。　丸都束马复悬车，壤平安可遮？西北天沟通板岔，碑石走龙蛇。

2012年5月25日凌晨

【题解】

毌丘俭故里在山西闻喜县桐城镇毌丘村，现有毌丘俭纪念堂，遗有造像碑等。毌丘山上毌丘俭的祖坟被司马师所毁，沟壑、墓砖犹存。

纪辽东·用陈静韵纪大东之行四首

一、重返萨其城

共忆当年步虎踪，今又入城中。搜寻瓦片衣流汗，牵风钻草丛。　边史难题笼碧空，向海莫求东。训春考得刊岩事，家家各不同。

二、再访裴优城

东夏奚关几变迁，尚见瓮门圆。登临恍识玄城事，可追清史前。　斡朵怜嗦豆漫看，万户印斑斓。猛哥帖木儿生处，依稀辨旧垣。

三、又作防川行

金源豆漫移阑韵，建州称女真。佟姓夹温音合说，今尚议纷纷。　汗王山上曾轻问，河西铁笔匀。未枉此行殊获处，考证大清根。

四、把酒韩香园

此行意外岂空想，滩头鱼异香。又到徒门亏好酒，未敢训春狂。　友朋自远精神爽，争相邀举觞。张鼓峰前刊纪略，一帙石文章。

2012年6月3日夜于敦化

【题解】

2012年6月2日偕抚顺博物馆原馆长萧景全先生及集安博物馆孙仁杰、迟勇先生重访珲春，复查萨其城、裴优城，就清前史建州女真问题做以调研考察，收获颇丰。珲春，亦称“训春”，图们，亦称“徒门”“豆满”。建立清朝的建州女真，起源于呼尔哈河（牡丹江）口移阑豆漫，后来迁到训春河。“豆满”，或源于“豆漫”。珲春的裴优城，亦称“玄城”等，为建州女真所沿用，当即斡朵里定居之奚关城。努尔哈赤的六世祖猛哥帖木儿，就出生在奚关城。6月1日，在汗王山城，发现城墙石上刻有文字：“河西学洙”。张鼓峰战地展览馆刘丛志先生在韩香园设宴，第一次吃“滩头鱼”。陈静、李红光相继发出四首《纪辽东》，夜不能寐，依韵续貂。

纪辽东·长白山文化论坛举办之际恰逢长白山得名一千周年感赋四首

其一

定称恰遇一千年，论坛高设间。女直大王长白府，山号此当先。　东陲文事盛空前，探源信有缘。名胜数来排百二，皆证圣宗贤。

其二

清晨宜咏日升东，千年一望中。率赴高坛明导向，问有几人同？　登临每每赏奇峰，更钦辽圣宗。长白山名传永世，林茂建殊功。

其三

昌隆运际遇难求，大名千载留。独对阏门诚护鉴，岂忘喜中忧？　宏观决策赖深谋，甘当孺子牛。历览风云今古事，阔步又从头。

其四

春城五月共华堂，情钟山未忘。早许文心长白事，松笔著奇章。　瑶池依旧沁清芳，犹宜放眼量。盛会于今逢巧际，千载纪沧桑。

海龙吟·长白山得名一千周年有记并赠蒋力华先生二首

一

巍峨长白雄名，浩瀚瑶池王气。盛传千载，在涵生宝地。　　恰开文汇芳坛，难得昌隆运际。厚其高德，贶康宁万世。

二

圣宗确认今称，女直大王英气。统和终纪，肇培根福地。　　高堂绛帐空前，十二三逢巧际。命春秋笔，颂中华盛世。

【题解】

2012年6月25日（壬辰五月初七）凌晨，终校27日“吉林省政协长白山文化发展论坛”拙稿，偶然发现自辽圣宗统和三十年（1012年）《辽史》中始见“长白山三十部女直乞授爵秩”，至今2012年，正好一千周年！2000年10月29日成立吉林省长白山文化研究会，至今十二周年。因谓：“十二三逢巧际”。

海龙吟·高句丽好太王逝世一千六百周年纪咏

游观土境山川，田猎而还气略。造铃辛卯，愿安陵固岳。　　国岗高矗雄碑，平壤良民巨著。旧民烟户，幸天机我觉！

2012年6月30日凌晨于通化东山宾馆419房间

海龙吟·长白山文化发展论坛讲稿摘要见报有记

中原北土同宗，奥壤东陲异态。得名千载，贺今朝出塞。　吉林日报频翻，大荒浑增气派。效余秋雨，信豪情尚在。

2012年6月30日凌晨于通化东山宾馆419房间

【题解】

2012年6月27日下午，有幸与余秋雨先生同台研讨长白山文化。余秋雨先生精彩演讲中两度提到张福有先生。当晚于南湖宾馆席间，余秋雨先生又说："张福有，乡贤，很了不起！"并签名赠其大作《文化苦旅》，补题"张福有先生雅正"。

海龙吟·通化师范学院新得《好太王碑》完整拓本鉴定感言

太王碑拓何期，善本完存较好。际当光绪，信灰前更少。　相逢未觉缘悭，鉴此方知是了。有城宁八，更看清辛卯。

2012年6月30日凌晨于通化东山宾馆419房间

【题解】

2012年6月29日下午，我与王绵厚、刘厚生、梁志龙、孙仁杰先生一起，应通化师范学院耿铁华先生之邀，鉴定一《好太王碑》拓片。皮纸，拓本完整，保存较好。用墨均匀，捶拓得法。所见之第一面，裂痕清晰，伤面较窄，边缘清楚。关键字"宁八城""辛卯年"清晰可辨。当为灰前本。是为记。

海龙吟八首

一、庆云摩崖石刻

庆云石刻摩崖，胜水城推照散。甚多擒获，授阿官徒罕。 女真文字何疑，质伪碑铭可辨。节山铭勒，距梅津不远。

2012年7月11日于吉林省北戴河干休所5306房间

二、再谒裕陵虔谢御赐诗序恭禀海龙吟创牌

海龙源自海兰，河口霍吞河柳。御临榆戍，信梅花未有。 维艰奋旅继思，除难凭谁坚守？采风经处，酹陈年老酒。

2012年7月13日凌晨于吉林省北戴河干休所5306房间

三、梅津答

梅津代指梅河，船口无疑渡口。始知光绪，记张王李柳。 俗成约定流行，习以为常既久。偶翻图版，证今称古有。

2012年7月13日凌晨于吉林省北戴河干休所5306房间

【题解】

自2007年9月拙句“吟鞭一指向梅津”创用“梅津”一词，五年多来，含“梅津”锦句已逾数百，堪称抛砖引玉。“津”，本义渡口。初用此词，盖因梅河口境内有一统河、大柳河、大沙河三大水系及梅河、沙河、鸭绿河等三十多条小河，统汇为辉发河入松花江，古来不乏渡口之意。近查古今地图集得知，梅河口地名中竟有：张船口、王船口、李船口、唐船口、关船口、刘船口、曹船口、黄船口等。由此可证，梅河口可称梅津，信不诬也。

四、张船口

百年船口姓张，双桨率开光绪。北南舟济，在梅津柳渡。　拓荒此地永祥，起草斯文长咀。万家忧乐，系心头一谱。

2012年7月13日上午于吉林省北戴河干休所5306房间

【题解】

据《海龙县地名志》载李炉公社邱凤大队张船口村，“光绪中期开发，张永祥在这里开荒种地，他家住在大柳河南岸，家中有一只船，每年从春到秋，摆渡过往行人，由此得名张船口。”

五、蒋力华先生定《梅津汇律》书名有记

梅津汇律颁名，渡口乘风发韵。派称长白，放洪流直进。　鸡林塞外宏猷，鸭子河东列阵。大荒深处，树奇文自信。

2012年7月13日上午于吉林省北戴河干休所5306房间

六、鸭绿岗、鸭绿河、鸭绿屯

河屯鸭绿双称，岗领鸡冠一脉。绝佳山水，毓东陲濊貊。　雄碑未记黄鸟，大韵安吟白舄？辑笺文献，尽盈肩忧责。

2012年7月13日上午于吉林省北戴河干休所5306房间

七、海龙城

南邻大柳河滨，北倚重峦哈达。自辽金筑，迄明清辉发。　法先设有四门，依制并无双阙。庙堂公署，付寒烟冷月。

2012年7月13日中午于吉林省北戴河干休所5306房间

八、九龙口塔基

九层直砌平铺，八角圆坛斜叠。白灰沟逢，定辽金塔缺。　女真国

瓦同图，李海龙墓枉说。史中原委，纪山头谜揭。

2012年7月13日下午于北京—哈尔滨D101列车05车50号房间

海龙吟十一首

一、城南小城子山城

西连奶子山头，东接大沙河畔。海龙邻镇，对城南柳涧。　短垣土筑楞残，断瓦泥质陶片。物遗标本，现辽金阶段。

2012年7月15日凌晨于长春养根斋

二、杏岭山城子古城址

近临一统河川，遥看四方顶子。渐平轮廓，变居民房址。　铜钱挖出半缸，泥瓦难寻整块。考辽金史，憾书无此地。

2012年7月15日凌晨于长春养根斋

三、方家街古城

曾挖铁镞百斤，尚辨土垣五里。带环盔甲，定辽金战地。　孰虑照散于兹，可信摩崖当此。李喜春拓，记碑文有自。

2012年7月15日凌晨于长春养根斋

【题解】

庆云摩崖石刻，女真文已无甚大争议。汉文，有人疑为1934年匠人邢玉人伪刻。但据《海龙县文物志》载，1930年，李喜春等四人就看到汉字，亲自手拓并记得碑文中有个“自”字。此“自”，当为“大金太祖大破辽军于节山息马立石”“息”字上部的“自”字。

四、石棺墓群

鸡冠砬子挑参，龙首堡岗盖石。柳河交界，占村边山脊。　瓦房世被贤良，碱水代承恩泽。待何年考，辨东夷濊貊。

2012年7月16日凌晨于长春养根斋

五、刘堡窖藏铜钱

昔闻刘堡窖藏，最数铜钱丰富。代承唐宋，贵辽金自有。　开元绍圣崇宁，明道致和景佑。体分楷篆，见边宽金瘦。

2012年7月16日凌晨于长春养根斋

【题解】

1982年，中和乡刘堡村出土一处瓷器和钱币窖藏。其中钱币四十八公斤，唐至金三十二个年号，七十二种钱。这是一处金代遗址。1980年，在该地之南不远处还发现一处数量更多的铜钱窖藏，证明这一带人烟稠密，位置重要。该地与方家街古城、庆云石刻比邻，可证庆云石刻并非孤立存在。

六、方家街古城出土龙纹铜镜

方家街筑古城，金代龙盘铜镜。已残桥钮，近摩崖永庆。　四肢合并蜷身，三爪分开曲颈。构图奇特，共缘文互证。

2012年7月17日凌晨于长春养根斋

七、海龙古城出土海曾葡萄纹铜镜

托如鸾鸟水波，纹饰葡萄海兽。吉言环刻，祝高官永寿。　金成记造无差，偏脸存藏有偶。正隆铜禁，定城非此后。

2012年7月17日凌晨于长春养根斋

八、行军副提控印

李家景海有缘，拾印行军提控。马街山后，望村南一统。　一斤五两不轻，六十八年谁懂？篆书阳刻，信金人所捧。

2012年7月17日凌晨于长春养根斋

【题解】

1944年，水道乡新立村西南沟的农民李景海，在马家街后山坡耕地时，捡到“行军副提控印”。

九、库普里根必剌谋克印

马街山后印双，王氏成仁得一。猛安谋克，纪明纲定职。　摩崖铜镜铜钱，故地新城新立。巧非神合，摺疏斋秃笔。

2012年7月17日凌晨于长春养根斋

【题解】

1973年，水道乡新立村农民王成仁，在马家街后山坡上，捡到“库普里根必剌谋克印”。

十、中共中央东北局梅河口会议会址遐想

此间唤雨呼风，何处推波逐浪？养根斋里，记临江难忘。　芜词暮想朝思，征雁南来北往。白云峰上，乐拿云策杖。

2012年7月17日凌晨于长春养根斋

十一、创牌十日新体词逾二百首诚谢众诗友

梅津信手抛砖，柳岸倾情拾玉。夜阑盘点，正琳琅满目。　坛兴山拥鸡林，风劲江澄鸭绿。韵开流派，布东荒好局。

2012年7月17日下午于长春养根斋

海龙吟·《珲春韵汇》《延边礼赞》今日出厂有记

风传四海吟声，韵汇三春礼赞。贺州花甲，奉华章两卷。 秋千直接飞虹，象帽争牵彩练。漫山红绿，焕如霞锦褖。

2012年8月31日下午于长春养根斋

海龙吟·王景珍《日益壮大的长白山诗词流派》刊于吉林日报有记

海龙吟为惜山，玉甸凉堪研史。纪辽东后，又梅枝剪制。 乘风豆谷启航，破浪珲春共济。涌来流派，获不咸真是。

2012年9月13日

海龙吟·甚谢王云坤先生为《海龙吟》题写书名

笔携长白雄风，墨蘸天池宝砚。翰光如射，曜海龙吟卷。 继思以慰前贤，流派尚期俊彦。韵丰征史，与江山共勉。

2012年10月23日

海龙吟·欣贺张璇如先生解读“不咸”乃古汉语“大湖”之意（用蒋力华韵）

诗中不显通丕，山顶有容乃大。卦咸涵泽，悟古经山海。　笑谈色白如盐，意断文花似稗。兑流于艮，现滔天气概。

2012年10月29日下午

【题解】

《山海经》中“不咸”得确解，是为至兴！长白山总领东北亚。长白山的称谓，最早叫“不咸山”，出自《山海经·大荒北经》：“大荒之中有山，名曰不咸，有肃慎氏之国。”关于“不咸”，有多种理解。过去，多认为是“有神之山”，近年来，有人认为：“其含义即是色白似盐而不咸。”（见：《中国边疆史地研究》2009年第4期：《“长白山”考辨》）。就此，我请刘厚生、张璇如先生专门加以研究。10月28日晚，张璇如先生告诉我，“不咸”，是古汉语，“不”，通“丕”，是“大”的意思，《辞海》中有。“咸”，是“湖泽”，《辞海》中也有。我当即查1999年缩印版《辞海》1606页：“不，通‘丕’。大。《诗·周颂·清庙》：‘不显不承。’按《孟子·滕文公下》：引《书·君牙》作：‘丕显哉，文王谟！丕承哉，武王烈！’”第1611页：“丕，通‘不’，《书·金縢》：‘若尔三王是有丕子之责于天。’郑玄注：‘丕读曰不。爱子孙曰子。元孙遇疾，若汝不救，是将有不爱子孙之过，为天所责。’”“咸”，是山上的湖泽。第2001页：“六十四卦之一，艮下兑上《易·咸》：‘象曰：山上有泽，咸。孔颖达疏：泽性下流，能润于下；山体上承，能受其润。以山感泽，所以为咸。’”咸卦，是六十四卦的第三十一卦，艮为山，上边一长，下边两断。兑为泽，下边两长，上边一断。是湖泽。《彖》曰：咸，感也。《象》曰：山上有泽，咸。君子以虚受人。意为山上有水，是泉水的源头。这完全符合是长白山天池！所以，不咸山，就是有大泽之山，这就是长白山及天池。不是“色白似盐而不咸”。

“不咸”获确解，乃长白山文化研究之新逮，亦长白山文化史之大事！为此，蒋力华先生率作《海龙吟》以贺，我亦步其尘有记云耳。

海龙吟·试以《易经》解析《山海经》证“不咸”当为“山上有大泽”之意

有山名曰不咸，无惑易象大泽。艮高流兑，恰瀑飞长白。　洪荒窝集其谁，肃慎世居之国。卦明玄感，赖古经通识。

2012年10月30日凌晨

海龙吟·临江市鸭绿江文化研究会成立志贺

重闻山拥鸡林，倍觉江澄鸭绿。不咸丕泽，奏大荒神曲。　谬哉色白如盐，壮矣声宏似瀑。两经通处，贺又开新局。

海龙吟·第七次长白山文化研讨会、第一次鸭绿江文化研讨会在临江召开有记

旌擎鸭绿津头，梦绕大荒顶上。继思吟旅，共江涛浩荡。　双经两会神州，重识千年奥壤。不咸真谛，立鸡林领唱。

2012年10月31日凌晨

临江仙·依刘文革韵谢辽宁诸文朋赴临江盛会

鸭绿津头逢盛会，依然秋晚时光。不咸确解白山长。艮撑东北亚，兑润养生堂。　　苦旅百年开此路，荡平岭下文昌。天成奥壤醉翁乡。黄城涵古韵，碧水浣华章。

临江仙·第七次长白山文化研讨会、第一次鸭绿江文化研讨会在临江成功举行有记（步蒋力华韵）

艮兑象咸成卦古，隼仍在搏长空。西京鸭绿府存踪。说黄城事，故国展雄风。　　绿水白山涵大律，探源到洛阳宫。广圆廿里载文中。觉秋阳暖，韵染满江红。

2012年11月5日急就于集安

海龙吟·纪念吴大澂逝世一百一十周年（次蒋力华《观赏〈富春山居图·剩山图卷〉追思吴大澂》韵）

擅笺奇字古文，督办大东边务。路开新驿，立荒陲篆柱。　　缅公已逝百年，履职必争寸土。石遗雄笔，撰骧龙视虎。

2012年11月7日

海龙吟·贺《长白山文化的核心价值》在“十八大”开幕之日见报

诗经山海易经，文旅夏冬苦旅。继前人路，向大荒深处。　临江仙唱临江，金缕曲连金缕。自强图进，效松花远去。

2012年11月08日

海龙吟·中共十八大有记

南湖始发小船，东国几经巨变。上天潜海，绘神州绮卷。　巍峨长白披霞，浩瀚瑶池洗砚，斧镰挥处，辟新途向远。

2012年11月8日

海龙吟·瞻吉海铁路总站与吉林大学旧址怀设计师林徽因、梁思成

砖楼依托石楼，吉海连通奉海。醒狮雄起，现中华气派。　得瞻双杰奇思，寓意三军风采。百年将至，纪成因义概。

2012年12月26日

【题解】

吉海铁路总站，原名黄旗屯、八百垅，位于吉林市船营区沈吉线四百三十五公里十米处，原为吉林至海龙铁路总站，现为吉铁分局吉林西站。全长一百八十三公里。1927年6月开工，1929年5月竣工。由林徽因设

计、梁思成审定。是一座大型哥特式尖屋顶建筑，主体建筑是方石结构，屋顶为折型木结构，形象为一头醒狮，是吉林省长张作相与日本争夺吉林铁路建筑权与管理权的历史凭证。

1904年日俄战争后，日本从帝俄手中夺取了长春至大连的南满铁路。为进一步掠夺东北资源，日本主持在吉林省境内修了长春到吉林、吉林到敦化等铁路，并强行控制路权，包括运输、调度、财务等，一切均由日本人说了算。1926年，二百三十六公里长的沈阳至海龙铁路修建后，张作相开修吉海铁路，拟与吉长、吉敦铁路接轨联运。日本横加阻挠，无理拒绝在吉林站接轨，满铁还拒绝运输筑路材料。于是决定建黄旗屯总站。从设计到施工，都由中国人自己进行。此外，还接通了朝阳镇至海龙段，修建了梅河口至辽源的铁路，长66公里。

吉林大学教学楼旧址，坐落于现吉林市东北电力大学院内。1929年开工，1931年建成，是吉林省张作相省长主持兴办的吉林省第一所高等学府，也是梁思成从美国学成归国后设计的第一批作品。参与设计的还有陈植、蔡方荫等人。该建筑包括主楼、东楼和西楼三栋，楼体墙壁全部采用大块花岗岩砌成，亦称“石头楼”。梁思成先生将三座楼按海、陆、空三军的含意，用飞机、军舰、堡垒的形象特点进行设计，中西建筑风格结合，样式别致，堪称我国近现代建筑史上的杰作。

林徽因与梁思成的设计作品，是国人抗击日本侵略的历史见证。1928年3月21日，梁思成与林徽因在加拿大温哥华旅行结婚。吉海铁路总站和吉林大学旧址，在感受历史的同时，也见证了梁思成、林徽因志同道合的真爱。在这对伉俪的身后，还有一个不应忘记的身影：吉林省长张作相。

纪辽东·次李延平韵记明贤杨慎《词品》中论及《纪辽东》

谱谐格律韵犹工，传承太白风。续得三千因果卷，词品沁芳浓。　不咸艮兑耸天东，团围大泽峰。开启闼门飞瀑吼，放出泰山龙。

2012年12月31日

【题解】

康熙四十七年（1708年），清圣祖为研究泰山山脉的发源地，遣使渡海考察，最后认为“泰山实发龙于长白”。本年十一月二十四日，他对李光地等人说：“凡山东泰岱诸山来脉，俱从长白山来，来龙甚远，不知里数。”又御制《泰山龙脉论》论证其事（文载《圣祖实录》卷二四〇、《泰山志·天章纪》）

玉甸凉·通榆采风恰逢长白山诗社成立三十周年小记（用张文学韵）

似水流年，不催自淌。玉甸凉，再从头、齐吟高唱。七载回眸思拉练，胜饮百年陈酿。绿水扬波，白城驰马，向海吟旌飘荡。北往南来，霎时间、都在采风路上。　泽发三江，韵开万嶂。纪辽东，海龙吟、剪梅引放。二十四沟诗证史，确解不咸意象。龙虎精神，石碑面貌，挥去无端怅惘。辽鹤归来，认故家、问甚烟孤漠旷？

玉訇凉・瞻榆望杏抒怀

柬耒瞻榆，开田望杏。效前贤，访古城、吟诗摄影。报本养根尊大泽，长白山人有幸。豆谷搴旌，梅津汇律，领略不咸意境。孤隼翱翔，俯松漠、都是自家风景。　　向海清澄，瑶池神圣。起洪波，自源头、派长帆竞。绮韵升华中国梦，岂独平添雅兴。鹤舞翩跹，鱼腾泼剌，铸就碑林石迴。播厥有先，史话新、留给后人求证。

玉訇凉・老榆颂

松漠安身，鹤乡立命。阅沧桑，五百年、仙姿道行。力扎深根强主干，赢得枝繁叶盛。春夏从容，秋冬持重，造就平生淡定。宠辱无惊，任观瞻、犹是风骚独领。　　不妒杨娇，孰嗟桦挺。天地间，气轩昂、信其神圣。沙退荫浓缘本固，自构一方胜境。若许红缠，几多绿覆，未觉芳洲清冷。由古而今，历悲欢、水调飘来闲听。

玉訇凉・敖包山遗址抒怀[1]（变格，增一韵）

地处兴隆，敖包山上。东西向，耸双岗、朝阳宽敞。住址十三犹可考，两处灰坑宝藏。石器精良，陶人古拙，兔鸟骨陪鱼蚌。黑褐灰黄，格绳纹、篦点堆加涌浪。　　当此沉思，心花自放。指空旷，五千年、莺飞草长。举目一收云鹤渺，侧耳听风莽荡。依水安居，祈家泰康，近似红山模样。望杏瞻榆，直引来、十里吟军仪仗。

【注释】

①敖包山遗址位于通榆县兴隆山镇，是一处新石器时期遗址，距今五千年，近于红山文化，已有家庭雏形，过着定居生活。

玉甸凉·推测通榆春捺钵遗址感赋①

马队西来，雁声东进。尚留存，捺钵时、些些音信。坨子老名遗十二，三座古城列阵。聚宝山包，乌兰草甸，铜镜瓦当不远。至道咸平，积铜钱、许是腰缠万贯？　挞鲁河甄，长春州辨。塔虎城，建于金、已经考断。城四家中砖刻字，合署斯时州县。头宴鱼鹅，银牌天使，引起辽金更变。春水夏凉，圣兴道、天祚行宫幄殿。

【注释】

①春捺钵是辽代皇帝以行宫理政的方式。吉林省干安春捺钵遗址，被列为全国文物“三普”百大发现、第七批国保单位。春捺钵遗址范围很大。通榆是辽帝春捺钵必经之地，我初步分析，兴隆山镇聚宝山后屯西南岗遗址，乌兰花镇前万宝东甸子遗址，新发乡德胜傅青屯南坨子、西北坨子遗址，边昭镇拉户嘎古城，等等，或在交通沿线，或滨沼泽地，凸起若干土包，其上出土辽代陶器、瓷器、瓦、瓦当、铜镜，至道元宝及咸平元宝等大量铜钱、石臼、铁锅等器物。据此，我推定，这些辽代遗址，应为辽圣宗、兴宗、道宗、天祚帝到长春州（洮北区城四家子古城）的春捺钵遗址组成部分，有待进一步调查确认。

玉甸凉·拉户嘎古城小识

镇守边昭，瞭望古道。靠山岗，面水泡、势称险要。四壁三千遗故垒，不大亦当不小。两座城门，西南分设，瓮址尚留原貌。剩有台基，耸其间、不语春秋多少。　　灰瓦如痴，青砖似笑。纵粉身，也未丢、当初外表。鸡腿坛涂茶绿釉，辽代白瓷对了。陶罐弦纹，陶壶梳齿，陶鼎鸭形待考。佛手铜浇，五指蜷、莫说沧桑缥缈。

【题解】

拉户嘎古城位于通榆县边昭镇腰围子村拉户嘎屯东南两华里的漫岗上，居高临下，依山面水，地势险要。该城周长二千九百米，城内有辽代砖瓦和大量陶片，辽白瓷片等，应是辽代春捺钵的一处重要遗址。城中采集到铜佛手一件，五指紧握，小巧玲珑。

玉甸凉·墨宝园沉思

大地印章，中华向海。墨宝园，世间殊、东方气派。九域书家同雅集，奋笔临池未艾。符号一新，地标凸起，借助草真隶楷。造化堪师，震撼间、历史以文承载。　　澄澈人生，全新境界。精气神，表达于、崇高期待。书艺园林涵至美，松漠平添豪迈。望杏心思，瞻榆志向，更有尊严谁解。照亮明天，或可言、不负当今时代。

【题解】

看着崔征题写的“让文化照亮明天”，把读《让文化照亮明天——墨宝园初记》一书，悉因孙洪君《感触　感受　感动　感谢》一文而生感慨。墨宝园折射了通榆人创造文化新的表达方式的梦想，展现了人生境界之澄澈与崇高的元素及载体，从而办成办好让通榆人过上更有尊严的生活这件大事和难事。墨宝园沉思——感悟通榆！

玉甸凉·海东青[1]（兼贺《玉甸凉》新作逾百首）

一掠骄空，顿停飞雪。健超鹰，俊复轻、何来悲切？携得天鹅云际返，划破淡痕风穴。靺鞨珠圆，日南珂翠，争似契丹酒烈？头宴排场，解磕韝、远胜新年佳节。　　忽忆披沙，华笺集结。欧阳修，奉使辽、猛禽点阕。长韵五言堪证史，凡鸟嘁喳呜咽。作贡丸都，百蛮九译，好在石碑雄屹。向海诗旌，指吟旅、莫问谁翻此页。

【注释】

①海东青，鹰中俊鹘，向为肃慎乃至辽金元清所重。海东青拿天鹅，非为食肉，盖为取珠。辽帝春捺钵期间，每得头鹅、头鱼，均设盛宴以贺。忆及1998年我辑笺《长白山诗词选》，邀耐寂兄等诗友援手校注，曾辑入乾隆、王杰、英和等《海东青》诗作，笔涉诸多海东青事典。其中有欧阳修使辽，作《奉使道中五言长韵》，写道："猛禽出海东"，即指海东青。清王士禄《诏罢高丽贡鹰歌》中写道："海东俊鸟好毛质""九都作贡来天家"，其中，"九都"，经我结合隋炀帝《纪辽东》："清歌凯捷九都水"、唐太宗《辽城望月》："驻跸俯九都"，皆应为"丸都"而非"九都"，均予订正，现已成学界共识。此次《鹤乡雅韵》采风，玉甸凉新作已逾百首，堪与《纪辽东》《一剪梅引》《海龙吟》比美，充实了长白山诗词流派的标志性作品，特填词以纪。

一剪梅引·老虎坨子墓葬[1]

牧场同发霍河边，老虎坨南骨未残。五墓横连，五马齐鞍。相距人人两米间，脚南头北各并肩。身仰观天，肢直安然。　　料珠玛瑙亦斑斓，龙凤成双铜镜圆。两串铜钱，两耳铜环。一女四男同此眠，死生何憾历悲欢。诗祭坡前，辽代魂牵。

【注释】

①老虎坨子墓群，位于向海南同发牧场东老虎坨子南坡上。发现于1972年，四男一女，骨骼完整。每具骨架上方都有一匹马，马骨架亦完整，头东立埋。该地西北距新兴东北坨子新石器及辽代遗址仅三百米，根据铜镜等遗物判断，应为辽代墓葬。

纪辽东·毡匠铺墓葬①

汉墓穴中魂不孤，四者宿同墟。细泥褐色鸭形鼎，红陶长颈壶。　玉石琉璃玛瑙珠，片管核球如。将军西徙乌桓去，辽东缘塞居。

【注释】

①毡匠铺墓葬，位于兴隆山镇毡匠铺屯东北山坡上。1978年由当地一位农妇发现，1979年由吉林省考古工作队清理，为长方形土坑竖穴墓，无葬具。墓底南北长1.8米，东西宽1.3米，残高1.1米。墓内东西排列四具人骨架，都为成年人，头西北，仰身直肢，陪葬马、牛、羊。人的头部放陶器，头、颈、胸部放金耳饰、珠饰，胸、腰部放牌饰、铜铃、鸣镝、铜泡，脚部放五铢钱。墓中共出土378件文物。《后汉书·乌桓鲜卑列传》记载："武帝遣骠骑将军霍去病破击匈奴左地，因徙乌桓于上谷、渔阳、右北平、辽西、辽东郡塞外，缘塞而居。"墓中出土汉五铢钱、纯金马牌饰等，可证此墓为汉代鲜卑墓葬。

海龙吟·后太平北坨子窑址①

沙丘三座古窑，遗址位于新发。椭圆形状，尽东西排列。　细泥灰色质坚，梳齿轮纹印轧。剩砖残瓦，证辽代捺钵。

【注释】

①该窑址位于新发乡新发村后太平五队东北两华里沙丘上，三座窑址东西排列，间隔约三米。窑址呈椭圆形，每座外侧东西长约十米，南北宽约四米。窑址东南部沙丘之下现为沼泽地，应为古河道。窑址周围存有大量辽代青砖、陶片。附近辽代遗址和古城内，有瓦及瓦当。该窑址位于辽春捺钵必经之地，为辽代长春州（洮北区城四家子古城）所辖，应为春捺钵附属设施之一。

瑞鹤仙·向海摄鹤

向长空一刷，兹定格、顿入重霄洒脱。冲天别芊蔚，但期蓝驰恋，忘云如雪。仙乡摆设，纵冶华、仍觉欠缺。效渔樵转棹，归岸是家，也避凄绝。　　岂独禽心向海，水起风生，草深湖澈。生机勃发，沙洲绿，塞尘灭。叹江河瀑涨，池鱼惊跳，何堪随闸疾泄。奈流波去远，犹有韵清可撷。

长相思·题自摄仙子观瀑图

风一程，雨一更。崖畔携游双影清。共听飞瀑声。　　山色青，水色明。天地玄黄应不惊，知音伴此生。

长相思·题自摄长白山海东青图

金壁苍，金翅苍。苍劲雄姿相益彰，掠来大泽光。　　岳势刚，气势刚。刚挺天风培至阳。闲人兀自忙。

玉甸凉·题自摄长白山神庙遗址图

礼合尊崇，不咸山北。有司言，建庙堂、灵应兴国。复册春秋皆奉祀，宏圣开天无极。鼙鼓如仪，牙旗似仗，祭此金源发迹。厥伟鸿基，矧世隆，仰止其高长白。　　莽莽苍苍，幽幽秩秩。立于兹，正南望、载之神德。宝马城池非本体，真相而今有识。百六登临，万千气象，回首眸盈历历。举步从头，向云边、爽我清怀大泽。

2013年10月17日

沁园春·为民造福颂

植树拦沙，叠坝防洪，筑室奠居。赖农田千顷，先求足食；高科万种，永备萧疏。疆野苍茫，海空莽荡，任凭风来云卷舒。兴腾梦，看神州大地，遍起宏图。　　奇乎一部新书，创特色高旌举世殊。数英雄历代，依然超迈；楷模各路，众矣何孤。思孔繁森，忆焦裕禄，继迹前行未款徐。雄关越，正凝心聚力，跋履修涂。

2014年3月29日

卜算子·探访农民诗人李彦

越过信州城，直向佟家去。拊掌犹珍汗茧亲，农院寻诗路。　流派起关东，继迹开新旅。小试春芽脉发时，韵蓄村深处。

2014年4月1日

卜算子·耐寂轩诗存发行座谈会志贺

磐石会诗朋，依旧忘情处。耐寂诗存首发时，贺尽诗家语。　得遇白山前，风雨人生路。绮韵源于大泽中，举阵歌吟旅。

2014年5月16日

卜算子·集安麻线高句丽碑在文物出版社出版感记二首

一

麻线出新碑，海内争相考。以此河流祭祀时，烟户头知道。　丁卯岁刊之，定律戊申早。先圣曾巡故国中，长寿王禁老。

二

始祖谓邹牟，已从大碑考。不世雄才试补遗，王必授天道。　拓摄几经年，求是重求早。文物新刊又杀青，岂在闲中老。

2014年5月7日晨

卜算子·白城辽代春捺钵遗址调查

瀚海趁雄风，旷野寻遗迹。辽帝当年捺钵忙，游幸鱼儿泺。　我亦考春州，挞鲁河边立。遥想头鹅曳落时，飞放冲天翼。

2014年5月7日晨

卜算子·三访城四家子古城

德顺已三来，城里终巡遍。瓷瓦成堆满目惊，古寺墙犹见。　辽代设春州，金降长春县。诏改休称挞鲁河，谕发金銮殿。

2014年5月8日于洮北区政府宾馆518房间

卜算子·阚家坨子遗址

二访现铜钱，雨后呈新垅。通宝崇宁宋代时，钱帛司曾统。　巨础柱田边，可是擎梁栋？并出龙纹绕瓦当，信与春州共。

2014年5月8日于洮北区政府宾馆518房间

沁园春·牡丹江与松花江汇合口断想

发牡丹源，越镜泊流，到汇合时。恰奔波千里，不知倦意；翻腾百折，方显雄姿。倭肯东邀，巴兰西会，完达兴安才会师。钟灵地，对三山四水，塞外称奇。　开棋自古迷离，尚留得千年一道题。叹徽钦二帝，观天坐井；城分五部，题画吟诗。三姓传闻，几朝故事，都入巍峨长白围。今重访，赋旅游地质，文史东陲。

2014年6月19日凌晨于依兰锦江商务会馆413房间

沁园春·松花江与黑龙江汇合处感记

一路奔腾，一路追寻，一路向东。对平畴千里，何曾懈殆；悬崖万仞，依旧腾冲。长白开源，嫩江来汇，流到同江会黑龙。今如愿，摄三江合处，大美云空。　镜中鼓乐声隆，纳万里长涛一脉溶。问蓝天黑土，哪家信物；金戈铁马，谁是英雄？斗转星移，云来雾往，应记帆前雨雪风。观沧海，正波涛汹涌，偶过飞鸿。

2014年6月20日于抚远江南村饭店8205房间

卜算子·在和龙西古城发现“艮”字瓦有记

显德府中京，字瓦肩存艮。忽见山人访古来，自出亲相认。　恰说不咸山，前日车中论。殿址排三是寝宫，东北何须问。

2014年6月21日夜晚于和龙宾馆

【题解】

2014年6月22日上午，余在西古城第三宫殿址寝宫发现一枚带“艮”字的残瓦，位于城中东北角，与“艮”字本义相同。“艮”字瓦，板瓦头部，字框上深下浅。长13厘米，宽7.7厘米，厚1.1厘米。在瓦肩左上方，印压“艮”字。阳文。框高，左2.5厘米，右2.7厘米。上下宽均为2.2厘米。艮字，长方形，高2.5厘米，宽1.1厘米。6月21日，与蒋力华、刁丽伟、林景毓、董佩信、孙莅珉等从绥芬河、牡丹江返和龙，车中言及“不咸”本义为大泽。不，通“丕”，大之意。咸，湖泽。易之咸卦，上兑下艮，兑水艮山，且为东北之山。此行欣得“艮”瓦实属巧合，意义殊深。

卜算子·在和龙崇善图们江边发现石臼有题

边路顺江修，石臼依江卧。卧到于今千百年，日子悠闲过。　草木几经秋，风水何堪破。地质奇观拓旅游，绮卷东荒作。

2014年6月21日夜晚于和龙宾馆

【题解】

2014年6月22日下午，余在和龙崇善图们江边发现一个高句丽—渤海时期石臼，已电告和龙市博物馆副馆长朴钟镐设法运回馆中收藏，感而有记。

沁园春·题东丰农民画馆

画匠农民，地处东丰，傲世馆藏。集坊间剪纸，春风浩浩；山中佳节，喜气洋洋。黑土培根，红花耀眼，直把围场变画乡。群英会，创域中特色，海内飘香。　东荒崛起华堂，汇传统时髦共沁芳。现鹿乡风采，和谐奥壤；鸡林气象，豳雅琼章。古韵铿锵，新风荡漾，吟旅开来流派长。诗乡美，建小康仙境，大韵家邦。

2014年7月4日凌晨于东丰南山宾馆

菩萨蛮·纳兰性德诞辰三百六十周年有贺

词风孰作源流别，登高欲问天池月。细考辨遗丝，松花雄逸时。长情谁晓得，焉被烟云隔。盛世涌吟潮，山魂安可消。

2014年5月28日

菩萨蛮·中华诗词学会纳兰祖地行诗词研讨会有记（次纳兰性德韵）

重来叶赫寻吟别，初三不见山城月。故垒草成丝，相逢晨亮时。碑铭欣考得，夜黑河难隔。秋到滚春潮，词风吹未消。

2014年8月28日凌晨于叶赫晨亮会馆8213房间

南楼令·夜宿纳兰祖居地（次高士奇韵）

薪火故乡稠，城边夜黑流。叹光阴、又是深秋。松水白山行万里，连数月，未曾休。　八载筑吟楼，韵飞山尽头。喜今宵，点起河篝。证史梨花频作果，都为给，后人留。

2014年8月28日于叶赫晨亮会馆8213房间

鹧鸪天·谒曹亚范烈士殉国地

一路军魂亚范雄，惊闻杨靖宇围重。龙泉骤发三江怒，虎步迟开大计空。　　山莽荡，树朦胧，核桃落地挟天风。漫山浸透霜枫色，廿九英灵血染红。

2014年9月27日

【题解】

1940年2月23日，杨靖宇壮烈牺牲。曹亚范身为抗联第一路军第一方面军指挥，不知杨靖宇已牺牲，于24日下午从临江一带赶到靖宇营救。得知杨靖宇牺牲的消息，曹亚范痛不欲生，放了好一顿排子枪，试图诱敌出城，为杨靖宇复仇。只是天黑透了也没见“讨伐队”出来才撤走。从那以后，曹亚范就打疯了，联合其他部队转战于临江、濛江、金川、辉南、柳河、抚松等广大地区，不断袭击敌人，继续在日伪统治的心脏南满地区顽强地彰显着抗联的存在。这时，曹亚范身边的叛徒“全没牙子”，趁曹亚范睡熟之机，用机枪把他们二十九人杀害。时间是1940年4月8日。曹亚范年仅二十九岁。两个二十九！

卜算子·重走抗联路

苔绿叶飘零，风雨抗联路。蒿子湖连玛尔湖，礼毕瞻粗树。　　曹亚范捐躯，为救杨靖宇。继迹人来七十年，流派催吟旅。

2014年9月25日于白山市合兴大酒店2108房间

采桑子·抗联李子林

抗联李子当年种，早已成林。早已成林，长满山坡，御敌拒来侵。

利贞得姓阳安剑，自古铭心。自古铭心，一脉相承，继迹我追寻。

2014年9月27日夜

【题解】

靖宇县龙泉镇有一片抗联李子林，因抗联战士莳弄而成并得名。这片李子林，曾为抗联解决断粮危机。由此想到，李姓得名，缘于李利贞，其母领其逃命，无粮饿极，食木子果实以活命，转危为安，因取十八子为姓，是为李姓始祖，亦是老子李耳先祖。李利贞（公元前1069年—公元前992年），原名理利贞，上古帝王颛顼之后皋陶后代理征，字德灵，封为中吴伯，在殷纣王时任理官，因执法如山，忤逆昏君商纣王的旨意，招来杀身之祸。家族面临株连危险。妻契和氏携幼子利贞出逃，到伊侯之墟，饥渴交侵，摘路旁树上果子充饥才得生存。一感李子活命之恩，二为改姓避难，所以理利贞改姓李利贞，后迁徙定居陇西。从此李氏延续万代，繁衍发达而成中华第一大姓。

1977年，集安阳岔高台子出土赵国阳安君青铜短剑。经我考证，阳安君，名李跻，乃老子李耳五世孙、唐高祖李渊三十五世祖。拙文发表在《考古与文物》2005年第6期。此结论，已写入《中国先秦史研究概览》。阳安君剑出土地，就在五女峰抗联密营石屋之下。为纪念抗联李子林及五女峰密营石屋，特作小令“十八子”各一首，以志缅怀。

渔歌子·集安五女峰抗联石屋

五女峰中石屋寒，抗联烟火伴龙盘。风瑟瑟，水潺潺，知谁此地不成眠。

2014年9月30日国家首个烈士纪念日

捣练子·集安东岔抗联密营火炕

山寂静，鸟翩跹，好汉遮风在此间。当是夜寒人不寐，石排烟道证当年。

2014年9月30日国家首个烈士纪念日

江城子·与马继民在杨靖宇将军曾用碾盘旁留影断想①

有幸陪同马继民，密营巡，抗联魂。至自中州，浩浩气长存。三十五年风雪路，留足迹，引来人。

2014年10月1日国庆六十五周年

【注释】

①马继民，杨靖宇之孙，已任靖宇县县长助理多年。

破阵子·祭曹亚范烈士

戮力推翻傀儡，一心营救英雄。三百里趋烽火疾，廿九人悲梦境同，龙吟虎啸中。　　长起钻天青柞，排开拔地红松。掬得山间亡国泪，摄遍碑前浸血枫，相期此路逢。

2014年10月1日下午

行香子·蒿子湖密营树烟囱

树影纵横，灶影娉婷。敌深惧、不倒奇旌。破其封锁，高帜峥嵘。命春烟淡，雨烟湿，雪烟清。　　裂开皮干，笼住燃声。煎熬苦、气骨铮铮。繁枝迎我，茂叶含情。诉老根壮，侧根远，嫩根生。

2014年10月1日下午

酒泉子·集安东岔杨靖宇密营石刻棋盘

天下太平，谁刻石间箴语？一盘棋，分胜负，尚难明。　　此山重上寄深情，仍是那年时节。将军魂，霜染叶，纪英名。

2014年10月1日晚

更漏子·沙松烟囱

老烟囱，今健在，见证抗联奏凯。斜剑指，向东瀛，漫天鼙鼓声。　沙松树，抗联路，有约开来诗旅。相揖别，祝安康，秋深风渐凉。

2014年10月2日上午

南歌子·蒿子湖水井

两井开天目，三山拥地根。密营深处水犹存，信是飘来黄叶祭英魂。　莽岭藏奇妙，长林锁异珍。寻幽到此远红尘，为有抗联故事长精神。

2014年10月2日上午

采莲子·靖宇仁义砬子抗联水上交通线

仁义风光至今奇，举棹，抗联儿女事应题，年少。　松江荡桨风流韵，举棹，石壁连天出好诗，年少。

2014年10月2日上午

生查子·李兆麟

原籍属辽东，抗日先投笔。御敌据松江，雪野留行迹。　率起创雄师，二路军魂魄。鬼子奈云何，遗恨人心隔！

2014年10月2日上午

女冠子·投江八女

乌斯浑渡，八女英灵驻处。浣芳魂，河活犹君活，常思殉国人。共怀追命恨，纤手扭乾坤。洒酒临江祭，气长存。

2014年10月2日上午

天仙子·赵一曼

可敬李家坤泰美，淑宁英气堪称最。神州一曼赛天仙，令敌畏，嘱儿泪，敢问国人争面对？

2014年10月2日上午

甘草子·魏拯民

倾诉，病身无力，摛笔探长路。老岭开新旅，深痛军无主。　冰雪喊春冷如故，绕大泽、中流砥柱。重到当年会师处，续写英雄谱。

2014年10月2日下午

何满子·王德泰

威震图们江畔，年年知我经过。历尽白山风雨，一川不息长歌。莫道天荒地老，潺潺有小汤河。

2014年10月2日下午

风流子·王凤阁

红土崖催忠义，南岔战凭勇智。男子汉，大英雄，宁站亡何跪死！妻志，儿泪，让柳条沟铭记。

2014年10月2日下午

南乡子·杨俊恒

老岭苍茫，满腔热血洒长岗。摄取丰碑云挂树，何故？索旅于兹歼大部。

卜算子·题梁琴摄讷殷天象奇观照四首

一、凤舞

天半火烧云，江底冰封晚。不是参乡在抚松，双凤安同返？　寻访讷殷书，正苦无封面。微信传来景色奇，岂可寻常见？

二、龙飞

头上顶蓝天，忽见云龙舞。苦旅寻来考讷殷，头道松江属。　疑也不须疑，梦境成真处。三百年前看验时，就走这条路。

三、虎啸

猛虎卧雄峰，绮彩漫天照。弹得松江万古琴，一改洪荒调。　天道信酬勤，难凑天工巧。手斧云龙各有神，额赫讷殷考。

四、马腾

高架托云峦，桥上行天马。挽起江风挺脊梁，不为附风雅。　神笔抹彤彤，艺绝谁能画？似解先贤那道题，谜破江流下。

2014年11月29日凌晨

临江仙·吉林日报东北风今日为长白山手斧特辟专版感怀

五万年前寻我，三生有幸相逢。东方阿舍利称雄。枫红林浩莽，山白月朦胧。　　田野奔波辛苦，方家走笔从容。不须此际问情钟。穷经疑皓首，酹酒对长空。

2014年12月4日凌晨

于长白山北坡二道白河金水鹤国际酒店8537房间

虞美人·用张岳琦先生韵记兴城考察席间赏袁崇焕诗

此行能补漫江缺，城外朦胧月。席间把酒说英雄，送别边关情比采薇浓。　　讷殷寻访东山下，故事添风雅。辽东俱是凯歌飞，争奈梦中慈母盼儿归。

临江仙·《寻访额赫讷殷》付梓藉明贤大韵题记调寄临江仙

汩汩漫江南出水，也难淘尽豪雄。三音额赫岂成空。码头今尚在，犹伴柳梢红。　　看验白山青渚上，问谁笑挽秋风？踏查同路梦常逢。讷殷兴废事，都纪大来中。

临江仙·诚谢百家步韵奉贺

十六奇峰围大泽，不咸铭记华雄。聊凭拙笔补山空。松江涵额赫，总谱讷殷红。　　缘贵枫林持手斧，乐忧未改颜风。堂堂诗阵友交逢。满屏吟贺韵，收在立春中。

临江仙·《寻访额赫讷殷》被誉为长白山文化重要读本有记

行者乐山犹乐水，诗家纷效词雄。讷殷额赫岂寻空。清祠神色在，月夜照冰红。　　手斧高居枢轴上，天边久沐罡风。未曾出土与根逢。大荒松桦事，都入考评中。

卜算子·考察辽代春捺钵遗迹，后少力古城，巧遇雁阵有记

举阵带春归，回到安流殿。捺钵行宫此境如，有幸今相见。　　挞鲁即洮河，鱼泺留长卷。绿釉瓦当遗锦光，莫负龙纹现。

2015年3月17日下午幸遇并记

3月22日（乙未二月二）发帖

【题解】

镇赉后少力古城系辽代古城，城中出土辽代戳点纹、附加堆纹陶片及砖瓦。该城与附近的辽代西山遗址，并出龙纹琉璃瓦当，年代有待详考。后少力古城和西山遗址南距月亮泡五公里许，洮儿河从城西南入月亮泡。

辽道宗咸雍三年（1067年）春正月辛亥，如鸭子河。甲子，御安流殿钓（钩）鱼。闰月辛卯，驻跸春州北淀。大安三年（1087年）春正月丁亥，如春水。癸卯，驻跸双山。大安六年（1090年）春正月，如混同江。二月辛丑，驻跸双山。此城及西山遗址，可能为辽道宗春捺钵所幸之安流殿。双山，当为东四方山和西四方山。其上为新石器—辽代遗址。这当是洮儿河即挞鲁河、鱼儿泺即月亮泡的又一证明。

2015年3月17日下午，我正在城中拍摄砖瓦、陶片，空中突现雁阵，惊喜不已，举镜摄之，感而有记。

沁园春·一带一路歌

一带春回，一路图新，一策国兴。忆红绸布道，阳关西出；黄金织梦，绝塞东征。大漠雄风，汪洋巨浪，继迹开来又一程。神州喜，正经天纬地，韵上高旌。　　传承华夏文明，阅今古平添不老情。胜逡巡周穆，穿梭亚太；仙游王母，印履欧盟。万里扬帆，千军跃马，拼搏精神赖自撑。诚应信，这空前气魄，伟略恢宏。

2015年4月15日凌晨

卜算子·重考后少力古城发现一对石柱础

双石现城中，凿口成门础。约我何缘一见来，相对通心语。　　捺钵与春归，辽帝经行处。设殿安流考证时，雁阵雄如故。

【题解】

2015年4月16日下午，余偕吉林大学、白城博物馆、镇赉县政府、文化局、博物馆等一行十余人再考后少力古城，偶然发现路边弃土中露头一石，韩世明教授用军用铁锹挖出一方花岗岩柱础，众皆惊喜。俄顷，孔令海在该石北侧十米处又发现一础石，形状全同，似未移位。兴奋不已，拍照、测量后，未移位者用土埋上，已移位者由县博物馆装车拉回馆中。新发现这一对础石，意义重大。连同城中出土龙纹琉璃瓦当及大量砖瓦、陶器，可证此城很有可能就是辽道宗春捺钵所幸之安流殿。

卜算子·在后少力古城高台上发现龙纹琉璃瓦当残边

堪喜瓦当边，今出高台上。依旧琉璃纹尚新，未失龙纹样。　　完璧馆中藏，鲜有人观赏。为证安流殿在兹，也趁春风爽。

【题解】

2015年4月16日下午，一同考察的宋德辉先生在后少力古城北部高台上，采集到一个龙纹琉璃瓦当残边，可证镇赉博物馆所藏该城出土完整的龙纹瓦当，也应出土在城中高台之上。对象虽小，却十分重要。

卜算子·切开在嫩江边所拾之蚌得珍珠二十三颗有记

剖蚌得珍珠，事美浑如梦。遥忆头鹅宴上宾，把酒歌朝贡。　　苦意考春州，客岁鲟鳇送。心想时成巧事多，笔拙勤填空。

【题解】

大安酿酒总厂博物馆中，有近得珍珠。2015年3月18日，余隔玻璃拍照，不甚理想。述及孔令海，他说：“1月11日下午，杨棠欣在嫩江边拾到几个蚌，前几天清理房间时扔掉了。其中有个小的却较重，疑有珠，正好你来了，一块儿把它切开看看。”刀落蚌开，两面皆有珠，一面十三颗，一面十颗。孔令海甚兴云：“你真是有福之人，想什么来什么！”

2015年4月17日下午

纪辽东四首

一、哈市会诗友

端阳日近沐晴阳，相逢赏墨芳。小聚席间频把盏，同好又同乡。　古今黑水白山长，远高安可量。流派开来声继雅，携手著华章。

二、宾县吉省府

贼寇袭来战火燃，八十四年前。保家卫国存青史，殊勋数抗联。　闻说东洋祭鬼坛，策马我挥鞭。搴旌笔伐诗成阵，松江奏凯旋。

三、毛家芍药园

寒地如今生芍药，到此访毛家。一天一样沁芳远，知心感物华。　脚步匆匆偷驻足，偶尔赏奇葩。心情拿出开些许，雍容富贵花。

四、索离沟考古

应邀诗会访宾县，原知韵不孤。欲察索离沟底事，顺路考扶余。　轻松采集红陶片，同行入画图。西徙近燕方正本，补白着新书。

2015年6月23日

霜天晓角·忝列中华诗词学会顾问记怀（步张岳琦先生韵）

同参一会，由此成边最①。携韵白山松籁，流派美，诗花美。　　吟军齐发至，吟旌先树起。当顾问应超脱，公早是，吾方是。

【注释】

①边最，古时边疆官吏政绩考核获得第一。南朝宋·范晔《后汉书》卷五十二·崔骃列传第四十二："寔整厉士马，严烽候，虏不敢犯，常为边最。"宋·金君卿《金氏文集》卷下："伫升边最，别奉恩俞。"

临江仙·甑峰岭摄得长白山披红奇观走笔

恰是雪飞时节，登临镜指苍穹。我来岭顶祭刘公。惊看红柳白，欣摄白头红。　　踏遍青山回首，邀朋共写豪雄。图们未许韵朦胧。松花千里浪，鸭绿一江风。

鹧鸪天·辽上京留别

君健家常菜不同，相邀雅集振兴东。乌山携得高天韵，京阁深怀明月融。　　中国梦，大辽风，千年故事与时雄。廓清渤海扶余府，商岭寻来一路通。

2015年9月28日（八月十六）

晚于内蒙古翁牛特旗裕都宾馆312房间

【题解】

乙未中秋，我请辽宁省文物考古研究所八十一岁的冯永谦老先生助考辽太祖征渤海进军与身后回归路线，以证扶余后期王城与渤海扶余府在辽源龙首山山城一带，中秋节登上阿鲁科尔沁旗裂缝山，此乃辽太祖东征时所祭天地之乌山，摄得古祭坛。翌日抵巴林左旗考察辽上京古城、辽太祖陵、祖州城。午间，蒙诗友王守仁兄联络，辽上京诗词楹联协会罗树坤副会长、王青煜先生、赵丽春、李巨辉在“君健家常菜”雅集，把酒言诗，论古道今，依依不舍，凑句留别。

鹧鸪天·萨满部落再摄长白山沐红奇观

三百天阶指碧空，不咸山上晚霞红。凌虚阅尽千年事，对实瞄清孤隼峰。　邀朗月，向苍穹，白河两岸一相逢。开来流派前人笑，韵补神州数大东。

2015年12月12日凌晨

【题解】

从距长白山北坡最近的山——萨满部落生态山，攀登三百级台阶，可看长白山全貌。2015年12月7日15时39分，我与长白山历史文化院张宏魁先生、长白山萨满原始部落裴怀春先生奋力登上极顶，再摄长白山沐红奇观。

西江月·第一百七十九次登长白山考察小记

大泽独怀高洁，群峰相抱力撑。棉衣皮夹裹多层，登顶方知不冷。　冒雪引来吟旅，乘槎抒发豪情。不咸山上舞长旌，我辈三生有幸。

2015年12月19日

最高楼·邀请刘建封后人刘自力、李洪梅、刘东莱出席长白山诗会有记

津门出，奔向大荒山。心热岂惊寒。天池丽日当空照，渊潭冰嶂倚栏看。这心情，人自醉，啸群峦。　　幸未向、柳边辜负雪，幸未向、砚边辜负月。心尽了，慰前贤。避风石上书空叹，黑风口下瀑高悬。嘱儿孙，知往事，接新年。

2015年12月21日

宴清都·一山一蓝产业园巡礼

流派白山汇。临冬至、满目风光大美。一山生色，一蓝生态，一泉生瑞。清幽静远称最。求雅集、百折无悔。吟旌展、关东诗会，商会，笔会，盛会。　　诗会，已逾十年。商会，远见令余敬佩。伊然笔会。笔会，确属东荒盛会。但求以诗证史，对前贤、我心无愧。引来者、不负东方，奇峰雄伟。

2015年12月22日

金缕曲·陪刘自力先生一家谒刘建封塑像

明月湖寒彻。此恭行、天池钓叟，像前瞻谒。百五十年华诞到，敬献花盈芝阙。峰十六、争相诉说。孤隼三奇霞犹紫，共白头华盖空呜咽。听卧虎，独悲切。　　百年苦旅风兼雪。向东荒、吟旌指处，每呈新页。豆

谷江源池南秀，山白天蓝云洁。考大泽、瑶池清澈。百八往还人未老，幸筇坚如石心如铁。诗共我，补天豁。

2015年12月22日

南楼令·吉林日报社驻长白山记者站成立志贺

飞雪净群峦，喜临长白山。乙未冬、雅令初颁。昂首阋门宜望远，挥梦笔，赋流年。　　珍惜不咸缘，平台筑此间。效桦松、根扎荒原。生态天堂宣大美，歌奥壤，谱新篇。

2015年12月26日

酷相思·天池十六峰纪咏

一、白云峰

走到跟前心震撼。入天窟，羞无胆。却离后常常添思念。云白也，天蓝湛；云驻也，池蓝湛。　　雨里难登心里憾。乍飞雪，过天堑。幸初摄圆虹星汉黯。祭钓叟，今由俺；继钓叟，今来俺。

二、芝盘峰

故里诸城存背景。命名者，山人敬。到仙阜搜寻盘可定。春草甸，繁花盛；冬草甸，留花顶。　　岂为仙游临险境。忆苦旅，心难静。问东北无文真也未？不屑也，山能证；不懈也，诗能证。

三、锦屏峰

状似屏风开簇锦。稍西北，风流甚。抱观日芝盘峰共枕。白巨雹，公来审；黑曜石，余来审。　　砬子如城垣迭窨。得地利，填仓廪。幸三度登临颇耐品。忧虑重，心堪任；忧责重，肩堪任。

四、观日峰

突起峰尖凭造化。石浪漫，花潇洒。笑三月三时三上下。红日跳，疑真假；红海阔，知真假。　　世事非经难作罢。辨文献，巡田野。信文物书刊兼考者。新发现，惊时也；新结论，惊人也。

五、龙门峰

放出乘槎河此去。对天豁，披金缕。记闻说当年来大禹。碑上字，成天语；壁上瀑，传天语。　　百载跟来延苦旅。走钓叟，查边路。为青史多留新建树。难避也，招风处；不避也，迎风处。

六、天豁峰

峰起双尖开一线。豁然朗，堪望远。似盘踞双龙形缱绻。雪白矣，逢春幻；石赤矣，逢冬幻。　　每上斯巅欣巨砚。窃试笔，惊深浅。浣纱女笺云飞彩练。欲住也，天行健；欲罢也，人行健。

七、铁壁峰

此去山民曾采药。忽听得，弹仙乐。对瑶彩华灯何寂寞。书福寿，悬朱阁；祈福寿，留朱阁。　　一入云门知峭崿。水莽荡，花纷落。摄盈目长林烟邈邈。昨举镜，惊魂魄；今举镜，凝魂魄。

八、华盖峰

五色云遮生炫彩。紫霞北，称华盖。叹分界由兹成域外。风雨骤，形无改；风雪骤，形无改。　　苦旅当年谁奏凯。踏查路，今犹在。自燕赵文明东向海。诗证史，催流派；书纪史，开流派。

九、紫霞峰

患雾登临天未晓。史中事，知多少。记堆石风云何缥缈。丝缕乱，碑丢了；思路乱，霞残了。　　直对鸡冠岩窈窕。景依旧，人先老。劝遐世儿孙应守道。山雨淫，晴方好；池水瘦，圆方好。

十、孤隼峰

怪石参差悬绝壁。似孤隼，冲天翼。独高耸尖峰临大泽。林海里，云无极；云海里，风无极。　　一帜飞扬声雳雳。艮兑合，三江迫。立东亚神州龙发脉。先小试，生花笔；再小试，凌云笔。

十一、三奇峰

奥壤奇观峰十六。接孤隼，三奇逐。恰源溯于兹通鸭绿。石五色，春光沐。江万里，斜阳沐。　　廿四沟深投健足。布诗阵，开新局。幸无字天书余早读。流不废，江山属；情不尽，家山属。

十二、白头峰

每过云门云下走。石孤峙，何曾有。立池畔巍峨风怒吼。正北对，龙门口；正面对，家门口。　　我到峰前思钓叟，那方印，曾经手。在宣册当中诗写就。言不尽，亲诗酒；书不尽，邀诗友。

十三、冠冕峰

冠冕峰高形易认。有冰穴，离天近。照笼雪寒烟如日晕。风浩荡，云混沌；山崒嵂，花混沌。　　向使关东旌旆引。此现象，君应信。自山海经中称肃慎。流派起，诗成阵；流派涌，词成阵。

十四、卧虎峰

卧虎峰缘卧虎事。有虎径，曾标记。叹狐假威时凶也未。先允猎，收无忌；后禁猎，偷无忌。　　撷韵池南开至此。岂许忘，天池美。贺山拥鸡林传我辈。率苦旅，心无悔；赴苦旅，人无悔。

十五、梯云峰

岳桦林中风莽荡。杜鹃美，梯河浪。忆悬雪崖前同策杖。合影在，山花放；云影乱，心花放。　　倒是书生珍奥壤。百八十，登峰上。问天外风光当怎样？寄钓叟，山添恙；语钓叟，池添恙。

十六、玉柱峰

几度登临云接踵。觅仙鹿，神泉涌。赖青石擎天天下拱。进一步，风雷动；退一步，江河动。　　每向西坡山韵送。凭颢兴，圆诗梦。再回首深知忧责重。同继雅，师唐宋；同继迹，承唐宋。

最高楼·《傲霜侠骨·印象长白》读后

归来也，长白一山民。不倦漫山巡。长龙站里长龙侠，望天鹅上望天人。好心情，无寂寞，几经春。　　苦是苦，白山曾摄雪；乐更乐，塔山曾摄月。留下了，镜中珍。天低不敢偷昂首，云轻不敢乱挪身。忆江边，鸡叫早，浪来新。

2015年12月30日

浪淘沙·步韵谢沈鹏云兄惠大作

飞越大荒山，时近猴年。续流派史结诗缘。百八十回登不倦，未敢空肩。　乘兴摄云天，丽影长传。漫挥拙笔注雄篇。为陌生人留话语，莫管容颜。

附，沈鹏云原作《浪淘沙·闻养根斋岁杪再登长白山而作》：

情注不咸山，苦旅经年。圆虹万丈跨时缘。追向大同探险韵，忧责双肩。　高泽接云天，流派承传。鸿儒贤胄续新篇。回首苍茫看足迹，无限欢颜。

宴清都·丙申初五诗友雅集

闹市车犹少。年初五、客自辉南来了。史逾千载，寒梅一剪，龙湾三角。相邀老地方见，老感情、老尖庄倒。谈兴浓、恰得时好、人好、酒好、诗好。　时好，春雨潇潇；人好，苦旅协同步调。家藏酒好。酒好，撷韵但求诗好。吟旌飞扬古道，承流派，铿锵符号。跋涉中、托陌生人，围不咸绕。

【题解】

2016年2月12日（丙申正月初五），诗友于化成（风景如歌）抵长，安忠凯兄临时邀我、沈鹏云、高志敏在“老地方”菜馆小酌，我从家中带上"老尖庄"高度白酒，席间尽兴，约以《宴清都》别格为作业，抛砖引玉，聊以记事。

沁园春·步格格韵谢众诗友

三月阳春，咏海棠花，觉柳色新。对史疑千载，乍消雪意；山登皕度，也带风痕。考纪辽东，辨黄龙府，寻到诗经识老根。承流派，命江河领韵，泽影缤纷。　　曩辰亦属常伦，幸早择边邻耻拜尘。憾家中慈母，时时挂我；心头孙女，个个疏亲。依旧繁忙，笑吾真傻，少见何如不顾身。开怀事，摄天蓝无极，梦萦闲云。

2016年4月13日

沁园春·题边防某部队战史馆

长白山门，鸭绿津头，荡平岭前。铸雄关要塞，练兵备战；强军良剑，守土安边。猫耳犹灵，虎威仍在①，注重连排直到班。今应慰，正紧盯使命，梦绕魂牵。　　回看八十年间，感无数英雄岂等闲。敬春风野火，古城争斗；黄鸡金谷，劲敌纠缠。越九连城，吹集结号②，屈指原知功立先。登高处，对流云骤雨，伫望长天。

【注释】

①猫耳、虎威，指临江的猫耳山、卧虎山。

②电影《野火春风斗古城》《集结号》，主人公原型均出自此部队。

卜算子四首

一、江密峰考古

春草沁清芳，老树朝天笑。说是龙潭史半篇，敢问谁知道？　官地焕文光，石斧随心到。踏遍千峰万壑间，自识山中宝。

二、江密峰贡山梨

特产进皇宫，佐领司收购。果子楼中档子存，江上衙门口。　遍野可闻香，徒惹人空瘦。留得家山万世青，宁尽千杯酒。

三、江密峰贡山里红

古驿乱云边，僻壤残垣外。刺干尖枝抱作团，谁见花曾败。　花白岂争芳，颜色霜中改。泛起春光万里红，不惧年年采。

四、江密峰山菇娘儿

石格地沟间，从小青衣裹。及到秋深串串红，一似团团火。　不想出风头，就会偷偷躲。总是含羞草里藏，恨不看看我。

2016年9月17日夜于长春养根斋

采桑子·贡品十首

一、人参

关东三宝斯为首，依附山林。性自趋阴，万苦千辛难找寻。　打牲乌拉司专贡，长在高岑。御命封禁，生态天堂贵到今。

二、贡鱼

松花江里生珍品，贡自清初。早入文书，力保朝廷致祭需。　无端协领曾渎职，胆敢留鱼。查办防姑，记过当求后效殊。

三、东珠

百难获一珍奇贵，御殿珠圆。初暑之前，此际宜收可耐寒。　上三旗获先呈送，满汉清单。盛匣封笺，翼领当班奏凯旋。

四、松子

收来松子供何用，循例盈时。分起交持，黄袋包装好献之。　八千雄阵同归驿，九马奔驰。抵达京师，奏折先祈皇帝知。

五、蜂蜜

包装匣篓箱分类，详别尖生。押运京城，护照持行官派丁。　上江收自衙门口，盈耳秋声。蝶舞蜂鸣，辛苦经年未了情。

六、箭杆

迁公史笔原文纪，楛矢呈周。何处能求，山海经中韵影留。　未曾知晓缘何木，白桦圆柔。窎远荒丘，肃慎沧桑典故猷。

七、雕翎

常随箭杆同车运，共逞英豪。千里迢迢，俯视江山赖大雕。　弯弓谁挽英雄意，一代天骄。踏老蓬蒿，奥壤深深笑尔曹。

八、暖木

向天举箭安能缺，御用神弓。暖木居中，牛角缠弦双曲同。　不咸自古风流地，汉武疆封。炀帝行宫，代有英豪出大东。

九、桦皮

至今犹有桦皮厂，紫色优良。勘票行藏，岁月悠悠走大荒。　收来官用专供上，万八千张。船自思量，佐领何如披甲忙。

十、莝草①

芳名又叫无心草，生自悬崖。嘉庆官差，二万斤从长白来。　毋将无用闲充数，欲报涓埃。笑养根斋，未晓旁门朝那开。

【注释】

①莝草，又名千峰草、木贼草、锉草、节骨草、无心草、节节草、擦草、擦桌草、笔管草，多年生直立草本，高0.5至2米。茎中空有节，节间长2至6厘米，表面有纵棱，粗糙，叶退化而抱茎，孢子囊穗长圆形，黄色，轮生茎顶，呈密穗状。喜生于河滩，溪边等潮湿处。

吉林市江密峰一带颇多。永吉县有村名：莝草塘。

嘉庆二十二年（1817年）八月，吉林将军衙门往朝廷兵部一次送桦皮、暖木、莝草，共计二万六千四百斤，装四十四车。颇为壮观！

减兰·步轻舟雅韵谢惠佳作

逡巡双岔，铁骑轰桥心也怕。岁月消磨，未改牤牛纳一河。　洪荒织梦，继迹吴公忧责重。共著华章，韵染东山万里霜。

附，王卓平词《减兰·有感于养根师寻找当年吴公夜宿之双岔河》：

漫寻双岔，踏雨披风浑不怕。古意修磨，陶醉悠悠岁月河。　　心中有梦，史迹钩沉量厚重。汗浸诗章，未负眉边那片霜。

贺新郎·贺中华诗词学会与吉林省诗词学会成立三十周年（恭步郑欣淼会长韵）

畅咏焉云歇。驾长风、白山林海，扯云笺揭。流派开来唐宋继，安问谁家咄咄。诗证史、忧怀刚烈。一路搴旌犹向远，拉练中忆及心头热。欣合力，乍翻页。　　关东诗阵歌蓬勃。纪辽东、吉林现象，蕴含深澈。手斧圆虹缘凭我，大泽逡巡不辍。方考罢、三江源接。岗子类型名命就，陌生人可信无穷竭。续雅韵，再超越。

2017年3月30日

附，郑欣淼（中华诗词学会会长）《贺新郎·贺中华诗词学会成立三十周年》：

骚雅嗟销歇！破沉喑、九重云涌，一旗高揭。深脉长流焉能断，扼腕诸公咄咄！奋袂起、吟坛鸿烈。卅载行行风雨路，更相赓、总是中心热。复兴业，写新页。　　于今诗国诗情勃！遍神州、襟怀酣畅，诵声清澈。皋浒山陬芳菲在，学府弦歌不辍。今与古、绵绵相接。而立之年年恰富，重任膺、我辈当穷竭。正叠嶂，待攀越。

2017年3月25日

钗头凤·赞中国诗词大会

飞花袖，清歌奏，满堂仙乐天音叩。红霞对，黄钟配。大江涵韵，夏连春蔚。美！美！美！　　邀诗友，倾杯酒，白山流派家门口。精诚贵，寰球内。历经千载，耐人寻味。醉！醉！醉！

2017年4月12日于长春养根斋

临江仙·牡丹江探源

打点行装西进，牡丹江上探源。花间一路喜潺潺。山高令水瘦，树密挑云寒。　　岗子类型奇特，沙河遗址殊缘。浮生有幸破疑端。长空开异象，大道克艰难。

2017年5月18日夜于敦化金豪宾馆509房间

水调歌头·咏开封兼怀喻朝刚先生

夏杼启封地，开拓亦封疆。七朝布政都此，魏惠始称梁。自古东京设处，梦里神游几度，把酒比疏狂。试问可知我，为喜满庭芳。　　赏宋词，听旧雨，慕朝刚。无缘立雪，登门求教谢周航。一剪寒梅牵线，山拥鸡林高见，数语解胡床。独作御街考，无奈自思量。

2017年6月12日凌晨于长春养根斋

【题解】

我蒙黄斌、唐卓先生盛邀访开封，应允作《虞美人》《水调歌头》

以谢。然返回长春，忙于敦化岗子考古调研、《高句丽古城考鉴》上中下三卷终校付印、《张福有诗词选续辑》校对和配图等事，憾无所咏。当此间，幸得喻朝刚先生的夫人周航编审寄赠签名大作《喻朝刚文集》四卷，忆及二十一年前我寻《一剪梅》作者请教喻先生，先生一语肯定“不是宋词”；拙编《长白山诗词选》请教张元幹词中“山拥鸡林，江澄鸭绿”，可否入编？喻先生以词中“胡床欹坐”为证，予以肯定。拙著《诗词曲律说解》蒙公木先生作序，亦是周航编审和左振坤先生说项玉成。喻朝刚先生是吉林大学中文系主任、开封市宋代文化研究会顾问，曾于1983年、1992年访问开封。喻先生是国内著名宋词专家，著有《宋词观止》《全宋词精华》等十余部，主编、副主编、参与编著宋词著作难以确计，著作等身。喻先生签名持赠其大作《辛弃疾及其作品》。我2000年从白山市委又回省委工作，欲看望喻先生，方知先生已于1998年病故，令我不胜痛惜！今填苏体《水调歌头》，吟其《满庭芳》，“算来著甚干忙”，不禁平添感慨。谨以芜句，缅怀喻朝刚先生，并谢周航编审惠寄大作。

蝶恋花·步张岳琦先生韵记怀

十月京城花旎旎，伟略新颁，万众皆欢喜。思想从今多妙计，心声都在诗声里。　　和梦争先翻史记，故国神游，亘古存斯理。打鼓敲锣难胜利，莫如实干潮掀起。

2017年10月18日十九大开幕当天夜晚于长春养根斋

附，张岳琦《蝶恋花·欢庆十九大》：

今岁金秋景旖旎，国泰民安，发展多惊喜。盛会京华商大计，佳音飞进人心里。　　报告精神要牢记，大气恢宏，款款传真理。新略新方新胜利，复兴追梦新潮起。

沁园春·岗子遗址填补空白之发现
（步张岳琦先生《十月革命百年纪》韵）

盈纪当初，一炮之声，响彻地球。创人间世态，乾坤倒转；世间物态，沧海横舟。呼唤黎元，当家做主，风起云翻汇巨流。开新路、改冬宫岁月，另点琼楼。　　东牟事典谁勾，任苦旅迢迢跬步稠。续江岗志略，白山纪咏；瑶池韵雅，丹水涛忧。树壁沙津，奥娄河阻，古道初都绮卷收。欣梳理、证漫漫青史，刻在崖头。

2017年11月7日

附，张岳琦《沁园春·十月革命百年纪》：

回首当年，十月炮声，震撼全球。唤工人起义，推翻旧制。第三国际，引领新舟。马列精华，苏俄文化，遍世风传涌热流。赢二战，促苏联崛起，更上层楼。　　新图毕竟难勾，苦探索峥嵘岁月稠。叹内争酷烈，纷呈凋落。集中经济，渐露深忧。后任无方，动摇信仰，瓦解倾间不可收。新时代，看红旗高举，谁立潮头。

鹧鸪天·岗子考古新发现五首

一、岗子石器

树壁沙河崖自高，奥娄千载韵滔滔。书中淡写沧桑史，城内徒留青石刀。　　惊利斧，拾残矛，籛箕崴子锁沟壕。臼锄网坠敲磨器，补白时分风怒号。

二、岗子陶器

自固沙津流韵风，重光传统与时雄。耳圆耳直桥形异，心实心虚柱把同。　　平顶黑，鼓腹红，折沿壶罐出河东。创新补白神犹定，除去陈言一笑中。

三、岗子铁器

渤海于今遗迹留，白山部地守东牟。欣逢驿道牛车辖，可贵城墙铁箭头。　　甄靺羯，辨虞娄，崔忻持节路悠悠。灰陶泥质盆壶罐，碎在田间供史修。

四、岗子五铢钱

砬豁浑如一线天，雨多冲出五铢钱。遥思汉武玄菟郡，深解唐贤白马篇。　　吟树壁，著诗笺，通沟印记梦中牵。峥嵘岁月书生气，拼命何关使命肩。

五、岗子前山山城

走保东牟山上居，奥娄河畔筑城初。陶球完好陶轮美，石斧精工石镐殊。　　残汉鑺，旧唐书，箭头渤海证何孤。白山部族营盘在，信是千年第一都。

2017年11月26日上午于长春养根斋

【题解】

岗子前山山城，位于敦化市官地镇岗子村前山，当地人素称“簸箕崴子”“高丽山”。该山与东山头同在一条东西走向的山岗上，岗南侧为通沟岭山城，岗北侧即岗子前山，一道西墙从沙河南岸直抵岗顶，与通沟岭山城北墙相接，长1118米，宽约3～7米不等，高约1～2米。东墙是东山头的自然峭壁墙，长776米。北部路边长917米，南部岗顶长1415米。全城周长4226米。西南角坐标为：北纬43°31'22.02"，东经128°21'25.83"，海拔585米。在城墙上采集到渤海铁箭头，城内采集到夹砂陶片、泥质灰陶片、陶底、陶耳、石斧、石锄、石铲、石网坠、石臼、石磨盘、铁镢、铁环、铁镞等。2016年作者调查时东山头遗址的7个区，均在岗子前山山城范围之内。岗子山城东侧，即岗子遗址的砬豁和河东砬子地点。岗子前山山城南部，就是高80～100米的沙河悬崖峭壁，与《旧唐书》记载大祚荣"居东牟山，筑城以居之"、《新唐书》记载大祚荣逆战李楷固，"保太白山之东北，阻奥娄河，树壁自固"相合。从考古调查看，岗子前山山城与东山头为同一座山，当为文献中的"东牟山"。奥娄河，不是牡丹江，应是沙河。牡丹江，应是忽汗河。岗子遗址西距敦化市区18公里，南距长白山190公里，正在不咸山（即长白山）北，东距渤海镇上京龙泉府130公里（即260里），与《新唐书》"直旧国三百里，忽汗河之东"相合。岗子前山即东山头，当为长白山北的挹娄、靺鞨白山部，亦为大祚荣创建渤海国之东牟山。岗子遗址是多种历史文化文物要素汇聚之地，采集的石斧、石锄、石网坠、石刀、石臼、石球、礌石、陶罐、陶豆、陶甑、陶球、陶枕、铁镢、五铢钱、铁刀、铁锫、铁镞、铁钉等器物，种类之多，分布范围之广，数量之多，并与莺歌岭文化、团结文化、扶余文化、东康类型有相似之处，又有明显差异，陶器具有"折沿、鼓腹、平顶形耳"的特点，被命名为"岗子类型"。在岗子遗址周围，还有东山头、北山、西山遗址和西南小城、前山山城，应为较大的青铜文化遗址，此后延续一千多年，历经汉魏、唐宋包括渤海国、辽金以至清代，留下大量文物遗迹。岗子遗址周围的古泉、古城、古树、古河道、沙河崖、古驿道、古窑、石头院落等，构成我国东北交通史、驿站史的一个特例，其承载的历史文化内涵非常丰富，影响深远。《清史稿》记载："敦化县，古挹娄国。"

《吉林通志》记载："通沟站""光绪七年设。"通沟，是岗子在清代的称谓。刘建封在《长白山江岗志略》中写道："沙河崖，西北距敦化县三十五里。"这都是对岗子比较重要的文献记载，而且与岗子的文物遗迹相吻合，与岗子周边的自然、地理状况也相吻合。岗子的非物质文化遗产也很丰富，现在仍是活态存在。岗子遗址和岗子前山山城，由作者首次发现，填补敦化考古空白。高度重视岗子丰厚的文物遗迹，以及通过进一步考古发掘如能确认大祚荣建都之地东牟山，将有助于增强国家文化软实力，增加国家历史文化的学术储备。这对于维护国家历史文化主权、保持国家特别是东北领土完整和边疆长治久安，意义非常重大。

鹧鸪天·读信有感

浴雪寒斋捧惠书，回眸岗子亚腰锄。陶红现处城犹在，空白填时档尚无。　　如靺鞨，似扶余，白山部族聚当初。从兹改写东疆史，渤海于兹建首都。

附，芦雅洁《致张福有老师的一封信》：

张福有老师：

您好！

您从2016年4月到现在，不到两年时间，为岗子做了那么多的事，一切一切太让人感动了。

您有一双慧眼，在岗子发现三千年前青铜时代陶器与石器；您有一双勤劳的健足，走遍岗子的山山水水，发现两千一百二十六年前汉武帝时的五铢钱，证明这里是汉玄菟郡的辖地。

您不惧严寒酷暑，风天雨天，在2016年十一次来到岗子，发现这里有莺歌岭文化的亚腰石锄，这是肃慎人的生产工具。发现有团结文化的柱状陶耳，这种陶罐是沃沮人的餐具。

是您在岗子发现了与黑龙江省友谊县凤林古城一样的陶球、陶纺轮，这是挹娄人的生活用具。

是您在岗子发现了与黑龙江省宁安市东京城镇东郊东康文化的石铲和椭圆形陶器，这也是挹娄人的生产、生活工具。

是您在岗子发现了与扶余文化完全相似的陶豆，而且是完整的，是延边的唯一，填补空白！

岗子遗址中，不仅有肃慎人、挹娄人、沃沮人、扶余人的生产、生活工具，还有渤海国的泥质灰陶和铁车辖、铁箭头等。这与历史文献记载的靺鞨白山部在不咸山北，方位完全一致。您从文献与文物的结合上分析，岗子遗址很可能是靺鞨白山部的中心区域和大本营。这一点，实在是太重要了！

因为岗子遗址的大量文物是下大雨后在地表采集的，您每次都冒雨或在雨后踩着泥泞的山路与河沟去采集陶片。这些陶片，在您眼里，都是宝贝。您请考古专家孙仁杰先生绘图，以其“折沿、鼓腹、平顶形耳”为特征，建议您将其命名为“岗子类型”。2017年3月10日，吉林省政府文史馆在省政府会议室召开了“岗子遗址和岗子类型座谈会”，得到著名考古学家林沄等老先生的赞同。这太了不起了！多少人干一辈子有几人能发现一个考古学类型啊！这是必将载入史册的重要发现和重大贡献！吉林省文物局领导高度重视、大力支持在岗子村建“岗子记忆”展览馆，这太有意义了！

在岗子前山（簸箕崴子），您首次发现城墙，这是一座山城，在城墙上和城中采集到渤海国时的铁镞、石臼等。这与大祚荣“据东牟山，筑城以居之”的文献记载相吻合。这是敦化“千年古都”的考古学证据。

这里符合《旧唐书》《新唐书》记载的大祚荣“树壁自固”的沙河峡谷，亦为刘建封笔下的“沙河崖”。沙河，就是古文献中的“奥娄河”。这些结论，令人信服，都是不知您熬多少夜晚、看多少资料才得到的成果。

2017年，您又上过多少次岗子的前山、西山、北山的各个角落和沙河峭壁。每次都有新的收获，有时不到天黑不下山，有找不完的宝贝。

在您的指导下，于亚茹建立了通沟书院。这里将保存着岗子的历史文化记忆！您用您的人格魅力，引来了蒋力华、曹保明等各界的专家、名人，在岗子恢复了年喜花节。这是我国首个年喜花节。在年喜花节时，蒋力华部长和曹保明主席等各界人士一同来参加庆典。在当天开通了通沟书院的讲堂，您给我们介绍了长白山文化，蒋部长为岗子的发展指明了方向和奋斗目标，曹主席为我们讲解了物质文化遗产与非物质文化遗产。这是我们和岗子老百姓第一次近距离接触与聆听全国著名的三位专家，一同会聚在岗子讲课。我们真是有福报的人，岗子村是多么幸运啊！

在您的眼里，岗子到处都美。岗子，清代是通沟镇，吴大澂在岗子增设了通沟驿站，您给岗子命名了“通沟十景”：砬豁藏珍、东牟故邑、年喜花都、河崖树壁、驿路雄风、奥娄霞艳、祈福河灯、沙河古渡、武圣神泉、通沟书院。给官地和岗子增加了美丽色彩。

现在，大家正在为岗子申报传统文化村落、编写《岗子村志》忙碌。虽然很累，但都快乐着。是您的到来给岗子带来一片光明。您用诗词来赞美岗子，宣传岗子，引来东北三省及关内的著名诗人诗说岗子。蒋力华请《协商新报》《长白山日报》都用一个整版的篇幅加以报道，让我们学到了更多的知识，提升了品位，让更多的人更深刻地认识岗子，了解岗子。

感谢让我们遇见您！

通沟书院志愿者：芦雅洁

2017年12月29日早上8时于岗子

谢谢雅洁！

到底让你费神，我不过是举手之劳，是应做之事。再说了，去年10月20日之后，好多调查是我们一起做的，不能都记在我的名下。十分感谢亚茹和你等的大力支持。还有许多事应做而未做。大家继续努力。午间困了，才睡醒，迟复歉甚！

张福有于长春养根斋

2017年12月29日下午

王云坤先生：已读，感动。

张福有：甚谢鼓励。问候您，祝您新年大吉！

张岳琦先生：从信函来往中，可以看出你对一系列考古工作的开创性贡献。

张福有：谢谢您的鼓励。岗子遗址，经过三次文物普查都未发现，是我首次发现的。此地太重要了。

临江仙六首（步蒋力华雅韵）

一、猫耳山

长白西奔兹立定，耳双高耸云空。春来冬去数行踪。静观流水，弹曲颂苍松。　　人事早随烟月改，叹留国耻皇宫。陈公锦句记心中。临江四保，鲜血染旗红。

【题解】

1947年2月7日，四保临江战役正在进行中。陈云在中共中央辽东分局会议上以《怎样才能少犯错误》为题的讲话中指出："我们这次在敌后，有些同志有点惊慌失措，原因是他们过高地估计了敌人的力量，明明是个瓜皮帽，却把它看成了猫耳山。"猫耳山，临江市区西北之山，双峰突兀，状如猫耳，故名。

二、花山

入目花奇惊石白，山中夜放华灯。当年苦战比光荣。抛头洒血，红榜喜高登。　　屈指方知七秩到，倾听四野诗声。荡平岭前踏歌行。今非昔比，妙笔抒真情。

三、宝山

曲柳江边泥塘乱，满坡红叶撩人。每逢到此浥行尘。牵云走壁，不忘是江津。　　梦中意境诗中画，江河演绎乾坤。今来古往鸭头滨。传承记忆，续写沁园春。

四、卧虎山

来自大荒深处，朝南静卧寒冬。眼前迷恋万山中。风吹邀月白，日出隔江红。　　护鉴凌虚情重，临池泼墨芳浓。金戈铁马自从容。任凭多变故，岂可乱争雄。

五、红土山

五道沟河淘我醉，疑随草木同庚。足亲山水赖心诚。黄城淹柳色，赤谷锁涛声。　　田野逡巡求格物，春光普惠民生。坡高勿信浪花平。桥头飞雪乱，眼底大江横。

六、老黑山（慢曲）

率辨考平壤，证坚凿凿，山雨潇潇。国东北，新城大镇旌飘。擎旄，问谁误识，良民甸、出手操刀。城犹在，集扫描波束，穿越金宵。　　雄韬，悬车束马，丸水都鄙添骄。越黄城东进，一路迢遥。诗标，别开生面，开流派、共继文豪。抬望眼，信值当期待，长白山高。

2017年12月31日于长春养根斋

鹧鸪天·琉璃明王辞世两千周年祭

类利浑如一座峰，迁都国内立头功。丸都南口离宫起，豆谷东原大墓崇。　　朝鸭绿，伴花红，翩翩黄鸟每相逢。两千年后何关我，遗产长存举世雄。

2018年5月6日于长春养根斋

【题解】

集安的高句丽第二代王琉璃明王陵，在集安通沟河东岸高埠上一座圆形高丘之上，1989年让集安某局给推平，建了纪念设施，推出纯金步摇等，让民工哄抢。2016、2017年，我建议并参加省文史馆调研组两次去集安调研，建议迁移纪念设施，腾出王陵遗址。未果。今年4月9日，我给省长写信，建议重视此事，希望能做出指示。省长迅即批示给省直有关部门。5月2日至3日，省委宣传部、文化厅、民政厅等部门各派处长，文物局组织考古专家到集安。现场看后，同意我的意见，纪念设施应移除，墓葬遗址应发掘、保护。文物专家四人，组长是东北师大教授傅佳欣，成员是辽宁省考古所书记李新权、吉大教授王培新、省考古所副所长王志刚。5月3日晚，我与四位专家分别通了电话，感谢他们慧眼识珍，写出明确意见。

琉璃明王类利，公元3年将都城从辽宁桓仁迁到吉林集安国内城，又筑尉那岩城（即丸都山城）。筑豆谷离宫，其在位之三十七年（公元18年），幸豆谷离宫，薨于豆谷离宫，葬于豆谷东原。经我考证，豆谷，即通沟，亦称洞沟，是集安的通沟河。豆谷离宫，是集安梨树园子遗址。琉璃明王陵，就是豆谷离宫上面的集安禹山墓区JYM0000号墓。该墓长30米，宽28米，高2.5米。2014年6月12日，我与蒋力华君同去集安，插空陪他去了琉璃明王陵遗址，力华也明确提出，应恢复琉璃明王陵。

公元前17年，琉璃明王作《黄鸟歌》：“翩翩黄鸟，雌雄相依。念我之独，谁其与归。”四言，《诗经》风格。这是我辑笺的《长白山诗词选》中最早有确切作者名字的诗，距今已2035年。琉璃明王将都城迁到集安，都城在此延续了425年，留下1.2万多座古墓和多座古城，有20多座王陵和著名的好太王碑，列入《世界遗产名录》，2004年，集安成为世界文化遗产地。今年是琉璃明王辞世两千周年。当此之际，解决其陵遗址问题，加以保护，是对琉璃明王辞世两千周年的最好纪念。

鹧鸪天·大阳岔寒武奥陶地质分界线有望成为金钉子剖面感记

天豁归来雨未消，叫停修路炮声高。牙形石出标寒武，生物群殊别奥陶。　长白梦，小洋桥，大阳岔里早藏娇。纽芬兰后金钉子，或借东风可渡辽。

2018年5月6日于长春养根斋

【题解】

白山市江源区大阳岔小洋桥地质剖面，是全世界最好的两处寒武奥陶系地质剖面之一。另一处是加拿大的纽芬兰。地质界将其称为："世界有个加拿大，中国有个大阳岔。"1996年，大阳岔剖面处的公路被暴雨冲毁，我从长白山下来，天将黑，雨还在下，抢险修路的工程队在剖面处放炮，向剖面深处重新扩路。我上前制止，他们不听，反而干得更起劲了。当时，此处剖面归白山市旅游局管。我给分管旅游和地矿的副市长李德馨、孙权打电话，请二位副市长带上有关局长立即赶到江源现场，由我主持，马上召开紧急协调会，决定：立即停止在此处放炮，不准往原路基内挖掘。重新研究剖面主管局，建议由旅游局交给地矿局主管，向省里汇报，取得支持。此事办成了，由省地矿厅划拨编制，将剖面点收过来，建立剖面管理处。在现场建了管理房，常年有人看护。这样才有今天的"金钉子"希望。如果当时不加制止，继续放炮，不知要毁掉多少有用的重要地质信息，后果不堪设想。

2018年5月4日，白山江源电视台长曹景福发出的"新江源新生活"专题节目，主持人赵研介绍了国际地层研究机构在长春召开的寒武奥陶系界线研讨会，就寒武奥陶系金钉子问题展开讨论，原来的金钉子剖面加拿大纽芬兰错定牙形石，而江源大阳岔小洋桥剖面恰好发现牙形石，与会六个国家的地质专家都对大阳岔剖面感兴趣，使大阳岔剖面有望成为金钉子剖面。

金钉子，是对全球层型剖面和层型点（GSSP）的通俗表述，是指特定地区内，特定岩层序列中的一个专有的标志点，借此构成两个年代地层单位之间界线的定义和识别标准。“金钉子”是全世界科学家公认的全球范围内某一特定地质时代划分对比的标准。因此，它的成功获取，往往标志着一个国家在这一领域的地学研究成果达到世界领先水平，其意义绝不亚于奥运金牌。1977年于捷克确立的全球志留系/泥盆系界线层型剖面和点（GSSP），是全球第一枚金钉子。全球地层年表中一共有“金钉子”一百一十颗左右。截至2013年4月，已经正式确立六十五颗金钉子。

5月4日，江源区电视台长曹景福先生给我留言：“是您的功劳，保护了这一地质景观！您为弘扬长白山文化做出了突出贡献！”

附：

张岳琦：这不是一般的好词，而是对重要历史和事件的记载。你保护了重要文物和地质结构。知识就是力量。

5月6日下午

张福有：甚谢您的长期支持和重要指导。力华让把这两件用诗写出来。便写了词。

5月6日下午

蒋力华：两词很棒！当有此韵！两者皆功出于兄，重大建树！

5月6日晚

李红光：以诗纪史，以诗证史，百年后鉴物鉴史复以证之，当不负高怀也哉！

5月6日晚

鹧鸪天·赴长白山道中接妈电话感记

一路边光闲赏花，接来电话叫声妈。白山赫赫松风远，绿水滔滔波浪奢。　　沟别下，树休爬，事情完后快回家。同车教授心犹热，共忆当年手斧拿。

2018年5月11日赴漫江道中

【题解】

2018年5月11日，应长白山池南区之邀，余与吉林大学陈全家教授、刘哲副教授一道，去漫江考察长白山石磬发现地。途中，顷接远居集安阳岔八十九岁老母亲用手机打来的电话，叮嘱我："一定要注意安全，快到七十岁的人了，别上高涉险，办完事快点回家。"一车人感动不已。

鹧鸪天·公主岭行吟四首（用叶剑波韵）

一、双城堡中心校

画意吟怀叠锦声，开门喜色见真情。牵心雅韵连云起，化雨春风入梦行。　　思一路，访双城，黄花偏脸布纵横。寒窗苦读年时满，立世欣从这启程。

二、市立图书馆

快绿怡红艳胜春，今来有幸作嘉宾。推行诗教强心志，携得山风壮国魂。　　探至理，养深根，求医问药此方神。飞舟遏浪蹚书海，先握良机是达人。

三、问心文化园

想起高山红景天，天风莽荡与云连。史诗昔乃无双笔，忧责今仍扛一肩。　心敢问，泪堪删，登山策杖少悠闲。古稀已近犹忙碌，依旧奔波未下鞍。

四、怀德洞藏酒业

稀有琼浆入洞藏，登临气爽觉清凉。杂粮留甑邀三叠，豪客盈门饮八方。　怀德酿，洞醇芳，百年老窖醉斜阳。一杯深品能醒世，源自瑶池泽被长。

2018年6月5日于长春养根斋

鹧鸪天·通化县兴林镇咏叹四首

一、河里根据地

河里重来逢小秋，抗联遗物那时留。吉林省委原生地，联席军机决策畴。　花曲柳，核桃楸，扎根难舍惠家沟。初心不改精神在，莫道深山是远陬。

2018年9月5日晨于长春养根斋

二、一军司令部

此地生成一路军，砍头鬼子倒纷纷。双全智勇杨司令，极恶穷凶日太君。　河里斗，报间闻，抗联遗址考犹勤。兴林见证千秋史，十四年留不朽文。

2018年9月5日长春至呼和浩特8513航班43H座

三、抗联大本营

被服加工医院连，养伤固本赖期间。方圆接济三千里，死活坚持十四年。　　前线勇，后方安，爬冰卧雪破雄关。而今我借潇潇雨，祭奠英魂奏凯旋。

2018年9月5日长春至呼和浩特机场转机中

四、杨靖宇印章（独木桥体）

河里山头留史章，枪林弹雨谱华章。白山千里无双印，黑土三翻得一章。　　杨靖宇，柳明章，百年共做大文章。荒田有幸埋铜鉴，军博收藏传锦章。

2018年9月5日长春至呼和浩特转机中

临江仙·通化县四季咏叹

一、河口之春

富尔江流南注，新开河水西奔。当年鏖战起烟尘。悬车还束马，刊石复铭人。　　岸柳婆娑如醉，恋花蜂蝶贪春。忙来忙去各艰辛。平常添趣味，难得养精神。

二、东来之夏

紫气东来成典，绿茵西岔弹溪。抗联基地访寻时。长空添寂静，沃野显清奇。　　纪事以诗随笔，开来流派谁知？河边美石莫须题。窗前山影醉，梦后墨香迟。

三、石湖之秋

石碧花红山老，粮丰果硕天高。秋游不惧路迢迢。云飞风助力，叶落雨操刀。　　豆谷罗圈分水，好施乐善碑抄。无坛积石墓萧条。河边留障塞，树下隐蓬蒿。

四、老岭之冬

寻访抗联遗址，情钟单独人家。登门未肯与诗赊。火车盘隧道，农舍理桑麻。　　脉发白山西麓，水分鸭绿松花。面临豆谷好乘槎。回眸观雪野，伸手扯云霞。

望江东·通化县怀古四首

一、古遗址

江口西东岸边处，各发现、刀锄斧。属新石器已清楚，要记得、来时路。　　河边岭上经常去，土珠子、时光顾。每回都见物无数。总忘返、天将暮。

二、古墓群

全境遗留古坟地，大多属、高句丽。龙头江口鹿场里，积石冢、何神秘。　　唯于砬缝西边鄙，石棚墓、须标记。仅存一座可称异，未曾见、青铜器。

三、古城址

城布浑江北南岸，土石筑、防交战。高句丽效赵燕汉，费十载、书三卷。　吟旌指处谁家羡，猎猎舞、来天半。辽东山水踏犹遍，倩谁手、成新传。

四、古障塞

燕汉长城筑山上，自成塞、还称障。经由此地有多项，隔雨雪、长相望。　良民甸子斋根养，涉文史、何曾想。东疆沃野策长杖，考大泽、笺平壤。

2018年10月1日上午于长春养根斋

【题解】

拙斋本从政，偶从文，不意涉入考古调研，十五年积三十余项新发现。诸如：找到河南洛阳泉氏墓地，发现良民库区二千七百多座古墓与良民古城，发现长白山手斧、长白山石磬、枫林遗址、岗子遗址与岗子类型等。不咸，即大泽，乃长白山天池。公元247年，东川王所筑之平壤城，乃集安良民古城等，借题以为记。

蝶恋花·恭步张岳琦先生韵记通化县采风

佟水悠扬山色好，可比桃源，此景城中少。菜叶漂来成典早，石矛依旧称精妙。　遗产双名凭酒报，贺大泉源，诗赋歌新貌。踏遍山川人已老，沸流浪涌江声俏。

鹧鸪天·宁安大激园

起自津门越老边，跋山涉水到宁安。抱江龙虎精神在，得月楼台气象轩。　中转驿，大激园，石桥走过岂消闲？百三十载余来访，信继皇华证永年。

2018年10月18日凌晨于图们

【题解】

大澂园，位于黑龙江省宁安县牡丹江边。“大澂园”三字，题在望江楼旁边的月亮门上。

望江楼，原名抱江楼，始建于光绪八年（1882年）。光绪七年四月，太仆寺卿吴大澂奉旨以御使衔抵达宁古塔，副都统容峻峰为其建望江楼御使行台。吴大澂在此楼办理军政民务，训练新军，勘查中俄边境。据理争回国土，固疆护土，开放边禁，设置垦局，招民实边，拉街基，建村屯，开辟三姓、东宁、通沟等驿站，创办牛痘局。吴大澂驻守宁古塔三年，为民造福有功，被百姓誉为“青天官”。大澂园内，有古榆参天，吴大澂于光绪九年、十二年两次在沙兰二间驿路旁边的刻石，被运置园中。

鹧鸪天·重走《皇华纪程》之路全线告捷

起自津门寻访终，敬公伟业两心通。停车摄得金凰美，出手拿来石镐雄。　　苔路绿，树旗红，百三十载地名同。朱敦秃顶依然在，摄老鸛窝房址中。

2018年10月31日夜于敦化

【题解】

重走吴大澂《皇华纪程》之路，在吉林省政府文史馆大力支持下，2016年11月1日在敦化岗子启动，2018年10月31日在敦化老秃顶结束。吴大澂手记途经147个地方全部找到并做拍照、测坐标、海拔和现状调查记录，完成《皇华纪程今昔》文化人类学此路132年之田野调查。此事，前无先例。在恰逢调查两整年对接之际，由拙斋与李宝东、芦雅洁、赵岳强等收官之日，在敦化凤凰店古驿路旁发现一个青铜时代遗址，在地表采集到一件尖状器、一个大石镐。石镐长43厘米，刃宽12厘米，厚7厘米，重5.3公斤。喜上心头，夜不成寐，是为记。

武陵春·发现凤凰店石镐感记

今昔缘何同道走，一路继皇华。峻岭重重树影斜，又问到谁家。　圆满收官添石镐，有幸目无遮。纵使重开越野车，载不动、许多夸。

【题解】

重走吴大澂《皇华纪程》之路收官之日，拙斋有幸在敦化凤凰店驿路旁发现一处青铜时代遗址，欣得一件大石镐，填一《鹧鸪天》发朋友圈，骤获诗友等好评如云。余言：载不动，许多夸。力华兄言：此六字，可入韵。遂成之。

纪辽东·诗友雅集展示凤凰店石镐

今昔皇华一路征，三度接全程。津门始发珲春到，地标诸个明。　遗址原藏凤凰店，石镐动真情。以诗证史凭侪辈，缅怀吴大澂。

【题解】

重走吴大澂《皇华纪程》之路收官之日，拙斋有幸在敦化凤凰店驿路旁发现一处青铜时代遗址，欣得一件43厘米长、5.3公斤重的大石镐。经吉林大学教授、中国考古学会旧石器专业委员会副主任陈全家先生和李万博、魏天旭鉴定，属青铜时代遗迹。适逢白山叶剑波邀长春诗友雅集，未辞路遥镐重，携来共赏并填一《纪辽东》为记。

2018年11月11日于长春养根斋

卷五　曲

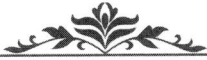

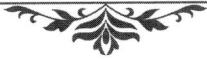

【正宫】学士吟·由省委赴白山供职感怀四首

一、自嘲

十年求索艰辛路，赚一纸虚名最苦。笑人前燕舞蝶翻，不懂春光谁主。

【幺】大荒中绿水白山，袖笔轻吟归去。草文章写在田间，正好是安排我处。

二、自问

书生易被儒冠误，不肯折支腰硬骨。看庭花宠辱无惊，一任漫天风雨。

【幺】入山乡远隔尘嚣，倦眼幸除俗物。对天池纵笔狂歌，这美事今生几度?

三、自慰

曾经火海如汤赴，不敢说能加后福。未曾登大雅之堂，却也微吟梁甫。

【幺】想当年务稼柴门，也算赶逢机遇。没偷闲不住耕耘，乐已获些些拙句。

四、自勉

养根斋里食书蠹，又啃过隋唐汉楚。岳阳楼两字关情，至理浑无今古。

【幺】近清泉淡漠浮云，只为把根留住。喜春来万紫千红，更可爱山间草木。

1996年3月31日于长春

【双调】夜行船·长白山池南撷韵近千首（套数）

历代诗人歌洞沟[①]。长白颂、布韵金秋。南北吟军，轻歌高奏，直开向、奇峰十六。

【乔木查】天池钓叟[②]，此路曾经走。志略江冈成卷收，合为知己修，以后难求。

【庆宣和】百度登临百度忧，问我何愁？岂可由他瞎胡诌，是否？是否？

【落梅风】山依旧，水照流，紫霞嗟、白头枯瘦[③]。避风刻石何处有[④]，百年间、几人研究？

【风入松】一行诗旅共文游，峡谷荡诗舟。含情草木心花放，鹿狍奔、百鸟啁啾。说破英雄今古，居然还是曹刘[⑤]！

【拨不断】筑吟楼，韵悠悠。三江碧水源出岫，万仞白山开泪眸，百年绿字虽刊就，也难说透。

【离亭宴煞】邀天下、道同诗友，辑成此卷别松手。知何时、风狂雨骤？一霎雪纷纷，时而风荡荡，转眼殃留留。穆公踏勘碑[⑥]，吴帅巡边处[⑦]，雄怀俱未酬。如梦咏黄花，鹧鸪啼紫砚，水调歌红柳。明知许剑难，也要揖星斗。乘槎跃马，待到雁归时，与君再聚首。

2008年10月19日

【注释】

①洞沟，即通沟，古之豆谷，今之集安。2007年，有《历代诗人咏集安》辑成。

②天池钓叟，刘建封的号，1908年率队踏查长白山，为天池周围十六峰等主要景观命名，著有《长白山江冈志略》《白山纪咏》等。

③紫霞、白头，均为十六峰中之称谓。

④刘建封踏查时，曾三到避风石并镂字。

⑤曹刘，刘建封一百年前踏查长白山时，曾在三岔子曹建德家早餐。今年，余等找到曹家后裔及房址、水井等，在曹家沟刊石以纪。

⑥穆公，康熙朝乌拉总管穆克登奉命到长白山查边，立有穆石。

⑦吴帅，吴禄贞，1907—1909年署理延吉边务，做出历史贡献。

【正宫】塞鸿秋·向海秋歌（独木桥体）

白城向海牵魂处，金秋攀阁题诗处。游船新也初航处，吟朋兴矣高歌处。鱼鹅头宴时，捺钵先经处。千年往事回眸处。

【越调】斗鹌鹑·刘建封踏查长白山（套数）

【斗鹌鹑】亘古长白，峰名没有。徐世昌总督招兵，李照岱总局唤友。探访双欣，李张二守[①]。得遇谁？他姓刘。领队跟班，起身就走。（缘起）

【紫花儿序】奉天许中书何曾谦让，吉林刘寿彭岂肯迟疑，向导王凤鸣哪敢停留。五员测绘，十六披鞣。同俦，独生子刘次彭从父左右，渡辽随后。怒马当前，绝不回头。（组队）

【金蕉叶】刚上路听熊怒吼，惊刘五难伸援手。多亏郝金什长遒，一枪毙熊朝远瞅。（遇熊）

【调笑令】夜宿，岭淹遛。商定此行四至区[②]。花园头道河西柳，尾闾红旗河东岫。团头属南一界授，松花之北两江垢。（定向）

【鬼三台】松明烛，干粮馏，苍天保佑。张凤台遗珍馐，又加番饼勾。翻越千年积雪沟，咏松万年攒韵讴。既作山居，用钱管够。（筹款）

【秃厮儿】一个月跋涉苦斗，自临江程起无休。西坡极顶峰黯黝。二十八，日相酬，五月六月两回眸。（登顶）

【圣药王】坠马忧，饮自酬。木石河畔点长篝。羊血柔，虎骨虬，四天露宿欲何求？死而复生再绸缪。（坠马）

【麻郎儿】寻穆石为驳荒谬，青峰岭苦寻穷搜。砚山转三圈夜游，鸭土水两江分骤。（迷路）

【幺篇】饿未久，粮借收，野猪肉熟。孙兰芬借粮三日细问根由。恰命罢峰名共十六，还粮时赠他十六峰地图刚绘就。（借粮）

【络丝娘】题扇时从非为售，桃源到索书长候。穿山一路父子瘦，村童骑牛逗。（题扇）

【小桃红】避风石下冷飕飕，三度将石镂。叹未随公百年懋，雾悠悠，寻君未果心难受。石坡更陡，如何深究，无语对沙洲。（避风）

【幺篇】长情一线见风流，到此寻奇兽。大泽安惊水吹皱。鸟啁啾。飞来与我成迦逅。同思钓叟，管弦齐奏，苦意赋花楸。（思钓）

【东原乐】曹家沟，忆毌丘。辑安好太王碑石曾浏，幸得刘公到此考春秋。辑文厚，释通沟河谷称豆。（考碑）

【幺篇】公多幸，日晕幽。继迹我来虹圆又。百八十次考诹，效王胄，纪辽东为延词寿。（圆虹）

【收尾】刘公华诞登山佑，长白数九。辑韵补东荒，佳作取一千五百首。（纪念）

2016年1月7日

【注释】

①李张二守，指李廷玉、张凤台。光绪三十四年（1908年）四月，刘建封到沈阳探访山东老乡李照岱总局长，恰遇长白府张凤台、李廷玉也在其寓所，说起东三省总督徐世昌要求开展奉吉勘界兼查三江之源事，都觉得刘建封最适合做领班，便一言为定。

②四至区，区，在曲韵十六部中读：qiū，祛尤切，音丘。域也。见《康熙字典》。刘建封在头道花园开会议定踏查的边框四至，即确定东、西、南、北四面都到哪个地方。

【题解】

拙作，实受相见恨晚大作《【般涉调】耍孩儿·刘建封命名长白十六峰（套数）》启发而作。写出后发给相见恨晚诸首提出意见并一一改过，再发去改定体例等，才成这般模样。

卷六　对联

露水河连理松

两树尚能连一体；
几人真可结同心？

松 桦 恋

松作主心骨，擎天凭壮脊；
桦逢醒世缘，立地赖深根。

长白林海

东方乔岳，林海苍茫，涵千载英华，毓仙乡胜概；
大泽洪涛，吟潮澎湃，祭万山老祖，临奥壤雄风。

纪念抗日战争胜利七十周年

大泽波涛，与黄河同怒吼，淹没东洋敌寇；
长城烽火，随赤壁共高歌，缅怀民族英雄。

桦甸蒿子湖抗联密营被服厂

千针万线，化作刀枪，孰是后方前线；
万水千山，都成阵地，俨然大泽深山。

桦甸蒿子湖抗联密营磨坊

何人在此，推了一圈又一圈，圈圈布阵；
当我来时，迈开几步停几步，步步牵心。

江源石人血泪山

万人坑惨，直惹红崖流血泪；
千载恨深，岂忘白骨满山坡。

敦化岗子通沟书院

通神长白圣；
沟瑞大岗奇。

卷七　赋

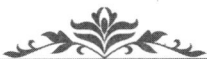

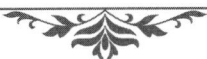

保安卧佛赋[①]

皇皇乎！保安卧佛，自然奇观。惟妙惟肖，胜似乐山[②]。经配乐以广播，名扬海内；由报章以发表，影绕边关。从银屏里摇来，令豪饮客豪吞波里月；在梦魂中相遇，教酣游人酣醉水中天。铺地盖天销永昼，悟空醒世过流年。甲子几度轮回，历代名贤未曾记；乙酉一经报晓，如今众口竞相传。

初识卧佛，关东张刘。赴长白山食鱼庆岭，越吊水湖飞车平畴。当年“约期岭上人初误[③]”，如今“缱绻晨夕总相缪[④]”。蘧然间，张子揭云帏而见佛，刘君悟造化而洞幽。观其地，地处保安；察其时，时逢立秋。

小憩保安之卧佛，方浴长白之天池。浓雾淫雨连数日，秋色晴光当此时。雄丽掩妖娆，势逼五岳[⑤]；琼洁含缟素，源开三支[⑥]。携白山之灵气，为卧佛照影；共保安之肇基，策骏骥奔驰。东方乔岳，壮神州之美；山川钟灵，惊寰宇之奇。嘉梦无边，头西北而高枕；安定有致，脚东南而低垂。青鬟秀发，翠黛慈眉。耳聪闻人间哭笑，目明察世上妍媸。藏百禽而心宽有忍，纳万木而腹大无欺。仰卧于天地之间，风霜并雨露润神爽意；置身于日月之下，草木共山石含情凝睇。嗟夫！天造乎疑地设，鬼斧乎疑神技。千姿百态，任君挥洒五色笔[⑦]；七步八斗[⑧]，愧我胸少十香词[⑨]。

朝霞染新梅，疏影暗香，恍似和靖孤山梅蕊放[⑩]；晚风摇弱柳，轻枝细叶，犹如渊明故宅柳条舒[⑪]。春夏草茂山寺远，秋冬月明水亭虚。东北风光，拉法起舞[⑫]，绿水扬声声相应；西南烟波，乐山欢歌，翠竹弄影影不独。未到蛟河兮先驻马，从今莫问人到否；初识保安兮已销魂，而后不愁客来无。诗曰[⑬]：“保安卧佛久神孤，敢问今时有梦无？香国上方抛锦字，福田彼岸读天书。三摩月帐师王母，半偈云衣疑圣姑。入定悟空休打坐[⑭]，尘嚣摈却味真如[⑮]。”

噫！接大荒而作镇兮，神驰万里；俯小村以为门兮，福佑千家。赫赫乎[16]，卧天地之间，愿沉滞而不见[17]，总与人间共忧乐；煌煌乎[18]，生日月之侧，然潢洋而不遇[19]，每与神州共荣辱；湛湛乎[20]，抟雷雨之气[21]，任滂沱而不避，不与世态共炎凉；郁郁乎[22]，藉草木之荣，虽濯濯而不悔[23]，尽与古今共兴替。乾炉烹白雪，三生有幸识君面；坤鼎炼丹砂，万物无私护懿华。桥上孺子，不待授书愿纳履[24]；壁间寇公，当初题句未笼纱[25]。天公巧设，世间早有卧佛在，莫道鄙吝；山人怐愗[26]，遇事常发好奇心，何须矜夸。不独慧眼识清浊，倒是凡胎辨美嘉。君若有心读三到[27]，何尝不愁吟八叉[28]。远塞迢迢，天下高山皆有路；淡云渺渺，雾中细浪信无涯。

【注释】

①保安卧佛，吉林省蛟河市拉法镇保安村附近有山嘴山，其势浑似一卧佛，由本文作者和刘克田于1993年8月7日下午赴长白山途中发现并命名。

②乐山，乐山睡佛，在四川省乐山市，乐山大佛所在的山梁似一睡佛。保安卧佛可与乐山睡佛媲美。

③约期岭上人初误，刘克田诗句。七年前作者约刘克田同游长白山，因事未果。

④缱绻晨夕总相缪，作者句，状与刘克田、李枝葱等好友交往过从之况。

⑤势逼五岳，长白山高于泰山、华山、衡山、恒山、嵩山。

⑥源开三支，长白山天池乃松花、鸭绿、图们三江之源。

⑦五色笔，江淹梦郭璞赠以五色笔，才思大进。

⑧七步，七步诗。传曹植在七步内成“煮豆燃豆萁，豆在釜中泣。本是同根生，相煎何太急”。以“七步诗”誉文思敏捷。八斗，八斗才。谢灵运尝曰：“天下才有一石，曹子建独占八斗，我得一斗，天下共分一斗。”

⑨十香词，萧后所作。

⑩和靖，林逋死后谥为“和靖先生”，甚喜梅鹤，世称梅妻鹤子。

⑪渊明，陶渊明门前有五柳，号五柳先生。

⑫拉法，拉法山，距蛟河市城北11公里，拔地而起。雄伟壮观，号称“九顶铁叉山，八宝云光洞”。在海拔886米高的主峰云罩峰，仍然可见保安卧佛。

⑬诗，作者这首七律《题保安卧佛》，蒙强晓初、刘克田、文中俊先生唱和。

⑭入定，佛教名词。指坐禅时心不驰散，进入安定不动的状态。

⑮真如，佛教名词。意为真实，如常。认为用语言、思维等表达事物的真相，总不免有所增减，不能恰到好处。

⑯赫赫，异常明显、有名。

⑰沉滞，埋没。

⑱煌煌，明亮。

⑲潢洋，空荡。

⑳湛湛，清爽。

㉑抟（tuán），聚集。

㉒郁郁，草木繁茂状。

㉓濯濯，山上无草木而光亮。

㉔纳履，黄石公遇张良于圯桥上，使良纳履。曰“孺子可教也”，传以韬略。

㉕笼纱，寇准题诗寺壁，后贵，用纱笼之。

㉖怐愗（kòumáo），愚拙。

㉗三到，朱熹谓读书心到、眼到、口到。

㉘八叉，温庭筠八叉其手而诗成。

长白山赋

崔巍兮，东方乔岳；浩莽矣，北国高峰。赫赫也，渺五岳而与天齐，领三山以卧虎[①]；煌煌乎，襟三江而助海阔，涵五池以藏龙[②]。皓皓皑皑，磅磅礴礴；茫茫荡荡，菀菀葱葱[③]。盘古开天地，横空出世，永葆青春年犹壮；大禹谱宏篇，纵演洪荒，钟灵毓秀信无终。神奇长白，万般美景惊世界；锦绣中华，十大名山共称雄[④]！

地质演化三阶段，珍花异藻说今古[⑤]；沧海桑田一部书，微尘颗粒奠鸿基。寰球从此开生面，长白由兹傲东陲。伟乎哉！巨型石柱呈锥体，刺破云寰托天池[⑥]。闼门如镜，伊然云涛遍地起崚嶒，圣水一泓依峭壁[⑦]；当此欲仙，顿觉长白有池堪作砚，松花无浪不吟诗[⑧]。东西对峙，姊妹天池相辉映[⑨]；纵横驰骋，展翅凤凰比翼飞。苍龙振角，天宫雨雾难封锁[⑩]；翠珠焕彩，碧潭凉色毓清辉。寒凝绮境，云埋深壑令胸广；风掠浮烟，雨洗浩歌沥胆奇。来往游人，畅旅痴迷疑说梦；古今墨客，巨椽饱蘸书未迟[⑪]。凌空莽荡，登临自养英雄气；拔地巍峨，极目苍穹写雄姿[⑫]。

天池钓叟曰：辽东第一佳山水，留到于今我命名[⑬]；长白山人云：三千佳景有神韵，十六奇峰无量观[⑭]。白云芝盘锦屏后，观日龙门天豁前[⑮]。铁壁华盖紫霞艳，孤隼三奇白头寒[⑯]。冠冕卧虎梯云矗，玉柱巍巍擎昊天[⑰]。百鸟唱，万木葱，春临地下森林悬云水[⑱]；松桦恋，大花园，夏游立体宝库在身边[⑲]。五花山，红叶谷，秋对大荒奥处清凉国[⑳]；惊雪野，挽天风，冬谒玉界琼乡长白山[㉑]。游踪迷也疑为幻，桃花源里览大千[㉒]。

长白山千奇百怪，岳桦林教示吾侪。白山林海伴云排，唯尔凌高壮素怀[㉓]。正可谓，衣锦红松输意象，衬霞紫椴逊诙俳[㉔]。依然是，顽躯不向风中倒，健足犹凭雪底埋[㉕]。好自励，无诱虚声方固本，寂心自许养根斋[㉖]。

大东僻壤，全球物种基因库，一统千军上阵来㉗。当此间，怪兽奇葩似相识，难求可遇倩谁猜㉘。去归去，惊涛林海浪推浪，古冢石坛台对台㉙。登复登，忘返流连无倦客，魂牵梦绕大荒垓。

从远古走来，寿山人已逾二十三万岁㉚；到群峦深处，不咸山衍生七百二十行㉛。山海经中肃慎国，诗歌总集追貊商㉜。史记汉书春秋卷，楛矢石砮日月光㉝。阳安君，谓李跻，青铜短剑集安出㉞；赵氏戈，蔺相如，葫芦套里刊相邦㉟。曹孟德，出夏门，秋禾入场熊栖窟㊱；隋炀帝，纪辽东，丸都初唱词滥觞㊲。隋王胄，旋归乐，还笑魏家司马懿㊳；唐太宗，俯丸都，玄菟初月辽城望㊴。李白笔歌高句丽，诗送渤海王孝廉，留下雅韵堪补史㊵；陆游连作鸭绿吟，功名在子何殊我，俱求国强护边疆㊶。张元干，题画图，山拥鸡林，江澄鸭绿㊷；苏东坡，咏人参，辽东上党，地老根芳㊸。元好问，挥妙笔，蜜水千重，长松手种，南望将进鹅黄酒㊹；辽皇后，忙秋猎，威风万里，壮志诗言，东去能翻鸭绿江㊺。康熙望祀，松江放船，掀翻波浪三千尺㊻；乾隆巡幸，吉林览古，土风杂咏十二章㊼。尤同人，摛毫率作长白赋，讴歌肇基启列祖㊽；吴兆骞，赋吟白雪横千丈，良楛挺笴于松阳㊾。刘凤诰，一路龙游出老边，三陵风水蟠嶐嵸㊿；吴大澂，图们江边刻石在，《皇华纪程》为海防(51)。顾太清，女中词丈擎吟旌，难得绮文食鹿尾(52)；吴禄贞，据理力争捍疆土，戍边楼下叹兴亡(53)。徐世昌，总督三省多举措，派员设治守长白(54)；李廷玉，荡平岭上碑可证，临江塔甸美名扬(55)。张凤台，筹边十策皆远瞩，但愿英雄淘不尽(56)；刘建封，江冈志略含纪咏，曹家沟门刊石藏(57)。杨靖宇领导东北抗联浴血奋战，光辉业绩载史册(58)；陈云在临江运筹帷幄以少胜多，长白山下创辉煌(59)。邓小平留名言："不上长白山终生遗憾(60)！"强晓初亲手扶，长白山诗词韵继宋唐(61)。宋振庭重文教，疾呼让长白山因文增色(62)；金意庵承国学，诗书画印四绝咸集一堂(63)。东陲无文据何足，说无道短可评量。自古东荒通学植，三江源远流更长(64)！

噫！天下不乏名山，曷如长白足以耀华夏而彰景祚者，日益显其岧峣岌嶪、嶒崪嶙峋之气概[65]？长白不乏美景，尤贵斯山咸可矗震维而俯坤轴者，不断涵其自强不息、奋力支撑之精神[66]。红松之挺拔，岂因扎根于峻极[67]？岳桦之顽强，皆缘得志于岑崟[68]。地得山之奇，无景不美；人得山之气，有言皆文。有诗曰，白山许是多情种，肯教青松化美人[69]。自信矣，谙练边情心不老，勤劳耐苦手牵春[70]。

喜看今日之长白山，山欢兮水笑，物阜兮年丰。万余里江山，花团锦簇；百十万游客，与日俱增。宏猷丕创，管委会经纶揽全局；圣域昭光，五A级美景甲寰中。生态圈、基因库，汤泉溪、风云窟，奇观夺目；观光园、避暑地，冰雪界、休闲屋，魅力无穷。此真天壤之灵境，中华之至宝也。池北区，天河似练，绿渊如茵。乘槎瀑泻波澜远[71]，雕塑园接别墅群。池南区，长白幽处，大荒奇珍。源开鸭绿，山矗新门。无边林海接云路，望天鹅顶扪星辰[72]。池西区，机场新启，五洲宾至；锦江峡谷画屏展[73]，高速道上宝车新。池东览胜，何需买邻。三女浴池今尚在，风流红果证仙姻[74]。神文圣武发祥地，麟子龙孙血脉根。金三角，大开发，立东亚以坐镇兮，奋万里之鹏鲲。笑斥鷃之无智兮，甘蓬蒿以自禁[75]。延龙图，一体化，敞阊阖之天门兮，迓万国之嘉宾[76]。开亘古未有之新局兮，建和谐康乐团结友好之通津。猗欤雄哉，白山大美；猗欤盛哉，蜚声九垓。爰缀长律，以写我怀。诗曰：

长白琼华秀大东，披沙聊补艺林穷[77]。

石砮楛矢周公赏，铁马金戈汉武躬[78]。

一卷雄文诗证史，千秋绝唱画吟风[79]。

山人自解其中乐，百二往还无悔同[80]。

2006年2月24日于长春养根斋

【注释】

①五岳，东岳泰山（1532.7米），位于山东泰安市。西岳华山（2154.9

米），位于陕西华阴市。南岳衡山（1300.2米），位于湖南衡阳市。北岳恒山（2016.1米），位于山西浑源县。中岳嵩山（1491.7米），位于河南登封市。均不及长白山之2749.2米高。三山，传说中的“三山”是神仙居住的地方，亦称“三神山”，《史记·秦始皇本纪》载：“齐人徐市等上书，言海中有三神山，名曰蓬莱、方丈、瀛洲。”以后三神山的名字，便在古代小说、戏曲、笔记中经常出现，然而它是传说，不存在的。后人为了延续三山五岳的美丽神话，就在五岳之外的名山中间选择新的三山，有说目前广为流传的三山是：浙江雁荡山，江西庐山，安徽黄山。本文所指三山，是东北三大名山：长白山、医巫闾山、千山。长白山天池西南有卧虎峰。刘征先生诗云：“云际清池飞满月，空中卧虎相崇冈。”

②三江，长白山发源了鸭绿江、图们江、松花江三江。五池，长白山有天池、小天池、圆池、大王池、小王池五池。

③菀（yù），茂盛。

④长白山加入联合国“人与生物圈”保护网，被世界自然保护联盟评为“国际A级自然保护区”。长白山在“中华十大名山”中排名第六，以“神山、圣水、奇林、仙果”而著称。长白山被国家旅游局批准为国家5A级旅游景区。

⑤长白山地质演化，经历了漫长的三个地质年代阶段。第一个阶段，距今32亿年至16.5亿年，属地壳早期发育并形成地台基底阶段。第二个阶段，距今16.5亿年至2.3亿年。距今16.5亿年至10亿年区内，尚未发现确切的地史遗迹。距今10亿年至2.3亿年，属地壳早期发育并形成地台基底阶段。第三个阶段，2.3亿年至今，属大陆活动阶段，也是长白山形成和发展时代。

⑥长白山主体是个巨型火山锥体，海拔在1800米以上，面积约8000平方公里，其顶部是巨大的天池，水面面积9.82平方公里，最深处373米，平均水深204米，蓄水量20亿立方米，天池水面海拔2189米。

⑦阒门，宫中后门，此指天池。启功先生有：“阒门如镜沐晨光，更见朱申世望长”诗句。崚嶒，（léngcéng）形容山高。

⑧长白有池堪作砚，松花无浪不吟诗。作者诗句，曾建议白山工艺美

术厂依意创刊“天池砚”，颇受欢迎。

⑨长白山天池与新疆天池号称东西两大天池。新疆天池位于新疆阜康市境内博格达峰下的半山腰，东距乌鲁木齐110公里，海拔1980米，是一个天然的高山湖泊。湖面呈半月形，长3400米，最宽处约1500米，面积4.9平方公里，最深处约105米。

⑩丁芒先生《天池》诗云：“苍龙振角触天宫，雨雾纷纷下碧穹。”

⑪丁芒先生《天池》诗又云：“一砚浓稠饱蘸去，巨椽在握好书空。”

⑫1999年6月28日，作者商调军用直升机航拍长白山天池，亲手摄得一批珍贵图片，其中不乏“擎天玉柱”等，接天拔地，蔚为壮观。

⑬天池钓叟，奉吉勘界委员、安图第一任知县刘建封之号。其在《白山纪咏》中写道：“辽东第一佳山水，留到于今我命名。”

⑭长白山人，作者之号。长白山名胜百二，奇峰十六，各藏神韵，美不胜收。

⑮天池十六峰，自西北主峰白云峰起，顺时针依次排列为：白云峰、芝盘峰、锦屏峰、观日峰、龙门峰、天豁峰。

⑯再依次为：铁壁峰、华盖峰、紫霞峰、孤隼峰、三奇峰、白头峰。

⑰再依次为：冠冕峰、卧虎峰、梯云峰、玉柱峰。

⑱春季之地下森林，冰雪初融，绿悬云水，是长白山北坡之一大奇观。

⑲“长白山一大怪，松树桦树谈恋爱。”这是海拔1700~1800米地带的自然奇观，根底浅的松树要依靠根底深的岳桦，才能立稳存活。夏季的长白山，山有多大，花园就有多大，奇花异草，斗艳争芳。长白山的植被，是垂直的立体分布。海拔500米以下，是阔叶林；500~1000米，是针阔混交林；1000~1500米，是针叶林；1700~1800米，是岳桦林带；2000米以上，是高山苔原带。

⑳秋季之长白，最大特点就是“五花山”。整个长白山区，都是“红叶谷”，简直难以形容。长白山北坡山门左侧，印有作者所拟“大荒奥处清凉国”之句。

㉑冬季之长白山，茫茫雪野，天风莽荡。长白山北坡山门右侧，印有作者所拟“玉界琼乡长白山”。

㉒刘建封在《白山纪咏》中，记下了一百年前在长白山南坡漫江的游踪：“走过大荒三百里，居然此处有桃源。”

㉓作者有咏《高山岳桦》的一首七律，首联为：“白山林海伴云排，唯尔凌高壮素怀。”

㉔领联为：“衣锦红松输意象，衬霞紫椴逊诙俳。”

㉕颈联为：“顽躯不向风中倒，健足犹凭雪底埋。”

㉖尾联为：“无诱虚声方固本，寂心自许养根斋。”养根斋，作者书房之谓及别署。典出韩愈《答李翊书》：“无望其速成，无诱于势利。养其根而俟其实，加其膏而希其光。根之茂者其实遂，膏之沃者其光晔。”高适有“龙竹养根凡几年”的诗句。陆游亦有“所求养根原”的诗句。

㉗大东，远东、极东之意。长白山作为世界物种基因库，有植物2424种，动物含昆虫类1560种。以下七言，同上，乃一首无题七律。

㉘天池怪兽，刘建封在《长白山江冈志略》中就有记载。

㉙长白山南坡之干沟子，有战国时之古墓群。二十一道沟，有赵国之积坛群。最近，有报道称在长白山西坡也发现疑似古祭坛之遗迹。

㉚吉林蛟河寿山仙人洞旧石器遗址，有大量动物等化石，经科学测定，距今16~23万年。

㉛长白山在春秋占国时称为不咸山。意为有神之山。

㉜《山海经》中记述了长白山下的土著为“肃慎氏之国”。《诗经》中写道长白山下的“其追其貊”与发人、商人。

㉝楛矢石砮，楛木做箭杆，石砮做箭头。古代长白山下肃慎氏向周王朝进贡的珍品。事载《史记·孔子世家》。

㉞1977年，集安高台子出土赵国十年相邦阳安君青铜短剑，铭文清晰。经张福有考证，赵国阳安君为老子李耳五世孙、唐高祖李渊之三十五世祖李跻。

㉟1988年，长白县葫芦套村出土赵国二十年相邦蔺相如青铜戈。

㊱曹操（155年—220年），字孟德，三国魏著名政治家、军事家、诗

人。迎献帝都许昌，“挟天子以令诸侯”，平吕布，破袁绍，征乌桓，逐步统一北方中国。其诗《步出夏门行》四章。作于建安十二年（公元207年）北征乌桓得胜之后，状写东北秋季农事。

㊲隋炀帝，杨广（589年—618年），在位十四年。开运河、筑长城，屡征辽东。《隋书》《北史》皆有记。今存诗近五十首。《纪辽东》中有：“清歌凯捷丸都水，归宴洛阳宫。”七言五言，定格联章配燕乐，是词之源头。丸都，在长白山区之集安。

㊳王胄（558年—613年），字承基，琅琊临沂人。隋大业初为著作佐郎，以文词为炀帝所重。后从征辽东，进授朝散大夫。步隋炀帝《纪辽东》二首，中有“还笑魏家司马懿，迢迢用一年”之句。

㊴李世民（598年—649年），唐太宗，历史上一位有作为的封建政治家。对巩固我国统一疆域和发展封建经济、文化，都做出积极的贡献，史称“贞观之治”。贞观十九年（645年），李世民挥师水陆并进，车驾渡辽，破辽东古城，作《辽城望月》。其中写道：“驻跸俯丸都，停观妖氛灭。”

㊵李白（701年—762年），字太白，号青莲居士。有五绝《高句丽》，有送渤海太守的五律《送王孝廉进省》，堪起以诗证史之作用。

㊶陆游（1125年—1210年），字务观，号放翁。在《出塞曲》《书事》中，连吟鸭绿江，是为可珍。

㊷张元干，（1091年—1161年），字仲宗，自号真隐山人、芦川居士，晚号芦川老人、芦川老隐。作《念奴娇·题徐明叔海月吟笛图》二首，直写鸡林、鸭绿，弥足珍贵。

㊸苏轼（1036年—1101年），字子瞻，号东坡居士，眉州眉山人。在《小圃五咏》中咏辽东人参。

㊹元好问（1190年—1257年），字裕之，号遗山，山西忻州人。在《王学士熊岳图》中写道：“洗参池水甜于蜜”“长松手种欲摩天”，并咏“辽东鹤”。

㊺辽皇后，宣懿皇后，为辽道宗耶律洪基之皇后，即萧氏。作《秋猎》，中有“威风万里压南邦，东去能翻鸭绿江”，颇有气势。

㊻康熙，爱新觉罗·玄烨，清圣祖，1662年—1722年在位。康熙二十一年（1682年）东巡吉林，在松花江边望祀长白山并赋诗《望祀长白山》《松花江放船歌》。《江中雨望》中有："掀翻波浪三千尺，疑是蛟龙出没时。"

㊼乾隆，爱新觉罗·弘历，清高宗，1736年—1795年在位。巡幸吉林，作《驻跸吉林境望叩长白山》《吉林览古杂咏》《吉林土风杂咏》十二首等。

㊽尤侗（1618年—1704年），字同人、展成，号梅庵艮斋西堂老人。顺治拔贡。康熙时举博学鸿词科，授翰林院检讨，参与纂修《明史》。率作《长白山赋》文采飞扬。

㊾吴兆骞（1631年—1684年），字汉槎，吴江（今属江苏）人。顺治十四年（1657年）举人，有俊才，为清初博学名家。因科场舞弊案被牵连罹祸，流放宁古塔二十二年。其作《长白山赋》气壮才丽，不可多得。

㊿刘凤诰，号金门，江西萍乡人。乾隆己酉探花，吏部右侍郎。奉皇命依例祭告长白于温德亨山望祀殿，作《长白行》，文笔流畅，中有："一路龙游出老边""三陵风水蟠巄嵷"之句。三陵，指沈阳之北陵、东陵和新宾之永陵。巄嵷（lóngsǒng），山势险峻貌。

(51)吴大澂（1835年—1902年），字清卿，号恒轩，又号愙（kè）斋。同治六年进士。清末金石学家、文字学家。1886年，受命赴吉林珲春，与沙俄代表查勘边界，写下《皇华纪程》一书，其中吟咏多为长白山区所见。其"龙虎"刻石，至今犹在。皇华，语出《诗经·小雅·皇皇者华》篇。谓君遣使臣，后世称颂使臣为皇华。

(52)顾太清（1799年—约1876年），女，字子春，号太清，自号太清春，本姓西林觉罗氏，系鄂尔泰曾孙女，故又称西林春，吉林汪清人。镶蓝旗，贝勒奕绘（1799年—1883年）侧室。著有《东海渔歌》。其词被视为可与纳兰性德并驱的满族第一流家数。风格清丽隽秀，情致真挚，无雕琢纤弱之弊。王鹏运说："满洲词人男有成容若，女有太清春而已。"《食鹿尾》一诗，生动地描述了食鹿尾之境况及心情。

(53)吴禄贞（1880年—1911年），字绶卿，湖北云梦人。1906年任东三省督练处参议，帮办延吉边防事务，遏制日本捏造“间岛”、侵略延边地区的野心。其在延边时作《戍边楼落成登临有感》，具有重要历史意义。

(54)徐世昌（1854年—1939年），1907年东北改设行省，徐被任命为钦差大臣，东三省总督兼管三省将军事务，在东北推行新政，设长白府、安图县等。抵制日俄对东北的控制，维护长白山之疆域。

(55)李廷玉，清末临江县令，参与长白设治、踏查长白山、修荡平岭公路等重大事宜。塔甸，长白县城旧称。

(56)张凤台，（1857年—1925年），字鸣岐，河南省安阳县人。清朝进士，曾任直隶省束鹿县知县、直隶州知州。光绪三十四年（1908年）被委派为长白府设治总办，遂任为长白府知府。以后又任兴京、海龙等府知府，河南省省长。著有《长白汇征录》。1922年，发现日人购得泉男生墓志已捆绑装车，自己掏千元购下交开封博物院，至今碑藏河南博物院。其《筹边十策》，富有远见。

(57)刘建封，（1865年—1952年），字石荪，号天池钓叟，山东诸城人。奉天候补知县。1908年5月任奉吉勘界委员，与地方官李廷玉、张凤台、刘寿彭等，带领测绘人员踏查长白山。著有《长白山三江源流考》《白山穆石辨》《中韩国界说》《间岛辨》等官方报告及《长白山江冈志略》《白山纪咏》。1909年，锡良等奏请增设安图、抚松两县，称刘建封为“谙练边情、勤奋耐苦之员”，奏准补“边绝要缺”，任安图知县。今年，是刘建封踏查长白山一百周年。张福有率吉林省长白山文化研究会一行沿刘建封所走之路重走一过，发现一百年前刘建封在林子头曹家吃早饭的曹家是曹建德家，遂在曹家沟门刻石立碑，以纪史事。

(58)杨靖宇（1905年—1940年），无产阶级革命家，东北抗联主要领导人，伟大的民族英雄。

(59)陈云（1905年—1995年），伟大的马克思主义者，无产阶级革命家、政治家，中国共产党和中华人民共和国的主要领导人之一，中国社会主义经济建设的开拓者和奠基人之一。1946年12月17日—1947年4月3日，领导了“四保临江”战役。

(60)邓小平（1904年—1997年），全党、全军、全国各族人民公认的享有崇高威望的卓越领导人，伟大的马克思主义者，伟大的无产阶级革命家、政治家、军事家、外交家，中国社会主义改革开放和现代化建设的总设计师，邓小平理论的创立者。1983年8月13日健步登上长白山，兴奋地说："不上长白山，终生遗憾。"

㉛强晓初（1918年—2007年），在任吉林省委第一书记期间，大力支持成立吉林省诗词学会和长白山诗社，创办《长白山诗词》。1983年8月13日陪同邓小平上长白山，写下七首七绝：《我伴小平登白山》。

㉜宋振庭（1921年—1985年），曾任中共吉林省委常委、宣传部长，中共中央党校教育长，对吉林文教事业有突出贡献。

㉝金意庵（1915年—2002年），原名爱新觉罗·启族，乾隆长子定安亲王永璜之后裔，诗书画印皆工，张福有为其撰写墓志铭。

㉞学植，同"学殖"。原指学问的积累增进，后泛指学业、学问、学养。

㉟曷如，怎如。刘凤诰在《长白行》序中写道："然而时迈礼乔岳般什美，陟山皆托揄扬，曷如我朝以长白为长发始基，足以耀扶舆而彰景祚者。""顾是山也，上矗震维，下俯坤轴，跨碣石，屏医闾，天光摩荡，地脉演衍，蟠固于亿万斯年，瑞应无疆。"此中化用。岧峣（tiáoyáo），高大险峻。岌嶪（jīyè），山高大而险。崷崒（qiuzú），高峻貌。

㊱长白山颇具擎天著柱，要自支撑之支撑力精神。

㊲峻极，高峻。

㊳岑崟（cényín），高伟奇特。

㊴著名诗人温祥《美人松》中有"白山许是多情种，肯教青松化美人"之句。

㊵清末钦差大臣、东三省总督锡良称刘建封为"谙练边情，勤奋耐苦之员"。

㊶长白山北坡，有天池、长白瀑布等主要景观。天池水外流1250米，谓之"乘槎河"，突然下跌68米，乃长白瀑布，亦即二道白河，二道松花江源头之一。钟家佐先生有"一镜天开涵日月"之诗句。周笃文先生有"玉峰高映琉璃水，白练虚笼翡翠崖"之诗句。

⑫长白山南坡，有天池、鸭绿江大峡谷、望天鹅火山景区等主要景观。望天鹅峰海拔2051米，是个火山口，年代早于、体积大于长白山火山锥体。其水北流为漫江，入头道松花江。南流为十五道沟河，入鸭绿江。

⑬长白山西坡，有天池、锦江大峡谷、梯子河等主要景观。长白山机场在西坡松江河，于2008年8月3日首航。

⑭长白山东北方有一座海拔1321米的圆锥状火山渣锥。由于其上覆盖红土类似鹤顶，因称“赤峰”或“红土山”，满语为“布库里山”。圆池就位于山下。其直径180米，水面海拔1270米。“因长白山东为第一名池，故名元池。”又因“池深而圆，形如荷盖”而称圆池。相传，有三位仙女曾来此沐浴，此又称“天女浴躬处”“布勒瑚里”。三位仙女大姐叫恩古伦，二姐叫正古伦，最小的叫佛库伦。在其嬉戏沐浴时，远处飞来一只神鹊，口中衔着一枚朱果落在小妹佛库伦的衣裙上，佛库伦拿起朱果，放入口中，直入腹内，因而成孕，生一个男孩，相貌异常，降而能言，力大无比，这便是“爱新觉罗·布库里雍顺”，乃爱新觉罗·努尔哈赤之先祖。

⑮斥鷃：小鸟。《庄子·逍遥游》：“有鸟焉，其名为鹏，背若泰山，翼若垂天之云，抟扶摇羊角而上者九万里，绝云气，负青天，然后图南，且适南冥也。斥鷃笑之曰：‘彼且奚适也，我腾跃而上，不过数仞而下，翱翔蓬蒿之间，此亦飞之至也，而彼且奚适也。’”

⑯阊阖，天门。

⑰披沙，披沙简金之谓。犹言排沙简金。比喻从大量事物中挑选精华。梁·锺嵘《诗品》卷上：“潘诗烂若舒锦，无处不佳。陆文如披沙简金，往往见宝。”

⑱公元前108年，汉武帝灭卫氏朝鲜，设乐浪、玄菟、真番、临屯郡，史称“汉四郡”。

⑲一卷雄文诗证史，千秋绝唱画吟风。指十年前作者辑笺《长白山诗词选》。

⑳百二往还无悔同。作者自1993年以来至2008年7月，已一百二十八次上长白山考察，虽苦犹乐，收获甚夥。

大泉源赋（以“关东第一烧”五字为韵）

巍峨长白，莽荡沸殷。神泉喷涌，酒海濛潺。康乾敕命以祭祖，嘉道循规岂守孱？烧锅兮御用，甑灶也难闲。古发酵池尚在，老作坊史莫删。考此地，明称哈厦，清谓嘎珊。察其酒，满洲汤子，太祖首颁。奉天傅氏，兼并原班。兴京府赐，巨匾斑斓。张大帅巡察至此，潘知县陪同往还。从兹启赋，酒到税完。关东王酒，沉醉开颜。济杨靖宇，张家街鏖战毙日寇；伏西大坡，马圈岭传奇颂抗联。风云变，作坊几经转手；得解放，厂由部队收编。兴衰分合改，百年中华老字号；井村乡厂酒，五名共冠大泉源。国营企业，半纪云烟。民营改制，新主姓**关**。

宝树中标，改制先付八百万；泉源盘活，雄关再越三千重。收厂前，三年未曾缴利税，连续五年欠本息；转制初，七天出酒开新局，奋战一周改旧容。整修厂房兮添设备；转变观念兮另分工。新体制加好机制，养醉翁变主人翁。高囱冒烟酒成溜，甑锅升温芳带风。二十五代传人，手捧大棒酒瓶绿；四十七年名牌，影入满堂礼花红。设厂宴，一线员工皆有座；欲敬酒，两位主事俱无踪。兹方信，一切皆有可能；更不疑，奇迹出自关**东**。

名高齐赞新业主，酒香也怕深巷子。闯市场，借助厂庆搞宣传；办晚会，明星大腕连台戏。老品牌，新光彩；上水平，高科技。成系列五星投市场，酒行业百强归门**第**。

遗心提升酒文化，令人称奇大手笔。镇厂凭四宝：井甑酒海古窖池；国家第二批，非遗名录有座席。零点九米石圆墩，径如磨，邻甑灶，为求酒器之稳固；五十三个木酒海，数量多，保存好，极具文物之价值。酒库东北遗窖池，木板铺底镶四周，间隔断，长方窖池至今一角存旧糟；厂门西南现古井，沈阳老翁年九秩，轻指点，破土恰是木石两组叠井壁。四大发现，四项大法宝，大荒称不二；三载巨变，三千万利税，载史皆数**一**。

关东小镇大泉源，名缘宝泉人自豪。文化名酒大泉源，双遗产里层次高。邀请诗人采风，经济实体成文化载体；出版主题诗集，宝泉春潮化酒海诗潮。酒海溢香，香远溢清传后世；宝泉流韵，韵悠殊雅列前茅。汤汤也，门前浑江催佳酿；赫赫然，泉上白山储琼醪。将进酒，李白斗酒情烈烈；共吟咏，群贤狂咏颂滔滔。大泉源，燕汉障塞无双醉；大泉源，华夏关东第一**烧**！

2011年7月10日夜，11日凌晨

敦 化 赋

夫，敦化之名，《中庸》原载。小德川流，永滋萌芽不相阻；大德敦化，厚载万物不相碍①。千年古都百年县，万里山川一金带。敦化立市，重民生以惠黎庶；敦化闻名，传天下而彰风采。

美哉敦化，神话中无。长白山下，神奇土地；牡丹江畔，璀璨明珠。经济辐射东北亚，区位连接长吉图。吉林区划称第一，延边占魁岂虚誉。五岭逶迤，崔巍拔地，东西南北作屏障；九河荡漾，曲折蜿蜒，春夏秋冬气象殊②。宝石花岗岩丰富，泥炭硅藻土未枯。森林之城傍林海，生态之家数林都。红石、黑石、大石头，石皆出彩；大桥、大甸、大蒲柴，大野通途。黄泥河，秋梨沟，翰章巨变；青沟子，沙河沿，江源无虞。额穆依托老白山，塔拉湿地雁鸣湖。岗北不远是官地，江南一过到贤儒③。铁路两省跨三国，公路九县通四区。卫生城、旅游城，桂冠集于一市；园林城、绿化城，环境优美宜居。

古也敦化，金石镂铭。肃慎最先存史记，石砮楛矢海东青④。大山嘴子留遗迹，火种刀耕渔猎行⑤。东牟山险堪相倚，走保开来大祚荣。粟末靺鞨称震国，忽汗都督首王城⑥。树壁自迎李楷固，通沟岭上铜镜明⑦。

崔忻井，鸿胪卿，刻石证史信有凭[8]。六顶山，贞惠墓，汉字楷书陪珍陵[9]。二十四石今犹在，海东盛国享高名[10]。王孝廉诗李白赠，杨泰师听捣衣声[11]。敖东永胜城山子，辽金沿用继浩征[12]。佛库伦偶吞朱果，布库里雍顺诞生[13]。额穆佐领鄂多里，阿克敦局垦荒荆[14]。

壮矣敦化，英雄浩歌。大东奥壤，地灵必生人杰[15]；敦风化俗，人杰必挽狂波。依克唐阿，德政有碑连赵燮[16]；抗日剿匪，转战南北勇挥戈。吴恒夫、江贤如，舍生安民魂永驻；魏拯民、陈翰章，名共白山耸巍峨[17]。战功赫赫戍家国，祭雪纷纷讨贼倭。为昭后世陵园肃，英烈回归半截河。临流可信雄风在，不老民心剑自磨！

福之敦化，圣境仙乡。雄伟正觉寺，金鼎耀佛光。向远望长白，背靠牡丹江。传奇师佛性，功德未可量。山势莲花坐，福地兆吉祥。太平逢盛世，普照佑八方。

文乎敦化，发韵养根。当年迎旭门，魁星楼可尊[18]。屈指乡贤揖夫子，文豪挥笔笑描云。佳作原来承旧国，华章信可惠儿孙[19]。贺新郎，考古有成缘渤海；忆旧游，创新无碍梦长春。文风盛，诗词歌赋与时进；艺苑丰，书画刀刊处处存。

欣看今日之敦化，额穆惠野花次第。经济驶入快车道，诚为人民增福祉。发展适应新常态，力建区域中心市。包容创新，团结务实。敦化精神，凝心聚力。民族和睦，民生得到大改善；敞开山门，旅游开辟新天地。蓦回首，川流敦化济沧海；再骋目，崛起敖东不须疑。

噫！大德敦化，德化敦壮美；大美敦化，敦本化万类！

2013年3月13日修改于长春养根斋

【注释】

①“敦化”，语出《中庸》：“小德川流，大德敦化。”

②敦化是吉林省面积最大的县级市，有老白山、哈尔巴岭、威虎岭、牡丹岭、张广才岭、大黑岭等崇山峻岭，有珠尔多河、黄泥河、大蒲柴

河、大威虎河、海浪河、都陵河、官地河、富尔河、沙河等十多条河流。

③敦化现有十六个乡镇：红石、黑石、大石头、大桥、大蒲柴、黄泥河、青沟子、秋梨沟、翰章、沙河沿、江源、江南、额穆、雁鸣湖、官地、贤儒。

④楛矢石砮，楛木做箭杆，石做箭头，肃慎贡周宝物，《史记》和《国语》有载。海东青，鹰。

⑤大山嘴子有青铜时代原始遗址。

⑥公元698年，粟末靺鞨首领大祚荣走保东牟山，在敦化建立震国。

⑦《新唐书》和《文献通考》载，大祚荣度辽水，保长白山之东北。唐将李楷固穷追，度天门岭、战沙河。大祚荣树壁自固，胜李楷固。其地当为敦化通沟岭山城下的南天门、沙河一带。通沟岭山城中曾出土唐代铜钱及铜镜、铁镞等。

⑧公元713年，唐玄宗派鸿胪卿崔忻到敦化册封大祚荣为渤海郡王。崔忻返唐途中在大连黄金山掘井刻石。

⑨敦化六顶山，有渤海国第三代王大钦茂次女贞惠公主墓，墓碑用汉字楷书书写。

⑩敦化有江东、官地、海青房、腰甸子四处二十四块石遗址，属渤海至金代遗迹。

⑪李白《送王孝廉觐省》，应为送幼时在唐留学，归国后当太守之后又出使日本的王孝廉。渤海诗人杨泰师有《夜听捣衣诗》。

⑫敦化境内的敖东城、永胜遗址为金代所筑。城山子山城较小，无险可倚，难以定为东牟山。

⑬《清史稿》载，始祖布库里雍顺，母曰佛库伦，感朱果而孕，居长白山东俄漠惠之野俄朵里城，即今之敦化，是清始祖发祥地。

⑭光绪四年（1878年），吉林将军在敦化设垦局放荒。光绪八年（1882年）正式设县。宣统二年（1910年），分设额穆县。

⑮大东，远东。奥壤，神秘之地。乾隆诗句："奥壤灵区产神草"，指长白山人参。

⑯依克唐阿，曾任吉林镶黄旗佐领，在敦化有德政碑。赵燮，额穆县

长，亦存德政碑。

⑰吴恒夫、江贤如，牺牲于敦化的剿匪英雄。贤儒镇，因江贤如得名。魏拯民、陈翰章，敦化境内的抗联将领。陈翰章，敦化半截河人。翰章乡，因其得名。

⑱迎旭门，原敦化城东门。魁星楼，清末建，现无存。

⑲旧国，此指敦化渤海国之第一个都城。唐·温庭筠诗云："盛勋归旧国，佳句在中华。"

扎兰芬围赋

巍巍长白，纵横千里；郁郁寒葱，隐身百年。大清创建盛京围场，百又五围俱在其间。适逢游子世钦冷境，效仿雪松挺民俗园。咸集影视拍摄制作、民俗生态旅游、科技孵化基地三位一体；突出盛京围场、皇家鹿苑、关东文化、满族风情几派同源。盛赞盛京文化产业公司之气魄，力收力展关东民俗文化之大全。诞生地、珍藏地，大荒胜景生奥壤，聚集地、展示地，中国北方现奇观。

清代围场，首属盛京闻。纵横百家，大者扎兰芬。扎兰芬阿林为满语，寿山之围名不难分。大寒葱顶子山当此地，古驿道通要塞锁京门。地处磐石伊通东丰东辽四县交界处，兵家必争；曾是叶赫那拉氏慈禧太后之祖居地，有迹可循。叶赫那拉氏，始祖蒙古人。星根达尔汗，璋城遗旧痕。扎兰芬阿林围之内，寒葱岭山下许家屯。

康熙廿一，三月十八；首抵盛京，扎兰芬围。驻跸此山，猎狩东陲。适逢圣诞，嘉禾起舞；赐名寿山，懿树耀辉。圣祖东巡，贺寿大典；传说遍地，迅不可追。寿山所在，小寒葱顶；哈达分支，沙河迂回。

扎兰芬围民俗园，一期工程落庆余。百五公顷先规划，十三功能已分区。关东老城连古镇，关东村落起新居。盛京围场民俗馆，满族风情演艺都。雪域长白情景异，诗画影视摄制殊。聚义堂，大帅府，疑场景，似真如。铁匠炉旁大车店，皇家鹿苑地主屋。磨盘粮囤农家院，火炕野趣童年娱。昔日光景今日赏，人归故地酒归壶。

皇家围场生态园，天然次生林地游。寒葱岭，地势平坦，昔年驻跸升大帐；神茸架，峰高林密，今日徘徊拟久留。层峦叠嶂，登高振臂须收胆；嶙峋怪石，向远临风宜骋眸。环绕古城，林下人参、百合、刺五加，天麻、灵芝、草苁蓉，应有尽有；崛起新村，路旁山鸡、野兔、梅花鹿，池鱼、刺菜、哈蟆，能收不收。东北名贵中药材，保护开发是所求。

噫！临盛京围场，悟康熙圣旨，取鲜与演武结合，非徒为扑进口味也；到扎兰采风，炼百家诗笔，放吟与证史相兼，岂止图游山玩水哉！乾隆曾赋诗曰："崇椒择胜小徘徊，为友为群得得来。八月有鹰皆掣鞴，齐风无犬不重镅。唐弓奚必千钧力，汤网惟惭三面开。日日留人待章奏，持来马上便亲裁。"我亦试笔云："入山溜套久徘徊，往事童年心底来。帽捕野鸡安用夹，肩背狡兔不加镅。坚冰每在汗中化，长路皆从脚下开。芜句难能追御笔，毛边留给子孙裁。"

乱曰：扎兰芬地喜重光，韵雅不咸文大荒。信是诗成能证史，而今我辈赋情长。

2014年7月8日凌晨于长白山下

华刊盛会赋

甲午岁末，雅集京华。此间盛会，可赞可夸。祝贺之意，应先表达。高端研讨，岂能有差？

创刊六载，改刊一年。出版易香江为内地，主管变碑院为作协；刊期改双月为月发，内容换单一为较全。时间紧而不拖期，人员少而未误事；未扩版而开新局，调整快而力超前。面目全新，令人称道；题材丰富，主题愈鲜。有话用赋说，《约稿辞》成赋，堪称表率；文风亦朴实，口头语入诗，不让前贤。边调整，边出刊，编辑部正常运转；随检点，随改进，来稿量与日俱添。年初岁尾，羊来何妨犹策马；唯进是取，乐在苦中再扬鞭。

当此间、心头生百感；题贺时、笔底舞千回。无限风光，北疆飞瑞雪；有情天地，南国绽红梅。东来携诗友，诗高雅而续文脉；西往交赋朋，赋华采而耀韵辉。刊接地气，山河景色寻常在；墨解天音，人民意志不可违。

新刊为有新气象，办刊宗旨当遵循；华卷不废华丽辞，力求佳作和精品。易读、易懂，朗朗上口合民心；易诵、易背，对仗、凝练还入韵。高古典雅，传于后也承于前；文辞清新，字斟酌亦句通顺。挥洒自如，有板有眼有法度；行云流水，不滞不涩不困顿。

中华辞赋应继雅，研习传统重养根。碑铭经典，世代传承，晓理知书应可法；大家名作，魅力常在，学形为得道长存。无望速成，无诱势利，扎扎实实打基础；持诵不辍，持之以恒，反反复复悟精魂。果能熟读诗三百，何愁不逮玉一盆？

中华辞赋要创新，反映时代须推陈。百姓心事，写到赋中知民意；万家忧乐，印在刊里长精神。深入实际，深入生活，采风必定添风采；能说真话，能咏真事，辛苦不枉费苦辛。一卷辞赋欣在握，千年文粹惠于民。拓展题材民为本，时代精神志不贫。先天下之忧而忧，原无论是进是退；后天下之乐而乐，原无论是冬是春。

中华辞赋欲办好，诗词曲联不可少。斯刊本是百花园，百花齐放方称妙。林林总总，宜韵宜散；郁郁葱葱，可拙可巧。穷苦之辞易工，欢娱之辞易老。佩文韵汇，试骈文骈体，展十八般武艺；白山林海，听松水松涛，纵万千里呼啸。阳春三月，不妨品茶歌白雪；寒冬残腊，也宜弄琴舞窈窕。

中华辞赋出华章，队伍建设要加强。作者，乃作品之根本；刊物，乃作品之殿堂。加强作者队伍建设，抓好通联是保障；加强作者队伍建设，培训提高是良方。青春诗会，天涯海角知音在；金秋走笔，乡间野外作手藏。后起之秀须培养，后来居上未可量。长江后浪推前浪，一浪信比一浪狂。

噫！文逢盛世，未疑绮卷不警世；刊祈琼华，不信辞家未在意。不以物喜，不以风悲；既以刊喜，则风以辞惠矣。信然！

言犹未尽，赘以诗云：

绮卷新刊跻韵林，仁山智水会知音。

辞除伪可感天地，理至真能鉴古今。

盛世长歌翩梦影，高堂小夜叩瑶琴。

京华杰阁续豳雅，忧乐情怀百姓心。

2015年1月17日于北京中国现代文学馆

搴旌畅咏新时代　妙笔放吟长白山（代跋）

——张福有诗词创作艺术特色赏析

不久前，我有幸欣赏养根斋的《张福有诗词选续辑》，心里很高兴。这部书收录的是他从2001年秋到2017年秋创作的两千多首诗词曲赋。这次出版“长白山诗派丛书”，养根斋又从内容上做了较大调整，收录少量以前写长白山的诗词曲赋，删除距长白山内容较远的作品，辑成新卷。

从体裁上说，各种体裁的格律诗如五七言绝句、律诗与词曲等兼备，还写了多首歌、赋和祭辞。其中，七律大约占百分之六十左右。

从内容上说，非常丰富。其中有关旧石器长白山文化和东北史地重大问题研究及扶余、高句丽、渤海、辽金的田野考古调查，特别是长白山地区和其发源之三江流域的考古调查，均有新发现、新作品。涉及长白山文化和考古发现等诸多方面的作品，约占总量的一半以上。

通过学习、欣赏养根斋的这部诗集，我觉得在其创作艺术上有许多值得欣赏和借鉴之处，定会引起中国诗词界的重视。现做如下简要赏析，供诗友参考。

一、诗词立意、意境把握得好，弘扬主旋律，充满正能量

立意，就是确定诗词的写作中心、作者意图、构想和重点安排等，比意境内容要广泛。意境，就是作者所描绘的整首诗词的生活图景，与作

者的思想感情融为一体所形成的艺术境界。中国诗歌的抒情言志传统由来已久。《尚书·尧典》提出“诗言志”，汉代《毛诗序》提出“诗者，志之所之也，在心为志，发言为诗，情动于中而形于言”。到了西晋，陆机第一次提出“诗缘情而绮靡”。这里的诗言志，诗缘情，不是说没有加工的诗，而是必须经过审美加工的诗，才可以说志即是诗，情即是诗，才能把自然的情感上升为诗意的情感。这里，立意、意境是关键。王国维在《人间词话》中谈到创作诗词时说：“言气质，言神韵，不如言境界。”立意、意境越高远，感情越浓厚，诗歌越有审美价值。以下所引养根斋的诗词，都是立意、意境高远的佳作，没有引用的诗词这方面也都把握得很好。这也应了诗家所说：炼字不如炼句，炼句不如炼意，炼意不如炼格之说。意和格，我理解主要是指立意和意境。好的立意和意境表现在多个方面，尤其表现在诗歌的弘扬主旋律、充满正能量上，表现在体现社会主义核心价值观上。

社会主义核心价值观包含十二个方面，二十四个字。这是养根斋诗词创作艺术的主旨。诗集中大到国家、国际，小到家庭、友人，都没有离开这二十四个字。就是写无生命的银河、艳阳、秋月，乃至考古发现的手斧、石磬、陶豆、五铢钱，亦皆蕴含正能量，饱蘸作者的激情。作者始终坚持以百姓为根，中国精神为魂，为改革开放创作，为新时代歌吟。如词《纪辽东·“茂山集韵”长春首发谢于洪才兄宴请诸诗友》有“证史以诗关社稷，岂任耍敷文”“奋起一心弘国粹，路远唤长征”。这类诗句是不胜枚举的。

2016年，养根斋十一次深入敦化官地岗子村考察历史遗迹，其成果得到专家肯定。岗子村委会批准他与另外七人为岗子村荣誉村民。为此，他激动地写下《有感于成为岗子村荣誉村民》一诗。最后一联是：“岗子类型何以立，口碑所重是村民。”在他十多年的田野考古调查中，与许多农民交朋友，结下深厚情谊，他终生难忘，诗以纪之。其诗《感谢为我考古调查当向导介绍情况的十五位农民朋友》之一《磐石滚马岭田国臣》："偶遇街边称国臣，皇家走马数家珍。口传遗产活文化，幸有诗朋作证人。"十五首诗每一首都给予农民高度评价。

像十八大召开，建党九十五周年、长征胜利八十周年及国家、省里一些重要会议和重要活动，尤其中华诗词从国家到省市县等有关活动，自然更是抒写诗词的良好话题。

通过写诗更加彰显其强烈的爱国情怀。在此，我想特别指出体现作者爱国激情的两个诗例。其一，《纪念杨靖宇将军殉国七十七周年》这首七绝："哀思无限向蒙江，天许今春雪抵窗。此刻问安知笑慰，后昆有力护家邦。"此外，他还写了杨靖宇七十七周年祭等多篇诗词，可见他对杨靖宇的崇敬和悼念之情。今年初，杨靖宇儿媳方秀云一家参加"温暖郑州十大民生人物"评选投票活动，福有怕其票数不如别人，有愧于杨靖宇将军的丰功伟绩，就主动组织人为其投票，其中我们南湖诗社包括我本人，都在养根斋的率领下积极参与，就像参与一项伟大的爱国运动一样，因为我们心中都崇拜这位伟大的抗日民族英雄。最后结果，其儿媳一家获得第一名。事后养根斋写的《组织为杨靖宇儿媳方秀云家庭投票感记》有句："正能量自屏前闪，价值观从心底流。"

其二，他的强烈爱国情怀还表现在对不平等条约的愤怒上。2009年6月18日这一天，作者在黑河市的瑷珲，一连写出五首诗，有《瑷珲感怀》三首，还有《瑷珲陈列馆观后》《黑龙江怀古》。诗篇中有这样的诗句："兼天血海何曾忘，六十四屯开岸东""千古冤魂安可散，龙沙草色恨难消""命丧六千难入目，地丢百万愤盈胸""国人勿忘伤心史，犹有庭前见证松""万里滔滔血泪流""东屯无土不含仇""抚安宗祖从长计，寄望子孙须远谋"，等等。不用赘言，养根斋的强烈爱国情怀和民族正气跃然纸上。

二、以诗证史，以史赋诗，诗中见史，史中有诗

这部诗集最突出的创作艺术和架构是以诗证史，以史赋诗。换句话说，就是诗史。说诗史，我仔细研读所有诗文，只说长白山的考古及其发现，所撰写的诗词是以诗证史，证明这二十多年考古的诸多发现，还是把以诗证史说得狭窄了些。截至现在，长白山诗社成立三十四年，吉林省诗词学会成立三十二年，长白山诗派形成也有二十多年，加上各有关市县，全省诗词采风和多种形式的各类诗词活动每年都有，养根斋亲自组织采风并汇编诗词书籍达二十多部公开出版。关东诗阵成立也有十多年了，组织采风二十多次。养根斋率领东三省及南方多个省市众多诗友，通过创作迎春和诗已连续搞了十五年，前年出版《春韵满神州》，包括全国三十一个省市区加港澳台地区及海外共一千二百四十余人的同韵和诗四千二百多首。仅十八大以来就搞了大规模的迎春和诗活动八次，有二十多个省市的诗友参加。这八次，每位诗友都以不同的地区、职业、年龄、性别、环境、家庭、个人经历，利用“春”这个平台（尽管每位诗友每年的诗歌内容不同，但总体上说，连续八年都是用具体事实和感受）从不同角度来歌颂祖国各项事业蓬勃向上，脱贫攻坚取得的一个个胜利，科学技术不断有新的突破，人民生活水平不断提高，人们幸福指数不断提升；歌颂改革开放；歌颂新时代；歌颂“一带一路”；歌颂新时代的新长征。这种和诗步韵虽不见得能看出诗友们个人创作的最高水平，但却是集体歌颂新时代的一种好的载体和形式。一定会在某种层面上起到以诗证史的作用。养根斋诗中歌颂建党、建国、长征胜利华诞，缅怀众多先烈，包括抗日民族英雄等，就把以诗证史在一定程度上扩大到了较远的以前，尽管这方面诗词涉及内容有限。

从《续辑》到《选辑》，这方面内容特别丰富，只能挂一漏万地提及。首先给我印象最深的是作者的《长白山赋》，在三百句的赋文中，把

长白山的山川地貌、历史文化，包括古往今来众多文人雅士诗词曲赋，如李白、陆游、张元幹、苏东坡、辽东三才、吉林三杰，特别是在踏查长白山，皇华纪程，包括诗词创作方面对长白山文化有较大贡献的吴兆骞、吴大澂、吴禄贞、刘建封等，当然也包括不少帝王如好太王、隋炀帝、唐太宗、努尔哈赤、康熙、乾隆等为长白山所做的一切，包括当代的邓小平、强晓初等与长白山的渊源，都有记述歌咏。所以，作者豪迈地吟出："神奇长白，万般美景惊世界；锦绣中华，十大名山共称雄""大荒奥处清凉国，玉界琼乡长白山""东陲无文据何足，说无道短可评量"。最后作者说："保生态之天堂兮，开亘古之局新。一带统筹兮，创神州特色之名镇；一路跟进兮，建世界旅游之要津。"并以一首七律作结："长白琼华秀大东，披纱聊补艺林穷。石砮楛矢周公赏，铁马金戈汉武躬。一卷雄文诗证史，千秋绝唱画吟风。山人自解其中乐。百八往还无悔同。"难怪刘育新先生作四十八韵五古《喜读张福有〈长白山赋〉》，蒋力华先生作《读吴张长白山赋志感》并书，姚俊卿先生书《拜读福有先生长白山赋感发》而书"诗无敌"。据我所知，作者踏查长白山已达一百九十二次，每次都有诗文留下来。如果把这些诗文连接起来，也是长白山文化，特别是诗词文化的一条"彩带"和很好的补充。

其次，在旧石器、扶余、高句丽、渤海等有关发现包括古国、古城的确切遗址位置、范围、年代等方面的诗词创作篇什浩博。我想重点赏析作者发现旧石器手斧的诗词。应该说涉及手斧的诗篇较多。作者发现手斧的新闻经新华社播出后，立即轰动了国内外。在作者带动下，许多诗友有关手斧的诗词创作，直到现在仍不断发出。养根斋2014年10月26日凌晨利用两个多小时，一连写出《咏本人发现的旧石器手斧》（辘轳体）五首。其中第二首为："东陲学问苦追求，几万年前为我留。平壤城清凭拙笔，良民水落现高丘。剑知崇李阳安贵，山早姓张草帽幽。证史以诗尊大泽，不咸山下赖勤搜。"这些诗句，尽管含有典故和有关考古发现的故事，但做一番了解后还是可以读懂的。从中可以看出发现手斧的价值，长白山的价值，以诗证史的价值。作者辛勤耕耘才取得的成果，也足够证明不是东陲无文或少文。我们的先人，五万年前在长白山一带就已“日出而作，日落而息”了。并且能打制具有对称美的劳动工具手斧了，比新石器磨制的石斧早了两三万年，说明我们这块土地的先民，是很聪明能干的，是心灵手巧的。

说起遗址，并不是仅仅在长白山附近地区，在其他地方如抚松、敦化等多地都有发现。作者写有大量的诗词，一般诗友和有一定文学修养的人都可以看懂，主要是作者语言高雅但不生涩，个别诗词背景和用典艰难的，都做了说明，特别是作者把考古的科学术语转换成科普语言，恰当地融合在通俗、朴实而雅俗共赏的词句中，并且运用了多种多样的艺术手法，使之浑然一体，从而与非考古诗词比并不逊色。这样的写作，是作者在二十多年的考古调查与写作中，摸索出的成功经验，也是他虚心求教、听取别人意见反馈后逐渐形成的创作心态、艺术技巧和语言风格。

三、在真实的基础上，诗中饱含真善美的激情

诗歌贵在真实，就是诗中一定要见物，一定要有情，见到作者的真感情，不能凭空臆造。当然诗歌是必须运用形象和想象的，但这想象要有现实的基础或影子。不然很难让人信服，也感动不了读者。

仅举有关手斧发现的诗词为例，《出席抚松枫林旧石器遗址考古发现专家论证会有记》后六句说：“手斧崖包先铲尽，山民年代宿疑增。器珍抢出一千件，壤厚探明三四层。国宝现身惊域外，后人惜可叹崚嶒。”

同时，诗歌在真实的基础上，特别强调感情真挚，写出真善美的作品。作者于2014年10月20日8时31分发现了手斧，由国家级专家鉴定，后经新华社报道，轰动了国内外。这首七律对仗工整，同时，真实地写出了发现手斧的实际过程。对长白山及其他地区所有的发现、辨伪存真、以诗证

史等，作者都写得真实可靠。

习近平总书记曾说：“追求真善美是文艺的永恒价值。艺术的最高境界就是让人动心，让人们的灵魂经受洗礼，让人们发现自然之美、生活之美、心灵之美。”（2014年10月15日，习近平总书记在文艺工作座谈会上的重要讲话。）

这方面，我们的先人做了长期的探讨。除前文讲到的以外，还有许多精辟和令人赞叹的论述。如：汉代王充提出“疾虚妄”，提倡真实，强调文章的真实可信；宋代苏轼要求“随物赋形”，讲究创作的浑然天成；明代李贽提出“童心说”；明公安派又提出“独抒性灵”，特别强调性灵，就是强调真。

养根斋抒发心中的真情实感，是感情的自然流露，这种情况比比皆是。如他考古手记写东山头的诗中有这样几句：“恰有都林谷城出，堪将德理镇虞更。东牟山下依然守，大祚荣时未了情。鞭石乘槎凭我考，长编旧志解纵横。”抒发的真情是平实而显露的。前边提到他诗中爱党爱国之情，对民族英雄的崇拜和缅怀之情是强烈而深厚的，就不引那些诗句了。而有些诗句在表达真情方面有些内敛，写得含蓄，如春风化雨，润人心田，扣人心弦。感情内敛不是没有感情，是把丰富感情藏在内心，不随意外露，更耐人寻味。如诗句：“凭新发现启枫林，石磬敲来上古音”“木屋情怀心底记，枫林手斧路边逢”。一首《月全食感言》有这样诗句：“圆缺从来凭表面，悲欢向若动真心”“星空浩瀚谁参透，极目无涯济莽岑”。《岁月如歌》读后，“风雨经年磨不灭，真情老理醉心头”“苦旅浮生非梦幻，轻歌一曲是相逢”等诸多诗篇诗句，更多的是不追求表面的轰轰烈烈，而是特别着重内容和实质，这是他的人品，也是他的诗品。

养根斋的诗词有的写得豪放，激情动人，如写爱国等数例；有的写得婉约，情意绵长，细腻感人，如写慈母情：“忆旧问谁檐下助，感恩领我世间逢。期颐顿首许心愿，洪福红灯满屋彤。”其中为张岳琦先生八十华诞所写的贺诗中有两句诗："未许投闲忘国计，难书依旧是乡愁。"把家国情怀都写出来了。这联与"心如坦荡身能健，山若崔巍水自流"等二三百句名句很值得人们长久欣赏和品味。

《论语·八佾》中提到："子谓《韶》：'尽美矣，又尽善也。'"孔子提倡善与美的统一，他也首先把善与美区分开来。孔子说："诗可以兴，可以观，可以群，可以怨。"这里特别是"群"，是讲群体在诗的教化中，善所起到的引导作用。

中华美学不仅追求真和善，还追求美。孔子主张"思无邪""乐而不淫，哀而不伤"。庄子追求"朴素而天下莫能与之争美"的天然艺术境界。到了西晋的陆机在《文赋》中强调文章要做到"应、和、悲、雅、艳"五个字，就是体现他的美学。"审美之理"由传教士罗存德提出，日本中江兆民提出"美学"，最终"美学"在中国传开，与王国维、康有为、梁启超、蔡元培等分不开。其中可以说王国维是中国美育理论的创始人，他提出知、情、意、真、善、美和谐发展、培育完美人物的教育思想。

我把真善美多说了些，是考虑诗歌作者主要是靠表达对此抒发并以此感动读者。养根斋的作品恰当地回答了这个问题。随意拿出他的诗篇，如他写《谒杜甫墓》："墓葬孰知工部多，前来巩义问如何。衣冠文武疑敲鼓，茅屋秋风所破歌。起伏邙山生翠柏，蜿蜒洛水入黄河。悟通诗圣神灵意，大泽情怀不可磨。"他懂得杜甫是伟大的现实主义诗人，始终站在老百姓一边。养根斋这首七律，不仅看到诗中的善，更看到了诗中的美，当然主要是有了真，才体现了善与美。"大泽情怀不可磨"，仅就这句诗，在我看来，就凝结了真善美的力量和韵味。再引一首七律是《"吉林诗词现象""关东诗阵现象"受到吉林省委高度重视感怀》："诗词繁盛共追寻，现象何时重吉林。凯捷清歌同望月，苦担忧责共凭心。八千路上展横幅，十六峰前架竖琴。岂独山人明实质，此堪证史作长吟。"上首写出对诗圣杜甫的崇敬之情，“悟通诗圣神灵意”；下首写出“现象”“诗阵”是“共追寻”“同望月”“共凭心”的结果，可见诗人人格的高尚，也写出了“八千路上展横幅，十六峰前架竖琴”的艰辛与豪迈，其意境之美完全展示出来，而这意境美，是由其艺术美和语言美具体表现的。作者不是说教，而是用具体的赋、比、兴多种艺术创作手法表现出来的。

四、在赋、比、兴基础上，运用多种艺术创作手法

关于诗歌创作手法，两千五百年前，中国最早的《诗经》一书就已运用其中。南宋朱熹在《诗集传》中解释：“赋者，敷也，敷陈其事而直言之者也。”即敷陈直叙；“比者，以彼物比此物也。”就是引譬设喻；“兴者，先言他物以引起所咏之辞也。”也就是触景生情，托物兴感，启发联想和想象。此法从《诗经》开始，已成为我国诗歌表现手法的基本原则。对后代诗歌发展，无论古体诗还是新诗，都有巨大影响。养根斋这两部诗集以及其他诗词作品，在艺术创作手法方面显示出深厚的功底和杰出的才能。他赋、比、兴手法运用自如，经常融合运用。如他的一首七绝：“凭新发现启枫林，石磬敲来上古音。长白山门人早进，自持手斧劈荒芩。”我的看法，第一句以赋为主，有兴、比；第二句赋、比并重；第三句、四句赋、比、兴都有。石磬能敲出上古时代的声音吗？显然是想象。他还想象长白山的大门，先人们早就进入了，并且用手斧劈了荒芩。这都是很好的联想和想象，又不是没有根据的空想。

赋、比、兴在实际运用中丰富多彩，逐步发展到有不少非常细致具体可操作的艺术手法。仅从“赋”来说，具体说来就有排比、递进、顶真、夸张、缩小、借代、蓄势等不少。养根斋也都有这方面的诗例，限于篇幅，这里就不一一赏析了。以下就养根斋的诗词，重点分析“比”与“兴”方面几种具体艺术创作手法。

一是比喻。包括明喻、暗喻、借喻、博喻。 明喻：是一种常见

的修辞方法。其本体、喻体都在诗句中，彼此用比喻词如“像”“好比”“如”“似”等连接。作者在《江源仿制清宫御砚》中有句“温如美玉润如花”，一句诗两个“如”字，是两个明喻。“砚”是本体，“玉”“花”是喻体，“如”是比喻词。再如：“如闻呼啸感嶙峋”“参差廊道似迷宫”等，很多。

暗喻：也是一种常见的修辞方法。暗喻又叫隐喻，只出现本体和喻体，不用比喻词语或用“是”等比喻词。不用“是”等连接的极多，用“是”等连接也不少。作者的诗句，如“东瀛来客是诗人”，这是有“是”字的，也有更多省略“是”字的，如“诗花不减风光韵”，“诗花”后边就省略一个“是”字，这样的例子极多。

借喻：也是一种修辞方法。只是出现用来代替本体的喻体，而本体和喻词都不出现。如《白衣天使颂》：“护花天使当花季，国色清芳疫色残。谁道蔷薇无伟力，出征非典保平安。”诗中用“护花天使”“国色清芳”“蔷薇”代替本体，是借喻的好例证。又如《岐新六队渤海遗址》的四句诗，都没有出现主体渤海，比喻词也没有，只是出现代替主体的喻体。

博喻：是一种较高深的修辞方法。指两个或两个以上的比喻在诗中出现，使描写的事物更加形象有力，生动感人。该艺术手法在养根斋诗集中也时有发现。如刚才说到“国色清芳疫色残”诗句就是三个比喻的连用。“国色”和“清芳”都是借喻“白色天使（女护士）”，“疫色”借喻非典。整句诗用了博喻艺术手法。

二是对偶。就是用对称的字句（词性、语义等）加强语言效果的一种修辞方法。也就是古典诗词的对仗。这是古典诗词尤其重要的艺术创作手法。一般诗人，包括唐朝诗人，在运用对仗方面各有特色和功力。但是，按照格律诗理论专家王力先生的说法，唐朝诗人达到颔联和颈联都对仗的不是很多，而对颈联却严格要求都要对仗。而且，完全达到工对的也不是很多，还有邻对、宽对、流水对等十多种对仗方式。养根斋的诸多七律，每首都做到了两联的对仗，而且工对的比例占多数，也有邻对、流水对、扇面对等。稍差个把字的宽对极少，这是养根斋的七律诗在对仗方面的讲究，是特别值得诗词名家和广大诗友关注的。这种对仗绝对不是仅仅对仗问题，而是更好地提升了诗词的意境和创作艺术手法。并且在文字上也精彩频生，如七律《森茂诗林研讨会》颔联："酒海沧浪烟淼淼，诗林蓊郁茂森森。"同时把研讨会的命题"森茂"镶嵌进去。整联对仗特别工整。这种神来之笔在诗集中多处出现。

三是意象。包括意象叠加和意象组合。诗歌的意象是诗歌最重要的要素之一，是创作构思的重要手段。意象，是指诗人主观审美、思想情感的"意"与客体的景象、事物和场景的"象"在文学语言中的和谐交融与辩证统一。这个概念在世界上我国提出的最早。南朝刘勰《文心雕龙·神思》："独照之匠，窥意象而运斤，此盖驭文之首术，谋篇之大端。"以后20世纪初，被英美诗人庞德等在吸取中国诗歌意象等经验基础上，提出了一系列艺术主张，形成了意象派。他的名诗是《在一个地铁站》："这些脸在人潮中明灭/朵朵花瓣落在/湿润的/黑粗树枝上。"

意象叠加是指两个或两个以上意象相叠映而形成新的意象，这是意象创作技巧中较高层次的艺术手法，使诗歌有更强烈的审美感受。关于怎样看待诗歌的形象和意象，别林斯基说："诗人用形象和图画说话。"朱光潜说："情趣是可比喻而不可直接描绘的实感，如果不附丽到具体的意象上去，就根本没有可见的形象。"诗歌的形象思维的基础是意象。其实，诗歌中的物象与意象本质上是一致的，不能割裂开来。意象只是为了表达意境而采取的一系列艺术创作方式的主要手段。

意象组合，在有的古典诗词理论中，往往与意象叠加没有多大区别。但在有的新诗理论中却有些许差异。按我的看法，主要区别在意象之间的连接词上。意象叠加，是意象之间用动词连接；而意象组合，是没有动词或其他词连接。就像马致远的《天净沙·秋思》："枯藤老树昏鸦，小桥流水人家，古道西风瘦马。夕阳西下，断肠人在天涯。"这是意象组合，其中藤、树、鸦、桥、水、家、道、风、马、夕阳、人等十一个意象组合在一起。这么多的意象也就是信息量的组合，无疑使诗歌增加了许多张力和内涵，读者会感到很有欣赏价值和品位。

养根斋的作品中运用意象的情况自不必说，首首都用意象说话。意象叠加和意象组合也很多。如前文说到《谒杜甫墓》，仅颈联"起伏邙山生翠柏，蜿蜒洛水入黄河"就用邙山、翠柏、洛水、黄河四个意象，用生和入两个动词连接起来，形成意象叠加，明显可以提升诗歌的创作水平，增强诗歌的张力和读者欣赏的趣味。《庆春泽·长征颂》词运用意象更多，达到二十来个："石""躯""血""天""太阳""月""星""草""沙""旌""梦""长江""涛""波""萍""雁""云""风""沧溟""墨花"，并用"奔""征""战""破""告""捐""争""升""凝""引""效""卷""承""淘""归""行""蓄""驾""笑""启""问""追""飞"二十多个动词连接起来形成意象叠加，信息量明显加大，内容更加丰富多彩，使得读者对长征的认识更加形象、深刻，同时对新时代新长征亦会有更深的领会。

意象组合如诗联"自古鸡林多雅事，而今鸭水秀家山"，头句不算的话，后句就是四个意象鸭、水、家、山的组合。还有诗句"一山冰雪岂清心"就是四个意象山、冰、雪、心的组合。既浓缩了信息，丰富了诗歌内涵，又带来了新奇的感受与醇厚的品味。

四是用典。用典就是在诗词中引用典故。一般来讲，典故含典制和掌故；诗词中引用的古代故事和有来历的词句；泛指具有教育意义且大众耳熟能详的公认的人物、地点、文艺作品和有关事件等。养根斋在用典方面极其突出：用典内容广泛、恰到其处、添光增色。

提起用典，古已有之。从《诗经》《楚辞》始，到魏晋南北朝时已很盛行。刘勰《文心雕龙·事类》中说：“事类者，盖文章之外，据事以类义，援古以证今者也。”用典又称用事，借古事等来表现现实生活，使文辞含蓄、委婉，起到暗示作用，与当时社会背景，文人不好直言其事、直抒胸臆有关。直到现在用典一直延续下来。北宋黄庭坚曾提出“夺胎换骨法”，“夺胎”，是“窥入其意而形容之”；“换骨”，是“不易其意而造其语”。两者都是取古诗加以修改，构成自己的诗句。前者着重于诗意的研炼；后者着重于句面的改造。通过用典，可提供给读者巨大的想象空间，收到言简意赅、耐人寻味的艺术效果。唐代李商隐在这方面是突出代表，其《锦瑟》中间两联连续用四个典故，写出千古耐人寻味的好诗。现在许多诗词不用典或极少用典，这是诸多诗词几乎千篇一律、味同嚼蜡、不能扣人心弦的原因之一。

直接或化用古诗词的词或句子。养根斋《吴大澂打尖小茶棚》有句诗“著得皇华自纪程”，实际用了两个典故：皇华和皇华纪程。皇华：《诗·小雅》中的篇名《序》谓：“《皇皇者华》，君遣使臣也。送之以礼乐，言远而有光华也。”《皇华纪程》：吴大澂于光绪十二年（1886年）用日记体记录其从天津赴珲春沿途见闻及与俄国代表勘界谈判的详细过程。当然还有别的大臣也写过《皇华纪程》。有时作者用皇华纪程，我觉得是寓意圆梦中华的新长征之意。养根斋在《田子馥先生八十华诞志贺》中有“有幸缘公常命笔，无涯治学效挥斤”；《杰满二队遗址》有“运斤所向荆榛倒”等句，都是化用一个典故：运斤成风。运，挥动；斤，斧头。挥动斧头，带有风声。典出自《庄子·徐无鬼》：“郢人垩漫其鼻端，若蝇翼，使匠石斫之。匠石运斤成风，听而斫之，尽垩而鼻不伤，郢人立不失容。”而“无涯学海”乃韩愈“学海无涯苦作舟”的化用。《珲春森林文化广场感怀》中有“万绿丛中点石红”也是化用典故：王安石《咏石榴花》有“浓绿万枝红一点，动人春色不须多”；宋徽宗赵佶曾以“绿树丛中一点红”为题作画。养根斋《戊戌贺春》有诗句“天若无情天不曙”，应是化用“天若有情天亦老”，毛泽东曾引用李贺《金铜仙人辞汉歌》中的诗句。我觉得化用出了新意，更符合自然规律。还有诗句“未觉此来身是客”，化用李煜“梦里不知身是客”；诗句“两岸诗声吟不住”是化用李白“两岸猿声啼不住”，等等许多。

成语或历史故事入诗。包括成语部分或化用。成语是中华民族的文化精华，养根斋采取多种多样方式让成语入诗。如《故里同窗花甲志贺》尾联：“花甲再携手，相濡以沫珍”，用了“相濡以沫”这一成语。此外，“纸上谈兵”“百花齐放”“山重水复”等成语都入诗了：如养根斋诗句“纸上谈兵犹可笑”“齐放百花争继雅”“水复山重疑浪漫”等化用成语的诗句。

历史故事入诗，如“将相和”故事入诗：作者诗歌《考察蔺相如青铜戈出土地》有：“葫芦套里出铜戈，威远英名将相和。”与长白县出土的蔺相如戈同时代的，还有集安出土的阳安剑，就是赵国阳安君的青铜短剑，也入诗了：“相如戈共阳安剑。”更珍贵的是，阳安剑，是张福有自己最先考证出来的，赵国阳安君是老子李耳的五世孙、唐高祖李渊的三十五世祖李跻，结论已被学界认可，得到我国著名考古学家林沄先生的高度评价，结论被收入《中国先秦史研究概览》。

名人、文艺作品及其他入诗。养根斋在《邓小平诞辰百年颂》有诗句：“神州故事颂春天，道义敢担凭铁肩。”前者是讲歌颂邓小平的歌曲《春天的故事》；后者是化用李大钊“铁肩担道义”诗句。在其作品《酒泉子·中国航天新纪元》有词句：“冲出宇寰，圆万户飞天梦”“奏高歌，杨利伟，着先鞭”。在飞天方面突出了中国古人万户和中国航天员杨利伟。作者的《春城雅集赠于德水先生》中有“小姨多鹤或当真”句，是几年前演的年代剧《小姨多鹤》入诗。尊重少数民族，把藏语入诗：“雪域腾飞喜格孜”，喜格孜，藏语为土地肥沃的庄园。满族习俗，杜鹃花叫年喜花，敦化市官地镇设立年喜花节，年喜花在养根斋诗词中出现过多次。词牌名也曾入诗："率作白山梁甫吟""驿外搜寻梅一剪"等。

化用诗题、网络语入诗。作者化用杜甫《茅屋为秋风所破歌》诗题入诗为"茅屋秋风所破歌"等。现在是信息社会，诗词融入网络语如"直令搜搜百度新"等。

诗歌总题目用典和引用外国诗人诗句入诗。养根斋七绝总题目叫《沸水文光》。文光，一是指错杂的波光之意。唐·李贺《竹》："入水文光动，抽空绿影春。"二是指灿烂的文采。元·鲜于必仁《折桂令·李翰林》曲："五花马三春帝乡，千金裘万丈文光。"作者曾在诗词中多次用到"陌生人"，我觉得这不是一般的语言，一定有新的内涵。如作者在诗歌《诗意长白浅说补韵》中有"向陌生人布兆谋"；《正月二十八考察岗子遗址》有"陌生人必懂初心"等，窃以为，这是养根斋的一个特别用典。是根据阿根廷女诗人阿方斯娜·斯托尔妮在《陌生人》诗里所写"陌生人，我感到，在你的存在里，我被延长"。这样的陌生人，自然就有了更深的含义。

五是融情于景。与托物言志、拟人拟物是一致的。刘勰"情以物迁，辞以情发"（《文心雕龙·物色》）。王国维"一切景语皆情语也"（《人间词话》）。罗丹说："艺术就是情感。"列夫·托尔斯泰在《论艺术》中说："人们用语言相互传达思想，而人们用艺术相互传达感情。"

个别诗友有的只是描写山水，就景写景，就物写物，但绝大多数都是寄情山水，只不过分为有我之境与无我之境而已，是融情于景与就景抒情的不同罢了。不过如何融情于景却有高低之分。

养根斋在这方面运用很熟练，举凡写景状物，皆有抒情，特别表现在以物拟人和以人拟物上。如《冬十月携友访冰城》诗有"韵悠不惧山水远，情笃孰疑松桦亲。"又如《西边雨晴招在长诗友雅集拟芜句以谢》有这样拟人的诗句："泰山金业诉心声，诗人长白开诗派""旌指大荒联雅盟"。无疑，这里泰山、金业、长白山、旌（吟诗之旗）等都人格化了。《杨靖宇将军诞辰百年》有"寸草皆挥亡国泪，长缨自带卷旗风。雨随瀑泻涛声怒，雪共岩巍气势雄。"四句全都是拟人的雄壮气势的佳句。也有以人拟物的，如《朱凤枝独唱音乐会》这四句诗："父老乡亲歌报答，白山飞出百灵音。大荒岁月小康曲，风动瑶林水拨琴。"特别是诗句"白山飞出百灵音""风动瑶林水拨琴"是绝妙形容女歌唱家的美妙歌喉的金句。长白山又谓大荒，大荒山下确有瑶林，还通火车，有瑶林车站。这样的诗，是画？是歌？是，又不尽是，但却回味无穷。

六是象征与逆向思维。这也是两种重要的修辞方法，虽然不同，但有时候也有关联。象征是通过类比或联想进行指代的一种特殊比喻，其象征主体往往隐而不宣。逆向思维是指思维的路径是从结果到原因，回溯到事物的本源。

先欣赏养根斋的象征诗，如《双柳居诗词》："绿烟樵韵沁芳远，玉雪龙吟涵雅宏。杨柳依依谁解意，相随形影比峥嵘。"整个用象征手法写出对双柳居的高度评价和真挚情怀。再看作品《读书》："二月阳春伴雪来，朔方少见蜡梅开。江花信是涛依旧，边草何时笑可哀。"作者凭借春天，赞美春天的伴雪、蜡梅开花、江涛、草生等自然规律，引发联想和想象，那么人生有什么规律呢？青春时候干什么呢？说明正是人生读书的好时节，应抓住一切机会读书。当然夕阳红也是人生第二个春天，自然也应该读书。读此诗句，自然会联想到戚继光"江花边草笑平生"的豪迈。原来，养根斋与好友李枝葱等出版过诗词合集《江花边草》。作品《吟芳》："域外萍踪越远洋，谁知不测起他乡？如今另眼吟芳草，务实求真孰短长。"作者在域外有所感受，用象征手法写出对务实求真的感叹。养根斋《解惑》："至此未疑三境香，安知蛇影引杯长。东风可肯吹尘去，一旦违心愧稻粱。"作者用象征手法，巧妙写出对三境追求的坚定态度，不疑心，绝不有愧养育我们的老百姓。对于三境，这是特别富有含义的境界。按王国维说的三境是人生三境（立、守、得）；按王昌龄的三境，是关于审美理解的物境、情境和意境；参禅则要达到空灵境界，需要经过三个阶段：看山是山，看水是水；看山不是山，看水不是水；看山是山，看水是水。我觉得养根斋笔下的三境，重点是前者，也很可能兼有后两者或其他。通过诗词和人生追求高境界，以不愧对新时代，不愧对中国老百姓。

逆向思维在养根斋作品中也不罕见。如《纪辽东·萧红诞辰百年兼萧红诗社成立二十周年四首》之一：“二月春日带雪光，一缕觉清香。廿年岁月殷红色，根基植韵乡。 吹绿河边杨柳风，雅意寄屏中。诗声已共江声远，巧吟名大东。”作者先说“一缕清香”是读者对萧红作品成果的反应，是先写“果”，以后展开写“因”：多年的奋斗，殷红色，绿色，是因为有杨柳风等原因，借着故乡的一切，凭借自已的努力。最后写名声远扬。萧红诗社经过二十年的发展也是如此。总之，先写“果”（清香），后写“因”（红、绿、风），最后总括：萧红和萧红诗社名声远扬。

七是哲理，亦即因形说理。这是很重要、高层次的修辞方法。哲理是关于宇宙人生的根本的原理和智慧。许多古典名诗都有哲理成分，有些就是古典哲理诗。养根斋在这方面的写作很突出，哲理诗和哲理名句很多。哲理与诗歌是有矛盾，不好相融的。因为哲理是逻辑思维，诗歌是形象思维。但经过优秀诗人的超智慧和诗才的发挥，把两者巧妙地融合起来，往往写出动人的佳句，相当于演奏出最奇妙的乐章，具有较高的诗学审美价值。

哲理诗比较难写，但养根斋却运用自如，风生水起。如《为“缩影”题卷》中间两联：“冬去花殷勤试笔，春来叶茂自成才。浮名力却存高志，杂草芟除送旧哀。”每句都有哲理，是大自然的哲理：冬去春来，杂草要及时芟除；是人生的哲理：勤试笔，才能自成才；要存高志，不要浮名，那样会哀愁，必须像对待杂草那样，及时芟除。这四句诗，把大自然和人生哲理与形象巧妙结合，是哲理诗的典范。同样，还有很含哲理的诗歌和诗句，耐人寻味，激动人心。如《元日致友》：“半纸人情空许剑，一山冰雪岂清心。未疑宦海知珍重，孰信虚言知万金。”这是人生（人情、宦海、言行）的哲理与自然哲理的交融，并且是哲理与形象相结合的哲理好诗。其他的哲理名句还有许多。如“功名参透嗟浮躁，世事洞明甘往徊”“足轻不觉登山累，头重安知下笔神。赫赫锦屏峰尚峻，茫茫大漠草尤珍”“把酒安凭口，临风可问槐”“清凉惠成三更酒，别致看君一卷书”“谬言岂可篡青史，创获欣能证汉书”“栖霞岁月人增寿，培德家园辈出贤”。类似这样的哲理句还有很多，类似“史到虚时诗可补，事逢实处伪能删”这样的千锤百炼的警句，将会永放异彩，带给人们深刻的思想启迪。

一般作品的哲理诗不是缺乏哲理（或哲理句子不自然，安排不合理），就是缺少形象（具体说是意象），这样的诗不可能是好的哲理诗。养根斋的哲理诗，哲理意蕴十分丰满，形象逼真生动，两者弥合得浑然一体，情趣横生，达到主体与客体、情与物、人与自然的融合与统一。

八是通感。这是一种异常巧妙的修辞方法。指诗人在创作中通过人的视觉、听觉、触觉、味觉和嗅觉传达某种与之相联系的信息，这几种心理感觉是可以互相沟通和转换的。从而增加诗人主观感情多层次表达能力，扩张读者的想象空间和审美情趣。这在新诗和古典诗词中运用越来越多了。我读养根斋的许多诗，看到他是很娴熟地运用此创作手法的。如《戊子初冬偕友访三狂草庐》诗中有“邀瀑放吟长白颂，牵云聊补大荒书”句。瀑布能邀请来吗？云朵有谁能牵来呢？显然是用通感就做到了。又如诗句“飞雪卷诗潮”，“卷”和“潮”字运用得好，前者与“飞”呼应为“飞卷”，正好说“雪”的形象，随风起舞，漫天飞翔，这不仅引起诗人写诗的雅兴，而且会使写诗的人越来越多，每个人也会越写越多，自然形成了诗潮。这也是用通感做到的。养根斋还有许多这样运用通感的好诗句："柞笑松欢石点头""廿年事业殷红色""吹绿河边杨柳风""八千路上展横幅，十六峰头架竖琴""高架托云峦，桥上行天马，挽起江风挺脊梁""难画尤推听月影，可钦还数心中诗"，等等。

九是诗家语。古典诗词比新诗还重视诗家语。因为日常口语，包括民歌等，即或书面语言，都必须经过作者的严格筛选和加工润色，按照当时创作诗歌的需要，而很慎重地采用。当然这是有个过程的，谁都不可能一下子筛选加工好。这里我想强调的是，要认真学习养根斋的诗家语的用法，一定要会运用形象，写景或其他，最容易犯的是平铺直叙、罗列现象的毛病。而这样的毛病又主要是不会很好加工书面语、口语、民歌等形成诗家语。养根斋在《谢耶律阿格尔惠和》中有这样一联"能常联系知消息，不好意思何理由"，虽如白话，却是律句佳联。养根斋在《吴大澂打尖小茶棚》有这样的诗句："煎饼泡汤安可少，大葱蘸酱必须精。"两句特别对仗不说，"煎饼泡汤"和"大葱蘸酱"都是当地方言，选择得特别恰当，形成的诗家语让读者感到很亲切，地方的土语经过精细的加工和认真的选择，形成两句绝妙的对仗诗句，谁能说这样的诗歌不高雅，不能感动读者呢？

以上概要介绍和赏析养根斋的诗词创作艺术特色。还想补充的是，作者不仅创作了大量的格律诗（词曲），还写了一定数量的歌、赋和祭辞。开始就介绍过《长白山赋》，这也是运用多种艺术创作的结晶。在《纪念刘建封踏查长白山一百周年祭辞》中，他提到把刘建封没有写完的六十段双句韵语及几首绝句，续成绝句和律诗，每段都续写了后两句，成为一首绝句，我看基本上浑然一体，后者显得更成熟。这是一项特别有意义的诗歌接龙，穿过时间隧道延伸到一百一十一年后的今天，其中的艰辛和功力，令人赞叹。

我觉得《张福有诗词选续辑》这部诗词，主要缺欠在编排上过于密集，其目录不够分明，很难查找。这个问题，在《长白山诗派丛书·张福有诗词选》中得到较好的解决。再就是养根斋如果能适当减少较多的社会文化活动，或可为我们的新时代创作更多更好的诗词作品。

特别感谢养根斋为我们提供这么丰盈的精神大餐，这势必会继续引领我们广大诗友的诗词创作，更好愉悦和提升我们的精神生活和审美情趣。

丁朝玉

2019年5月9日于北京

丁朝玉，吉林省政府调研室原副主任、长春南湖诗社副社长兼《湖韵涛声》主编。

总　跋

经与蒋力华先生多年的思考、谋划与操办，在我省老领导王云坤、张岳琦、唐宪强的关心、支持下，在吉林省委宣传部、吉林省财政厅、白山市委、吉林省文史研究馆、吉林省长白山文化研究会和时代文艺出版社的大力支持下，吉林省诗词学会、长白山诗社认真操作、实施，“长白山诗派丛书”终于面世。

“长白山诗派丛书”，原思路是编撰“长白山诗词流派丛书”，以长白山天池为发端，将沿大泽、松花江、鸭绿江、图们江、伊通河、东辽河、辉发河、浑江、牡丹江、嫩江等江河的诗人之作品分别结集成卷，再加上一卷黑土地农民诗人卷，共编辑出版三百卷，已经列出入围名单。在征求意见时，各方普遍感到规模过于庞大，缺乏财力支持，难以启动和实现。后来，便收缩了范围，缩小了规模，改为“长白山诗派丛书”，规模为一百卷，分三年完成。2019年，是新中国成立七十周年，就先出七十卷，向国庆七十周年献礼。2020年，是长白山诗社成立三十七周年、吉林省诗词学会成立三十三周年、吉林省长白山文化研究会成立二十周年，再编辑出版三十卷，完成一百卷的创新、补白之举。

中国作为诗的国度，“诗派”之说古已有之。盛唐之诗代表了唐诗的最高成就，这是唐诗的第一个高峰。其标志是两大诗派：一是以王维、孟浩然为代表的山水田园诗派，二是以高適、岑参为代表的边塞诗派。李白和杜甫是盛唐双峰并峙的伟大诗人，他们的诗歌代表了唐诗乃至中国古典诗歌的最高成就。唐德宗贞元到唐宪宗元和年间（785—820年），唐诗发展的第二个高峰出现了。其标志也是两大诗派的崛起：一个是以白居易为首，元稹、张籍、王建、李绅等人为羽翼；另一个是以韩愈为首，孟郊、贾岛、卢仝、李贺等为羽翼。他们面对诗的创作“极盛难继”的困境，敢于追求变化创新，努力从博大精深的杜甫诗中汲取开拓创新的思想艺术营养，学习杜甫“因事立题”、用乐府诗反映民生疾苦，使杜诗的现实主义精神得到进一步发扬光大。他们继承了杜甫在艺术上刻意求新、富于创造性的精神，写险怪、写幽僻、写苦涩、写冷艳等，以散文章法、句法入诗，并且大量使用一些非前人诗中所习见的词语，押险韵，拓展了诗的表现领域，丰富了诗的创作手段和艺术风格，推动了唐诗的发展。现在，我们距唐诗第二个高峰，已历约一千二百年。

清代诗人宋荦在《漫堂说诗》中写道：“唐以后诗派，历宋、元、明至今，略可指数。宋初晏殊、钱惟演、杨亿号‘西昆体’。仁宗时欧阳修、梅尧臣、苏舜钦谓之欧、梅，亦称苏、梅，诸君多学杜、韩。王安石稍后，亦学杜、韩。神宗时，苏轼、黄庭坚谓之苏、黄。又黄与晁补之、张耒、陈师道、秦观、李廌称苏门六君子。庭坚别开‘江西诗派’，为‘江西’初祖。南渡后，陆游学杜、苏，号为大宗。又有范成大、尤袤、陈与义、刘克庄诸人，大槩杜、苏之支分派别也。其后有‘江湖’四灵徐照、翁卷等，专攻晚唐五言，益卑卑不足道。金初以蔡松年、吴激为首，世称‘蔡吴体’。后则赵秉文、党怀英为巨擘，元好问集其成。其后诸家俱学大苏。元初袭金源派，以好问为大宗。其后则称虞（集）、杨（载）、范（椁）、揭（傒斯），元末杨维祯、李孝光、吴莱为之冠，前如赵孟頫、郝经，后如萨都剌、倪瓒，皆有可观。明初四家，称高（启）、杨（基）、张（羽）、徐（贲），而高为之冠。成、宏间李东阳雄张坛坫。迨李梦阳出，而诗学大振，何景明和之，边贡、徐祯卿羽翼之，亦称四杰，又与王廷相、康海、王九思称七子。正、嘉间又有高叔嗣、薛蕙、皇甫氏兄弟稍变其体。嘉、隆间李攀龙出，王世贞和之，吴国伦、徐中行、宗臣、谢榛、梁有誉羽翼之，称后七子。此后诗派总杂，一变于袁宏道、锺惺、谭元春，再变于陈子龙。本朝初又变钱谦益。其流别大槩如此。”

关于清诗流派，众说纷纭。《清诗流派史》一书细分了二十多个诗派，竟无一个长白山诗派，显然值得思索与商榷。长白山诗派是个客观存在，不论是否论及，都否定不了其实际上的存在。这一点，本书总序中已有论述，恕不赘言。

长白山地处东陲，“东陲无文”之见根深蒂固。传承、繁荣长白山诗派，是长白山地区诗人责无旁贷的使命。在这方面，我们努力了。从1994年蒋力华在白山市主持召开全国第一次长白山文化研讨会、1996年我在白山市主持召开全国第二次长白山文化研讨会、1998年我在白山市主持召开第三次长白山文化研讨会暨《长白山诗词选》首发式起，我们持之以恒地努力了二十多年。这二十多年，我们主要做了三件事：

一是，梳理了长白山诗词在中华诗词中的源流关系。雄伟的长白山和广袤的关东大地，是孕育长白山诗词的肥沃土壤。类利的《黄鸟歌》，是长白山下第一首有确切作者名字的带有《诗经》风格的四言诗。隋炀帝的《纪辽东》，是词的源头。其中写道“清歌凯捷丸都水，归宴洛阳宫”，丸都，就在长白山下。李世民的“驻跸俯丸都，伫观妖氛灭”，亦然。李白的《高句丽》《送王孝廉觐省》，直接写长白山下的土著。苏东坡的《人参》，直接写到长白山的特产。陆游的“鸭绿桑斡尽汉天”“却回射雁鸭绿江”，都是写长白山发源的鸭绿江。张元斡的“山拥鸡林，江澄鸭绿”，正是长白山的景物。王寂的《张子固奉命封册长白山回以诗送之》，是以诗证史的权威诗作。赵秉文的《长白山行》、刘敏中的《卜算子·长白山中作》，不可多得。元曲中的“雄赳赳，气昂昂”，成为中国人民志愿军军歌的歌词。朱元璋的《鸭绿江》，康熙的《望祀长白山》《松花江放船歌》，尤侗的《长白山赋》，吴兆骞的《长白山》《长白山赋》，曹寅的《乌拉江看雨》，纳兰性德的《柳条边》，乾隆的《望祭长白山》《吉林土风杂咏十二首》，顾太清的《冰灯》，吴大澂的《皇华纪程》，张凤台的《赠刘建封勘查长白山》，刘建封的《白山纪咏》，吴禄贞的《又留别长白山》等，不胜枚举。两千多年，诗咏长白，一脉相承；脉发长白，源远流长。中华民族诗的传承在东北、在吉林有脉可寻。从隋炀帝的《纪辽东》到康熙的《松花江放船歌》，就是一部史诗，也是关东大地的历史，清晰地记载着、深远地影响着中国的历史。以诗可以纪事，以诗可以证史。

二是，搭起了以诗词贯通古今的桥梁和平台。新的长白山诗派，由1998年《长白山诗词选》的出版开始，代表着新气象之开端，至今已二十一年。2004年，吉林省诗词学会与“中华诗词论坛”合办“关东诗阵”，至今已历十五年。“吉林诗词现象”“关东诗阵现象”，已经在中华诗词界得以公认。这应是中华诗词由复苏到复兴进程中的新生事物。我们以“关东诗阵”为主要平台，组织东北以及关内关心东北地区诗词文化建设的诗人，坚持集中开展采风创作，紧紧围绕长白山诗词流派建设，以诗纪事、以诗证史，在创作中培养、提高队伍。“吉林诗词现象”和“关东诗阵现象”，实质上是当代中华诗词的一种创造性实践，是长白山诗派复兴和崛起的象征。

自2007年以来，我们搞了二十多次采风创作，在吉林人民出版社、吉林文史出版社、时代文艺出版社出版了二十多部大型主题诗词专集。在“华夏杯”等全国诗词大赛上，邵红霞等诗人多次获大奖，吉林省诗人甚至曾囊括一、二、三等奖和优秀奖。

《长白山诗词》杂志，有国内和国际公开刊号、有经费、有编制，成为诗人永远的家园……《长白山诗词》创刊三十五年，已出刊一百五十期，刊发诗、词、曲等七万多首。《长白山诗词选》收录诗词作品一千一百六十一首。《中华诗词文库·吉林诗词卷》刊发诗词三千五百五十五首。二十多部采风专集收录诗、词、曲、赋三万余首。直接写长白山等景物的计约一万五千首。这是之所以敢称长白山诗派的雄厚的诗词作品基础和现实的工作基础。

三是，培养了队伍，创作了一批标志性作品。拙斋与蒋力华先生写长白山及关东地区景物的诗词，都在一千首以上。这都是从来没有过的。我们整理、新创了《纪辽东》《玉甸凉》《海龙吟》《一剪梅引》等新词牌，得五千多首作品，温瑞先生称其“具有里程碑的意义”。自2005年以来，连续十五年举办迎春唱和活动，范围包括全国各省，和诗数量近万首，古之未见。在诸如“呼唤”“蟹岛唱和”“海棠雅集”等当代国内最重要的诗词活动中，我们大致都提供了二分之一的作者、三分之二的作品。范围之广、数量之大、反应之灵敏、集结之快速，都是关东诗阵、诗域吉林的特殊存在、实力所在。拙作《张福有诗词选续辑》的出版，被誉为当代长白山诗派的代表作和巅峰，直接促成了“长白山诗派丛书”的立项。

从诗教和诗词基本建设方面来说，我们有意识地下了很大功夫。吉林省诗词学会老会长、长白山诗社社长张岳琦携女张昕所著的《诗词格律简捷入门》，一版再版，深受欢迎。拙著《诗词曲律说解》，公木先生作序，畅销南北，免费发在“国学宝典”网上，惠人无数。吴文昌的援藏援疆新边塞诗，蒋力华的《纪辽东》，张应志的《关东历史名贤百咏》，温瑞的民间风情，聂德祥的《虎啸集》等，都可圈可点。在被周笃文先生誉为“关东铁军”的兵团中，有十分耀眼的女子方阵和农民方阵。王述评、于子力、胡玫、王丽珠、赵凌坤、李容艳、奚晓琳、黄春华、陈静、卢海娟、林丽、吴菲，被称为“十二仙媛”，出版了《十二仙媛集》。许清忠、李彦、刘振翔、张利春、王雪梅、王玉孚、杨丽、高俊香、常红岩、冯振江、杨秦山、郎丽萍、金福昌等一批农民诗人和赵志梅等一批工人诗人，已经成为吉林黑土地上的知名诗人。

由上可知，2010年杨金亭先生关于“可以说，长白山诗词流派，现在已经初步形成”的概括，是符合实际的。面对如此丰厚的成果，我们有责任将其裒辑成卷，以便于当代及后人研究。我们面临一个新时代、好时代。这一时代的长白山诗词创作，着眼历史使命，秉持人民立场，坚定文化自信，繁荣诗词创作，记载发展历程，积累创作经验，是不可断条、不可或缺的。留下我们所处时代的诗的韵律、诗的画卷、诗的记忆，不负我们所处的伟大时代和庄严使命。这套丛书的出版，也有助于消除“东陲无文”的偏见。

“长白山诗派丛书”已入选的作者和作品，无疑是当前吉林省和辽宁省、黑龙江省诗人中的佼佼者和代表作，但并非没有不足之处。同时，由于名额所限等因素，还有一些作者、佳作未能入选。这当然是一个遗憾。好在还有多种渠道和路径，会不断弥补这个遗憾。应当相信，只要是好诗词，就不会被埋没。

“长白山诗派丛书”的出版，既是对一个阶段长白山诗词成果的集中检阅，又是一个新的起点和标志。以往若干研究中国东北文学和诗词的学者，大都无视当代旧体诗人之作。这不能怪别人，至少我们没有系统呈现这方面的丰硕成果。相信“长白山诗派丛书”出版之后，这一情况会有所改观。如此丰硕的诗词成果，是不容忽视的。至于如何评价，那是又一回事，而且对于现在来说，那不是主要的。是非成败，悉由后人评说。

最后，还要由衷地感谢王云坤同志为“长白山诗派丛书”题签。感谢省委宣传部和时代文艺出版社，自觉贯彻落实习近平总书记关于文化建设一系列重要指示，积极立项“长白山诗派丛书”一百卷。这是长白山文化事业建设的大举措，是一种高度的文化自信和文化自觉。时代文艺出版社决定要出精装本，精心选择印刷厂家，体现了高度重视和担当精神。在编辑的过程中，经费不足，得到了白山市委的给力支撑，这也是高度的文化自信和文化自觉的鲜明体现。全省各级诗词学会和诗词组织，认真贯彻落实省诗词学会的部署，精心选择、推荐作者，积极帮助准备作品，在极短的时间内，高效地完成各项任务。所有作者都积极主动，像珍惜生命一样珍惜这样千载难逢的好机会，认真选稿，反复修改。“长白山诗派丛书”的主编、副主编、编委会成员以及出版社的编辑、制作团队，日夜兼程，加班审稿、改稿，扫除差错。正是各方面的配合与努力，使这项空前的诗词文化工程得以顺利完成，并以此向新中国成立七十周年献礼。

总跋赘语

赫然百帙出东陲，率发洪荒力共推。
十六奇峰围大泽，三千弱水毓雄碑。
磬音启昧缥缃醉，手斧披榛锦绣维。
聊引遐陬通韵府，一开绮卷一扬眉。

張福有

2019年4月20日于长春养根斋